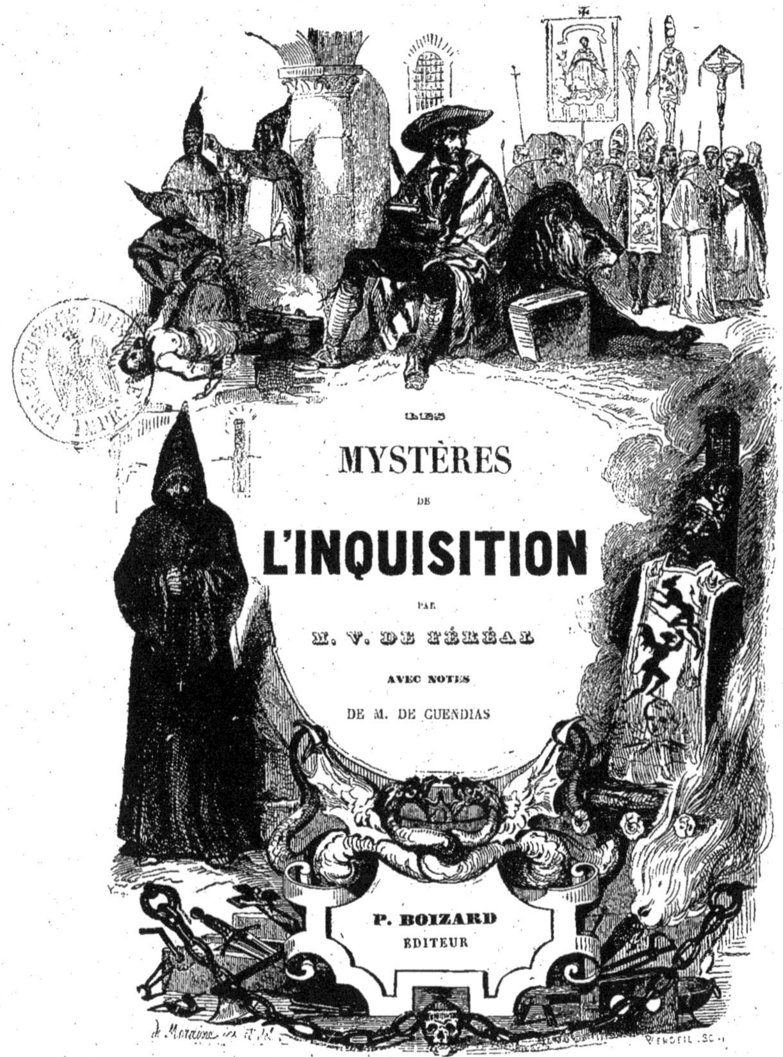

I

El Barrio de Triana.

Vers le milieu du seizième siècle, pendant le règne de Charles-Quint, la population de Séville, cette joyeuse et folle capitale de l'Andalousie, était peu à peu devenue sombre, silencieuse et attristée. C'était en vain que la cité moresque étalait, aux rayons d'un soleil splendide, ses vastes terrasses couvertes d'arbustes et de fleurs, ses balcons élégants où couraient, comme des réseaux de dentelle, des lianes vertes et fleuries, des grenadilles rouges et des jasmins de Virginie aux larges corolles d'or.

On n'entendait plus, le soir, sous les balcons, la voix des cavaliers amoureux mariée aux accords stridents de la mandoline; et, si durant les heures délicieuses de la nuit, de timides jeunes filles osaient encore se montrer sur leurs terrasses, et aspirer l'air frais et parfumé qui s'élevait des rives du Guadalquivir, elles passaient silencieuses et graves comme des ombres, et de leurs lèvres muettes ne sortaient plus que des soupirs étouffés, au lieu de ces rires frais de jeunes filles, de cette mélodie harmonieus de langage qui, dans la bouche des femmes, fait ressembler la langue espagnole à une musique sonore.

Partout la terreur avait, depuis longtemps, levé son étendard sinistre; plus de causeries de famille, plus de réunions patriarcales; la défiance et la crainte paralysaient les plus doux sentiments de l'âme. Le père redoutait son fils, le frère son frère, l'ami son ami; car, à cette époque, on tremblait toujours de trouver dan l'être qu'on chérissait le plus un espion ou un délateur. Nul n'était assuré de sa fortune ni de sa vie; on vivait au jour le jour n'osant s'attacher à rien, refoulant au fond de son cœur tout élan de générosité ou de tendresse, ne trouvant plus même de consolation ni d'espoir en Dieu, ce grand consolateur de toutes les misères; car on n'osait plus l'invoquer dans la liberté de sa conscience, incertain qu'on était si l'expression de sa prière ou la manifestation de sa foi serait bien l'expression *légale* approuvée par le tribunal suprême, l'inquisition : usurpateur *sacré* qui voulait qu'on adorât Dieu à sa manière, ou plutôt, se transformant lui-même en Dieu, s'arrogeait des droits infinis et une *fatalique* puissance sur les corps comme sur les âmes; tyran impitoyable qui cherchait, par tous les moyens possibles, à atteindre son but unique, la domination. L'inquisition était alors à l'horrible apogée de sa puissance; elle avait pour chef le cardinal Alphonse Manrique, archevêque de Séville. Ce court aperçu était nécessaire pour l'intelligence des chapitres qui vont suivre.

Maintenant reportons-nous au 15 février de l'an 1534.

Il pouvait être sept heures du soir; les rues de Séville, autrefois bruyantes et animées, étaient obscures et silencieuses, quoiqu'on fût à l'époque du carnaval. Seulement, par intervalle, des moines à l'aspect sordide croisaient dans les rues quelques gitanos errants; des familiers du saint-office, espions vigilants, se saluaient en passant par un signe sacramentel (1), et les habitants *del barrio de Triana* (2) se pressaient aux avenues du pont de bateaux jeté sur le Guadalquivir, qui réunit la ville à cet immense faubourg, égout immonde où pullule, encore de nos jours, le rebut de la population sévillane.

Parmi les personnes qui, à cette heure, traversaient le pont de Triana, on remarquait un homme de haute taille, vêtu d'un froc de moine prédicateur. Son front large et grave était plutôt calme qu'austère; son grand œil noir plein de douceur, bien que l'enthousiasme et la pensée y fissent briller des flammes; et sur ses lèvres muettes était empreint le sceau de l'éloquence et de la poésie. Il y avait sur cette physionomie rayonnante l'énergie de saint Paul et la douceur du disciple bien-aimé.

Cet homme marchait lentement, comme préoccupé de hautes pensées; et, dans la profonde insouciance des choses terrestres où il semblait plongé, il n'apercevait pas les passants qui se heurtaient à côté de lui, ni ceux même qui, venant de la même direction où il allait, pouvaient le heurter lui-même dans la demi-obscurité de la nuit.

Lorsqu'il fut arrivé de l'autre côté du pont, il s'arrêta un instant, incertain si, des deux rues qui formaient devant lui une bifurcation, il prendrait à droite ou à gauche. Mais, comme à cette indécision peu formulée se mêlaient des préoccupations d'un autre genre, le moine, livré sans doute à l'entraînement d'une idée, resta pensif et sans mouvement à la même place. Il ressemblait ainsi bien plutôt à un homme qui attend à un rendez-vous qu'à un philosophe qui réfléchit; et, à cette époque surtout, peu de gens eussent compris, à voir ce moine ainsi immobile, qu'il ne faisait qu'obéir à une halte de sa pensée.

En cet instant, un homme proprement vêtu déboucha par la rue de droite, qui se nommait alors *la calle de los Gitanos*, la rue des Bohémiens, s'arrêta quelques instants à l'angle de cette rue, regardant de tous côtés, comme s'il eût cherché quelqu'un; puis, ayant aperçu le religieux, il se dirigea lentement vers lui.

Arrivé à quelques pas du frère prêcheur, il s'arrêta de nouveau; le moine ne le voyait pas encore.

Le laïque se rapprocha d'un pas, et prononça à voix basse ce seul mot :

« *Hito!* (3) »

Au son de cette voix, le franciscain releva brusquement la tête, envisagea un instant l'homme qui lui avait parlé, et répondit gravement par un autre mot :

« Coraza (4).

— Dieu (5) m'envoie, ajouta l'inconnu.

— Dieu a tout pouvoir sur les hommes, répondit le moine.

— Votre Révérence peut me suivre, » poursuivit le laïque.

Le religieux obéit, et se mit à marcher à côté de son guide d'un air aussi calme, aussi naturel, que si cet incident n'eût pas été imprévu; se laissant guider comme un enfant docile, et observant scrupuleusement l'impérieux *chiton* (6), commandé par la terreur qu'inspirait l'inquisition et qui est resté comme un sinistre proverbe parmi les Espagnols.

L'inconnu et le moine suivirent ensemble la *calle de los Gitanos*, une rue longue, noire, tortueuse, où l'on n'apercevait d'autre clarté que celle des nombreuses tavernes échelonnées le long de cette rue hideuse, d'où sortait un bruit aigre et confus, mélange de voix discordantes et avinées.

Le bas peuple de Séville, le peuple ignoble, filous et autres, prenait en ce moment ses ébats et s'enivrait de *manzanilla* et de *pajarète*, qu'il buvait à longs traits dans les *chiquitas*, verres longs et étroits de forme carrée, encore en usage dans les cabarets andalous.

Arrivé vers le fond de la rue, le laïque s'arrêta devant une taverne mieux éclairée que les autres; et désignant la porte à son compagnon, il lui fit signe d'entrer.

Le religieux franchit, sans hésiter, le seuil de cet horrible lieu; car ce n'était pas alors chose rare que de voir des moines dans une taverne. On sait, au reste, que de tout temps, en Espagne, ils se sont mêlés à tous les choses ordes et réprouvées. De là sans doute le mépris et la haine qui les ont poursuivis et chassés.

Le frère prêcheur entra donc dans la taverne.

C'était une salle basse, longue et obscure, aux murs noirs et enfumés, couverts çà et là de larges crevasses dont la couleur, plus claire, tranchant avec les tons obscurs de la muraille, formait sur ce fond noir une mosaïque d'hiéroglyphes.

Des bancs grossiers et boiteux s'étendaient, tout autour de cette salle, devant de longues tables noires et crasseuses, mais auxquelles le frottement continuel des coudes avait donné une sorte de vernis.

Sur les murs, à moitié de la hauteur du plafond, on avait collé une multitude d'images grossières représentant les nombreuses madones qu'adore l'Espagne, ou des scènes horribles d'auto-da-fé. Au dessous de chacune de ces images brûlaient deux petites bougies grosses comme un tuyau de plume, ou un lampion à l'huile, fumeux et puant. Ces lumières, qui brûlaient constamment, étaient pendant la nuit l'unique éclairage de la taverne.

Aux poutres du plafond étaient vissés de nombreux crocs de fer à plusieurs branches, appelés *garabatos*, d'où pendaient pêle-mêle des jambons, du lard fumé, de la viande fraîche, des chapeaux d'hommes et même des manteaux : ces crocs servaient de *patères* aux habitués de la taverne.

A voir tous ces gens hideux d'aspect, moines, diseuses de bonne aventure, gitanos et familiers de l'inquisition, car il y avait de tout cela dans cette taverne; à les voir, dis-je, assis autour des longues tables, à la clarté vacillante des bougies, au-dessous de leur étrange vestiaire, on eût dit une assemblée de démons assis sous des gibets au milieu d'une catacombe.

Le sol terreux, grisâtre et humide ne résonnait pas sous les sandales des moines ou les pieds nus des gitanos; le bruit des voix rauques ressemblait à une lugubre psalmodie. Ce lieu immonde inspirait autant de terreur que de dégoût. Telles étaient alors les tavernes del *barrio*, ou faubourg de Triana (7).

Le frère prêcheur alla s'asseoir à l'extrémité de la salle, à un bout de table où il n'y avait personne; puis il invita son compagnon à se placer à côté de lui.

— Tout à l'heure, dit l'inconnu; il faut auparavant que je parle à la Chapa (8); et il désigna une jeune fille qui se tenait debout, à quelques pas d'eux, sur la porte d'un étroit réduit qui lui servait de cuisine.

La Chapa, sœur du tavernier, était une jeune et brune Andalouse mi-partie de gitana, aux jambes fines et arrondies, à peine couvertes jusqu'au dessous du mollet par une courte saya rouge. De longs cheveux noirs un peu ondés tombaient, divisés en deux nattes, de chaque côté de sa tête jusqu'au dessous de sa taille élancée, et une large moña de ruban orange était attachée au dessus de la nuque par de longues épingles à tête d'acier dont les mille facettes brillaient comme des étoiles.

L'inconnu l'aborda familièrement, et lui dit d'un ton bref et à demi-voix :

« Frazco (9) est-il venu, Chapa?

— Pas encore, répondit l'Andalouse, mais il ne peut tarder; j'ai envoyé mon frère *Coco* (10) l'avertir que la señora Dolores sortira de chez elle à minuit; Frazco doit venir vous joindre ici, ainsi que ce saint homme que *Dieu* (11) honore de sa confiance. »

En même temps la Chapa jeta un regard curieux sur la belle et imposante figure du religieux.

« C'est lui, dit l'inconnu, c'est le confident intime du très illustre et révérend père Pedro Arbues; je l'ai rencontré à l'entrée du pont de Triana, ainsi que me l'avait annoncé Son Éminence, et nous n'attendons plus que Frazco pour l'exécution de notre projet, si toutefois la señora Dolores tient sa parole.

— Elle sortira, señor, répondit la Chapa, je lui ai porté moi-même une lettre de son fiancé, que Son Éminence a fait écrire par Pierre de Saavedra (12) en manière de passe-temps.

— Et la jeune fille a consenti ainsi tout de suite à un rendez-vous? demanda l'inconnu que, pour plus de facilité dans notre récit, nous appellerons Enriquez.

— Elle refusa d'abord, dit la Chapa, mais la lettre était si pressante! Il s'agissait de la vie de son fiancé, et la jeune fille a promis tout ce que j'ai voulu. Elle doit se rendre ce soir au lieu indiqué. Vous pensez bien, ajouta la sœur de Coco, que je n'ai pas été étrangère à sa détermination, et que j'y ai aidé de tout mon pouvoir.

— Dieu soit loué! s'écria Enriquez avec une feinte componction; tu es une vraie sorcière, Chapa! et, sur mon âme! Son Éminence ne pouvait pas mieux choisir que toi pour en faire l'instrument de sa très sainte et très immuable volonté. Tu comprends bien, Chapa, que notre saint inquisiteur n'a d'autre but que d'arracher au démon l'âme de cette jeune fille en empêchant son mariage avec don Estevan de Vargas, qui est, dit-on, fils de *marrano* (13) et petit-fils de Moresque.

— Oh! c'est vrai, cela, dit la Chapa en faisant un grand signe de croix. Monseigneur est un saint, il n'agit jamais que dans l'intérêt du ciel. Mais ne me dites pas que je suis une sorcière, ajouta-t-elle effrayée, un tel mot ne doit pas sortir de la bouche d'un familier du saint-office; car pour prix de mon zèle à servir la très sainte inquisition, ce mot-là pourrait bien m'envoyer figurer au premier grand auto-da-fé qui aura lieu pour célébrer les victoires du roi don Carlos, notre bien-aimé seigneur.

— Allons, calme-toi, Chapa; tu es trop bonne catholique et trop fidèle servante de la sainte inquisition pour la redouter. Nous ne pouvons manquer d'avoir bientôt un grand auto-da-fé; ce ne sera pas le premier depuis que notre bien-aimé seigneur et roi don Carlos est monté sur le trône, et je te promets la meilleure place au grand balcon de la plaza Mayor, pour voir rôtir tous ces chiens d'hérétiques.

— Bien vrai? s'écria la jeune Andalouse en frappant joyeusement ses mains l'une dans l'autre. O señor Enriquez! on dit qu'il y aura plus de quinze hérétiques brûlés et un grand nombre à qui Son Éminence fera *grâce*, pourvu qu'ils fassent abjuration et veuillent mourir en bons chrétiens; ceux là seront étranglés (14) avant d'être livrés aux flammes. Oh! que ce sera beau! Señor Enriquez, vous me ferez voir tout cela, n'est-ce pas?

— Je te le jure, répondit le familier, au nom du Père, du Fils et du Saint-Esprit, et avec la permission du très-saint inquisiteur de Séville. Ce sera magnifique, » ajouta Enriquez, charmé de voir la gitana s'animer ainsi de zèle pour le saint-office.

Mais s'il eût regardé attentivement le visage de l'Andalouse il aurait vu ses lèvres rouges blanchir imperceptiblement, son œil, vif et brillant, plein d'une terreur vague; et, sous son corset de velours noir, il eût, d'un peu plus près, entendu son cœur battre à coups inégaux et précipités.

La sœur de *Coco* ne pouvait pas, en remontant à ses aïeux, trouver assez loin d'elle la source d'un pur sang catholique pour être bien tranquille vis-à-vis de l'inquisition, dont, par peur, elle s'était faite l'humble servante; et, peu rassurée par l'air béat et hypocrite du soldat du Christ (15), elle s'écria d'un air exalté qu'elle s'efforçait de rendre joyeux :

« Oh! que ce sera beau, que ce sera beau! »

En cet instant, elle aperçut les grands yeux noirs du frère prêcheur fixés sur elle. Le moine n'avait pas perdu un mot de sa conversation, pas un seul mouvement de sa physionomie...

« Sers-nous du vin, ma fille », dit le familier.

Et la pauvre Chapa, toute heureuse d'échapper aux regards perçants du religieux et à cette causerie où elle tremblait à chaque instant de trahir ses terreurs, la Chapa, vive et légère, alla chercher un *jarro* (16) rempli de vin, qu'elle plaça devant Sa Révérence.

Comme Enriquez avançait un tabouret de bois pour s'asseoir en face du franciscain, un nouveau personnage entra dans la taverne. Le nouveau venu s'approcha du familier, et désignant le moine du regard :

« Est-ce là notre saint commissaire? demanda-t-il d'un ton mielleux.

— Lui-même, señor Frazco, » répondit Enriquez.

Le religieux se leva, et croisa ses deux mains sur sa poitrine. Le nouveau venu fit le même geste; le moine les croisa ensuite en sens inverse, puis il s'inclina vers Frazco comme pour le saluer. Frazco fit de son côté le même mouvement, de sorte qu'en s'inclinant, leurs fronts se touchèrent légèrement. C'était là le salut distinctif des familiers du saint-office.

Mais Frazco ne se contenta pas de ces signes de reconnaissance; il découvrit sa poitrine, et sous son justaucorps montra une plaque d'argent qui avait la figure d'un Christ renversé. Au milieu de la poitrine du Christ brillait un soleil, symbole de la lumière, devise dérisoire de l'inquisition, cette messagère d'erreur et d'anéantissement.

A ce dernier signe, le franciscain ne répondit pas.

Frazco jeta sur Enriquez un sombre regard de défiance.

Enriquez haussa les épaules d'un air insouciant et convaincu.

« Il n'est pas des nôtres, » murmura sourdement Frazco.

Enriquez fit un geste de doute.

« Il n'est pas des nôtres, te dis-je, répéta Frazco, et nous sommes trahis; trahis, entends-tu? » poursuivit-il en serrant fortement le poignet d'Enriquez; et son visage sinistre exprimait une féroce colère.

Tout cela se passait à voix basse, mais pas si bas cependant que les habitués de la taverne ne se fussent aperçus d'un mouvement d'agitation qui annonçait une querelle. Tous les yeux se dirigèrent alors vers le religieux, qui, resté calme et impassible, semblait être témoin plutôt qu'acteur de cette étrange scène.

Quelques-uns, à l'aspect du franciscain, dont la figure imposante inspirait le respect, quelques-uns osèrent murmurer, et des menaces contre Enriquez et Frazco sortirent de la bouche de ces bandits.

Quoique sûrs de leur vengeance en cas d'insulte, les familiers de l'inquisition ne se souciaient pas d'en venir à une rixe avec les habitants del barrio de Triana : ils les connaissaient assez pour savoir qu'à la défense d'un moine ils se feraient tous hacher jusqu'au dernier; mais il y avait quelque chose qui imposait plus encore au peuple que les prêtres et les moines, c'était l'inquisition.

Avec une ruse infernale, Frazco se tournant donc vers les buveurs, dont les regards et les gestes exprimaient des intentions hostiles :

« Frères, s'écria-t-il, serez-vous assez mauvais catholiques pour défendre un ennemi de l'inquisition?

A ce mot redouté, d'inquisition, vous eussiez vu se courber toutes les têtes, et une pâleur livide faire place à l'animation des visages : on eût dit la foudre tombée au milieu de ces hommes rudes et turbulents. Aucun d'eux n'osa plus dire un mot.

Alors le frère prêcheur, sans faire attention ni à la colère de Frazco ni à la stupeur des bandits de la taverne, se leva gravement, et se dirigea vers la porte, au milieu d'un silence morne.

« Quoi! s'écria Frazco, le laisserez-vous s'échapper ainsi? Un de vous n'ira-t-il point avertir les sbires du saint-office?

— Moi, moi! » s'écria la Chapa épouvantée.

En même temps elle s'élançait vers la porte, voulant échapper par son zèle au danger qu'elle redoutait toujours pour elle-même; mais comme elle allait lever le loquet, le franciscain jeta sur elle un long et profond regard; et la Chapa, fascinée, joignit les mains en tombant à genoux devant l'homme de Dieu.

Par une impulsion simultanée, les bandits tendirent leurs bras vers lui, comme pour implorer son secours contre un pouvoir occulte qu'ils n'osaient braver.

Alors le moine se tournant d'un air majestueux vers cette assemblée muette et recueillie, la bénit avec un regard céleste, et, s'élançant dans la rue, il disparut sans que personne, sans que Frazco lui-même eût songé à le retenir.

« Nous sommes trahis, imprudent! dit Frazco en s'adressant à Enriquez, plongé comme les autres dans une stupéfaction profonde.

— Il ne sait rien, répliqua Enriquez.

— Eh bien, à l'œuvre donc! s'écria Frazco, rassuré; nous n'avons pas besoin d'un tiers pour cela. »

Et les deux *soldats du Christ* sortirent ensemble de la taverne.

II

El Palacio de la Garduña.

A l'extrémité del *barrio del Triana*, il existait une vieille masure de style moresque, dont les ruines servaient de refuge aux oiseaux de nuit (17).

Des mendiants sans asile, d'insouciants gitanos, dormaient souvent parmi les pierres durant ces nuits tièdes qui, en Andalousie, rendent tout abri inutile; — et pendant les jours d'hiver, de vieilles femmes, accroupies au soleil, venaient chercher derrière ces ruines un abri contre l'âpreté de la bise.

Aux larges proportions des murailles démantelées, à certains ornements d'architecture parfaitement conservés, on pouvait aisément reconnaître que là avait dû exister jadis une vaste et somptueuse demeure; car au milieu de ces débris une longue colonnade élégante et légère soutenait une voûte semée d'arabesques d'une parfaite conservation. Un mur presque intact, quoique d'une construction fragile en apparence, enfermait cette colonnade, qui avait dû orner une salle splendide; une porte d'une remarquable solidité en défendait l'entrée.

Çà et là, dans les décombres, croissaient quelques arbustes sauvages, des gramens aux fleurs d'un rose pâle, des gerbes de giroflée jaune aux suaves parfums, des touffes d'églantiers et de lauriers sauvages, dont les buissons épais jetaient sur la nudité de ces ruines leur verdure ombreuse et vivace.

Ce lieu bizarre servait de salle de réunion aux assemblées des membres de la *confrérie de la Garduña* (18); c'était le *palais* du maître de l'*ordre*.

Les frères de la Garduña.

Tous ceux qui ont lu les nouvelles de Cervantes se rappellent le type délicieusement grotesque de *Monipodio*, le chef des filous à Séville. A l'époque dont nous parlons, c'est-à-dire plus de cinquante ans avant Cervantes, une confrérie de voleurs, protégés par quelques membres de la police, existait déjà en Espagne. Cette bizarre institution, dont l'origine remonte au commencement du quinzième siècle, avait alors pour chef, à Séville, un homme étrange, à l'aspect à la fois grave et sarcastique, au langage hideusement pittoresque, type traditionnel, du reste, au moins dans le caractère, et qu'on retrouvait encore en Espagne en 1821.

Le même soir de février 1534, où avaient eu lieu les choses rapportées dans le chapitre précédent, il se passait une scène non moins curieuse, et beaucoup plus originale, dans le palais du maître de la *Garduña*.

Il était environ dix heures; la porte lourde et massive *del palacio de la Garduña*, tournant sur ses gonds, donna passage à une trentaine d'individus de tout sexe et de tout âge. Ils entrèrent silencieusement et en ordre, observant scrupuleusement les droits du rang et de la hiérarchie.

Au milieu de la salle, assez bien éclairée par des torches de résine fixées à des pitons implantés dans les colonnes, se tenait le maître de l'ordre.

C'était un homme de grande taille, fort et osseux; son visage olivâtre, sillonné de quelques cicatrices, offrait un singulier mélange de ruse, d'audace, de sang-froid, et parfois, quand il daignait sourire, de sarcasme et d'ironie. Sa voix mâle et grave avait un accent énergique, et lorsqu'il commandait, la force de sa volonté imprimait à son regard et à son geste une grande puissance de domination. Il portait une chemise de grosse toile et une veste brune, jetée sur l'épaule en guise de manteau; des *zaragüelles*, sorte de braies en toile, couvraient ses cuisses jusqu'au dessus du genou. Ses jambes, nues et nerveuses, étaient couvertes de poil, et ses pieds larges, aplatis et rugueux, indices d'une basse extraction et d'une impondérable force physiq étaient chaussés d'*alpargatas*, espèce de sandales nouées aut des chevilles par une multitude de cordons.

Cet homme se nommait *Mandamiento* (19).

Les divers personnages qui venaient d'entrer dans la s firent cercle autour du *maître de la Garduña y floreo* (20).

Près de lui, et par ordre de mérite, se placèrent, l'un à droite, l'autre à sa gauche, deux *guapos* dans la force de l'âge premier se nommait *Manofina*, fine main, à cause de son adre sans égale à donner un coup de poignard en passant sans sa victime s'aperçût d'où partait le coup, et de son talent pro gieux de spadassin et de tireur de pistolet.

L'autre était appelé *Cuerpo de Hierro*, corps de fer. Il a souffert trois fois la question sans avouer ses crimes, sans dén cer personne, et sans que son corps parût s'en ressentir.

Venaient ensuite deux vieillards appelés *fuelles* (21), souffl nom que la société donnait à tous ceux de ses membres qui, faveur d'un ex rieur béat, lui s vaient d'espions d'introducteurs p tout où il y avai vol à faire.

Puis de vie femmes, utiles sonnages appelés *berteras* (22); encore quelques *vatos* (23) sous di costumes; et, en plusieurs jeunes mes appellées *s nas* (24) : c'éta les bayadères gros bonnets de dre. Elles avaien outre mission d tendrir, par le charmes, les jug les procureurs même les escr nos, de qui dé dait souvent la des frères de la duña. Souvent au leurs séductions furent pas impu santes auprès quelque voluptu chanoine, ou quelque prieur cif, dont l'influe était alors sans bornes sur le temporel comme sur le spiritue

En dehors du cercle, et un peu à l'écart, se tenait modestem un jeune homme, objet principal de cette réunion; on le no mait *Garabato* (25).

Le señor *Mandamiento* promena sur l'assemblée un reg puissant, fit dévotement un grand signe de croix, et marm une oraison, en se tournant vers une grossière image de la sa Vierge, collée sur le mur.

Tous les assistants l'imitèrent.

Puis, Mandamiento parla en ces termes:

« Nobles et vaillants chevaliers du *poignard*, fidèles *fuel* utiles *coberteras*, séduisantes *serenas*, *chivatos* légers, et au membres de cette honorable confrérie, salut! Que Dieu No Seigneur et sa sainte Mère vous accordent leur divine protect et vous délivrent des *corchetes*, *pencas*, *potros*, *ansias* et *vo tos* (26), souvent mortels pour vous, et toujours dangereux p vos frères.

« Je vous ai réunis ici aujourd'hui pour vous consulter sur fait qui intéresse nos droits, et pourrait compromettre notre soci

« Vous le savez tous, mes enfants, depuis que, par la grâc Dieu, vous travaillez sous ma direction, nous n'avons eu à dé rer qu'une douzaine de *volteos* (27), environ quarante *paseos nales* (28), et quelques engagements dans la *marine royale* (29

« Séville en fournissait six fois autant chaque année aux *étoi ments de la fumée* (30), avant que vous m'eussiez nommé le chef de votre confrérie. A peine soixante-quinze *ganchos* (31), dont la moitié au moins marrons, sont tombés cette année dans la gueule du *loup* (32), et, sur une trentaine de nos frères qui sont en ce moment entre ses dents, j'ose affirmer qu'il y aura à peine trois *angustiados* (33), cinq ou six *mariniers* (34), et une douzaine de *chevauchés* (35). Je pense que nous aurons encore deux ou trois *mosqueteados* (36) et autant de nos sœurs passées au miel (37); mais nous n'avons pu l'empêcher. Lorsque nous aurons assez d'argent pour faire dire plus de messes et mieux payer les alguazils, nos affaires iront autrement. Tel est aujourd'hui, mes enfants, l'état florissant de la *Garduña* (38).

« Si je vous ai rappelé mes légers services, reprit Mandamiento avec une feinte modestie, ce n'est pas pour faire parade du faible talent que Dieu Notre-Seigneur, dont je ne suis que le très humble instrument, a daigné me départir, mais pour vous faire comprendre combien il est important que l'union la plus étroite, que le plus parfait accord règne entre nous, afin que nous puissions exercer avec tout le succès possible notre utile profession, et mériter l'estime des dames et des cavaliers qni nous font l'honneur de nous employer. Je passe à l'objet de cette réunion. »

En même temps, le maître promena autour de lui son regard scrutateur, et ayant aperçu *Garabato*, qui se tenait humblement appuyé contre une colonne; il lui fit signe d'approcher.

Garabato se hâta d'obéir.

Le cercle vivant qui le séparait du maître s'ouvrit pour lui faire un passage. Le jeune homme s'avança, et en quelques pas se trouva à portée du señor Mandamiento.

Le maître de la *Garduña* prit le jeune homme par la main, et, le montrant à l'assemblée, continua ainsi son discours :

« Frères! les seigneurs *Manofina* et *Cuerpo de Hierro* ont surpris le jeune homme sous le péristyle de la cathédrale, *éclipsant* (39) d'abord un mouchoir de poche à un gentilhomme, puis une bourse assez bien garnie au sacristain d'un couvent de nonnes. A vrai dire, il a mis à cela une grande habileté, mais il n'en est pas moins vrai que, n'appartenant pas à notre confrérie, il a violé les statuts de notre ordre en *éclipsant* sans en avoir l'autorité, et de plus, en s'attaquant aux biens de l'Église.

« Les seigneurs *Manofina* et *Cuerpo de Hierro*, considérant les bonnes dispositions et le talent précoce de ce jeune homme, talent qui, disent-ils, deviendra l'honneur de la *Garduña*, Dieu et nos bonnes leçons aidant, *Manofina* et *Cuerpo de Hierro* ont mieux aimé l'amener chez nous que de le jeter dans la fumée (40), qui eût peut-être étouffé d'aussi heureuses dispositions. Cependant ce jeune homme a violé nos statuts et a mérité un *souffle* (41).

« Qu'en pensez-vous, messeigneurs? dit Mandamiento en promenant son regard sur l'assemblée.

— Le maître a raison, murmurèrent les bandits : ce jeune homme a mérité un *souffle* »

Manofina et *Cuerpo de Hierro* firent entendre un grognement sourd, expression de murmure et de mécontentement.

La Culevrina poignarde Frazco.

« Canaille maudite, grommela *Manofina*, c'est ici comme au *Rosario* (42) : cette tourbe répond toujours *amen*.

— Une si bonne griffe! ajouta *Cuerpo de Hierro*.

— Un *souffle*! un *souffle*! » répétèrent quelques *coberteras*, en montrant, par un ricanement d'hyène, deux ou trois dents longues et branlantes qui retombaient sur leur lèvre inférieure comme les défenses d'un sanglier.

Mandamiento restait impassible, mais rien ne lui échappait de ce qui se passait autour de lui. Il laissa cette houle se calmer; puis, s'adressant de nouveau à l'assemblée :

« Quelle est votre opinion, messeigneurs? » fit-il d'une voix qui avait bien plus l'accent du commandement que celui de la déférence. Tout le monde se tut, et ces physionomies stupides n'exprimèrent que la passive et instinctive obéissance que les êtres vulgaires ont toujours pour les hommes de génie.

Seuls les deux guapos jetèrent sur leur chef un regard oblique, empreint de mécontentement et de haine.

Le maître feignit de ne pas s'en apercevoir, et, se tournant de nouveau vers l'assemblée :

« Messeigneurs, dit-il, mon avis à moi est, en considération du génie précoce de ce jeune homme, et aussi de nos très-honorés frères les seigneurs *Manofina* et *Cuerpo de Hierro* qui le protègent; mon avis, dis-je, est que nous recevions ce jeune homme parmi nous en qualité de frère postulant (43), avec dispense de l'année de noviciat, et que, pour mieux l'encourager, nous lui accordions tous les priviléges auxquels ont droit ceux de nos apprentis qui se sont distingués pendant leur année d'épreuves, pourvu qu'il paye tous les droits que les autres frères paient à la confrérie, et qu'il donne le denier à Dieu. En un mot, je le prends sous ma protection. Et maintenant, ajouta le grand maître de sa voix sonore, si quelqu'un de vous a des observations à faire qu'il parle. »

Tout le monde se tut : quelques *serenas* jetèrent des regards de complaisance sur le jeune Garabato, qui était fort joli garçon.

« Stupide bétail! murmurèrent les guapos.

— C'est bien, messeigneurs, poursuivit Mandamiento, votre volonté est d'accord avec la mienne, et je vous en remercie. »

Alors, s'avançant vers Garabato, il le prit de nouveau par la main, le présenta individuellement à tous les assistants, qui lui donnèrent l'accolade fraternelle. Le grand maître lui fit le même honneur, puis il lui donna le mot de passe et lui enseigna les divers signes et attouchements de l'ordre. Enfin, il lui remit un parchemin sur lequel étaient écrits les charges et priviléges des frères de la Garduña (44).

La cérémonie ainsi terminée, Garabato alla se mêler à ses nouveaux compagnons de meurtre et de rapine.

Puis le maître, tirant de sa poche un méchant papier couvert de griffonnage :

« Mes frères, dit-il, voici l'ordre du jour :

« Trois *batêmes* (45) à appliquer aussi légèrement que possible : l'un à un beau jeune homme à moustaches noires, qui passe tous les soirs à sept heures, sur le pont de Triana. C'est un gentilhomme de haute taille et de bonne mine ; il porte un manteau écarlate. Ce *baptême* sera payé cinquante réaux, plus cinq cent maravédis s'il peut être appliqué sur le visage, de manière à bien marquer l'individu. La personne qui paie est une dame fort belle et encore assez jeune : ainsi, senor Garabato, je m'en rapporte à votre galanterie pour le beau sexe, car c'est vous que je charge de cette besogne.

« Voici trente-sept réaux et demi qui vous reviennent, sans compter les cinq cents maravédis de gratification que la dame donnera si vous pouvez parvenir à faire au visage du *baptisé* une balafre ineffaçable, chose facile, et pour laquelle il suffira de frotter la plaie que vous aurez faite avec un peu de suie délayée dans du vinaigre. »

En même temps, Mandamiento remit à Garabarato une fiole remplie d'une liqueur noirâtre.

« Le deuxième *baptême*, continua le maître, payé seulement quarante reaux, doit être administré à Sa Paternité le prieur du couvent des moines de la Merci : il a enlevé une pénitente à Sa Béatitude le père provincial. C'est Sa Béatitude qui paie; elle donnera quatre doublons de gratification si on parvient à crever un œil à son prieur; car la pénitente en question n'aime rien tant au monde que les beaux yeux.

« Je crois qu'afin d'assurer le gain des quatre doublons, je dois charger de ce baptême le señor Manofina et sa bien-aimée *Culevrina*, dont l'adresse saura amener en lieu convenable le révérend prieur des moines de la Merci. Voici trente réaux, ajouta-t-il, et n'oubliez pas la sainte Vierge (46). Les quatre doublons regardent la serena.

— Oui, oui, je m'en charge! s'écria celle des sirènes que le maître avait designée sous le nom de *Culevrina*. Je m'en charge, señor Mandamiento!

— Silence! ma rose des bois, interrompit le maître en retroussant sa moustache : nous connaissons ton adresse et ton dévouement. »

« Vraie perle que vous avez là, mon fils, continua-t-il en se tournant vers le *guapo* : conservez-la, et ne la battez pas trop.

— Oui, vrai trésor à conserver pour les autres, murmura le bandit avec une expression de brutale jalousie.

— Allons, allons, fit le maître, ayez donc plus de dévouement pour la cause commune, señor Manofina. »

Le garduño se tut, mais il jeta sur la serena des regards de défiance et de colère.

La Culevrina se rapprocha de lui, et, passant son bras dans le sien, elle se mit à le regarder tendrement au visage avec ses grands yeux flamboyants.

« Allons, Manofina mia, dit-elle, ne vas-tu pas te fâcher à présent? Ne sais-tu pas bien que je n'aime que toi? »

Le visage du guapo se radoucit; il subissait cette fascination des sens toute-puissante sur les fortes natures physiques.

« Oui, dit-il à voix basse, tu m'aimes, n'est-ce pas? mais ce prieur?...

— Eh bien! ce prieur, je te l'amènerai, voilà tout. Avec lui, promettre n'est pas tenir. Tu sais bien que je suis à toi seul. »

Le guapo la regarda avec un mélange de joie confiante et de doute cruel. Et, chose étrange, la serena ne mentait pas. Par une cause bien rare, cette femme, vouée par métier à tout le dévergondage possible, se servait de sa merveilleuse beauté pour attirer les victimes dans les piéges de la *Garduña*, mais jamais son cœur ni son corps n'avaient été les complices de ce manége improvisé : elle était constamment, et de tout point, restée fidèle au guapo farouche qu'elle avait choisi pour amant.

Mandamiento poursuivit :

« Un troisième *baptême* payé six doublons; c'est un chanoine qui paye : le chiffre vous l'indique assez. Ce baptême doit être donné demain à un confrère du mandataire avant six heures du soir, afin que le *baptisé* ne puisse faire aux membres du chapitre les visites obligées et solliciter leurs voix pour l'élection du doyen; ce qui laisse plus de chances à son rival. Si, au bout de quelques jours, ce baptême pouvait se changer en *enterrement*, le chanoine doublerait la somme. Bien entendu qu'il faut agir avec adresse et ne pas *obscurcir* (47) votre homme tout de suite. Tel est le désir du mandataire, et qui paie bien a le droit d'être bien servi. En outre, si ce chanoine était élu doyen, il va sans dire que la confrérie de la *Garduña* pourrait compter sur sa protection; Sa Seigneurie me l'a formellement promis. C'est à vous, señor Cuerpo de Hierro, que ce baptême revient. Servez-vous d'un poignard, et, mieux, d'une lame triangulaire ou d'un poinçon, moins que vous ne possédiez une bonne aiguille de bourrelie c'est le meilleur instrument pour faire une blessure qui dure d ou douze jours et qui ne saigne pas. Voici votre argent; partc et soyez exact.

« Six *bains* (48) à donner, » continua le maître; et il distrib cette besogne à six vulgaires compagnons.

« Plus trois *voyages* (49), dont un sur la route de Jaën, demai à neuf heures; c'est l'heure où doit y passer la *galera* (50), po tant quatre-vingt mille réaux pour le nonce de Sa Sainte produit de la vente des bulles et des indulgences dans le royau de Séville; l'autre, sur la route de San-Lucar, à minuit, aussi passage de la *galera*; elle porte cent vingt mille réaux qui appa tiennent à un banquier juif et sont destinés à un banquier mo de Séville. Nous devons enlever cet argent aux ennemis de Dic qui ne peuvent s'en servir qu'au détriment de notre sai religion.

« Le troisième voyage aura lieu sur la route de Grenade, l'embranchement de la route de Xérès. Trois gentilshomm doivent y passer, portant le goussel bien garni et une garde-ro neuve. Or, vous savez que plusieurs de nos frères sont assez n nippés. »

Ces trois expéditions furent confiées à trois frères sûrs et pass maîtres.

« Enfin, dit Mandamiento, et ceci est une chose grave, un *o scurcissement* (51) sur la personne du jeune don Estevan de Varga Il sort tous les soirs, à minuit, de la maison de Son Excellen le gouverneur de Séville. Il est, dit-on, le fiancé de sa fille, jo personne de dix-sept ans, à qui cet obscurcissement va sans dou coûter bien des larmes; mais cela ne nous regarde pas. Ce *opération* nous sera payée cinquante doublons d'avance, plus u somme égale après la réussite, et la protection du très-saint i quisiteur de Séville, que la chose intéresse sans doute, puisqu nous a fait offrir sa protection, monnaie dont il n'est p prodigue.

— Et qui nous garantit ces belles promesses? interrompit M nofina, que les vives œillades et les caresses de la serena avaie singulièrement attendri en faveur des deux amants.

— La personne qui me les a faites et signées m'est parfaiteme connue, répondit le maître; et si on y manquait, ces promess écrites seraient remises par moi à la grande cheminée de S ville (52). Vous voyez, mon fils, que j'ai pris mes sûretés. »

Au même instant, un chivato, qui faisait le guet à quelque di tance des ruines, accourut tout effrayé.

« Maître! maître! s'écria-t-il, voici un *corchete* qui vient ve la maison. »

Les garduños, alarmés, portèrent la main à leur poignard. maître ne se troubla aucunement; il se tourna vers ses comp gnons :

« A genoux! enfants, s'écria-t-il; et regardant l'image de Vierge, il se mit à réciter dévotement le chapelet, auquel répo dirent en chœur les voix mêlées des assistants.

Quelques minutes après, l'alguazil entre-bâilla la porte et i troduisit sa tête dans l'intérieur de la salle. Mandamiento, sa discontinuer son oraison, tourna lentement la tête vers lui, tout au beau milieu d'un *Ave Maria*, il s'écria joyeusement :

« Eh! c'est Coco, notre frère fidèle. »

Un signe de croix général mit fin à l'oraison commencée : to le monde se releva. Le *capataz* attirant vivement l'alguazil da un coin de la salle :

« Qui t'amène, dit-il, frère *Coco?* Es-tu à la piste de quelq danger pour notre sainte confrérie?

— Pas précisément, répondit le *corchete*. Tu sais que je fa bonne garde, et que ma double mission d'alguazil et de famili du saint-office me met à même de vous sauver de bien d piéges.

— C'est vrai; tu es un bon ami, un frère dévoué.

— Eh bien! poursuivit *Coco*, à ton tour de me rendre un se vice, maître.

— Parle, frère, de quoi s'agit-il?

— Il s'agit d'abord, reprit l'alguazil, de rendre à un de m parents, sacristain des Carmélites, une bourse qui lui a été vol ce matin.

— Tu auras cette bourse, frère; nous sommes en mesure de satisfaire sur ce point. Après?

— Après, il y a quelque chose de plus sérieux, dit le *corchete* baissant la voix : il ne s'agit de rien moins que d'*obscurcir* au besoin deux ou trois familiers de la sainte inquisition.

— Frère ! fit Mandamiento effrayé, vous abusez de votre position ; vous demandez des choses impossibles.

— Impossibles ou non, il faut qu'elles se fassent, répondit Coco un ton ferme.

— Mais, mon frère, ignorez-vous que le saint inquisiteur de Séville est notre meilleure pratique (53).

— N'importe, il faut me servir, ou, dès ce soir, je ne suis plus des vôtres, dit résolument l'alguazil.

— Eh bien ! que faut-il faire ? demanda le *capataz*, vaincu par cette menace.

— Il faut me donner sur l'heure deux ou trois guapos éprouvés et une demi-douzaine de *chivatos* pour les conduire où bon me semblera, pour leur faire *obscurcir* qui je voudrai, enfin qui obéissent à mes ordres comme aux vôtres.

— Tu es trop exigeant, Coco.

— L'apôtre le veut, répliqua sèchement l'alguazil. Hâte-toi donc, Mandamiento, hâte-toi, je n'ai pas de temps à perdre.

— Puisque l'apôtre le veut, il faudra obéir, dit en soupirant le maître : sa volonté doit être comme celle de Dieu ; car il a ressuscité Manofina et délivré Cuerpo de Hierro de la gueule du loup : c'est lui qui nous soigne dans nos maladies. Soit fait ainsi que tu le veux, Coco : prends mes deux meilleurs guapos, et qu'ils t'obéissent comme à moi-même. »

En même temps, le maître fit signe à Cuerpo de Hierro, lui dit quelques mots à voix basse, puis, appelant Manofina, il leur enjoignit d'accompagner l'alguazil.

« J'oubliais de te dire, ajouta-t-il en s'adressant à Manofina, que je te charge d'*obscurcir* le jeune Estevan de Vargas : cette *opération* te remettra dans les bonnes grâces de l'inquisiteur, en cas d'échec de celle dont va te charger notre frère Coco. Adieu, señores, et bon courage ! »

Les deux bravos choisirent, chacun de leur côté, trois chivatos alertes et robustes.

« Allez, dit le maître en faisant un geste de la main, et que la Vierge vous garde ! »

L'alguazil se mit à leur tête, et, à la faveur des ténèbres, la petite troupe sortit sans bruit de l'antre de la Garduña.

III

Dolores.

Pendant que se passait dans le *palais* de la Garduña cette scene à la fois horrible et bizarre, un incident d'un autre genre avait lieu chez le gouverneur de Séville.

C'était une de ces maisons andalouses vastes et commodes, éclairée seulement par des portes vitrées et des fenêtres ouvertes sur une grande cour remplie de fleurs.

A l'étage supérieur de cette maison, qui servait ordinairement de résidence d'hiver, à côté d'une grande salle où se réunissait la famille, se trouvait une petite chambre meublée comme la cellule d'une religieuse. — Un petit lit blanc et dur, garni d'une simple moustiquaire de batiste, deux chaises de bois noir sculpté, un prie-Dieu du même style, surmonté d'un grand Christ d'ivoire, et enfin, dans un enfoncement ou sorte de niche pratiquée dans le mur, une petite vierge de marbre blanc, précieuse statuette due au ciseau d'un sculpteur célèbre, devant laquelle brûlait incessamment une lampe de vermeil remplie de l'huile d'olive la plus pure.

Cette chambre était celle de la fille du gouverneur.

Cette jeune fille, âgée de dix-sept ans à peine, était loin de ressembler aux autres femmes de l'Andalousie. D'une beauté simple et noble, d'un caractère ferme et élevé, Dolores n'avait point passé ses jeunes années dans cette oisiveté mystique qui exalte si immodérément l'imagination et les sens des femmes espagnoles.

Elle avait eu pour précepteur un frère de sa mère, homme savant et grave, qui, ayant longtemps voyagé en France et en Allemagne, s'était plu à cultiver, à orner cette brillante intelligence, à la fortifier par la philosophie. Il n'avait pas semé dans une terre ingrate : Dolores eût été, même de nos jours, une femme très remarquable.

Ardente de cœur et d'âme, douée d'un jugement exquis, d'une raison droite, d'une volonté énergique, elle avait la foi pure et éclairée des pères de l'Église ; son indulgente charité repoussait toutes les erreurs, toutes les cruautés du fanatisme. Elle était pieuse comme le fut Isabelle la Catholique, cette grande reine dont la douce et tendre pitié lutta si longtemps et avec tant de terreur contre l'établissement de l'inquisition et toujours contre ses œuvres (54). La fille du gouverneur suivait l'esprit et la morale de l'Évangile, chose dangereuse alors, où pour vivre en sécurité, il fallait être, non pas le disciple du Christ, mais la créature de l'inquisition.

Cependant, malgré sa philosophie si avancée pour son âge et surtout pour l'époque où elle vivait, Dolores, fidèle aux pratiques extérieures, Dolores, fille de bons catholiques, n'avait point attiré sur elle les regards du redoutable tribunal.

Le grand inquisiteur de Séville, Pierre Arbues, semblait au contraire étendre comme une agape de paix son amitié toute-puissante sur la maison du gouverneur.

Reçu à toute heure dans cette famille, en sa double qualité de prêtre et de chef du tribunal inquisitorial, Pierre Arbues, alors dans l'âge des passions fougueuses, il avait à peine quarante ans, n'avait pu voir la pure et sainte jeune fille, sans que le démon de la concupiscence l'embrasât pour elle des plus violents désirs : il n'avait pu voir sans éprouver une horrible jalousie, le jeune Estevan de Vargas devenir l'objet unique de l'amour de la fille du gouverneur de Séville ; il avait suivi les progrès de cette passion avec une ardente inquiétude et une haine que toute son astuce de prêtre inqnisiteur avait peine à dissimuler.

Vainement sous le voile d'une amitié sainte et paternelle, avait-il cherché à exciter dans l'âme de cette belle enfant des sentiments qui répondissent aux siens ; vainement il avait essayé sur elle la fascination de son regard et de sa beauté vraiment remarquable.

Dolores n'avait jamais pu se défendre auprès de lui d'un sentiment de crainte qu'elle essayait de prendre pour du respect ; le regard de l'inquisiteur lui causait un trouble douloureux qui la faisait pâlir et trembler.

Ce jour-là, Pierre Arbues avait passé la soirée dans le salon du gouverneur.

Vers dix heures, la jeune fille, inquiète et agitée, venait de se retirer dans sa chambre ; elle en ferma simplement la porte au loquet, comme elle avait l'habitude de le faire, n'ayant rien à redouter dans la maison de son père où elle était adorée de ses serviteurs. Dénouant alors sa coiffure, elle laissa ses longs cheveux se dérouler sur ses blanches épaules ; et, s'agenouillant sur son prie-Dieu, elle se mit à prier avec ferveur.

Elle exhala ainsi pendant quelques minutes le sombre désespoi qui oppressait son âme ; puis tirant de son sein une petite lettre, elle la lut avec une douloureuse avidité.

« C'est bien cela, dit-elle, c'est bien son écriture. Pauvre Estevan ! je ne m'étais donc pas trompée ! l'inquisition le hait, et il craint de me compromettre en venant chez moi. Ce voyage qu'il m'a dit être indispensable n'était qu'un prétexte pour s'éloigner d'ici pendant quelques jours ; et cependant il ne peut vivre sans me voir, il me conjure de me rendre ce soir au pied de la Giralda, où il doit m'attendre ; il mourra si je refuse...

« Oh ! oui, il mourrait sans moi, et je mourrais aussi sans lui, ajouta-t-elle en essuyant une larme : notre amour n'est pas de ceux-là que l'absence peut éteindre.

« O mon Dieu ! poursuivit-elle, en quel temps malheureux vivons-nous, où il faut contraindre les plus doux sentiments de la nature ! Lois divines du Christ, qu'êtes-vous devenues ? Siècle des apôtres, où deux époux chrétiens s'aimaient librement en Dieu, vivaient l'un pour l'autre et mouraient ensemble, est-ce donc toi qui as enfanté ce siècle de fer où l'on ne peut même pas aimer Dieu à sa manière ? où les prêtres ne sont plus nos consolateurs, mais nos bourreaux ? où l'arbre de vie est devenu un arbre de mort qui étend ses rameaux funèbres sur le monde (55)

— O Estevan ! où fuir avec toi sur une terre amie où cette lèpre n'ait pas encore pénétré ! »

Et dans un accès de désespoir insensé, la malheureuse enfant se tordit les mains, s'élança vers le christ d'ivoire qui surmontait son prie-Dieu, et le serrant avec force contre sa poitrine, elle murmura d'une voix brisée :

« Toi qui as tant souffert, mon Dieu, apprends-moi à souffrir ! »

Aussitôt, par une réaction soudaine, des sanglots déchirants se firent jour à travers sa gorge desséchée, et elle couvrit de larmes amères l'image de celui qu'elle venait d'invoquer.

En cet instant, on poussa légèrement la porte de sa cellule; la triste Dolores, se relevant droite et épouvantée, recula jusqu'à la fenêtre de sa chambre devant le grand inquisiteur lui-même qui s'avançait lentement vers elle, revêtu de sa longue tunique.

Dolores n'eut pas même la force de jeter un cri.

« Je trouble vos prières, mon enfant? dit Pierre Arbues d'un ton doucereux.

— Monseigneur, dit-elle d'une voix entrecoupée, pourquoi donc entrez-vous ainsi de nuit chez moi? La chambre d'une jeune fille ne doit-elle pas être sacrée?

— Le grand inquisiteur a tout pouvoir de dispenses, répliqua le dominicain, et vous ne faites point un péché en me recevant chez vous.

— Monseigneur, répliqua Dolores, rouge de fierté et d'indignation, je ne comprends pas ces misérables arguties qui limitent ainsi au gré de ceux qui les emploient les lois immuables de la conscience; qui rendent licite aux uns ce qui est un crime pour les autres : la vertu est une, ses lois doivent être invariables et éternelles. Vous êtes un homme, monseigneur, et un homme ne doit pas entrer la nuit dans la chambre d'une femme, à moins d'être son mari.

— Dolores, fit l'inquisiteur d'une voix sévère, oubliez-vous que le Christ a dit à ses apôtres : « Ce que vous délierez sur la terre sera délié dans le ciel; » qu'il nous a donné tout pouvoir sur les âmes et sur les corps?

— O monseigneur! ne défigurez pas ainsi les paroles de l'Evangile; le texte en est si clair et si pur, qu'à moins de mauvaise volonté, il n'y a qu'une seule manière de le comprendre, qui est la même pour tous, monseigneur : pour vous, ministre du Dieu vivant, comme pour nous vos humbles disciples.

— *La lettre tue, et l'esprit vivifie*, répliqua l'inquisiteur; et tu es bien imprudente, jeune fille, d'oser ainsi parler devant moi. Les livres saints sont un code sacré, une charte divine, dont à nous seuls est confiée l'interprétation; à vous l'accomplissement passif. Malheur à ceux qui, les interprétant seuls et sans notre secours, veulent hors de nous chercher la lumière! Malheur à ces insensés qui, marchant sans l'appui des représentants de Jésus-Christ, tombent dans l'erreur et dans l'hérésie!

— Il n'y a point d'hérésie à suivre l'Évangile, monseigneur!

— Si tu avais parlé ainsi devant un autre que le grand inquisiteur de Séville, dit Pierre Arbues avec un regard terrible, la journée de demain ne te retrouverait pas dans la maison de ton père; et l'inquisition!...

— Je n'ai rien fait contre l'inquisition, interrompit la fiancée d'Estevan d'une voix qu'elle s'efforçait de rendre assurée; cependant une invincible terreur la faisait trembler malgré elle.

Pierre Arbues s'en aperçut et se rapprocha de la jeune fille, qui ne pouvait plus faire un pas en arrière : ses pieds touchaient le mur de la fenêtre.

« Dolores, dit-il, tu ne sais donc pas que je suis ton ami?

— O monseigneur! alors retirez-vous et n'abusez pas de votre autorité pour violer ainsi ma demeure. Sortez, monseigneur, sortez, je vous le demande à genoux. »

Pierre Arbues, absorbé dans la contemplation d'une beauté si merveilleuse, semblait ne pas entendre sa prière; Dolores était là devant lui, ses longs cheveux épars, vêtue d'une robe noire, dont la large échancrure, selon la mode du temps, découpait d'une manière admirable le galbe riche et pur de ses épaules de marbre. Sa taille élevée semblait plus haute et plus fière encore, et l'éclat de ses grands yeux noirs où toute la vie semblait s'être réfugiée, prêtait un nouveau charme à l'éblouissante pâleur de son visage.

La Mélopia.

« O enfant! s'écria le prêtre, enfant, que tu es belle, et qu'Estevan est heureux!

— Monseigneur! fit Dolores, épouvantée de la cynique expression des regards du dominicain; monseigneur, est-ce que je rêve? N'êtes-vous plus le grand inquisiteur de Séville, le prêtre du Seigneur, le gardien de la vertu des autres?

— Non! s'écria le moine, emporté par la passion fougueuse qui le dévorait; il n'y a plus ici de grand inquisiteur, il n'y a plus de prêtre, il n'y a que Pierre Arbues qui t'aime, Pierre Arbues qui meurt de désespoir et d'amour. »

Un cri rauque et inarticulé sortit de la poitrine de la jeune fille, et tout son corps devint froid comme un bloc de pierre.

L'inquisiteur était à ses genoux; la violence de sa passion brutale rendait horrible en ce moment son visage, naturellement beau et régulier; il cherchait à saisir la fille du gouverneur. Celle-ci, à force de terreur, se faisait si mince en se rapetissant contre le mur, qu'elle semblait échapper comme une ombre aux mains tremblantes du dominicain. Cependant, il touchait déjà le bord de sa robe; Dolores, incapable de faire un mouvement, se tenait roide et comme pétrifiée devant l'étroite fenêtre.

Mais dans la situation où l'inquisiteur l'avait surprise, elle avait gardé le christ d'ivoire serré contre sa poitrine ; au moment où, enhardi par sa terreur, il lui jetait les bras autour de la taille, elle étendit vers lui l'image sainte par un mouvement énergique et spontané :

« Pierre Arbues, s'écria-t-elle, franchis cette barrière, si tu l'oses! oseras-tu braver ton maître? »

L'impudique dominicain baissa la tête et se recula en arrière : et eut peur!... ce fanatique pouvait bien violer, dénaturer la loi de Dieu, mais non profaner une image.

Il se releva lentement, jeta sur la jeune fille un regard plein de haine, et sortit sans se retourner.

Dolores pressa de nouveau l'image protectrice contre sa poitrine:

« O toi qui m'as sauvée, s'écria-t-elle, merci !... »

La voix lugubre du sereno(56) cria onze heures et demie. Quoique brisée, l'amante d'Estevan releva ses cheveux sous un grand peigne d'écaille, s'enveloppa d'une longue cape brune, descendit lentement les degrés de pierre qui conduisaient à la porte extérieure de la maison, et s'achemina vers la Giralda.

Comme elle passait le seuil de sa demeure, une ombre vague sortit d'une arcade, grandit peu à peu sur le mur de face, faiblement éclairé par la clarté d'un pâle reverbère, et profila distinctement la silhouette d'un homme enveloppé d'un manteau. Dolores tressaillit; mais elle poursuivit sa marche sans s'arrêter.

« Bien! dit l'inquisiteur, car c'était lui ; elle est sortie, Henriquez fera le reste. »

Intérieur d'une prison de l'Inquisition.

IV

La Giralda.

La petite troupe, qui sous la conduite de Coco était sortie de l'antre de la Garduña, suivit en silence le chef provisoire qu'on venait de lui donner. Les guapos, en avant aux deux côtés de Coco, les chivatos derrière, se glissant le long des maisons dans ces rues noires et tortueuses, et ne parlant non plus que si tous ces hommes eussent été muets de naissance.

En France, nous ne savons rien faire qu'à grand bruit ; mais en Espagne, c'est bien autre chose vraiment! L'Espagnol agit sans parler, sans démonstrations extérieures ; sa physionomie ne trahit rien; vous aurez beau frapper sur la statue, elle ne rendra qu'un son mat, et vous ne devinerez jamais quelles sensations orageuses enferme cette poitrine de marbre.

Culevrina suivait à quelques pas, alarmée de la mission secrète qui avait été donnée à Manofina, inquiète pour cet homme rude qu'elle aimait, et peut-être aussi poussée par cet instinct des femmes qui les attire irrésistiblement là où il y a douleur à soulager ou danger à prévenir.

Coco et sa troupe marchèrent ainsi jusqu'au pont de Triana, traversèrent encore quelques rues étroites et obscures, et arrivèrent enfin près de la cathédrale, sur la place de l'Esplanade. Il faisait très-sombre en cet endroit-là : toutes les lumières étaient déjà éteintes dans les maisons autour de la place.

Au ciel bleu brillaient, il est vrai, de scintillantes étoiles; mais ces astres radieux, trop éloignés de nous, roulaient paisiblement dans l'espace, dédaigneux de laisser arriver jusque sur la terre leurs étincelantes clartés, qu'ils prêtaient, sans doute, à des créatures plus heureuses que celles de notre triste planète.

Arrivé devant la cathédrale, Coco fit blottir les deux guapos dans un enfoncement formé par deux énormes piliers; puis il dit quelques mots à voix basse aux chivatos, qui allèrent immédiatement se poster aux quatre angles de l'Esplanade, où ils se couchèrent à plat ventre, l'oreille collée au sol pour ne pas perdre le plus léger bruit.

Après avoir ainsi disposé sa troupe, Coco se dirigea vers le portique de la cathédrale, et choisit à son tour un abri sous cette haute masse de pierres.

La serena, craignant d'être aperçue, prit alors le bord des maisons tout autour de l'Esplanade, marchant d'un pas si léger qu'on eût dit qu'elle était portée sur des ailes invisibles; puis, se glissant entre les arbres, elle s'arrêta enfin sous un énorme oranger près de la fontaine.

Au faible bruit qu'avait fait la serena, un léger *cri-cri* imitant celui du grillon (57) se fit entendre à l'un des angles de la place, mais tout étant rentré aussitôt dans le plus profond silence, Coco comprit que c'était là une fausse alarme, et personne ne bougea.

A ce moment le *sereno* (58) traversa l'Esplanade, et, s'arrêtant près de la fontaine, cria minuit de sa voix rauque et monotone.

La serena tressaillit...

Minuit!... C'était l'heure des crimes! l'heure où la malheureuse avait été le témoin ou l'acteur de tant de drames sanglants! l'heure où revenaient *pour elle* les ombres de ceux qu'elle avait vus mourir!

Elle eut peur!...

Le sereno passa. — Et l'on n'entendit plus que l'imperceptible bruissement des feuilles doucement agitées par la brise.

La serena s'agenouilla et se mit à prier.

Mais bientôt un pas rapide et léger cria sur le sable dans la direction de la Giralda. L'un des chivatos poussa un cri-cri plus aigu que le premier, qui fut aussitôt répété par les trois autres.

Coco, Manofina et Cuerpo de Hierro mirent la main sur leur poignard.

La serena se releva et tendit le cou en avant, cherchant à découvrir de quel côté venait le danger.

En ce moment, Dolores traversait l'Esplanade.

Arrivée au pied de la Giralda, elle regarda de tous côtés, et, n'apercevant personne, elle se mit à appeler à voix basse:

« Estevan! Estevan!... »

Personne ne lui répondit.

Mais au même instant une jeune femme sortit de la tour et se jeta tout effarée aux pieds de la fille du gouverneur.

« Qui êtes-vous? que me voulez-vous? lui demanda Dolores.

— Fuyez! fuyez! s'écria la Chapa, car c'était elle; fuyez, señora, vous êtes trahie, je vous ai trompée...

— Mais où est Estevan? demanda la jeune fille, reconnaissant à la voix celle qui lui avait porté la lettre supposée de son fiancé.

— Je n'en sais rien, répondit la Chapa anéantie; je ne le connais pas...

— Vous ne le connaissez pas!... vous m'avez pourtant dit qu'il m'attendrait ici ce soir.

— Je vous ai trompée, répéta la gitana éperdue; on m'a dit: *Marche*, et il a fallu *marcher*... Car moi, voyez-vous, je ne suis qu'un misérable instrument... Je dois obéir sous peine d'être brisée... Oh! mais quand je vous ai vue si noble et si belle, j'ai juré de vous sauver, dussé-je y périr. Fuyez donc, señora, fuyez, je vous en conjure... bientôt il ne sera plus temps... ils vont venir... »

Mais Dolores, éperdue, ne songeait pas à son propre danger; elle n'était occupée que d'Estevan poursuivi par l'inquisition, et l'incertitude où elle était la jetait dans d'inexprimables angoisses...

Tout à coup un roulement sourd, accompagné d'un léger piétinement, se fit entendre du côté du fleuve.

Le cri-cri des chivatos, retentissant et prolongé, vint redoubler l'attention des membres de la Garduña.

« Entendez-vous? entendez-vous? ils viennent! » s'écria la gitana épouvantée, en se relevant et cherchant à entraîner Dolores.

La fille du gouverneur la repoussa par un geste énergique et plein de mépris:

« Sois maudite, dit-elle, toi qui as menti! »

A ces mots, la Chapa se réfugia de nouveau dans la Giralda; Dolores, à demi folle de désespoir et de terreur, se mit à courir vers l'Esplanade.

A peine avait-elle fait quelques pas, que quatre sbires, partis des quatre angles de la place, la saisirent et l'enlevèrent dans leurs bras robustes sans qu'elle fît la moindre résistance ni qu'elle eût la force de crier.

Après s'être emparés de leur proie, les sbires s'acheminèrent vers le Guadalquivir où les attendaient Enriquez et Frazco à côté de la voiture inquisitoriale. Cette voiture, spécialement affectée aux expéditions nocturnes, était une espèce de carrosse dont les quatre roues, enveloppées de cuir souple et épais, ne produisaient aucun bruit en roulant sur le pavé. Les mules qui le traînaient étaient chaussées du *brodequin de nuit* (59).

Au dernier signal des chivatos, Coco et les deux guapos étaient sortis de leur cachette, et, se glissant le long des murs de la cathédrale, ils avaient suivi la trace des ravisseurs.

La serena les suivait à pas de loup.

Les chivatos, rampant comme des couleuvres sur les pieds et sur les mains, avaient, pendant ce temps-là, pris les devants et s'étaient dirigés du côté de la voiture.

Enriquez et Frazco y veillaient; mais lorsqu'ils entendirent venir les sbires, ils s'avancèrent de quelques pas au-devant d'eux. Les chivatos, en vrais filous, profitèrent de cette distraction pour couper les traits de la voiture et enlever les mules, qui semblaient avoir été chaussées tout exprès pour être volées.

C'était un butin comme un autre.

En véritables enfants de la Garduña, les chivatos avaient commencé par jeter prestement à l'eau le cocher, qui les gênait.

Tout cela avait été exécuté en moins de temps que nous n'en mettons à le décrire.

« La voilà, dit Enriquez à Frazco, lorsqu'ils furent près des sbires qui portaient dans leurs bras Dolores évanouie.

— C'est bon! répond Frazco d'un ton bourru : tais-toi et dé[pê]chons-nous.

— Oh! maintenant nous la tenons, reprit Enriquez d'un air triomphe.

— Pas encore, » fit Manofina en frappant le familier au b[ras] gauche d'un vigoureux coup de poignard.

Enriquez, ainsi surpris, chancela par l'effet de la douleur [su]bite qu'il avait ressentie; mais reprenant soudainement c[ou]rage:

« A moi! » cria-t-il aux sbires, dont deux, abandonnant a[us]sitôt la fille du gouverneur à leurs camarades, accoururent [au] secours du familier.

Frazco n'avait pas attendu cela : au premier cri du blessé s'était élancé vers Manofina. De son côté, Enriquez, furieux et distinguant pas ses ennemis dans l'ombre, s'était retourné [sur] Cuerpo de Hierro et avait engagé avec lui une lutte acharnée.

Pendant ce temps-là, Coco s'était jeté à la poursuite des de[ux] sbires, qui, au bruit du combat, s'étaient enfuis à grands pas v[ers] la voiture; mais, après y avoir déposé Dolores, ils se sauvèr[ent] de toute la vitesse de leurs jambes, sans attendre l'issue de [la] lutte qui venait de s'engager.

Coco, partagé entre le désir de garder la fille du gouvern[eur] et celui de secourir ses *frères*, hésita pendant quelques instan[ts]; cependant ses instincts guerroyeurs prirent le dessus : il retou[rna] vers le lieu du combat et arriva à temps pour délivrer Cuerpo [de] Hierro, qui, malgré son courage de lion et sa force athlétiq[ue], avait beaucoup de peine à tenir tête à la fois à trois adversair[es], les deux sbires et Enriquez. Celui-ci, malgré sa blessure, se déf[en]dait en désespéré.

L'arrivée de l'alguazil changea la face des choses.

Tout en combattant, les agents de l'inquisition cherchaien[t à] gagner le pont où se trouvait la voiture. De leur côté les garduñ[os] redoublaient d'efforts pour les y pousser, sûrs qu'une fois arri[vés] là ils auraient bon marché d'eux. En effet, les sbires avaien[t à] peine mis le pied sur le pont de Triana, que les deux garduñ[os] les avaient mortellement frappés et jetés à l'eau. Enriquez, d[']épuisé, était tombé à quelques pas. Cuerpo de Hierro revint à l[ui] et, le croyant mort, il l'enleva dans ses bras à la hauteur du par[a]pet et le lança dans la rivière.

Coco était retourné vers la voiture, comptant bien que Manofi[na] seul à seul avec Frazco, n'aurait pas de peine à se débarrasser [de] lui; il se trompait cependant. Frazco, se voyant seul contre [le] guapo, et comprenant qu'il avait mauvais jeu avec ce farouc[he] garduño, lui avait jeté autour du cou un de ces lacets de soie [ap]pelés *el ñudo escurridizo* (60).

C'en était fait de Manofina, dont le courage et l'adresse dev[e]naient inutiles. Étouffé par le cordon assassin, il perdait peu [à] peu la respiration et les forces. Le poignard s'échappa de sa ma[in] tremblante, ses yeux, rouges et gonflés, se voilèrent d'un nuag[e], et déjà Frazco levait la main sur lui pour l'achever, lorsq[u'] atteint lui-même au cœur par une lame acérée, il tomba roi[de] mort sur la place.

La Culevrina l'avait frappé de sa petite lame andalouse.

La jeune femme s'empressa de dénouer le cordon qui serr[ait] encore la gorge de Manofina. Malgré ce supplice atroce, le gua[po] était resté debout.

« Bravo! Culevrina, dit-il en serrant vivement la main de [la] serena ; tu es une brave et courageuse fille, et le maître te réco[m]pensera.

— Non, pas cela ; c'est de toi seul que je veux ma réco[m]pense.

— De moi! fit le guapo surpris; parle que veux-tu? Par [la] Vierge des Douleurs, je jure de t'accorder ce que tu me dema[n]deras.

— Manofina, dit-elle en se suspendant à son bras par un gr[a]cieux mouvement de câlinerie féminine, je te demande la grâ[ce] de don Estevan de Vargas.

— Culevrina! fit le guapo d'un ton chagrin, tu me demanc[des] là une chose impossible... Que t'importe la mort de ce jeu[ne] cavalier? ajoute-t-il d'un air ombrageux.

— Il ne faut pas *obscurcir* ceux qui s'aiment bien, répondit [la] serena, et la fille du gouverneur mourrait de douleur si on [lui] enlevait son fiancé, comme je serais morte ce soir si on t'av[ait] tué, Manofina mia?

— Je ne peux pas promettre cela, » répondit le guapo, atte[n]dri à la fois et embarrassé; car il ne voulait pas trahir ce qu[']

appelait son devoir, et il s'affligeait à la pensée de déplaire à celle qu'il aimait.

La serena baissa la tête et se prit à pleurer.

« Ne pleure pas ainsi, *almia mia*, dit le guapo en la serrant avec tendresse contre sa poitrine : nous verrons ce que nous pouvons faire. »

Pendant ce temps, Coco et Cuerpo de Hierro avaient retiré de la voiture Dolores, toujours évanouie.

— Que ferons-nous de cette señorita ? demanda Manofina en se rapprochant de Coco.

— Suivez-nous *et veillez au grain*, » répondit l'alguazil.

Et prenant les devants avec Cuerpo de Hierro, Coco s'achemina vers la maison de l'apôtre, située sur l'autre rive du Guadalquivir.

Manofina et la serena les suivirent à distance, prêts à les défendre contre de nouvelles embûches de l'inquisition.

V

Une Collation de Moines.

Le palais du grand inquisiteur Pierre Arbues était un immense et somptueux édifice moresque habité jadis par le roi de Séville. En traversant de magnifiques jardins plantés des plus belles fleurs et des arbres les plus rares, on arrivait à un pavillon isolé qui servait autrefois de salle de bains. Le voluptueux Arbues lui avait donné une tout autre destination.

Ce pavillon, éloigné du corps de logis principal, et comme perdu dans un massif de feuillage, était le lieu ordinaire des joyeuses réunions du grand inquisiteur et de ses favoris. Évêques et moines, gens dissolus s'il en fut, exhalaient avec emportement dans leurs nuits d'orgie l'ardeur brutale qui les dévorait; jetant au loin, comme un vêtement trop lourd, la contrainte de la crosse ou du froc, et lâchant la bride à l'esprit de débauche qui s'épuisait alors en sales fantaisies, en licencieuses paroles, en incroyables défis, en forfanteries gigantesques, qui dépassaient tout ce que l'imagination d'un laïque en pourrait concevoir.

Ces moines réservaient pour leurs scènes noctures tout ce que la contrainte habituelle de leur vie imprimait de force à leurs facultés morales. C'était un torrent grossi de tous les obstacles qui s'étaient rencontrés sur son passage, de tous les immondices que son courant impétueux avait entraînées avec lui;—et là aussi, faute d'autre aliment à la lave dévorante de leur imagination, ils élaboraient les lois monstrueuses de l'inquisition : code barbare auquel chaque règne d'inquisiteur ajoutait quelques articles plus féroces; monstre hideux, né d'enfantements adultères, qui, ainsi que les fils d'Antée, cherchait à détrôner le ciel.

Ces hommes avaient un si grand besoin d'émotions dévorantes, qu'ils ne trouvaient que dans le sang et les bûchers un apaisement à leur insatiable désir de sensations. Le démon s'était fait chair en eux, et on serait tenté de croire qu'après l'incarnation d'un Dieu sous la figure du Christ, est venue l'incarnation de tous les esprits infernaux dans la personne des inquisiteurs.

Quelques-uns, nous dira-t-on, furent de bonne foi dans leur fanatisme. Qu'on lise l'histoire de l'inquisition et qu'on nous réponde. Cette monstrueuse institution créée par la politique des papes, tolérée, protégée en Espagne par la politique des rois, n'a point menti à sa source impure, et les agents d'un pouvoir inique ont tous été iniques comme lui.

Il était minuit.

Dans le pavillon solitaire qui tenait au palais inquisitorial, au milieu d'un salle élégante, s'élevait une table somptueuse. Le plafond de cette salle était semé de délicates arabesques, ouvrage précieux des artistes mores. Sur les murs, des fresques brillantes représentaient des fruits et des fleurs de toute espèce, imitant la nature à la rendre jalouse, et encadraient des panneaux que le goût artitisque des inquisiteurs avait ornés des scènes les plus voluptueuses de la mythologie païenne.

C'était Clytie, à demi nue, couchée sur un lit de fleurs, ardente et énervée à la fois, tournant vers le soleil ses yeux brillants d'aspirations amoureuses; Jupiter, cet immortel débauché, se jouant dans les ondes auprès de Léda, sous la forme d'un cygne, exprimant dans les attitudes les moins voilées l'ardeur de plaisirs qui le dévorait; c'était enfin Vénus, la grande prostituée, dans toutes les phases de sa vie amoureuse et libertine. Il aurait fallu être un saint pour rester calme en présence de toutes ces peintures licencieuses, destinées à alimenter les passions sensuelles de messieurs les inquisiteurs. Une riche mosaïque de marbre formait le parquet de cette salle, et sur la table dressée au milieu les fruits les plus rares, les mets les plus exquis, remplissaient de grands vases de cristal de roche et de porcelaine de la Chine.

Le Xérès, le Tintarrota, le doux vin de Malaga, la liqueur du bananier, récemment importée d'Amérique, tous ces vins brûlants, nés sous un ciel de feu, circulaient à flots parmi les convives, évêques musqués et moines joyeux, présidés par son Éminence monseigneur le grand inquisiteur de Séville.

Une gaieté folle et quelque peu mystique animait tous ces visages sombres et ardents. Les yeux de Pierre Arbues brillaient surtout d'un feu inaccoutumé : les angoisses du désir et de l'incertitude mêlaient leur âcreté mordante à la legère ivresse du grand inquisiteur. Les têtes étaient exaltées; cependant, la raison les gouvernait encore; les rangs n'étaient point intervertis, chacun se tenait à sa place, et une teinte de pruderie monacal voilait encore la liberté des discours.

Monseigneur Arbues se lassa le premier de cette contrainte.

« Savez-vous, mes pères, s'écria-t il d'une voix légèrement avinée, que le portier du ciel (61) forge sans cesse de nouvelles clefs pour garder plus sûrement les avenues de ce beau royaume et augmenter pour nous les joies de la terre? Voilà l'inquisition établie en Portugal (62), et il n'y aura bientôt plus un petit coin du globe où ne s'étende notre domination.

— Tant mieux, fit l'archevêque de Tolède; l'inquisition est un moulin où le mauvais grain qu'on écrase se change pour nous en beaux doublons d'Espagne.

— Et les doublons en joies célestes, en festins délicieux, dit un prieur de dominicains à la face luxurieuse et aux yeux enflammés.

— Si bien, répliqua l'archevêque, qu'il vaut mieux être inquisiteur que pape, et que le portier du paradis, qui se dit notre maître, n'est, à tout prendre, que l'intendant de nos menus plaisirs.

— Et puis, fit un jeune moine, beau comme une jeune fille et favori de Pierre Arbues, c'est si vieux, un pape! A quoi servent les biens de ce monde quand on ne peut plus en jouir?

— Il vaut mieux être novice dans un couvent de dominicains, n'est-il pas vrai, José? dit le grand inquisiteur en caressant de sa main blanche la tête du jeune novice.

— Il vaut mieux être l'humble esclave de Votre Eminence, répliqua le jeune religieux avec une feinte humilité.

— Le pape sème, et nous récoltons, dit joyeusement l'archevêque de Tolède; et pendant qu il bâille avec ses cardinaux, nous cueillons dans les champs de Cythère toutes les belles fleurs d'amour qui se trouvent sous nos pas.

— Je n'ai pas même la peine de me baisser pour les prendre, fit l'évêque de Malaga, qui était de la fête; la supérieure du couvent des carmélites déchaussées se charge de ce soin pour moi, et les prémices des plus belles fleurs de son jardin me sont offertes par elle.

— Moi, dit le prieur, j'aime assez à les cueillir moi-même; lorsque ma bonne étoile amène à mon confessionnal de jeunes et jolies pénitentes, il est bien rare que ces fleurs-là s'en retournent sans être effeuillées; je ne fais grâce qu'à celles qui ont passé trente ans.

— Je me donne beaucoup moins de peine que cela, dit l'archevêque de Tolède; lorsqu'une femme me plaît, je la fais tout bonnement enlever par la société de la Garduña.

— Utile institution! fit le grand inquisiteur, et que nous devons protéger de toutes nos forces, messeigneurs. Du jour où la confrérie de la Garduña n'existerait plus en Espagne, adieu nos plaisirs et nos vengeances : il faudrait agir par nous-mêmes, et nos intérêts seraient fort compromis.

— Bah! s'écria un autre inquisiteur, rien ne vaut les familiers du saint-office pour les enlèvements nocturnes et les assassinats clandestins. Un familier est discret comme la mort, et il peut tout faire impunément; car le mot *inquisition* est le garant de tous ses actes : personne n'ose en murmurer.

—Pauvres gens! fit Pierre Arbues en se penchant à l'oreille du novice, dont la pâleur profonde contrastait avec la gaieté de ses manières; pauvres gens! ils sont plus ivres de vanité que des vins que je leur prodigue.

- Aussi Votre Éminence est leur maître à tous, monseigneur, dit tout bas le novice; vous savez conserver votre raison au milieu de l'orgie, et faire de sang-froid tout ce dont ils se vantent dans l'ivresse. »

Le tumulte des voix couvrit cette conversation à voix basse.

« Enriquez ne vient pas, dit l'inquisiteur avec inquiétude; tu ne l'as donc pas rencontré au pont de Triana, José?

— Non, répondit le jeune moine, j'ai jugé plus prudent de le laisser agir seul; mais soyez tranquille, monseigneur: Enriquez est fidèle.

— De quoi parlez-vous donc, messeigneurs? demanda Pierre Arbues, en s'adressant aux évêques de Malaga et de Tolède.

— Monseigneur, dit l'archevêque, nous parlions des jolies femmes que possède votre cité de Séville, et je soutenais à l'évêque de Malaga que la plus belle de toutes est Dolores Argoso, la fille du gouverneur. »

Arbues fit un mouvement de surprise.

« Oh! pour celle-là, dit le gros prieur, c'est une citadelle imprenable; je l'ai deux fois entendue en confession, et je la soupçonne fort d'être quelque peu entachée d'hérésie; elle fait de la controverse comme un disciple de Luther.

— Quelle belle hérétique à voir brûler! dit l'évêque de Malaga.

— Du feu de l'amour, vous voulez dire sans doute, répliqua l'archevêque de Tolède; ce serait là une conquête digne de son Éminence.

— N'avez-vous rien de plus difficile que cela à me proposer? fit Pierre Arbues avec un sourire plein de suffisance.

— Son Éminence recule, dit le prieur des dominicains.

— Je ne recule pas, répondit l'inquisiteur en promenant un regard orgueilleux sur l'assemblée; mais je voudrais en vérité ne pas faire si peu pour vous être agréable, mes pères.

— Nous nous contentons bien de cela! » s'écrièrent en chœur tous les convives.

En ce moment, une lourde portière de soie s'ouvrit au fond de la salle, et un familier s'approcha du grand inquisiteur.

« Monseigneur, dit-il, Enriquez demande à être introduit près de votre éminence. »

Un sourire de triomphe éclaira le visage de Pierre Arbues.

« Messeigneurs! le diable vous a servis à plaisir; vous allez voir la fille du gouverneur. Puis, se tournant vers le familier: Enriquez peut entrer, » dit-il.

Le familier disparut.

Tous les yeux se dirigèrent vers l'entrée de la salle du festin.

« Monseigneur, poursuivit Arbues en se tournant vers l'archevêque de Tolède, je vous demande cent jours d'indulgence pour ce bon Enriquez, qui nous amène la fille du gouverneur; c'est le meilleur serviteur de la très sainte inquisition. »

Comme Arbues acheva ces mots, la portière se souleva de nouveau, et le *bon* Enriquez, pâle, saignant, trempé d'eau, entra, mais seul, et pouvant à peine se soutenir.

« Qu'est cela? fit l'inquisiteur surpris.

— Monseigneur, répondit le familier d'une voix affaiblie, tous nos sbires ont été tués, la fille du gouverneur nous a été enlevée, et je me suis à grand'peine sauvé à la nage pour venir vous rendre compte de ma mission. »

Tout le monde fit cercle autour d'Enriquez, qui raconta alors d'une voix faible les événements de la soirée.

Pendant ce récit, les yeux du grand inquisiteur étincelaient de colère.

« Vous avez donc tous été également lâches? dit-il enfin avec un effroyable sarcasme.

— Nous avons tous fait ce que nous avons pu pour exécuter les volontés de votre Éminence, répliqua timidement Enriquez.

— Et Frazco? fit Pierre Arbues.

— Mort! monseigneur; mort comme les autres, répondit le familier, qui ignorait la fuite des deux premiers sbires.

— Tu es un misérable! s'écria l'inquisiteur d'une voix terrible. Sors de ma présence et ne reparais jamais devant moi. »

Enriquez, affaibli par la perte de son sang, par son bain improvisé dans le Guadalquivir, par les émotions de la soirée, Enriquez ne résista point à ce dernier coup. Il faiblit sur ses jambes et tomba privé de sentiment

Pierre Arbues sonna, deux domestiques parurent.

« Qu'on emporte cet homme, » dit-il avec indifférence.

Puis, se tournant vers ses convives

« A table, messeigneurs! et terminons la nuit ainsi que nous l'avons commencé. »

Les moines et les évêques reprirent leurs places, et les liqueurs enivrantes circulèrent de nouveau.

Pierre Arbues avait la rage au cœur, et il l'exhalait en joie folle, en paroles vives et mordantes.

José, son favori, le regardait avec une imperturbable attention: le novice était plus pâle encore que d'habitude, et son œil noir et flamboyant étincelait d'une sombre ironie.

« José, dit Arbues en se penchant à l'oreille du favori, voilà une soirée qui coûtera cher au gouverneur de Séville. »

Une pensée pleine de joie amère traversa le front du novice; mais elle resta intraduisible pour l'inquisiteur.

L'orgie se prolongea jusqu'au matin (63).

Jardin du palais de l'Inquisition.

VI

La Maison de l'Hérétique.

La demeure de l'*apôtre* était une chartreuse isolée, au milieu d'un jardin rustique baigné par les flots du Guadalquivir. L'*apôtre* était un de ces moines prêcheurs et confesseurs qui, bien que suivant librement la règle de l'ordre qu'ils avaient embrassé, n'appartenaient à aucune corporation religieuse.

Ce moine était le même que nous avons déjà vu à la taverne de la Chapa.

Il avait choisi cette humble retraite, où il venait se délasser de ses travaux apostoliques, et qui, par son éloignement de la ville et sa proximité du fleuve, avait maintes fois servi de refuge aux victimes de l'inquisition.

C'était le lendemain du jour où tant d'événements avaient eu lieu dans la même soirée.

Dolores était seule dans la chambre qui lui servait d'asile. La nuit commençait à tomber, et, voilant les objets d'une teinte pâle, donnait au fleuve l'aspect d'un large ruban de moire.

Malgré l'âpreté de la bise qui soufflait au dehors, Dolores ouvrit sa fenêtre, et de sa main blanche écartant les longs cheveux qui voilaient son visage, elle offrit son front nu et brûlant à ce souffle âpre et glacé.

Un sombre désespoir oppressait son âme; ses yeux étaient gonflés de larmes, et des veines bleuâtres sillonnaient ce visage de marbre.

Vainement, dans la douleur profonde qui la dévorait, avait-elle eu recours aux consolations de la prière; l'ange qui emporte aux pieds de Dieu l'expression brûlante de nos maux, et nous rapporte en échange les larmes qui consolent, avait vainement secoué ses ailes sur le front de Dolores : la plaie mortelle de son âme n'avait pu être soulagée.

Cette jeune fille au cœur fort, à la raison droite et sévère, dont toute la foi reposait sur les principes les plus purs de la morale évangélique; cette naïve enthousiaste qui voulait retrouver Dieu dans le prêtre, le prêtre, qui pour elle n'était point un homme, mais un être transformé; cette amante exaltée de toute perfection idéale, poëte dans l'amour et dans la religion, n'avait pu, sans une horreur profonde, entrevoir l'abîme de luxure et d'hypocrisie où se plongeaient, au nom du Christ, ceux qui se disaient ses ministres.

Enlèvement de Dolores.

Le doute, cette plaie rongeante presque inguérissable, qui souvent ne s'arrête qu'après avoir tout dévasté, le doute avait effleuré l'âme de Dolores et gonflé son cœur de ce poison mortel dont l'atteinte brûle et dévore.

« Quoi! se disait-elle avec amertume, voilà donc les représentants du Sauveur! voilà les dépositaires de la loi! Oh! si Jésus a autrefois chassé les vendeurs du temple, n'en peut-il aujourd'hui bannir les prêtres inquisiteurs? La flamme des bûchers qu'ils allument ne se tournera-t-elle pas contre eux-mêmes pour les dévorer? »

Une colère ardente et sainte grondait au cœur de la jeune fille; elle regardait en haut ce ciel si calme qui n'était point ému des angoisses de la terre; et songeant à son impuissance et au terrible pouvoir de l'inquisition, elle se demandait avec terreur si Dieu prenait en souci ses créatures. Elle en était venue à formuler ses doutes, et de là à l'incrédulité il n'y a qu'un pas.

Au reste, il faut le remarquer, cette époque de terreurs et de persécutions fut la plus féconde en sectes diverses et absurdes. Chacun voulait se créer une foi à sa guise, ne pouvant se contenter de cette foi barbare cruellement imposée par la torture et les flammes. En effet, la seule chose à laquelle pouvait faire croire l'inquisition était l'enfer, qu'elle avait transporté sur la terre.

« Jésus! Jésus! disait la pauvre désespérée, toi qui n'as su qu'aimer et bénir, pourquoi souffres-tu les crimes de ces bourreaux?

— Pour purifier les bons, » dit auprès d'elle une voix douce et grave.

Et tournant la tête du côté d'où partait la voix, Dolorès crut entrevoir la figure de Jésus-Christ lui-même tant il y avait de mansuétude et de force dans cette tête qui rayonnait comme sous une auréole.

C'était celle de l'apôtre.

« O mon père! s'écria la jeune fille en tombant à genoux devant lui, mon père, soutenez-moi car je chancelle, et mon âme épouvantée ne peut plus croire qu'au mal. Le démon ne s'est-il point fait maître de ce monde pour en chasser le vrai Dieu »

— Enfant! dit l'apôtre en posant sa main sur le front brûlant de la jeune fille, comme eût fait Jésus lui-même, depuis quand la force peut-elle être terrassée par la faiblesse? N'est-ce pas le mal qui est faible et le Bien qui est fort?

— Non, répondit-elle d'une voix altérée, c'est le Mal qui est fort; car ce sont les méchants qui oppriment et les bons qui souffrent.

— Le Christ aussi a souffert, et il était fort, car il était Dieu. Es-tu donc Chrétienne pour renier le Christ?

— O mon père! pardonnez, dit la jeune philosophe; je n'ai pas la force des martyrs, et le bonheur me semble un droit de l'homme.

— Le bonheur! il est là, fit l'apôtre en posant la main sur son cœur.

— Non! s'écria la jeune fille avec désespoir; cet asile n'est même pas inviolable pour les inquisiteurs.

— Peuvent-ils en comprimer les pulsations ou en accélérer les mouvements? répliqua l'apôtre; peuvent-ils en bannir une image chérie ou en chasser la foi de tes pères? Ne sens-tu point en toi cette force surhumaine de l'âme qui te dit : « Marche, ne crains rien, aime et crois. On peut briser le corps, mais ce qui aime en nous est impérissable, mais le souffle éternel ne meurt pas? »

— Oh! merci, merci, fit Dolores en baisant les mains de l'homme de Dieu qu'elle couvrait de ses larmes; merci à vous qui consolez, à vous qui ressemblez à Dieu. »

L'apôtre dégagea ses mains de l'étreinte qui les pressait; sa douce humilité ne pouvait accepter ce témoignage de déférence, je dirai presque d'adoration, que les moines d'Espagne recevaient, non comme un hommage, mais comme un tribut.

« Oh! poursuivit Dolores, qui comprit sa pensée, vous êtes humble et fort et vous croyez; je dois donc croire aussi, moi, faible femme persécutée.

— Oui, tu dois croire, ma fille, croire et souffrir sans murmurer; car tu es une âme choisie. Arme-toi donc de force et de constance, enfant; et si Dieu t'envoie d'autres épreuves, dis-lui comme cette grande victime qui mourut pour sa doctrine : « Que votre volonté s'accomplisse et non la mienne. »

— Oh! qui êtes-vous? demanda la jeune fille, qui êtes-vous, mon père, vous qui rendez l'espoir et l'énergie au cœur? Votre nom, que je puisse le répéter dans mes prières!

— Je suis un humble serviteur de Dieu, et je me nomme *Jean*, répondit l'apôtre; quand tu te sentiras faible, jeune fille, invoque le nom du Christ et non pas le mien; car lui seul donne la force et la consolation. Mais il se fait tard, poursuivit-il, c'est l'heure de rentrer chez ton père. Viens, je serai ton guide, et si jamais tu souffres, si tu as besoin d'appui, rappelle-toi cette humble demeure, elle est toujours ouverte à ceux qui pleurent. »

Dolores leva vers le ciel un regard ardent et résigné.

« Je vous suis, mon père, » dit-elle.

Et regardant une dernière fois ce toit béni qui l'avait abritée, elle s'enveloppa de sa cape et sortit avec le moine.

Ils marchèrent longtemps côte à cote sans dire un seul mot. De vagues pressentiments agitaient l'âme de la jeune fille : ce front, naguère calme et pur, pliait sous le poids de l'orage qui en avait enlevé sa couronne de bonheur.

Les femmes les plus fortes d'âme et de principes ont toujours un côté faible au cœur ; la puissance de souffrir, qui est en elles, rend quelquefois impuissants tous les arguments de la raison et de la philosophie : elles ne savent pas, comme l'homme, se roidir contre les événements. La nature enthousiaste et fébrile, qui les rend si fortes par moments, leur refuse ce courage énergique qui souffre avec patience, qui sait attendre et repousser un choc continu : elles s'irritent, s'exaltent, et dans l'apreté de leurs souffrances, une seule chose les calme, les larmes ; une seule les console, l'amour.

Ramenée à des sentiments plus doux par les paroles consolantes de l'apôtre, la fille du gouverneur versait d'abondantes larmes, et son amour pour Estevan se réveillait plus fort de toute l'intensité de sa douleur. Inquiète pour lui, elle franchissait rapidement l'espace, impatiente d'arriver auprès de son père, qui peut-être avait revu son fiancé. Mais, toujours poursuivie par sa terreur de l'inquisition, elle rêvait de fuir avec Estevan et son père sur une terre lointaine, dans cette Allemagne où la tolérance et la liberté régnaient déjà, où elle pourrait sans crainte suivre les inspirations de son cœur et de sa conscience. Puis, elle jetait un regard douloureux autour d'elle ; elle admirait son beau ciel d'Espagne, si doux et si pur, et involontairement, elle frissonnait à la crainte de le fuir ; elle avait froid de la pensée d'un ciel sombre, d'un sol couvert de neige.

L'apôtre la laissa tout entière à ses douloureuses rêveries, plongé qu'il était sans doute lui-même dans de graves méditations.

On approchait de la demeure du gouverneur. La jeune fille poussa un cri de joie en reconnaissant la rue où s'élevait son palais.

Elle doubla le pas en entraînant le moine qui la suivait :

« O mon père ! s'écria-t-elle, je vais le revoir ! »

Dolores n'osa pas prononcer le nom d'Estevan.

Elle avance....

Mais pourquoi le réverbère qui tous les soirs brille sur la façade de son palais n'a-t-il pas été allumé ? La porte, ordinairement ouverte, résiste à ses efforts.

Elle frappe... rien ?... Elle appelle par leurs noms ses serviteurs les plus chers... nulle voix ne répond à la sienne.

Un silence effrayant règne dans cette maison. On dirait une de ces demeures où, durant une épidémie, tous les habitants sont morts sans secours les uns après les autres, et qu'on n'a pas encore ouverte de peur de la contagion.

Dolores, éperdue, frissonnante d'une terreur croissante, frappe à coups redoublés de ses poings nus sur la porte insensible, dont les clous de fer meurtrissent ses mains délicates.

« Mon père ! mon père ! s'écrie-t-elle d'une voix désolée... Rien !....

L'apôtre a deviné la vérité ; il se rapproche de la jeune fille, prêt à lui offrir des consolations ; il sent qu'elle en aura besoin.

Dolores regarde autour d'elle avec égarement. Au bruit qu'elle a fait, quelques portes se sont entr'ouvertes.

« Mon père ! qu'est devenu mon père ? » s'est écriée la malheureuse enfant.

Mais personne ne lui a répondu.

« C'est la fille du gouverneur qui a été arrêté ce matin par ordre du grand inquisiteur, » ont dit quelques voix, et les portes se sont refermées, et on s'est éloigné de la jeune fille comme si elle était pestiférée.

Mais Dolores a entendu ce mot *inquisiteur*, et elle a été éclairée d'une horrible lumière. Son père est dans les cachots de l'inquisition, et comme aux malheureux prévenus l'horrible tribunal ne laisse rien, la demeure du gouverneur est fermée, ses biens sont confisqués : il ne reste plus à la malheureuse fille que l'aumône !.. l'aumône qu'on refusera peut-être à la fille d'un hérétique.

Dolores ne pleure plus ; nulle plainte ne sort de sa bouche ; ses yeux sont devenus secs et brûlants ; un rire amer contracte ses lèvres décolorées.

Elle se rapproche du moine, le saisit, d'une main crispée, par la manche de son vêtement, comme si elle voulait s'attacher à lui, son dernier refuge ; puis, d'une voix brève et saccadée :

« Mon père, dit-elle, voici ma montagne des Oliviers, priez Dieu qu'il ait pitié de moi... »

L'apôtre s'était attendu à une douleur moins résignée. Malgré sa profonde connaissance du cœur humain, il n'avait pas compris qu'un coup terrible et imprévu affaisse l'âme, et la plonge dans une atonie qui ne lui laisse pas la force de souffrir. Frappée dans ce qu'elle avait de plus cher, frappée par l'inquisition, ce tourmenteur aussi impitoyable que l'enfer ; abattue sous cette terrible pensée que nul espoir n'existait plus pour elle, Dolores n'avait plus la force de se plaindre ; elle ne pouvait que dire comme Jésus, avec la certitude de n'être point exaucée : Mon Dieu ! détournez de moi ce calice. »

L'apôtre ne lui parla pas ; en ce moment terrible, toute parole eût été impuissante. Il lui prit doucement le bras, qu'il passa sous le sien, et, la guidant à côté de lui comme un enfant timide, il reprit le chemin de sa demeure.

La jeune fille ne se retourna même pas pour jeter un dernier regard sur son palais ; elle baissa la tête sur sa poitrine et suivit sans rien dire son guide compatissant.

Ils avaient à peine fait quelques pas dans la rue, que, dans l'obscurité, ils heurtèrent un homme qui, l'épée à la main, se défendait contre un autre dans une lutte acharnée.

Réveillée de sa léthargie, la fille du gouverneur poussa un cri aigu ; elle venait de reconnaître cet homme.

« Estevan !

— Dolores ! »

S'écrièrent-ils en même temps, tant est irrésistible cette puissance d'attraction, ce fluide invisible et magnétique qui circule autour de nous à la seule approche de l'objet aimé, que l'air qui vibre autour de lui nous fait aussitôt reconnaître.

Dolores entraîna Estevan.

La lutte cessa un instant ; une jeune femme suspendue au bras de l'autre combattant, qui portait le grossier costume des enfants de la *Garduña*, semblait vouloir arracher le poignard de sa main et par des supplications ardentes lui demander une grâce qu'il ne voulait pas accorder.

« Je ne puis ! te dis-je, s'écria tout à coup cet homme d'une voix vibrante et concentrée ; je ne puis, Culevrina ; j'ai promis de le tuer, il faut qu'il meure ! »

En disant ces mots, l'étrange groupe se trouva auprès de l'apôtre, qui s'était avancé de quelque pas, alarmé de cet incident.

La jeune femme le reconnut. Sans lâcher le bras de l'homme qu'elle retenait toujours serré d'une étreinte vigoureuse, malgré ses efforts pour se dégager, elle tomba aux pieds de l'apôtre.

« O mon père, dit-elle, empêchez Manofina de tuer ce jeune homme ! N'avons-nous pas assez de meurtres comme cela ?

— L'apôtre ! fit le bravo, qui le reconnut aussi ; et il courba humblement la tête devant l'homme de Dieu.

— Manofina, dit le moine, qui connaissait tous ces hommes par leur nom, Manofina, qui donc t'a donné mission de tuer ?

— La société de la Garduña, mon père, à laquelle j'appartiens corps et âme ; c'est mon métier de *baptiser* (64) et d'*obscurcir* (65), comme le vôtre de confesser et de prêcher. Laissez-moi donc faire ma besogne, et non pas *éclipser* (66) l'argent qu'on me donne pour cela.

— Manofina, dit le moine, crois-tu en Jésus-Christ ? »

Le bravo s'inclina à ce nom sacré.

« Sans doute, mon Révérend ; je suis bon catholique, c'est pour cela que je veux faire mon métier en conscience. La justice avant tout ; j'ai promis de tuer, il faut que je tue.

— « Celui qui frappe du glaive périra par le glaive, » poursuivit l'apôtre. — Manofina, en vérité, je te le dis, le métier que tu fais est un métier de sang, et Jésus a horreur du sang, mon fils !

— Et si je renonce à ce métier, mon père, l'inquisition, que je ne voudrai plus servir, me fera brûler comme hérétique ou me forcera à sortir de l'Espagne, comme elle fait de tous ces pauvres Moresques qui s'en vont de Séville par milliers. Alors, que deviendra cette femme qui est mienne et que je fais vivre ?

— Qu'importe ? s'écria la Serena, attendrie par la douce parole de l'apôtre, il vaut mieux mourir que de vivre ainsi.

— Mais, ma confrérie, fit le bravo, est-ce que je puis l'abandonner, moi ?

— Non, dit le moine, trop philosophe pour croire qu'on pouvait ainsi en un instant détacher cet homme rude des habitudes de toute sa vie. Non, tu ne quitteras pas la confrérie de la Garduña ; mais comme une bonne action rachète plusieurs crimes, tu ne t'emploieras plus désormais qu'à sauver les victimes de l'inquisition.

— Mais je tromperai, dit le bravo, toujours épris de sa singulière probité, de sa fidelité chevaleresque aux statuts de son ordre.

— L'intention fait tout, répliqua le moine : n'auras-tu pas l'intention de bien faire ? ne feras-tu pas du bien en effet ? »

C'était à contre-cœur que l'apôtre, ce loyal et brave défenseur de l'Évangile, employait cette subtilité devenue depuis l'arme d'un ordre célèbre (67), le moyen à l'aide duquel il a bouleversé le monde, et répandu partout le venin de l'hypocrisie ; mais, certes, si jamais la subtilité fut sainte et permise, c'était bien en ce moment, où l'homme de Dieu réunissait toutes ses forces persuasives pour éviter d'innombrables maux par son ascendant sur un seul homme.

Le bravo l'écoutait avec recueillement ; un doute l'obsédait encore.

« Et vous, mon père, dit-il enfin, m'absoudrez-vous de toutes les infidélités commises envers ma confrérie ! A ce prix, je ferai tout ce que voudra Votre Béatitude, car vous serez seule responsable du salut de mon âme, et elle ne peut être mieux qu'entre vos mains.

— Je te bénirai toutes les fois que tu sauveras une victime, et je t'absous de tous les meurtres que tu ne commettras pas. Va en paix, mon fils, et que Dieu te guide. »

Le bravo tomba aux genoux de l'apôtre à côté de la serena, et leurs têtes s'inclinèrent ensemble sous deux mains réunies pour les bénir.

« Il nous a fiancés, » dit tout bas la serena en se relevant.

Et cette bohémienne vagabonde, élevée comme l'oiseau des bois, sans autre guide que les instincts de sa sauvage nature, tressaillit d'une émotion chaste et religieuse ; elle venait d'entrevoir le ciel dans l'amour, la consécration du plus pur sentiment de l'âme.

A quelques pas d'eux, Estevan et la fille du gouverneur confondaient leur douleur et leurs larmes : la joie de se retrouver avait au moins apporté ce soulagement à leur désespoir, qu'il ne brûlait plus leur sein sans pouvoir s'épancher au-dehors. L'espérance, une espérance triste, fugitive et lointaine, l'espérance, qui jamais n'abandonna l'amour, leur souriait au milieu de leur ciel sombre.

« Vois, dit la serena, dont l'instinct de femme avait tout deviné, vois, Manofina, combien nous serions malheureux si, au lieu de retrouver son beau fiancé, cette pauvre señorita avait heurté son cadavre !

— Culevrina, fit le guapo, il me semble que la voix de l'apôtre m'a donné une seconde vie et que je ne suis plus le même homme que ce matin. Jésus ! que j'ai de monde à sauver pour effacer tout le sang que j'ai versé ! Je vois bien qu'il faudra quitter la société de la Garduña.

— L'apôtre a dit qu'une bonne action rachète plusieurs crimes, répondit la serena ; sois donc tranquille, *mi alma*, et ne t'inquiète pas du reste. Sa Révérence s'est chargée du soin de ton âme, et si nous quittons la Garduña, le bon Dieu, qui nourrit les animaux, nourrira bien deux pauvres créatures chrétiennes. »

Le guapo et sa compagne s'éloignèrent.

Estevan et Dolores avaient tout oublié pour pleurer ensemble.

« Venez, mes enfants, dit l'apôtre, nous aviserons demain à choisir une retraite pour ma fille Dolores.

— Mon père, dit Estevan, il faudrait aviser, je crois, à fuir cette malheureuse terre d'Espagne, qui dévore ses enfants les plus purs.

— Fuir quand mon père est captif ! s'écria Dolores. Estevan ! l'avez-vous pu penser ?

— Mais vous vous perdez sans fruit, dit le jeune homme ; vous partirez seule, Dolores ; vous irez m'attendre hors de l'Espagne, tandis que moi j'emploierai mon crédit et ma fortune pour sauver votre père.

— Sauver les vivants ! dit le moine à voix basse, quand l'inquisition ne respecte pas la cendre des morts !

— Taisez-vous, mon père, fit Estevan qui l'avait entendu ; n'ôtons pas tout espoir à cette malheureuse enfant.

— Je ne quitterai l'Espagne qu'avec mon père, dit résolûment la fille du gouverneur.

— Pauvre enfant ! pensa l'apôtre ému ; tu as, toi aussi, une de ces âmes faites d'abnégation qui conduisent toujours au Calvaire

— Ma fille, dit-il, demain je vous mènerai au couvent des Carmélites.

— Estevan, fit tout bas la jeune fille, prends garde, l'inquisition a les yeux sur toi. »

On était arrivé devant la maison de l'apôtre. Dolores entra la première, Estevan s'arrêta en dehors, n'osant en franchir le seuil.

« Venez tous deux, mes enfants, dit le franciscain ; nous passerons ensemble la nuit à prier ; venez, car il faudra vous quitter demain. »

Estevan les suivit en silence.

La porte se referma sur eux.

VII

Estevan de Vargas.

Près de onze années avant l'époque à laquelle se passaient toutes ces choses, avait eu lieu l'avènement du cardinal Alphonse Manrique, archevêque de Séville, au poste éminent d'inquisiteur général de Castille. Déjà, depuis longtemps, sous le règne des prédécesseurs de Manrique, la haine des Espagnols contre le saint-office avait vivement éclaté en conspirations hardies, en révoltes continuelles, en plaintes véhémentes formulées hautement, et apportées jusqu'au tribunal des peuples, dont la lâche complaisance et l'intérêt particulier, aidés de la faiblesse égoïste des rois, restèrent impassibles devant les misères de l'Espagne.

L'inquisition la couvrit impunément de bûchers, dépeupla les villes, stérilisa les campagnes en les privant des bras qui les cultivaient, et d'un pays riche, chevaleresque, amant des arts, de la liberté, de la gloire, elle fit de vastes catacombes où l'aspect des morts épouvanta les vivants, une arène honteuse où l'on tombait sans combattre, où la main infamante du bourreau jetait la flétrissure au front des plus purs, sur un signe de ce hideux despote qui portait une couronne de flammes et un sceptre de fer.

Mais pendant que la lâche politique des rois laissait ainsi décimer ce beau royaume, de nobles Espagnols, des cœurs pleins de sève, brûlant de l'amour de la liberté, protestaient hautement, au péril de leur vie, contre les iniquités du tribunal de l'inquisition (68).

Au nombre de ces héroïques défenseurs des droits de l'humanité se trouvaient de nobles Castillans, de savants et saints évêques, et même des membres du conseil de Castille. L'Espagne était alors en état d'insurrection permanente ; mais cette généreuse croisade contre l'inquisition n'étant pas soutenue par les rois, et ne pouvant l'être efficacement par le peuple, courbé sous le joug du fanatisme, et trop ignorant alors pour comprendre sa véritable force, demeurait impuissante à détruire l'hydre dévoratrice. Tout se bornait à quelques mesures inefficaces, à de fallacieux sévices obtenus à grand'peine contre quelques inquisiteurs trop audacieux. Ainsi, vingt-six ans auparavant, Philippe Ier avait suspendu de ses fonctions le grand inquisiteur Deza et son ami l'inquisiteur de Cordoue, Lucero, dont l'horrible cruauté déclarait presque tous les accusés, qu'ils avouassent ou non, coupables de réticence, et les faisait ainsi condamner comme faux pénitents (69).

Parmi les seigneurs espagnols hostiles à l'inquisition, le jeune Estevan de Vargas s'était fait remarquer par l'âpreté de son indignation. Il descendait d'une de ces illustres familles mores qui, dès avant la conquête de Grenade, avaient volontairement embrassé le christianisme (70).

Jeune, ardent, passionné, Estevan possédait cette beauté mâle et poétique qui accuse encore plus l'énergie de l'intelligence que la force du corps. Son teint brun, d'une finesse extrême, avait ces tons dorés dont la vague transparence laisse à peine deviner, sous le réseau délié des veines, la circulation rapide d'un sang riche et ardent.

Son œil noir, doux et calme d'ordinaire, étincelait au moindre mouvement de l'âme. Il avait cette taille, élevée, souple et gracieuse, qui était l'apanage des belles races mores ; et, sur son front pâle, des cheveux noirs et brillants projetaient leur ombre

Tribunal de l'Inquisition

épaisse et couronnaient cette belle tête, faite pour porter une couronne d'or, ou plutôt de laurier : car Estevan avait la poésie qui charme, l'éloquence qui persuade et entraîne, et sa philosophie puissante était digne du maître qu'il avait suivi.

Estevan s'était nourri de l'Evangile.

Sans donner dans aucune secte particulière, sans adopter les doctrines de Luther ou de Mélanchton, sans devenir anabaptiste ou illuminé (*alumbrado*), excès qui, tous, lui semblaient également absurdes, Estevan avait réglé sa vie sur la pure morale du Christ : sa philosophie était la charité, la charité excessive, la charité quand même ; ses pratiques, la charité, toujours sous toutes les formes. Son culte, Dieu, Dieu grand et pur, Dieu détaché de toutes les passions humaines, Dieu source de la vie, prodiguant à l'homme des biens sans mesure, et n'exigeant en retour qu'un amour semblable au sien, indulgent aux mauvais et secourable à tous, et pour toute glorification une vie pure, aimante et dévouée.

Tout le reste n'était, aux yeux d'Estevan, que des jouets plus ou moins frivoles, ou des moyens honteux cu coupables.

La sublimité de son âme, la profondeur de ses convictions, l'éloquence de sa parole, donnaient au jeune philosophe cette puissance de fascination qui entraîne les masses. A sa voix, le peuple, exalté, se fût soulevé comme par magie, et eût fait trembler le redoutable tribunal. Son père, membre du conseil de Castille en 1502, avait, par sa courageuse opposition, favorisé l'établissement de cette junte connue sous le nom de *Congrégation catholique* (71), appelée à réprimer les excès; à réparer les injustices de l'indigne Lucero (72) contre les habitants de Cordoue. Malheureusement, cette mesure tardive et incomplète ne fut qu'une trêve fallacieuse accordée aux Espagnols par l'inquisition, hydre monstrueuse dont les têtes renaissaient toujours après avoir été coupées.

Le jeune Vargas, devenu un homme, avait à lutter contre les mêmes abus, et peut-être contre de plus grands encore.

Quel empire un homme comme Estevan n'avait-il pas dû prendre sur une âme comme celle de Dolores!

L'amour pur, l'amour complet ne naît pas dans les âmes v gaires ; l'amour d'un être fort pour un être médiocre n'est non plus de l'amour vrai : il devient alors erreur ou faibles Mais cette fusion parfaite de deux âmes qui les fait vivre de même vie, souffrir des mêmes tourments, qui unit les désirs les volontés de telle sorte qu'il semble qu'il n'existe plus qu' seul être en deux individus, cet amour-là se forme seulem dans les âmes sœurs, pareilles, liées par une affinité parfaite.

Forte par essence, douée de cette candeur sublime, idolâtre vrai, qui rejette avec horreur toute maxime fausse ou lâch toute action entachée de dissimulation ou de mensonge, Dolo avait en Estevan cette foi aveugle qui naît d'une admiration pr fonde. L'élévation de leur âme, les cruelles péripéties de le existence, encore si jeune, leurs tendances religieusement pl losophiques et l'entière pureté de leur cœur, avaient, pour ai dire, spiritualisé leur amour.

Fiancés l'un à l'autre par la volonté de leurs parents, ils se taient que leur union ne dépendait pas du consentement d hommes ; que déjà, par une convention tacite et inviolable, leu âmes étaient fiancées l'une à l'autre, et que la mort même pourrait les séparer. Ainsi leur amour était paisible en app rence ; ils attendaient avec joie, mais sans trouble et sans imp tience, l'époque qui rendrait leur union parfaite aux yeux monde. Ils sentaient que cette consécration pouvait ajouter à le bonheur ; mais ce bonheur, ils l'attendaient calmes, tant l'esp en eux dominait la matière.

Pendant la journée que Dolores avait passée dans la demeu de l'apôtre, elle lui avait naïvement raconté sa vie, son enfan pieuse, sa jeunesse pure et éclairée, son amour pour le nob Estevan.

Et l'apôtre, homme au cœur chaleureux, rempli d'indulgenc en qui, peut-être, le souvenir mystérieux d'un chaste amo brisé par la main des hommes ou par celle de la mort avait se lement changé de nom, et s'appelait maintenant charité ; l'ap tre, ému de ce touchant aveu, n'avait point hésité à dire au jeu homme :

« Entre chez moi avec ta fiancée ; l'amour pur n'offense pas le Dieu du ciel : il est un hommage rendu à sa toute-puissance. »

Et lorsqu'ils furent réunis tous trois dans cette humble demeure, dont les blanches parois n'avaient d'autre ornement que l'image de celui qui mourut sur le Calvaire,

« Mes enfants, dit le religieux, bénissez Dieu, qui vous frappe : les persécutions des méchants sont autant de couronnes pour l'autre vie. Bienheureux sont ceux qui passent sur la terre en priant et en pleurant !

— Mon père, répliqua le jeune homme, vos paroles sont saintes et consolantes, et j'adore comme vous la main qui s'appesantit sur nous ; mais nous autres jeunes gens à la vie forte et pleine de sève ; nous, chevaliers espagnols, dont les pères ont toujours loyalement servi la religion chrétienne, ou l'ont volontairement embrassée avec foi et conviction ; nous, fidèles observateurs de la loi du Christ, cette loi d'amour et d'indulgence, pourrions nous, sans être lâches, supporter le joug d'un pouvoir inique qui, au nom de Dieu, brave impunément toutes les lois divines et humaines ? La révolte contre lui n'est-elle pas un devoir ? »

Le Caveau du Salut.

L'apôtre resta quelques instants sans répondre : il semblait réfléchir profondément.

« Mon fils, dit-il enfin, je crois que le pouvoir inquisitorial est un abus qu'il faut combattre avec le glaive de la parole, avec la logique, avec la vérité, et non avec l'insurrection, fille de la colère et de la haine, et partant, aveugle, passionnée, sans règle, sans frein, sans mesure ; allant toujours trop loin ou pas assez ; verre d'eau jeté sur un immense incendie, qui, au lieu de l'éteindre, irrite la fureur de la flamme.

— Oui ! fit Estevan avec un mouvement énergique ; mais à la bouche éloquente on met un bâillon ; on étouffe la vérité sous les verrous, et la logique... O mon père ! vous savez assez combien ils sont habiles à la combattre. Le sombre génie de l'Inquisition l'étouffe sous les nœuds déliés de subtilités de tout genre, ou sous l'étreinte du feu de l'absolutisme ; ils tuent tout avec cette phrase : « Au nom de Dieu », et le peuple ignorant courbe la tête. Il a peur de devenir sacrilége en se révoltant.

— Le peuple souffre, dit l'apôtre ; car, dans tous les temps, sa force, à lui, est la résignation : lorsque, trop fatigué du joug, il se révolte et le secoue à terre, à quoi cela lui sert-il ? à changer de maître, voilà tout. Son sang et ses efforts ne servent qu'aux puissants, aux chefs de la révolte ; quant à lui, il reste souffrant et esclave.

— Mon père, dit Estevan d'une voix grave, quand les chefs sont purs, le peuple est heureux ; le malheur n'est pas dans l'obéissance, il est dans la haine pour celui qui commande.

— Sans doute, répondit l'apôtre, car celui qui est digne de commander se fait volontairement le frère et l'égal de ceux qui lui obéissent : il ne leur reste supérieur que par l'intelligence..... C'est le pilote qui tient le gouvernail pour assurer le salut de l'équipage

— Mon père, interrompit la jeune fille, qu'ont de commun un chef qui gouverne par droit ou par choix, et ce pouvoir barbare qui, au nom de Dieu, dépeuple l'Espagne et la couvre d'un linceul funèbre ?

— Dolores ! répliqua vivement Estevan, si celui qui gouverne était un bon pasteur, il ne laisserait pas tondre ses brebis par d'avides spéculateurs qui enfoncent les ciseaux jusque sous la chair, pour avoir la laine et le sang des troupeaux. La tolérance du roi pour l'inquisition n'est que le calcul d'une politique avaricieuse. C'est l'amour de l'or qui couvre le royaume de bûchers. »

L'apôtre leva les yeux au ciel, et deux larmes saintes glissèrent le long de ses joues pâles.

« Mon fils, dit-il, Dieu éclairera les rois sur leurs véritables intérêts et touchera leur cœur d'une compassion efficace. La voix des prédicateurs de l'Évangile finira par être entendue ; plusieurs d'entre eux, avec un courage héroïque, un courage aussi grand que celui qui arme la main d'une épée, s'élèvent en chaire contre les erreurs du fanatisme, et, au péril de leur vie, prêchent la doctrine de Jésus-Christ dans sa pureté et sa simplicité premières. Espérons en eux, mon fils, la force de la conviction est plus puissante que celle des armes, et le jour du triomphe pour les vrais chrétiens n'est peut-être pas éloigné.

— Mon père, dit Estevan, vous nous recommandez la patience et la résignation, et pourtant je vous ai entendu, dans nos églises, élever votre voix éloquente contre les scribes et les pharisiens de nos jours ; car, je ne me trompe pas, poursuivit-il en considérant avec admiration la noble physionomie de l'apôtre ; vous êtes un de ces courageux athlètes qui, jusque sous la hache des bourreaux, luttent de la parole et du geste contre les disciples de Dominique de Gusman, ce moine fanatique dont la cour de Rome a fait un saint.

— Je suis le plus humble des serviteurs de Dieu, répondit le moine avec une humilité vraie ; et quant à la couronne des saints, Dieu seul la donne, qui lit au fond des cœurs.

— Mon père, demanda Estevan, seriez-vous partisan de la doctrine de cet illustre réformateur appelé Luther, qui a converti à sa nouvelle doctrine tant de savants docteurs en théologie, des princes et même des évêques?

— Je suis chrétien, répondit le religieux; toute controverse me semble un sacrilége envers cette loi si simple, si humble et si douce que nous a apportée Jésus. A force de dogmatiser, mon fils, on se perd dans d'incompréhensibles ténèbres, et la foi, la charité, qui sont la base de notre culte, s'attiédissent ou se dénaturent; car toute désunion entraîne avec elle de l'aigreur ou du doute. La religion chrétienne est si simple! pourquoi la hérisser de difficultés de toute sorte? pourquoi, surtout, la mettre au service des passions humaines?

— Mon père, dit Estevan, votre religion est la mienne et celle de Dolores : voilà pourquoi on nous regarde comme des hérétiques.

— Le Christ aussi fut condamné comme impie et blasphémateur. De quoi vous plaignez-vous, mon fils? Il est beau de souffrir pour sa doctrine. »

Dolores écoutait avec ravissement ces deux hommes d'une foi si pure, et la crainte de l'Inquisition, qui l'avait tant tourmentée, s'effaçait devant ces sublimes pensées qui fortifiaient son courage.

Ils passèrent ainsi cette nuit cruelle qui avait amené, pour les jeunes fiancés, de si déplorables changements dans leur destinée. L'apôtre les consolait ou priait avec eux, et, en leur inspirant la résignation, donnait plus de force à leur espérance.

Le besoin de sommeil ne s'était pas fait sentir : quand l'âme est vivement excitée, elle domine le corps, qui alors lui obéit en esclave, et cet empiétement de l'esprit sur les besoins physiques semble augmenter encore la force et la lucidité de l'intelligence.

Une fièvre généreuse circulait dans les veines de la jeune fille; elle eût en ce moment souffert le martyre avec joie, si sa mort eût pu sauver ses frères, rendre le calme et la liberté à l'Espagne.

Vers le matin, une lueur blafarde mêlait déjà ses tons vagues à la clarté limpide de la lampe qui brûlait dans la chambre; on frappa doucement à la porte.

Estevan et Dolores tressaillirent involontairement.

« Ne craignez rien, dit l'apôtre, c'est sans doute un de nos amis. »

Il ouvrit.

Un jeune moine, revêtu d'un froc d'étamine noire, serré à la taille par un cordon blanc, se jeta dans les bras de l'apôtre, et, posant sa tête sur son sein :

« C'est ton fils, dit-il, qui a besoin de toi.

— Sois le bienvenu, dit l'apôtre en le baisant au front comme eût fait une mère; parle, mon fils, et dis-moi qui t'amène. »

Le jeune moine s'assit.

« Parle, mon fils, répéta l'apôtre en montrant les fiancés; ce sont deux frères, deux amis; parle, que veux-tu?

— Mon père, dit le jeune moine, j'ai voulu mettre en pratique les leçons que tu m'as données; j'ai songé, comme toi, que ce n'est point assez de la prédication, et qu'au soin des âmes il fallait ajouter celui du corps. Aidé des dons de quelques âmes pieuses, et grâce au sublime renoncement de quelques jeunes hommes illustres dont l'âme chaleureuse et pleine d'amour n'a trouvé que du vide aux joies de la terre, j'ai formé un corps assez nombreux, animé du seul désir d'être utile à ses semblables et de secourir leurs misères. Par nos soins, un hospice vient d'être élevé à Cadix (73), destiné à recueillir les membres souffrants de Jésus-Christ. Nous les soignerons de nos mains, et nous tâcherons, en guérissant le corps, de panser aussi les blessures de l'âme.

— Tu as eu là une sainte pensée, dit l'apôtre; la vie est belle quand elle a un si noble but.

— Mon cher maître, poursuivit le jeune moine, une seule chose m'embarrasse. Les douleurs de l'humanité sont si nombreuses et si variées! quelle espèce de misères chercherons-nous à soulager?

— Mon fils, répondit l'apôtre, parmi les membres souffrants de Jésus-Christ, il en est dont les maux, loin d'être un objet de pitié pour leurs semblables, deviennent au contraire un sujet de haine et de mépris; la société entière les repousse, et, loin d'affaiblir et de soulager leurs souffrances corporelles, elle ajoute encore à ces douleurs les douleurs morales plus cruelles mille fois. Ce sont ceux-là qu'il faut plaindre, ceux-là qu'il faut recueillir et consoler (74).

— O mon père! s'écria le disciple, la sagesse est en vous, et la charité parle par votre bouche. Vous avez fixé mes incertitudes. Oui, parmi les infortunés, nous choisirons les plus souffrants, tous ceux-là que personne n'ose approcher, et nous leur apporterons d'autant plus de consolations et de joie, qu'ils sont plus délaissés et plus désespérés. Merci, mon saint maître; nos pauvres malades vous béniront, car c'est vous qui êtes leur père (75). »

Puis ils causèrent encore longuement, quoiqu'ils eussent passé la nuit sans sommeil : la ferveur qui les animait les rendait peu sensibles aux fatigues corporelles. Le jeune moine soumit à celui dont il était le disciple les statuts de l'ordre qu'il voulait fonder; ils en discutèrent ensemble la sagesse, le nombre, l'utilité, et les deux jeunes fiancés tirèrent de leur entretien cette conclusion juste et vraie, que toute la pratique de la religion chrétienne consiste dans ce seul précepte :

« *Aimez vous les uns les autres.* »

Ainsi fut fondé cet ordre célèbre, qui existe encore de nos jours sous le nom des Hospitaliers de Saint-Jean; car le jeune moine n'était autre que ce grand prédicateur connu depuis sous le nom de saint Jean de Dieu. Cette fois, au moins, Rome fit justice en lui accordant la couronne des saints que lui avait depuis longtemps décernée l'Espagne.

La cloche du matin sonna l'Angelus.

Dolores et son fiancé s'unirent aux deux religieux dans cette prière matinale.

Le jour allait paraître.

« Mes enfants, dit l'apôtre, il faut vous dire adieu. Ce matin, je conduirai cette jeune fille dans le cloître pour y attendre en paix la volonté du ciel. Quant à vous, jeune homme, vous savez ma retraite; je vous répète ce que j'ai dit hier à votre fiancée : « Elle est toujours ouverte à ceux qui pleurent. »

Dolores leva vers le ciel un regard empreint d'une résignation douloureuse.

Estevan ne parla pas; la pâleur de son visage trahit seule les combats de son âme. Il pressa avec force la main de sa fiancée et tendit l'autre à l'apôtre, qui les regardait avec une tendre compassion, et s'enfuit en prononçant ce seul mot :

« Courage! »

Une larme unique glissa sur la joue pâle de la fille du gouverneur. L'apôtre sortit avec son disciple bien-aimé.

Il revint au bout de quelques minutes : il avait renoué ses sandales, et sa main droite s'appuyait sur un bâton de hêtre.

Dolores était agenouillée devant l'image du Sauveur. A l'approche du moine, elle tourna la tête vers lui : le voyant prêt à partir elle se releva brusquement, et étouffant un soupir douloureux qui gonflait sa poitrine :

« Mon père, dit-elle, je suis prête à vous suivre. »

VIII

Manofina.

La fille du gouverneur est restée sous la garde de son saint conducteur. Revenons à Manofina, que nous avons laissé sous l'impression d'une conversion nouvelle.

Le bravo reprit lentement avec sa compagne le chemin du palais de la Garduña. Leur trajet fut silencieux; seulement, par intervalles, Manofina pressait avec ardeur le bras de la Serena, qui s'appuyait sur le sien, et, par cette étreinte muette, cherchait à s'affermir dans la résolution qu'il avait prise.

Ils arrivèrent ainsi aux ruines qui servaient d'avenue à l'étrange demeure de Mandamiento.

Une faible lueur éclairait l'intérieur de la salle qui, à cette heure, était presque déserte. Aucun des membres de la confrérie n'était encore revenu de ses expéditions nocturnes. Seul, le *maître* attendait, assis sur un débris de colonne tronquée, en comptant d'un œil avide, une poignée de doublons. Çà et là, quelques vieilles *coberteras* avaient étendu leur tablier sur le sol, et dormaient, sur ce mince matelas, d'un sommeil profond et tranquille.

Averti par le bruit des pas du jeune couple qui s'avançait dans l'ombre, le *maître* releva brusquement la tête, et apercevant le bravo, il s'écria d'un air joyeux :

« Eh! c'est Manofina, toujours le premier à la besogne. Don Estevan de Vargas?...

— Se porte aussi bien que vous et moi, répondit le *guapo* d'une voix sombre.

— Par saint Jacques! s'écria Mandamiento, les sorciers auraient-ils brisé la lame de ton poignard dans le fourreau, mon brave; ou bien don Estevan posséderait-il un talisman qui le met à l'abri de l'acier?

— Ni l'un ni l'autre, maître. Je suis venu ici pour vous dire que je suis las d'*obscurcir*, et que je ne fais plus partie de la confrérie. Voici l'argent qu'on m'avait donné. »

Et il jeta une bourse aux pieds de l'irrité Mandamiento.

« Mille démons! s'écria le *maître*; est-ce toi qui parles, Manofina, ou l'esprit malin qui a pris ta forme pour m'abuser et te faire du tort?

— C'est bien moi en chair et en os, maître, répliqua le guapo, moi qui viens prendre congé de vous, et vous remercier de la protection toute particulière dont vous m'avez honoré. »

Mandamiento fronça le sourcil; il se tourna vers la Serena; qui se tenait derrière le bravo, l'air humble et les yeux baissés.

« Et toi, *Culevrina!* fit le *maître*, veux-tu aussi renoncer aux agréments et aux bénéfices du métier, pour suivre ce fou qui n'aura plus d'autre pain à te donner que la méchante *melopia* (76) des moines.

— J'y renonce, répondit la jeune femme en se rapprochant de celui qu'elle aimait.

— Race de fous! » murmura le *maître*.

Manofina ne répondit pas.

Mandamiento, s'étant levé brusquement de son siége de pierre, se mit à marcher à grands pas dans la salle, en murmurant des paroles inintelligibles.

C'était l'heure où rentraient d'ordinaire les membres de la confrérie; ils venaient rendre compte au *capataz* du résultat de leurs missions respectives. Peu à peu l'enceinte se remplit de monde; le maître, toujours absorbé, n'avait encore regardé ni questionné personne.

Enfin, la chambrée fut complète : il ne restait plus à venir que quelques *chivatos* attardés, personnages de peu d'importance. Tous les gros bonnets de l'ordre étaient réunis, et, remarquant que Mandamiento, absorbé dans ses idées chagrines, ne songeait pas plus à eux que s'ils eussent été de l'autre monde, Cuerpo de Hierro prit sur lui de s'approcher du chef, et le tirant doucement par la manche de sa chemise :

« Maître, dit-il, tous tes enfants ont rempli leur mandat.

— Non, pas tous! » s'écria le maître en jetant un sombre regard sur Manofina, qui se tenait à l'écart à côté de la Serena.

Tous les yeux se dirigèrent vers le *guapo* apostat.

Manofina ne baissa pas les yeux, il regarda ses anciens compagnons d'un air parfaitement calme, et ne répondit pas.

« Qu'est-ce à dire? s'écrièrent les autres; est-ce que cela est possible, maître?

— Oui, reprit Mandamiento d'une voix ridiculement solennelle : un *garduño* a failli à son mandat; la société perd d'un coup deux de ses plus braves soutiens, et cette lâche défection entraîne pour nous de grands malheurs.

— Oui, poursuivit le maître en désignant par un geste Manofina et sa compagne, qui semblaient impassibles, l'*ordre* perd en eux deux de ses meilleurs enfants; mais il perd plus que cela encore, il perd sa réputation de probité, sa renommée jusqu'ici sans tache, acquise par de longs et périlleux *services* (77). Que diront les nobles seigneurs? que diront les belles dames? que dira surtout le clergé, notre meilleure clientèle? que diront les dominicains, qui ont rempli nos coffres de doublons (78)? Nous allons passer dans tout le royaume de l'Andalousie pour de misérables escrocs qui prennent de l'argent pour *obscurcir* et qui n'obscurcissent pas. On nous comparera aux alguazils qu'on solde pour arrêter les voleurs et qui n'arrêtent que les honnêtes gens, ou à ces moines sans foi qui se font payer dix fois une messe dont ils ne disent pas la moitié.

— Comprenez-vous, frères, continua le maître en s'animant progressivement au bruit de ses propres paroles; comprenez-vous dans quelle colère va entrer le grand inquisiteur, lorsqu'il saura qu'un *obscurcissement* par lui commandé n'a pas été accompli? Et monseigneur l'archevêque ne dira-t-il pas aussi que nous sommes des lâches et des voleurs? et nous perdrons la protection de don Pedro Peladeras y Martinez y Cabrera *el Comilludo* (79), *protecteur de notre ordre* et lanternier du roi, notre seigneur don Carlos, que Dieu garde! O Manofina! Manofina! fais un retour sur toi-même, et répare un moment de faiblesse. »

L'assemblée avait écouté cet étrange discours dans une stupéfaction profonde.

Dès que Mandamiento eut cessé de parler, quelques *fuelles* hypocrites s'approchèrent de Manofina :

« Frères, lui dirent-ils, il n'est pas possible que tu nous abandonnes, n'est-ce pas?

— C'est fait, » répondit le bravo d'un ton bref.

D'un autre côté, deux *coberteras*, des plus vieilles et des plus repoussantes, s'étaient approchées de la Serena, et, par des paroles mielleuses, des flatteries empoisonnées, cherchaient à la ramener à sa vocation première.

« C'est inutile, répondit-elle; ce qui est dit est dit, nous ne changerons pas.

— Manofina escroc! s'écria un *guapo* promu de la veille.

— Manofina n'est point un escroc, répondit le bravo; il a rendu l'argent qu'il avait reçu : mais il déclare devant tous qu'il a failli, que le métier lui déplaît, et qu'il renonce à ses titres et priviléges. »

Manofina parlait d'une voix tranquille; ce n'était plus cet homme turbulent de la veille, avide d'actions périlleuses et horribles; c'était un homme fort et courageux, converti par les paroles de l'apôtre, aimant toujours le danger et les périls, mais non le péril sans but : toute son ardeur belliqueuse se tournait maintenant contre les oppresseurs des faibles, contre les sbires de l'Inquisition.

« A la *cheminée!* à la *cheminée!* (80) s'écria le nouveau gradé.

— Frère, répliqua sévèrement le maître, la confrérie de la Garduña n'a jamais livré à la grande cheminée de Séville ses enfants, même les plus coupables. S'ils sont faibles, fainéants ou maladroits, elle les dégrade et les renvoie; s'ils sont traîtres, elle les obscurcit; mais elle ne charge jamais *Mateo* (81) de la venger.

— Maître, dit Manofina, la confrérie ne livre pas ses enfants, et ses enfants non plus ne la trahiront pas; elle n'aura jamais rien à redouter de moi.

— Mon fils, répliqua le maître attendri, pourquoi veux-tu nous quitter? as-tu à te plaindre de moi? Tu peux encore réparer ta faute.

— Jamais! répondit Manofina d'un ton résolu.

— Sais-tu, reprit Mandamiento irrité, que tout membre infidèle mérite une punition?

— Tout membre infidèle encourt la dégradation; dégradez-moi donc, et que tout soit dit.

— Tu dois savoir qu'il y a certains cas où on l'*obscurcit*, répliqua sévèrement Mandamiento.

— On n'*obscurcit* que les traîtres, et je ne suis pas un traître.

— Mais...

— Mais on pourrait craindre que je ne le devinsse, veux-tu dire, et alors on m'obscurcirait, n'est-ce pas? ajouta le bravo d'un air défiant. Eh bien! je conseille à celui qui sera chargé de cette mission de dire dévotement son *Confiteor*; car, par la barbe du roi, il aura là une rude besogne. Mon poignard ne sera plus à l'ordre de qui que ce soit, mais il sera toujours prêt pour me défendre. »

Le défi de Manofina blessa l'amour-propre de quelques *frères*, qui portèrent la main à leur poignard. La Serena, à qui ce mouvement n'avait pas échappé, serra convulsivement le manche de sa petite lame andalouse.

Le *guapo* promu de la veille s'approcha alors de Manofina d'un air goguenard et lui dit à voix basse :

« Je n'aurais jamais cru que tu pouvais avoir peur, Manofina! »

Le *converti* sourit dédaigneusement.

« Que faites-vous là! s'écria le maître; ne savez-vous pas qu'on ne parle point à voix basse pendant les séances solennelles?

— Je disais à Manofina, répliqua le nouveau gradé, qu'il est dommage qu'il soit devenu si poltron; car je maintiens que c'est la peur qui l'a empêché de faire son devoir. »

Ces mots étaient à peine prononcés, que le *guapo* de la veille, emporté comme dans un tourbillon par le plus vigoureux soufflet appliqué par la main du terrible Manofina, était allé rouler aux pieds de Mandamiento.

Vingt poignards brillèrent à l'instant au-dessus de la tête de Manofina.

Mais lui, sans se déconcerter, roula son manteau autour de son bras gauche, saisit son poignard de la main droite, et, se posant en athlète prêt à tout braver, attendit les assaillants de pied ferme.

La Serena, le voyant ainsi, roula aussi sa mantille autour de son bras gauche, et, se plaçant dos à dos avec le bravo, attendit, le poignard levé, ceux qui auraient pu attaquer son amant par derrière.

Personne n'osa faire un mouvement.

« Eh bien! fit Manofina, voilà tout?

— Avancez donc, race de poules! s'écria la *Culevrina*, les yeux étincelants comme ceux d'une tigresse; avancez donc pour voir si nous avons oublié de *baptiser !* »

Mandamiento resta impassible.

Le *guapo*, qui déjà une fois avait été renversé, se releva furieux comme un chacal atteint d'une flèche, et se rua sur Manofina; mais, au grand désappointement de l'assemblée, il roula de nouveau sur le sol. Manofina, lui voilant la face de son bras gauche, lui avait en même temps lancé un vigoureux coup de pied qui l'avait renversé sur-le-champ.

Les autres membres de la Garduña n'avaient pas bougé.

« Señores! vous êtes un tas de lâches, s'écria Manofina : vous voulez me laisser *obscurcir* ce jeune *poulain*, qui a plus d'ardeur que d'expérience.

— Manofina, dit alors le maître, ce jeune *poulain*, comme tu l'appelles, a droit à une réparation, et tu es trop brave pour la lui refuser.

— Je suis prêt à lui donner toutes les satisfactions possibles, mais en règle et seul à seul.

— La Culevrina t'aidera, firent les autres en raillant.

— La Culevrina se tiendra tranquille comme une morte, répondit le bravo; faites comme elle, et laissez-nous, ce jeune homme et moi, régler nos affaires en paix.

— A l'ordre! mes enfants, s'écria Mandamiento, et que chaque poignard rentre dans le fourreau.

— Et vous, señor Garabatillo (82), ajouta-t-il en se tournant vers un jeune garduño qui lui servait de *page*, allez faire le guet et *grenouillez* (83) au moindre atome de fumée (84) que vous verrez s'approcher du cours de l'eau. »

L'envoyé partit.

Il se fit un grand cercle d'hommes et de femmes dans la salle de la Garduña; le guapo et Manofina, armés tous deux de leurs énormes couteaux d'*Albacete* (85), s'avancèrent au milieu de ce cercle vivant.

Avant de commencer le combat, les deux adversaires confrontèrent scrupuleusement leurs armes, pour s'assurer qu'elles étaient exactement pareilles.

Et ceci est un fait qui réfute victorieusement la qualification de *traîtres* donnée aux Espagnols par les étrangers, que les gens de la plus basse extraction, le rebut de la population, escrocs, filous, repris de justice, forçats libérés et autres, apportent à ce genre de combat une loyauté, une générosité chevaleresque qu'on ne devrait guère s'attendre à trouver dans des êtres aussi abjects. Il n'y a pas d'exemple qu'un *baratero* (86) ait frappé son adversaire, dès que celui-ci a déclaré ne pouvoir plus, ou ne vouloir plus se battre. Si l'un des deux combattants n'a pas de manteau, l'autre se dépouille du sien, et se sert de son bras nu pour parer les coups. Cette générosité est d'autant plus remarquable, que ces gens-là se battent le plus souvent pour des causes fort minimes, pour quelques liards, souvent pour moins (87).

Les armes des deux garduños se trouvèrent être exactement de la même longueur, leurs lames affilées étaient d'une largeur égale. Cet examen fini, les combattants roulèrent leur manteau autour de leur bras gauche en guise de bouclier; puis ils se posèrent fièrement en face l'un de l'autre.

Ainsi posés, ils attendirent le signal.

Le nouveau guapo, impatient comme un jeune coq qui sent pousser ses ergots, cria le premier :

« *Ande usted !* allez donc! »

A ce cri, ces deux hommes se ruèrent l'un sur l'autre, se courbant, se redressant, se tordant comme des couleuvres, se rejetant en arrière pour bondir de nouveau d'un élan plus sûr et atteindre leur ennemi. Dans ces mouvements rapides et imprévus, qui n'ont d'autre but que d'halluciner son adversaire afin qu'il ne puisse sûrement diriger ses coups, Manofina, plus calme et plus exercé, avait un incontestable avantage.

Le jeune guapo, étourdi par la colère, furieux de poursuivre une ombre qui lui échappait sans cesse, se ruait en désespéré sur l'adroit Manofina, négligeant de se défendre pour attaquer, et offrant vingt fois sa poitrine au couteau meurtrier.

La Culevrina suivait d'un regard étincelant, et la poitrine haletante, ce combat atroce qui tenait toutes les âmes en suspens. Quelques-uns des assistants priaient intérieurement pour le jeune bravo, qu'ils voyaient déjà étendu mort sur la poussière.

Le maître se taisait : son visage n'exprimait rien.

Le jeune garduño, déjà fatigué, s'essoufflait à poursuivre cett[e] manière imprudente de combattre. Vingt fois le poignard de Ma[no]fina avait effleuré sa poitrine; mais Manofina, qui ne voula[it] pas le tuer, saisit le moment où son adversaire se jetait sur lui [la] main horizontale, le couteau dirigé vers sa poitrine, et relevai[t] brusquement le bras gauche, d'un coup violent et imprévu, envoya l'*albacete* du jeune homme rouler aux pieds du maître.

« Bravo! bravo! s'écria-t-on de toutes parts; bravo, Manofin[a], tu es digne encore d'être des nôtres!

— Merci, frères, répondit l'amant de la Serena; merci, vot[re] approbation me suffit.

— Tu es vraiment un homme courageux, Manofina, dit le vainc[u] en lui tendant la main; sans rancune, frère. »

Manofina serra cordialement la main qui cherchait la sienne.

Puis, s'avançant vers Mandamiento :

« Maintenant, maître, dit-il, terminons la cérémonie et que [je] sois libre. »

Mandamiento vit bien que toute tentative serait inutile po[ur] changer la résolution du guapo; le maître tira donc son poignar[d], en appuya la pointe sur le sol, et ployant fortement la lame, il [la] brisa et en remit les débris à Manofina, qui lui donna le sien e[n] retour.

Par cet échange, le bravo restait dégradé et indigne de partag[er] les exploits de la Garduña et de contribuer à sa gloire.

Mandamiento prit ensuite le bravo par la main, et le condui[sit] devant une image de la Vierge : là, Manofina, s'étant agenouill[é], prononça la formule suivante :

« Par les douleurs de Notre-Dame, et par le sang de son fi[ls] Notre-Seigneur, versé pour nous, je jure de ne jamais trahir [la] confrérie de la Garduña ni aucun des frères de l'ordre; de ne j[a]mais devenir membre de la grande *cheminée* au détriment d[es] frères *garduños*, et de ne jamais tirer mon poignard contre auc[un] d'eux, si ce n'est en légitime défense... Dieu m'aide selon la si[n]cérité de mon serment, et me punisse si j'y manque.

— *Amen!* » répondirent en chœur tous les membres présent[s] agenouillés derrière le guapo.

Cette ridicule cérémonie achevée, Manofina prit le bras de [sa] compagne, et, jetant un regard d'adieu à ses anciens camarades, sortit de l'antre de la Garduña, décidé à n'y plus rentrer jama[is].

« Frères, s'écria le maître dès que Manofina eut disparu, no[us] ferons une neuvaine à Notre-Dame-des-Sept-Douleurs, afin qu'el[le] daigne nous envoyer un digne successeur de ce pauvre enfa[nt] égaré qui vient de nous quitter. »

IX

Le Favori de l'Inquisiteur.

C'était le surlendemain de l'orgie.

Il pouvait être dix heures du matin; l'inquisiteur venait de [se] lever. Son visage portait encore les traces des excès de la n[uit] précédente, et de ce sommeil intempestif qui fatigue et use l[es] forces au lieu de les réparer.

Pierre Arbues était d'une pâleur livide.

A l'excitation nerveuse causée par l'intempérance, se joignaie[nt] les agitations d'une passion contrariée, une colère sourde cont[re] les agents de ses crimes. Enriquez, surtout, excitait au plus ha[ut] point son ressentiment; la sauvage passion de l'inquisiteur po[ur] Dolores s'exaltait de tous les obstacles qui étaient venus renvers[er] ses projets.

Le teint bilieux de Pierre Arbues se mélangeait par momen[ts] de taches violettes; son grand œil d'un bleu sombre, lumine[ux] et profond, devenait fauve comme celui du tigre, et son pro[fil] d'aigle, violemment contracté, s'empreignait d'une férocité e[f]frayante.

Il se rapprocha d'un *brasero* (88) qui brûlait au milieu de [la] chambre, et présenta ses mains roidies à cette chaleur bienfa[i]sante; il avait froid : la violence de ses sensations concentrait [au] cerveau toute la chaleur vitale.

« Dolores! s'écria-t-il; Dolores! »

Son imagination exaltée lui représentait, comme dans un miroir magique, la beauté surhumaine de la fille du gouverneur : il bondit sur son siége, et ses dents se serrèrent par un accès de frénésie indomptable.

« Oh! qu'elle était belle ainsi! continua Pierre Arbues, irrésistiblement poursuivi par l'image de la jeune fille; qu'elle était belle au milieu de sa terreur! Oh! l'avoir vue ainsi chez moi... l'avoir tenue ici en ma puissance, sans redouter sa colère ni ses cris!... Cela serait pourtant sans la lâcheté d'Enriquez...

« Vil esclave! qui ne sait que flatter et non servir; race maudite qui baise la poussière de nos sandales, et recule devant le danger quand il s'agit de nous satisfaire!

« Mais, quoi! poursuivit le farouche inquisiteur en relevant fièrement la tête, ne suis-je pas le maître ici, et ne puis-je obtenir par la force ce que l'adresse n'a pu faire?

— Holà! fit-il en s'approchant d'une portière de soie qui le séparait d'une antichambre où se tenaient ses familiers de service, qu'on fasse venir mon secrétaire... »

Le secrétaire accourut.

C'était un jeune homme noble, de famille pauvre, qui, pour éviter la misère et les persécutions, s'était mis au service de Son Éminence.

Tout n'était-il pas au service de l'Inquisition!

« Don Philippe, dit l'inquisiteur, a-t-on arrêté cette nuit le gouverneur de Séville! a-t-il été conduit dans les prisons du saint-office? »

Don Philippe s'inclina.

« Monseigneur, les ordres de Votre Éminence ont été exécutés. »

Un éclair de joie sombre jaillit des yeux de l'inquisiteur.

« Dites, je vous prie, qu'on m'envoie José, » poursuivit Arbues.

Le secrétaire sortit.

L'inquisiteur se mit à marcher à grands pas dans la chambre.

« Au moins, dit-il, je me vengerai d'elle; et puis, continua Pierre Arbues toujours en se parlant à lui-même, j'espère que ces Gitanos maudits que je protége auront mieux rempli leur tâche que mes familiers; d'ordinaire les enfants de la Garduña ne manquent pas leurs coups. Cet Estevan que je hais n'existe déjà plus; j'aurai du moins enlevé Dolores à ce rival odieux. »

Comme il parlait ainsi, la figure pâle de José se montra à la porte de la chambre. A sa vue, la physionomie de l'inquisiteur s'adoucit d'une façon singulière.

« Entre, José, ta présence m'est toujours chère. »

Le novice était en effet un de ces êtres indispensables aux puissants désœuvrés du monde, qu'on a toujours désignés sous le nom de favoris : instruments de bien ou de mal, selon la bonté ou la perversité de leur âme : êtres faibles qui règnent par la douceur et par la complaisance, et à qui pourtant rien ne résiste : influences mystérieuses, fatales comme la destinée, génies familiers du maître dont ils inspirent toutes les actions bonnes ou mauvaises, ils semblent agir en vertu d'un talisman enchanté; car, le jour où ce talisman leur échappe, ils tombent eux-mêmes entraînés par cet irrésistible pouvoir qui les brise ainsi qu'il les a élevés, sans cause et sans but.

« Monseigneur a mal dormi cette nuit? demanda le favori d'une voix caressante.

— Oui, j'ai mal dormi, José; j'ai passé une nuit fatigante et cruelle.

— Monseigneur, il y a aussi dans le palais un pauvre homme qui a mal dormi, blessé qu'il a été dans son corps et dans son âme pour le service de Votre Éminence. »

Les yeux de Pierre Arbues étincelèrent de courroux.

José poursuivit sans se déconcerter :

« Cet homme, Monseigneur, a manqué de perdre la vie au service de Votre Éminence, et lorsqu'il est revenu vers vous, saignant et meurtri, Votre Éminence l'a chassé comme une bête immonde, et, depuis, elle a refusé d'entendre sa justification.

— José! s'écria l'inquisiteur avec colère, sais-tu que si un autre que toi osait intercéder pour Enriquez...

— Votre Éminence l'écouterait comme elle daigne m'écouter, poursuivit le favori d'un ton calme; car Votre Éminence est juste avant tout, et elle se reproche dans son âme sa cruauté envers ce pauvre Enriquez.

— Un traître! murmura Arbues.

— Un serviteur à mourir pour vous, monseigneur; un serviteur brave, fidèle, et dont vous avez besoin. Qui ferez-vous maintenant gouverneur de Séville?

— Par la pantoufle du pape! vous raillez, maître José; je ne sais lequel de nous deux est le plus fou, vous, jeune écervelé qui m'entretenez de pareilles sornettes, ou moi, grand inquisiteur de Séville, qui vous écoute.

— Monseigneur, dit José, je vais vous prouver sur l'heure que nous sommes très sages tous les deux.

— Je suis curieux de voir comment tu me prouveras cela.

— Rien de plus facile, monseigneur. Vous venez d'enlever à la noble cité de Séville son très honoré et très honorable gouverneur, le comte Manuel Argoso; voilà la cité sans mentor, et Votre Éminence sans auxiliaire. Dans ces temps d'hérésie, monseigneur, un auxiliaire est une chose dont Votre Éminence ne peut se passer.

— Où veux-tu en venir? dit l'inquisiteur, qui commençait à écouter avec complaisance.

— J'en veux venir à vous prouver, monseigneur, que le meilleur auxiliaire de l'inquisiteur est le gouverneur de la ville, et qu'il est urgent que ce gouverneur soit une créature de Votre Éminence. Or, où troverez-vous un homme plus dévoué que ce pauvre Enriquez, qui, dans un simple enlèvement de jeune fille, a souffert deux ou trois *baptêmes*, comme disent ces damnés bohémiens de la Garduña, et le *bain* le plus complet qu'il soit possible d'imaginer? »

Pierre Arbues sourit légèrement, l'influence du favori avait calmé la fièvre qui embrâsait son sang.

« Enriquez, gouverneur de Séville! s'écria-t-il tout à coup dans un accès d'hilarité spontané; mais sais-tu, José, que c'est un homme de rien?

— Plus grand sera le pouvoir de Votre Éminence, qui en fera quelque chose, » répondit José sans se déconcerter.

Un rire bruyant, mais sans entraînement ni sympathie, un rire d'inquisiteur, répondit seul à cette saillie.

José reprit avec la persistance câline d'un enfant gâté :

« Monseigneur faut-il que j'appelle ce pauvre Enriquez, afin qu'il se justifie et implore le retour de vos bonnes grâces?

— Il est donc bien repentant de l'insuccès de son expédition?

— Il a la contrition parfaite, monseigneur..

— Au fait, dit Arbues, un homme qui a reçu trois *baptêmes* et qui possède la contrition parfaite mérite certainement l'absolution. Va donc me chercher Enriquez, mon petit José. »

Le novice baisa la main de l'inquisiteur avec un empressement fébrile; quelqu'un qui aurait pu voir alors sa tête penchée sur la main de Pierre Arbues aurait jugé, à l'expression haineuse et farouche de sa physionomie, que le favori eût volontiers déchiré de ses dents la main du maître, au lieu de la couvrir d'un baiser hypocrite.

José sortit.

« Après tout, se dit à lui-même l'inquisiteur, l'idée de cet enfant n'est peut-être pas si mauvaise. Enriquez, gouverneur de Séville, élevé par moi et soutenu par moi seul, deviendra l'instrument docile de mes volontés, le licteur à qui je dirai : Frappe, et qui frappera. Oui, José a raison, et la sagesse réside en lui. »

Comme il achevait ces mots, le favori accourait, suivi d'Enriquez.

Le familier était encore pâle; sa tête meurtrie et son bras blessé étaient enveloppés de bandelettes; son maintien hypocrite donnait à ce visage maigre et fatigué l'air encore plus maladif et plus souffrant.

A sa vue, le front de l'inquisiteur se rembrunit de nouveau.

Le disgracié mit un genou en terre, et, par un geste, sollicita la faveur de baiser la main de Son Éminence.

Pierre Arbues regarda son favori.

« Allons, un peu d'indulgence, dit le regard de José.

— Je vous pardonne, Enriquez, fit le grand inquisiteur : remerciez don José, qui a plaidé pour vous mieux que n'eût fait un avocat, et racontez-moi en détail l'expédition nocturne qui vous a valu ces blessures. »

Enriquez ne se fit pas prier deux fois; il raconta de nouveau à Son Éminence tout ce que nous savons déjà de l'enlèvement de Dolores, sans faire faute de s'attribuer tout l'honneur des coups donnés et reçus; au fait il ne prenait que le bien des morts; c'était un héritage et non un vol.

Quand il eut fini, l'inquisiteur, un peu radouci, ou, pour mieux dire, tout à fait radouci en sa faveur, lui dit d'un ton où perçaient la bienveillance et la protection :

« Enriquez, je te crois fidèle, et, bien que tu n'aies pas réussi dans cette entreprise, j'espère qu'à l'avenir tes efforts et tes soins pour le service de Dieu (89) rachèteront cet échec ; et, pour te prouver que je ne garde contre toi aucun ressentiment, que je te considère au contraire comme mon serviteur le plus dévoué, je vais écrire au roi et lui demander pour toi le titre de gouverneur de Séville.

— Le comte Argoso est-il mort? demanda Enriquez partagé entre la surprise et la joie.

— Autant vaut, murmura José entre ses dents; il est dans les prisons du saint-office.

— Monseigneur, dit un familier en soulevant un coin de la portière de soie, maître Mandamiento demande à parler à Votre Éminence.

— Estevan est mort, pensa l'inquisiteur,

— Faites entrer le *maître* de la Garduña, dit-il en appuyant avec ironie sur ces derniers mots.

Mandamiento fut introduit.

Il resta debout et la tête couverte en présence de l'inquisiteur.

Cet homme sauvage avait une idée tellement bizarre et fanatique des prérogatives de sa charge, qu'il croyait traiter de puissance à puissance.

Enriquez fit signe à Mandamiento de se découvrir, le *maître* répondit par un regard de mépris. L'inquisiteur sourit, et se tournant vers le *garduño* :

Eh bien ! dit-il, tout est fini, n'est-ce pas?

— Rien n'est fait, répliqua Mandamiento d'un air sombre.

— Quoi! Estevan de Vargas?...

— Estevan de Vargas court les champs, et pas un cheveu n'est tombé de sa tête. Pour la première fois depuis son existence, la Garduña a compté un traître dans son sein, et ce traître s'est trouvé parmi ses plus braves enfants, poursuivit Mandamiento avec une douleur comique.

Il s'apitoyait sur la désertion de Manofina, comme un bon père de famille sur les débordements d'un fils unique et chéri.

« Par Satan! s'écria l'inquisiteur en frappant du pied avec rage, tout me trahit donc en cette circonstance? Comment s'appelle le traître? fit-il d'une voix brève.

— J'ai juré que personne ne le saurait, monseignur, et ce nom importe peu à Votre Béatitude. Je suis venu auprès d'elle seulement pour lui restituer la somme avancée à.... celui qui avait été chargé de l'expédition. »

Et avec la plus scrupuleuse probité, le bandit posa sur la table les pièces d'or qu'il avait reçues pour assassiner don Estevan.

« N'y a-t-il donc personne parmi tes gitanos qui veuille se charger de cela? demanda l'inquisiteur.

— Oh! les braves et les fidèles ne manquent pas chez nous, et j'ose vous promettre, pour l'avenir.... Mais nous avons perdu les traces de notre homme, et il me faudrait un délai.

— Qu'à cela ne tienne, répondit l'inquisiteur, si tu me promets que don Estevan ne t'échappera pas. Reprends donc ton or, Mandamiento, ce n'est là qu'un à-compte du marché; plus la besogne sera devenue difficile, plus grosse sera la récompense, mon brave.

— Soit, dit le bandit en reprenant les pièces d'or; d'ici à huit jours, monseigneur, je puis promettre à Votre Révérence que le jeune homme aura reçu un baptême de main de maître.

— *Amen*, fit José; et il sortit d'un air indifférent.

— Ne saurais-tu me dire, Mandamiento, demanda Arbues, en quel lieu s'est réfugiée la fille du gouverneur de Séville?

— Monseigneur ne m'avait pas chargé du soin de sa garde, épliqua le *Garduño*.

— Juste là réponse de Caïn au Seigneur, » hasarda de dire Enriquez.

On tolérait de José ce qu'on ne souffrait pas du familier; Arbues fronça le sourcil : il avait l'âme trop préoccupée pour s'arrêter à des plaisanteries.

« Mandamiento, continua-t-il, voilà une capture pour laquelle l'or de mes coffres sera prodigué ; tâche de découvrir cette jeune fille et de me l'amener.

— Saine et sauve? demanda froidement le bandit.

— Par le Christ! s'écria l'inquisiteur, qui jurait indifféremment par les choses saintes et les choses réprouvées; par le Christ! sans qu'il tombe un cheveu de sa tête, entends-tu? sa qu'on lui cause la moindre frayeur. N'avez-vous pas des femme vous autres, qui font métier de cela? Qu'on découvre où est ce jeune fille, elle ne se défiera pas d'un être de son sexe; qu' emploie la ruse; enfin, tu dois savoir comment il faut prendre.

— Oh! la Serena! pensa Mandamiento, celle-là était adro et câline.

— Monseigneur, continua-t-il tout haut, on tâchera; mais ne promets rien, cela est plus difficile qu'on ne pense.

— Monseigneur, fit Enriquez à voix basse, je la découvrir moi : ne serai-je pas bientôt gouverneur de Séville? »

Arbues congédia le maître *garduño*.

Cet étrange personnage sortit la tête au vent, le regard assu il avait une haute idée de son importance, et cette folie, exal encore par une existence tout excentrique, et par la tourn naturellement orgueilleuse et poétique de l'esprit espagnol, i primait à tous les gestes, à tous les mouvements de Mand miento, quelque chose de solennellement sauvage que la par est impuissante à traduire.

Quand il fut dehors, Arbues haussa les épaules.

« Être en contact avec cette espèce! murmura-t-il; et tc cela par la faute de la milice du Christ? Si les familiers avai assez de zèle, aurions-nous donc besoin de ces bohémiens ?

— Monseigneur, dit Enriquez, si ces bohémiens ne nous se vaient pas, ils nous feraient la guerre.

— C'est peut-être vrai, » répondit Arbues.

Le familier, rentré en grâce, continua de causer avec l'inq siteur.

Ce qu'ils dirent, nous n'en savons rien; mais très certai ment l'enfer dut sourire à cette causerie intime, à ces confiden cyniques ou impies échangées entre ces deux horribles perso nages; et si Dieu ne s'indigna pas de se voir mêler à tout ce c'est que sa bonté est infinie, et qu'il souffre les méchants sur terre, non pour purifier les bons comme on l'a dit, mais pa qu'il est père, et qu'un père est toujours indulgent, même pc ses enfants les plus pervers.

A peine le señor Mandamiento avait-il fait quelques pas da la rue, qu'il se sentit arrêté par la manche de sa veste.

Le maître se retourna et ne fut pas peu surpris de reco naître le favori de monseigneur dans celui qui l'avait ai arrêté.

« Sa Béatitude aurait-elle oublié quelque chose? demanda bohémien.

— Sa Béatitude a oublié de te dire que *je ne veux pas* que d Estevan de Vargas meure, répondit José.

— Il fallait l'en faire souvenir, répliqua Mandamiento sur même ton.

— Pourvu que tu le saches, toi, n'est-ce pas tout ce qu'il fa fit le novice.

— Monseigneur m'a donné des arrhes pour *obscurcir* don Es van, continua le bandit, et je ne connais rien qui m'empêche faire la volonté de monseigneur.

— Excepté la mienne, dit don José avec autorité. *Je ne ve pas* que don Estevan meure, entends-tu bien, Mandamiento! je rendrai les arrhes à monseigneur ; sois tranquille sur ce poi et va-t'en. »

Le maître connaissait la toute-puissance de José sur l'inqui teur; le ton résolu du novice le jetait dans l'indécision : fallai déplaire au maître? fallait-il déplaire au favori?

Mandamiento réfléchit un instant; puis se tournant vers jeune moine qui l'interrogeait de son œil perçant :

« Révérence, dit-il, quoi qu'il doive m'arriver, vous se obéi. »

Un courtisan n'eût pas mieux fait.

« C'est bien, dit José; quoi qu'il t'arrive aussi, réclame-toi moi; et glissant une bourse pleine d'or dans la main du *gardu* le favori disparut au détour d'une rue.

— Ceci est un don, pensa Mandamiento en considérant riche présent du jeune moine. Rien n'est mieux acquis que qu'on nous donne ; je puis donc le garder. »

Le maître de la Garduña s'éloigna en chantant à demi-voix de ces vieux refrains espagnols que les Gitanos chantent enc en Andalousie.

X

La Profession.

A quelque distance de Séville, sur une riante colline qui baigne ses pieds dans le Guadalquivir, s'élevait un couvent de dominicains, vaste et somptueux édifice bâti au milieu d'une oasis, entouré au dehors de tous les prestiges d'une nature riche et variée, embelli au dedans de toutes les recherches du beau et du commode, pour rendre sans doute plus faciles aux enfants de Dominique de Guzman le renoncement et l'abnégation.

Ce couvent, ou plutôt ce palais, ancienne demeure d'un prince maure, servait d'asile à une trentaine de moines destinés à alimenter les tribunaux de l'inquisition. Plusieurs d'entre eux avaient figuré avec éclat dans le haut grade d'inquisiteur provincial ; tous se faisaient remarquer par leur zèle impitoyable pour l'extirpation de l'hérésie, et monseigneur Arbues affectionnait particulièrement ce *saint* asile, où il venait parfois se délasser de ses *pénibles fonctions*.

Ce jour-là, une affaire importante l'appelait dans ce séjour de *béatitude*; une brillante cérémonie se préparait, à laquelle la présence de l'inquisiteur devait donner plus de solennité.

C'était deux mois après la disparition de la fille du gouverneur. La passion de Pierre Arbues, bien que non éteinte, laissait quelques instants de trêve à cette âme ardemment despotique, et les plaisirs piquants de la domination attiédissaient par instant les déceptions de son amour effréné.

Puis, Dolores n'était pas le seul intérêt de la vie de l'inquisiteur. Ce jour-là, José, son favori, devait faire sa profession au couvent des dominicains, et l'amitié de Pierre Arbues pour ce jeune homme, d'une beauté féminine, était assez vive pour faire diversion à une passion plus ardente.

Dès le matin de cette journée solennelle, le couvent avait été sur pied ; la chapelle, vaste rotonde qui avait conservé sous ses ornements chrétiens une physionomie mauresque, avait été parée de guirlandes et de fleurs.

Notre-Dame-du-Rosaire, patronne spéciale des dominicains, avait revêtu ses habits de fête; la soie et le velours avaient voilé la chaste image de l'humble mère du plus humble des hommes, et cette modeste reine des anges étala des diamants et des perles comme une reine de la terre.

Le marbre blanc des colonnes disparut sous un tissu de roses, des cierges innombrables resplendirent sur l'autel ; et à la senteur enivrante des parfums, à l'éclat mondain des draperies, à l'élégance mythologique et fabuleuse de la colonnade, à la profusion des fleurs qui remplissaient cette enceinte, on eût dit le temple d'une Vénus antique soudainement transformé en chapelle chrétienne : seulement à la place de la divinité païenne, on avait mis l'image de la Vierge du ciel ; et dans un des côtés de la nef, la statue en pied du sombre patron des dominicains rappelait, par sa physionomie sévère, aux pensées graves, que l'aspect riant de ce lieu eût laissées sans cela naître difficilement.

A droite, dans l'abside, un siége, recouvert de velours et surmonté d'un dais élégant, avait été préparé pour monseigneur le grand inquisiteur ; à sa droite, sur un fauteuil un peu plus bas, devait s'asseoir le prieur du couvent, qui d'ordinaire occupait la première place. Ce jour-là, il fallut bien se conformer aux lois de la hiérarchie.

Vers les neuf heures, un chant large et solennel éclata sous les voûtes de la chapelle, déjà remplie de nombreux invités, dames et seigneurs de la cour pour la plupart.

Les moines, bannière en tête, s'avancèrent lentement sur deux rangs en chantant le *Gloria in excelsis*. Chacun d'eux avait un cierge allumé à la main. Ces sombres figures déguisaient mal, sous un ascétisme sauvage, des passions toutes terrestres ; toutefois, cette longue procession d'hommes revêtus des insignes de la tombe (le noir et le blanc) avait quelque chose de lugubre qui glaçait d'effroi ; le prieur, revêtu des ornements épiscopaux, fermait la marche.

Les chants finis, les moines s'arrêtèrent en se faisant face. Le prieur passa au milieu d'eux ; deux moines remplissant l'office de diacres, le suivirent : ils accompagnaient le novice, revêtu du riche et gracieux costume des chevaliers espagnols.

Tous les quatre allèrent s'agenouiller au milieu de l'abside, sur des coussins de velours qui avaient été préparés pour les recevoir.

Un seigneur espagnol servait de père à don José.

Monseigneur Arbues occupait déjà la place qui lui avait été réservée.

Après l'évangile eut lieu le sermon d'usage, discours ampoulé et mystique sur les béatitudes de la vie claustrale : phrases sans ordre, obscures et alambiquées, empreintes d'un profond et inintelligible ascétisme, ne disant rien au cœur, rien à l'imagination, mais tendant toujours au but unique de Rome :

Éteindre pour dominer.

L'auditoire en fut très satisfait; toutefois, l'éloquence du prédicateur n'empêcha pas les belles dames présentes à la cérémonie de lorgner très saintement le jeune novice et d'admirer sa bonne mine et sa belle figure.

José cependant était fort pâle, mais son œil noir avait une expression étrange, et des éclairs de joie sombre passaient sur son visage.

Après la messe, le prieur s'avança vers le novice.

« Qu'êtes-vous venu chercher ainsi paré dans la maison de Dieu? lui demanda-t-il.

— Je cherche le salut de mon âme, répondit José.

— Est-ce au milieu des pompes du monde que tu penses le trouver?

— Eh bien! je renonce aux pompes du monde.

— Ce n'est point assez, il faut renoncer à la chair et à ta volonté.

— Je ferai vœu de chasteté, et je serai humble et soumis envers celui qui voudra me conduire dans la voie du salut.

— Va donc, » fit le prieur.

Deux moines s'emparèrent du novice, et le conduisirent derrière l'autel, dans un lieu préparé pour le recevoir.

C'était un endroit sombre, éclairé par une lampe sépulcrale qui pendait à la voûte ; au milieu, sur le sol tapissé de drap noir, une bière couverte d'un poêle, autour de laquelle brûlaient quatre cierges de cire blanche, semblait attendre qu'on la descendît en terre.

Sur le couvercle de la bière, une tête de mort posée sur deux os en croix grimaçait en étalant deux rangées de dents d'une blancheur d'ivoire.

Au-dessus, fixés en terre par la haste, s'élevaient, comme deux étendards sinistres, la grande croix d'argent et la *manga* (90) qu'on portait aux enterrements.

Vers le haut bout du caveau, à côté d'un prie-Dieu surmonté d'un crucifix de plomb, on voyait une table drapée de noir, où étaient déposés les nouveaux vêtements destinés au novice.

Enfin, à l'autre bout, en face du prie-Dieu, une grande plaque de métal poli attachée au mur reflétait et multipliait tous ces objets lugubres.

Le lieu s'appelait le *caveau du salut* (91).

Là on laissait le novice seul.

Il se dépouilla de ses vêtements profanes, revêtit l'habit des dominicains, une tunique blanche et un scapulaire noir : sombre costume qui semble être la livrée de la mort; puis il déposa sa toque ornée de plumes pour n'avoir jamais d'autre coiffure que ses cheveux ras, et au lieu du ceinturon doré qui supportait son épée, il ceignit ses reins d'une corde, insigne de la pauvreté ; puis enfin il quitta ses riches bottines et chaussa les sandales, qu'il ne devait plus quitter.

Tout cela dura environ une demi-heure.

La main du novice tremblait comme s'il avait eu la fièvre, son cœur battait à coups inégaux et précipités, une sueur froide courait sur son visage blanc et poli. Il s'agenouilla devant le crucifix, et d'une voix amère et lamentable il se mit à prier.

Des sanglots déchirants sortaient de sa poitrine ; il murmurait des paroles inintelligibles, et un nom que lui seul pouvait comprendre revenait constamment sur ses lèvres.

Pendant ce temps, l'orgue remplissait la chapelle de sa grandiose harmonie. Le chant des moines, retentissant et heurté, s'élevait en notes vibrantes et métalliques; les nerfs du jeune novice, déjà excités par un long jeûne, s'exaltèrent immodérément; ces chants humains, et cette voix de l'orgue qui ressemble à une voix gigantesque d'un autre monde, prirent pour lui un caractère étrange et fantastique : au lieu de pensées religieuses et saintes, des idées infernales envahirent son cerveau..... ces chants sacrés se changèrent pour lui en une épouvantable ironie; au lieu de fleurs, d'encens et de lumières, il ne vit plus que du sang et des échafauds.... La voix des moines lui sembla le ricanement affreux d'autant de démons assistant froidement à l'agonie du genre humain; et, dans sa pensée, il murmura ces sombres paroles de l'Evangile : « *Ils iront tous dans la géhenne, là où il y a des pleurs et des grincements de dents.* »

Le novice sentit alors comme une main de feu se poser sur sa main nue et froide; une voix moqueuse, âpre, infernale, murmura à ses oreilles, au milieu d'un terrible tintement :

« Viens !... »

En même temps, cédant comme malgré lui à l'ascendant de ce conducteur invisible, sans même avoir la peine de se relever pour marcher, José se sentit brusquement rouler d'abîme en abîme, à travers une atmosphère chaude et bourdonnante, jusqu'à une incommensurable profondeur.

Là il s'arrêta ; il était dans les entrailles de la terre. Une nuit compacte l'enveloppait comme d'un lourd manteau de ténèbres. Sa respiration devenait rapide, pénible et saccadée : il crut être enfermé vivant dans une tombe scellée.

Mais, à ce moment, une porte s'ouvrit devant lui, et lui laissa voir le plus étrange spectacle.

C'était un lieu immense, affreux et brûlant, d'où sortait une flamme infecte.

Des monstres bizarres et hideux volaient lourdement dans l'espace audessus de la sombre vapeur du feu, portés sur de larges ailes membraneuses semblables à du parchemin noir et racorni. Ces monstres poussaient des hurlements de joie sinistres et féroces; ils riaient en grimaçant du rire ténébreux des démons et des damnés; puis ils répétaient en chœur, d'une voix lugubre et fatigante comme le bruit d'une crécelle :

« Les voilà ! les voilà !.... »

José se prit à regarder.

D'innombrables légions de moines se pressaient à l'entrée de ce vaste Pandémonium. Il les vit tous défiler l'un après l'autre ; — et, à mesure qu'ils arrivaient dans ce lieu, ils dépouillaient leur forme première; — et, à la clarté rouge de l'éternel incendie, il les voyait prendre des formes honteuses ou bizarres, et, malgré cette transformation, conserver les désirs, les penchants et l'intelligence de l'homme, et être réduits à suivre les instincts de l'être immonde qu'ils avaient revêtu ! — ou bien ils prenaient à la fois la forme de deux animaux d'instincts opposés, et, assujettis aux besoins de ces deux natures contraires, trouvaient dans cette éternelle contradiction d'épouvantables souffrances et des désirs impossibles à satisfaire.

Ce supplice atroce, inconcevable, inventé par une imagination en délire, fit tressaillir le novice; un rire strident et saccadé sortit de sa gorge.... il venait d'apercevoir l'inquisiteur Arbues sous la forme d'un tigre, avec le bec et les pattes d'un oison.

A cette fatigante hallucination succéda une prostration presque complète; lorsqu'on vint chercher José pour le ramener dans l'église, il pouvait à peine se soutenir : sa démarche était lente et mal assurée, son visage pâle s'inclinait sur sa poitrine, et un souffle pénible s'échappait de son sein.

Mais en approchant de l'autel, il aperçut Pierre Arbues assis sur le siége épiscopal; cette vue sembla le ranimer; un éclair de haine jaillit de son œil sombre; le sang lui revint au cœur : il était rentré dans la réalité de la vie.

Alors il s'agenouilla humblement sur la dalle nue, non plus escorté de son père adoptif, comme il l'était au commencement de la cérémonie, mais seul; il n'avait plus d'autre père que Dieu.

Il prononça ses vœux d'une voix ferme. Le prieur les reçut, et, après la dernière formule, l'orgue recommença son chant sublime, et les moines entonnèrent le *Te Deum*.

Ceci était l'action de grâce pour remercier Dieu d'avoir enlevé une âme au démon.

Le chant fini, on étendit le profès dans une bière, et on commença l'office des morts. Pendant ce temps, José, brisé d'émotions et de fatigue, s'endormit d'un sommeil profond. Il semblait que la tombe fût le seul lieu où il y eût pour lui paix et repos. Le drap mortuaire qui le couvrait l'avait séparé de la vie, et des douleurs qu'elle traîne après elle.

L'Apôtre.

Le mouvement que firent les moines en enlevant le cercueil pour le transporter dans les catacombes, ne put même réveiller le jeune moine; lorsqu'il sortit de ce sommeil léthargique, il était seul dans les caveaux souterrains de l'abbaye, entouré de tombes et d'ossements.

Telles étaient les cérémonies qui accompagnaient la profession d'un moine dominicain; une fois affilié, il était bientôt initié aux jouissances égoïstes de la vie monastique, à moins qu'il n'eût pris au sérieux toute cette fantasmagorie.

Lorsque José s'éveilla, un soupir profond souleva sa poitrine, il jeta autour de lui un regard sinistre.

« La mort! murmura-t-il; oui ! la mort est douce, elle réunit... mais moi, je ne puis mourir encore... oh non! s'écria-t-il avec énergie, avant de mourir, il faut me venger !

Fernand! poursuivit-il d'une voix sourde, comme si, en s'éloignant de ce lieu funèbre, il eût parlé à un être invisible; Fernand ! attends encore, à bientôt !...

XI

Une Passion d'Inquisiteur.

Depuis deux mois, Dolores, miraculeusement délivrée des persécutions de Pierre Arbues, vivait paisiblement, sous la protection de l'apôtre, dans l'asile qu'il lui avait choisi. Depuis deux mois aussi, le malheureux Manuel Argoso, l'ancien gouverneur de Séville, languissait au secret (92) dans les cachots de l'inquisition, vastes sépulcres d'où l'on s'étonne qu'il ait pu sortir des êtres vivants.

Malgré ses recherches et le zèle d'Enriquez, nommé par son influence gouverneur de Séville, l'inquisiteur n'avait pu découvrir la retraite de Dolores Argoso, cachée dans l'abbaye des Carmélites sous un nom qui n'était pas le sien. Sa passion impure s'en était accrue, et, dans l'impuissance où il était de la satisfaire, un dégoût profond, une rage intérieure et dévoratrice, rongeaient le cœur de ce prêtre immonde, qui chaque jour cherchait à satisfaire son besoin de vengeance sur les malheureux qu'il était appelé à juger.

Poussé par les insinuations de José, excité dans les instincts pervers de sa féroce nature par ce jeune moine qui semblait s'être fait son mauvais génie, Pierre Arbues accumulait sur sa tête les malédictions de l'Espagne; mais ni l'aspect des supplices, ni les lugubres solennités de l'échafaud ne pouvaient assouvir ce besoin d'émotions brutales, ces désirs ardents et charnels que le souvenir de la belle Andalouse soulevait dans l'âme de l'impudique Arbues.

En faisant peser sur le gouverneur son indignation et sa colère, l'inquisiteur n'avait eu d'autre but que de contraindre, par la terreur, la malheureuse enfant à se donner à lui; il avait agi en homme adroit, en homme qui connait le cœur des femmes. L'arrêter elle-même, la plonger dans les geôles de l'Inquisition la livrer à la torture, à la mort, qu'était-ce que tout cela? l'héroïque jeune fille pouvait souffrir et mourir, elle aimait!.... Mais s'attaquer à son père, le jeter en pâture aux tourmenteurs de l'inquisition, le dévouer à l'ignominie et au bûcher, était-ce un supplice assez atroce pour la fille du gouverneur? Voir livrer aux bourreaux du redoutable tribunal ce père vieux et honoré, ce père qui l'avait aimée de l'amour le plus tendre, qui lui avait fait la vie si heureuse et si douce, qu'elle ne s'était point aperçue qu'il lui manquait une mère, ce malheur devait être l'écueil du courage de la jeune fille. Aussi Pierre Arbues ne s'indignait-il que d'une chose: c'était de ne pas la retrouver.

Dolores au Rastro.

Vainement la milice du Christ avait été mise à sa recherche; vainement la ténébreuse confrérie qui avait pour chef le vigilant et rusé Mandamiento avait reçu les plus magnifiques promesses d'argent et de protection, un pouvoir providentiel semblait s'étendre sur la jeune fille, que le plus saint des hommes avait prise sous sa garde; ou bien, dans les célestes décrets, le moment de la persécution n'était pas encore arrivé pour elle.

Ce moment ne devait pas tarder à venir.

Le désappointement de Pierre Arbues était si profond et si amer, que les habitudes mêmes de sa vie de débauches avaient perdu pour lui leur piquant attrait. L'orgie lui sembla fade; les femmes que le vice ou la peur livrait à ses impudiques désirs le laissaient froid ou irrité au sortir de ces passagères ivresses dont le facile retour lui devenait insupportable.

Le souvenir seul de Dolores avait pour lui des charmes enivrants; il se plongeait à plaisir dans une solitude absolue, peuplée de cette ravissante image; non que cette âme dépravée fût susceptible d'une passion vraie, mais par suite de cette loi mystérieuse qui veut que l'être le plus pervers subisse parfois l'influence d'un être beau et pur, et, sans pouvoir comprendre son essence divine ni s'élever à sa hauteur par le repentir qui régénère l'homme, se fasse volontairement et avec délices l'esclave de cet être adoré.

Malheureusement, dans les passions de cette nature, l'esprit reste tellement assujetti aux sens, que, ceux là satisfaits, l'étincelle d'amour qui avait amolli le rocher s'éteint; il ne reste plus rien qu'un être brutal et farouche, là où pendant quelques instants on avait cru voir un homme.

Plongé dans les incroyables hallucinations d'une passion non satisfaite arrivée à son dernier période, l'inquisiteur de Séville avait cherché sous la sombre verdure de ses jardins un refuge contre les fantômes qui le poursuivaient.

Il essayait d'échapper à lui-même

Mais, loin de calmer l'agitation de son sang, les émanations embaumées des orangers en fleurs, philtre puissant, capable de troubler la raison du plus sage, exaltaient immodérément les fibres de son cerveau. Des torrents de volupté semblaient circuler autour de lui avec ces senteurs enivrantes.

L'air était déjà tiède comme il est en été dans les régions du Nord bien qu'on ne fût encore qu'à la fin d'avril.

Sous le ciel bleu scintillaient des milliers d'étoiles qui semblaient autant de regards fascinateurs.

La nuit n'était pas claire, et pourtant des vapeurs blanchâtres et diaphanes passaient comme des ombres rapides sur les objets; on eût dit une danse de follets, impalpables et légères créations d'un autre monde, venues un instant dans celui-ci pour présider au réveil de la nature, à la joyeuse florescence du printemps.

Aucun bruit distinct ne troublait le silence de cette fantasmagorie; mais le bruissement des feuilles ressemblait à une mystérieuse harmonie de baisers furtifs, et peut-être aussi, dans cette immense fécondation de la nature entière au moment de son reveil, la main invisible et puissante qui la remue jusque dans ses entrailles produit-elle ce bruit vague et insaisissable, ce murmure étrange et harmonieux qui souvent échappe aux perceptions de l'ouïe matérielle, mais qui se fait entendre à l'âme dans ses heures de recueillement et de méditation.

Bientôt épuisé de lassitude, brisé par les combats incessants de la nature, par cette irritation sans but qui énerve à la fois l'esprit et le corps, Pierre Arbues se laissa tomber sur un des bancs de marbre posés çà et là dans cette voluptueuse oasis.

Là, il appuya dans ses mains sa tête brûlante, et des larmes de rage et de regret tombèrent de ces yeux farouches dont le regard faisait trembler toute une province.

Une lassitude extrême s'empara de lui; il resta ainsi quelques instants sans parler, sans que les soupirs de sa vaste poitrine trahissent la douleur qui le dévorait.

Vaincu comme un enfant timide, le tigre inquisitorial dormait de ce sommeil terrible qui épouvante.

Tout à coup, un pas léger cria sur le sable, les branches des orangers s'écartèrent avec un sourd froissement, et le bruit d'une respiration saccadée troubla le silence qui régnait en ce lieu.

Au milieu de son sommeil factice, Pierre Arbues entendit ce bruit; mais en ce moment, sous l'influence d'une espèce de léthargie amenée par la violence de ses sensations antérieures, il n'ouvrit pas les yeux, n'ayant ni la force ni le désir de savoir qui venait le troubler ainsi. Il était sous le charme d'un rêve, et l'image de Dolores, la seule qui, durant son sommeil, se reproduisit aux yeux de son âme, l'image de Dolores se mêlant au bruit réel qui se faisait entendre, le songe de l'inquisiteur acquit une telle lucidité, qu'il lui sembla voir la femme qu'il désirait.

Quelqu'un marchait effectivement dans cette direction, et l'inquisiteur crut aussi voir Dolores s'avancer jusqu'à lui : lorsqu'elle fut assez près, il étendit les bras vers elle, et saisit par une étreinte passionnée son favori José, qui poussa un cri aigu en se trouvant ainsi dans les bras de Pierre Arbues.

Pierre Arbues ouvrit les yeux, et, à l'aspect de la sombre figure qui était devant lui, il la repoussa par un geste énergique.

José alla tomber à quelques pas sur le gazon.

Il était pâle comme un spectre, et son cœur battait à peine.

« Maudit soit ce rêve ! s'écria l'inquisiteur d'une voix sourde : j'ai cru embrasser le corps souple d'une femme. »

José ne répondit pas, il n'avait pas la force de parler. Un souvenir terrible s'était dressé devant lui, et, au moment où Pierre Arbues l'avait saisi dans ses bras, il s'était senti glacé par une terreur affreuse.

Cette terreur s'évanouit bientôt. L'inquisiteur passa la main sur son front comme un homme qui cherche à rappeler ses idées ; puis, regardant son favori, qui était resté à terre immobile et terrifié, il partit d'un grand éclat de rire.

« Pauvre enfant, dit-il, je t'ai pris pour une femme. »

Une sueur froide couvrit le front du jeune dominicain.

« Allons, relève-toi, poursuivit l'inquisiteur, et fais avec moi le tour de ces bosquets ; aide-moi à chasser les farfadets dont l'air est rempli ce soir. Les génies de la Giralda (93) se sont donné rendez-vous chez moi. Je rêve et ne vis plus de la vie réelle ; allons, José, aide-moi donc à y rentrer, je te prie. »

José avait eu le temps de se remettre pendant cette joyeuse sortie, il se releva, et, saluant Son Éminence, lui demanda des nouvelles de sa santé.

« Je suis bien, très-bien, mon petit José, » dit l'inquisiteur d'un air joyeux.

Les rêves pénibles de la soirée n'avaient laissé aucune trace.

Pierre Arbues était ainsi ; il passait rapidement d'une sensation à une autre : ceci est le fait des personnes qui ont dans l'âme beaucoup de violence et peu de profondeur.

Cependant, l'image de Dolores n'était pas tellement effacée qu'elle ne revînt bientôt obséder l'imagination de l'inquisiteur, qui, tout en continuant à se promener dans les jardins, côte à côte avec son favori, donna à la conversation la tournure toute naturelle que devait lui imprimer sa pensée.

« José, demanda-t-il, toi non plus tu ne sais donc rien ?

— Rien, monseigneur ; je n'ai pu rien découvrir. »

Cette demande et cette réponse étaient fort obscures ; mais ces deux hommes se comprenaient d'un mot ; José savait à fond l'âme de l'inquisiteur.

« Que puis-je faire ? murmura Arbues avec rage ; j'ai mis sur pied toute la milice du Christ ; j'ai soulevé avec un peu d'or toute cette misérable race de Gitanos qui font métier d'espionnage et de meurtre !.... rien ! J'ai fouillé tous les couvents de Séville : rien ! Dolores aurait-elle quitté le royaume ! cette fille tendre et pieuse aurait-elle, pour sauver sa tête, abandonné son père à ma vengeance ? »

Pierre Arbues disait vrai quand il assurait avoir fouillé tous les couvents de Séville. Celui des carmélites n'avait pas été excepté ; mais une circonstance bien simple avait sauvé Dolores. Comme elle n'avait pas manifesté l'intention de se faire religieuse, et qu'elle était vivement recommandée par l'apôtre, on lui laissait une liberté presque absolue : elle ne suivait, des exercices de la maison, que ce qu'il en fallait pour une femme du monde bonne catholique. Dolores aimait beaucoup les fleurs, et dans l'immense jardin de l'abbaye elle avait choisi un lieu solitaire où elle cultivait de ses mains les plantes qu'elle affectionnait le plus. Lors de la visite de l'inquisiteur, elle se trouvait dans ce lieu fort éloigné des bâtiments.

Pierre Arbues avait pourtant demandé à l'abbesse si elle n'avait pas de novices ou de nouvelles professes outre celle qu'il connaissait ; mais Dolores n'était ni l'une ni l'autre, et l'abbesse, la considérant comme une pensionnaire libre dont le séjour serait de courte durée, n'avait rien dit de sa présence à monseigneur l'inquisiteur.

Ce ne fut donc ni par prudence ni par précaution, ce fut simp ment par oubli.

Voilà pourquoi l'inquisiteur resta persuadé que la fille du g verneur avait quitté Séville.

« Monseigneur, dit José, si réellement cette jeune fille a vo échapper par la fuite, aux poursuites de l'inquisition, ne pouv vous donc écrire aux tribunaux d'Aragon et de Castille, à c de Malaga et de Cuença, à tous ceux de l'Espagne, et enfin au pour qu'on mette partout les sbires du saint office sur les tra de la fugitive ?

« Non, non ! répliqua vivement Arbues ; ce n'est pas sa m qu'il me faut, c'est elle, elle seule.

— Le gouverneur de Séville n'est-il pas dans les cachots l'inquisition ?

— Sans doute, et c'est pourquoi je ne puis comprendre la f de sa fille ; elle est si forte et si courageuse ! elle aime tant vieux père !

— Oh ! qu'elle vienne, qu'elle vienne ! poursuivit-il avec espèce de délire, avec quel bonheur je lui dirais : « Ton père s libre, mais sois à moi. » — Et elle se donnerait pour sauver père.

— Et son père ne serait pas sauvé ! murmura sourdemen favori en jetant un regard d'hyène sur l'inquisiteur.

— Que dis-tu là tout bas, José ? fit Pierre Arbues.

— Je calculais, monseigneur, quels tourments nouveaux pourrait inventer pour épouvanter cette jeune fille, dans le où elle se retrouverait.

Qui va là ? fit tout à coup Arbues en se reculant d'un pas.

— Votre fidèle Enriquez qui vous cherche, monseigneur, rép dit le nouveau venu, qui n'était autre que le gouverneur de ville Enriquez, ancien familier du saint office.

— Pourquoi me surprendre ainsi ? dit Pierre Arbues de f mauvaise humeur.

— J'apporte de bonnes nouvelles à Votre Éminence, répon humblement le *gouverneur*, et j'ai cru...

— Parle, voyons, qu'y a-t-il ?

— Dolores Argoso...

— Eh bien !

— Est au couvent des carmélites, de l'autre côté du Guad quivir.

— Dolores ! et depuis quand ?

— Depuis deux mois.

— Tu mens ! s'écria l'inquisiteur ; j'ai visité moi-même le co vent, et Dolores n'y était pas.

— Elle y est, monseigneur, je vous le jure par la sainte euc ristie ; j'en ai la certitude, et je vous le prouverai.

— Brave Enriquez ! s'écria l'inquisiteur avec une explosion joie, brave Enriquez ! comment as-tu découvert cela ?

— Monseigneur, répondit le familier en s'inclinant d'une faç grotesque, que Votre Éminence me donne l'absolution de péché ; je me suis déguisé en moine, et j'ai confessé l'abbesse.

— Vrai Dieu ! fit Pierre Arbues, voilà une idée qui ne m' pas venue, à moi qui suis prêtre.

— Votre Éminence me donne l'absolution ? » poursuivit En quez avec un regard sournois.

L'inquisiteur fit dans l'air un grand signe de croix, et le no veau gouverneur de Séville, relevant fièrement la tête, se p en homme qui comprend toute l'importance de ses services.

« C'est bien ! s'écria l'inquisiteur en se frottant les mains nous deux maintenant, fière Lucrèce.

— Rentrons, poursuivit-il ; Enriquez a à m'entretenir de déta sur son gouvernement.

— Comment va l'hérésie ? continua Pierre Arbues tout en ma chant.

— Monseigneur, elle gagne de proche en proche et d'une m nière effrayante ; les couvents eux-mêmes ne sont pas exem de cette lèpre (94).

— Diable ! fit l'inquisiteur, il faudra y mettre bon ordre, réchauffer le zèle catholique en traitant comme hérétique t ceux qui ne dénonceront pas l'hérésie.

— Qui a-t-on arrêté cette semaine ?

— Quinze ou vingt personnes seulement, monseigneur.

— De qualité ?

— Mais oui, pour la plupart ; deux ou trois docteurs en thé logie qui s'avisent de trouver des fautes dans le texte latin la Vulgate, et quelques autres de la même trempe qui, tout disant catholiques, sont les zélés admirateurs de Martin Luther.

— Parmi ceux-là, dit Pierre Arbues, il en est que je hais d'une manière toute particulière ; ce sont des orgueilleux qui emploient tout leur savoir, toute leur éloquence à détruire le pouvoir de l'inquisition. Jean d'Avila, Luis de Grenade, Jean, qu'on a surnommé Jean de Dieu, et quelques autres illuminés qui se posent en apôtres, et au besoin en martyrs, pour jeter jusqu'au fond du cœur des peuples de profondes racines de révolte et d'indépendance.... Mais, par le Christ! ils se briseront comme du verre contre l'inquisition....

— Monseigneur, fit José, n'avez-vous donc point le pouvoir de rendre toutes ces bouches muettes?

— Oui, s'écria Pierre Arbues; je suis las de ces prédications sans fin, qui ne tendent à rien moins qu'à inspirer au peuple le désir et le courage de la liberté. Ces gens-là se font simples et humbles pour être forts, et le peuple croit en eux parce qu'ils se font peuple pour lui parler; mais, vrai Dieu! chacune de leurs paroles est un coup de hache dans la chaire de saint Pierre, et si le vicaire de Jésus-Christ entend les véritables intérêts de l'Église, il me laissera sévir contre eux en toute liberté, et les brûler comme de simples laïques, puisqu'ils sont hérétiques par le fait, et que, nonobstant leur caractère ecclésiastique, ils se séparent de l'Église romaine par le cœur et par la volonté.

— Monseigneur, dit froidement José, pour faire périr l'arbre il faut arracher les racines; tant qu'il restera un seul hérétique en Espagne, l'hérésie se reproduira comme ces mauvaises plantes dont il ne faut pas laisser le moindre brin en terre.

— Nous y mettrons bon ordre, répliqua l'inquisiteur, et par la Vierge! nous enlèverons jusqu'à la terre qui les porte pour les détruire.

— On ne peut trop faire pour Dieu, dit Enriquez d'un ton hypocrite; j'ai déjà songé à cela, » poursuivit-il d'un air important.

Tout en parlant ainsi, ils étaient arrivés à la porte de l'appartement de l'inquisiteur.

« Viens-tu, José? fit Pierre Arbues.

— Que monseigneur m'excuse, j'ai un sermon à préparer pour demain.

— Et après ton sermon, tu nous accompagneras au couvent des carmélites.

— Je suis tout aux ordres de Votre Éminence, » répondit le favori en prenant congé de l'inquisiteur.

Arbues et le nouveau gouverneur de Séville entrèrent seuls.

José sortit.

Comme il allait passer le seuil du palais inquisitorial, une femme vêtue de noir de la tête aux pieds se jeta à sa rencontre, et pensant bien, à voir son habit de dominicain, qu'il devait appartenir au saint office, elle s'avança vers lui, les mains jointes, et avec l'accent d'une incroyable douleur :

« Mon révérend, s'écria-t-elle, faites-moi parler à monseigneur Arbues.

— Qui êtes-vous? demanda José surpris; qu'avez-vous à faire auprès de l'inquisiteur?

— Je veux lui demander la vie de mon père, répondit la jeune femme avec exaltation; de mon père qui est innocent, et qu'on accuse d'hérésie; de mon père, qui était gouverneur de Séville, et qui aujourd'hui...

— Dolores! s'écria José en considérant avec une ardente curiosité la noble figure de la jeune fille, à moitié cachée sous ses dentelles noires.

— D'où savez-vous mon nom? fit-elle en tremblant.

— Dolores Argoso, poursuivit le dominicain d'une voix douce et pleine de tendresse, Dolores Argoso, n'approche pas de cette maison : car là est pour toi le déshonneur ou la mort.

— Comment savez-vous cela? » demanda-t-elle épouvantée.

Le dominicain entraîna Dolores, qui se laissa guider sans résistance.

« Viens, pauvre enfant, poursuivit le jeune moine en se hâtant d'éloigner Dolores du palais de l'inquisiteur; viens, et si tu tiens à rester pure, si tu veux que ton père soit sauvé, cache-toi; oh! cache-toi surtout aux regards de Pierre Arbues!

— Eh bien! dit-elle en prenant confiance, car, malgré sa livrée terrible, le dominicain avait dans la voix un accent irrésistible d'affectueuse tristesse; eh bien! que faut-il donc que je fasse pour sauver mon père?

— Te cacher et me laisser agir, répondit José. Confie-moi ta cause, jeune fille.

— A vous? fit-elle en le regardant d'un œil un peu hagard; car elle venait de se souvenir qu'il appartenait à l'inquisition.

— Oui, à moi, répondit-il avec amertume; à moi qui, sous cet habit sinistre, porte un cœur chaud et ardent.

— Il est si jeune! pensa Dolores en considérant, aux pâles lueurs de la nuit, la noble figure et les petites mains blanches de José.

— O mon Dieu! pourquoi êtes-vous dominicain?

— Pour te sauver peut-être, dit José attendri; crois-moi, jeune fille, ne cherche pas à sonder les mystères de ma vie : l'habit n'est quelquefois qu'un masque qui cache les blessures du cœur.

— Et vous aussi! s'écria Dolores, qui se sentait entraînée vers le jeune religieux par une irrésistible sympathie.

— Ne songe point à moi, occupons-nous de toi seule. Que vas-tu devenir maintenant?

— Ce qu'il plaira à Dieu! dit-elle.

— Où te cacheras-tu?

— Je retournerai au couvent des carmélites.

— Garde-t'en bien, dit José; l'inquisiteur a découvert ta retraite, et dès demain il doit s'assurer par lui-même de la vérité d'un rapport qu'on lui a fait ce soir à ce sujet.

— Comment a-t-il pu savoir cela? demanda Dolores; l'apôtre n'a dit mon nom à personne, pas même à l'abbesse.

— Pauvre enfant! tu demandes comment l'inquisition viole tous les secrets et toutes les consciences? Elle sait tout, te dis-je, et il n'y a rien pour elle d'inviolable, pas même la tombe (95)!

— O mon Dieu! mon Dieu! » s'écria Dolores en cachant sa tête dans ses mains.

Et elle donna un libre cours aux larmes qui la suffoquaient.

« Calme-toi, calme-toi, ma sœur, dit José, se servant de ce doux nom pour inspirer plus de confiance à la jeune fille, et aussi parce qu'il se sentait entraîné vers elle par une communauté de souffrances.

— C'est vrai, mon père, il n'est même pas permis de pleurer.

— Non, dit José, le bruit des sanglots irrite le tigre, et sa soif de meurtre devient plus ardente.

— Plus bas, plus bas, mon père; on pourrait nous entendre.

— Oui, tu as raison, il y a autour de nous un écho délateur dans chaque pierre. Silence! silence donc! Mais avant de me quitter, pauvre enfant! dis-moi, que vas-tu devenir?

— Rassurez-vous, dit-elle, j'ai un asile; et vous, me promettez-vous de sauver mon père?

— Par l'âme de ce que j'ai le plus aimé! si ton père meurt, dit José, c'est que je n'aurai pu rien pour lui, et que toi-même n'aurais pu le sauver en te sacrifiant tout entière; entends-tu, Dolores?

— Je vous crois, dit-elle en lui serrant les mains, qu'elle couvrait de larmes; je vous crois. Mais où pourrai-je vous revoir, mon père?

— Écoute, dit José : à l'extrémité de la rue des Bohémiens, dans le faubourg de Triana, il existe un lieu horrible, immonde, qu'on appelle la taverne de la *Buena Ventura*.

Véritable nid de vautours, où le vol, le meurtre et le brigandage se donnent rendez-vous chaque soir.

L'aspect de ce lieu est repoussant et lugubre; là, tu n'entendras que des rires cyniques ou d'effroyables malédictions.

Ce lieu est hanté par tout ce que l'Espagne renferme d'impur, des bandits, des filles de joie, des bohémiens et des moines.

Et là, de la bouche des moines, sortent aussi des blasphèmes et des paroles obscènes; l'ivresse confond dans un commun abrutissement ceux que la société rejette de son sein, et ceux-là qui s'arrogent le droit de la conduire.

Là s'élaborent les crimes honteux, les assassinats juridiques, les persécutions injustes, les délations fausses, poignard à deux tranchants qui tue à coup sûr; les enlèvements nocturnes, les meurtres et le viol; car, dans ce lupanar immonde, on trouve des instruments pour tous les crimes.

— Où voulez-vous en venir, mon père? fit Dolores épouvantée.

— Eh bien! poursuivit le moine, c'est là qu'il faudra venir me trouver.

— Est-ce que je rêve! s'écria la pauvre fille; que demandez-vous là, mon père?

— Tu venais chez l'inquisiteur ce soir; eh bien! crois-moi, jeune fille, le lieu dont je viens de te faire l'horrible tableau est moins dangereux mille fois que le palais de Pierre Arbues.

Les yeux de José étincelaient d'un feu sombre; ses joues, d'ordinaire si pâles, étaient devenues d'un rouge ardent: il semblait brûlé par une fièvre intérieure.

Dolores le crut fou.

Mais tout à coup, radoucissant sa voix, d'ordinaire très grave, et à laquelle l'exaltation venait de donner une vibration éclatante, José regarda Dolores avec tendresse:

« Va, pauvre enfant, dit-il, ne crains pas de venir où José te dira d'aller; je voudrais te sauver au prix de ma vie!

— La taverne de la *Buena Ventura*, poursuivit-il, appartient à un alguazil nommé Coco, brave et honnête garçon qui m'est dévoué, et à sa jeune sœur la Chapa, une excellente fille qui se jetterait dans le Guadalquivir pour rendre service à quelqu'un. Ces pauvres gens sont pauvres, ils gagnent leur vie comme ils peuvent, mais tu peux te fier à eux. Si tu as besoin de moi, tu diras seulement à Coco ou à sa sœur:

— Je voudrais voir le père José.

Et tu me reverras; mais prends garde, ne sors que la nuit et déguisée.

— Ne craignez rien, je ne vous compromettrai pas....

— Mais, reprit-elle, n'ai-je pas à redouter?....

— Rien, dit José; on ne soupçonnera jamais que tu hantes ce lieu; seulement, viens-y déguisée en fille du peuple. »

Tout en parlant, ils étaient arrivés vis-à-vis le pont de Triana; lorsqu'ils l'eurent traversé, José se tourna vers Dolores:

« Où est ton chemin, lui demanda-t-il.

— Par ici, dit-elle en montrant à sa droite la rive du Guadalquivir.

— Et moi, par là, dit José en désignant la rue des Gitanos. Adieu, Dolores, repose-toi sur moi; mais songe que tu ne peux me nommer que devant deux personnes, l'alguazil Coco et sa sœur. Adieu, sois prudente.

— Et vous, mon père, ayez pitié de moi, » lui dit-elle en s'éloignant.

José suivit la *cale de los Gitanos*.

Dolores longea le Guadalquivir.

C'était le chemin qui conduisait chez l'apôtre.

XII

El Rastro.

En proie à cette espèce d'hallucination commune à tous ceux dont la vie est ainsi soudainement accidentée, Dolores franchit en peu de temps la distance qui la séparait de la maison de l'apôtre.

Malgré l'étrange bienveillance que venait de lui témoigner un membre de l'inquisition, elle n'était pas entièrement rassurée, et il lui tardait de se sentir sous la protection de son saint ami.

Son désir de revoir l'apôtre était d'autant plus violent, que depuis son séjour aux Carmélites elle ne l'avait vu qu'une fois et n'avait eu que cette fois des nouvelles d'Estevan.

Ce malheureux jeune homme, suspect à l'inquisition à cause de ses idées larges et philosophiques, et, en outre, odieux à Pierre Arbues qui voyait en lui un rival aimé; ce malheureux jeune homme n'avait dû la vie qu'à l'intervention de José, qui, on le sait déjà, avait déjoué, en gagnant le maître de la Garduña, les ordres cruels de l'inquisiteur.

Ignorante de la destinée de celui qu'elle aimait, Dolores éprouvait des craintes mortelles.

« Est-il libre encore? » se demandait-elle avec effroi; et cette affreuse incertitude accélérait les battements de son cœur, et lui faisait hâter sa marche pour arriver plus tôt.

Lorsqu'elle fut près de la maison de l'apôtre, elle fut surprise de ne pas voir, à travers les étroites fenêtres, briller la pâle lumière de la lampe qui éclairait les pieuses veillées de l'homme de Dieu.

Cependant la clôture du jardin était ouverte et céda aisément.

C'était une espèce de treillis fait de légères branches de palm sur un encadrement de bois.

Dolores alla frapper à la porte de la maison, mais cette p était fermée et personne ne répondit.

« O mon Dieu! il n'y est pas! » dit la pauvre fille, atterée ce nouveau malheur.

Elle frappa de nouveau avec plus de force et d'insistance fut en vain: la porte resta inébranlable, personne ne ouvrir.

Alors Dolores parcourut le jardin, espèce d'enclos assez s cieux où croissaient des arbres à fruits couronnés de vig grimpantes, patrimoine des enfants et des passants fatigués, venaient impunément dépouiller ces beaux arbres de le fruits, et ces vignes de leurs grappes dorées. L'apôtre l'a permis, sans cela la vénération qu'il inspirait les eût de r garantis, et la simple barrière d'osier de son jardin n'eût jar été franchie.

Dolores explora vainement tous les recoins de ce lieu agre personne! Il était évident que l'apôtre était absent.

Mais comme sa demeure isolée était loin de toute habitati nul ne pouvait lui dire ce qu'il était devenu.

Que faire?

Elle ne pouvait retourner aux Carmélites, il y avait trop danger pour elle.

Dans la ville?

Laquelle de ses connaissances eût-elle osé exposer à la v geance de l'inquisition en lui demandant un asile?

Et puis, toutes les portes ne se fermeraient-elles pas pou fille d'un homme accusé d'hérésie?

Elle avait bien encore la ressource de la taverne; mais la p ture que lui en avait faite José lui ôta le courage d'y cherc un refuge. Elle aima mieux passer la nuit dans le jardin.

Il faisait encore frais, malgré la beauté du printemps; proximité du fleuve rendait l'air un peu humide.

Dolores n'avait d'autre vêtement qu'une robe de soie noir une mantille de dentelle.

Les arbres étaient couverts de feuilles et de fleurs; une he épaisse croissait à leur pied. Dolores se blottit contre un énor bananier; elle abattit ses longs cheveux autour de ses épa comme un manteau, roula sa mantille autour de sa tête, levant vers le ciel son regard suppliant, elle s'assit à terre d l'herbe fraîche et touffue.

Elle espérait que l'apôtre ne tarderait pas à rentrer.

Mais les heures s'écoulaient; éveillée par l'inquiétude, Dolc souffrait de la fraîcheur de la nuit; par moments, des pas faisaient entendre sur le chemin, alors elle relevait la tête p regarder de ce côté, espérant voir arriver celui qu'elle é venue chercher; mais le passant s'éloignait, et Dolores retom dans son accablement.

Près d'elle, le Guadalquivir roulait ses flots paisibles avec bruit égal et monotone; le cricri élevait son chant aigu dan silence de la nuit, et par moments une brise de printem soufflant par petites rafales, balayait la cime des arbres, d tombait alors une pluie rose et odorante.

Mais, pour l'infortunée jeune fille, cette nuit magnifique é pleine de vagues terreurs et de pressentiments sinistres.

Vers le matin, brisée de douleur et de lassitude, elle s'end mit. En s'endormant, elle avait froid; bientôt, il lui sem qu'une chaleur douce réchauffait ses membres engourdis; était dans un palais de fée.

Sous un plafond bleu, dôme immense de ce palais splendi un grand lustre d'or allumé par la main des génies montait l tement dans la coupole, enlevé par des êtres invisibles, e mesure qu'il montait, il grandissait d'éclat et de chaleur, jusq ce qu'enfin il répandit dans le palais des torrents de lumièr de flamme.

Mais à peine le lustre d'or eut-il touché la coupole, que ce lais magnifique, peuplé d'êtres diaphanes d'une merveille beauté, changea tout à coup d'aspect. Les meubles brillants, fleurs qui l'ornaient, disparurent. Les ailes des sylphides et génies tombèrent en poussière dorée; leurs corps si beaux vinrent difformes, et prirent une transparence rougeâtre; chaleur torride menaça d'embraser le palais; Dolores vou s'éloigner pour échapper à ce supplice intolérable: mais ces mo tres se rangèrent en cercle autour d'elle pour l'empêcher de sor et un d'eux éleva sur sa tête un immense miroir ardent sous lequel elle se sentit brûler comme dans un bûcher.

Éveillée par les souffrances de ce rêve, Dolores ouvrit les yeux.

Le soleil, ardent et lumineux, était monté lentement vers le ciel, et dardait ses rayons sur le visage de la jeune fille.

Elle avait dormi longtemps : il était dix heures du matin.

Étonnée, elle promena ses regards autour d'elle comme pour rassembler ses idées, interrompues par le sommeil, et, les événements de la veille se retraçant alors à sa pensée, elle fut prise d'un amer découragement.

Dolores était forte de cœur et d'âme ; mais elle était trop jeune, trop peu habituée aux vicissitudes sans cesse renaissantes d'une existence brisée, elle savait trop peu des choses d'ici-bas, pour se roidir spontanément contre les malheurs qui venaient l'accabler à l'improviste ; il y avait dans son courage plus de résignation que d'énergie, elle n'était vraiment forte qu'en face d'un grand danger. Pour les douleurs ordinaires de l'existence, elle n'avait d'abord que des larmes, l'énergie ne venait qu'après la réflexion ; Dolores avait l'esprit juste et élevé, et elle se fortifiait par le raisonnement.

Ainsi sont toutes les femmes qu'on nomme supérieures. Leur courage n'est qu'un éternel combat de leur raison contre leur cœur, excepté dans les choses où le cœur est intéressé ; alors il défie à lui seul les plus fiers courages d'homme. Hors de là, la force des femmes n'est que le don de savoir souffrir. Seraient-elles femmes s'il en était autrement?

Dolores resta quelques moments accablé sous le poids de cette nouvelle infortune.

Elle tourna ses regards vers la maison... tout y était encore dans le même état que la veille ; les fenêtres étaient fermées et un silence de mort y régnait. Pour être plus sûre encore, Dolores rajusta ses vêtements, releva ses magnifiques cheveux qui l'avaient abritée, abaissa sa mantille sur son front, et alla de nouveau frapper à la porte de l'apôtre.

Mais ce fut en vain : l'apôtre n'était pas revenu.

Dolores était seule, abandonnée, sans asile, sans pain, et elle n'osait s'aventurer de jour dans les rues de Séville, craignant d'y être reconnue et arrêtée.

Pourtant elle était bien décidée, en elle-même, à se rendre à la taverne ; c'était là sa dernière ressource ; elle s'abandonna donc à la Providence.

Mais, pour ne pas s'exposer à être surprise par les sbires de l'inquisition, elle résolut d'attendre la nuit pour s'aventurer dans la ville.

Le jardin de l'apôtre était, en quelques endroits, planté de hautes cannes à sucre. Des arbres d'Amérique, qui croissent si vigoureux et si beaux sous le chaud soleil de l'Andalousie, entrelaçaient leurs sombre verdure aux rameaux de la vigne à peine couverts de feuilles naissantes, et aux pêchers fleuris qui s'épanouissaient au soleil en aigrette rose et parfumée.

Dolores choisit un abri dans le carré de cannes à sucre, décidée à passer ainsi cette longue journée.

Elle attendit jusqu'au soir, dévorée d'inquiétude, accablée de fatigue et de besoin ; elle n'avait rien mangé depuis la veille.

Elle brisa entre ses dents quelques tiges de canne à sucre, et puisa dans ses mains de l'eau limpide du Guadalquivir pour étancher la soif qui la dévorait, mais c'était trop peu pour réparer ses forces. Toutefois, elle se trouva heureuse encore, dans son dénûment, de ce secours dû à la seule Providence.

Durant cette longue et mortelle journée, bien des gens passèrent sur le chemin, quelques enfants entrèrent dans le jardin de l'apôtre pour attraper des papillons; ce furent là les seuls incidents qui troublèrent la pauvre abandonnée. Elle se tint bien cachée dans les branches, et personne ne soupçonna que la brillante Dolores Argoso, la fille d'un des plus riches seigneurs de l'Espagne, était là comme une mendiante obligée de dormir sur la terre nue, n'ayant ni nourriture ni abri.

Enfin, le soleil descendit à l'horizon ; c'tait l'heure où d'ordinaire tout le monde en Espagne fait la sieste. Dolores pensa qu'elle pouvait sans crainte sortir de sa cachette.

José lui avait recommandé de ne sortir que déguisée; il fallait donc songer d'abord à se procurer un vêtement.

Dolores n'avait point d'argent; mais sa robe de soie était d'une magnifique étoffe, et sa mantille de la plus fine dentelle. Elle songea donc à se rendre au *Rastro* (96) pour y faire un échange. Là seulement elle pouvait, sans argent, se procurer un déguisement convenable.

Elle sortit du jardin, se voila le visage, et reprit la route qu'elle avait fait la veille : car le Rastro se trouvait dans le Barrio de Triana.

A l'extrémité de la *calle de los Gitanos*, il existait alors une place irrégulière à laquelle venait aboutir une foule de ruelles salles et obscures où étaient les abattoirs de la ville. D'un côté de cette place, dans des baraques de bois rangées l'une à côté de l'autre comme des maisons, se tenaient des marchands de dépouilles d'animaux. Sur le devant de ces baraques on voyait appendus à des crocs de fer *(garabatos)*, des foies de bœuf, de veau, de mouton et même de porc, des cœurs et des rognons de ces mêmes animaux, des cervelles saignantes dans des crânes tout ouverts. Puis, dans d'immenses baquets d'eau sale, nageaient les têtes, les pieds, les boyaux entassés pêle-mêle. Toutes ces viandes dégoûtantes et hideuses, que méprisaient les riches, étaient destinées à servir de nourriture au bas peuple de Séville.

Qu'on se fasse une idée, s'il est possible, de l'odeur qui s'exhalait de ce lieu immonde, à laquelle venait se joindre encore la puanteur des abattoirs.

Puis, par terre sur le pavé de la place, figurez-vous une multitude de femmes mal vêtues, rangées symétriquement en file, chacune ayant devant elle une immense guenille qui lui servait d'étal. Oh ! si vous êtes amateur de contrastes, assurément vous ne pouvez mieux faire que de visiter le Rastro de Séville ; là, aujourd'hui encore, vous trouverez de tout, depuis le chiffon qui sert à faire de la charpie, jusqu'au manteau de cour de la duchesse ; depuis l'écuelle de bois où mange le bohémien, jusqu'à la vierge d'argent devant laquelle il s'agenouille. Quelquefois, cette vierge sera coiffée d'un vieux feutre d'homme, destiné comme elle à être vendu.

Plus loin, un chapelet à grains de corail pend à un gril encore couvert de graisse et de suie; un magnifique service de vermeil se dresse à côté d'un vase de nuit; une mantille est quelquefois suspendue à un balai ; d'autres fois, c'est un christ accompagné d'une superbe paire de pistolets qui pendent aux deux bras de la croix. Enfin, le Rastro était un capharnaüm incroyable, où venaient s'étaler toutes les misères, depuis celle du grand d'Espagne trop prodigue de ses revenus, jusqu'à celle du dernier des malheureux dont la sueur était absorbé par la rapacité des moines : c'était un assemblage confus de choses disparates ou hétérogènes, l'image la plus vraie et la plus exacte du salon d'un roi constitutionnel.

Et qu'on ne s'étonne pas de ce mélange bizarre de richesses et de misère; les revendeuses del Rastro ne sont pas comme celles du Temple à Paris, elles ne vendent pas pour leur compte : elles vendent pour tout le monde, et sont tout bonnement des courtières de confiance.

L'église leur confie sa vierge à vendre pour en acheter une plus belle ; la grande dame, ses bijoux pour payer ses dettes ou pis encore ; la courtisane, ses atours, dont elle est lasse au bout d'une heure ; et la manola, ses vêtements du dimanche, qu'elle est parfois obligée de vendre pour avoir du pain.

La courtière del Rastro se fait toute à tous; elle sait satisfaire les plus difficiles ; elle fait des ventes, des échanges ; et là, comme avec toutes les courtières du monde, c'est au plus fin ; mais rarement elle laisse échapper la victoire; le bénéfice, et un large bénéfice, reste toujours de son côté.

A l'époque où se passait notre histoire, ce commerce était plus considérable encore que de nos jours, à cause des nombreuses dépouilles des condamnés de l'inquisition qui revenaient à leurs délateurs, et que ceux-ci faisaient vendre.

Lorsque Dolores arriva sur la place del Rastro, elle recula de dégoût, saisie par l'excessive puantueur de ce lieu ; mais bientôt, faisant un effort sur elle-même, elle continua d'avancer, et s'approcha en tremblant d'une revendeuse encore assez jeune, dont la physionomie lui inspira plus de confiance que celle des autres.

Mais comme ces femmes comprirent qu'elle avait l'intenti d'acheter, elles firent cercle autour d'elle, et ce fut un brouh de paroles à étourdir un sourd.

Chacune vantait sa marchandise avec des gestes plus ou moins engageants et un babil à fasciner un sorcier.

« Señorita, disait l'une, achetez-moi ce beau collier de perles fines, il a appartenu à la princesse Jeanne, fille de la reine Isabelle; il a été vendu à sa mort par une de ses dames d'honneur à qui elle l'avait donné.

— Voyez, disait l'autre, ce chapelet d'émail orné de croix de rubis : les paters sont en émeraudes; il a été bénit par notre saint-père le pape. On gagne cent jours d'indulgences chaque fois qu'on le dit, señora.

— Achetez-moi cela, s'écriait une troisième en soulevant des flots de dentelles de Flandre, dont le réseau délié était couvert d'arabesques et de broderie.

— Señora, cet anneau bénit qui préserve des maléfices. »

L'anneau en question était tout simplement un anneau d'or très-gros, dont le chaton figurait une main fermée passant le pouce entre le médius et l'index. C'était un reste de superstition mauresque adoptée par les chrétiens, et à laquelle le peuple ajoutait une foi, telle, que, pour déjouer tous les maléfices des sorciers, il suffisait de leur présenter sa main fermée avec le pouce passé entre les deux premiers doigts. Voilà pourquoi on attribuait une vertu toute particulière à la bague dont nous venons de parler.

Malgré sa douleur, Dolores sourit légèrement; elle ne partageait pas les superstitions de son temps et ne croyait point aux maléfices.

Heureusement pour elle, son sourire fut si imperceptible, que personne n'y fit attention; je ne sais si sans cela elle n'eût pas couru de grands dangers.

« Voyons, dit la première courtière de qui Dolorès s'était approchée; vous ne voulez rien de tout cela, n'est-ce pas, señorita? Tenez, achetez-moi cette belle image de la Vierge; celle-là vous portera bonheur: elle m'a été donnée par un saint homme, celui que nous appelons l'apôtre : il avait besoin d'argent pour secourir un malheureux : quant à lui, il n'a jamais besoin de rien; aussi je lui ai avancé l'argent tout de suite sans attendre de l'avoir vendue.

— L'apôtre! s'écria Dolores; vous connaissez l'apôtre, bonne femme?

— Santa Maria! dit la courtière, qui ne le connaît pas à Séville? N'est-ce pas lui qui nous console et qui donne du pain à nos petits enfants?

— Savez-vous où il est en ce moment? poursuivit Dolores.

— Non, dit la courtière; il est comme le bon Dieu, invisible; mais on le trouve toujours quand on a besoin de lui. »

Déçue dans l'espoir qu'elle avait conçu un instant d'apprendre où était son protecteur, Dolores songea à faire son échange le plus vite possible.

« Je ne veux pas acheter votre sainte Vierge, dit-elle timidement, je n'aurais pas de quoi la payer; mais j'ai besoin d'un costume complet de manola, et si vous voulez m'en donner un contre le mien...

— Contre le vôtre, señorita? fit la courtière et toisant Dolores d'un vrai regard de revendeuse à la toilette qui apprécie d'un coup d'œil la valeur d'un habit, et voit sans y toucher ses moindres détériorations, depuis la légère éraillure du coude jusqu'à la raie blanchâtre que la poussière empreint sur le bord du vêtement le plus neuf, pour peu qu'on l'ait porté une heure.

— Contre votre mantille aussi? continua la marchande en examinant la fine dentelle qui couvrait les beaux cheveux de la jeune fille.

— Sans doute, dit Dolores; vous m'en donnerez une de soie. »

Les yeux de la marchande brillèrent de cupidité.

Elle palpa le jupon de satin de la jeune fille; il était, comme on dit, *à pleines mains*; et après s'être bien assurée que le corsage et les manches étaient *neufs*, elle alla chercher une robe de serge violette et une mantille noire de *drap* de soie.

Ce vêtement était juste à la taille de Dolores.

« C'est bien cela, dit la jeune fille.

— Cela vous va-t-il? demanda la courtière.

— Oui, je crois que cela m'ira bien.

— Va pour celui-là, señorita! Combien me donnerez-vous de retour? »

Dolores ouvrit de grands yeux, et regarda la marchande avec stupéfaction. Son vêtement valait dix fois celui qu'on lui offrait.

« Oui, combien me donnez-vous? répéta la courtière.

— Mais, je ne peux rien vous rendre, moi, fit la pauvre Dolores; je vous ai bien dit que je n'avais pas d'argent.

— Oh! alors, c'est différent; si vous n'avez pas d'argent, pauvre enfant, prenez toujours : vous me devrez le reste. Dieu me garde de faire de la peine à une jolie fille comme vou

— Comment vais-je faire pour me déshabiller?

— Venez, venez, fit la marchande, ma maison n'est pas lo d'ici. »

En effet, vis-à-vis son étal de revendeuse à la toilette, la cou tière possédait une baraque de bois où son mari vendait d viandes de rebut. Derrière la boutique, il y avait une pièce carr avec un seul matelas par terre, et un bahut où la courtière se rait ses chiffons : c'était sa demeure, c'est là qu'elle conduis Dolores.

Comme elle l'aidait à se déshabiller, elle aperçut dans sa ro un fichu qui lui servait de guimpe; ce fichu était fait d'un magr fique point de Bruxelles.

« Señora, dit la marchande, puisque vous n'avez pas d'arge à me rendre sur notre échange, je me contenterai de ce colifich

— Prenez, fit Dolorez avec un mouvement de dégoût; aus bien cela n'irait pas avec mes nouveaux vêtements; mais donne moi au moins une guimpe de batiste, que je ne sente pas sur m cou cette laine rude. »

La marchande lui apporta un fichu qui n'était pas neuf, ma dont la blancheur était assez satisfaisante. Dolores s'en content faute de mieux.

Lorsqu'elle fut habillée, elle se regarda dans une petite plaq d'étain poli qui servait de miroir à la revendeuse; elle fut conten de sa métamorphose. Son vêtement lourd et grossier déguisa passablement l'élégance de sa tournure. Elle s'enveloppa de mantille et sortit.

« Gardez-moi votre pratique, señora, » lui dit la marchande.

Mais Dolores ne l'entendit pas, elle s'achemina rapidement ve *la calle de los Gitanos.*

XIII

Un Miracle.

On se souvient qu'Enriquez, gouverneur de la très noble ci de Séville par la grâce de monseigneur Arbues, avait signalé l premiers jours de sa puissance par de nombreuses arrestation

Quelques hommes très remarquables, de savants et pieux doc teurs en théologie, des femmes spirituelles, aimables, au cœu fort, à l'âme énergique et puissante, gémissaient dans les priso du saint office sous le simple soupçon de luthéranisme.

Alarmé, non pour lui, mais pour ceux qu'il aimait, de cette r crudescence de persécutions, l'apôtre avait engagé Estevan à s'é loigner pendant quelques jours de Séville; lui-même désira visiter ses pauvres. Ils partirent donc ensemble, et se dirigère du côté de San-Lucar.

Voilà pourquoi Dolores n'avait trouvé personne dans la maiso du franciscain.

C'était l'habitude de cet homme de Dieu, de faire de temps autre des excursions dans les nombreux villages de l'Andalousie là sa tolérance, confondant toutes les sectes et toutes les profes sions, accueillait également les juifs et les chrétiens, les maure ques et les gitanos. Il consolait les uns, détournait les autres d mal, les encourageait tous, et répandait sur tous les dons de so inépuisable charité (97).

Dans toute l'Andalousie, le nom de l'apôtre était un talisma magique; il suffisait de le prononcer pour voir aussitôt toutes l bouches sourire, et tous les yeux se lever vers le ciel avec u expression de reconnaissance.

Aussi, quand d'un village à l'autre, sur la route, le bruit se ré pandait qu'il avait commencé sa tournée, auriez-vous vu, le lo du chemin, des femmes échelonnées portant leurs enfants da leurs bras. Elles attendaient le passage du *saint*, pour être de premières à être bénies; quand elles avaient pu toucher le bor de son vêtement, elles se croyaient à l'abri de tous les maux.

L'apôtre avait beau leur dire avec une douce autorité :

« Ce n'est pas à moi qu'il faut rendre hommage, je ne su qu'un peu de poussière comme vous : c'est à Dieu qui est là-hau et qui vous parle par ma voix. »

Le peuple, toujours un peu païen dans ses adorations, trouva beaucoup plus simple de se prosterner devant cet homme qui l comblait de biens et qu'il voyait, que devant Dieu, qu'il ne voyai pas.

« Mon fils, disait l'apôtre à Estevan, étonné de la douceur et de la docilité de ces hommes grossiers qui redevenaient des agneaux dès que le *saint* leur avait parlé, voyez combien il serait facile de rendre ces hommes probes et pieux, si, au lieu de les abrutir par la terreur et de les aigrir par les tortures, on les disposait, à force de bienfaits et de douceur, à croire en Dieu et en sa providence, dont on se ferait l'image vivante. Au lieu de cela, on leur remplit le cerveau de superstitions; on les tourmente tant et on leur fait si peu de bien qu'ils ne croient plus qu'aux démons et à l'enfer, dont on leur donne un avant-goût sur la terre. Privés de bonheur, de consolation et d'espoir, ils deviennent à la fois fanatiques, faibles et cruels.

— Comment en serait-il autrement? répondit Estevan : ces hommes ne possèdent rien, les moines ont tout envahi (98), et chaque jour l'inquisition enlève à ces malheureux le seul bien qui leur reste, la liberté de conscience. Il serait si facile de le rendre heureux, cependant, ce peuple si ardent et si poëte!

— Il est mieux encore que cela, dit l'apôtre : il est intelligent et brave; son esprit est un singulier mélange de gaieté, de finesse et d'un bon sens naturel qui lui rend aisée tout méditation sérieuse. Ce peuple est capable de comprendre la vie dans son but le plus large et le plus élevé, la fraternité universelle. Eh bien, de ces hommes naturellement braves, loyaux et aimants, on fait des lâches et des hypocrites; pire que cela, des dénonciateurs? Et moi-même, oui, moi, je ne dois ma sécurité qu'à l'habit que je porte. Laïque, je leur aurais fait le même bien, je leur aurais prêché la même morale, ils m'auraient regardé comme un luthérien ou un illuminé, et j'aurais payé de ma vie mon zèle pour leur bonheur et pour la vérité; mais j'étais prêtre, j'étais moine; un moine peut-il se tromper?

— Prenez garde, mon père, répondit Estevan avec un sourire amer; monseigneur Alphonse Manrique et monseigneur Arbues pourraient bien ne pas plus respecter votre habit que le grand inquisiteur Torrequemada, d'odieuse mémoire, ne respecta la dignité épiscopale des évêques de *Calahorra* et de *Ségovie* (99).

— Torrequemada était un génie bien cruel, dit l'apôtre avec un soupir; mais du moins à son brutal fanatisme, à sa cruauté inexorable, il ne joignait pas la plus infâme débauche (100). Le fanatisme l'avait rendu fou, car autrement la cruauté d'un homme pourrait-elle aller si loin? Et après que le grand inquisiteur avait prononcé la sentence d'un infidèle, le sévère dominicain, Thomas de Torrequemada, s'agenouillait humblement devant son crucifix, se donnait lui-même la discipline et mettait son corps en lambeaux, pour expier toutes les hérésies du royaume de Castille (101).

— O mon père! dans quelques siècles, si l'humanité marche comme elle doit le faire, voudra-t-on croire à toutes ces horreurs mêlées à tant de folies?

— Sans doute, mon fils, mais pour les déplorer; les erreurs du passé seront un enseignement pour l'avenir. Il viendra un temps où tous les hommes liront l'Évangile, et alors tous auront le droit de se dire les uns aux autres :

— Nous sommes vos frères, pourquoi nous traitez-vous comme des étrangers? »

Lorsque tous les individus d'une nation connaissent bien le code de lois qui les régit, il est bien difficile qu'ils se nuisent les uns aux autres. Bien mieux, quand ce code est l'Evangile, ce guide de l'âme, alors l'âme est bien gouvernée, et il est rare que les actions ne le soient pas. Là où règne l'ignorance, règnent aussi le désordre, la superstition, la folie, tous ces fléaux qui font de la terre un enfer habité par des démons et des damnés.

Comme ils s'entretenaient ainsi, l'apôtre et son compagnon arrivèrent à un petit village bâti tout en haut d'une montagne, ainsi qu'on en rencontre beaucoup en Espagne. Des maisons basses, pour la plupart, peintes en rouge et en vert, s'allongeaient tortueusement en deux rangées sur la crête de la montagne, formant ainsi une rue irrégulière terminée par une petite église dont le clocher pointu s'élevait à plus de quarante pieds au-dessus des habitations. Quand la cloche de cette église était en branle, on eût dit, à voir l'ensemble de ce village, un immense boa qui dressait sa tête en sifflant et en dardant vers le ciel sa langue mobile.

Lorsque les deux voyageurs y arrivèrent, tout était calme. Il était presque nuit; les villageois, revenus des champs, s'occupaient en silence du repas du soir. Quelques enfants à moitié nus jouaient devant les portes entre-bâillées; du fond des maisons s'échappait un piquant parfum de *puchero* (101), et quelques bergers gravissaient lentement le dos de la montagne en ramenant leurs chèvres à l'étable.

L'apôtre n'était venu qu'une ou deux fois dans le village, et les petits enfants, qui ont d'ordinaire la mémoire légère, ne le reconnurent pas.

Estevan et lui traversèrent donc la plus grande partie de la rue sans que personne vînt entraver leur marche.

Mais comme ils passaient devant une maison basse dont l'extérieur délabré annonçait la misère, et une misère insoucieuse, ils s'arrêtèrent simultanément, frappés d'un mélange extraordinaire de voix jeunes, viriles, vieilles et chevrotantes, fraîches et rudes. Il y avait certainement beaucoup de monde dans cette maison, et il devait s'y passer un événement étrange.

Les voyageurs écoutèrent pendant quelques instants; tout à coup ils entendirent une petite voix claire qui disait avec un accent de compassion féminine :

« Ce pauvre *Pablo*, il se portait si bien ce matin!

— Il y a ici quelqu'un qui a besoin de nous, » dit l'apôtre en poussant la porte vermoulue, qui céda aussitôt.

Estevan entra avec lui.

Dans une méchante baraque où le jour pénétrait à peine, et dont le sol inégal et terreux était couvert de débris de tout genre, une vingtaine de Gitanos, hommes et femmes, enfants et jeunes filles, entouraient un homme revêtu de ses habits de fête et assis sur une chaise, dans une attitude gracieuse.

Cet homme était très-pâle et paraissait dormir.

Le rancho (102) entier des Gitanos, présidé par l'*abuela* (103), la reine de ces étranges corporations, entourait le Gitano, qui était assis.

A l'arrivée de l'apôtre et de son compagnon, le cercle ne se dérangea pas; mais l'abuela, qui vénérait beaucoup le moine, lui fit apporter un petit escabeau de bois en forme de trépied, l'unique siége qui fût dans le rancho. Estevan resta debout.

« Que signifie cela, mon père? demanda-t-il à l'apôtre.

— Cet homme est mort, et ils font la cérémonie des funérailles; regardez. »

Un Gitano s'avança vers le mort, et lui plaça une mandoline entre les bras. Puis à haute voix et sans vergogne, il s'accusa de tous les crimes qu'il avait commis depuis la mort du dernier frère décédé dans le rancho.

Après qu'il eut fini cette singulière confession, le Gitano interpella le mort :

« Joue, lui dit-il, et si j'ai mal fait, que ta musique me rende sourd; si j'ai bien fait, ne bouge pas, et je me croirai absous. »

Comme on le pense bien, le mort n'eut garde d'obéir à la première de ces injonctions, et le Gitano se retira, aussi léger de conscience qu'un usurier qui vient de recevoir l'absolution sous promesse de restituer tout ce qu'il a volé.

« Quelle barbarie! dit tout bas Estevan.

— Attendez, mon fils, dit l'apôtre, ce n'est pas là tout. »

En effet, chacun des membres *del rancho* fit à son tour sa confession, et la chambrée complète resta pleinement rassurée sur l'énormité de ses crimes; le défunt les avait absous, ils se croyaient tous innocents comme des colombes.

La chambre venait d'être éclairée par des torches de résine; l'apôtre, qui avait, pour le temps où il vivait, de profondes connaissances en médecine, mais qui avait surtout ce don de seconde vue, privilége exclusif de quelques hommes de génie, l'apôtre examinait attentivement le mort.

« Cet homme a les membres bien souples, dit-il tout bas à Estevan, et son teint n'a pas subi la moindre altération; seulement il est très pâle.

— C'est vrai, » fit Estevan, qui se mit à l'examiner à son tour.

Mais bientôt il ne leur fut plus possible de se livrer à ces observations physiologiques; une jeune fille se mit à danser devant le mort un fandango lascif et animé; peu à peu, tous les membres du rancho se mirent aussi à danser l'un après l'autre; la chambrée ainsi en branle, ils se prirent par la main et formèrent une ronde autour du mort.

Ils commencèrent par se mouvoir lentement et en cadence, comme s'ils eussent voulu se mettre au pas et se familiariser avec la mesure; puis la danse devint plus rapide, ils s'enlevèrent l'un l'autre en tournoyant, et, s'animant ainsi par degrés, ils finirent par tourner si vite, qu'on eût dit une bande de démons emportés dans l'espace par une puissance invisible (104).

Entrée de l'Alhambra.

Tout à coup, cette troupe furieuse s'arrêta en poussant de grands cris: le mort avait été renversé de son siége, et il était tombé au milieu du cercle formé autour de lui, sur une jeune fille qui, moins leste que les autres, avait accroché son écharpe aux boutons de métal de la veste du décédé. La Gitana se recula avec un mouvement d'horreur, et le mort alla donner du visage contre terre.

« Jésus! s'écria l'*abuela*; quel malheur, pauvre Marica, que Pablo soit tombé sur toi!

— Oui, dirent les autres, voilà de grands maux qui l'attendent, et peut-être la mort, à moins qu'elle ne veuille passer la nuit auprès de Pablo.

— Moi, passer la nuit toute seule avec un mort? s'écria la Gitana épouvantée; moi, passer la nuit avec Pablo pour voir tous les diables de l'enfer venir danser devant lui et l'emporter (105)!

— Je resterais bien avec toi, pauvre Mariquilla, dit un grand jeune garçon qui faisait les doux yeux à la Gitana, mais alors cela ne te compterait pour rien.

— Oh! j'ai trop peur, disait la Gitanilla en pleurant; j'aime encore mieux mourir si *Pablo* le veut. »

Pendant que les Gitanos débattaient ainsi cette grave question, l'apôtre s'était élancé vers le mort, et en se baissant vers lui pour le relever, il s'était aperçu qu'en tombant, Pablo s'était fait au visage une légère blessure, et que cette blessure saignait.

« Silence, enfants! s'écria-t-il d'une voix forte; cet homme n'est pas mort: attendez. »

Les cris cessèrent comme par enchantement, et tous les Gitanos restèrent enchaînés à leur place par un étonnement stupide. Ils avaient dansé sans crainte autour du mort, ils avaient peur d'un homme qui ressuscitait.

Aidé d'Estevan, l'apôtre assit Pablo sur la chaise, et, tirant de sa poche un flacon qui ne le quittait jamais, il fit respirer des sels au malade, pendant qu'Estevan lui frottait vivement les mains pour y rappeler la chaleur et la vie.

Au bout de quelques minutes, le Gitano ouvrit les yeux; la face se colora soudainement: la réaction menaçait d'amener u attaque d'apoplexie.

Le moine alors excita la blessure du Gitano pour la faire s gner, et ordonna à Estevan de lui frictionner fortement les me bres inférieurs.

Bientôt le malade respira librement, ouvrit lentement yeux appesantis, et promena ses regards autour de lui avec étonnement stupide.

Il était sauvé.

Il n'avait eu autre chose qu'un évanouissement suivi de léth gie, occasionné par un excès d'ivresse.

Mais en revoyant vivant celui dont ils venaient de célébrer funérailles, les bohémiens se jetèrent à genoux, et les plus jeun se mirent à courir par la rue en criant que le saint venait faire un miracle.

Le *ressuscité* lui-même, encore faible, et pouvant à peine soutenir, baisa les mains de l'apôtre en lui disant:

« J'étais mort, et vous m'avez rappelé des lieux de ténèbres.

— Ce n'est pas moi, dit l'apôtre; c'est Dieu seul.

— Mon père, lui demanda Estevan en langue latine po n'être pas compris, pourquoi leur laissez-vous croire que homme était mort et qu'il est ressuscité?

— Mon fils, répondit le saint, ce peuple n'est pas mûr pour vérité. Si on cherchait à lui expliquer d'une manière naturelle phénomène qui vient de s'opérer, il crierait à la magie et no prendrait pour des sorciers. Laissez-lui donc sa foi naïve, e est sa seule consolation. Croyez-moi, Estevan, éclairer la rais d'un peuple, l'améliorer par la science, est l'œuvre de plus d' jour, surtout lorsque déjà depuis longtemps on a faussé s instincts naturels. On imprime aisément sur une étoffe blanch mais sur une étoffe déjà peinte, il faut d'abord effacer les co leurs pour y en apposer de nouvelles.

— Il faudra donc que ce peuple reste dans une éternelle ign rance?

— Non, mon fils, non; laissez filtrer l'eau goutte à goutte, e finira par creuser son lit. »

Cavalcade du grand Inquisiteur.

Cependant, au bruit du *miracle* qui venait de s'opérer, les habitants du village avaient abandonné leurs maisons; les petits enfants eux-mêmes, malgré leur appétit, s'étaient éloignés du foyer où cuisait *la olla podrida*, pour voir, eux aussi, *le saint qui venait de ressusciter un mort*.

Après avoir laissé quelques légers bienfaits aux Gitanos, et les avoir exhortés à renoncer au vol et au meurtre, exhortations qu'ils écoutaient toujours avec attendrissement, mais qu'ils oubliaient bientôt après par suite de leur sauvage nature, de leurs habitudes enracinées, et aussi de la difficulté qu'il y avait pour eux à vivre autrement, l'apôtre sortit pour aller dans le village porter des secours et des consolations aux malades et aux affligés, et leur faire don de quelques pièces de monnaie, bienfait précieux pour ces pauvres *serfs* des monastères qui avaient du pain et de la soupe, mais d'argent, jamais : aussi, bien des fois, ces pauvres gens conservaient-ils comme des reliques les maravédis qui leur venaient de l'apôtre; ils les perçaient et en faisaient des boutons dont ils ornaient leurs jaquettes de velours (106).

Les voyageurs n'eurent pas la peine d'entrer dans les maisons, une foule compacte se précipita au-devant d'eux; mais à l'approche du saint, elle s'ouvrit en deux rangées pour laisser le passage libre. Et lui, s'arrêtant devant chacun, le questionnait sur sa famille, sur ses besoins et sur ses souffrances; à ceux qui lui semblaient malades ou affligés, il donnait des remèdes et des consolations; aux mal vêtus, quelque argent pour acheter des habits.

Mais il prêchait également à tous l'obéissance et la résignation; car, disait-il, le murmure et l'irritation de l'âme ne remédient à rien : cela ne sert qu'à rendre les maux plus lourds.

L'impétueux Estevan, malgré ses doctrines philosophiques, qui tendaient à une réforme plus active, ne pouvait s'empêcher d'admirer la profonde sagesse de l'apôtre.

« C'est ainsi, pensait-il en lui-même, que devraient être tous les réformateurs, sobres, persévérants dans l'action, patients au résultat : ce n'est qu'ainsi qu'on régénère un peuple. »

Ce fut une scène touchante que le passage de l'apôtre au milieu de cette population enthousiaste et opprimée, un rayon de soleil tombé sur les ténèbres de ces âmes simples mais ardentes.

« Francisca, disait un jeune homme à sa femme, notre enfant sera beau et fort, l'apôtre l'a regardé et a baisé sa petite main.

— La récolte sera bonne, disait un autre, l'apôtre est venu nous visiter dans la saison où les épis commencent à s'emplir.

— Le feu du ciel respectera ma maison, s'écriait un troisième, l'apôtre s'est arrêté en passant devant la porte.

— Dieu vous bénira, parce que vous êtes bons, leur dit le saint; et vous serez heureux, parce que vous ne ferez de mal à personne.

— Père, s'écria en pleurant une jeune femme qui portait sur ses bras deux petits enfants jumeaux, on a mis mon mari en prison dans le saint office, parce qu'il était Maure converti, et qu'il avait manqué la messe pour me garder, le jour où j'ai mis au monde ces deux enfants. »

L'apôtre leva vers le ciel un triste regard.

« Prends patience, ma fille, dit-il à la pauvre femme, ton mari te sera rendu : aie confiance en Dieu, qui te consolera, et moi, j'aurai soin de toi, entends-tu?

— C'est bien véritablement un saint, dit tout bas une vieille femme, il n'a pas peur de l'inquisition.

— Femme, dit l'apôtre, qui l'avait entendue, ceux qui croient véritablement en Dieu n'ont peur de rien. »

Ainsi se termina cette journée.

Estevan et son guide acceptèrent quelques provisions dont on remplit leur sacoche, et qu'ils trouvèrent le moyen de payer au centuple; puis ils s'éloignèrent au bruit des bénédictions, pour aller passer la nuit dans une de ces cabanes de feuillages que les bergers élevaient au haut des montagnes pour y passer l'hiver avec leurs troupeaux.

XIV

Encore José.

Revenons à Dolores, que nous avons laissée sur le chemin de la taverne.

Arrivée à l'extrémité de la *calle de los Gitanos*, il lui fut aisé de reconnaître l'enseigne de LA BUENA VENTURA, qui était écrite en grosses lettres sur le mur; malgré l'obscurité naissante, Dolores ne pouvait s'y tromper.

Il y avait encore peu de monde; quelques moines vidaient, en causant, leur pot de vin de *pajarète*, et à un des bouts de la table, un homme et une femme assez mal vêtus mangeaient un morceau de pain noir, accompagné de quelques ognons crus; ils avaient devant eux deux gobelets d'étain et une mesure du vin le plus commun.

Les petites bougies allumées contre le mur projetaient leur clarté douteuse dans l'obscurité de la salle.

Le calme qui y régnait rassura un peu la fille du gouverneur. Elle hésita toutefois pendant quelques minutes, car elle ne voyait pas la Chapa, et ne savait à qui s'adresser; mais la Chapa parut bientôt à l'entrée de sa cuisine. Alors Dolores, s'armant de courage, poussa la porte et marcha droit à la jeune hôtesse.

Quand elle fut près d'elle, elle écarta les bords de sa mante, et la Chapa la reconnut aussitôt.

Mais Dolores avait aussi, de son côté, reconnu la jeune fille qui avait servi de messagère dans l'horrible complot dont elle était la victime, et elle se recula avec un mouvement d'horreur.

La Chapa la regarda alors, sans parler, d'un air suppliant; et avec une présence d'esprit tout andalouse, elle lui prit vivement la main, et feignit de l'embrasser sur les deux joues.

« Eh! c'est toi, ma pauvre Anna! dit-elle d'un ton joyeux; qui aurait dit que j'aurais le bonheur de voir aujourd'hui cette bonne cousine!

« Viens donc, ajouta-t-elle en entraînant Dolores dans l'étroit et sombre réduit où elle faisait cuire le *puchero*, viens que nous causions de ma bonne tante et de tes frères, ma pauvre Annita. Que je suis contente de te voir!... »

Pendant ce flux de paroles, la Chapa avait soustrait Dolores aux regards des gens de la taverne, et Dolores, qui pouvait à peine se soutenir, tant elle était émue, s'assit sur une méchante chaise de paille qui se trouvait dans un coin.

« Rassurez-vous, señora, lui dit tout bas la sœur de Coco en se mettant presque à ses genoux; rassurez-vous et ne craignez rien : je donnerais ma vie pour vous sauver.

« Mais, ajouta-t-elle, voyant que Dolores reprenait un peu de confiance, ayez l'air de causer avec moi, comme si vous étiez ma cousine; il faut tromper les espions.

En ce moment un moine demanda un pot de vin; la Chapa, vive et alerte, se hâta de le servir.

« Cette pauvre petite cousine! dit-elle à la jeune femme qui soupait au bout de la table, comme elle est gentille d'être venue me voir! »

Mais la femme à qui la Chapa s'adressait ainsi était la seule pour qui Dolores ne fût pas une inconnue; cette femme, c'était la Culevrina; et au moment où la fille du gouverneur était entrée dans la taverne, la serena l'avait reconnue.

Manofina, car tel était l'homme qui soupait auprès d'elle, avait eu moins de mémoire que cela. Les femmes seules possèdent cette perspicacité de coup d'œil rapide comme la pensée.

La serena sourit doucement, mais sans rien dire. Quelques instants après, Manofina voulut se retirer; la Culevrina s'approcha alors de la tavernière, qui s'était avancée sur le devant de sa porte pour voir si son frère ne revenait pas.

« Chapa, lui dit-elle, aie bien soin de ta cousine; et si elle avait besoin de moi ou de Manofina, tu sais où nous trouver. »

La Chapa regarda la serena avec des yeux ébahis.

« Je connais ta *cousine*, ajouta tout bas la jeune Bohémienne en appuyant sur ce mot *cousine*.

— Culevrina, lui répondit la Chapa, prends garde de parler au moins.

— Allons, fit la Bohémienne avec un gracieux mouvement d'épaules, qu'as-tu peur? une protégée de l'apôtre! Je l'aime autant que toi... Souviens-toi seulement de ce que je t'ai dit; si elle a besoin de nous, viens nous chercher. Adieu. »

Le bravo et sa compagne s'éloignèrent.

« Fais-nous donc voir ta cousine, Chapa, dit un gros moine ventru que les fumées du vin commençaient à égayer; est-elle aussi jolie que toi, petite?

— Oh! la pauvre fille, laissez-la donc tranquille, répondit la Chapa; c'est timide comme un mouton.

— Mais ça n'empêche pas d'être jolie.

— Vous verrez ça quand elle aura dormi, fit la Chapa tout en rangeant ses brocs; elle a fait plusieurs lieues à pied et elle est bien fatiguée.

L'arrivée d'une nombreuse bande d'ouvriers qui venaient souper mit fin à ce colloque. Le moine continua de boire. La Chapa, après avoir servi tout son monde avec une vivacité et une adresse remarquables, profita de l'occupation générale qui suit toujours le commencement d'un repas, et du bruit que faisaient en mangeant toutes ces mâchoires affamées, pour s'entretenir à voix basse avec la fille du gouverneur.

« Chapa, lui demanda Dolores un peu revenue de sa première défiance, connais-tu le moine José?

— Jésus! si je le connais! dit-elle; c'est un saint, señora... quoiqu'il porte l'habit de l'inquisition, ajouta-t-elle très bas. Il est venu hier, poursuivit la tavernière, et m'a prévenue que si vous le demandiez il faudrait aller le chercher.

— Ah! fit Dolores en respirant plus librement, il ne m'a donc pas trompée!

— Et moi, dit la Chapa presque en pleurant, m'avez-vous pardonnée au moins?

— Oui, répondit Dolores, je te pardonne quoique tu m'aies fait bien du mal.

— Oh! j'ignorais ce que je faisais; j'obéissais, voilà tout; si vous saviez tout ce qu'il faut faire pour conserver sa vie!

— Pauvre enfant! va, on t'appelle, ne t'occupe pas de moi; sers ton monde pour qu'on ne s'aperçoive de rien. »

La Chapa retourna dans la salle, et servit à chacun ce qu'il demandait; puis elle revint auprès de Dolores.

La fille du gouverneur était excessivement pâle, elle n'avait rien pris de la journée.

« Donne-moi quelque chose, dit-elle à la tavernière, je meurs de besoin.

— Jésus! fit la Chapa, que ne le disiez-vous plus tôt, señora tout ce que j'ai ici est à vous. »

En même temps elle lui servit une tasse de chocolat qu'elle tenait toujours préparée, en cas qu'un moine voulant se rafraîchir en passant vînt à la demander.

Dolores avait à peine terminé cette légère collation, qu'un bruit inaccoutumé se fit dans la salle où l'on mangeait; elle avança un peu la tête.

Tout le monde s'était levé par un mouvement spontané de respectueuse déférence; le favori de l'inquisiteur venait d'entrer dans la taverne. Les enfants de saint François eux-mêmes n'avaient pas craint de donner au jeune dominicain ce témoignage public de soumission et de respect.

José, lui, passa fier et hautain au milieu de ces gens inclinés et sa lèvre inférieure se retroussa dédaigneusement; sa figure exprimait le plus profond mépris.

Il marcha droit à la *cuisine*. Dolores éleva vers lui son beau visage tout empreint de tristesse et d'angoisses.

« Ici déjà? fit José en la reconnaissant.

— Déjà? répondit-elle avec douceur; ce mot-là, mon père, ressemble à un reproche. Vous repentiriez-vous *déjà* aussi de la protection que vous m'avez accordée?

— Non certes, pauvre enfant, dit le jeune moine; ce que j'ai promis, je le tiendrai de grand cœur; mais ne vous étonnez pas de ma surprise, ne m'aviez-vous pas dit hier que vous aviez un asile?

— Je le croyais, mon père; mais je suis maudite comme Caïn; celui que j'allais chercher était parti, mort peut-être; j'ai passé la nuit dans les roseaux, et ce soir, je me suis à grand'peine procuré ces humbles vêtements pour n'être pas reconnue.

— Et vous avez agi prudemment, ma fille; plus que jamais

vous êtes exposée, mais j'y pourvoirai, et nul, je l'espère, ajouta-t-il en souriant avec amertume, nul ne soupçonnera le dominicain José d'avoir donné asile à une femme poursuivie par l'inquisition.

Mon père, fit Dolores un peu inquiète, car il lui arrivait depuis quelques temps des choses si extraordinaires qu'il lui était bien permis de douter; mon père, où donc allez-vons me conduire?

Te défies-tu de moi, Dolores? lui demanda José en fixant sur elle son regard ardent et plein de franchise.

— Oh! pardonnez-moi, dit-elle en joignant les mains; mais chaque pas que je fais dans la vie me conduit à un abîme, et cependant!... Oh! je vous crois, je vous crois! s'écria-t-elle; si vous vouliez me trahir, vous ne me regarderiez pas ainsi.

— Pauvre innocente enfant! n'as-tu d'autre garantie de ma bonne foi que la franchise de mon regard? Sais-tu si je ne suis pas de ceux qui cachent un cœur de tigre sous les traits d'un ange? N'y a-t-il rien de plus, pas un pressentiment secret qui te dise que ta cause est la mienne, et que je te défendrai comme si tu étais ma propre sœur et que le même sein nous eût portés?

« Faites de moi ce que vous voudrez, » dit la fille du gouverneur en se mettant presque aux genoux de cet homme étrange.

Deux larmes amères, corrosives, de ces larmes longtemps contenues, qui jaillissent une fois ou l'autre, et malgré lui, du cœur le plus énergique, glissèrent lentement des longues paupières de José, sur ses joues pâles et un peu amaigries.

« Vous pleurez, mon père! dit la jeune fille attendrie; oh! vous aussi n'auriez pas dû naître dans ce siècle de fer.

— Dieu, répondit José, nous jette ici-bas quand il veut et pour ce qu'il veut, pour persécuter ou pour souffrir; et de celui qui souffre il fait quelquefois l'instrument de son éternelle vengeance. Voilà peut-être pourquoi toi et moi vivons dans ce siècle, Dolores.

— Mon Dieu! dit-elle, votre tristesse m'épouvante; et pourtant j'ai foi en vous, et j'irai partout où vous voudrez me conduire... Et puis, ajouta-t-elle avec un peu d'hésitation, j'aurais encore autre chose à vous demander.

— Parle, dit José qui devinait presque.

— J'étais fiancée à don Estevan de Vargas.

— Je le sais, répondit José en étouffant un douloureux soupir; sois tranquille, don Estevan est en sûreté.

— Vous l'avez sauvé aussi? s'écria-t-elle avec joie.

— Non, ce n'est pas moi qui l'ai sauvé, c'est toujours la justice éternelle; Dieu est le maître qui commande, je ne suis que la main qui obéit.

— O mon père! soyez béni pour m'avoir conservé mon Estevan. »

Tout ceci se passait à demi-voix dans la cuisine de la taverne; la Chapa allait et venait, distribuant tour à tour à ses convives des mets ou du vin, des tranches de thon frit dans l'huile, des sardines fraîches, et du pain qui surpassait en blancheur celui du reste de l'Espagne; et tel était le respect pour la sainte inquisition en général et les inquisiteurs en particulier, que nul ne songea à trouver inconvenant ce long entretien du jeune moine avec la *cousine* de la Chapa.

Pendant ce temps, Coco rentra à la taverne.

José le prit à part.

« Coco, dit-il, pendant que ta sœur est occupée, suis-moi avec cette jeune fille jusqu'à la sortie de la ville.

— Qu'il soit fait comme l'ordonne Votre Béatitude, répondit Coco en s'inclinant, mais allez-vous donc traverser tous deux la salle qui est pleine de monde?

— Toi et moi la traverserons seuls, répondit José; la jeune fille passera par la petite porte de l'impasse. »

Il y avait en effet dans cette espèce de cuisine une porte qui communiquait à une autre petite salle basse, un taudis où couchait l'alguazil et qui ouvrait sur un cul-de-sac.

Le dominicain sortit de la taverne, toujours accompagné des saluts respectueux de la *noble* assemblée. Coco le joignit dans la rue quelques minutes après.

Ils firent ensemble le tour de la maison et rentrèrent par la ruelle. Dolores était prête à partir. Elle dit adieu à la Chapa, et suivit José qui leur servait de guide, car l'alguazil lui-même ignorait en quel lieu il allait les conduire.

« Vous n'avez pas peur au moins? dit José en pressant la main tremblante de Dolores Argoso.

— Voyez, » dit-elle en s'appuyant sur son bras avec une noble confiance.

Ils sortirent tous trois de la taverne, et personne ne s'aperçut de rien.

XV

L'Abbesse des Carmélites.

Pendant que se passait à la taverne de *la Buena Ventura* cette scène d'un médiocre relief, mais nécessaire au développement de notre histoire, un incident d'un autre genre avait lieu dans l'abbaye des Carmélites.

L'abbesse, issue d'une maison presque princière, celle des ducs de Lerme (107), et que cette considération avait fait élire malgré sa jeunesse, trônait en ce moment au milieu de quelques-unes de ses favorites : *trônait*, c'est le mot, car cette humble fille de saint François occupait un large fauteuil de velours élevé sur une estrade de quelques marches, et surmonté d'un dais à crépines d'or.

Près d'elle était la crosse, ou bâton pastoral, insigne de sa dignité abbatiale. De sa ceinture tombait, sur son jupon d'étoffe brune, un long rosaire de filigrane et d'émeraudes, dont chaque *Pater* était représenté par une perle d'Orient grosse comme une petite noisette; enfin, sur sa poitrine brillait une grande croix d'or ciselé, et chaque mouvement de sa main blanche et délicate faisait scintiller, à éblouir, l'énorme chaton de l'anneau abbatial, formé d'un seul diamant de la plus belle eau : un diamant sans prix enlevé aux mines de Golconde ou de Visapour.

L'abbesse avait environ vingt-quatre ans. C'était une femme d'assez médiocre taille, qui paraissait grande tant elle portait fièrement les épaules, tant sa belle tête se détachait droite et ferme sur le cou le plus gracieux du monde. Son teint, d'une pâleur rosée, plus blanc que ne l'est d'ordinaire celui des Andalouses, avait encore blanchi davantage à l'ombre du cloître; et ses yeux, d'un bleu sombre, brillaient d'un éclat métallique sous de longs cils noirs comme de l'ébène. Cependant, la physionomie de l'abbesse n'avait d'autre type distinctif qu'un orgueil de race et une grande disposition à la sensualité : penchant visiblement indiqué par deux lèvres rouges, voluptueuses, ombragées d'un léger duvet presque aussi noir que celui des sourcils, bien que d'une finesse extrême.

Mais la passion dominante de l'abbesse était l'orgueil; elle tenait par dessus tout aux prérogatives de son rang; son affection était tout entière pour ceux qui savaient le mieux flatter sa vanité aristocratique; elle voulait être reine, même dans le cloître.

Autour d'elle, sur des siéges très-bas, ses favorites causaient en s'occupant d'ouvrages à l'aiguille, broderies féeriques qui ne peuvent sortir que des mains d'une religieuse. Quelques-unes même, par plus grande humilité, s'étaient assises aux derniers degrés du trône, presque sous les pieds de l'abbesse : c'était une flatterie muette aussi adroite que possible : le saint troupeau connaissait le faible de sa supérieure.

Un grand événement occupait en ce moment la pieuse oisiveté de ces saintes filles : c'était la disparition de Dolores.

« Claire, disait l'abbesse à une jeune religieuse assise auprès d'elle, comprenez-vous pourquoi cette jeune fille a déserté le couvent, où je la traitais comme ma propre sœur?

— Non, en vérité, ma mère, répondit la carmélite, à moins qu'on ne l'eût enfermée ici pour la soustraire à un amour mondain auquel elle sera retournée.

— Elle était d'une modestie exemplaire, dit l'abbesse, et malgré ses manières un peu fières et réservées, elle avait un caractère adorable. J'avais cru vraiment que je pourrais l'attacher à notre humble troupeau, et cet espoir était d'autant mieux fondé qu'elle m'avait été amenée par un saint, le moine le plus pur de l'Espagne.

— Quel dommage qu'elle soit allée se *perdre* dans le monde! dit une novice dont l'œil étincelant était loin d'exprimer le calme parfait des sens et de l'âme; où sera-t-elle plus heureuse que parmi nous?

— Ma fille, répondit Françoise de Lerme, bénissez Dieu qui, en vous arrachant au même danger, vous permet de passer ici paisiblement votre vie. »

La jeune recluse étouffa un soupir en s'efforçant de donner à son visage l'expression du contentement. Elle eût cependant préféré aux *saintes délices* du cloître l'indépendance et la joyeuse liberté de la vie mondaine.

« Convenez, ma mère, poursuivit-elle en étalant sur ses genoux une large bande de moire blanche semée de fleurs d'or d'une délicatesse infinie qu'elle achevait de broder, convenez que voilà un beau devant d'autel, et que pas un couvent de Séville ne pourra se vanter d'en avoir un pareil.

— Admirable, vraiment! répondit l'abbesse; il ornera dignement notre chapelle le jour de votre profession, ma fille. Mais, qu'avez-vous donc là, Catherine? poursuivit-elle en s'adressant à une très jeune religieuse qui feuilletait sous son voile un volume grossièrement imprimé, orné de gravures plus mauvaises encore que le texte. »

La religieuse rougit légèrement, et cacha le volume dans sa poche.

« Montrez-moi cela, dit sévèrement l'abbesse.

— Donnez donc ce livre, ma sœur! » firent les autres, dont la curiosité était vivement excitée.

Catherine était un peu gâtée par l'abbesse à cause de son caractère aimable, mais surtout de la grande fortune et de la haute position de sa famille; Catherine tendit le livre d'un air mutin, et ses compagnes purent lire sur la couverture ces mots imprimés en gros caractères: « *La sainte Bible.* »

C'était une bible protestante traduite en espagnol et imprimée en Hollande.

« C'est un livre de dévotion, fit Claire; il valait bien la peine d'y mettre tant de mystère!

— Oui, mais c'est une bible luthérienne, dit l'abbesse moins ignorante, et tout aussi curieuse que les autres; d'où avez-vous eu cela, Catherine?

— D'un frère de ma mère, madame; il l'avait apportée de Flandre, où il commandait un régiment. Mon oncle était fort partisan de la religion réformée; aussi lorsque ma mère insista pour me faire entrer en religion, mon oncle, qui s'y était longtemps opposé, me donna ce livre en me disant: « Ma nièce, tu ne resteras pas toujours enfermée: quand la réforme du grand Luther aura pénétré en Espagne, les religieuses seront libres, et elles pourront se marier comme elles l'ont fait en Allemagne. »

— O ma mère! quel sacrilége! s'écrièrent les recluses, qui écoutaient avec une incroyable avidité.

— Chut, Catherine! fit Françoise, cela est imprudent à dire, ma fille.

— Est-ce qu'il y a bien loin d'ici en Allemagne? demanda l'ignorante Claire.

Oh! certainement, répondit Catherine, et nous serons mortes quand Luther viendra.

— Tais-toi, tais-toi! s'écria l'impétueuse Françoise, dont le cœur palpitait violemment à la seule pensée de la liberté, tant était ardente et vivace cette femme si peu faite pour l'abnégation et l'indolence claustrale, qui avait cherché un aliment à son incroyable énergie dans l'exercice du despotisme monastique.

— Oh! pensa-t-elle en elle-même, la liberté pour nous aussi!... Mais nous serons mortes avant qu'elle arrive, murmura-t-elle tout bas en répétant les paroles de Catherine.

— Notre mère est pensive, » dit Claire à voix basse.

Un grand coup de sonnette retentit aux oreilles des recluses.

« Claire, dit l'abbesse subitement rappelée à elle-même, voyez donc ce que c'est; je n'attends pas de visite à cette heure.

— Qu'est-ce que cela peut être? » murmura la troupe oisive, pour qui le plus léger incident était une grave occupation, tant cette existence de couvent se passe en niaiseries futiles, en cancans mystiques, en exaltations vides; tant on y gaspille le temps et la vie.

Claire s'était levée; mais avant que, de son pas lent et mesuré, elle eût traversé la salle, longue d'au moins trente pieds, une sœur converse, soulevant la portière de soie, s'avança vers l'abbesse, portant de ses deux mains un plateau d'argent sur lequel était une lettre.

Claire prit le plateau des mains de la converse, et malgré les efforts des autres religieuses, qui, toutes à la fois, avaient allongé le bras pour saisir le bienheureux plateau, Claire, plus grande que les autres, l'éleva au-dessus de sa tête; arrivée au pied du trône, elle en monta légèrement les marches jusqu'à la dernière, et là s'agenouillant devant l'abbesse, elle lui présenta le plateau (108)

L'abbesse prit la lettre, en brisa le cachet de cire verte, et après avoir lu les premières lignes, elle se leva toute droite de son siége.

« Mes sœurs, dit-elle, allons au-devant de monseigneur le grand inquisiteur Arbues, qui nous fait l'honneur de nous visiter. »

Sur un signe de l'abbesse, la converse sortit. Alors, sa cross en main, Françoise de Lerme prit les devants, et suivie de se élues, elle s'avança jusqu'à la porte extérieure du couvent pou. recevoir Son Eminence.

On voit qu'elle n'avait pas daigné faire avertir le reste du trou peau. Dans un gouvernement despotique, l'État, c'est le roi et ses favoris.

Arrivée à la porte du cloître, Françoise de Lerme la fit ouvrir à deux battants. En même temps, monseigneur Arbues descendit de sa litière; il était seul (ne s'étant fait accompagner que par ses valets). José avait feint d'être malade pour se dispenser de cette visite.

Le lecteur sait où il était allé.

L'inquisiteur s'avança vers les religieuses, et quand il eut mis le pied sur le seuil, l'abbesse s'agenouilla devant lui pour recevoir sa bénédiction. Toutes les religieuses l'imitèrent. Puis, Françoise de Lerme reprit le chemin de la grande salle qu'elle occupait naguère, et faisant avancer deux larges fauteuils à franges d'or, elle fit asseoir monseigneur Arbues et s'assit elle-même vis-à-vis de lui. C'était l'usage de l'abbesse de conserver ainsi au moins l'égalité du rang vis-à-vis du grand inquisiteur. Pierre Arbues, très pointilleux aussi sur l'étiquette, se contentait de sourire de cette subtilité; il aurait même souffert de l'abbesse des carmélites bien d'autres empiétements encore sur ses droits et prérogatives, et il fut tel temps où il se serait assis volontiers sur la dernière marche de ce beau trône doré, si bien occupé par la belle Françoise de Lerme.

Mais ce jour-là, Pierre Arbues était sombre et sévère, et, de son regard hautain, il toisa d'un air de mécontentement cette assemblée féminine. L'abbesse comprit qu'il se passait quelque chose d'extraordinaire.

« Ma sœur, dit enfin l'inquisiteur, j'ai à vous entretenir seule; faites, je vous prie, retirer nos sœurs qui sont ici. »

L'abbesse fit un signe, et la troupe voilée disparut comme une nuée d'oiseaux.

Pierre Arbues alla s'assurer par lui-même que les portes étaient bien fermées, puis il revint s'asseoir auprès de l'abbesse.

« Madame, dit-il d'un ton glacial, la dernière fois que j'ai visité cette communauté, je vous ai demandé si vous n'aviez point de religieuse ou de novice que je n'eusse pas encore vue; vous m'avez répondu non, je crois!

— Et cela était vrai, monseigneur, il n'y avait ici aucune religieuse qui ne fût connue de Votre Éminence.

— Non, poursuivit Arbues; mais il y avait une femme que vous m'avez cachée.

— Je ne vous l'ai pas cachée, monseigneur, répondit Françoise de Lerme; elle ne s'est pas trouvée ici quand vous nous avez fait l'honneur de nous visiter, voilà tout; et comme elle n'était ni religieuse ni novice, je n'ai pas cru nécessaire d'en parler à Votre Éminence.

— Et si c'était précisément cette femme que je cherchais?

— Voilà une chose dont je ne me doutais pas le moins du monde, fit l'abbesse avec un peu d'ironie.

— Trêve de sarcasme, madame, dit l'inquisiteur avec rudesse; il avait les passions trop violentes pour se contenir longtemps et arriver à son but avec adresse; cette femme est ici et je veux la voir.

— Il fallait me dire cela plus tôt, monseigneur; cette femme, ou mieux cette jeune fille, est partie sans que je puisse comprendre pourquoi elle s'en est allée, car j'ai eu pour elle toute sorte d'égards.

— Partie! s'écria l'inquisiteur stupéfait, partie!... oh! vous me trompez, madame. Dolores Argoso est ici, et vous me la montrerez sur l'heure, entendez-vous!

— Dolores Argoso? reprit Françoise; ce n'est pas là le nom de la jeune fille qui était chez moi, monseigneur; elle se nommait tout simplement Maria; c'était une orpheline qui m'avait été confiée par un saint prédicateur, Jean d'Avila, surnommé partout l'apôtre de l'Andalousie (109).

— Jean d'Avila! fit l'inquisiteur d'une voix amère; je ne m'étonne plus si tout cela tourne à mal contre moi; Jean d'Avila appartient aux carmélites déchaussés; tous ces mendiants de Saint-François sont nos ennemis.

— Que vous a fait Jean d'Avila, monseigneur? dit Françoise qui, par une taquinerie de femme, se plaisait à irriter la colère de l'inquisiteur.

— Ce qu'il m'a fait, madame! vous demandez ce que me font à moi, grand inquisiteur de la province, tous ces moines prêcheurs qui, au détriment de Rome, affectent de suivre et d'enseigner l'Évangile mieux que nous! Ces humbles orgueilleux, qui font au peuple une religion si large, que la très sainte inquisition lui semble une tyrannie et notre zèle une cruauté?

— Eh! que vous importe, monseigneur? fit l'abbesse; ils ont la parole, vous avez le pouvoir; ils prêchent dans le désert; croyez-moi, ne vous inquiétez pas tant de la propagation de leur doctrine.

— Mais cette femme, cette jeune fille, reprit le farouche dominicain, faites-la donc venir, madame! je vous dis qu'elle est ici et que je veux la voir.

— Monseigneur, répliqua l'abbesse avec un peu de dépit, j'ai dit à Votre Éminence que cette jeune fille avait disparu. Votre Éminence me fera-t-elle l'honneur de me croire sur parole?

— Françoise! s'écria l'inquisiteur en fixant sur l'abbesse un regard irrité.

— Pierre Arbues! reprit aussitôt Françoise de Lerme, dont le visage s'éclaira soudain de colère et de jalousie; as-tu donc pensé que je devais être la gardienne de tes maîtresses? Cette fille est partie, que m'importe? fais-la chercher par tes sbires et tes familiers! Manques-tu donc d'espions à Séville pour retrouver une femme qui te fuit?

— Dolores est ici et je veux la voir! s'écria Pierre Arbues d'une voix tonnante.

— Dolores Argoso n'est pas ici, répondit l'abbesse avec une rage froide et concentrée; et si elle y était, je ne vous la livrerais pas, entendez-vous, monseigneur?

— Par le Christ! cela est téméraire à vous, madame, de jouer avec l'inquisition; sais-tu ce que je peux et ce que je suis, Françoise de Lerme? le sais-tu?

— Je sais que vous êtes un prêtre abominable! s'écria Françoise exaspérée; un moine impudique qui ne cherche qu'à satisfaire ses passions brutales à quelque prix que ce soit.

— Holà! Françoise de Lerme, sainte abbesse des carmélites, que pensez-vous que dirait l'Espagne de vous, si elle connaissait vos débordements?

— Oh! c'est vrai, fit-elle avec un geste d'effroi, c'est vrai; je suis une misérable femme qui cache le vice sous un saint habit, et qui, à l'abri des murs du cloître, assouvis sans craintes les passions dévorantes que Dieu m'a données... Mais qui donc a dépravé mon âme? qui m'a dit, lorsque tremblante et humiliée je m'accusais humblement à tes pieds des révoltes de la chair : « *Dieu permet qu'on satisfasse les besoins des sens pourvu que ce soit moi* (110)?

— Qui m'a dit cela, Pierre Arbues? qui a passé sur mes remords sa coupable et fallacieuse *morale* pour les aplanir, comme la faux nivelle l'herbe des champs? Qui a allumé dans mon sein ces passions ardentes qui, au temps de mon innocence, ne se révélaient à moi que par éclairs, soudainement réprimées par ma conscience? toi, toujours toi, dont les penchants effrénés ont alimenté les miens, toi que j'ai eu la faiblesse d'aimer!... »

Pendant cette énergique sortie de l'abbesse des Carmélites, l'inquisiteur avisa sur un siége la bible protestante que Catherine avait oublié d'emporter. Il lut rapidement le titre imprimé sur la couverture : à cette découverte, un éclair sinistre jaillit de ses yeux, et, poussé par une arrière-pensée infernale, il prit le livre et le cacha sous sa tunique. Puis, relevant les yeux sur Françoise, trop exaltée pour s'être aperçue de ce larcin, Pierre Arbues se prit à considérer d'un air singulier de concupiscence et d'admiration cette femme ardente et passionnée que la colère rendait plus belle encore. Un rouge vif animait le teint blanc et pur de Françoise, et ses yeux scintillaient d'une lumière si vive, qu'on eût dit qu'il allait en jaillir des étincelles.

La colère de l'inquisiteur fondit un moment à cet éblouissant spectacle. Jamais Françoise de Lerme ne lui avait paru si belle. Le visage austère de Dolores, dont l'expression chaste et sévère éloignait les désirs au lieu de les réveiller, ne pouvait lutter en ce moment avec la beauté incomparable de l'abbesse des carmélites. Pour un homme charnel, la comparaison était toute à l'avantage de Françoise; et puis, Dolores était absente. Les hommes qui vivent par les sens n'ont pas d'yeux à l'âme, le présent a tout empire sur eux, et celui-là les domine qui fait vibrer les fibres matérielles de leur être.

« Oh! que tu es belle, Françoise! » s'écria Pierre Arbues, qui la contemplait depuis quelques instants dans une admiration muette.

Cette passion échevelée allait à sa nature sauvage, et le mélange de remords qui s'y laissait voir était de plus un piquant attrait.

« Belle pécheresse! continua-t-il en prenant dans ses mains la main blanche de l'abbesse, que la colère avait rendue froide comme du marbre.

— Pierre, dit la religieuse en tombant à genoux pâle et affaissée par une soudaine réaction, Pierre, j'ai peur.... j'ai peur de l'enfer!....

— Folle, fit le prêtre, a-t-on peur de l'enfer quand on est au ciel! »

Un nuage passa sur les yeux de l'abbesse éperdue....

Pierre avait oublié Dolores.

XVI

La Mélopia.

Après qu'il eut visité avec Estevan les villages les plus pauvres des environs de Séville, l'apôtre se résolut à borner là ce voyage. Il était inquiet pour Dolores, et la fête de la Pentecôte étant proche, époque à laquelle on célébrait d'ordinaire un auto-da-fé, il craignait que le moment ne fût arrivé où il faudrait, non pas sauver le malheureux gouverneur de Séville, Jean d'Avila n'osait l'espérer, mais le tenter du moins, et consoler sa malheureuse fille si ses efforts demeuraient impuissants.

Estevan partageait toutes les craintes de l'apôtre, et les dangers qui les attendaient à Séville étaient une bien faible considération pour ces deux hommes courageux. Ils ne redoutaient de perdre leur liberté que parce qu'elle était utile au salut des autres.

Ils approchaient donc de la cité mauresque, à pied tous deux comme les prophètes de la Judée, trompant leurs inquiétudes et la longueur du chemin par des entretiens graves, pieux, s'animant l'un l'autre à suivre courageusement leur pèlerinage terrestre. La fougue d'Estevan pliait sous la douce autorité de Jean d'Avila : le jeune homme apprenait de lui à lutter de patience et de résignation.

Il était environ six heures du soir.

Une immense population circulait dans les rues; c'était l'heure où les innombrables monastères de Séville distribuaient la mélopia aux mendiants et aux vagabonds de la cité. Après que les moines avaient tout enlevé à ces malheureux, c'était bien le moins qu'ils leur donnassent à manger (111).

Estevan et l'apôtre se trouvaient en ce moment en face d'un couvent de moines de la Merci (112).

La foule était grande dans la rue, car il ne manquait pas de mendiants à Séville; et dans son ardeur à être le premier servi, chacun cherchait à se frayer un passage aux dépens de son voisin, en sorte que cette foule compacte obstruait entièrement le passage.

« Arrêtons-nous un instant, dit Jean d'Avila; attendons que ces pauvres affamés soient repus; nous continuerons notre route ensuite. »

Ils se reculèrent de quelques pas et allèrent s'adosser contre le mur, de manière à tout voir sans gêner personne.

Peu à peu cette agglomération d'hommes devint plus compacte; ils se serraient les uns contre les autres, parlant très haut et très vite : on n'entendait qu'un bruit sourd et confus de voix discordantes, où le ton qui dominait le plus était celui d'une impatiente colère; on eût dit des chiens hargneux attendant la curée.

Tout à coup, cet aigre murmure se changea soudainement en exclamations joyeuses, vives et prolongées; cette masse d'hommes resserrés à s'étouffer, sembla ne plus faire qu'un corps immense avec des centaines de têtes dirigées vers le même but par une volonté unique.

La porte du couvent venait de s'ouvrir.

Deux frères lais, jeunes et robustes, portaient, à l'aide d'un gros bâton passé dans les deux anses, un énorme chaudron de cuivre, où bouillait encore la bienheureuse mélopia.

Alors vous eussiez vu tous ces bras et toutes ces mains s'agiter convulsivement, en élevant en l'air l'écuelle de bois destinée à contenir la ration.

Des cris rauques, des hurlements farouches, accueillirent l'apparition de ce mets réparateur : on eût dit que tous ces malheureux allaient s'y jeter à la fois pour le dévorer; mais en cet instant parut un troisième frère lai. Celui-ci était armé d'une énorme cuiller à pot, et vêtu d'un froc si crasseux qu'on n'en pouvait plus distinguer l'étoffe ni la couleur.

« *A las filas!* (à vos rangs!) » s'écria-t-il d'une voix tonnante.

Aussitôt chacun se rangea en murmurant entre ses dents; on eût dit le grognement d'un dogue à qui on a enlevé un os.

« *Para todos hay, silencio* (113), » cria de nouveau le frère *dispensero* (dispensateur).

Cette assurance fit taire, comme par enchantement, toutes ces voix murmurantes.

La distribution commença.

Et comme toutes les écuelles étaient de la même grandeur, personne ne pouvait se plaindre : il y avait une impartialité complète dans la distribution de la mélopia, mot corrompu de la *mezclopia*. mélange. Et, en effet, c'était bien le mélange le plus immonde, le rebut de la table des moines, des restes souillés et rongés, bouillis dans une eau sale avec un peu d'huile ou des rognures de lard. Il fallait être chien ou Gitano pour y toucher.

Mais la faim, la faim! et tous ces gens-là avaient faim.

Aussi c'était plaisir de les voir manger leur portion sans plus de dégoût que nous n'en avons à avaler un excellent potage; mais c'était pitié aussi, pour qui savait le fond des choses, de voir ce pauvre peuple d'Espagne ainsi réduit à la plus dégradante de toutes les misères.

« Quel étrange ragoût! s'écria tout à coup Estevan, qui cherchait vainement à deviner de quoi se composait ce brouet de toutes les couleurs qui n'avait aucune forme distincte, et qui exhalait une odeur nauséabonde de graisse brûlée et d'huile rance.

— Oui, étrange en effet, répondit Jean d'Avila avec tristesse; si vous saviez de quoi il se compose!

— De quoi donc, mon père? vous savez cela, vous?

— Quand les moines ont dîné, poursuivit l'apôtre, ils jettent à ce pauvre peuple les os dont ils ne veulent pas, comme à des chiens. Les frères lais ramassent, dans ce chaudron que vous voyez là, tout ce que la sensualité des moines leur fait rejeter au bord de leur assiette, les os à moitié rongés, les têtes de poissons, les pattes de volaille, les asperges dont il ne font que sucer la pointe, tout ce qu'ils ne mangent pas, en un mot.

Parmi ces débris, il se trouve toujours quelque chose à ronger; puis on coupe du pain dans ce chaudron, on y verse de l'eau et un peu d'huile; tout cela, bouilli sur le feu pendant un quart d'heure, s'appelle la mélopia; elle fait vivre un quart au moins de la population de l'Espagne.

— Quelle indignité! s'écria Estevan.

— Ce n'est pas tout, continua Jean d'Avila, les moines ne se contentent pas d'exploiter la misère des pauvres, car les pauvres n'ont plus rien à leur donner; et cette pâture immonde qu'ils leur jettent ainsi chaque jour n'est qu'un semblant de restitution pour tous les biens qu'ils leur ont enlevés; ce sont les riches qu'on peut exploiter avec avantage; pour ceux-là, les moines ont inventé la mélopia intérieure.

— Qu'est-ce que cela? demanda Estevan.

— Mon fils, quand un riche est malade, il fait appeler son médecin, mais le plus souvent aussi il consulte son confesseur.

— Je souffre, dit le malade.

— Faites un vœu, répond le confesseur.

Ce vœu consiste pour l'ordinaire à vivre d'aumônes pendant un certain temps. Eh bien! dans tous les couvents d'Espagne, il y a une table sainement et abondamment servie à laquelle viennent manger *gratis* tous ceux qui se sont voués à la mélopia. Un régime sain et réglé produit d'ordinaire d'heureux résultats; la santé du riche s'améliore, et, en terminant son vœu, il laisse une riche récompense au couvent, en bénissant Dieu d'avoir daigné le guérir. Voilà comment on exploite la religion, mon fils (114), voilà comment ces pharisiens vendent la grâce de Dieu qu'on n'obtient que par la prière, la pureté du cœur ou les larmes du repentir. Voilà comment ils faussent l'esprit d'un peuple généreux, enthousiaste, amant du merveilleux, cherchant partout des miracles, qu'on lui fait voir à l'aide de subterfuges grossiers : comme si la création entière n'était pas un éternel miracle! comme si la main invisible qui fait tout mouvoir avait besoin de moyens humains pour accomplir sa volonté souveraine!

Comme l'apôtre achevait ces mots, arriva un mendiant qui, armé de sa large écuelle, venait prendre sa part du *souper* commun.

« C'est fini, il n'y en a plus, lui cria un jeune garçon qui avalait sa portion avec une voracité indigne d'un Andalous (115).

— Tant pis pour la mélopia, répondit fièrement le vagabond en regardant l'assemblée avec un superbe dédain.

Et il se mit à chanter comme s'il eût fait le meilleur repas du monde.

« Pauvre homme! dit Estevan, il ne va donc pas manger ce soir? Il faut convenir que ce peuple est bien malheureux.

Pas si malheureux que vous pourriez le croire; l'Andalous est poëte par essence, mais paresseux, indolent et contemplatif comme tous les êtres chez qui l'imagination domine. Pour lui, les besoins du corps sont peu de chose, la matière est subordonnée à l'esprit; aussi, faute d'aliment aux facultés de son intelligence, il se plonge dans une immense paresse ou se livre à un vagabondage inouï, selon les alternatives d'ardeur ou d'apathie qui se succèdent d'ordinaire dans les riches organisations. Il joint à cela un immense orgueil, né de la conscience qu'il a de son propre mérite; les mauvais traitements ne le domptent pas, ils ne font que soumettre la matière. Ces gens-là attendent le règne de l'esprit, c'est le seul qui pourra développer leurs bons instincts et leurs vertus naturelles.

— Quel dommage! dit Estevan, quel dommage de laisser s'abrutir ainsi ces imaginations brillantes, ces âmes exaltées et, partant, généreuses si elles étaient dirigées vers le bien!

— Sans doute, mon fils, et ceci est un crime de lèse-majesté divine, c'est méconnaître la grandeur de Dieu dans des êtres formés à son image, abrutir, ravaler le peuple; c'est saper une nation par sa base; c'est préparer sourdement la mine qui, un jour enfin, éclate en révoltes et en guerres civiles.

— Mon père, dit tout à coup Estevan en regardant avec admiration la belle figure de l'apôtre, rayonnante de tristesse, de colère sainte et d'amour de l'humanité; mon père, pourquoi donc vous êtes-vous fait moine?

— Pour lutter, répondit Jean d'Avila; pour connaître à fond la plaie secrète qui dévore l'Espagne, et porter ma pierre à l'édifice nouveau qui doit s'élever un jour sur les ruines du fanatisme et de la persécution (116).

Mais les temps ne sont pas arrivés, s'écria-t-il avec douleur; et trop de nuages cachent encore le soleil de la liberté pour qu'il puisse éclairer l'Espagne.... N'importe, poursuivit-il avec enthousiasme, la régénération d'un peuple est l'œuvre lente des siècles, l'homme ne recueille pas toujours sur l'arbre qu'il a planté. Malheur à qui ne sème que pour lui et espère sa récompense ici-bas!

— Mon père, dit le jeune homme, vous ne ressemblez guère à la plupart des réformateurs, qui d'ordinaire travaillent pour eux et pour leur gloire, sans songer sérieusement au bonheur de ceux qu'ils viennent régénérer.

— Mon fils, celui là seul est digne d'être appelé réformateur, qui fait abstraction de lui-même, et apporte du bonheur aux hommes aux dépens même de son propre bonheur, et, s'il le faut, au prix de sa vie. Je ne connais qu'un réformateur digne de ce nom; celui-là s'appelle le Christ. Nous tous qui travaillons à propager sa doctrine sacrée ou à la rétablir lorsqu'elle a été faussée, nous ne sommes que ses mandataires. »

Le peuple avait achevé de *souper*.

Peu à peu la rue était devenue libre.

Jean d'Avila poursuivit son chemin avec Estevan.

Comme ils approchaient d'un groupe de mendiants occupés à improviser des séguidillas (117) après avoir vidé leur écuelle, Jean d'Avila se sentit arrêter par la manche de son vêtement, et en se retournant il reconnut la Serena.

« Que votre Béatitude me pardonne, dit la jeune femme; mais je suis allée chez elle, et je n'ai trouvé personne.

— Qu'y a-t-il donc? demanda Estevan, comprenant bien qu'il était question de Dolores.

— Que Votre Révérence sache, poursuivit la Culevrina en s'adressant toujours à l'apôtre, que la jeune dame qu'elle a prise sous sa protection est venue il y a quelques jours à la taverne de la Chapa.

— Comment donc, s'écria l'apôtre, Dolores aurait quitté le couvent des carmélites ?

— Je ne sais, répondit la Serena ; mais toujours est-il que je l'ai vue de mes yeux entrer dans la taverne.

— En es-tu bien sûre? demanda Estevan avec inquiétude.

— Comme de ma mort, seigneur ; je l'ai parfaitement reconnue, quoiqu'elle fût vêtue comme une *manola*, et que son visage fût très-pâle.

— O mon Dieu ! quel nouveau malheur l'a frappée ?

— Courons, mon père, s'écria Estevan.

— Imprudent, dit l'apôtre, ne savez-vous pas que la taverne est le rendez-vous des familiers de l'inquisition ? J'irai seul, ou plutôt nous y enverrons d'abord cette jeune femme.

— Culevrina, fit-il en se tournant vers la Serena, va de ce pas chez Coco, et reviens me dire ce qu'est devenue la senora Dolores.

— Où retrouverai-je Votre Béatitude?

— Chez moi, répondit Jean d'Avila ; va, ma fille, et que Dieu te conduise. »

La Serena partit comme un trait.

Estevan et Jean d'Avila hâtèrent le pas pour arriver plus vite à la maison de ce dernier.

XVII

La Cavalcade.

Près de la grande place de Séville, dans une rue écartée longeant un des côtés de la cathédrale, on voyait une petite maison basse dont les murs de briques rouges et certains ornements d'architecture attestaient qu'elle avait dû être bâtie dans le même temps que l'Alhambra (118).

On entrait dans cette maison par une porte cintrée, étroite et basse, et aucune ouverture apparente ne lui donnait jour sur la rue. Cependant, à quelques pieds au-dessus de la porte, était pratiquée une ouverture carrée, assez large pour y pouvoir passer la tête, et qu'on scellait à l'intérieur à l'aide d'une masse de briques réunies en bloc, exactement de la même dimension que l'ouverture, et joignant si parfaitement, que, lorsqu'elle y était placée, personne n'eût soupçonné dans le mur cette ouverture qui se fermait comme une tombe.

La maison n'avait qu'un seul étage, une terrasse où on ne voyait jamais personne, et derrière, un petit jardin, clos de murs si élevés, que, des maisons voisines, le regard ne pouvait y plonger. Ce jardin, ou plutôt ce puits, car il en avait la forme, était rempli de verdure et de fleurs qui croissaient malgré l'absence du soleil, intercepté par les murs, tant l'air est chaud et la terre féconde en Andalousie.

On disait que cette demeure avait, au temps des Maures, appartenu à un santon. Au moment où se passait notre histoire, elle était habitée par une femme déjà âgée, très pieuse, très assidue à l'église, mais qui ne recevait personne, si ce n'est un jeune prêtre dominicain qu'on supposait être son confesseur.

On avait commencé par s'étonner d'une vie si entièrement solitaire ; mais comme cette femme était en *règle* vis-à-vis de l'inquisition, on avait fini par attribuer sa sauvagerie à une dévotion excessive, et personne ne songeait à la blâmer. On ignorait de quel pays elle était venue ; elle habitait la maison du santon depuis quelques années. Toutefois, on jugeait à son costume et à ses manières qu'elle était Espagnole pur sang.

Il était midi.

Dans une petite salle basse qui donnait sur le jardin, deux femmes causaient en s'occupant d'ouvrage à l'aiguille.

Une d'elles, âgée de plus de cinquante ans, avait une physionomie douce et grave, empreinte d'un profonde tristesse ; un secret pénible, douloureux, semblait peser sur ce front pâle tout couvert de cheveux blancs ; une lutte longue et cruelle avait ridé ce visage qui avait dû être beau, et courbé légèrement cette haute taille. Cette femme se nommait Juana ; c'était la maîtresse du logis. L'autre, dans la fleur de la première jeunesse, était aussi triste qu'elle et aussi abattue ; c'était Dolores.

Tel était l'asile où José l'avait cachée.

Juana était la nourrice du jeune dominicain.

« Je n'ai pas vu mon fils hier, dit tout à coup la vieille femme, serait-il malade, mon pauvre José ?

— Il viendra aujourd'hui sans doute, répliqua la fille du gouverneur ; ne m'a-t-il pas promis de m'apporter des nouvelles de l'apôtre !

— Et il le fera, soyez tranquille, dit Juana ; mon José a un cœur d'ange ; il n'a jamais fait que du bien. »

En disant ces mots, Juana essuya deux larmes qui glissaient sur ses joues flétries.

« Allons, ma fille, poursuivit-elle en pliant son ouvrage et le posant sur son siége, il est temps de dîner ; laissez donc cette tapisserie et venez vous mettre à table.

— Je n'ai pas faim, dit tristement Dolores.

— Mais il faut manger pour vivre... pour avoir la force de vivre, » poursuivit amèrement la vieille femme.

En même temps elle disposait sur une table étroite des mets simples, mais abondants, du riz à l'eau, du mouton grillé et des fruits.

Dolores se leva lentement et alla s'asseoir devant la table plutôt par obéissance que par besoin.

Il faisait chaud ; tout en ce moment était silencieux autour de la maison, et dans cette retraite si bien fermée, on eût pu se croire éloigné de la ville.

Tout à coup, le son d'une éclatante fanfare retentit dans l'éloignement.

Dolores tressaillit brusquement sur sa chaise, et recula loin d'elle les mets qu'on lui avait servis.

« Qu'avez-vous ? demanda Juana avec intérêt ; qu'avez-vous, mon enfant ?

— Écoutez ! fit Dolores épouvantée, en fixant ses yeux vagues et terrifiés sur le visage de Juana ; écoutez, ma mère, n'entendez-vous pas !...

La fanfare retentit de nouveau plus bruyante et plus animée ; car elle approchait et à ce bruit éclatant se mêlait un piétinement de chevaux.

« Eh bien ! dit Juana feignant de ne pas comprendre, que vous fait ce bruit, mon enfant ?

— Ce bruit, ma mère, c'est celui qui annonce la marche triomphale de l'inquisition ; ne comprenez-vous pas ? *Le roi des bourreaux* (119) se promène dans les rues annonçant à la ville que sa main n'est pas restée inactive, et qu'il a fait sa moisson de victimes pour l'auto-da-fé prochain ; n'entendez-vous pas, ma mère ?...

— Vous vous trompez, je crois, fit Juana en tremblant.

— Oh ! non, je ne me trompe pas, écoutez plutôt, » dit-elle.

La cavalcade était déjà arrivée sur la grande place, et le bruit des fanfares, plus retentissant et plus distinct, arrivait maintenant à leurs oreilles.

— Venez, venez ! s'écria Dolores en entraînant la vieille femme et la forçant à la suivre au premier étage de la maison, vous allez voir, ma mère ! »

Et arrivée dans la chambre qui donnait sur la rue et d'où l'on pouvait voir une partie de la grande place, Dolores enleva lestement la pierre qui fermait l'ouverture pratiquée dans le mur.

« Que faites-vous ? grand Dieu ! s'écria la vieille femme.

— Ne craignez rien, ma mère, personne ne s'en apercevra ; ils ont trop à faire à regarder le cortége de l'inquisiteur. »

Juana, alors emportée elle aussi par la curiosité, regarda à travers l'ouverture.

La place était couverte de monde.

Le grand inquisiteur, Pierre Arbues, revêtu d'une longue robe violette, et monté sur un cheval blanc de la plus pure race, qui piaffait sous son cavalier, s'avançait suivi de son cortége.

La belle figure de l'inquisiteur, fière, hautaine et passionnée, sa grande taille qu'il dédaignait de courber, imposaient au peuple autant que sa dignité.

Pierre Arbues était ouvertement et franchement despote à force d'audace, car il n'y avait pas au monde une âme plus perfide que la sienne, dès que l'intérêt de ses passions l'exigeait. Mais dans la vie ordinaire, il méprisait trop les hommes, il se croyait trop leur maître pour descendre à l'hypocrisie.

A la suite de Pierre Arbues venaient les autres inquisiteurs, à cheval comme lui, mais vêtus de noir.

Une troupe de *gardes du corps* (120) escortait cette cavalcade (121).

Le peuple s'inclinait ou s'agenouillait sur le passage du saint cortége ; les visages devenaient pâles, et un silence de mort régnait dans cette foule agenouillée.

Arrivé au milieu de la place, le grand inquisiteur s'arrêta

Puis, d'une voix éclatante qu'il cherchait à rendre pieuse et convaincue :

« Mes frères, dit-il, dans un mois à pareil jour, la très sainte inquisition fera justice des hérétiques qui déshonorent la divine religion de Notre-Seigneur.

« Un grand auto-da-fé aura lieu pour célébrer les succès de notre grand roi Charles cinquième, en Flandre, et son zèle contre l'hérésie. Priez, mes frères, pour que Dieu nous dévoile tous les hérétiques, même ceux qui ne le sont que dans le fond du cœur, et dénoncez vous-mêmes tous ceux que vous connaîtrez, si vous voulez mériter les indulgences promises à cet effet par Sa Sainteté le pape.

— O mon Dieu ! s'écria Dolores, que va devenir mon père? »

Le peuple ne répondit à la proclamation de l'inquisiteur que par de grands signes de croix.

Les fanfares sonnèrent de nouveau.

« Mon père! répéta la fille du gouverneur en s'agitant dans la chambre comme une insensée.

— Calmez-vous, lui dit Juana, José va venir, ne craignez rien. »

Dolores retourna à la fenêtre. Le cortége quittait la place et s'approchait de la maison.

« Otez-vous donc de là ! fit Juana épouvantée ; ils vont passer par ici et ils vous verront. Dolores, Dolores, écoutez-moi ! »

Mais Dolores ne l'écoutait pas.

Les yeux invinciblement attachés sur l'inquisiteur, il semblait qu'elle voulût lire sur son visage le sort de son père et le sien.

Le cortége était presque sous la maison.

Dolores avait toujours le visage tourné vers la rue.

La chambre était fort obscure.

La colère du peuple.

Toutefois, dans la pénombre où elle se trouvait, la silhouette délicate de la jeune fille se détachait vaguement sur le mur de l'ouverture. En passant, Pierre Arbues releva la tête ; mais en ce moment Juana saisissant Dolores par la taille, réussit à l'éloigner de la fenêtre.

L'inquisiteur bondit sur son cheval ; il fixa de nouveau ses regards sur l'ouverture où cette vague ressemblance lui était apparue ; mais, plus prompte qu'un éclair, Juana avait replacé la pierre. Au lieu de l'apparition qui l'avait ébloui, Pierre Arbues ne vit plus qu'un mur uniforme, une maison sans fenêtres.

Il se crut le jouet d'un rêve; et se tournant vers un familier qui était à quelques pas derrière lui :

« Sais-tu, dit-il, à qui appartient cette maison? »

Les familiers savaient tout.

« Éminence, c'est la demeure d'une pauvre veuve à qui votre aumônier don José fait l'aumône.

— Je suis fou, pensa l'inquisiteur ; mais je vois cette femme partout. »

Le cortége poursuivit sa marche.

Juana déposa sur un siége Dolores évanouie.

Le bruit des fanfares se perdait dans l'éloignement. Dolores était toujours privée de sentiment.

Agenouillée devant elle, Juana lui frottait vivement les mains et lui mouillait le visage avec de l'eau fraîche.

Seule, et n'osant appeler personne, elle commençait à concevoir des inquiétudes, lorsque la porte extérieure de la maison s'ouvrit avec un bruit léger; on monta l'escalier d'un pas rapide.

« Dieu soit béni ! s'écria Juana, ce ne peut être que José. »

C'était José en effet; au moment où il entrait dans la chambre, Dolores ouvrit les yeux en poussant un long soupir.

« Qu'est-ce donc, nourrice ? demanda José. »

— Mon père ! mon père ! s'écria Dolores en apercevant le jeune dominicain ; don José ! vous voyez bien qu'ils veulent tuer mon père !

— Rassurez-vous, Dolores, dit José avec douceur ; qui vous dit qu'on veut tuer votre père?

— N'ai-je pas entendu tout à l'heure ces cris de mort ! ne vient-on pas de proclamer un auto-da-fé prochain !

— Qu'est-ce que cela prouve? répliqua le jeune dominicain ; si votre père était désigné pour en faire partie, ne suis-je pas là, moi, pour y veiller?

— Oh ! vous me trompez, don José, votre pitié cruelle vous engage à me cacher la vérité. Ne sais-je pas que l'inquisiteur a soif du sang de mon père et qu'il le fera mourir !

— Calmez-vous et écoutez-moi, dit José en se rapprochant de la jeune fille.

— Non, je ne vous crois pas ! s'écria-t-elle avec une exaltation croissante ; ne portez-vous pas, vous aussi, la livrée de l'inquisition ! Eh bien ! laissez-moi, je n'ai pas besoin de vous pour sauver mon père ! j'irai me jeter aux pieds de monseigneur Arbues ; j'embrasserai ses genoux ; je prierai et je pleurerai tant, que si son âme n'est pas aussi dure qu'un rocher, il se laissera attendrir et il me rendra mon père.

— Pauvre insensée ! dit José d'une voix amère en regardant Juana qui pleurait ; est-ce que les inquisiteurs ont une âme? est-ce qu'ils savent ce que c'est que d'avoir un père, une mère, une amante ou une sœur? Jamais un sentiment a-t-il fait tressaillir leurs entrailles de marbre? Connaissent-ils donc d'autres sensations que les désirs lascifs, féroces et impitoyables ; les délires monstrueux d'une débauche effrénée, la soif du sang, le spectacle de l'agonie?

— J'irai ! j'irai ! » répétait Dolores plus enflammée encore à cette peinture terrible, mais palpitante de vérité.

En même temps elle se leva, soutenue par l'exaltation, et, repoussant Juana, qui cherchait à la calmer en l'enlaçant doucement de ses bras :

« Laissez-moi, dit-elle ; vous êtes tous ligués pour me tromper, vous m'avez enfermée ici comme dans une prison, pour que le bruit des événements ne pût arriver jusqu'à moi ; mais Dieu a déjoué vos projets, et j'ai su ce que vous vouliez me cacher. Laissez-moi donc, laissez-moi libre ; de quel droit me retenez-vous ici prisonnière ? » s'écria-t-elle avec égarement en jetant sur le dominicain un regard fier et courroucé.

José se tut, il était ému et très pâle. Juana le regarda d'un air qui voulait dire :

« Cette pauvre fille devient folle.

— Elle est plus heureuse que moi, » répondit tout bas José.

Juana, dénouant alors ses deux bras qui avaient cherché à retenir Dolores, alla s'asseoir à l'autre bout de la chambre.

La jeune fille, se voyant libre, s'arrêta et se mit à considérer José, dont le pâle et beau visage frissonnait de pitié.

Juana pleurait; ces deux êtres souffrants ressemblaient bien plus à des victimes qu'à des bourreaux. L'œil de Dolores perdit tout à coup son flamboyant éclat; elle se rejeta, affaissée, sur sa chaise : cette grande colère était tombée.

José alors s'approcha d'elle.

« Pardonnez-moi, dit-elle en lui tendant la main, j'ai été injuste; la douleur ôte la raison : pardonnez-moi, don José; mais je vous le déclare maintenant avec calme, ma résolution est inébranlable : je veux aller me jeter aux pieds du grand inquisiteur; je le dois; je dois tout tenter pour sauver mon père, et il ne sera pas dit que j'ai été lâche.

— Vous ne ferez pas cela, Dolores! s'écria avec force le jeune dominicain.

— Oh! fit Juana, ayez pitié de vous-même.

— Je ne crains rien, répondit la jeune fille avec noblesse; est-ce que j'ai peur de la mort, moi?

— Mais vous avez peur de l'infamie! s'écria énergiquement José; ne connaissez-vous donc pas l'inquisiteur de Séville?

— Oh! c'est vrai, fit-elle avec épouvante, je n'avais pas songé à cela!

— Eh bien! poursuivit José, suivez donc mes conseils; suivez-les, Dolores, ou, sur mon ame, vous êtes perdue!... Laissez agir vos amis, c'est assez d'une victime; vous vous perdriez sans fruit, et ce sacrifice ne servirait de rien à celui que vous voulez sauver.

— Oh! si du moins je savais où est Estevan! dit la fille du gouverneur avec un désespoir inexprimable.

— Je le saurai, moi, je vous le promets. Estevan est comme moi occupé de vous seule; soyez donc calme, et comptez sur nous. Vous êtes en sûreté ici, ajouta-t-il, n'essayez pas d'en sortir; c'est le seul endroit de Séville où l'inquisition ne viendra pas vous chercher. »

Malgré les consolations de José, Dolores resta plongée dans un profond abattement.

« Je reviendrai bientôt, » lui dit en la quittant le jeune dominicain.

Juana l'accompagna jusqu'à la porte extérieure.

« Ma bonne Juana, dit José, veille bien sur cette jeune fille, prends garde qu'elle ne sorte jamais... C'est assez de victimes comme cela, poursuivit-il avec amertume.

— O mon noble enfant! fit la nourrice en le serrant avec force contre sa poitrine, que Dieu bénisse votre courage!

— Te semble-t-il donc que j'aie faibli? » répliqua vivement le jeune moine.

Juana ne répondit pas, mais elle détourna la tête pour cacher ses larmes.

« Ne crains rien, s'écria José en lui pressant la main avec énergie; ne crains rien, Juana, j'arriverai au but!... »

Pourquoi vous révoltez-vous?

XVIII

La colère du peuple.

La nuit était venue.

En quittant Dolores, José se dirigea vers le palais de l'inquisition. Il fallait, pour y arriver, traverser la rue où demeurait le gouverneur de Séville. En approchant de cette rue, José fut surpris de voir à cette heure un grand rassemblement de peuple assiéger les avenues du palais du gouverneur.

Un bruit vague d'imprécations et de menaces proférées d'une voix rauque, sourde, terrible, courait comme un souffle de tempête parmi ces groupes irrités.

On eût dit le grondement du vent dans une forêt de chênes.

Pas de cris aigus, pas de ces bruits variés et discordants qui, en France, éclatent dans les émeutes, et jettent tout de suite au dehors la colère d'un peuple, qui s'évapore aussi vite que la fumée de la poudre.

Ce peuple d'Espagne, si opprimé, si patient et si calme, faisait entendre, sous une torsion plus forte, le craquement sourd de la branche qu'on veut briser et qui résiste. Et encore n'était-ce pas pour lui-même que ce peuple réclamait en ce moment les droits de l'humanité et de la justice : il savait souffrir et mourir sans se plaindre; il protestait contre un acte inique de l'inquisition. Il avait dans le cœur le sentiment du juste et de l'injuste, et s'il a toléré si longtemps le joug du despotisme, c'est qu'au-dessus du pouvoir humain qui le persécutait, on lui montrait un pouvoir plus grand, celui de Dieu; et, dans sa foi naïve, ce peuple, qui ne savait de Dieu que ce que lui en avaient appris ses persécuteurs, adorait cet être souverain tel qu'on le lui avait fait, et se soumettait sans murmure à ceux qu'il regardait comme ses ministres.

Ce n'était pas l'intelligence qui manquait aux Espagnols, c'était la lumière, et la lumière, on ne la laissait pas arriver jusqu'à eux. Voilà pourquoi l'Espagne s'est débattue si longtemps dans les liens inextricables de l'ignorance et des préjugés.

Toutefois, malgré les plus grandes persécutions, l'esprit d'investigation qui tend incessamment vers la vérité s'est toujours agité dans l'âme droite et intelligente des Espagnols; et, au milieu des tortures mêmes de l'inquisition et du despotisme des rois, il a jailli parfois en étincelles brillantes, qui de loin en loin ont éclairé l'Espagne d'une fugitive lueur d'avenir : émanations divines, fragment du grand tout, qui se manifestaient à la terre sous des formes et des noms humains, comme de vigilantes sentinelles échelonnées dans la vie des nations par celui qui gouverne le monde, pour empêcher un grand peuple de périr et de s'abîmer dans les ténèbres de l'ignorance.

Une troupe d'hommes et de femmes exaltés s'avançaient vers le palais du gouverneur de Séville, éclairé par un seul réverbère.

La nuit était sombre.

Cette masse vivante s'avançait lentement, puis elle était brusquement refoulée sur elle-même par une autre troupe qui venait dans le sens contraire. On eût dit les ondulations de la vague.

On se portait en foule au palais du nouveau gouverneur.

Le peuple de Séville, lassé de l'administration inique d'Enriquez, avait enfin conçu le désir de se venger. Cette colère du peuple, sourde, contenue, mais persévérante, implacable, était effrayante à voir.

L'émeute avait été si soudaine, si peu bruyante, qu'on n'avait pas eu le temps de lui opposer la force armée: elle avançait vers le palais du gouverneur, comme ces trombes invisibles qui fondent sur la terre avec la rapidité de la pensée.

Cependant, quelques alguazils accouraient de divers côtés, et çà et là de sombres *garduños* regardaient l'émeute sans y prendre part, prêts à vendre leur secours au plus offrant.

« D'où vient ce rassemblement? demanda José à un familier du palais qui accourait en toute hâte, envoyé par Son Éminence pour s'assurer du fait.

— Révérence, ce n'est rien qu'une vieille juive qu'on vient d'arrêter.

— Révérence, s'écria une courageuse *manola* qui avait entendu la réponse du familier, cette *juive* était aussi bonne catholique que vous et moi; mais elle avait un serviteur infidèle, elle l'a chassé ignominieusement, et son serviteur l'a dénoncée comme hérétique *judaïsante* (122).

— Comment appelez-vous cette dame? demanda José.

— Marie de Bourgogne, Révérence; elle a plus de quatre-vingts ans, et c'est une sainte qui donnait tout son bien aux pauvres. Nous l'appelions notre mère; voilà pourquoi, lorsqu'on a su qu'elle était dans les prisons du saint office, on s'est porté tout d'une voix au palais du gouverneur; car c'est lui qui l'a fait arrêter. »

Le familier allait donner des ordres contre la *manola;* José lui fit signe de se retirer : ce n'était pas le moment d'user de violences.

Le familier se dirigea d'un autre côté, essayant de percer cette foule compacte qui lui opposait une digue presque infranchissable; mais il se promit de ne pas oublier le visage de la femme imprudente qui venait de s'exprimer avec tant de témérité.

« Je vous conseille fort, dit tout bas José à cette courageuse Andalouse, de quitter Séville le plus tôt possible; les paroles de tout à l'heure pourraient vous coûter cher.

— Je le crois, fit-elle en regardant le jeune dominicain et en souriant amèrement; vous êtes inquisiteur, vous aussi !

— Je suis indulgent, et j'aime ce peuple qui souffre, dit José; va, pauvre femme, ne crains rien de moi. »

La foule se pressait plus furieuse et plus épaisse devant le palais du gouverneur. Quelques-uns, armés de leviers de fer, cherchaient à ébranler la porte, soigneusement barricadée, pendant que les autres, élevant en l'air leurs redoutables couteaux d'*Albacete*, se préparaient à une mortelle défense. Les jeunes filles elles-mêmes, serrant de la main droite leur poignard affilé, se jetaient en avant furieuses et animées d'un sentiment d'indignation impossible à peindre.

C'était beau et effrayant à voir, toutes ces brunes figures dont les yeux étincelants jetaient partout comme des éclairs terribles, et ces lèvres animées qui, à chaque parole de colère, laissaient voir en s'entr'ouvrant des dents blanches et brillantes comme celles du tigre.

Le caractère africain s'était réveillé.

Le sang ardent des Bérébères du désert, non encore attiédi à travers huit siècles de générations dans les veines des Andalous, bouillonnait alors comme une lave. La haine, la haine profonde, amère, dévorante, les poussait invinciblement à la révolte. Ils avaient dit enfin : « C'est assez! » et ils se ruaient en désespérés contre ce gouverneur inique que le caprice du grand inquisiteur avait imposé à la cité : cet homme sorti des rangs du peuple, qui écrasait et opprimait le peuple.

Enriquez, retiré dans son palais d'où il n'osait sortir; Enriquez, aussi lâche au moment du péril qu'il était cruel dans la prospérité, attendait en tremblant un secours qui ne venait pas.

Chacun des coups de levier qui ébranlaient la porte du palais allait retentir comme un glas de mort au cœur de ce misérable.

Agenouillé dans sa chambre, devant une image de la Mère de Dieu, cette admirable statuette qui avait orné le virginal oratoire de Dolores, l'ancien familier de l'inquisition, le complaisant de Pierre Arbues, murmurait en tremblant des paroles inintelligibles, vain et banal formulaire de tous ceux qui honorent Dieu seulement du bout des lèvres.

Enriquez se frappait la poitrine en s'accusant de péchés puérils, sans songer, à ce moment suprême et terrible, à demander à Dieu de l'absoudre de ses crimes.

Comme les païens d'autrefois, Enriquez, dans un accès de ferveur inspiré par la crainte de la mort, promit à la mère du Sauveur cent victimes de plus par an aux auto-da-fé de l'inquisition; ce fut là l'unique expression de son repentir.

La porte du palais, lourde masse de bois semée de clous de fer, allait céder sous les coups redoublés de mille bras robustes et acharnés; et comme on n'avait pas eu le temps de sonner le tocsin d'alarme pour avertir les troupes, ils étaient six cents hommes du peuple, hardis et déterminés, contre cinquante familiers ou sbires accourus çà et là à la suite les uns des autres.

Bientôt, aux coups retentissants et pressés dirigés contre la porte, succéda un craquement de bois et de fer : la porte avait cédé, et, abandonnant les gonds qui la soutenaient, elle tomba contre le pavé avec un bruit épouvantable.

A ce moment un silence morne succéda comme par enchantement au cri de triomphe poussé par le peuple à la vue de la porte abattue. Ces hommes, naguère si acharnés, restèrent immobiles devant cette barrière brisée; nul n'osa franchir le seuil du palais gouvernemental.

D'où venait ce miracle si aisément opéré?

C'est qu'à une des extrémités de la rue où commençait le rassemblement, Jean d'Avila était soudainement apparu.

« Que faites-vous? s'était-il écrié de sa voix grave et puissante accoutumée à retentir dans les basiliques; où allez-vous, insensés? arrêtez!... »

Ce mot avait couru de bouche en bouche; et au nom de l'apôtre, la fureur de ce peuple, tombant comme un vent d'orage à la voix de l'Éternel, s'était changée en adoration. Le peuple s'était souvenu que Jean d'Avila lui avait recommandé la patience et promis le ciel en retour.

C'est que ce noble et vaillant peuple d'Espagne ne se révoltait pas par turbulence, par désir inquiet ou par vaine bravade; non, il était calme et grave; la longanimité et la mansuétude résidaient en ces âmes courageuses. Ce peuple avait eu un moment la colère du lion qu'on torture, et il s'était retourné en rugissant contre la main qui ne cessait de le meurtrir; mais, au premier mot de douceur, il était revenu à sa grande et magnifique obéissance, l'obéissance de l'être fort qui accomplit un devoir. C'est que l'Espagne a toujours été éminemment chrétienne; et si on ne lui eût imposé le fanatisme à force de rigueurs et de persécutions, elle eût été peut-être la nation de la terre qui aurait le plus religieusement conservé l'esprit sacré de l'Évangile.

Pour peu qu'on ait étudié les Espagnols, cela est aisé à comprendre; la base du caractère espagnol est une simplicité pleine de grandeur. Or, quoi de plus simple et de plus grand à la fois que l'Évangile?

Jean d'Avila s'avança sans efforts au milieu de cette foule naguère impénétrable; tout le monde s'écarta à son approche.

« Mes enfants, leur dit-il, pourquoi vous révoltez-vous? quel bien vous en arrivera-t-il?

— Père, dit l'un d'eux, on vient d'arrêter Marie de Bourgogne, qui nourrissait nos petits enfants.

— Dieu vous la rendra, répondit le saint; est-ce en vous révoltant que vous espérez la sauver? »

En même temps un homme armé d'un énorme levier de fer s'avança au devant de l'apôtre. Cet homme semblait être un des chefs de la révolte. Jean d'Avila reconnut Manofina.

« Que fais-tu ici? lui demanda le saint avec douceur.

— Je voulais venger une victime, répondit le bravo sans se déconcerter ; nous venions tuer ce misérable Enriquez qu'on nous a donné pour gouverneur.

— Il ne faut tuer personne, dit Jean d'Avila.

— Pour celui-là, il n'y aurait pas eu grand mal, répondit le bravo, un coquin de cette espèce... mais puisque Votre Béatitude ne le veut pas...

— C'est Dieu qui ne le veut pas, mes enfants; retirez-vous, et laissez à Dieu le soin de vous venger. »

Ces hommes, tout à l'heure si farouches, étaient redevenus doux comme des agneaux.

Comme ils s'éloignaient en silence sans plus faire aucune manifestation hostile, des sbires s'approchèrent pour arrêter quelques-uns d'entre eux.

« Que faites-vous? s'écria le saint; voulez-vous donc punir le lion parce qu'il a été généreux? Retirez-vous; vous n'avez pas besoin d'armes, tout le monde est tranquille, ne le voyez-vous pas? »

Les émissaires de l'inquisition, cédant malgré eux à l'influence de cet homme extraordinaire, éprouvèrent un instant d'hésitation.

A ce moment, José, sortant de la foule, fit signe aux alguazils; à cet ordre muet, ces hommes s'éloignèrent comme des ombres.

Malgré son immense charité, Jean d'Avila jeta un regard de mécontentement et de défiance sur le favori de l'inquisiteur.

A cette époque, les dominicains et les franciscains n'avaient pas encore fait alliance (123).

Ils étaient en général cruellement ennemis; Jean d'Avila, malgré sa sainteté, ne se défendit peut-être pas d'un sentiment involontaire d'aversion et de répugnance à la vue du jeune dominicain.

Mais José s'approcha de lui, et d'un air confiant et calme :

« Mon père, lui dit-il, celle que vous cherchez est en sûreté. »

Jean d'Avila tressaillit; il croyait que Dolores avait été arrêtée par l'inquisition.

« Mon père, répéta José en le regardant avec douceur, ne voyez-vous pas sur mon visage que je vous dis la vérité?

— Rendez-moi donc cette pauvre enfant, dit Jean d'Avila; nous l'avons assez pleurée, Estevan et moi. »

La Serena n'avait pu leur rien apprendre; la Chapa avait refusé de leur dire ce que Dolores était devenue.

« Demain, à minuit, reprit José, je vous attendrai sur l'Esplanade près de la fontaine; venez m'y joindre, je vous conduirai près de Dolores.

— Chut! fit l'apôtre en voyant approcher Estevan, qui l'avait suivi à quelque distance. A demain, à minuit, près de la fontaine. »

José disparut; mais, à quelques pas de là, il se retourna pour considérer la belle stature d'Estevan, et son noble profil qui se détachait nettement dans le clair-obscur d'une nuit d'été. A cette vue, un soupir profond souleva la poitrine du jeune dominicain, et deux larmes brûlantes jaillirent de ses yeux.

Jean d'Avila ne parla point à Estevan de cette rencontre; il voulait aller seul à ce rendez-vous, où peut-être il redoutait un piége.

Cette nuit-là encore Enriquez dormit tranquille.

XIX

L'Amulette du grand Inquisiteur.

En rentrant au palais inquisitorial, José se rendit auprès du grand-inquisiteur.

Pierre Arbues était seul dans sa chambre, mais au dehors on avait doublé les gardes, car ce bruit d'émeute si vite apaisé, dont le retentissement était à peine arrivé jusqu'à lui, l'avait tellement épouvanté, qu'il lui semblait à chaque instant voir la porte de son appartement forcée par des assassins. Il avait la lâcheté de la hyène, qui fuit le grand jour et ne se repaît que de cadavres.

Assis devant une petite table d'ébène incrustée de nacre, ouvrage précieux du commencement de la renaissance, Pierre Arbues, la tête appuyée dans ses deux mains, considérait avec une attention méditative un bijou étrange enchâssé dans de l'or ciselé.

C'était une défense de licorne qui avait appartenu à Thomas Torrequemada, le fondateur de l'inquisition moderne en Espagne, ce moine farouche, dont la cruauté dépassa tellement toutes les bornes que le pape Alexandre Borgia lui-même en fut épouvanté. Cette *relique*, tombée on ne sait comment entre les mains de Pierre Arbues, avait, disait-on, la faculté de faire découvrir et de neutraliser les poisons (124).

Pierre Arbues avait tellement imité Torrequemada dans ses barbaries, qu'il l'imitait aussi dans sa superstitieuse prudence. Cette défense de licorne ne quittait jamais sa chambre.

A l'approche de José, l'inquisiteur leva la tête.

« Eh bien! José, quelles nouvelles?

— Tout est calme, monseigneur; vos sbires ont fait merveille, et les manants ont été bientôt dispersés.

— Dieu soit loué! s'écria l'inquisiteur... Et ce pauvre Enriquez n'a pas eu de mal?

— Aucun monseigneur; on n'a fait que briser la porte de son palais; Enriquez est en ce moment aussi en sûreté que Votre Éminence peut l'être.

— Ils n'ont donc pas eu l'intention de se diriger vers le palais inquisitorial?

— Aucunement, monseigneur; qui oserait s'attaquer au grand inquisiteur de Séville!

— Je ne risque rien, n'est-ce pas José? Ils n'oseraient s'attaquer si haut. — Peut-être, poursuivit Arbues, ai-je mal fait d'élever Enriquez au poste difficile de gouverneur? cet homme manque de force et de résolution.

— Pas tant que Votre Éminence peut le croire.

— Mais c'est un homme de rien, ignorant, grossier.

— Qu'importe, monseigneur? il vous est dévoué; et croyez-moi, la toge de gouverneur est tout aussi bien sur ses épaules que sur celles d'un autre.

— Le peuple regrette Manuel Argoso, dit Pierre Arbues. Cet homme avait une tolérance coupable pour les hérétiques et les chrétiens tièdes; aussi tous l'aimaient.

— Voilà pourquoi on se révolte contre Enriquez, monseigneur. Il n'est qu'un moyen de remédier à cela; c'est de redoubler de rigueur.

— Oui, il faut que ces révoltes finissent; il faut que l'inquisition d'Espagne étende sa domination sur le monde, et s'élève même au-dessus de la puissance des papes. Il faut que la lèpre de l'hérésie disparaisse à jamais de la surface du globe.

— Et que le globe entier appartienne à l'inquisition, ajouta José moitié sérieux, moitié raillant.

— Il faut, poursuivit l'inquisiteur, que les cendres des hérétiques fécondent la terre et nous la fassent pleine de délices. Les biens de ce monde comme ceux du ciel appartiennent de droit aux vrais catholiques; eux seuls sont dignes d'en jouir. Ils n'y parviendront qu'à force de persévérance et de rigueurs salutaires.

— Monseigneur, plus l'inquisition immolera d'hérétiques ou de mauvais catholiques, plus elle deviendra forte et puissante.

— Sans doute, dit l'inquisiteur avec un ricanement féroce; aussi j'y ai pourvu, José; nous aurons près de cent dix-huit condamnés à l'auto-da-fé prochain.

— Cinquante de plus qu'au dernier, monseigneur.

— Que ferez-vous de l'ancien gouverneur de Séville? poursuivit José négligemment.

— Je le traiterai comme il le mérite, en hérétique luthérien; » s'écria l'inquisiteur, exaspéré par le souvenir de ses vaines tentatives contre Dolores.

José, on le voit, flattait habilement les passions de Pierre Arbues; on voit aussi que l'inquisition n'était pas, ainsi qu'on a voulu le dire, mue seulement par un ardent fanatisme.

Sa cruauté indicible, implacable comme la fatalité, n'était pas certainement le résultat d'un zèle outré, aveugle, pour la gloire du catholicisme. Elle avait bien un autre véhicule vraiment L'intérêt de la religion ne venait qu'en seconde ligne, ou plutôt la religion elle-même servait de masque et de prétexte à l'ambition effrénée, à la soif de richesses des inquisiteurs.

Il n'est permis de croire au fanatisme absolu, à la foi aveugle, que chez les insensés ou les intelligences obtuses; les inquisiteurs n'étaient certes ni fous ni stupides. Ils voulaient envahir, voilà tout; ils voulaient régner, et dans leur astucieuse politique, ils avaient compris que la seule couronne qu'on ne brisera jamais, c'est la couronne d'épines de l'Homme-Dieu; voilà pourquoi ils en avaient abrité leur royauté despotique, pourquoi ils s'étaient fait une égide du divin nom du Christ, en le rendant solidaire de leurs iniquités.

« Il est temps, poursuivit Pierre Arbues, de recueillir l'héritage que nous a légué notre saint fondateur, Thomas de Torrequemada. »

En ce moment, l'inquisiteur s'aperçut que José, comme un enfant, jouait avec la défense de licorne qui était sur la table.

— Garde-toi de toucher à cela, mon fils, dit Pierre Arbues en la lui retirant doucement des mains; c'est une précieuse relique que nous ne devons pas profaner : c'est elle qui a constamment protégé la vie du bienheureux Torrequemada, et qui maintenant protége la mienne.

— Comment ce joyau est-il tombé entre vos mains, monseigneur?

— Par héritage; je descends, par ma mère, quoiqu'en ligne indirecte, de la même famille que le premier grand inquisiteur de Castille. »

José se tut et se hâta de remettre la défense de licorne à la place où il l'avait prise. Le scepticisme du jeune moine n'excluait pas une légère superstition ; il avait encore trop de l'ardente imagination des Maures pour ne pas croire à la vertu d'une *amulette*.

« José, reprit l'inquisiteur, puisque maintenant tout est calme dans Séville, je suis d'avis que nous fassions ensemble une légère collation pour goûter un excellent vin de lacryma-christi, qui m'a été envoyé par le nonce du pape.

— Je n'ai pas faim, répondit nonchalamment José.

— N'importe, mon enfant, ce vin délicieux réveillera ton appétit. Sonne donc, et demande qu'on nous serve. »

José n'eut pas le temps d'exécuter les ordres de l'inquisiteur. Un familier entra brusquement et remit une lettre à Son Éminence.

« D'où vient cela ? fit Pierre Arbues.

— C'est le gouverneur de Séville qui l'envoie, répondit le familier.

Pierre Arbues brisa le cachet de cette lettre et la lut rapidement.

« Monseigneur lui disait Enriquez, l'abbesse des carmélites est fort malade, et a fait demander un franciscain pour la confesser. J'ai cru devoir en prévenir Votre Éminence. Ce moine doit se rendre ce soir même au couvent, car il paraît que le cas est pressé. Voilà tout ce que j'ai pu apprendre. Ma lettre, écrite depuis deux heures, n'a pu être envoyée plus tôt à Votre Éminence, à cause de l'émeute qui a troublé la ville et menacé ma vie. »

— Pauvre Enriquez ! s'écria l'inquisiteur, dont le visage avait, pendant toute cette lecture, exprimé la plus violente colère; quel zèle pour mon service !

— Vous voyez, monseigneur, dit José sans savoir de quoi il était question.

— Par le Christ ! poursuivit Arbues, cette femme est audacieuse. Faire demander un misérable franciscain, lorsque je suis son confesseur; devait-elle avoir recours à d'autres qu'à moi? Oui, je comprends, murmura-t-il à voix basse, elle a peur de la mort, et peut-être !... Oh ! mais il en est temps encore... Cette folle pourrait me compromettre, il faut que je la voie sur l'heure.

— Holà ! fit-il en appelant ses familiers, qu'on apprête ma litière, j'ai besoin de sortir. »

Puis, se tournant vers José qui cherchait vainement à deviner ce qui se passait dans l'âme de Pierre Arbues :

« José, dit-il, une affaire importante m'appelle. L'abbesse des carmélites se meurt, elle réclame de moi les secours de la religion; je te laisse, adieu. »

Pierre Arbues s'élança hors de sa chambre, descendit rapidement l'escalier de marbre de son palais, monta dans la litière et partit.

Comme il arrivait à la porte du couvent, un moine franciscain en franchissait le seuil et s'avançait vers l'inquisiteur.

Lorsqu'ils furent en face l'un de l'autre, Pierre Arbues jeta un regard curieux sur le visage du moine; malgré l'obscurité, ces deux hommes se reconnurent.

Pierre Arbues regarda fixement le moine.

« Qu'êtes-vous venu faire ici? lui demanda-t-il d'un ton sévère.

— Sauver une âme, » répondit le franciscain.

Ce moine était Jean d'Avila.

L'inquisiteur lui jeta un regard plein de haine et franchit rapidement la porte du cloître.

Lorsqu'il arriva au chevet de l'abbesse, Françoise de Lerme, rassurée par les douces paroles de l'apôtre, semblait goûter un instant de calme. Elle n'était pas sérieusement malade; mais cette femme passionnée et robuste, soudainement attaquée d'un mal qui avait brisé ses forces, avait eu peur de la mort et horreur de sa vie dépravée.

Ne pouvant se confier au complice de ses fautes, dont elle redoutait la violence, elle avait fait appeler Jean d'Avila, dont la sainteté lui inspirait une confiance sans bornes; et dans une confession sincère, la malheureuse femme avait épanché dans le sein de cet apôtre de la vérité les remords qui dévoraient son âme.

Oh ! comme l'homme de Dieu dut verser des larmes de sang sur l'Église du Christ indignement profanée, à ces aveux d'une âme tremblante et déchirée qui s'échappaient des lèvres de la hautaine abbesse des carmélites !

La maladie avait abattu ce caractère indomptable, et le mords, seule vertu qui reste à ceux qui ont beaucoup péché, remords l'avait ramenée au repentir. Malgré les perfides insin tions et les mensonges que Pierre Arbues avait employés p lui persuader qu'elle ne faisait point de mal, Françoise n'a jamais été rassurée, et elle avait certainement péché en conna sance de cause.

« Madame, dit l'inquisiteur lorsqu'il fut demeuré seul a la malade, pourquoi avez-vous demandé un autre confesseur moi ? »

A cette voix bien connue, Françoise de Lerme se retou brusquement, et d'un long regard parcourant l'inquisiteur pieds à la tête, elle fit des lèvres, sans répondre, un signe mépris et d'ironie.

« Ne saviez-vous pas, ma sœur, continua Pierre Arbues d' voix mielleuse, que j'ai le pouvoir de vous absoudre?

— Avant d'absoudre les autres, répondit lentement Franç de Lerme, couvrez votre tête de cendres, monseigneur; abais votre orgueil dans la poussière, et priez à deux genoux su terre nue, pour que Dieu vous pardonne vos crimes. De droit parlez-vous d'absoudre les autres, vous qui avez péché?

— Pauvre âme égarée, reprit l'inquisiteur; est-ce qu'il pe avoir des bornes à nos droits et à nos pouvoirs spirituels? sommes nous pas l'oint du Seigneur, et y a-t-il quelque chose monde qui puisse effacer ce caractère sacré (125)? N'avais-je d plus le droit de délier les âmes des liens du péché! Le prêt quelque indigne qu'il soit, poursuivit-il avec une feinte humil n'est pas moins le représentant de Jésus-Christ; et n'avez-v pas compromis les intérêts de l'Église en vous confessant à moine choisi parmi les franciscains, qui sont nos plus mor ennemis (126)?

— Ce moine est un saint, monseigneur; il m'a consolée réconciliée avec Dieu. Laissez-moi donc mourir en paix et ne v inquiétez plus du soin de mon âme. »

Puis, se retournant de l'autre côté, Françoise couvrit sa tête son drap, comme si elle eût voulu mettre entre elle et l'inqu teur le suaire de la tombe.

Pierre Arbues vit bien que cette âme était sincèrement re nue à Dieu, et que son empire sur elle était fini. Mais, en inq siteur habile, jetant sur sa colère un manteau de douceur d'humilité, il se retira sans violence, sans rien faire éclater son mécontentement; et comme il jugea bien que la maladie Françoise était loin d'être mortelle, il se promit d'empêc qu'elle pût revoir Jean d'Avila.

La conversion de Françoise de Lerme était devenue pour un implacable arrêt.

XX

Le Rendez-vous.

L'heure du rendez-vous donné par José à Jean d'Avila app chait.

Estevan venait de prendre le repas du soir avec l'apôtre, malgré lui, ce dernier n'avait pu dissimuler une préoccupat pénible, étrangère à sa physionomie sereine, quoique habituc ment méditative.

Déjà inquiet sur le sort de celle qu'il aimait, Estevan craig que Jean d'Avila eût à lui cacher des secrets douloureux. To fois, il n'osa pas l'interroger, peut-être par suite de cette faible humaine qui nous fait à la fois désirer de savoir et redouter d' prendre un malheur.

Jean d'Avila gardait malgré lui un silence inaccoutumé.

Estevan suivait d'un œil inquiet les moindres mouvements sa physionomie.

« Mon père, se hasarda-t-il à dire enfin, n'avez-vous donc appris du malheureux gouverneur de Séville? n'a-t-on pas enc commencé son procès, et ne pourrons-nous rien pour le sauv

— Non, dit Jean d'Avila ; le procès de Manuel Argoso n'est commencé, et lorsqu'il en sera temps, ne savez-vous pas qu vous avertirai? Jusque-là, tenez-vous dans l'obscurité et dan retraite. Ignorez-vous quel danger il y aurait pour vous à bra l'inquisition?

— Je la braverai quand il le faudra, répondit Estevan d' voix calme.

— Eh bien ! donc, réservez vos forces pour le jour de la lutte ; vous en aurez besoin. »

En même temps, Jean d'Avila, voyant que le sable de la clepsydre posée sur la table était presque entièrement épuisé, sortit sans dire un mot, ainsi que souvent il avait coutume de le faire.

Mais, quoique ce jour-là il ne se fût rien passé d'extraordinaire, Estevan, inquiet et tourmenté, laissa l'apôtre s'éloigner de quelques pas, puis il sortit à son tour, ferma la porte de la demeure, et, à la faveur de l'obscurité, il suivit Jean d'Avila à distance pour ne pas en être aperçu.

Arrivé près de la fontaine qui est en face de la cathédrale, Jean d'Avila s'arrêta.

José l'y attendait.

Assis sur le rebord de la fontaine, le visage appuyé sur une de ses mains blanches et effilées, le jeune dominicain avait une grâce indicible dans cette pose mélancolique.

Seul au milieu de cette vaste esplanade ombragée d'orangers touffus, au bruit de l'eau vagabonde qui tombait en murmurant dans un grand bassin de marbre, José s'était un moment abandonné à l'entraînement d'une mystérieuse et profonde rêverie : c'était pour lui, sans doute, un de ces moments où les événements de la vie, vains rêves qui déjà appartiennent au passé, se dressent en groupe devant nous comme une réalité vivante, ou, se déroulant l'un après l'autre, vagues et confus, passent sous nos yeux comme une fantasmagorie, et, riants ou terribles, nous font détourner la tête avec dégoût, tant ils offrent de vide à l'âme insatiable de l'homme. Quel est alors celui de nous qui, au prix des mêmes épreuves, voudrait recommencer sa vie?

Jean d'Avila avait fait bien peu de bruit en approchant de la fontaine ; toutefois, José l'entendit; et, se levant de la pierre où il était assis, il alla au-devant de l'apôtre.

A quelques pas d'eux, Estevan, blotti dans le massif d'orangers qui entourait la fontaine, avait pu s'approcher sans être entendu.

Quelle fut sa surprise en voyant Jean d'Avila aborder un dominicain !

Il prêta une oreille attentive.

« Mon père, dit José en s'inclinant devant l'apôtre de l'Andalousie, j'aurais voulu vous épargner cette démarche, mais je ne pouvais aller chez vous sous peine de devenir suspect... à l'inquisition, ajouta-t-il en baissant la voix ; ce qui vous aurait nui en m'empêchant de vous servir.

José parlait avec tant de candeur, il y avait tant de noblesse et d'enthousiasme dans sa voix, et sur son beau front pâle, jeune et dévasté, qui brillait, comme un marbre sculpté, aux lueurs argentées de la nuit, que Jean d'Avila, qui avait, lui aussi, toute la candeur des hommes de génie, perdit presque toute la défiance que lui inspirait un habit de dominicain.

Entre ces deux âmes d'élite, l'étincelle magnétique avait jailli.

« Eh bien! Dolores? fit vivement l'apôtre.

Au nom de Dolores, un bruissement léger fit tressaillir le feuillage des orangers, comme si la brise les eût agités.

« Oserez-vous me suivre? demanda le jeune dominicain d'une voix douce.

— Pourquoi ne l'oserais-je pas? répondit Jean d'Avila, dont le grand cœur était inaccessible à la crainte; je vous suis, ajouta-t-il d'une voix assurée; conduisez-moi, mon frère.

— Non, votre fils, mon père, fit José en se retournant par un mouvement plein d'entraînement et de grâce, et en joignant ses deux mains devant l'apôtre; votre fils, qui aura besoin de vos prières... »

Jean d'Avila se sentit ému, José lui inspirait un sentiment indéfinissable; il exerçait sur lui aussi cette fascination irrésistible des êtres beaux, nobles et enthousiastes.

« Suivez-moi, mon père, reprit le jeune dominicain en s'éloignant, nous n'avons pas loin à aller. »

En effet, quelques minutes après, ils étaient devant la porte de la maison mauresque où demeurait Juana.

José tira alors une clef de sa poche, il ouvrit cette porte et entra le premier; mais comme Jean d'Avila allait à son tour en franchir le seuil, Estevan, qu'il n'avait pas aperçu, s'avança vivement vers lui, et lui dit d'une voix presque suppliante :

« Mon père, s'il y a ici des dangers à courir, laissez-moi les partager, et laissez-moi aussi *la* revoir, puisqu'il est vrai qu'elle nous est rendue.

— Je l'espère du moins, répondit Jean d'Avila ; j'avais voulu vous épargner peut-être une déception, mais puisque vous savez tout, venez. »

En même temps, se tournant vers José qui attendait en dedans, et qui avait un peu avancé la tête pour voir quel obstacle arrêtait Jean d'Avila:

— Je n'entrerai pas sans mon fils Estevan, dit l'apôtre.

— Estevan ! murmura José ; oui, qu'il entre, mon père, et qu'il *la* revoie. »

Lorsqu'ils furent entrés, José referma soigneusement la porte. Dolores et Juana attendait dans la salle basse.

Dolores, prévenue par José, s'élança au devant de son libérateur; mais lorsqu'elle aperçut Estevan, qu'elle n'attendait pas, une pâleur profonde couvrit son visage, et elle retomba affaissée sur le divan d'où elle venait de se lever : une si grande émotion l'avait accablée !

« Dolores, dit Jean d'Avila en s'approchant de la jeune fille, il faut être forte dans la joie comme dans la douleur. En ces temps mauvais, celui qui se laisse courber par tous les vents contraires est bientôt abattu et brisé. »

A la douce voix de l'apôtre, Dolores revint à elle, et, regardant José, elle le remercia du regard.

José détourna la tête pour cacher une larme qui, malgré lui, avait jailli de ses yeux.

Mais après cette émotion première accordée au plus vif sentiment de l'âme, Dolores eut honte de n'avoir pas, comme toujours, donné sa première pensée à son malheureux père, et regardant José avec inquiétude :

« Don José, lui dit-elle, quand instruit-on le procès de mon père?

— Après-demain, répondit José ; car il ne voulait pas tromper Dolores.

— En êtes-vous bien sûr? demanda Jean d'Avila; je croyais que ce serait dans quelques jours seulement.

— C'est après-demain, répondit José; je le tiens du grand inquisiteur, qui n'a rien de caché pour moi.

— Eh bien! s'écria Dolores avec angoisse, que faut-il maintenant pour sauver mon père? nous n'avons encore rien fait pour cela.

— C'est qu'il n'y avait rien à faire, répondit le dominicain.

— Et maintenant? demanda la jeune fille.

— Maintenant, nous allons nous occuper de lui chercher des témoins, c'est le seul moyen de le sauver. »

Dolores ne répondit pas, mais elle réfléchit un moment en elle-même, et sembla prendre une résolution; puis, s'adressant à Jean d'Avila :

« Mon père, dit-elle, vous lui servirez de témoin, n'est-il pas vrai?

— Sans doute, répondit Jean d'Avila ; ne vous tourmentez pas de cela, soyez calme autant que vous le pourrez, chacun de nous a besoin de tout son courage. Laissez donc agir vos amis en toute liberté, sans les affliger par vos chagrins. »

A ce moment, pendant que Dolores prêtait toute son attention aux paroles de l'apôtre, José entra dans le jardin comme pour considérer quelques fleurs, et fit un léger signe à Estevan, qui le suivit sans affectation.

Lorsqu'ils furent assez loin pour ne pouvoir être entendus :

« Don Estevan, dit José, nous ne sauverons jamais le gouverneur par le témoignage ; cherchons donc un moyen plus efficace.

— Je n'en connais pas d'autre, répondit gravement le jeune philosophe, trop prudent pour livrer sa pensée intime à un homme qu'il ne connaissait pas.

— Cependant, répliqua vivement le dominicain, si ce moyen-là échoue, que faire?

— J'espère en la justice de Dieu, » répondit Estevan.

José sourit amèrement, et prenant la main du jeune Vargas, qu'il serra vivement dans la sienne :

« Don Estevan, dit-il, vous vous défiez de moi; qu'ai-je fait pour mériter cette injustice? J'ai rencontré un jour sur ma route votre fiancée, éperdue, qui accourait au palais de l'inquisiteur pour demander la grâce de son père; je l'ai arrachée à une mort certaine, mieux que cela, à l'infamie peut-être. Je l'ai abritée dans ma propre maison, gardée et protégée comme une sœur. Je veux maintenant sauver son père, que puis-je faire de plus pour que vous ayez foi en moi? Pourquoi vous défiez-vous?

— Vous êtes dominicain, répondit Estevan avec franchise.

— J'en porte l'habit, répondit José.

— Je conviens, dit Estevan, que tout en vous inspire la confiance; votre physionomie respire la candeur, et vos paroles portent l'empreinte de la vérité; mais est-ce ma faute, à moi, si aujourd'hui, en Espagne, il faut se défier même de ses plus chers amis?

— Jean d'Avila a eu confiance en moi, répondit simplement José.

— Et moi aussi, fit Estevan en lui tendant la main.

— Eh bien, prouvez-le moi, don Estevan; répondez-moi avec franchise : Si nous ne pouvons réussir à sauver le gouverneur par le témoignage, quel moyen voulez-vous employer?

— Je ne sais, » répondit Estevan avec hésitation.

José comprit qu'il avait une arrière-pensée.

« Soulever le peuple, enlever le gouverneur pendant l'auto-da-fé... frapper le grand inquisiteur, » dit vivement le dominicain.

Estevan le regarda d'un air de défiance.

José comprit qu'il venait de frapper juste sur la secrète pensée du jeune Vargas.

« Ce moyen-là ne serait bon que dans un cas entièrement désespéré, » répondit Estevan; mais sa physionomie mobile démentait la prudence de ses paroles.

José l'avait deviné.

Le jeune moine n'insista pas toutefois davantage; mais, en ramenant Estevan auprès de sa fiancée, il lui dit d'un ton pénétré et plein de candeur :

« Don Estevan, quoi qu'il arrive, comptez sur moi, à la vie et à la mort.

— Merci, don José, répondit Estevan; mais les amis se reconnaissent à l'épreuve.

— L'épreuve viendra, fit tristement José. O Estevan! vous n'avez pas de plus fidèle allié que moi, et dans cette lutte je laisserai peut-être ma vie... alors vous croirez, » reprit-il avec douceur.

Estevan était jeune, il fut ému, ébranlé; il allait peut-être dire toute sa pensée, se confier à cet homme étrange qui l'étonnait et le fascinait à la fois; mais comme ils rentraient dans la salle basse, on frappa vivement à la porte de la rue.

« Nous sommes trahis, » pensa Estevan.

Jean d'Avila regarda José comme pour lire sur son visage; mais ni le dominicain, ni Dolores, ne témoignèrent la moindre surprise.

Juana alla ouvrir.

C'était *Coco*, qui venait tous les soirs à la même heure prendre les ordres de José, et lui rendre compte de ceux qu'il avait reçus la veille.

A la vue de ce visage ami, toutes les craintes se calmèrent.

« Quoi de nouveau, mon brave Coco? demanda le jeune dominicain.

— Révérence, répondit l'alguazil en hésitant, le gouverneur de Séville...

— Comparaîtra dans deux jours devant le tribunal, dit José, je le sais; après?

— Je serai de garde à la porte de son cachot, dit Coco.

— Oh! s'écria Dolores avec anxiété, vous pourriez donc...?

— Je ne serai pas seul, répondit Coco, comprenant sa pensée.

— Eh bien! pensa Dolores, puisque personne ne peut rien pour lui, c'est à moi seule de le sauver... »

Jean d'Avila se leva pour sortir.

« Dolores, dit Estevan à voix basse, je mourrai ou je sauverai votre père.

— Soyez béni, Estevan! répondit-elle.

— Ma fille, dit à son tour Jean d'Avila, soyez prudente; comptez sur vos amis, et ne sortez sous aucun prétexte. »

Dolores baissa la tête sans répondre, car elle ne voulait ni mentir ni rien promettre. Ses yeux ne quittèrent ceux d'Estevan, que lorsque la porte de la rue se fut refermée sur lui.

Estevan, José et l'apôtre s'éloignèrent ensemble. José les accompagna jusqu'au pont de Triana; là il se sépara d'eux.

Coco les avait suivis à quelque distance.

José se retourna et se rapprocha de l'alguazil.

« Coco, lui dit-il, surveille avec soin toutes les démarches de don Estevan de Vargas, et, quelles qu'elles soient, viens m'en avertir sur l'heure.

— Révérence... répondit Coco en hésitant, c'est pour son bien, sans doute, que vous le voulez ainsi? un ami de l'apôtre...

— Sois tranquille, mon pauvre Coco; ai-je jamais fait de mal à personne, dis?

— Oh! vous êtes bon comme les anges de Dieu! répondit l'alguazil, je ferai tout ce que voudra Votre Révérence. »

XXI

Le Puerto de Despenaperros.

Le soleil venait de se lever; ses premiers rayons d'un jaun pâle, mélangé de rose, diapraient de reflets chatoyants la brun légère qui couvrait encore les cimes de la Sierra-Morena; on e dit des milliers de paillettes brillantes jetées sur un voile gaze blanche.

Deux voyageurs suivaient lentement un chemin aride cou dans le flanc des montagnes, si étroit quelquefois, qu'à peine semblait possible qu'un chamois pût y poser ses pieds, et le pl souvent surplombant d'affreux précipices dont la profonde béante donnait le vertige. Çà et là, quelques pins rabougris m riaient leur triste verdure à la teinte granitique des rochers; bien, par un bizarre contraste, un églantier sauvage s'élev tout couvert de roses fleuries sur la pente ardue des précipic dont l'œil n'osait mesurer la vertigineuse profondeur. Les voy geurs étaient en ce moment parvenus à une des plus haut cimes de la Sierra-Morena.

Ils se tournèrent alors du côté de l'Orient, et le soleil éclai en plein leurs visages.

Le plus âgé des deux n'avait guère plus de trente ans; ma son front était si grave, si empreint de cette douce austérité q brilla sur le visage de l'Homme-Dieu, qu'on aurait pu, au premi aspect, le croire déjà arrivé à la pleine maturité de l'âge.

En le regardant avec attention, on voyait que les veilles lab rieuses, le renoncement aux choses de la terre et l'habitude la méditation avaient seuls marqué d'un sceau particulier profondeur et de sagesse la physionomie de cet homme, qui pc tait l'humble habit de franciscain.

L'autre voyageur, beaucoup plus jeune, il avait au plus vin ans, offrait avec son compagnon un contraste d'autant plus r marquable, que, différents de physionomie, de mœurs et de c ractère, ces deux hommes se touchaient cependant par un poi unique qui rapprochera constamment les hommes, même plus divisés d'opinions et de pensées : ils avaient une ég loyauté de caractère. En outre, ils professaient la même doctrin et si les inclinations de l'un penchaient souvent d'un côté co traire à celles de l'autre, au moins agissaient-ils toujours dans même but et pour la même cause.

Ils venaient de gravir le *puerto* de Despenaperros, une c crêtes les plus élevées de cette haute et inaccessible Cordilière a pelée la *Sierra-Morena*.

Fatigués l'un et l'autre, ils s'assirent.

Après s'être reposés quelques instants, sentant leur respirati plus libre et le courage leur revenir avec la force, ils jetère simultanément autour d'eux ce regard profondément investig teur du philosophe, qui, au milieu des merveilles de la créati cherche constamment la cause dans les effets, et, en admira les œuvres de Dieu, voit, pour ainsi dire, Dieu lui-même; ta les perceptions de l'âme, qui seules nous font communiquer av l'Esprit, deviennent alors vives et lucides.

Derrière eux, la Sierra-Morena proprement dite dressait tête orgueilleuse et blanche de la neige de tous les siècles.

Devant eux s'étendaient les plaines désolées de la Manch un peu à gauche, en arrière, la voluptueuse Andalousie étal par un orgueilleux contraste, ses champs d'oliviers, ses vig verdoyantes et ces citronniers fleuris.

Plus loin, à droite, c'était la Sierra-Nevada, la Sierra-Elvira les Alpuxarras, continuant cette chaîne de montagnes inaccessib qui enveloppent les deux Castilles comme dans une immense b rière de granit.

Puis enfin, franchissant par la pensée le long espace qui les séparait encore, ils crurent voir les Castilles, ce *sanctum* de l'E pagne, jamais conquis par les étrangers; les Castilles aux aspe bizarres et variés, où serpentent le Tage aux flots jaunes et le M çanarès argenté.

De ce lieu élevé, les voyageurs dominaient l'Espagne tout e tière... En considérant ce riche et beau pays, une pensée amè se mêlait à leur admiration... Là-bas, sous leurs pieds, dans plaines fertiles parées par la main de Dieu, un pouvoir inique brutal enlevait aux hommes la libre jouissance des biens de la terre et d'eux-mêmes, ce bonheur qui est un droit de la vie.

« Voilà le but de notre voyage, dit tout à coup le religieux en étendant la main à l'horizon vers un point où la pensée seule pouvait atteindre, car il était perdu dans l'espace.

— Mon Dieu! mon Dieu! s'écria douloureusement le jeune laïque, arriverons-nous assez tôt?... et, surtout, parviendrons-nous à toucher le cœur du roi?

— Ayez confiance, répondit le religieux; pourquoi vous tourmenter à l'avance d'une chose incertaine? L'impétuosité nuit toujours au succès des entreprises; avec le calme seul on arrive à tout. Le grand secret de la vie, c'est de savoir attendre, et de ne pas faire de l'avenir incertain un tourment positif pour le présent. L'âme se fatigue et s'énervé dans ces appréhensions continuelles, ces inquiétudes prématurées. L'homme fort attend de pied ferme les événements sans les redouter; il passe souvent pour insensible, tandis qu'il est seulement courageux.

— O mon père! dit le jeune homme avec amertume, on voit bien que nul souci n'arrive jusqu'à vous, et qu'en renonçant aux joies terrestres vous avez aussi renoncé aux misères de l'humanité; que vous vous êtes isolé dans votre règle religieuse comme dans un désert, et que, ne vivant plus de la vie commune, vous n'en pouvez comprendre les douleurs.

— Enfant! reprit doucement le franciscain, pensez-vous que l'apostolat soit une mission d'égoïsme et de dureté? N'est-ce pas pour entrer plus avant par l'esprit dans les misères de l'homme, que nous avons embrassé des misères volontaires? Malheur à celui qui comprend autrement la mission de prêtre, à celui qui de l'autorité évangélique fait une puissance temporelle qu'il exploite au profit de ses propres passions, au lieu de l'employer au bien-être et à la consolation de tous! L'apostolat n'a point d'autre but. Celui qui en use autrement méconnaît les devoirs de son ministère. Quelle doit être notre vie en effet? Être toujours prêts à verser notre sang pour nos frères, à les secourir, à les consoler dans leurs adversités, à leur rendre la vie plus douce en leur en faisant espérer une meilleure. Croyez-vous, mon fils, que celui qui renonce aux douceurs de la famille particulière pour se vouer au bonheur de la grande famille humaine soit un égoïste ou un lâche? Non, non, ne le pensez pas : le dévouement est une vertu qui vient de Dieu, et Dieu seul en donne la force!

— O mon père! reprit le jeune homme, pardonnez-moi : je suis ingrat et injuste : je vous dois tout, et je vous outrage! la douleur égare ma raison. Vous êtes une exception sublime. Mais, dites-moi, poursuivit-il avec cet amer scepticisme que donnent parfois les grandes infortunes, où sont les descendants des apôtres? J'ai beau chercher autour de moi, dans toute l'Espagne qui fourmille de moines, je ne vois que des mendiants serviles ou de lâches oppresseurs.

— Mon fils, répondit le franciscain d'une voix sévère, vous êtes trop jeune et trop peu expérimenté pour juger ainsi d'une manière absolue. Je reconnais avec vous les abus de l'Église d'Espagne; je pleure tous les jours sur les maux qui en résultent; je lutte contre eux de toutes mes forces; mais lorsque, rentrant en moi-même, je me prosterne aux pieds de l'Éternel en lui offrant mes combats, mes prières et mes pleurs, je me dis parfois avec douleur, mais avec résignation : « Cela est peut-être dans les desseins de Dieu. »

— Non, non, cela ne peut pas être, s'écria impétueusement le jeune homme; Dieu est grand et magnanime; Dieu, dont l'essence divine se compose d'amour, peut-il permettre qu'on opprime en son nom ceux à qui il a donné une âme immortelle, étincelle de lui-même?

— Mon fils, dit le religieux, assez embarrassé de cette question, mais trop ferme dans sa foi pour chercher à approfondir les mystères que sa raison ne pouvait comprendre; mon fils, il y a une chose bien certaine, c'est que Dieu a créé l'homme pour le bonheur et que le bonheur est dans la perfection. Nous tendons incessamment vers ce but unique : peut-être n'y arrive-t-on que par la douleur, peut-être les générations qui suivront ont-elles besoin du sang et des larmes de leurs pères comme nous avons eu besoin du sang de Jésus-Christ; et peut-être aussi, pour ceux qui souffrent, Dieu, qui est la source de l'éternelle justice, tient-il en réserve, même dès cette vie, des compensations incompréhensibles.

Dans les temps de persécution, l'homme toujours en face du martyre, vivant au jour le jour, s'attache peu aux choses de la terre, il s'habitue à vivre de l'esprit, et de cette grande méditation des peuples sortent parfois ces grands enseignements qui régénèrent les nations.

Cessons donc de murmurer; luttons avec persévérance; la soumission volontaire aux arrêts d'un être tout-puissant, mais infiniment bon, porte avec elle de magnanimes consolations. Ce n'est pas à une fatalité aveugle qu'on obéit, c'est à un être intelligent et plein d'amour, qui place toujours le bien à côté du mal, et souvent le bien dans le mal même, par des combinaisons supérieures, quelquefois obscures pour nos intelligences bornées, mais qui, soyez-en sûr, conduisent toujours à un but marqué d'avance par sa volonté éternelle. »

Le jeune laïque ne répondit pas. Il considérait en silence cet homme jeune, beau et grave, qui, doué des dons les plus précieux de l'intelligence et de la fortune, avait renoncé aux vains bonheurs de ce monde pour vivre de la seule vie de l'esprit, et contribuer de tout son pouvoir, de toutes ses facultés, à l'édifice du bonheur social; non pas de ce bonheur fragile basé sur de paradoxales utopies, mais de ce bonheur certain, éternel, infaillible, qui en dépit des revers, de la souffrance et de la mort, naît au cœur de l'homme qui embrasse avec ardeur une foi consolante, et vit pour ainsi dire, même ici-bas, d'une vie au delà de la tombe.

Quoique ce jeune homme eût été nourri dans des sentiments très purs et très chrétiens, l'ardeur naturelle d'un sang jeune et espagnol, l'existence toute chevaleresque que menaient les grands seigneurs de cette époque, avaient, malgré son goût naturel pour les méditations philosophiques, donné une tournure vive et martiale à l'expression de ses opinions et de ses idées. Fait pour embrasser toutes les grandes pensées religieuses ou humanitaires, il manquait encore au jeune philosophe la patience qui supporte et ne devance jamais l'ordre naturel des événements. Gentilhomme, il était au moral un lutteur hardi et intrépide qui toujours sûr de sa force, attaque de front tous ses ennemis à la fois, et au lieu de les combattre un à un, d'assurer sa victoire par la lenteur même de la lutte, court superbement la chance d'une défaite par son impétuosité.

Ceci explique peut-être la défaite constante, dans tous les siècles, de l'Espagne philosophique et libérale dans ses luttes contre l'Espagne ultramontaine.

Ce n'est pas le courage, ce n'est pas la persévérance, qui ont manqué aux défenseurs de la liberté de conscience; c'est la prudence d'Ulysse, c'est la défiance des hommes et des événements, cette adresse qui touche presque à la ruse. Ils avaient la vaillance des loyaux chevaliers; ils combattaient au grand jour, et la poitrine découverte, contre des ennemis ténébreux, retranchés dans l'ignorance et le fanatisme du peuple comme le bandit dans les broussailles du chemin : des ennemis qui ne se défendaient pas pendant le combat, mais qui frappaient lâchement leur adversaire par derrière aussitôt qu'il était las de combattre le vide.

Cette habitude de trahison est depuis longtemps dans les mœurs de l'Église romaine; elle ne combat jamais par légions; elle ne présente à l'ennemi que des escarmouches; elle le laisse user ses forces à poursuivre des antagonistes innombrables, invisibles, qui semblent fuir et se multiplier sous ses pas; et, lorsqu'elle le croit abattu, alors elle se lève en masse comme un seul homme et pousse son cri de triomphe formidable, qui va retentir jusqu'aux dernières limites du monde.

« Voilà cinq jours, dit le jeune homme, que nous avons quitté Séville; qu'il y a loin encore d'ici à Madrid!

— Huit jours de marche, au moins, répondit le franciscain.

— Et pendant ce temps, le vautour inquisitorial déchire sa proie, et peut-être, quand nous reviendrons, il sera déjà trop tard.

— Soyez tranquille, fit le religieux, l'inquisition ne marche pas si vite; elle boit la dernière goutte du sang de ses victimes avant de les abandonner au bourreau... Allons, courage, » continua-t-il en voyant approcher les guides conduisant leurs mules, qu'ils avaient laissées en arrière pour gravir la montagne à pied

Les voyageurs se levèrent, et, descendant les étroits sentiers du versant septentrional de la montagne, ils rejoignirent leurs guides qui gravissaient péniblement, entre les rochers, la route qui conduisait en Castille, à peine indiquée par la trace des voyageurs, et où s'élève aujourd'hui une magnifique route royale qui tourne en spirale jusqu'au faîte de la montagne, et, par des détours et des circuits pareils, mène de la Castille en Andalousie et de l'Andalousie en Castille.

A l'époque où se passait cette histoire, ce chemin était beaucoup plus rude; mais le courage ne manquait pas à nos voyageurs.

Ils se remirent donc en route, et tantôt sur leurs mules, tantôt à pied, descendirent la montagne pour gagner la Caroline, où ils arrivèrent le même soir.

Dans ces deux voyageurs, nos lecteurs ont sans doute reconnu Estevan de Vargas et Jean d'Avila.

XXII

Le Tribunal.

C'était un jour triste et lugubre, un jour de séance inquisitoriale. La grande salle du tribunal venait d'être ouverte.

Cette salle était un vaste carré long tendu de noir.

Vers le fond, s'étendait d'un côté à l'autre une table demi circulaire. Derrière cette table, couverte dans toute sa longueur d'une épaisse flanelle noire, on voyait un fauteuil de velours noir, surmonté d'un dais de la même étoffe.

C'était le siége du président ou grand inquisiteur.

Au-dessus du dais pendait, adossé au mur, un grand crucifix d'ivoire sur un fond noir. Deux autres siéges, de la même couleur que le dais, s'élevaient aux deux côtés du fauteuil du président; ils étaient destinés aux inquisiteurs conseillers qui composaient le tribunal.

Sur la table, à droite, était une sonnette, du côté opposé, un grand livre d'évangiles tout ouvert, et au milieu, devant le président, un carré de papier blanc sur lequel il inscrivait ses notes particulières.

Duel au poignard.

En face du christ, en dehors de la table, s'élevait un banc, ou plutôt un bâton triangulaire porté sur quatre pieds en équerre, qui servait de siége aux prévenus.

Enfin, à la droite du président, aussi en dehors de la table, se tenaient les sbires et quatre hommes masqués vêtus d'une longue robe de treillis noir, la tête couverte d'un capuchon de la même étoffe percé aux endroits des yeux, du nez et de la bouche, quatre hommes d'un aspect effrayant; puis, à gauche, deux greffiers assis devant une petite table écrivaient sous la dictée du président, ou, selon ses ordres, sous celle des témoins.

Pierre Arbues, revêtu de son grand costume de moine, paré de la croix blanche qui brille sur la poitrine des enfants de saint Dominique, Pierre Arbues, assis sur le siége présidial, prom[e]nait autour de lui un regard sinistre.

Ses deux assesseurs, indifférents aux orages qui grondaie[nt] dans l'âme de cet homme farouche, mais animés du même esp[rit] de domination, attendaient dans un recueillement hypocrite [la] venue de l'accusé. Nulle émotion intérieure ne perçait leur ma[sque] d'airain; ils ignoraient les combats et les incertitudes [du] juge, partagé entre l'obligation de punir un coupable et la crain[te] de frapper un innocent.

Leurs arrêts étaient dictés à l'avance. Frapper, frapper sa[ns] relâche, telle était leur devise; ils ne redoutaient que d'absoudr[e] et n'absolvaient jamais volontairement.

Vers le fond de la salle se tenaient des moines de différen[ts] ordres, témoins ordinaires de ces solennités, et quelques gran[ds] d'Espagne dévoués à l'inquisition, que Pierre Arbues avait invi[tés] par billets; car ce n'était pas un accusé vulgaire qui allait p[a]raître sur la s[el]lette, c'était [un] noble et puissa[nt] seigneur, un b[on] catholique accu[sé] d'hérésie, q[ue] ses pairs allaie[nt] peut-être vo[ir] condamner sa[ns] oser 'élever [un] seul mot pour [sa] défense.

Un silence [ef]frayant régna dans cette lug[u]bre assemblée; on eût dit un co[n]voi funèbre gri[s] pour des fun[é]railles, tant c[es] visages dive[rs] portaient une e[m]preinte unifor[me] de tristesse et [de] mort.

Mais bientôt [un] léger mouveme[nt] presque impe[r]ceptible se [fit] dans cette mor[ne] assemblée; [les] regards se di[ri]gèrent lenteme[nt] vers la port[e;] l'accusé, me[né] par deux sbire[s,] venait d'entr[er] dans la salle.

C'était un hom[me] grand et pâl[e,] d'une cinqua[n]taine d'anné[es] environ. Ses ch[e]veux, d'un no[ir] très foncé, ma[is] dont plus de [la] moitié avait dé[jà] blanchi, encadraient un front vaste où siégeait la loyauté plut[ôt] que le génie; son œil franc et ouvert avait l'expression loya[le] et chevaleresque d'un véritable fils de la Castille, et une grand[e] résignation religieuse, caractère distinctif des chrétiens d'Es[]pagne, tempérait l'expression d'amertume et de chagrin qui vo[i]lait la physionomie de cet homme. Il était en outre faible [et] amaigri par un séjour de plus de deux mois dans les cachots [de] l'inquisition.

Il s'avança à pas lents au milieu de ses gardes, et arrivé [en] face du président, il chercha autour de lui un siége pour se rep[o]ser; mais, n'apercevant que cette espèce de *perchoir* triangulai[re] où le tribunal faisait asseoir ses victimes, un léger sourire am[er] et sarcastique entr'ouvrit ses lèvres flétries. Il s'assit comm[e] il put sur ce siége bizarre d'inquisitoriale invention (127).

Puis, relevant la tête sans bravade, mais avec une incroyable dignité, il fixa sur Pierre Arbues un regard clair et perçant qui eût fait baisser les yeux à tout autre qu'à un inquisiteur.

Pierre Arbues le soutint sans changer de visage, et s'adressant au prévenu :

« Accusé, dit-il, levez-vous, et jurez sur l'Évangile de dire la vérité. »

Le prévenu se releva lentement, s'approcha de la table, et posant la main sur le livre saint, il dit d'une voix ferme et vibrante :

« Je jure au nom de Jésus Christ, et sur son saint Évangile, de dire la vérité tout entière.

— Maintenant, votre nom, poursuivit l'inquisiteur.

— Paul - Joachim-Manuel Argoso, comte de Cevallos, grand d'Espagne de deuxième classe, et gouverneur de la cité de Séville par la volonté de notre bien-aimé roi don Carlos cinquième.

— Passez vos titres, fit l'inquisiteur, ils ne vous appartiennent plus (128).

Manuel Argoso ne répondit pas; mais sa lèvre inférieure se releva dédaigneusement; le pur sang de Castille s'était révolté en lui.

« Votre âge, demanda le président.

— Cinquante ans, répondit le gouverneur.

— Manuel Argoso, poursuivit Pierre Arbues d'une voix lente, métallique, impitoyable; Manuel Argoso, vous êtes accusé d'avoir reçu chez vous un jeune homme issu d'une race hérétique; un jeune homme qui professe des sentiments opposés aux doctrines de la sainte Église catholique romaine, et de ne l'avoir pas dénoncé.

— Monseigneur, je ne sais ce que vous voulez dire, répondit gravement Manuel Argoso.

— Ne pas dénoncer l'hérésie, c'est encourager l'hérésie, poursuivit l'inquisiteur. Vous n'avez pu ignorer qu'Estevan de Vargas, descendant d'une famille mauresque, est loin d'être un pur catholique, et non-seulement vous l'avez reçu chez vous, mais vous lui avez fiancé votre fille unique. »

A ce mot, un soupir douloureux souleva la poitrine du malheureux gouverneur, et on vit une larme glisser le long de sa joue pâle; mais se remettant aussitôt :

« Monseigneur, répondit-il, le jeune Estevan de Vargas descend d'un de ces nobles chevaliers abencérages qui se soumirent volontairement à la religion de Jésus-Christ et se reconnurent sujets du roi Ferdinand d'Aragon et de la grande Isabelle, notre glorieuse souveraine (129). Ces chevaliers reçurent de nos rois les mêmes priviléges dont jouissent les seigneurs castillans : pourquoi leur dénierions-nous aujourd'hui un droit qui leur est légitimement acquis depuis le siècle dernier?

— Celui qui obtient un droit s'engage à un devoir, observa l'inquisiteur, et dès qu'il manque à ce devoir, son droit devient nul. Don Estevan de Vargas, professant des doctrines contraires aux saints canons de l'Église, perd sa sauvegarde de bon catholique; il est entaché d'hérésie, et quiconque fait alliance avec lui est réputé hérétique et passible des peines attachées à ce crime.

— Monseigneur, dit gravement Argoso, je vous jure sur l'honneur que jamais don Estevan de Vargas n'a prononcé devant moi un mot qui ne fût d'un pieux chrétien et d'un loyal chevalier; comment donc serais-je complice d'un crime qui n'existe pas?

— Il nie! » dit l'inquisiteur d'un air de compassion en se tournant vers ses conseillers comme pour les consulter du regard.

Les conseillers firent un geste d'horreur en levant les yeux au ciel d'un air hypocrite.

Cette pantomime leur était familière, et remplaçait chez eux la rectitude du jugement et la logique de la parole que nul d'entre eux n'avait en partage.

Les greffiers écrivaient les questions et les réponses.

Pierre Arbues semblait réfléchir.

Il se fit un long moment de silence pendant lequel cette âme impétueuse et passionnée s'était profondément recueillie en elle-même pour retrouver ces intonations doucereuses, ce regard béat et attendri, ces paroles pleines d'une douceur évangélique, seul langage usité parmi les inquisiteurs, et dont nul d'entre eux ne s'écartait jamais sous aucun prétexte et dans aucune circonstance, soit que cela fût un des statuts de leur règle (130), soit que cette douceur hypocrite ne fût qu'un raffinement de cruauté; car vainement voudrait-on se persuader qu'ils faisaient le mal avec conviction, et que cette mansuétude étudiée, unie à tant de barbarie était le résultat de leur zèle pour la religion et d'une tendre pitié pour les victimes qu'ils se *croyaient* obligés de torturer ainsi.

Question de la corde.

La dissolution de leurs mœurs répond victorieusement à toutes les apologies qu'on pourrait entreprendre à ce sujet. L'entière pureté du cœur est la seule garantie de sa bonté.

Enfin, regardant le gouverneur de Séville d'un air de componction :

« Mon fils, lui dit Pierre Arbues, vous me voyez sincèrement affligé de l'obstination que l'ennemi du bien a mise en vous. Je vous ai aimé en Dieu, et, dans mon zèle pour la sainte cause de l'Église et mon amitié sincère pour votre personne, je prie le Seigneur qu'il vous envoie l'esprit de repentir et de pénitence, afin que, reconnaissant vos fautes, vous en fassiez abjuration solennelle, et que vous retourniez dans la voie droite qui conduit au ciel.

— Mon père, répondit Manuel Argoso d'un air calme, Dieu m'est témoin que je n'ai jamais eu une seule pensée qui fût contraire aux lois de son saint Évangile, et que je l'ai toujours servi avec amour et confiance.

— Mais vous avouez que vous avez eu des relations avec un Mauresque, ajouta insidieusement l'inquisiteur.

— Don Estevan de Vargas n'est pas un Mauresque, répondit le gouverneur; il est aussi bon catholique que vous et moi, monseigneur.

— Dieu du ciel! s'écria l'inquisiteur, l'esprit malin l'aveugle et il insulte à notre sainte religion.

— Monseigneur, objecta tout bas un des conseillers, il avoue ses relations avec don Estevan de Vargas.

Pierre Arbues fit un mouvement de tête qui voulait dire: « Bien, je me servirai de cela. »

« Mon frère, poursuivit-il en s'adressant à l'accusé, nierez-vous aussi que vous ayez élevé votre fille dans des sentiments contraires au véritable esprit de la religion catholique, et qu'elle se soit occupée de ces études pernicieuses qui nous viennent du Nord, et qu'on appelle philosophie.

— Je le nie, répondit le gouverneur.

— Pouvez-vous le prouver? » demanda l'inquisiteur.

Manuel Argoso se tourna vers l'assemblée qui occupait la partie inférieure de la salle, et avisant plusieurs gentilshommes qui, au temps de sa faveur, fréquentaient habituellement sa maison :

« Messeigneurs, s'écria-t-il, lequel de vous viendra rendre témoignage de la vérité, et affirmer que ni Manuel Argoso ni ma fille, la noble Dolores, n'ont jamais pratiqué d'autres maximes que celles de l'Évangile? vous savez tous cela, messeigneurs, car mon âme vous était ouverte comme ma maison. »

Le gouverneur attendit vainement une réponse; toutes les bouches restèrent muettes, et, les yeux baissés vers la terre, craignaient de laisser voir la moindre nuance d'attendrissement ou de pitié.

Manuel Argoso laissa retomber ses deux bras le long de son corps avec une expression de découragement impossible à dépeindre; puis, se retournant vivement vers l'inquisiteur et comme éclairé par une inspiration soudaine :

« Monseigneur, s'écria-t-il, j'en appelle à vous-même : vous veniez tous les jours dans ma maison, et en votre double qualité d'ami et de ministre de Dieu, vous devez mieux que personne connaître mes vrais sentiments et surtout ceux de ma fille.

— Je n'étais pas son confesseur, répondit le dominicain d'une voix glaciale.

— O monseigneur! fit Manuel Argoso d'un ton à attendrir un rocher; monseigneur, Dolores est donc aussi accusée d'hérésie? Dolores est donc prisonnière comme moi?

— Il n'est pas question de votre fille en ce moment, répondit l'inquisiteur, qui voulait à dessein prolonger les incertitudes de ce malheureux père; c'est vous qui êtes accusé, Manuel Argoso; avouez votre crime, si vous voulez mériter le pardon du ciel et celui de la sainte Église. »

Le gouverneur ne répondit pas; son œil avide et fiévreux interrogeait celui de Pierre Arbues; il cherchait à deviner sur ses traits le sort qu'il réservait à sa fille; mais ce fut en vain, la physionomie de l'inquisiteur ne trahit rien qu'une effroyable dureté de cœur incrustée dans une auréole de douceur hypocrite.

« Ma fille, qu'avez-vous fait de ma fille? s'écria le gouverneur en joignant ses mains suppliantes; répondez-moi, monseigneur, je vous en conjure; dites-moi que rien ne la menace, et je pourrai tout endurer.

—Manuel Argoso, dit l'inquisiteur d'une voix lente et doucereuse, ce n'est pas le moment de vous occuper d'affections terrestres; songez à Dieu et à votre salut, et laissez à la Providence le soin de veiller sur ceux qui vous sont chers. »

Malgré la douceur affectée de ses paroles, le visage de l'inquisiteur exprimait une volonté inflexible. Le père de Dolores comprit qu'il n'y avait rien à espérer de cette âme de bronze; il courba la tête sur sa poitrine, et se résignant avec un héroïsme digne des premiers martyrs :

« Que la volonté de Dieu s'accomplisse! pensa-t-il, et il garda le silence.

— Mon frère, lui dit l'inquisiteur de sa voix la plus douce, avouez du moins que vous avez été tenté par l'esprit malin. Faibles créatures que nous sommes, nous n'échappons pas toujours à ses embûches malgré les meilleures intentions. Eh bien! mon frère, dites-nous que son pouvoir fatal vous a soumis; que vous avez été plus aveuglé que coupable, et en adoucissant pour vous la rigueur des châtiments terrestres, nous tâcherons en même temps de sauver votre âme de la perdition. »

Le gouverneur ne répondit pas.

« Avouez au moins que vous avez pris plaisir à entendre les maximes philosophiques et antichrétiennes dont le luthéranisme infeste l'Europe.

— Je ne sais ce que c'est que le luthéranisme, répondit le gouverneur; je ne m'en suis jamais occupé...... Il faut en effet que Luther soit un grand homme pour qu'il bouleverse ainsi le monde. »

A cette réponse hardie, l'assemblée tout entière frissonna de terreur, car elle avait vu jaillir un éclair sinistre des yeux du grand inquisiteur. Il fallait beaucoup moins que cela pour faire condamner un homme par l'inquisition.

« Le malheureux! il blasphème!.... s'écria Pierre Arbues; et il se livre! » ajouta-t-il tout bas en lui-même...

Les deux autres inquisiteurs échangèrent un regard d'intelligence.

« Il est donc vrai, poursuivit Arbues, qu'on vous accuse avec raison de professer secrètement les maximes de l'ennemi de Dieu et d'être l'admirateur de Luther?

— Comment puis-je admirer un homme que je ne connais pas et suivre ses maximes? répondit le gouverneur; sont-elles donc meilleures que les miennes? sa religion vaut-elle mieux que celle qui m'a été enseignée? et d'ailleurs, qui m'accuse? nommez-moi mon accusateur, afin que je puisse le confondre.

— La charité chrétienne ne le permet pas (131), répondit le président. Avouez, mon fils, avouez et repentez-vous, c'est le seul moyen de salut qui vous reste pour l'autre vie.

— Je n'ai plus rien à dire, répondit le gouverneur; je n'ai plus qu'à prier Dieu, qui connaît mon innocence, de la dévoiler au grand jour et de convaincre mes juges.

Quel que soit l'ennemi qui m'accuse, continua-t-il, je jure à la face de Dieu qui me voit et m'entend, qu'il est un infâme et un calomniateur; je déclare que ma fille Dolores est un ange. Maudit soit donc celui qui oserait attenter à la pureté de sa vie!

Maintenant, ajouta-t-il, que la volonté de Dieu s'accomplisse sur elle et sur moi; j'ai confiance en celui qui protége les innocents! »

Puis, on eut beau l'accabler de questions insidieuses et multipliées, Manuel Argoso garda un silence imperturbable: il fut impossible de le faire parler.

« Le malheureux! il le veut, » dit Pierre Arbues d'un ton de commisération hypocrite.

Et se tournant vers les hommes masqués qui se tenaient immobiles comme des spectres à la droite du tribunal, il étendit la main en avant en désignant du doigt le prévenu.

Un frisson glacial courut dans l'assemblée, bientôt il y régna un silence effrayant; nul souffle ne se fit plus entendre dans le vide sonore de cette salle immense : on eût dit que tous ces êtres vivants étaient devenus de marbre.

Seuls, les quatre hommes masqués semblèrent se détacher du sol comme des fantômes, glisser lentement et sans bruit sur le parquet; puis, arrivés auprès de l'accusé, ils le saisirent, l'enlevèrent presque dans leurs bras sans qu'il fît un seul mouvement, et disparurent avec lui par une porte latérale.

XXIII

La Chambre du Tourment.

Au milieu d'une vaste rotonde, dans un caveau profond, éclairé par deux pâles flambeaux, quatre hommes masqués entouraient un autre homme triste et faible qui se soutenait à peine, et dont la vue affaiblie lui rendait pénible et fatigante la lugubre clarté de ce lieu funèbre.

Un air humide et épais s'étendait comme un brouillard malsain dans ces régions souterraines d'où s'exhalait une odeur fétide et sépulcrale.

Dans cette espèce de grotte, tout autour des murailles inégales et lustrées par l'eau qui suintait à travers la pierre molle, on voyait, appendus, des instruments de torture; infernale invention de l'ascétique et farouche imagination des moines, et dont le seul aspect faisait frissonner.

C'étaient des chevalets, des brodequins de fer, des clous d'une dimension énorme, des cordes de toutes les grosseurs; puis, dans un coin, à côté d'un chevalet, un brasier ardent, qui dardait ses flammes rouges et bleues dans la profondeur de cet angle obscur.

C'était épouvantable à voir.

On descendait dans ce lieu infernal par une multitude de petits escaliers tortueux, dont les dalles humides étaient couvertes de moisissures, et où l'on glissait à chaque pas comme sur une vase gluante; mais les serviteurs de l'inquisition avaient, comme on dit, le *pied marin*. Ils connaissaient les moindres détours de cet effroyable dédale où ils avaient conduit Manuel Argoso en quittant la salle du tribunal, et où nous les retrouvons maintenant avec le malheureux accusé, attendant la venue du grand inquisiteur (132).

L'ancien gouverneur de Séville s'était laissé guider ou plutôt porter, fermant les yeux pour ne pas voir le chemin qu'on lui faisait parcourir; mais les bourreaux s'étant arrêtés au milieu de la chambre du *tourment*, c'est ainsi qu'on nommait cet antre ténébreux, le prévenu rouvrit les yeux, promena autour de lui un regard inquiet, et lorsqu'il n'aperçut plus que la figure voilée des hommes sinistres qui, dans cet enfer terrestre, remplissaient l'office de démons, et qu'on appelait les *tourmenteurs*; lorsqu'il eut compté l'un après l'autre les horribles instruments de tortures qui l'environnaient, son imagination affaiblie par le jeûne et l'emprisonnement, devint la proie d'une hallucination bizarre. Dans sa foi de pieux chrétien, il crut avoir quitté ce monde et être arrivé dans ce lieu terrible dont parle l'Évangile, où il y a des *pleurs* et des *grincements de dents*.

Doit-on s'étonner après cela que, dans des moments pareils et au milieu d'une semblable fantasmagorie, l'inquisition ait obtenu les abjurations et les aveux les plus étranges, les plus contraires au caractère des hommes dont elle faisait ses victimes?

Pierre Arbues arriva enfin suivi d'un second inquisiteur et du notaire apostolique.

L'accusé était debout au milieu de la *chambre du tourment*.

A l'aspect de son juge, il revint au sentiment douloureux de la réalité; en levant les yeux vers le ciel, comme pour l'implorer, il s'aperçut qu'au-dessus de sa tête, dans la voûte, on avait fixé une forte poulie dans laquelle passait une solide corde de chanvre qui tombait jusqu'à ses pieds.

Involontairement il frissonna.

Les quatre hommes masqués se tenaient en silence auprès de lui.

Pierre Arbues et l'inquisiteur qui l'accompagnait s'assirent sur des sièges pour assister à cette lugubre scène, conformément au dix-huitième article du code de l'inquisition, qui voulait qu'un ou deux inquisiteurs, assistés du notaire apostolique, fussent toujours présents à la torture pour enregistrer les déclarations des prévenus.

Manuel Argoso, bien qu'il eût le courage des âmes fortes, ne put se défendre d'une terreur profonde. Il songeait à sa fille, qui peut-être aurait à subir les mêmes épreuves, et tout son courage l'abandonna.

S'il eût pu les lui épargner en avouant des crimes imaginaires, il n'eût pas hésité un seul moment; mais il savait bien qu'un pareil aveu la perdrait au lieu de la sauver. Il rappela donc à lui toute son énergie et se prépara à souffrir.

Sur un signe du grand inquisiteur, les *tourmenteurs* dépouillèrent l'accusé de ses vêtements, et le laissèrent nu jusqu'à la chemise.

Alors, Pierre Arbues s'avançant vers lui :

« Mon fils, dit-il avec une douceur évangélique, mon fils, confessez vos crimes, et ne contristez pas notre âme en persévérant dans l'erreur et dans l'hérésie; épargnez-nous la douleur d'obéir aux lois justes et sévères de la très-sainte inquisition en vous traitant avec toute la rigueur qu'elles réclament. »

Manuel Argoso ne répondit pas, mais il jeta sur l'inquisiteur un regard fixe, froid, aigu, un regard qui défiait la torture.

« Avouez et confessez-vous, poursuivit Pierre Arbues avec une incroyable persistance, mais toujours d'une voix pleine d'onction et de mansuétude. Nous sommes vos pères en Dieu, et le seul désir de sauver votre âme nous guide. Allons, mon fils, un aveu sincère peut seul vous sauver dans l'autre vie, et vous épargner en celle-ci les justes vengeances de Dieu; confessez donc, confessez votre péché.

— Je ne puis avouer un crime qui n'existe pas, répondit le gouverneur.

— Mon fils, poursuivit le juge, je m'attriste de votre impénitence, et je supplie le Seigneur de toucher votre âme qui, sans la grâce, serait infailliblement perdue; car le démon la tient en sa puissance, et c'est lui qui vous inspire cette coupable obstination dans le mal. Priez avec moi, s'il vous est possible, pour que Dieu ait pitié de vous et vous envoie les lumières de son Esprit-Saint. »

En même temps, Pierre Arbues s'agenouillant sur la terre à côté du patient, marmotta à voix basse une oraison inintelligible d'un air béat et attendri. Puis il fit, l'un après l'autre, plusieurs signes de croix rapides, se frappa humblement la poitrine, et resta quelques minutes le visage appuyé sur ses deux mains jointes.

En ce moment, le farouche inquisiteur de Séville n'était plus qu'un humble dominicain, priant et pleurant pour les péchés des autres.

Enfin il se releva.

« Malheureux esclave du démon, dit-il alors en s'adressant à l'accusé, Dieu a-t-il daigné exaucer mes humbles prières, et dessiller vos yeux fermés aux clartés de notre sainte foi?

— Ma foi est toujours la même, répondit Argoso; elle n'a jamais varié un seul instant; telle que je l'ai reçue de mon père, qui était un pieux chrétien, telle je l'emporterai dans la tombe.

— Dieu m'est témoin qu'il n'y a pas de ma faute, fit le juge en levant les yeux au ciel... Allez, poursuivit-il en regardant les tourmenteurs, qu'on lui applique la question de la corde... »

A ces mots, l'accusé ferma les yeux; un sourd bourdonnement résonna dans ses oreilles; une sueur froide inonda ses membres, et il frémit jusque dans ses entrailles.

Les tourmenteurs tirèrent à eux le câble qui pendait de la voûte.

« Vous continuerez la question jusqu'à ce que nous jugions convenable de la faire cesser, continua l'inquisiteur; et si pendant ce temps il survenait à l'accusé, soit une lésion, soit la fracture d'un membre, soit même la mort, je proteste devant tous que la faute doit en être imputée à lui seul....

« Et maintenant que la volonté de Dieu soit faite, » ajouta-t-il en étendant la main vers les bourreaux.

Aussitôt, les quatre hommes masqués s'emparèrent du malheureux gouverneur, et lui lièrent les mains derrière le dos avec un des bouts de la corde qui pendait au-dessus de sa tête; puis, saisissant l'autre bout, à l'aide de la poulie, ils enlevèrent le patient jusqu'à la hauteur de la voûte, et le laissèrent retomber brusquement à un demi-pied de distance du sol.

Le malheureux resta à moitié évanoui de cette terrible secousse.

Les tourmenteurs attendirent pendant quelques minutes qu'il fût revenu à lui; et aussitôt qu'il eut rouvert les yeux, ils recommencèrent cette cruelle ascension, et le laissèrent retomber aussi violemment que la première fois.

Ce supplice dura une heure (133).

Le malheureux gouverneur n'avait pas proféré une plainte; seulement, sa poitrine haletante et suffoquée rendait un souffle rauque et pressé qui ressemblait au râle de l'agonie. Ses yeux ternes, vitrés comme ceux des mourants, paraissaient n'avoir plus qu'à se fermer du dernier sommeil. La corde qui serrait ses poignets était entrée si avant dans les chairs, que le sang du torturé ayant ruisselé par tout son corps, sa chemise, le seul vêtement qu'on lui eût laissé, était souillée d'une boue sanglante; car le sol était terreux et humide, et, la question finie, le malheureux gouverneur, délivré de ses liens, était retombé à terre comme une masse inerte : ses os disloqués et ses muscles meurtris ne pouvaient plus le soutenir.

C'était un spectacle déchirant et horrible que cet homme fort, grand, robuste, encore dans la vigueur de l'âge, anéanti par une torture atroce, et supplicié avant d'avoir été jugé.

Que ne devait-on pas attendre d'une jurisprudence qui imposait aux prévenus de semblables épreuves!

Mais les inquisiteurs n'avaient pas d'entrailles; ils régnaient par la torture, ils se repaissaient d'agonie.

« Qu'on remmène cet homme dans sa prison, dit Pierre Arbues d'un air affligé, en voilà assez pour aujourd'hui. » Et se tournant vers l'inquisiteur conseiller :

« Mon frère, dit-il, n'oubliez pas cet infortuné dans vos prières. »

Telle était la manière d'agir des inquisiteurs vis-à-vis de leurs victimes : ils voilaient l'abominable dureté de leur cœur sous les dehors hypocrites d'une piété profonde.

Deux sbires enlevèrent dans leurs bras le malheureux gouverneur.

Manuel Argoso ne donnait plus aucun signe de vie.

XXIV

Les Cachots de l'Inquisition.

Il était minuit.

Tout dormait à Séville, excepté peut être les malheureux prisonniers plongés dans les sentines de l'inquisition.

Aux avenues de ce sombre édifice appelé prison de la Foi, rien n'éclairait l'obscurité de la nuit. Un silence de mort y régnait; ses tombes qui enfermaient des vivants étaient trop profondes pour que les cris d'agonie des victimes pussent arriver au dehors.

Deux personnes s'avançaient à pas furtifs vers la prison, un religieux et une femme.

La nuit était si obscure et leurs vêtements si sombres, qu'un espion même n'eût pu les distinguer contre la muraille noircie qu'ils suivaient en s'appuyant aux parois, pour se guider dans l'obscurité.

Bientôt ils arrivèrent à la porte de la prison. Le religieux frappa un coup sec et sonore, quoique léger, avec une clef qu'il tenait à la main ; au même instant, la porte tourna lentement sur ses gonds comme par magie.

Le religieux et la femme furent introduits dans l'intérieur.

Nulle lumière n'éclaira leur passage, et dès qu'ils furent entrés, la porte se referma doucement sans crier sur ses gonds, soigneusement huilés à l'avance.

« Oh ! j'ai peur, dit tout bas la compagne du religieux.

— Rassurez-vous, Dolores, répondit José, rassurez-vous ; avec moi, vous n'avez rien à craindre. »

La jeune fille s'appuya sur le bras du dominicain pour se soutenir, car son cœur battait avec violence.

Le geôlier avait, pendant ce temps, allumé une lanterne sourde.

« Révérence, dit-il en s'adressant au religieux, où dois-je conduire Votre Paternité?

— Au cachot du gouverneur de Séville ; va et marche devant nous. »

Le geôlier hésita un instant; il savait avec quelle barbarie il serait traité par l'inquisition, si elle venait à découvrir qu'il avait introduit une femme dans le cachot d'un prisonnier.

« Eh bien, dit José, tu hésites ?

— Révérence!... »

Le favori du grand inquisiteur fit sans parler un signe impératif.

Le geôlier prit aussitôt les devants sans oser rien dire.

Le moine et la jeune fille le suivirent.

Avant d'arriver à la région souterraine où le saint-office retenait ses victimes, ils descendirent par un escalier en colimaçon d'environ cinquante marches.

Une odeur nauséabonde, insupportable, s'exhalait de ces réduits infects. Le religieux et sa compagne se sentirent suffoqués et près de défaillir. La délicatesse de leurs organes leur rendait cette odeur intolérable. Cependant José, plus courageux, soutint dans ses bras Dolores, pâle et presque évanouie.

« Oh! s'écria la jeune fille avec angoisse en s'arrêtant sur la dernière marche de l'escalier, c'est donc là qu'habite mon père!

— Courage, fit tout bas le dominicain, courage! vous en avez besoin. »

A ce moment une lourde porte de fer s'ouvrit péniblement, en laissant échapper au dehors une bouffée d'air si épais et si fétide, qu'il ressemblait à de la fumée.

« C'est ici, Révérence, dit le geôlier en remettant au jeune moine la lanterne sourde qu'il tenait à la main, entrez; mai[s] au nom du ciel, ne faites pas de bruit et ne restez pas lon[g] temps.

— Éloigne-toi, dit impérieusement José en prenant la lanter[ne] des mains du geôlier ; je n'ai pas d'objections à écouter de toi.

Le geôlier obéit, et se recula dans un angle obscur du corri[-] dor souterrain.

Alors, à la clarté incertaine et vacillante de la lanterne, Jo[sé] chercha à guider Dolores dans cette profonde obscurité. Ils pa[s-] sèrent le seuil de cette porte étroite et massive, et, après q[ue] leurs yeux se furent un peu habitués à la lumière douteuse q[ui] les enveloppait, dans le fond du cachot, large de dix pieds s[ur] douze, sur une estrade qui en occupait à peu près la moitié, aperçurent un homme étendu et comme endormi.

Cet homme était l'ancien gouverneur de Séville.

Il était seul ; les cinq autres prisonniers qui d'ordinaire hab[i-] taient ce réduit, assez large seulement pour trois personn[es,] étaient morts l'un après l'autre pendant ou après la torture.

Le malheureux Argoso, plus fort ou plus courageux, avait r[é-] sisté aux terribles ascensions qu'il avait subies; quelques heu[res] après avoir été rapporté dans son cachot, il était revenu à la [vie] et à la douleur. Au moment où sa fille entra dans son cachot, léger sommeil l'avait soustrait au supplice d'habiter ce lieu i[m-] monde. Quelques vases de terre destinés à satisfaire les beso[ins] naturels, et qu'on ne vidait que toutes les semaines, exhalai[ent] autour de lui une odeur intolérable. Cet affreux réduit ne re[ce-] vait de lumière que par une espèce de lucarne percée tout haut du mur au niveau de la rue, et il était si humide, que natte où dormait le prisonnier était entièrement pourrie et s['en] allait en lambeaux. Lorsque la chambrée était complète, l'estra[de] se trouvant trop petite, les détenus les moins faibles dormai[ent] sur la terre froide et fangeuse.

Tels étaient les lieux où l'inquisition enfermait ses victimes !

Dolores s'approcha doucement de l'estrade où dormait s[on] père, et, joignant les mains avec une expression de douleur r[a-] vrante, elle le considéra pendant quelques instants ; cependant e[lle] ne pouvait voir son visage tourné du côté du mur et appuyé s[ur] un de ses bras ; il paraissait si calme qu'elle n'osa le réveiller.

Mais en s'approchant à son tour, José heurta une cruche [de] terre qui embarrassait son passage.

Au bruit qu'elle fit en tombant, le gouverneur releva la tê[te;] il était si pâle et si changé, que sa fille seule pouvait le reco[n-] naître.

« Mon père ! » s'écria Dolores avec un gémissement do[u-] loureux.

Elle se jeta en sanglotant sur son sein, et, l'enlaçant de deux bras avec le sublime enthousiasme de la tendresse et de douleur, elle le pressa contre sa poitrine.

Mais le malheureux père ne répondit pas à cette étreinte; m[al-] gré lui, une plainte déchirante s'échappa de ses lèvres; sa fi[lle] avait, en l'embrassant, réveillé les cuisantes douleurs de [ses] membres brisés.

« Qu'as-tu? oh! qu'as-tu donc? s'écria-t-elle en essayant de soulever dans ses faibles bras.

— Rien, je n'ai rien, ma bien-aimée Dolores, dit-il en s'eff[or-] çant de sourire; oh ! je suis heureux de te revoir! »

José devina tout ; il fronça le sourcil en faisant un geste én[er-] gique d'indignation, et murmura à voix basse :

« Oh! si j'avais su cela, mon Dieu! »

Manuel Argoso faisait de vains efforts pour se relever ; ses br[as] paralysés par la souffrance, ses os disloqués et ses muscles me[ur-] tris, demeuraient inertes et refusaient d'obéir aux efforts de volonté.

Sa fille, le seul être qu'il aimait au monde, sa fille qu'il av[ait] cru ne jamais revoir, était là devant lui, dans sa prison, où e[lle] était descendue comme par miracle, et il ne pouvait la pres[ser] avec amour contre son sein; il ne pouvait que balbutier des p[a-] roles sans suite, entrecoupées de sanglots et de larmes.

Cette mort extérieure, qui le frappait vivant, était une ind[ici-] ble torture. Ses yeux seuls pouvaient se rassasier de contemp[ler] sa fille; il la considérait en détail avec un amour passionné, a la tendresse saintement puérile d'une mère, mais sans parl[er;] des soupirs tumultueux gonflaient sa poitrine, son grand sombre, brillant et fiévreux dans son orbite profonde, se voi[lait] de larmes, et ses lèvres tremblaient agitées de mouvements c[on-] vulsifs.

« Oh! tu es donc libre, s'écria-t-il enfin avec une expression de joie si vraie et si triste, que le cœur de José vibra comme un métal sonore ; un frisson glacial passa dans sa chevelure, et, par un mouvement involontaire, il tomba aux genoux du gouverneur.

« Quel est ce moine? demanda Manuel Argoso.

— Un ange, mon père, répondit Dolores ; un ange qui nous a réunis.

— Trop tard, murmura sourdement le gouverneur.

— Pourquoi trop tard? répliqua la jeune fille, tu souffres, mais nous te sauverons. »

Elle ne comprenait pas que de cet homme robuste l'inquisition avait fait un cadavre.

José ne se contenait plus. Des larmes amères gonflaient son sein ; son indignation le tuait.

« Malheureuse enfant! s'écria-t-il avec explosion, ne voyez-vous pas qu'ils ont brisé ses membres !

— Taisez-vous, taisez-vous ! » dit vivement le père.

Il n'était plus temps, Dolores avait tout compris.

Anéantie, brisée, elle se jeta à genoux devant l'estrade où était couché son malheureux père ; elle souleva doucement ses membres meurtris, elle les couvrit de baisers et de larmes; il lui semblait qu'à force de tendresse elle allait rendre à son père la vie qu'on lui avait enlevée.

Mais enfin, voyant que ses efforts étaient inutiles, et que le malheureux gouverneur, toujours immobile, ne vivait plus que par la douleur, elle se tourna avec colère vers le dominicain :

« Vous le saviez, dit-elle, et vous ne m'avez pas avertie !

Si je l'avais su, répondit José, je ne vous aurais pas conduite ici; j'ai été trompé comme vous, Dolores; on a appliqué la question immédiatement après l'interrogatoire, ce qui ne se fait presque jamais; et vous savez qu'hier j'ai été forcé de m'absenter de Séville.

— O mon Dieu! ils l'ont tué, murmura douloureusement la jeune fille.

Et couvrant les mains de son père de baisers convulsifs :

« Voyez, don José, il ne peut plus faire aucun mouvement, et ils l'ont abandonné ainsi dans ce cachot infect, sans même panser ses blessures. O mon père! comment avez-vous pu vivre ici? mais c'est un tombeau que cette prison !

— Calme-toi, enfant, dit doucement le gouverneur, mes maux ne sont pas sans remède; je guérirai, rassure-toi.

— Oui, vous guérirez, dit-elle avec résolution, car je resterai ici pour vous soigner.

— Qui osera m'arracher d'auprès de lui? s'écria la noble fille en jetant autour d'elle un regard sublime.

— Moi, répondit José, moi qui veux vous sauver tous deux.

— Vous m'avez déjà dit cela, fit-elle, et pourtant voyez en quel état on l'a réduit. Vous me trompez tous; je n'écoute que moi, je veux rester ici!

— Dolores, dit le jeune moine, croyez moi, ne cédez pas à cette exaltation inutile; restez libre pour sauver votre père. On ne reprendra pas de sitôt l'instruction de son procès. Ignorez-vous qu'Estevan et Jean d'Avila s'occupent des moyens de l'arracher à l'inquisition?

— M'ont-ils donc cherché des témoins? « demanda Manuel Argoso d'une voix faible.

A ce mot de témoins, la fille du gouverneur fit un retour sur elle-même, et se rappela un projet qui déjà l'avait occupée.

« Don José, dit-elle en se tournant vers le jeune dominicain, vous m'assurez que les blessures de mon père peuvent se guérir? »

José, qui avait quelques connaissances en chirurgie, palpa l'un après l'autre les membres du prisonnier.

— « Je vous le jure, répondit-il; dans quelques jours votre père pourra marcher : ses articulations ont été remises.

— Eh bien, poursuivit Dolores en dissimulant sa pensée, de peur que José l'empêchât de la mettre à exécution, j'attendrai le retour de Jean d'Avila.

— Don Manuel, dit le jeune moine en s'adressant au gouverneur, ne vous hâtez pas de vous montrer guéri; retardez autant que possible un second interrogatoire, laissez à vos amis le temps d'ariver.... Dieu aura pitié de nous, continua-t-il avec une sombre exaltation, et le jour de la vengeance n'est pas loin!

— Je puis tout endurer maintenant, répondit le gouverneur, ma fille est libre : et vous ne nous trahirez pas! » ajouta-t-il en regardant José d'un air indéfinissable.

Manuel Argoso avait peur de cet homme, qui portait la livrée de l'inquisition.

« Je lui dois la liberté, dit vivement Dolores, qui comprenait les craintes de son père ; c'est lui qui m'a sauvée du déshonneur et de la mort; espérez en lui... Et vous, don José, fit-elle avec douceur, pardonnez-moi mes injustices et mes révoltes; oh ! je souffre tant, mon Dieu!

— Moi aussi j'ai souffert, répondit amèrement le jeune dominicain; voilà pourquoi je m'intéresse à vous et je vous pardonne. »

En cet instant, des pas retentirent dans l'étroit escalier qui conduisait aux cachots.

José cacha vivement sa lanterne sourde sous son manteau, et regardant le gouverneur et sa fille :

« Pas un mot, dit-il, attendez. »

Un amer sentiment de doute traversa le cœur de Manuel Argoso; malgré la confiance de sa fille, il redoutait une trahison : toutefois il n'en témoigna rien.

Le bruit continua encore pendant quelques minutes. Ceux qui descendaient l'escalier passèrent devant la porte du cachot où le gouverneur était enfermé, puis ils s'éloignèrent de quelques pas; la porte d'un cachot voisin s'ouvrit, se referma, l'on remonta l'escalier, et on n'entendit plus rien que des sanglots convulsifs que l'épaisseur des murs ne pouvait intercepter.

Les sbires du saint office venaient de terminer une expédition nocturne.

« Encore une victime! dit amèrement José.

— Une femme! ajouta Dolores en frissonnant : je l'ai reconnue à la voix.

— Va-t'en, va-t'en, s'écria le gouverneur, l'air de cette prison est contagieux; reviens à la liberté, ma Dolores, nous nous reverrons ; va-t'en !

— Oui, nous nous reverons, mon père; car je reviendrai, dit la jeune fille en interrogeant José du regard.

— Pas ici, fit vivement le gouverneur, pas ici, je te le défends; fais tout ce que tu pourras pour me délivrer, mais au nom du Ciel, ne reviens pas ici.

— Venez, venez, dit José ; il a raison, on n'est jamais en sûreté dans les prisons du saint office.

— Pas encore, oh! pas encore! disait Dolores en s'attachant à son père, qu'elle ne pouvait plus quitter.

— Il le faut, poursuivit le jeune moine en usant presque de violence pour l'en détacher. Adieu, don Manuel, espérez; vous avez des amis, ils vous sauveront. »

A ce moment, le geôlier entr'ouvrit la porte du cachot et dit à José :

« Révérence, emmenez cette jeune fille, je vous en supplie; elle n'est pas en sûreté ici, et moi je risque ma vie; je vous en conjure, emmenez-la.

— Partons, dit résolûment Dolores, je ne veux compromettre la vie de personne.

— Adieu, mon père, il ne faut pas faire retomber notre malheur sur autrui : adieu et prenez confiance, » ajouta-t-elle tout bas en l'embrassant une dernière fois.

Dolores et José sortirent; la porte du cachot se referma sur le prisonnier.

XXV

Une grande Fête à Séville.

C'était un jour de grand gala à Séville.

Les balcons étalaient leurs coquettes tentures de soie ou de beaux tapis de Grenade. On avait fait largesse au peuple; depuis le lever du soleil, du vin de Pajarète coulait à grands flots de la fontaine de l'Esplanade.

Les Gitanos, les mendiants et les moines avaient fait une ample récolte ; car en Espagne, les jours de fête, le bon peuple espagnol était, comme on dit vulgairement, *la vache à lait* des moines et des Gitanos. Chacune de ces castes savait, à sa manière, exploiter sa crédulité ou sa bonhomie : les religieux, au moyen des reliques à baiser; les autres, en disant la bonne aventure et en donnant des talismans aux jeunes filles : toutes choses *importante* qui ne restaient jamais sans salaire.

L'imagination du peuple, cette folle et vive magicienne si ardente dans ces climats brûlants, n'a jamais fait défaut aux exploitateurs, et les exploitateurs n'y ont jamais manqué.

Pourquoi ne s'est-il pas trouvé des hommes graves, animés du saint amour de l'humanité, qui aient su, tournant à bien ce penchant au merveilleux, poétiser pour ainsi dire la philosophie, rendre la raison et la vérité prestigieuses à force de faire leur vêtement de poésie gracieux et sublime, et enfin obtenir dans le bien ce que le fanatisme avait obtenu dans le mal, dominer les masses afin de les rendre heureuses, comme il régnait sur elles pour leur éternel malheur?

Ce jour viendra sans doute : la lutte est commencée, le génie de l'avenir étend déjà ses ailes sur l'Espagne. Puisse-t-il, comme l'Esprit-Saint de Milton, féconder ce vaste abîme si longtemps insondable, et de ce profond chaos de passions et de pensées diverses faire jaillir l'éternelle lumière!

Mais revenons à Séville.

C'était, avons-nous dit, un jour de fête extraordinaire. La belle cité andalouse avait, avec bonheur, déposé pour un jour le deuil qui la voilait habituellement. Bien des cœurs saignaient sans doute, de profonds chagrins ou d'amers ressentiments vivaient dans l'âme des Andalous; cependant, ces fils insoucieux de la plus belle contrée de l'univers, ces enfants du plaisir qui sont plus artistes et plus poëtes sans le savoir que les plus grands écrivains et les chanteurs les plus célèbres, étaient retournés follement à leur *Caña* chérie, à leur voluptueux fandango. L'inquisition était oubliée, les morts oubliés, les sbires oubliés, la terreur oubliée; les Sévillans, redevenus musiciens, poëtes et amoureux, chantaient et dansaient avec délire; ils ne vivaient plus que du moment présent, et, chose étrange, cette fête, objet d'un si vif enthousiasme, était une fête en l'honneur de l'inquisition.

La noble cité de Séville célébrait l'arrivée dans ses murs du duc de Médina-Cœli, grand porte-étendard de la foi (136), venu pour tenir sa place dans un auto-da-fé royal qui devait avoir lieu pour célébrer un de ces innombrables *petits triomphes* de Charles-Quint, qui en avait eu de si grands contre le protestantisme d'Allemagne : triomphes le plus souvent suivis de défaites, mélange de bien et de mal, d'alliances et de défections, qui depuis la ligue de *Smalkalde* (137) tinrent si longtemps l'Europe en suspens, et firent douter lequel serait vainqueur, de Rome ou de Luther : triomphes qui servirent tant de fois prétexte à l'Église romaine pour multiplier les bûchers.

La nuit était venue, belle et étoilée comme toujours. L'air vif et parfumé, l'excitation de la danse et le vin de la fontaine avaient amené un surcroît d'exaltation parmi le peuple de Séville. Jamais la *Jácara* n'avait été dansée d'aussi bon cœur, ni la *Caña* chantée avec un plus voluptueux abandon. Il est vrai que le duc de Médina-Cœli, qui payait la fête de ses deniers, s'était montré un grand et généreux seigneur : il avait largement fourni de quoi boire aux hidalgos, aux mauresques et aux truands de la cité.

Mais, pendant que le peuple se réjouissait dans les rues, il fallait bien que les seigneurs et les grands d'Espagne eussent leur part de cette fête *nationale*.

Les nobles hidalgos de Séville *bien pensants* (c'est-à-dire les serviteurs de l'inquisition), s'amusaient donc de leur côté dans les splendides salons du comte et duc de Mondejar, gendre et neveu du puissant et excellentissime duc de Médina-Cœli.

A la suite d'un banquet somptueux qui avait eu lieu chez le comte de Mondejar, les convives, réunis dans un des magnifiques salons de l'hôtel, discouraient assis sur de larges divans de soie qui rappelaient le luxe orientale des rois de Séville, en fumant ces délicieux *cigaritos*, luxe qui, à cette époque, n'était encore permis qu'aux rois et aux très grands seigneurs.

Des lustres nombreux de cristal de roche suspendus au plafond jetaient dans la salle une clarté flamboyante qui ruisselait en ondulations vagabondes sur les vêtements de soie de ces nobles seigneurs.

Nulle femme n'avait été admise à cette soirée, qu'on aurait pu désigner sous le nom de *club catholique et inquisitorial*, et dont le comte de Mondejar était le président, sauf toutefois les rares instants où son illustrissime beau-père daignait honorer de sa présence cette sainte réunion.

« Savez-vous, don Rodriguez, que voilà encore un triomphe remporté par le catholicisme sur les protestants d'Allemagne, dû à la politique admirable de notre bien-aimé souverain don Carlos cinquième?

Ces paroles, prononcées avec toute l'emphase castillane par un jeune seigneur favori du duc de Mondejar, et que déjà l'on désignait comme son gendre, s'adressait à un vieillard dont les habits malpropres et sans grâce contrastaient d'une façon singulière avec l'élégance recherchée, quoique sévère, des seigneurs qui composaient l'assemblée.

Toutefois, malgré la misérable et sordide apparence de ses vêtements, cet homme avait une grande aisance de manières, et ce désordre extérieur paraissait être bien plutôt l'effet de la négligence ou d'un cynisme superbe que celui de la misère.

Sa physionomie rude et hautaine décelait le génie, tandis que les lignes horizontales qui coupaient son front vaste, jointes à un froncement de sourcils particulier, trahissaient des habitudes méditatives entées sur des passions tumultueuses et même désordonnées.

Ce visage devait avoir subi la même transformation que celui de Socrate : l'âme, en se modifiant, l'avait assujetti à cette métamorphose, et si le regard ardent et un peu oblique de cet homme témoignait qu'il était en proie à un enthousiasme habituel, les contours arrêtés de ses traits, la fine ironie de ses lèvres et la sévérité de son front annonçaient que sa pensée lucide et profonde n'avait rien de cette instabilité qui caractérise les insensés, mais qu'il y avait au contraire en lui un droit et complet développement des facultés intellectuelles.

Il se tourna lentement vers le jeune homme qui lui avait adressé la parole, et le regarda sans répondre.

« Voilà que nous aurons un mois de fêtes et de réjouissances publiques, continua le jeune seigneur, sans compter l'auto-da-fé royal, qui sera certainement d'un grand effet, si le programme tient sa promesse.

— Soyez tranquille, il n'y manquera rien, répondit le vieillard d'un ton que son interlocuteur prit pour une approbation, mais mais qui était rempli d'amertume et d'ironie.

— Rien, en effet, poursuivit le jeune homme, qui s'appelait Carlos, car on assure que le grand inquisiteur a réservé pour cette solennité don Manuel Argoso, l'ancien gouverneur de Séville.

— Un vrai chrétien, dit gravement le vieillard.

— Hum! fit don Carlos, il était l'ami bien intime de don Estevan de Vargas, et don Estevan de Vargas s'est toujours donné des airs de philosophe. Il sent le fagot d'une lieue; convenez-en, don Rodriguez de Valero.

— Don Estevan est un noble cœur, répondit don Rodriguez; mais il a des ennemis... il n'a jamais voulu servir dans la milice du Christ.

— Et vous, don Carlos, continua-t-il d'un ton légèrement sarcastique, êtes-vous enfin parvenu à vous faire donner le *santo?*

— Pas encore, répondit tristement le futur gendre du duc de Mondejar; mais j'espère en glisser ce soir un mot à Son Excellence monseigneur le grand porte-étendard.

— L'occasion est belle, vraiment; je vous conseille de ne pas la laisser échapper.

— Comment, don Carlos! vous voulez devenir familier? s'écria un jeune seigneur aragonais, venu pour la première fois dans cette illustrissime assemblée.

— Sans doute, don Ximenès; oserais-je sans cela prétendre à la main de dona Isabelle, la fille du duc de Mondejar!

— Triste rôle pour un chevalier castillan, fit l'Aragonais en secouant la tête.

— Beau rôle, au contraire, dit Valero d'une voix stridente, beau rôle, don Ximenès! Être familier de l'inquisition..... c'est être à cheval sur la route de la fortune. Porter sous son vêtement les insignes de cet ordre, c'est avoir son passe-port pour les postes les plus importants du royaume; avec cela on arrive à tout! Quelles maisons en Espagne, dites-moi, réunissent plus de charges, de richesses et d'honneurs que les maisons de Médina-Cœli et de Mondejar? Croyez-vous que si don Manuel Argoso et don Estevan de Vargas eussent appartenu au saint office, ils seraient aujourd'hui, l'un sur le point d'être brûlé vif, l'autre errant par monts et par vaux; et que si le confessseur de la belle Dolores se fût appelé don Pedro Arbues, ou simplement don José, cette charmante hérétique serait, à l'heure qu'il est, pauvre et vagabonde comme une Gitana, n'ayant pas même une pierre pour oreiller?

— Chut! fit don Ximenès; vous vous perdez, seigneur Valero.

— Soyez tranquille, ils me prennent pour un insensé. »

En effet, les autres seigneurs qui composaient cette réunion, occupés de riens très graves concernant les affaires de la *religion*, ne prêtaient nulle attention aux affaires de Rodriguez de Valero, dont ils ne s'inquiétaient aucunement; car ils ne comprenaient pas sa profonde sagesse.

— Croyez-moi, seigneur, poursuivit le vieillard, aujourd'hui, en Espagne, il n'y a plus qu'une sorte d'honneur : *appartenir au maître*, et, vous le savez, le maître, c'est l'inquisition...

— Naguère, continua-t-il en s'animant par degrés, naguère, pour mériter le surnom de preux chevalier, il fallait savoir rompre une lance et dompter un cheval fougeux. On était réputé loyal et bon serviteur du roi, lorsqu'on avait combattu les Maures sur les champs de bataille. Il y avait de la gloire alors!.. Aujourd'hui, messeigneurs, il n'y a plus de Maures à combattre, il n'y a que des Maures à dénoncer! Il n'y a plus de reine noble et belle qui vous récompensait d'un sourire au retour du combat en vous donnant sa blanche main à baiser; il y a des moines qui vous bénissent d'une main crasseuse quand vous avez perdu un fidèle serviteur du roi... Naguère, après un jour de bataille, les escadrons se formaient en cercle, et un hérault d'armes proclamait par trois fois le nom de ceux qui avaient bien combattu, et par six fois le nom de ceux qui étaient morts les armes a la main. Aujourd'hui, le nom des serviteurs du saint office n'est prononcé par personne; les serviteurs du saint office n'ont pas même le droit d'étaler leur infamie.

— Don Rodriguez! s'écria le jeune Aragonais effrayé des paroles qu'il venait d'entendre, sur mon âme, je ne donnerais pas, à l'heure qu'il est, un maravédis de votre tête.

— Don Rodriguez de Valero a une audace et un bonheur insolents, ajouta don Carlos; on lui laisse dire ce qu'il veut.

— C'est fâcheux, n'est-ce pas, don Carlos? répliqua le vieillard avec plus d'amertume; car si je ne m'appelais pas don Rodriguez de Valero, en rapportant seulement à Pierre Arbues le quart de ce que vous venez d'entendre, vous seriez assuré d'obtenir la main de doña Isabelle, et vous seriez inscrit, sans autre information, parmi cette horde de démons qu'on appelle les soldats du Christ (138). Malheureusement, je ne vaux même pas la peine d'une dénonciation, et vous perdriez votre temps à cela. »

En achevant ces mots, le vieillard quitta brusquement l'assemblée.

Don Carlos rougit jusqu'au front, et demeura les yeux baissés.

A ce moment, le grand inquisiteur entra dans la salle accompagné du duc de Médina-Cœli.

Le duc était un petit vieillard rachitique, au teint maladif et jaunâtre. Son regard un peu fauve trahissait des mœurs ascétiques; il avait la démarche inégale. la voix rauque et trop forte pour un si chétif individu : ce qui produisait un effet assez bizarre; lorsqu'il parlait, on croyait entendre la voix d'un ventriloque, tant cet organe démesurément développé était en désharmonie avec l'extérieur du duc.

Le grand seigneur et le duc saluèrent l'assemblée; puis le duc s'adressant à don Carlos :

« Jeune homme, dit-il, mon gendre m'a parlé d'un désir exprimé par vous; j'en ai dit un mot à Son Éminence, qui, je l'espère, ne vous refusera pas cette faveur.

— Seigneur don Carlos, ajouta Pierre Arbues, j'aime à voir votre zèle pour le service de Dieu.

— Allons donc, ne soyez pas si timide, reprit le duc, Son Éminence connaît votre mérite; elle sait combien votre sang est pur (139). »

Don Carlos ne répondit pas. Ce jeune seigneur qui, deux jours auparavant, aurait donné tout au monde pour devenir familier du saint office, titre que le duc de Mondejar exigeait de lui pour lui accorder la main de sa fille, avait honte en ce moment d'en avoir fait la demande.

Le duc de Médina-Cœli ne comprenait rien à son hésitation, et, se méprenant sur les véritables sentiments du jeune homme, il se tourna vers le grand inquisiteur :

« Monseigneur, dit-il, ce jeune chevalier sera un chaud défenseur de notre très sainte religion. »

Pierre Arbues présenta sa main à baiser à don Carlos, et lui dit d'un ton mielleux :

« Demain, après la grand'messe, trouvez-vous à la cathédrale pour recevoir *el santo* de ma propre main. »

Don Carlos s'inclina sans répondre.

En cet instant, un huissier, soulevant une des portières de velours cramoisi qui masquaient l'entrée de la salle, annonça à haute voix :

« Doña Dolores Argoso y Cevallos. »

L'inquisiteur tressaillit, et avisant un cabinet, ouvert, contigu à la pièce où il se trouvait, il y entraîna le duc de Médina-Cœli.

A ce moment, Dolores entrait dans la salle.

A l'aspect de tant de monde, la jeune fille s'arrêta confuse, cherchant du regard le maître de la maison.

Le duc de Mondejar s'était pourtant levé à son nom; mais en voyant l'inquisiteur disparaître avec le duc de Médina-Cœli, il redouta si fort d'offenser Pierre Arbues, qu'à peine il se sentit la force de faire un pas vers la fille de son ancien ami; il resta cloué debout à sa place, balbutiant par habitude quelques formules de politesse.

Dolores s'avança vers lui d'un air noble et touchant.

Un murmure d'admiration circula dans l'assemblée, malgré la terreur qu'on avait d'*un hérétique*, tant était grand le prestige de cette beauté surhumaine unie à la dignité de l'âme.

« Monseigneur, dit Dolores en voyant le duc de Mondejar pâlir et trembler à son approche, la présence d'une fugitive est-elle donc si fatale chez vous, qu'elle doive changer en tristesse la joie qui anime cette noble assemblée? »

Le duc lui indiqua un siége sans répondre, un de ces tabourets sculptés, si riches et si durs, meubles déjà antiques qui appartenaient au moyen-âge, conservés dans les familles comme une tradition.

Après qu'elle fut assise, la fille du gouverneur demeura quelques instants sans parler. Le duc gardait également le silence, un silence contraint et embarrassé.

Malgré son courage, Dolores se sentit prise de cette timidité de jeune fille qui, si elle n'est encouragée, dégénère en une véritable souffrance. Son front se couvrit d'une rougeur brûlante, elle entendit son cœur battre à coups précipités dans sa poitrine, et ses lèvres frémissantes refusèrent d'articuler un seul mot.

Les témoins de cette scène attendaient dans une anxiété croissante.

En voyant Dolores en cet état, le comte de Mondejar se sentit ému d'un grande compassion pour cette jeune et belle créature naguère si brillante, maintenant si pauvre, si abandonnée, et qui se présentait à lui sous l'humble livrée d'une fille du peuple. Mais le grand inquisiteur et le duc de Médina-Cœli pouvaient, du cabinet où ils étaient entrés, voir et entendre ce qui allait se passer. La fortune, la vie d'un seigneur espagnol, dépendaient entièrement de l'inquisition, et le duc de Mondejar avait cette terreur profonde qui, il faut bien le dire, dénaturait le caractère national, naturellement si noble, si chevaleresque, si dévoué!

Dolores examina pendant quelques instants la physionomie du duc, et elle ne se méprit pas à cette froideur glaciale, à ce masque de bronze qui refusait de trahir les sensations de l'âme.

« Mon père est perdu! » pensa-t-elle...

Toutefois, résolue à tout braver, elle retrouva par un grand effort de volonté son énergie accoutumée, et se levant de son siége avec une noblesse et une modestie pleines de séductions :

« Monseigneur, dit-elle en s'adressant au duc de Mondejar, je vois combien ma présence vous est pénible, et je ne saurais vous en vouloir, car je sais aussi combien elle est dangereuse. Le malheur est si contagieux!... Mais il ne sera pas dit que j'aie reculé devant l'accomplissement d'un devoir. Mon père gémit dans les cachots de l'inquisition; mon père, calomnié sans doute, ajouta-t-elle en rougissant, car elle ne voulait pas dévoiler le vrai motif de sa disgrâce, mon père sera condamné comme un coupable si ses amis ne lui viennent en aide.

« Vous l'avez aimé, monseigneur, poursuivit-elle, et mieux qu'un autre vous connaissez la pureté de sa foi. Soyez son témoin dans cette malheureuse cause; que le témoignage d'un des plus purs chrétiens d'Espagne confonde la calomnie et l'imposture : rendez un père à sa fille... O monseigneur! rendez-moi mon père, et je vous bénirai!

— Quand je le voudrais, un témoin ne suffit pas, » répondit le duc de Mondejar, très embarrassé de l'effet de cette réponse sur les hôtes du cabinet.

Alors Dolores, se tournant vers l'assemblée avec un mouvement plein de douceur et de grâce :

« Messeigneurs, dit-elle d'une voix suppliante et pleine de larmes, messeigneurs, vous avez tous connu mon père! »

Un silence de mort répondit seul à cet appel.

Dolores joignit ses mains crispées, et leva vers le ciel un regard désespéré.

A ce moment, Rodriguez de Valero rentrait dans la salle; il avait entendu tout ce qui venait de se passer.

D'un air fier et grave il s'avança vers la jeune fille, et la saluant avec courtoisie :

« Señora, dit-il, je serai le témoin de votre père.

— Oh! merci, » fit-elle en joignant les mains.

A ce moment, un rire glacial, strident, métallique, un rire qui ressemblait à une cloche d'agonie, partit du cabinet où l'inquisiteur s'était réfugié; puis, soulevant la portière et se laissant voir à l'assemblée, pâle et muette d'épouvante :

« Rodriguez de Valero, dit Pierre Arbues en continuant son effroyable rire, Rodriguez de Valero, on ne reçoit pas le témoignage des fous. »

A l'aspect de l'inquisiteur, Dolores poussa un grand cri et s'évanouit.

Le duc de Mondejar, pâle et atterré, ne savait plus quelle contenance tenir.

Pierre Arbues le regarda d'une manière particulière. Le duc sembla se rassurer; il sonna, deux valets accoururent.

« Qu'on transporte cette jeune fille chez elle dans ma litière, » dit-il à haute voix.

Les valets obéirent; ils emportèrent dans leurs bras la fille du gouverneur, toujours privée de sentiment.

Le duc sortit par une autre porte.

Au bout de quelques minutes il rentra. Son visage rayonnait.

Réception de Garabato.

« Duc de Mondejar, lui dit l'inquisiteur à demi-voix, quand Dieu appellera à lui le duc de Médina-Cœli, vous lui succéderez dans sa charge de grand porte-étendard.

— Monseigneur, dit Valero qui s'était approché, Dieu me garde d'aller en paradis, si Votre Éminence y conserve sa dignité de grand inquisiteur. »

XXVI

La Chambre de Miséricorde.

La prison du saint office de Séville était située dans la rue qui se nomme aujourd'hui rue de la Constitution; elle s'appelait alors rue de l'Inquisition.

Dans toutes les grandes villes d'Espagne, il y avait une rue qui portait ce nom, et un édifice appelé *palais de l'Inquisition*

A Séville, le palais de l'inquisition était un grand monument carré flanqué de quatre tourelles, construit en briques rouges et recouvert en ardoise. Sur la façade extérieure, on voyait une multitude de fenêtres régulièrement percées. Ces fenêtres n'avaient point de volets extérieurs, mais chacune d'elles était masquée jusqu'à son sommet, et même un peu plus haut, par un mur qui s'élevait en angle droit, à peu près de la même manière que les clôtures de planches qu'on met aux fenêtres dans les maisons de fous; en sorte que, des habitations voisines, l'œil ne pouvait aucunement plonger dans l'intérieur du palais, et que ceux qui l'habitaient ne pouvaient non plus voir à l'extérieur autre chose qu'un fragment du ciel de la dimension de l'étroite ouverture qui leur laissait arriver d'en haut une rare et faible lumière,

Dans le palais de l'inquisition se trouvaient à la fois la salle du tribunal, le greffe, les chambres du tourment, les chambres de miséricorde, les chambres de pénitence et les cachots : prisons diverses dans lesquelles on classait les prévenus suivant ce qu'on espérait d'eux et le sort qu'on leur réservait.

Un accusé très riche allait d'abord habiter la chambre de miséricorde. L'inquisition, doucereuse vipère, le convertissait au point que, dans un entier détachement des biens de ce monde, il faisait au saint office un don volontaire de sa fortune et sortait, après quelques mois de réclusion, pauvre comme Job, mais *riche* des dons de la grâce, et marchant tout droit et sans broncher dans le chemin du ciel.

D'autres fois, on confiait à la chambre de pénitence, que nous décrirons plus tard, le soin d'une conversion rebelle. Enfin, en désespoir de cause, on avait recours aux cachots, à la torture, à la mort.

Les chambres de pénitence étaient construites sous les toits dans les tourelles; celles dites de miséricorde occupaient, avec la salle du tribunal, tout le premier étage; au rez-de-chaussée, étaient le greffe et les habitations des employés subalternes du tribunal.

Les cachots et les chambres du tourment se trouvaient sous terre, ainsi que le lecteur le sait déjà.

Il était environ deux heures du matin. Les illuminations de la fête qui avait eu lieu dans la journée s'étaient lentement éteintes une à une. Aux danses et aux chants de joie avait succédé un profond silence. Les rues étaient entièrement désertes, et quelques rares lumières qui brillaient encore de loin en loin à l'intérieur des maisons, témoignaient seules que la cité, éveillée plus longtemps que de coutume, n'étaient pas entièrement endormie.

Une litière fermée sortit de l'hôtel du duc de Mondejar, longea la rue de l'Inquisition qui en était peu éloignée, et ne s'arrêta que devant le palais.

Un des valets de pied qui accompagnaient la litière souleva le lourd marteau de la porte. Le concierge ouvrit. Aussitôt, le valet de pied lui dit quelques mots à voix basse. Ces deux hommes s'approchèrent ensemble de la litière et enlevant dans leurs bras une jeune fille évanouie, ils la transportèrent au premier étage, dans une des chambres de miséricorde. Là, ils la déposèrent sur un lit, et le valet de pied se retira.

Le concierge alors ferma soigneusement la porte de la chambre et redescendit.

« Teresa, dit-il à sa femme, monte voir ce que devient cette señora qui paraît plus morte que vive. »

Teresa obéit; elle monta à la chambre où on avait déposé la jeune fille, qui ne donnait encore aucun signe de vie.

La femme du concierge, créature bornée et presque idiote, s'assit auprès d'elle en silence, attendant qu'il plût à Dieu de la rappeler à la vie.

Cependant, ce spasme qui durait depuis près de trois heures parut enfin arriver à son terme. La prisonnière fit un mouvement, étendit les bras comme quelqu'un qui sort d'un profond sommeil, rouvrit lentement les yeux, et, se soulevant sur un coude, elle parcourut la chambre d'un œil étonné, mais sans pouvoir en reconnaître les meubles ni la disposition.

Supplice du Clou.

Le lit en tombeau sur lequel elle était couchée avait un grand ciel carré garni de rideaux de cotonnade blanche. Un crucifix d'ivoire se détachait du mur sur une croix d'ébène; quelques siéges commodes, mais simples, un bahut sculpté, une table aux pieds tors et une natte de sparterie de la Manche composaient l'ameublement. Quelques livres étaient rangés sur une étagère d'ébène, au-dessus d'un prie-Dieu du même bois, et des fleurs cueillies de la veille remplissaient un grand vase de terre poreuse et rosée, appelé *alcarraza de Valencia*, placé au millieu de la table. En outre, on pouvait remarquer çà et là quelques petits meubles à l'usage des femmes de ce temps-là; petits riens charmants et commodes qui, à toutes les époques, sont comme les jouets de ces grands enfants, et qu'elles préfèrent souvent aux choses les plus utiles.

Ces détails échappèrent à la jeune fille; elle ne fut frappée que de l'ensemble et de l'aspect de cette chambre, étrangers pour elle, car sa pensée n'était pas encore redevenue claire et distincte.

« Juana, fit-elle d'une voix triste et douce.

— Je ne m'appelle pas Juana, répondit l'espèce d'idiote qui était assise à son chevet; je m'appelle Teresa. »

La jeune fille regarda alors cette femme, et ne reconnaissant pas son visage, elle poussa un cri de terreur.

« Où suis-je donc? s'écria-t-elle tout à coup d'une voix pleine d'angoisse.

— En prison, répondit la stupide créature.

— En prison! en prison, dites-vous? mais qu'ai-je fait, pour me trouver en prison?

— Je ne sais pas, moi; ça ne me regarde pas.

— Oh! oh! mon Dieu! fit la jeune fille en passant les mains sur son front comme quelqu'un qui cherche à se souvenir; qu'est-il donc arrivé aujourd'hui, et pourquoi suis-je ici maintenant? Ah! oui, oui, je me souviens; je suis sortie ce soir de la maison de Juana; on dansait dans les rues... tout le monde était content! Moi, j'étais accablé de désespoir! J'avais vu mon père mourant, et je ne pouvais rien pour lui; rien! rien! répéta-t-elle avec une amertume desespérée... J'ai voulu essayer, pourtant, je me suis présentée à ses amis... à ceux qu'il appelait ses amis!!! Je les ai surpris au milieu de l'ivresse d'une fête. Je suis tout à coup apparue au milieu d'eux avec mon deuil et ma tristesse... J'ai prié et pleuré, demandant à grands cris qu'on me rendît mon père, ils ne m'ont pas écoutée. Et là, caché comme un traître, le grand inquisiteur épiait mes paroles! puis ils m'ont livrée au bourreau comme des infâmes, et dans la maison de ce noble duc, je n'ai même pas eu la sauvegarde de l'hospitalité.

« Oui, oui, c'est bien cela, poursuivit-elle en se rappelant peu à peu chacun des incidents de la soirée, le duc de Mondejar a généreusement payé de ma vie un sourire de Pierre Arbues.

« Quelle heure est-il? demanda-t-elle tout à coup en s'adressant à la femme du concierge.

» Je ne sais pas, señora; mais il y a bien longtemps qu'il est nuit; je dormais quand vous êtes arrivée, car j'étais bien lasse; c'est aujourd'hui fête, et il nous est venu tant de prisonniers!

— Jour de fête, en effet, fit la jeune fille avec ironie; fête mémorable, glorieusement terminée par une infâme trahison. Dolores Argoso était une victime digne d'être sacrifiée au dieu qui présidait à cette solennité!... »

Dolores ne se trompait pas : la plus lâche perfidie l'avait en effet livrée au pouvoir de l'inquisiteur.

On se souvient de l'ordre donné par le duc de Mondejar à ses gens de la reconduire chez elle. Cet ordre, donné à haute voix, n'était destiné qu'à abuser l'assemblée.

Pendant le peu d'instants où il avait quitté la salle, le noble duc ayant parfaitement compris, sur un simple signe, la volonté de l'inquisiteur, avait donné de nouvelles instructions à ses valets, familiers de bas étage, et la fille du gouverneur fut immédiatement transportée au palais de l'inquisition.

Au lieu de la défendre en vrai chevalier, le duc venait de la livrer au saint office, et pourtant le duc de Mondejar n'était ni un lâche soldat, ni un méchant seigneur, ni un ami déloyal : c'était tout simplement un homme qui avait peur du *quemadero*.

Mais qui pourrait exprimer la profonde horreur de la fiancée d'Estevan, de cette noble et loyale jeune fille qui se serait dévouée jusqu'au martyre plutôt que de trahir un ami; qui pourrait peindre cette douleur amère, profonde, déchirante, en présence d'une si odieuse trahison?

Son premier mouvement fut une généreuse colère, une hautaine indignation; dans la noblesse et la dignité de son âme, elle se roidissait contre toute injustice et toute déloyauté; mais, peu à peu, cette exaltation d'un juste orgueil passée, la sensibilité, faculté d'autant plus douloureuse chez les femmes fières et passionnées, qu'elle est unie chez elles à la faiblesse physique, qui le plus souvent les condamne à l'inertie; la sensibilité, reprenant le dessus, la rendit tout entière au sentiment de ses maux, et elle envisagea sa nouvelle position avec un effroi mortel.

La geôlière, à moitié endormie, fermait ses yeux hébétés, sans plus s'inquiéter de la prisonnière que si elle n'eût pas existé. Cet être inintelligent n'avait pas la moindre perception des douleurs morales.

Dolores resta quelques instants anéantie sous le poids d'une affreuse certitude : elle n'était plus libre!

Morne, la tête penchée sur sa poitrine, elle s'abîma dans cette pensée désolante. Puis, par un retour soudain de désespoir insensé, elle poussa de grands cris déchirants et des sanglots convulsifs.

La gardienne, éveillée en sursaut, se leva alors, épouvantée de cette douleur navrante.

« Señora, dit-elle, ne criez pas si fort; vous n'êtes pas si malheureuse, on vous a donné la plus jolie chambre du palais de l'inquisition. »

A ce nom redouté, la fille du gouverneur bondit convulsivement sur sa couche, et ses sanglots se calmèrent. Sa terreur était devenue si grande, qu'elle n'osa même plus gémir ni se plaindre.

Le souvenir de son père qu'elle avait vu la veille, de son père qu'on avait brisé, tué, sans le faire mourir, s'était dressé devant elle dans toute son horreur. Peut-être lui réservait-on la même torture, et la mort serait le terme de leurs souffrances.

Au milieu de ses cruelles appréhensions, une seule idée fut pour elle douce et consolante : elle mourrait martyre de son dévouement filial.

La pieuse et magnanime résignation de cette âme vraiment chrétienne l'emporta alors sur ses terreurs mortelles. Dégagée des préoccupations terrestres, elle s'éleva plus haut, jusqu'à cette espérance sublime, héritage de l'Homme-Dieu, éternel consolateur de ceux qui souffrent. Elle avait dit comme le Christ, en buvant son amer calice : « Mon Père, que votre volonté soit faite! » et la mort ne l'épouvanta plus; elle allait la recevoir comme un gage de l'éternelle vie.

Son beau visage, naguère si pâle, s'illumina soudain d'un rayonnement céleste. De ses grands yeux si ardents et si doux, une flamme divine semblait jaillir, et ses deux mains blanches et diaphanes, réunies sur son sein, lui donnaient l'aspect d'une de vierges héroïques qui, à Rome, mouraient pour la foi de Jésus-Christ.

« Señora, dit tout à coup la geôlière, puisque vous n'êtes pas morte, vous n'avez pas besoin de moi : je vais aller dormir. »

Elle sortit.

Dolores ne l'avait pas entendue; son esprit planait dans des régions supérieures, et ses lèvres frémissantes murmuraient to bas une prère à celui qui vint sur la terre pour prier, pour so frir et pour mourir.

XXVII

El Santo.

Les cloches de la vieille cathédrale de Séville sonnaient grandes volées entrecoupées d'un carillon monotone, pour a noncer à la population que la grand'messe allait commenc Cette messe, à laquelle devait officier monseigneur l'archevê de Séville, était un des nombreux épisodes de la grande f donnée à l'occasion de l'auto-da-fé royal dont la veille, à soirée du comte de Mondejar, le jeune don Carlos de Herr s'entretenait avec tant de complaisance.

C'était une brillante solennité religieuse, car, après l'évang monseigneur Pierre Arbues devait, de sa main inquisitoria donner le *santo* à un grand nombre de personnes, qui, sans d tinction de rang, agenouillées devant lui, allaient être enrôl dans la sainte milice du Christ (140).

Sublime égalité, vraiment! manants et gentilshommes allai être marqués du même sceau, assujettis aux mêmes devoirs, a pelés du même nom : *soldat du Christ*.

L'inquisition, en passant sa puissante main sur leurs têtes, abaissait tous au même niveau; elle les marquait de son stigm sans distinction de rang ni d'âge, comme le berger dans la b gerie marque indistinctement son bétail.

La vieille basilique au large pourtour, dont la haute nef, sé rée par quatre rangées de colonnes, ressemblait à une forêt granit, avait revêtu ses ornements les plus pompeux. Des n liers de cierges rangés en ordre autour de l'autel, jusqu'à voûte, ruisselaient en gerbes de lumière dans l'enceinte sacr L'ombre gigantesque des colonnes marquetait de grandes ra noires les dalles du sol, d'un marbre blanc et mat; à trav les innombrables vitraux de mille couleurs, la lumière ex rieure arrivait si faible et si assombrie, qu'elle pâlissait entiè ment devant l'éblouissante clarté qui régnait dans le haut l'église.

Dans le chœur, derrière le maître-autel, de larges stalles chêne, sculptées et soigneusement polies, étaient déjà occup par les chanoines de la cathédrale, appartenant presque tou l'ordre de saint Dominique.

Au milieu du maître-autel, un grand ostensoir d'or ma semblait darder ses rayons étincelants de pierreries, et, en f cinant les yeux, protéger le Dieu qu'il renfermait contre les gards profanes.

L'or, les diamants et le cristal étaient partout répandus à p fusion comme dans un conte des *Mille et une Nuits*. Les candé bres étaient d'or massif; le tabernacle d'or, le calice d'or, burettes d'or; les anges qui, aux deux côtés du maître-autel voilaient la face de leurs ailes, étaient d'or.

De grandes statues d'argent, représentant les divers sai qu'honore l'Espagne, ornaient, tout autour de l'église, d'inno brables chapelles élevées dans les enfoncements des colonnes y avait là plus de richesses que dans l'ancien tabernacle juifs; seulement la nation juive tout entière n'avait qu'une se arche d'alliance, tandis que l'Espagne avait des centaines d'ég ses et de chapelles où venaient s'entasser, sous différentes form les richesses du nouveau monde.

C'était un spectacle vraiment féerique, et très propre à exal l'imagination du peuple : ce pauvre peuple qu'on rassasiait d' cens, de lumière et de musique, pour lui faire oublier son esc vage et sa misère.

Aussi le voyait-on accourir en foule et se presser aux aven de l'église, chaque fois qu'une cérémonie religieuse était offe en pâture à sa poétique paresse, à son besoin incessant d'é tions, à son ardente et puérile curiosité.

Voyez-vous déjà dans la basilique ces *manolas* agenouillées leurs talons, drapées de leurs larges mantilles noires? Voyez-v comme elles se frappent le sein à plusieurs reprises, en égren d'une main presque convulsive le chapelet luisant qui pen leur ceinture? Remarquez tous ces petits pieds andalous s'échappent de dessous la courte basquine, et ces mains frêle brunes, mais si gracieuses, et ces yeux noirs et brillants com de l'émail à travers le réseau transparent de la dentelle qui leur couvre le visage.

N'y a-t-il pas un contraste bizarre et mystique entre cette immense cathédrale resplendissante comme une salle de bal, et ces femmes en deuil humblement agenouillées? Ces femmes, de nature si rieuse et si folle, qui, dans ce lieu, ressemblent maintenant à des âmes en peine, priant d'en bas qu'on les laisse arriver jusqu'à ces radieuses merveilles qui brillent sur leur tête?

Voyez-vous encore au fond de l'église, dans une immense tribune, ces hommes qui prient à voix basse d'un air contrit et humilié? Ils ont laissé à la porte leur amour du plaisir et de la danse; ils s'inclinent dans des sentiments de componction devant la majesté du Dieu vivant qu'on a revêtu d'une magnificence mondaine!

On les a accoutumés à n'adorer que la matière : la Divinité pour eux, c'est un autel de marbre et d'or.

Puis, enfin, à la grande porte, admirez cette foule compacte de mendiants et de Gitanos qui se pressent et se heurtent pour entrer. C'est leur spectacle à eux, cette messe musicale et parfumée. Allons, ouvrez donc la porte à deux battants! laissez entrer ce peuple en guenilles; laissez-lui respirer à pleine poitrine l'odeur enivrante de l'encens; laissez-le rassasier ses yeux de toute cette magnificence! c'est son pain, à lui, qui ce soir ira dormir à jeun dans son manteau troué sur une pierre glacée; laissez, laissez entrer tous ces gens-là, qui n'ont d'autre toit que la voûte céleste; il leur faut aussi leur part des jouissances et des biens de ce monde, et le temple de Dieu est le salon du pauvre!...

Mais, silence! que chacun maintenant se tienne tranquille à la place qu'il a pu obtenir. Voici l'heure du recueillement et de la prière, le prêtre est au pied de l'autel.

C'était, avons-nous dit, monseigneur l'archevêque de Séville. Deux diacres en chape brodée se tenaient debout à ses côtés.

A la droite de l'autel, dans l'abside, monseigneur Arbues, revêtu de la robe violette qu'il portait aux grandes cérémonies, siégeait au milieu d'un trône d'or et de velours posé sur douze marches recouvertes d'un riche tapis, qui l'élevaient de quelques pieds au-dessus de l'ostensoir, en sorte que le représentant de Dieu trônait plus haut que son maître (141).

A la droite du trône, et deux marches plus bas, était le fauteuil de l'archevêque.

De l'autre côté, un fauteuil pareil était occupé par Jose, aumônier et favori de Son Éminence.

Un grand nombre de prêtres et de moines en chasubles blanches, jaunes ou brodées, rehaussaient encore l'éclat de cette solennité, et un grand manteau brodé d'or, d'une lourdeur effroyable, couvrait les épaules de l'officiant.

Non loin du maître-autel, dans des stalles particulières, des dames et des seigneurs occupaient des places réservées.

Bientôt, un grand concert de voix graves, rauques, rudes à l'oreille, mais d'une justesse parfaite, s'éleva jusqu'aux voûtes de la cathédrale. Ce plain-chant, dont la monotonie ne permet jamais à la voix de s'échauffer du feu de la passion; cet ensemble de notes de poitrine méthodiquement chantées sans art et sans entraînement, avait quelque chose de saisissant et de lugubre qui enveloppait l'âme comme dans un suaire. Il y avait désaccord entre les joyeuses magnificences de l'autel et cette glaciale et sombre harmonie. Il manquait là la divine mélodie des Italiens, ces voix ravissantes et sonores qui ajoutent un prestige si divin à la pompe théâtrale des cérémonies du culte romain.

Toutefois, le peuple espagnol, peu sensible, ou pour mieux dire peu accoutumé à la musique savante, repaissait avec délices ses yeux au défaut de ses oreilles, et le recueillement le plus complet régnait parmi cette foule agenouillée.

Mais bientôt un grand mouvement se fit dans l'église, tout le monde se leva debout en traçant du pouce un signe de croix sur son front, sur sa bouche et sur sa poitrine.

On était à l'évangile de la messe.

L'archevêque le lut lentement; puis il alla s'asseoir auprès du grand inquisiteur, sur le fauteuil qui lui était destiné.

Les deux diacres se tinrent au bas du trône.

Alors une large voie s'ouvrit dans la foule, et vous eussiez vu s'avancer au milieu d'elle, sans obstacle, un groupe de gens de toute espèce, qui tous aspiraient au même honneur; ce groupe se dirigea vers le trône de l'inquisiteur.

Puis, vers le bas, un peu en dehors de la nef, parmi la populace qui n'avait pu entrer ou se placer convenablement pour bien voir tout à son aise la cérémonie *del santo*, vous eussiez ouï les dialogues les plus étranges.

« *Virgen santissima!* disait un vieux Gitana à la barbe blanche : voyez-vous ce mécréant de Juanito, comme il avance rapidement sa fortune? La société de la Garduña n'a pas voulu de lui pour en faire même un *gancho*, tant il est bête et paresseux, et voilà qu'il a réussi à s'enrôler dans la milice du Christ.

— Bien vrai, *tio* (142)? s'écria une jeune danseuse de castagnettes, aussi brune qu'une olive en novembre; bien vrai? Juanito va recevoir le santo avec tous ces beaux seigneurs empanachés que voilà?

— Pourquoi pas, Conchica (143)? répliqua le vieux Gitano; n'est-il pas le fils du bon Dieu comme tous ces beaux seigneurs, que Dieu garde?

— Tiens! tiens! dit un autre, voilà Ramon Zocato (144); il paraît qu'il a fait son temps à Mellila (145), puisque le voilà.

— Où donc ça? demanda un quatrième interlocuteur.

— Là bas, tenez, ce jeune homme à la veste orange, à côté de Son Excellence monseigneur le marquis de la Ronca, qui s'avança aussi pour recevoir *el santo*.

— Combien sont-ils? demanda la Gitana.

— Ils sont trop pour les compter, répondit le vieillard; *Santa Maria*, quelle recrue!

— Ceux-là sont comme les soldats du pape, fit une vieille femme en grommelant, ils ne marchent jamais au grand soleil.

— Qu'est-ce que c'est que le pape? demanda la Gitanilla.

— C'est le majordome de monseigneur le grand inquisiteur, répondit la vieille femme, qui n'avait pas une idée plus précise ni plus haute du vicaire de Jésus-Christ.

— Taisez-vous, femmes, s'écria un vieux soldat des campagnes de Flandre, vous avez la langue trop longue, et quand on touche au feu on s'y brûle.

— Otez donc un peu votre casque que je voie, señor caballero, dit un jeune garçon de quinze ans qui n'arrivait pas à l'épaule du soldat.

— Tu en verras toujours assez, *gandul* (146), » répondit celui-ci.

Pendant ce temps, les aspirants au santo s'étaient avancés jusqu'au pied du trône du grand inquisiteur. Et dans la tribune du duc de Mondejar, avait lieu une scène très-animée, quoiqu'elle se passât à voix basse, et que les divers acteurs de cette scène eussent tout l'art voulu pour garder un visage impassible au milieu d'une altercation très-vive, et pour se grimer de telle sorte que personne ne pût comprendre l'objet de ces paroles brèves, incisives, rapides, échangées entre eux à voix basse.

Ils étaient au nombre de quatre : le duc de Médina-Cœli, le comte duc de Mondejar, la jeune Isabelle, fille du comte, et don Carlos de Herrera.

On se souvient que ce dernier avait été assigné, par monseigneur Pierre Arbues, à comparaître ce jour même devant lui, afin de recevoir *el santo* et de prêter serment entre ses mains. On se souvient aussi que don Carlos, d'abord très enflammé pour la cause de l'inquisition, comme un jeune homme amoureux l'est d'ordinaire pour tout ce qui peut seconder ses amours, avait sollicité l'honneur de faire partie de la milice *sacrée*; et que cependant cette âme jeune et ardente, ramenée au sentiment du véritable honneur par la noble indignation du jeune seigneur aragonais, don Ximenès, et les sévères paroles de Rodriguez de Valero, avait reçu timidement, et avec un sentiment d'indicible honte, les avances de l'inquisiteur et ses promesses de protection. Cependant, entraîné par un ardent amour, certain que le seul moyen d'obtenir celle qu'il aimait était d'obéir aux vœux du comte de Mondejar, don Carlos était venu à la messe, incapable de résister au désir de passer quelques heures à côté d'Isabelle.

Il était venu là, à la fois combattu et entraîné : entraîné par une passion violente, une vraie passion espagnole; combattu par une antipathie affreuse, née de ce seul mot prononcé devant lui : « Vilain rôle, pour un Castillan! »

Ce mot-là avait fait naître dans cette âme jeune, ardente et parfois irréfléchie, un abîme de réflexions sérieuses et profondes.

Chrétien, on lui disait : « Tu seras le soldat du Christ, le champion de la foi. »

Chevalier, sa réflexion ajoutait : « Ta loyale épée de combat deviendra la servante d'une étole et d'un bonnet carré. Tu auras vendu ta liberté, et ta conscience ne t'appartiendra plus. »

Puis, dans son inexprimable désir de devenir l'époux de celle qu'il aimait, il se disait encore à lui-même, comme pour s'encourager : « Les plus grands seigneurs de l'Espagne sont devenus familiers du saint office ; » et il se demandait aussitôt : « Ont-ils bien ou mal fait en faisant cela ? »

Don Carlos n'était ni assez théologien ni assez profond philosophe pour résoudre ces questions difficiles. Dans son doute, un pur instinct, l'instinct de ce qui est droit et juste, l'avertissait seul que don Ximenés avait eu raison de jeter le blâme sur sa résolution première ; car il ne pouvait se dissimuler que, familier du saint-office, il faudrait obéir en aveugle, être l'instrument passif de cette chose formidable qu'on appelait l'inquisition, et il savait fort bien qu'elle n'ordonnait pas toujours des choses justes.

Il était dans ces dispositions lorsque le cortége d'aspirants au *santo* arriva devant le trône de l'inquisiteur.

Pierre Arbues, avec ce regard perçant qui est passé en proverbe (147), compta à vu d'œil les hommes qui étaient devant lui ; et n'apercevant pas don Carlos, il tourna lentement la tête du côté de la tribune du duc de Mondejar.

En ce moment le vieux duc, poussant le jeune homme du coude, lui dit vivement:

« Eh bien ! don Carlos, est-ce ainsi que vous témoignez votre zèle pour le service de Dieu ? Serez-vous donc le dernier à vous présenter devant monseigneur l'inquisiteur ?

— Seigneur, répondit le jeune homme d'une voix tremblante, je ne sais vraiment si je suis digne....

— Allons donc ! quel étrange scrupule, n'êtes-vous pas gentilhomme de pure race ? et jamais le moindre mélange de sang mauresque a-t-il terni votre noble écusson ?

— Jeune homme, ajouta le duc de Médina-Cœli, parlant aussi bas que le permettait son organe criard, jeune homme, est-ce ainsi que vous répondez à mes bontés ?

« Et moi, ajoutait le regard éloquent d'Isabelle, ne ferez-vous donc rien pour moi ? »

Don Carlos frémissait de honte, d'irrésolution et de colère. Malgré l'amour qui lui tenait au cœur, il se maudissait intérieurement d'avoir cédé à la tentation de venir à cette cérémonie.

D'un autre côté, le duc de Médina-Cœli et son gendre, irrités de cette indécision, qui pouvait les compromettre aux yeux de l'inquisition, serraient leurs poings crispés en disant tout bas :

« Eh bien ! don Carlos, allez donc prendre la place qui vous attend, ou je vous renie à tout jamais.

— Oh ! allez-y, je vous en prie, » dit bien bas la fille du comte de Mondejar avec un regard suppliant.

En même temps, le duc de Médina-Cœli poussait le jeune homme par le bras.

Don Carlos, éperdu, à moitié fou, sortit en chancelant de la tribune, traversa la foule qui s'ouvrait devant lui, et arriva au pied du trône inquisitorial.

Pierre Arbues avait tout deviné; son regard étincela de la joie du triomphe.

Don Carlos, les yeux baissés et la rougeur au front, se tint derrière les autres, le dernier de cette foule avide d'infamies inquisitoriales.

Alors José, en sa qualité d'aumônier de l'inquisiteur, se leva du fauteuil où il était assis, reçut des mains d'un diacre un paquet de feuillets imprimés, et une boîte contenant une grande quantité de plaques de métal sur lesquelles était gravé un christ renversé entouré d'un soleil.

Puis, les aspirants à l'affiliation s'avancèrent l'un après l'autre, montèrent les degrés du trône, et, agenouillés aux pieds de monseigneur Arbues, ils reçurent individuellement de ses mains une de ces plaques et un imprimé que José leur présentait au fur et à mesure.

Ce papier renfermait les instructions nécessaires aux familiers pour agir en toute circonstance selon les règles ou intentions du pouvoir auquel ils s'étaient voués. La plaque de métal était une marque distinctive, un signe de ralliement et de reconnaissance qui leur servait à se reconnaître partout, et à s'unir dans un but commun, quelles que fussent du reste leurs antipathies ou leurs inimitiés particulières.

Pendant cette distribution, qui dura environ vingt minutes, l'inquisiteur n'avait cessé de diriger ses yeux, tantôt sur le jeune don Carlos, qui se tenait toujours derrière les autres de l'air d'un homme vivement contrarié, tantôt vers la tribune du duc de Mondejar, où celui-ci gardait une contenance assez embarra sée, tandis que le duc de Médina-Cœli dardait des regards flar boyants sur sa petite-fille, comme pour lui dire : « Voilà l'homm que vous avez choisi ! »

Quant à don Carlos, il n'osait plus tourner les yeux du cô de sa fiancée.

Mais lorsqu'il n'y eut plus personne devant lui, et qu'en arriva son tour de recevoir *el santo*, il s'avança, en chancela comme un homme ivre, jusqu'aux pieds de monseigneur A bues, et reçut d'une main tremblante les insignes de son no veau titre.

« Don Carlos de Herrera, lui dit l'inquisiteur à voix bas auriez-vous quelque chose à vous reprocher ? »

Don Carlos s'inclina sans répondre ; il eût voulu être à ce pieds sous terre.

Il redescendit lentement les degrés du trône, et alla se mêl à la foule des nouveaux familiers, qui s'était élargie et rang d'elle-même en demi-cercle devant le trône inquisitorial

Le plus grand silence régnait dans l'église.

Ce spectacle bizarre était, pour la population sévillane, pal tant d'intérêt et fécond en émotions diverses. Tous les ye étaient invinciblement dirigés vers le maître-autel.

Monseigneur Arbues, avec sa grâce et sa majesté accoutumé se leva de son fauteuil doré, descendit fièrement les marches trône comme il convient à un prince de l'Église, et, suivi de Jos qui se tenait toujours à sa gauche, il s'arrêta devant don Carlc qui fermait le cercle à sa droite.

Don Carlos rougit et baissa les yeux ; il ne put soutenir l'écl du regard perçant que monseigneur Arbues attachait sur lui.

Alors, de cette voix pleine, brève, impérative, qui, en ce taines circonstances, savait si bien prendre le ton du comma dement :

« Don Carlos de Herrera, dit le farouche dominicain, jure vous de vous consacrer corps et âme au service de notre trè sainte religion catholique, apostolique et romaine ?

— Je le jure ! répondit d'une voix assurée le jeune seigne castillan, ne voyant dans ce serment-là rien qui dût alarmer conscience de loyal chevalier.

— Jurez-vous de ne jamais prêter l'oreille aux doctrines co rupirices et empestées de ces impies du Nord qu'on appelle d philosophes et des réformateurs, et de ne les encourager aucune manière que ce soit ?

— Je le jure ! dit encore don Carlos.

— Jurez-vous de ne donner jamais asile ni protection à un h rétique ou à un homme poursuivi comme tel par le saint tribun de l'inquisition ? »

Don Carlos leva, sans répondre, ses grands yeux effrayés s la sévère figure de l'inquisiteur ; ce serment-là lui sembla atroce. Monseigneur Arbues fronçait le sourcil comme le Jupit Olympien, et le jeune homme, dominé par cette superbe expre sion de despotisme et d'autorité, balbutia d'une voix inintell gible :

« Je le jure ! »

L'inquisiteur parut s'en contenter ; puis, d'un ton bref, incis il ajouta :

« Jurez-vous de poursuivre de la parole et du glaive to marrano, morisque, juif, chrétien judaïsant ou luthérien, de l dénoncer au saint tribunal pour la plus grande gloire de Die et de les livrer, fussent-ils vos hôtes, soit que de vos oreill vous les ayez entendus proférer des hérésies, soit que vous l ayez vus commettre des actions indiquant qu'ils ne sont p dans le vrai chemin du salut, soit que vous les ayez seuleme soupçonnés de ne pas être attachés de cœur et d'âme à not très-sainte religion, ou que vous vous soyez aperçu qu'ils aient négligé quelque pratique ; soit, enfin, que, dans leur ma son, ils aient toléré quelque négligence semblable de la part d'e des leurs ?

— Monseigneur ! monseigneur ! dit tout bas le jeune chevali dans une angoisse inexprimable, ce que vous me demandez est d'un espion et d'un... »

Le regard terrible de Pierre cloua la parole dans la gor du jeune homme ; ses lèvres restèrent entr'ouvertes et frémi santes sur un mot inachevé : on eût dit qu'il parlait bas ; mai en effet, il n'articulait rien. C'était seulement une convulsion la bouche.

L'inquisiteur parut s'en contenter. Il continua sur le même ton :

« Jurez-vous d'être toujours prêt à marcher pour le service de Dieu, au premier appel de ses représentants, fussiez-vous auprès d'un ami mourant, fussiez-vous au chevet de votre mère agonisante? »

Les yeux du jeune homme restèrent fixes et épouvantés, et ses cheveux se dressèrent d'horreur.

« Grâce, grâce, monseigneur! » murmura-t-il d'une voix éteinte.

L'inquisiteur et José entendirent seuls ces paroles. Pierre Arbues eut l'air de ne pas comprendre. Il ajouta en appuyant sur chaque mot :

« Jurez-vous de renoncer à tous les liens d'amitié ou de famille, lorsqu'il s'agira de la cause de Dieu... et de dénoncer sans restriction vos frères, vos sœurs, votre mère, votre femme, votre père et même vos enfants, si vous veniez à découvrir en eux des sentiments contraires à notre sainte foi catholique? »

A ces dernières paroles, don Carlos, rendu à lui-même par un vif sentiment d'indignation, releva fièrement la tête :

« Monseigneur, dit-il d'une voix ferme, mais sans éclat, je ne jurerai pas cela; je ne serai pas à la foi un dénonciateur et un infâme. Tenez, ajouta-t-il avec une amère ironie, en rendant à l'inquisiteur le santo et le christ qu'il en avait reçus, je suis indigne d'un tel honneur ; gardez cela, monseigneur, pour un plus dévoué serviteur que moi. »

En même temps, il s'élança de la place où il était, traversa le cercle d'hommes qui entourait le trône, passa au milieu de la foule agenouillée, et sortit sans se retourner, comme si, en se retournant, il eût craint de voir l'église s'écrouler sur lui.

Le duc de Mondejar et son gendre frémirent d'épouvante et de courroux. Isabelle pleurait, sans comprendre ce qui venait de se passer, et la foule scandalisée attendait, bouche béante, l'explication de cette énigme. José, seul, semblait impassible au milieu de l'effroi général : seulement, un rire imperceptible et sarcastique retroussait les commissures de ses lèvres expressives.

Monseigneur Arbues éleva vers le ciel un regard inspiré, et s'adressant à l'assemblée :

« Mes frères, dit-il, ce jeune homme était en péché mortel, il s'est fait justice en se jugeant indigne de participer aujourd'hui à cette sainte cérémonie... Prions pour lui, mes frères, » ajouta-t-il en s'agenouillant.

Tout le monde imita l'inquisiteur. Ils prièrent environ dix minutes, pendant lesquelles Pierre Arbues eut le temps d'imposer un frein à sa rage et de composer sa physionomie.

Lorsqu'il se releva, son visage ne portait plus la moindre trace d'émotion ni de colère, il était digne, calme, impassible : on eût dit une tête sculptée.

Le grand inquisiteur recommença alors la formule du serment, à laquelle tout le monde répondit avec joie et sans restriction.

Ce jour-là, la milice du Christ s'enrichit de plus de deux cents membres.

Le même soir, les geôles du saint office comptaient un prisonnier de plus.

XXVIII

Candeur et Hypocrisie.

Malgré les fatigues de cette longue cérémonie, qui avait duré jusqu'à deux heures de l'après-midi, monseigneur Arbues, retiré dans le palais inquisitorial; ne put goûter un seul instant de repos. L'ardeur inextinguible de cette âme despotique et passionnée imposait à son corps un continuel besoin de mouvement et d'activité, une insatiabilité effrayante. Cette âme était comme le gouffre dont parle l'Ecclésiaste, *jamais rassasiée.*

Les hommes ainsi faits deviennent inévitablement la providence ou le fléau de l'humanité.

Pourtant une satisfaction intérieure se lisait sur le visage de l'inquisiteur ; la certitude que Dolores était désormais en sa puissance imprimait à ses traits un rayonnement infernal ; et comme l'esprit des ténèbres, lorsqu'une âme pure tombe en ses mains, il se réjouissait dans son triomphe.

José, silencieux et triste, feuilletait une Bible latine dans un coin de la chambre. Un sombre pressentiment semblait l'agiter. Il ignorait que la fille du gouverneur eût disparu de la maison de Juana : la joie de l'inquisiteur avait quelque chose de sinistre et de fatal; José en fut épouvanté comme d'un malheur.

Pour la première fois aussi, et par un instinct secret, l'inquisiteur se sentit disposé à la défiance envers son favori, non qu'il ne se crût très-sûr de lui, mais il trouvait un charme indicible à cette satisfaction ignorée; il avait eu tant de peine à arriver à l'accomplissement de ses vœux, qu'il lui sembla que parler de son bonheur même à un confident intime, c'était en quelque sorte en faire évaporer la plus fine saveur ; il se tut.

Seulement, par intervalles, un sourire involontaire effleurait ses lèvres, son œil étincelait d'un éclat étrange, et une rougeur passagère illuminait ce front ordinairement si pâle.

De temps à autre, José relevait lentement ses grands yeux noirs de dessus son livre pour considérer le visage de son maître. Il voyait que ce visage trahissait des émotions inaccoutumées; mais il n'en pouvait deviner la cause.

C'était après le dernier repas du soir. Quoiqu'il fût déjà près de minuit, Pierre Arbues ne pouvait se résoudre à reculer jusqu'au lendemain le bonheur de voir Dolores. Il attendait que José se fût retiré, et José, en vrai favori, se pressait d'autant moins de s'éloigner, qu'il comprenait que sa présence contrariait monseigneur. Il mettait une persistance calculée à rester ainsi les yeux collés sur sa Bible, dont il ne lisait pas un mot.

Enfin, Pierre Arbues perdit patience ; il s'approcha de lui en riant, et lui arrachant le livre des mains :

« Laisse donc cela, mon petit José, lui dit-il ; tu reprendras ta lecture une autre fois. J'ai envie de dormir, et toi aussi, je gage, car te voilà pâle comme une jeune fille le lendemain d'un bal.

— Je puis cependant jurer à Votre Eminence que je ne ressens pas la moindre fatigue.

— Ton zèle est si grand, mon bon José! Aussi, j'espère bien, quand tu auras l'âge et que la mort de monseigneur Alphonse Manrique me permettra d'aspirer au grade d'inquisiteur général, j'espère bien, dis-je, te faire nommer à ma place grand inquisiteur de Séville.

— Je n'en veux pas, s'il faut pour cela quitter Votre Eminence, répondit José avec une moue charmante.

— Pauvre enfant! tu as raison, tu seras mieux que cela encore, et tu ne me quitteras pas; mais, pour le moment, va dormir, va, mon fils, nous avons besoin de réparer nos forces, afin de poursuivre nos rudes travaux apostoliques.

— Il a certainement quelque projet en tête, pensa José en se levant comme pour s'éloigner.

— L'auto-da-fé royal est proche, ajouta l'inquisiteur ; les prisons sont encombrées d'hérétiques jugés ou à juger, et il faut nous signaler en présence de notre grand roi Charles-Quint : un monarque si zélé pour la religion du royaume ! »

Mais, en disant cela, on voyait que monseigneur Arbues parlait seulement du bout des lèvres, et que son âme était préoccupée d'autres projets.

José, doué d'une perspicacité extraordinaire, comprit que Charles-Quint était en ce moment ce qui occupait le moins l'inquisiteur ; il dissimula prudemment, et dit en se frottant les yeux :

« Je crois, monseigneur, que l'envie de dormir me gagne aussi : que Votre Eminence daigne me donner sa bénédiction, et je me retire.

Et le favori inclina sa belle tête couverte de cheveux noirs, sauf une petite place où la tonsure était à peine indiquée.

Pierre Arbues étendit sur lui ses deux mains réunies, prononça les paroles sacramentelles, puis il ajouta :

« A demain, mon enfant ; viens me voir avant l'heure de la question. »

Et il s'esquiva par une porte qui conduisait dans sa chambre à coucher, et de là dans la rue par un escalier secret.

Au lieu de se retirer chez lui, José descendit l'escalier du palais ; puis, arrivé dans la cour, il se blottit derrière un grand laurier-rose et attendit.

C'était l'heure où bien souvent Pierre Arbues sortait accompagné de quatre familiers ou gardes du corps des inquisiteurs, emploi que leur avait assigné Thomas de Torrequemada, fondateur de la milice du Christ, dont la vie si souvent menacée, à cause de ses cruautés inouies, avait nécessité ces précautions.

Pour l'ordinaire, José suivait l'inquisiteur dans ses pérégrinations mystérieuses. Aussi se dit-il en lui-même, en se faisant un rempart des branches touffues du laurier-rose :

« Voyons où l'on veut aller sans moi. »

Il ne tarda pas à voir paraître monseigneur Arbues, vêtu, par-dessus sa tunique et son scapulaire de dominicain, d'un ample manteau à l'espagnole et d'un chapeau uni à larges bords : précautions qu'il prenait d'habitude pour n'être pas reconnu.

Pierre Arbues marchait devant, les quatre familiers le suivaient à distance, prêts au moindre signe à défendre au péril de leur vie cette *citadelle de la foi*.

A peine la porte du palais s'était refermée sur eux, que José, qui en avait toujours une clef sur lui, l'ouvrit sans la faire crier, et se glissa comme une couleuvre à travers cette porte entre-bâillée.

Alors, il vit Pierre Arbues se diriger vers la rue de l'Inquisition.

Il le suivit à pas lents, en se tenant loin des familiers, et marchant sans bruit à la faveur de ses sandales.

En moins de dix minutes, ils étaient arrivés à la porte des prisons du saint office.

Monseigneur Arbues s'arrêta et frappa d'une manière particulière et convenue.

José s'était peu à peu rapproché de lui.

Il faisait sombre en cet endroit-là.

José se glissa doucement contre le mur, et à peine l'inquisiteur avait-il passé le seuil de la prison, que le favori entra doucement après lui, au risque d'en être aperçu.

Mais Pierre Arbues songeait bien à lui, vraiment! Il s'élança à grands pas vers l'escalier qui conduisait au premier étage, et comme on avait l'habitude de voir partout José l'accompagner, le geôlier le laissa entrer sans obstacle ; puis il referma soigneusement sa porte, et prenant sa lanterne en main et son trousseau de clefs, il monta l'escalier en toute hâte afin d'ouvrir à monseigneur la chambre qu'il voudrait désigner, et de lui donner de la lumière.

Le jeune dominicain s'assit sur un banc dans le corridor.

Les familiers étaient restés en dehors de la prison.

Quelques instants après, le geôlier redescendit, et sans s'inquiéter du jeune moine, il rentra dans sa loge où il s'étendit sur un banc de chêne pour dormir, en attendant qu'il plût à la très-sainte inquisition de le réveiller de nouveau.

José alors monta à son tour, et comme il avait entendu marcher et ouvrir une porte au-dessus de sa tête, il s'arrêta au premier étage, pensant que là il découvrirait ce qu'il voulait savoir.

En effet, à peine eut-il fait quelques pas en tâtonnant dans le corridor, qu'il aperçut un rayon de lumière qui s'échappait d'une des cellules par le trou de la serrure ; en même temps, il entendit deux voix auxquelles il ne pouvait se méprendre : l'une appartenait à l'inquisiteur, l'autre était celle de Dolores.

José frissonna de terreur à l'accent de cette voix bien connue. Il ne pouvait comprendre par quelle fatalité Dolores avait été arrachée à la retraite qu'il lui avait choisie.

« Je me trompe, » pensa-t-il en lui-même ; mais ce même son de voix, s'élevant en notes plus distinctes, vint de nouveau le faire tressaillir.

Saisi d'une anxiété mortelle, il essaya de voir à travers l'étroite ouverture d'où s'échappait le rayon de lumière. La clef, qui était restée en dedans, ne lui permettait pas de distinguer les objets. D'ailleurs, la lumière lui sembla être placée vis-à-vis la porte, et les voix partaient d'un point plus éloigné ; il conclut que ce devait être à sa droite, du côté où était le lit.

Dans l'impossibilité de voir, il écouta.

Voici ce qui se passait dans cette chambre.

Au moment où Pierre Arbues était entré, la fille du gouverneur était assise au bord de son lit, la tête appuyée sur ses oreillers.

Depuis son entrée dans la prison, elle n'avait pas quitté ses vêtements; mais après une nuit et une journée entière pleines de terreur et d'angoisses, cédant enfin à un abattement insurmontable, elle s'était légèrement endormie. Ainsi penchée sur ce lit d'une blancheur éclatante, sur lequel ses vêtements noirs se détachaient comme en relief, la jeune fille avait une grâce touchante et inexprimable.

Le bord de sa robe avait été chastement ramené sur ses petits pieds, dont on ne voyait que les extrémités. Une de ses mains était, ainsi que le bras, serrée contre sa taille ; l'autre, jetée avec abandon sur les coussins, soutenait cette belle tête pâle et affaissée. Son front, si pur et si fier qu'il ressemblait à un beau marbre, était en ce moment d'une blancheur mate, et sillonné, vers les tempes, de veines bleues et transparentes. L'ombre de ses longs cils, qui se projetait sur ses joues fatiguées, donnait encore à ce noble visage une plus profonde expression de tristesse et de découragement. Il semblait qu'elle se fût endormie dans des pensées de mort, en détournant les yeux avec dédain de ce monde où elle avait eu tant à souffrir.

En la voyant ainsi, plus belle dans son deuil qu'elle ne lui était jamais apparue aux jours de sa prospérité, le farouche inquisiteur s'arrêta ému et tremblant comme s'il eût craint de commettre un sacrilége. Une émotion inexplicable, un remords peut-être, fit chanceler cet homme indomptable qui ne reconnaissait d'autre maître que ses passions.

Il regarda autour de lui avec une espèce d'effroi, comme pour s'assurer qu'il n'y avait pas dans l'air des témoins invisibles prêts à l'accuser.

Le plus profond silence régnait dans la chambre, on n'entendait que la respiration égale et paisible de la jeune fille endormie.

Pierre Arbues secoua avec effort cette terreur importune qui était venue l'assaillir.

« Je suis fou ! » se dit-il à lui-même.

Et il s'assit sur un fauteuil au chevet de la prisonnière.

Dolores ne s'était pas encore éveillée.

Pierre Arbus eut le temps de la considérer pendant quelques minutes et de rassasier son âme de sa vue ; mais à mesure qu'il la parcourait ainsi d'un œil audacieux, dévoilant sans pudeur dans sa pensée les charmes de cette chaste jeune fille, ses impressions changèrent de nature. A cette terreur vague dont il s'était laissé surprendre, succéda un de ces accès de passion frénétique dont le retour le plongeait dans une douloureuse exaltation. Toutefois, malgré son incroyable audace et sa certitude de l'impunité, il n'osa pas vouloir commettre le crime dans toute son horreur. Était-ce par suite d'un remords secret, était-ce crainte d'ajouter un forfait de plus à la masse déjà si énorme de ses crimes, ou bien, par un raffinement de débauche, cet homme aux passions sans frein, craignait-il de trouver trop peu de charmes dans une si facile victoire? L'âme humaine est un abîme insondable; aussi nous abstenons-nous de résoudre la question.

Toujours est-il que cette lutte intérieure sauva en ce moment la fille du gouverneur.

Nous avons dit qu'elle était fort légèrement endormie.

L'inquisiteur, plongé dans une extase profonde, la contempla avec avidité, mais il n'osait la réveiller.

Dans son délire, il se pencha doucement vers la main qui reposait sur l'oreiller, et y posa ses lèvres qui brûlaient.

A ce contact, Dolores frissonna dans tout son corps, rouvrit à moitié ses yeux appesantis, et à l'aspect de cette sombre figure qui se dressait devant elle, elle poussa un cri d'effroi en se couvrant le visage de ses deux mains.

« Vous avez donc peur de moi? dit Pierre Arbues avec douceur.

— O monseigneur! monseigneur! pourquoi me poursuivez-vous ainsi? » s'écria la jeune fille d'une voix entrecoupée.

C'était à ce moment que José l'avait entendue.

« Ma fille, répondit Pierre Arbues ramené à son rôle d'inquisiteur par l'effroi qu'il inspirait, ma fille, le pasteur cherche toujours la brebis qui s'égare jusqu'à ce qu'il l'ait retrouvée. »

Dolores, qui s'était relevée sur son séant, regarda l'inquisiteur avec défiance, et un sourire amer effleura ses lèvres; puis elle dit lentement :

« Le loup aussi cherche la brebis pour la dévorer.

— Dolores! fit le digne élève de Dominique de Gusman, irrité de voir son hypocrisie échouer devant la droiture et la candeur d'un enfant, Dolores! je vois avec douleur votre âme aveuglée et pervertie par les abominables doctrines de la réforme. Celui qui a foi en Dieu a foi en ses ministres, et vous ne croyez plus en moi.

— Soyez juste et bon comme Dieu, répondit la courageuse jeune fille. J'obéirai au serviteur lorsqu'il suivra les préceptes du maître. Mais que me demandez-vous, monseigneur? d'adorer la main qui, pour frapper, cherche toujours la place où se trouve une tête innocente? Vous voulez que je bénisse celui qui a fait de mon père, de mon noble père, un cadavre vivant?

— Pauvre insensée! êtes-vous entrée si avant dans la voix de la perdition, que la vérité ne puisse dissiper vos profondes ténèbres gnorez-vous que nous ne frappons le corps périssable qu'afin de auver l'âme immortelle?

— Ah! monseigneur, si ce sont là vos moyens de sauver les mes, croyez-moi, renoncez-y au plus vite, ils ne sont bons qu'à aire douter de la justice de Dieu?

— C'est bien cela! c'est bien cela! poursuivit l'inquisiteur; oujours cette roideur et cette insubordination aux lois de l'Église, uisées dans la doctrine du moine apostat. Ne savez-vous pas, eune fille, que Dieu a dit lui-même : Tout arbre qui ne portera as de bon fruit sera coupé et jeté au feu? » et qu'il a dit encore : « Chassez la brebis galeuse du troupeau? « Voilà pourquoi la très-ainte Inquisition, pour obéir aux ordres de son maître, retranche ous les mauvais membres du catholicisme, dont la perversité nenace d'infecter la grande famille chrétienne.

— Monseigneur, le maître a dit cela; mais il a dit encore : « N'arrachez pas l'ivraie, attendez le temps de la moisson. » Pourquoi donc employez-vous contre moi les persécutions et la violence? Pourquoi m'avez-vous ravi mon père? que vous a-t-il fait pour le orturer ainsi?

— Il a perverti votre âme par sa coupable tolérance. L'inquisiion a fait justice en voulant le punir; c'est par les pères que la orruption arrive aux enfants. »

L'inquisiteur avait, en s'exprimant ainsi, une majesté toute biblique; l'hypocrisie même était grandiose en lui. Sa parole sévère, son geste grave et mesuré, son accent énergique et sonore, la jusesse apparente de ses arguties, avait une grande puissance de ascination; mais Dolores, malgré sa jeunesse et son inexpérience, vait une raison trop droite pour s'en laisser convaincre.

L'usage abominable auquel Pierre Arbues employait les hautes acultés de son intelligence lui inspirait un souverain mépris, et e sentiment se lisait sur sa mobile physionomie.

Puis elle avait peur de se trouver seule avec lui dans cette prion, où il commandait en roi.

Trop fière et trop candide pour dissimuler ses impressions, elle edoutait toutefois d'irriter encore cet homme, de qui dépendait a vie de son père; et sur ce visage sévère où l'intolérance avait osé son masque d'airain, elle cherchait s'il n'était pas resté uelque trace de sensibilité; si ce farouche inquisiteur, pour qui a mort d'un homme n'était qu'un jeu, n'avait pas encore au cœur uelque fibre qu'on pût faire vibrer.

Mais le visage de Pierre Arbues n'exprimait qu'une dureté imitoyable. Seule, la passion qui le dévorait jaillissait de ses yeux n flamboyantes étincelles : la prisonnière baissa les yeux et n'osa ien dire.

« Dolores! reprit l'inquisiteur d'un ton doux et calme, vous ne oulez donc pas vous convertir?

— Je suis chrétienne de cœur et d'âme, monseigneur; pourquoi onc me persécutez-vous?

— O enfant! combien tu t'abuses sur mes vrais sentiments! it Pierre Arbues en se rapprochant de la jeune fille, tandis u'elle serrait contre son corps sa jupe de soie qui frôlait la robe e l'inquisiteur.

— Tu me hais donc bien? fit-il avec dépit.

— Grâce, monseigneur! grâce et pitié! dit-elle en joignant les nains avec terreur : rendez-moi mon père, rendez-moi la liberté; je vous le demande au nom du Dieu que j'adore, au nom le ce grand martyr, qui mourut sur la croix pour nous racheter.

— Oh! si tu voulais! poursuivit-il en la considérant avec une dmiration passionnée.

Dolores frémit et devint très-pâle! elle se rappelait la scène ui, quelques mois auparavant, s'était passée dans son oratoire; t elle était en ce moment au pouvoir de l'inquisiteur!

José entendait au dehors toute cette conversation; lui aussi ut peur pour Dolores. Mais comme il collait son oreille près de a serrure pour ne pas perdre une syllabe, la porte céda légèrenent, et il s'aperçut qu'on avait oublié de la fermer; alors il se ecula un peu pour qu'elle ne s'écartât pas davantage, car il se éjouissait intérieurement de cette découverte.

L'inquisiteur poursuivit en se faisant une extrême violence our demeurer calme, tandis qu'il était consumé de toutes les rdeurs de la passion.

« Qui vous a dit, mon enfant, que je n'ai pas agi ainsi vis-à-vis e vous afin de vous ramener à la vraie foi, dont vous étiez éloinée, et user ensuite de la miséricorde et de l'indulgence du bon asteur? Comprenez donc combien vous m'êtes chère, et que je e veux pas vous faire de mal. »

Un mouvement de lèvres presque imperceptible fut l'unique réponse de la fille du gouverneur.

« O Dolores! poursuivit le dominicain, vous ne pouvez comprendre, vous, combien est lourde et fatigante la tâche que Dieu nous a imposée de gouverner les hommes et de les ramener dans la voie droite. Souvent notre zèle même nous attire la haine et la colère des hérétiques, et notre récompense ici-bas est de porter incessamment une lourde croix... Mais, poursuivit-il d'un ton pénétrant et hypocrite, Dieu, dans sa bonté, nous réserve parfois des consolations inespérées. Il est des âmes d'élite, la vôtre par exemple, auxquelles il nous est permis d'accorder, non-seulement une affection spirituelle, mais encore cette part d'amour terrestre qui, sans offenser la majesté jalouse de Dieu, l'honore au contraire et le glorifie dans sa créature. Ce sont ces âmes choisies qu'il nous importe surtout d'arracher à l'erreur, car elles sont faites pour servir d'exemple aux autres; et pour arriver à ce but, les moyens de douceur, de tendresse et de persuasion étant les plus sûrs, notre âme s'attache tout entière, par un ardent amour, à cette conquête glorieuse. Voilà pourquoi je vous aime, Dolores, pourquoi je voudrais faire passer en vous cette tendresse profonde dont mon cœur est plein. »

Pierre Arbues parlait avec onction, avec une chaleur entraînante, et la candide jeune fille, ne pouvant comprendre une si profonde noirceur, douta un instant si elle ne s'était pas trop hâtée de condamner cet homme.

« Serait-il bien possible, pensa-t-elle, qu'il n'eût en vue que les intérêts de la religion? Dans ce cas, se tromper est encore honorable. »

Elle cessa de considérer l'inquisiteur avec défiance; et le regardant de ses beaux yeux fiers et candides :

« Monseigneur, dit-elle avec noblesse, je vous crois, je veux vous croire; quel intérêt auriez-vous à tromper une pauvre fille qui ne vous a rien fait? Eh bien! si vous pensez que je sois dans l'erreur, instruisez-moi, monseigneur, je serai docile, et ne demande que la vérité. Je veux pratiquer avec amour la doctrine de notre divin Sauveur. Si je me suis écartée de cette voie, ramenez-moi dans le bon chemin, je vous promets de le suivre; mais délivrez mon père, et rendez-moi à sa tendresse.

— Dolores! s'écria l'inquisiteur triomphant, ma belle Dolores! j'aime à te voir ainsi docile et charmante; oui, je te rendrai à ton père! je te rendrai à la liberté. Oh! quelle femme sera plus heureuse et plus aimée! je mettrai sur toi toutes mes affections. »

En parlant ainsi, le moine impudique s'était relevé; son grand œil sombre, attaché sur la jeune fille, brillait d'un éclat flamboyant et fauve.

Par un instinct secret de pudeur alarmée, Dolores s'était laissée glisser en bas de son lit, et ses pieds s'appuyaient sur le sol.

L'inquisiteur ne parlait pas; mais sa poitrine, gonflée de désirs, se soulevait avec un souffle bruyant et rapide; la noble candeur de cette jeune fille retenait seule encore le torrent de sa passion effrénée. Il se passait en lui un combat atroce.

Pendant quelques secondes, il resta debout épouvanté, n'osant commettre un nouveau crime. Son imagination égarée vit passer et tournoyer comme dans un songe toutes les victimes qu'il avait faites; elles étaient là, devant lui, grimaçant comme des spectres en poussant des cris et des hurlements, où le mot vengeance! vengeance! retentissait comme le tintement d'une cloche d'alarme. Bientôt sa vue se troubla, la passion l'étreignait tout entier comme dans des tenailles ardentes; alors, comme un homme saisi de vertige qui se jette la tête baissée dans un gouffre, l'inquisiteur tendit ses deux bras en avant, et s'élançant vers la jeune fille immobile :

« Il le faut! » s'écria-t-il d'une voix creuse....

Dolores poussa un cri terrible....

« Monseigneur! » s'écria José en ouvrant la porte de la prison.

Pierre Arbues, rendu à lui-même par cette brusque apparition, releva fièrement la tête, et d'un air sombre et irrité :

« Que venez-vous faire ici? dit-il.

— Monseigneur, je venais, comme Votre Éminence, essayer de convertir quelques hérétiques.

— Par le Christ! êtes-vous las de vivre, que vous vous jetiez ainsi sur mon chemin!

Monseigneur méconnaît le zèle de son plus fidèle serviteur, répondit le favori d'un ton d'humilité railleuse; mais le serviteur n'a rien à redouter d'un si bon maître, et José l'inquisiteur n'a pas peur de l'inquisition (148).

Vue de Séville.

Dolores regardait avec surprise le jeune dominicain ; mais d'un signe il lui enjoignit de ne pas le reconnaître.

« Sortez ! dit impérativement l'inquisiteur.

— Je ne sortirai qu'avec Votre Éminence, répondit le favori ; des bruits de révolte circulent dans la ville ; on parle de conspiration contre votre précieuse vie.

— Bien vrai ? fit l'inquisiteur un peu inquiété.

— Très vrai, monseigneur. Je vous accompagnerai donc, car, au besoin, cette bonne lame de Tolède pourrait défendre Votre Éminence, ajouta-t-il en montrant un poignard affilé qu'il portait sous son scapulaire ; c'est une arme excellente, monseigneur, elle ne trahira jamais son maître !... »

Et José caressait du revers de son pouce le tranchant de cette lame aiguë, triangulaire, brillante comme une glace polie.

« Venez donc, monseigneur, et ne craignez rien. »

Pierre Arbues, cédant malgré lui à l'influence de José, qu'en ce moment il détestait de tout son cœur, se rapprocha de Dolores, et lui dit doucement :

« J'espère vous retrouver demain dans des sentiments plus soumis, ma fille.

— Oh ! je vous hais ! répondit-elle en détournant la tête avec dégoût : faites-moi mourir avec mon père ; c'est la seule grâce que je veuille de vous !... »

José entraîna l'inquisiteur.

« Oh ! me venger d'elle !... s'écria Pierre Arbues en serrant les dents avec rage ; que ferai-je pour soumettre cet esprit indomptable ?

— Monseigneur, répondit le favori, envoyez-la à la chambre de pénitence. »

XXIX

La Torture de l'Eau.

On se ferait difficilement une juste idée de la rage et du désappointement de l'inquisiteur Arbues, en voyant ses machinations les plus secrètes et les mieux ourdies déjouées par une fata[lité] inexplicable.

Malgré son faible pour José, qu'il aimait de tout l'engouem[ent] tenace des êtres sans cœur pour le jouet favori de leurs passi[ons] ou de leurs caprices, il ne lui pardonnait pas de l'avoir sur[pris] dans la prison de Dolores. Non qu'il devinât ou comprît en [rien] l'intérêt que son favori prenait à cette jeune fille ; rien n['est] moins clairvoyant que les gens habitués à se servir de la rus[e et] de la fourberie, et l'inquisiteur n'avait pas la moindre arri[ère-]pensée contre José. Il le regardait simplement comme un en[fant] gâté, tour à tour impudent avec le maître, ou rempli de câline[ries] charmantes qui faisaient pardonner son audace ; mais il ne [lui] venait point à la pensée que José, ce beau jeune homme, [sa] créature, pût le trahir ; et il faut en convenir, le jeune domini[cain] lui était plus précieux encore que Dolores ; Dolores excitait [ses] désirs. José était toujours là pour servir ses caprices, pour [ap]plaudir à ses actes les plus iniques, pour l'encourager dans le [mal] lorsque, son âme superbe pliant quelquefois sous le fardeau [de] tant d'iniquités, il se demandait peut-être, dans le secret d[e sa] conscience, si ce même Dieu, dont il profanait le nom, n'au[rait] pas un jour pour lui des vengeances éternelles et terribles.

Voilà pourquoi cet homme, qui parfois désespérait du c[iel] qu'il s'était fermé par ses crimes, se jetait avec fureur dans [les] joies frénétiques de la débauche.

On se souvient que c'était jour de question. L'auto-da-fé [ap]prochait. Un grand nombre d'accusés devaient figurer dans [la] scène de ce long et terrible drame, qui dura trois siècles.

José, avec son audace accoutumée, entra chez l'inquisiteur p[en]dant que celui-ci était encore dans son lit, brisé d'une nuit d[e] somnie.

A la vue de son favori, Pierre Arbues fronça le sourcil ; [le] jeune dominicain ne s'en émut aucunement, et s'avançant jusq[u'à] la dernière marche de l'estrade qui supportait ce lit fastueux [et] royal :

« Monseigneur a-t-il quelque chose à me commander ? di[t-il] de cette voix douce et soumise dont l'accent fascinateur était i[rré]sistible.

Prison de l'Inquisition.

— Votre audace est grande, vraiment, fit Pierre Arbues; après la scène de cette nuit, osez-vous encore vous présenter devant moi?

Monseigneur m'avait ordonné de le voir avant l'heure de la question, répondit humblement le favori.

— Je croyais José fidèle, et José ne l'est pas, répliqua l'inquisiteur, qui ne pensait pas un mot de ce qu'il disait; toute sa colère avait fondu à un sourire de cet être jeune, beau, excentrique, qui était devenu une nécessité de son existence.

— José s'est exposé au courroux de Votre Éminence pour veiller à votre sûreté; l'humble dominicain recueille les bruits qui circulent, il voit venir l'orage et veut le conjurer : voilà tout ce dont il est coupable, monseigneur.

— Sommes-nous donc si faibles que nous devions trembler devant quelques juifs et quelques marranos révoltés, répliqua Pierre Arbues d'un air hautain.

— Monseigneur, répondit le favori, le serpent qui rampe et se traîne sur la terre mord quelquefois le lion, qui est le roi des forêts. Tout petit ennemi est à craindre, et pour le briser sûrement, il faut d'abord ne pas s'en laisser atteindre. La prudence est la mère de la sûreté. Veillons, monseigneur; ce n'est pas le moment de nous endormir dans les plaisirs de la terre; l'ennemi est proche, préparons-nous à le combattre. »

Pierre Arbues, comme toutes les âmes ardentes et passionnées, ne se défendait pas d'un léger penchant à la superstition, maladie, du reste, fort commune au temps où il vivait. L'accent profond de José et son air convaincu produisirent sur l'inquisiteur l'effet que le favori en attendait. Entre les mains de cet enfant, le farouche Arbues devenait une cire molle.

« Dolores Argoso sera donc la seule femme qui m'aura résisté? reprit-il bientôt avec dépit, obsédé par cette pensée.

— Dolores Argoso n'est pas une femme comme les autres, monseigneur; elle comprend que se dévouer corps et âme pour sauver ceux qu'on aime ne les sauve pas, et qu'il vaut mieux mourir avec eux que de leur survivre. »

Ceci fut dit avec un accent d'amertume qui frappa vivement l'inquisiteur; il tressaillit involontairement comme s'il eût été remué par un souvenir terrible.

José le couvrait d'un regard profond; il semblait savourer avec délices les tortures de cette âme qu'il dominait à son gré.

« Je suis à vous, José, dit tout à coup Pierre Arbues comme ranimé par une résolution soudaine... Allons, ajouta-t-il, il ne faut pas faire languir les tourmenteurs, ces braves auxiliaires... Combien sont-ils donc à la question aujourd'hui?

Et comme s'il eût voulu étouffer ses angoisses et sa rage dans les horribles voluptés de la torture, il se mit à compter à haute voix les victimes qui allaient passer sous ses yeux. Tigre lancé dans le cirque, il savoura par avance les douleurs de la proie qu'il avait à dévorer.

Quelques minutes après, il était debout.

« Viens, mon fils, dit-il à José; que notre zèle pour la cause du ciel nous console des déceptions de la terre, et nous mérite la protection de Dieu! »

Lorsqu'ils arrivèrent à la prison, les corridors étaient encombrés; deux tourmenteurs, revêtus de leur costume lugubre, fouettaient, en les chassant devant eux, six prisonniers au nombre desquels étaient trois femmes. Une d'elles, jeune, grande et belle, quoique défigurée par les souffrances du cachot, portait, entre deux rangées de dents éclatante, un bâillon qui l'empêchait de crier.

Ces malheureux étaient nus jusqu'à la ceinture, les femmes comme les hommes; leurs épaules, meurtries par le fouet, étaient couvertes de taches violettes, et malgré ce supplice affreux, aucun d'eux ne proférait la plus légère plainte.

L'inquisiteur passa devant eux sans paraître ému; José seul frissonna intérieurement d'un douloureuse pitié.

La femme bâillonnée marchait la dernière. Arrivée en face de Pierre Arbues, elle le regarda fixement, et à défaut de la parole, ses yeux noirs, sombres et terribles, encore agrandis par la pâleur et la maigreur de son visage, ses yeux, pleins de haine, de désespoir et de vengeance, s'arrêtèrent sur ceux de l'inquisiteur, comme pour lui dire :

« Ne me reconnais-tu pas? »

Pierre Arbues l'avait effectivement reconnue, malgré l'effroyable changement de ses traits.

« Françoise? » murmura-t-il à voix basse en baissant les yeux devant ce regard foudroyant.

L'abbesse des carmélites ne pouvait parler, mais elle leva les yeux vers le ciel comme pour citer son bourreau au tribunal du grand juge.

L'inquisiteur passa, et les bourreaux poursuivirent leur cruelle exécution.

Pierre Arbues et son favori allaient avoir sous les yeux un spectacle bien autrement excitant et fertile en sensations que la misérable cérémonie du fouet (149).

Lorsqu'ils furent descendus dans la chambre du tourment, les sbires amenèrent devant eux une jeune et charmante femme d'une pâleur effrayante, si faible et si malade, qu'elle avait à peine la force de se soutenir; son œil terne et éteint, d'une douceur angélique, semblait implorer et demander grâce. Lorsqu'elle fut en présence de l'inquisiteur, elle fit un effort pour joindre ses deux mains frêles et d'une blancheur presque diaphane :

« Mon enfant! » murmura-t-elle d'une voix qui s'entendait à peine, tant elle arrivait péniblement à ses lèvres décolorées.

— Ma fille, dit l'inquisiteur, toujours de la voix doucereuse qu'il savait prendre, votre sœur est luthérienne, et on vous accuse de l'avoir encouragée dans son apostasie.

— C'est faux! c'est faux! répondit la malheureuse avec toute l'énergie que lui laissait son état de dépérissement et de faiblesse.

— N'avez-vous rien à dire pour appuyer cette dénégation?

— Mon enfant! qu'on me rende mon enfant! » répétait cette infortunée avec un accent déchirant.

Cet enfant, qu'elle réclamait avec tant d'angoisses, avait à peine huit jours; car cette pauvre mère, emprisonnée pendant qu'elle le portait encore dans son sein, avait été soumise à la question presque aussitôt après sa délivrance, ainsi que l'attestaient ses poignets meurtris.

Mais sous le poids d'une accusation aussi grave que celle d'avoir encouragé sa sœur qui venait d'embrasser ouvertement le luthéranisme et de passer en Allemagne, pouvait-on user de trop de rigueur?

Ni ses larmes, ni ses supplications, si touchantes qu'elles auraient attendri un rocher, n'émurent l'impitoyable Arbues. José, seul, cachait sous son impassibilité extérieure une émotion terrible et profonde. Son cœur tremblait, oppressé par une immense pitié. Il lui fallut toute la force que lui avaient donnée de longues années de dissimulation pour ne pas éclater en sanglots et en imprécations.

Arbues, au contraire, comme si la douleur et les larmes dussent être son éternel aliment, jaloux en outre de montrer son zèle pour la foi catholique en poursuivant à outrance le luthéranisme, qu'il savait être l'épouvantail de Charles-Quint, Arbues fit un signe; aussitôt les tourmenteurs saisirent leur victime.

Ils n'avaient pas besoin d'ordre pour savoir ce qu'ils en devaient faire, c'était la seconde fois qu'elle subissait la question.

Deux hommes vigoureux et robustes apportèrent un chevalet au milieu de la chambre.

Cet horrible instrument de bois, fait en forme de gouttière, assez large pour recevoir le corps d'un homme, n'avait d'autre fond qu'un bâton sur lequel le corps se courbait par l'effet d'un mécanisme, en sorte que le patient avait la tête plus basse que les pieds.

Les tourmenteurs enlevèrent la pauvre femme à moitié morte, puis ils lui lièrent les membres avec des cordes de chanvre.

La victime les laissa faire sans pousser un cri.

Mais l'inquisiteur s'étant approché d'elle pour l'engager de nouveau à confesser le crime dont on l'accusait, la malheureuse protesta de nouveau de son innocence, aussi haut que le lui permettaient ses forces épuisées.

« Impénitente! impénitente! » s'écria le grand inquisiteur d'un air triste et désolé.

A ces mots, deux hommes robustes tournèrent violemment un garrot de bois qui, resserrant les cordes dont la victime était liée, la meurtrirent si vivement, que le sang rejaillit jusque sur ses bourreaux.

L'infortunée poussa un cri d'agonie, faible, mais déchirant; on eût dit que toute sa puissance de souffrir était résumée dans ce cri.

Les tourmenteurs essuyèrent froidement du revers de leur large manche noire le sang dont leur robe était tachée.

Pierre Arbues s'approcha de nouveau.

« Avouez, ma sœur, » dit-il d'un ton caressant.

La pauvre femme, qui n'avait plus la force de parler, fit de la tête un signe négatif.

Dans la position où on l'avait placée, elle pouvait à peine respirer.

« Impénitente! » répéta l'inquisiteur.

Les tourmenteurs collèrent alors sur le visage de la patiente un linge très-fin imbibé d'eau, dont une partie fut introduite au fond de sa gorge, l'autre lui couvrait les narines; puis ils lui versèrent lentement de l'eau dans la bouche et dans le nez.

L'eau s'infiltrait goutte à goutte à travers le linge mouillé, et à mesure qu'elle s'introduisait dans la gorge et dans les fosses nasales, la victime, dont la respiration devenait de plus en plus difficile, faisait des efforts inouïs pour avaler cette eau et aspirer un peu d'air; mais, à chacun de ses efforts, qui nécessairement imprimaient à tout son corps une douloureuse convulsion, les tourmenteurs tournaient le garrot, et la corde pénétrait jusqu'aux nerfs.

C'était horrible!

José, le visage penché sur ses mains, dans l'attitude d'une profonde méditation, essuyait de ses doigts des larmes amères. Son cœur était gonflé à se briser, et lorsque parfois il relevait la tête, ses joues, à la lueur incertaine des torches qui éclairaient ce pandémonium, avaient la pâleur livide de la mort.

Pendant près d'une heure, les tourmenteurs versèrent ainsi de l'eau, goutte à goutte, dans la gorge de la patiente, la ranimant de temps à autre en serrant plus fortement les cordes autour de ses membres.

A chaque nouveau tour de garrot, cette misérable créature jetait un cri plus faible et plus plaintif, un cri d'inexprimable agonie, où s'exhalait à chaque fois une parcelle de son âme.

Enfin, ce cri devint si faible, que le médecin de l'inquisition qui assistait d'ordinaire à ces lugubres tragédies, s'approcha de la patiente, posa le doigt sur son pouls, et se tournant vers le grand inquisiteur :

« Monseigneur, dit-il, cette femme ne saurait en endurer davantage sans mourir (150).

— Qu'on la délivre, fit Pierre Arbues; la question est suspendue jusqu'à nouvel ordre (151). »

Les tourmenteurs enlevèrent aussitôt le linge qui couvrait le visage de la torturée; mais lorsqu'ils eurent détaché un à un les liens qui entouraient ses membres frêles, ils s'aperçurent que ces membres avaient été coupés jusqu'à l'os, tant les cordes étaient entrées avant dans les chairs.

José s'avança alors saisi d'une horreur inexprimable, et après avoir considéré le visage de la victime :

« Monseigneur, dit-il, la question est finie, cette femme est morte.

— Croyez-vous? » demanda l'inquisiteur.

En même temps, les tourmenteurs l'ayant soulevée, et le corps reprenant sa position verticale, cette malheureuse fut prise d'un hoquet convulsif, et des flots d'un sang noir s'échappèrent de sa bouche; puis, sans rouvrir les yeux, elle murmura tout bas une dernière fois ce mot presque inintelligible.

« Mon enfant!... »

Enfin, elle expira; et sa belle tête pâle et échevelée retomba sur le bras d'un de ses bourreaux.

« Dieu lui fasse miséricorde! murmura Pierre Arbues.

— Monseigneur, si cette femme était innocente? dit tout bas José.

— Dans ce cas, elle est au ciel, répondit le grand inquisiteur; pourquoi donc déplorer sa mort (152).

Deux sbires emportèrent le cadavre, et une nouvelle victime comparut devant Son Éminence.

Celle-là était une vieille et digne femme dont la tête avait blanchi dans l'exercice de la plus sublime charité. C'était cette noble Marie de Bourgogne, surnommée *la mère des pauvres* (153), arrêtée le jour de l'émeute sur la déposition achetée d'un esclave qui prétendait l'avoir entendue dire :

« Les chrétiens n'ont ni foi ni loi. »

Marie avait alors quatre-vingt-dix ans, et quoique le conseil de la Suprême défendît expressément d'appliquer la question à des personnes trop âgées (154), la courageuse octogénaire avait déjà subi la torture de la corde et celle de l'eau. Il semblait qu'une force divine soutînt ce corps frêle et débile qui n'avait plus que quelques jours à vivre.

Ses biens immenses avaient tenté le fisc, et ne sachant de quoi l'accuser, on l'avait arrêtée comme judaïsante.

« Ma sœur, lui dit le grand inquisiteur, toujours avec une mansuétude évangélique, voulez-vous enfin confesser votre crime et en obtenir le pardon?

— Je suis innocente! répondit fièrement la *mère des pauvres :* advienne de moi ce que Dieu voudra.

— O sainte religion de Jésus crucifié! s'écria le dominicain, ne parviendrons-nous donc jamais à te faire triompher sur la terre?

— Allez, dit-il aux tourmenteurs en montrant un brasier ardent qui éclairait le recoin le plus obscur de la grotte.

— Pierre Arbues! s'écria la vieille femme d'un accent inspiré, tu es maudit de celui qui descendit sur la terre pour bénir!

— C'est une juive! c'est une juive! » firent les sbires et les tourmenteurs en se signant avec épouvante.

En parlant ainsi, ils arrachaient un à un les vêtements de la vieille femme.

Lorsqu'elle fut presque entièrement nue, ils voulurent l'enlever dans leurs bras; mais elle les repoussa par un geste plein de dignité.

« Je marcherai, dit-elle; où faut-il aller? »

Les tourmenteurs désignèrent de la main le large brasier qui brûlait dans l'ombre à l'extrémité de la chambre du tourment.

Marie se dirigea d'un pas ferme de ce côté, et considéra sans pâlir ce gouffre de feu qui semblait darder dans l'obscurité ses milles langues de flamme, comme s'il eût été avide de la pâture qu'on lui destinait.

Les tourmenteurs étendirent la patiente sur un banc de bois, à côté du brasier, et l'y attachèrent fortement avec des cordes, de telle sorte qu'il lui était impossible de faire le moindre mouvement.

Marie se laissa lier sans résistance.

Alors, imprimant au banc un mouvement de rotation, ils le placèrent de manière que l'une des extrémités, celle où reposaient les pieds de la patiente, touchait presque les charbons ardents.

Aux premières atteintes du feu, Marie de Bourgogne poussa un grand soupir, seule expression de douleur qui témoignât de ses horribles souffrances.

« Nous avons oublié quelque chose, dit tout à coup un des bourreaux en voyant les pieds de la victime devenir excessivement rouges, puis blanchir, comme un parchemin qui brûle.

— C'est vrai, dit l'autre, je n'y avais pas songé. »

Il alla prendre dans un coin un petit pot de grès plein d'huile, et à l'aide d'une éponge attachée au bout d'un bâton, il en frotta les pieds de la patiente.

L'action du feu, excitée par la présence de ce corps gras, devint en quelques minutes si pénétrante, que la peau se fendit; les chairs se contractèrent, et, en se retirant, laissèrent à nu les nerfs, les tendons et les os.

L'inquisition était douée d'un abominable génie d'invention.

A cet incroyable supplice, Marie opposa une fermeté héroïque; et lorsque la douleur devenant intolérable lui arrachait une plainte involontaire, elle s'écriait comme le Christ agonisant :

« Mon Dieu! pardonnez-leur, car ils ne savent ce qu'ils font. »

Oui, sans doute, l'inquisition avait des instruments aveugles, fanatisés, et par cela même excusables, *qui ne savaient ce qu'ils faisaient.* Quelle corporation religieuse et secrète n'a pas les siens? Aussi n'est-ce point eux qu'on accuse, mais bien ceux en qui réside l'esprit de la *chose,* mais ceux qui *commandent,* et prostituent une religion sainte au service des passions les plus mauvaises. Les autres ne sont que des instruments passifs de la société, inhabiles à prendre part aux succès et aux biens qui en résultent, gabions préservateurs derrière lesquels s'abritent les chefs pendant la bataille.

La pieuse exclamation de Marie était d'une martyre chrétienne, et non d'une juive. Toutefois, on prolongea son supplice aussi longtemps que le permirent ses forces épuisées.

Lorsqu'on la rapporta dans son cachot, cette chrétienne courageuse et sainte eut encore assez de force pour dire à Pierre :

« Que Dieu, notre Sauveur, vous pardonne comme je vous pardonne, monseigneur!... »

La déposition d'un seul témoin avait fait condamner Marie de Bourgogne, et ce témoin était un esclave; mais Marie était trop riche pour trouver grâce devant le saint office.

José, brisé d'émotions, pouvait à peine se soutenir; il se pencha doucement à l'oreille de Pierre Arbues :

« Monseigneur, lui dit-il, je me sens bien malade; l'odeur de ce charbon me donne le vertige, et le cœur me manque comme si j'allais mourir.

— Il faut pourtant t'habituer à cela, répliqua Pierre Arbues; encore une seule torture et tout sera dit.

Comme il achevait ces mots, les sbires entrèrent dans la chambre du tourment.

« Monseigneur!... firent-ils en hésitant.

— Eh bien! qu'y a-t-il? parlez.

— Monseigneur, la prisonnière est morte.

— Morte! répéta Pierre Arbues.

— Elle s'est coupé la gorge avec des ciseaux.

— Pourquoi les lui avoir laissés? » dit sévèrement l'inquisiteur.

Puis ce moine hypocrite ajouta d'un ton désolé : « Impénitente! morte impénitente!... »

Cette prisonnière, qui se nommait Jeanne Sanchez, appartenait à cet ordre, moitié laïque moitié religieux, de femmes désignées sous le nom de béates; elle avait embrassé le luthéranisme, et était morte sans y renoncer (155).

« Toute prière pour la défunte serait inutile, poursuivit l'inquisiteur en se levant, son âme appartient au démon. »

Là se termina cette séance.

Pierre Arbues et son favori sortirent du *palais de l'inquisition.*

« Oh! fit José en aspirant avec force l'air pur du dehors, et passant ses mains sur son front comme un homme qui se réveille.

— Tu es vraiment plus délicat qu'une femme, dit Pierre Arbues d'un ton caressant.

— Non, monseigneur, j'ai bien le courage d'un homme, croyez-moi, répondit le jeune moine d'un ton sérieux.

— Nous verrons cela à l'épreuve, poursuivit l'inquisiteur.

— Oh! nous le verrons quand le temps sera venu, monseigneur, soyez-en bien sûr!... »

XXX

La Chambre de Pénitence.

Les conseils de José n'avaient pas été perdus. Un soir, huit jours plus tard, dans une des tourelles qui formaient les quatre angles du palais de l'inquisition, la fille du gouverneur était seule, accroupie sur ses genoux.

Un petit escabeau de bois, de forme ronde, était posé à côté d'elle; elle y avait appuyé un de ses coudes, et de sa main pâle elle soutenait sa tête affaissée.

La cellule où se trouvait Dolores n'avait guère plus de dix pieds de diamètre. Elle était entièrement ronde, et le plafond en voûte n'offrait aux regards, ainsi que les murs, qu'une surface unie d'une blancheur mate. Une petite ouverture pratiquée dans le haut de la voussure y laissait seule arriver une lumière crue, pleine, qui, ne pouvant se diviser dans aucun angle, ne produisait pas la moindre pénombre où l'œil fatigué de cet éclat monotone pût se reposer.

Dolores, accablée d'ennui, de dégoût et de lassitude, fatiguée même du siége unique qu'on lui avait laissé, s'était agenouillée sur le sol, essayant ainsi de vaincre, par un changement de position physique, le sombre désespoir où la plongeait l'éternelle monotonie de cet affreux séjour.

Brisée par d'incessantes épreuves, cette pauvre fille, si jeune et pourtant si forte, demandait à Dieu le courage de ne pas succomber. L'amour, ce saint aliment de l'âme, la soutenait encore de sa sublime énergie. L'amour, dont elle n'avait fait qu'entrevoir les ineffables délices, lui inspirait le désir de vivre encore pour goûter ces joies infinies, espoir de celui qui souffre et qui aime, trésor divin que le ciel partage sur la terre avec ceux qu'il destine à le posséder un jour dans toute sa plénitude.

Dans le cœur de cette courageuse fille, son amour pour Estevan ne se séparait pas de sa tendresse pour son père. Estevan n'était-il pas le fils adoptif de Manuel Argoso ?

Et comme ceux qui aiment ne désespèrent jamais entièrement, il lui semblait que tant que vivrait Estevan, tout n'était pas perdu pour elle.

La nuit la surprit dans ces méditations tendres et douloureuses.

Peu à peu, la lumière verticale et fatigante qui tombait autour d'elle en rayons droits, brusques et roides, s'éteignit doucement comme une lampe où manquerait l'huile ; le crépuscule se fit par degrés, comme si on eût superposé des feuilles de gaze sur l'orifice qui donnait passage à la lumière, soulageant ainsi la vue fatiguée de la captive.

Enfin il fut nuit, et Dolores ne distingua même plus les contours de sa cellule; il ne tint qu'à elle de se figurer qu'elle était au milieu d'une vaste plaine.

« Oh ! quel bonheur ! s'écria-t-elle en se relevant, ne plus voir ce mur tout blanc, éternellement blanc ! ce mur circulaire et uniforme qui me rend aveugle. »

Comme elle achevait ces mots, une vive lumière pénétra dans la cellule, et les yeux de la jeune fille, éblouis de nouveau, se fermèrent involontairement.

« C'est moi, n'ayez pas peur, » dit une voix amie.

Dolores rouvrit les yeux : c'était José.

« Oh ! merci ! fit-elle en se jetant tout en pleurs sur le sein du jeune religieux; merci, mon bon José, d'être venu.

— Je n'ai pu venir plus tôt, répondit le dominicain, je craignais d'éveiller les soupçons de l'inquisiteur.

— Oh ! s'écria Dolores avec un geste d'horreur, comment pouvez-vous servir cet homme?

— Il le faut, répondit José d'un accent profond et convaincu.

— Oui, je comprends, reprit la jeune fille après quelques moments de réflexion; il faut en effet qu'une bien puissante fatalité vous enchaîne à la destinée de Pierre Arbues; vous, si bon, si noble, si généreux, auriez-vous consenti sans cela à devenir, même en apparence, le complice de ce monstre!

— Vous croyez cela, n'est-ce pas, Dolores ? fit le favori avec un sourire amer.

— Oh ! oui, sans doute, il faut bien que cela soit ainsi ; il faut que vous ayez des motifs bien grands, et qu'un affreux malheur ait présidé à votre vie. Aussi, quand je me prends à songer à vous, don José, à vous qui portez avec tant de courage cette lourde croix qui vous a été faite, je me trouve bien petite et bien misérable; car, voyez-vous, il faut bien vous l'avouer, je succombe parfois aux maux qui m'accablent, et il me semble que ma raison m'abandonne. La captivité me tue, ou cela est peut-être une juste punition de mon orgueil, qui m'avait fait me croire capable de résister à tout.

— Pauvre enfant! dit José en jetant autour de lui un triste regard.

— Oui, c'est cela, don José, c'est ce lieu qui me tue ; n'avoir que juste assez d'air pour ne pas mourir! ne pouvoir faire trois pas sans se heurter contre une infranchissable barrière ; et puis, autour de moi, voir tourner éternellement ce mur blanc et uni... Avoir le vertige comme si on vous faisait voltiger en l'air sur une balançoire enchantée... Fermer les yeux pour ne plus voir, et tourner, tourner encore par la pensée; sentir le plancher se dérober sous vos pas comme dans un rêve, et, lancée dans le vide, n'avoir pas un angle où s'accrocher... Vouloir dormir, et entendre sans cesse à ses oreilles un affreux bourdonnement qui vous tient éveillée ; appeler la nuit comme les autres appellent la lumière, et redouter enfin de voir se lever le soleil, dont la clarté renouvelle chaque matin cet interminable supplice... Oh! c'est à en devenir folle, don José... et voyez, voyez, poursuivit-elle avec une volubilité effrayante, ils ont peur que je ne souffre pas encore assez, que je puisse un instant reposer ma tête brûlante et brisée ; dès que le jour a paru, on enlève mon lit, qu'on ne me rend plus que le soir. »

L'expression animée du visage de Dolores, son extrême agitation, épouvantèrent le jeune moine. Il fallait en effet que le séjour de cette cellule eût quelque chose de bien affreux pour amener à un tel degré d'exaltation cette jeune fille, ordinairement si douce et si résignée. José se repentit vivement d'avoir conseillé à l'inquisiteur de l'enfermer dans ce triste réduit, bien qu'il n'eût eu, en faisant cela, d'autre intention que de rendre plus facile l'évasion de Dolores, par la position des tourelles, qui étaient, plus que les grands corps de bâtiments, à la proximité de la rue, et avaient en outre des sorties particulières et moins pratiquées. Ne pouvant remédier à cela, il essaya de consoler la pauvre captive par des paroles d'encouragement et d'espoir.

« Je reviendrai vous voir aussi souvent que je le pourrai, lui dit-il; tout cela aura un terme. En attendant, appelez à vous toutes les forces de votre raison, et attendez avec courage; Dieu ne vous abandonnera pas.

— Hélas! ce n'est pas le courage qui me manque, dit-elle ; je me roidis chaque jour de toute la force de ma volonté contre l'influence malfaisante de cette abominable cellule, qui agit si vivement et si fatalement sur les facultés de mon intelligence. Quelquefois, le soir, après avoir lutté toute la journée contre des hallucinations sans nombre, un peu calmée par la nuit qui repose ma vue, je me prends à réfléchir sérieusement à ma position, et je me dis qu'après tout, la fin probable de ceci sera la torture et une condamnation à mort.

— Non, dit José, ne croyez pas cela.

— Oh! je me suis d'avance accoutumée à cette idée, répliqua-t-elle vivement; et je suis bien déterminée à tout endurer avec courage, plutôt que de me montrer lâche et renier, par crainte de la mort, la pure foi de l'Évangile qui est la mienne ; plutôt que de renoncer à mourir la fiancée de mon noble Estevan. Mais avant, voyez-vous, et ceci je le ferai pour le bien de ma patrie, de cette malheureuse Espagne dont on a tellement appauvri les veines qu'elle n'a même plus la force de protester contre ses oppresseurs; eh bien! moi, pauvre femme, je protesterai; lorsque je paraîtrai devant cet inique inquisiteur de Séville qui s'engraisse du déshonneur des femmes et de la ruine des familles, je lui jetterai tout haut son infamie à la face, et nous verrons après si le sang d'une victime courageuse sera infécond pour les libertés de l'Espagne.

— Sainte et courageuse femme! fit José; ils ne vous laisseront pas même cette dernière ressource. Votre cause ne sera jamais appelée, et vous mourrez dans les cachots de l'inquisition, comme Françoise de Lerme, qui y entrait la nuit où vous avez vu votre père !

— O mon Dieu, mon Dieu ! s'écria la jeune fille avec un cri d'horreur, est-il bien possible que je sois ainsi ensevelie vivante ? Que me dites-vous là, José? mais c'est impossible; vous voyez bien que toute justice s'y oppose. Qu'on me condamne, c'est bien : innocente ou non, il y aura toujours eu, aux yeux du monde, un acte juridique pour l'acquit de la conscience de mes juges. Mais que, par l'acte arbitraire le plus odieux, on attente éternellement à ma liberté, qu'on me fasse mourir lentement de désespoir... oh! cela ne sera pas, don José, cela n'est pas possible, et vous calomniez l'inquisition.

— Françoise de Lerme était la favorite de Pierre Arbues, répondit froidement le jeune moine; et comme Françoise a voulu se convertir, Pierre Arbues l'a fait enfermer dans le saint office.

— L'abbesse des carmélites !... De quoi l'accuse-t-on?

— Ce ne sont pas les chefs d'accusation qui manquent aux ingénieuses inventions du saint office; mais comme un procès pourrait compromettre l'inquisiteur, on ne fera point de procès ; Françoise mourra sans avoir été jugée. Croyez-moi, Dolores, je ne calomnie pas.

— Oh! c'est horrible, don José! et comment notre roi Charles-Quint, qu'on dit si grand, peut-il souffrir de pareils abus?

— L'inquisition est plus forte que le roi, répondit le dominicain; la force concentrée en un seul se brise contre la force de plusieurs, réunie en faisceau. Cependant notre roi est juste, et s'il pouvait connaître tous les abus qui se commettent, nul doute qu'il ne cherchât à les réprimer. Ces abus, il les ignore; et puis, ne savez-vous pas que les inquisiteurs, qui ont le droit d'accuser et de juger les princes et les rois, ne sont eux-mêmes justiciables que du souverain pontife?

— Bien, dit la fille du gouverneur avec un abattement impossible à peindre, je vois que je n'ai plus qu'à me résigner!

— Je n'ai pas dit cela, répliqua vivement José; dussé-je le payer de ma vie, je vous rendrai à la liberté, Dolores; mais le moment n'est pas venu encore. Estevan et Jean d'Avila sont à Madrid.

— Je le sais, don José; je sais tout ce qu'ils ont fait moi.

— Peut-être obtiendront-ils du roi la grâce de votre père.

— Sa grâce, dites-vous? mais quelle grâce peut accorder le roi à un homme condamné par l'inquisition? Ne m'avez-vous pas dit qu'il ne peut rien?

— L'inquisition, afin de plaire au roi, se relâche parfois de sa sévérité habituelle, répondit José. C'est bien le moins qu'on laisse au souverain de l'Espagne, au grand empereur Charles-Quint, le droit de supplication (156).

— O mon Dieu! dit la fille du gouverneur. Lorsque j'étais encore une enfant, et que je jouais sur les genoux de mon père, si j'entendais prononcer le nom du roi, ce nom me semblait rayonner comme une auréole, et je me figurais un être beau, puissant et magnanime qui, d'un mot, pouvait changer les chaumières en palais, les larmes du peuple en cris de joie, et qui semait partout sur son passage la prospérité, le bonheur et l'espoir. Roi! empereur! ces deux mots magiques ne sont donc qu'un fallacieux symbole dont on revêt un homme mortel et périssable comme nous, aussi faible que nous et plus malheureux cent fois; car, outre l'assujettissement de ses passions, il est soumis à toutes les choses et à tous les hommes qui, par une influence quelconque, peuvent atténuer sa puissance ou porter atteinte à son autorité. Est-ce là régner, mon Dieu! et à quoi sert qu'on vous dise : « Sire, » et qu'on ploie les genoux devant vous, s'il ne vous reste pas même le droit de faire justice!

— Justice! mot vide et sonore, murmura José; ce mot-là n'est qu'un masque, Dolores, comme beaucoup d'autres mots d'un usage fréquent et habituel. Pour moi, que m'importe? Que me font ces mille riens si graves dont s'alimente la vie religieuse et politique des hommes, et qui se reflètent jusque dans le foyer domestique? Que me font les luttes d'un dogme contre un autre dogme, les susceptibilités d'une secte, l'orgueil insensé d'une autre, la cruauté de ceux à qui reste la victoire? Ma route est tracée ici-bas, et pour arriver au but, je n'ai que faire de me mêler à toutes ces fanges sanglantes soulevées par les pieds de ceux qui combattent; je n'ai qu'à passer au milieu d'eux sans me retourner, sûr de ne jamais être atteint; car, ajouta-t-il en désignant sa robe de moine, je porte là une cuirasse sur laquelle s'émoussent tous les glaives. »

En l'écoutant parler ainsi, Dolores regardait fixement le jeune dominicain au visage. Elle cherchait à comprendre ce bizarre mélange d'amertume et de sensibilité, de scepticisme et de confiance, qui faisaient de lui un être tout à part. José montrait à la fois dans ses discours l'énergie de l'homme le plus fort, et la sensibilité de la femme la plus tendre. Son âme, comme son corps, offrait un séduisant mélange des qualités les plus opposées. En voyant et en écoutant José, on oubliait qu'il était moine, qu'il était officier de l'inquisition; on ne considérait en lui qu'un être jeune, séduisant, irrésistible, soit que son pâle et beau visage portât l'empreinte d'une douleur profonde, soit que son œil brillant et pur, éclairé d'une douce lumière, exprimât avec énergie la tendresse passionnée de cette âme mystérieuse, changeante comme les flots de la mer. Il avait un don que bien peu de gens possèdent, la fascination.

Peut-être aussi celui-là seul qui a lutté en sens contraire contre tous les orages, acquiert-il cette mobilité de physionomie, cet abandon de manières, cette facilité de langage, mais surtout cette tristesse passionnée qui attirent irrésistiblement toutes les sympathies, tant le cœur de l'homme a de pente naturelle vers ce qui est étrange. Peut-être aussi ce pouvoir attractif de certains êtres est-il un mystère physiologique qui échappe à l'analyse... On le définit, il est vrai, par ce mot : « magnétisme. » Nous admettons le magnétisme, qu'on nous l'explique. Quel est celui qui le comprend?

Pour nous, il nous semble que, pour en trouver la cause rationnelle, il faudrait remonter jusqu'à Dieu.

A l'époque où se passait notre histoire, le mot magnétisme n'existait pas. On trouvait plus court d'appeler *magie* tout ce qui ne tombait pas sous la perception immédiate des sens extérieurs. Les esprits de ce temps-là étaient beaucoup plus spiritualistes que ceux de notre époque; ils ne faisaient pas honneur à la matière des prodiges que l'intelligence supérieure qui régit le monde prodigue autour de nous. Ils avaient poussé les choses un peu loin, il est vrai; car, non seulement ils croyaient à un esprit bienfaisant et éternel, mais ils reconnaissaient encore l'influence de l'esprit des ténèbres sur l'homme; et lorsqu'un être doué d'une raison supérieure ou d'un grand génie venait à surgir au milieu de ces hommes ignorants et bornés, ne pouvant le comprendre, on l'appelait *sorcier*, car on le croyait inspiré et servi par le démon. Quelquefois, cette superstition populaire seconda à merveille l'ambition et la politique des inquisiteurs, qui redoutaient tous ceux dont la science ou la philanthropie pouvaient éclairer l'esprit public. C'est ainsi que saint Jean de Dieu, l'illustre fondateur de l'ordre des Hospitaliers, que nous avons déjà vu figurer dans ce livre, fut, quelques années plus tard, accusé de nécromancie par le tribunal de l'inquisition, et obligé de recourir au pape pour obtenir sa relaxation (157).

Mais dans tous les temps les esprits droits s'affranchissent de ces superstitions puériles.

La sympathie qui attirait Dolores vers José, et à laquelle elle ne cherchait point de cause surnaturelle, avait quelque chose de doux et de consolant, exempt de toute espèce de contrainte, qui ressemblait à l'amitié d'une femme pour une autre. José perdait auprès d'elle la roideur, la gravité du religieux; Dolores, la réserve un peu gênante qu'inspire à une jeune fille un homme revêtu d'une robe de prêtre. Il en résultait pour tous deux un charme inexprimable.

« Mon bon José, lui dit la fille du gouverneur en le voyant devenir triste et pensif, vous me faites mal en parlant de vous; ce sujet-là vous est pénible, et vous n'y revenez jamais sans qu'il vous laisse une tristesse navrante.

— Vous vous trompez, chère Dolorès, ce n'est pas de la tristesse, pourquoi m'affligerais-je maintenant? Je vous l'ai dit, ma vie est tracée d'avance, j'obéis à une implacable fatalité : de quoi donc voulez-vous que je m'inquiète?

— José, vous me faites peur; ces sentiments-là ne sont pas chrétiens.

— Ne parlons pas de moi, répondit le jeune dominicain, songeons à vous, Dolores, à vous seule; là est la volonté de Dieu, je suis l'instrument dont il se servira pour vous délivrer, je suis une victime d'expiation. Lorsque ma mission sera remplie, je pourrai retourner à Dieu les mains pleines des bénédictions de mes frères, et alors, si j'ai péché, ne serai-je pas en droit de lui crier : Grâce! grâce! car moi aussi j'ai été martyr, et le martyre est un baptême qui lave toutes les souillures. »

En parlant ainsi, José s'était animé, et une sombre exaltation enflammait son beau visage : c'était, moins le costume, la belle tête de Judith.

Dolores, assise par terre, les deux mains jointes sur ses genoux, l'écoutait en silence; et pendant que ses grands yeux humides suivaient d'un regard attentif les mouvements de la physionomie de José, des larmes silencieuses glissaient le long de ses joues.

Elle prit la main du jeune moine, cette main blanche, fine, élégante, d'une distinction exquise, et la pressa avec affection entre les siennes.

« José, lui dit-elle, mon bon José! qu'avez-vous?

— Rien, répondit-il, rappelé à lui par ces mots; je songe à ma mission sur la terre : délivrer ceux qui souffrent. Voilà tout.

— Estevan reviendra-t-il bientôt? demanda la jeune fille cherchant à faire diversion aux tristes préoccupations du jeune moine en lui parlant d'elle-même.

— Avant huit jours peut-être, répondit José; je saurai son arrivée tout de suite, et j'aurai certainement de bonnes nouvelles à vous apprendre. J'espère beaucoup de l'influence de Jean d'Avila auprès du roi. »

C'est peut-être ici le lieu d'expliquer comment José avait appris le voyage d'Estevan et de l'apôtre. On se souvient que dans leur dernière entrevue à la petite maison mauresque, José avait recommandé à Coco de surveiller les démarches d'Estevan et de lui en rendre compte. C'est par le tavernier de *la Buena Aventura* que José avait été instruit; c'était Coco aussi qui avait été chargé par Jean d'Avila d'apprendre leur départ à Dolores pour la rassurer. Malheureusement, dans son désir de sauver son père, elle n'avait pas eu la patience d'attendre, et son imprudence l'avait livrée au saint office.

« Il faut nous quitter, dit enfin José voyant la prisonnière un peu rassurée; soyons prudents afin de rester forts.

— Oh! pas encore, s'écria-t-elle en s'attachant aux vêtements du jeune dominicain, pas encore, don José; vous voyez bien que je vais retomber dans mes horribles frayeurs, que je vais redevenir insensée... »

Ce mot « il faut nous quitter » l'avait subitement ramenée au sentiment amer de sa solitude. Ses nerfs, un moment calmés par les consolations de l'amitié, subirent une réaction douloureuse. Son imagination se repeupla de spectres et de fantômes, tristes effets d'une captivité si cruellement combinée, qu'elle faisait souffrir tous les sens à la fois, en agissant surtout d'une manière terrible sur le siége de toutes les sensations, le cerveau.

« José, José, ne me quittez pas! lui disait la jeune fille d'une voix étouffée ; vous voyez bien que je vais mourir ici. Oh! emmenez-moi, emmenez-moi avec vous; mettez-moi dans un cachot si vous voulez; mais pas ici, pas ici!... »

Et elle se traînait, éperdue, aux genoux de José. Cette forte organisation morale, cette jeune fille si pure, si pieuse et si dévouée, succombait aux effets terribles du régime cellulaire.

José la releva doucement, versa sur son front brûlant quelques gouttes d'eau restées dans un petit vase qui lui servait à boire, et de sa main fraîche et caressante, il parcourut doucement, à plusieurs reprises, ce front d'une tempe à l'autre : sans doute par un effet de magnétisme, ce contact réitéré sembla calmer la pauvre captive.

« Allez-vous-en, je serai calme, » dit-elle en fermant les yeux, car elle avait peur de regarder autour d'elle.

A ce moment, on frappa à la porte de la cellule.

« Entrez, » dit le jeune moine en reprenant auprès de la prisonnière agenouillée l'attitude d'un confesseur vis-à-vis de sa pénitente.

C'était le geôlier qui rapportait le lit de sangle où couchait Dolores.

« La prisonnière est soumise, dit le dominicain; vous lui laisserez son lit le jour.

— Votre Révérence sera obéie, répondit le geôlier.

— Adieu, ma sœur, » poursuivit José; et, s'inclinant vers la jeune fille, il ajouta tout bas :

« Je reviendrai bientôt. »

Il sortit.

Dolores resta agenouillée dans l'obscurité, la tête penchée sur sa poitrine...

Et maintenant, que le lecteur nous suive à Madrid au palais de Charles-Quint.

XXXI

Madrid.

Par une joyeuse et fraîche matinée de mai, deux voyageurs suivaient la route qui, de la Manche, conduit à Madrid. Déjà, sur le plan incliné où elle est bâtie, leur apparaissait la ville royale, dressant dans les airs, comme une forêt de mâts, ses mille clochers aigus dominés par les hautes coupoles de Saint-Isidore et de Saint-François. Déjà ils apercevaient à l'occident de Madrid l'ermitage du saint laboureur, petite chapelle en grande vénération parmi les *Madrileños*, à cause des nombreux miracles qui s'y opéraient. Poétique édifice qui, dessinant de loin, dans l'azur foncé du ciel, sa silhouette gracieuse et aérienne, ressemblait plutôt à un caprice de l'imagination ou à une fantaisie d'optique, qu'à une ancienne habitation de laboureurs convertie en chapelle par la dévotion publique (159).

Bientôt ils traversèrent le pont de Tolède, admirable monument romain jeté sur le Mançanarès, ce triste fleuve qui serpente au milieu d'une plaine plus triste encore; puis gravissant la pente un peu rude de la route, ils arrivèrent devant l'abattoir, ou école des Toréadores. Là, ils s'arrêtèrent quelques minutes pour jouir du point de vue; mais ils eurent beau chercher autour d'eux ces traces vivantes de la civilisation qui annoncent la présence d'une grande cité, cette culture riche, cette végétation variée, qui attestent que la main des hommes n'a pas fait défaut au sol, et que l'industrie a partout prévu les besoins : au loin, tout autour de la capitale des Castilles, l'enfermant comme dans une ceinture, c'était la nudité du désert : un sol rouge ou blanchâtre, semé de pierres aiguës qui, aux rayons brûlants du soleil, semblaient se dissoudre en impalpable poussière.

« O tristesse et nudité! s'écria le plus âgé des deux voyageurs, en qui le lecteur a déjà sans doute reconnu Jean d'Avila : ne dirait-on pas un immense cimetière qui rejette de son sein d'innombrables ossements (160)?

— Oui, répondit Estevan, la mort où devrait palpiter la vie(161)!.. l'oisiveté des bras aussi profonde que celle de l'intelligence?

— Non, poursuivit l'apôtre, la vie qui s'agite au fond de la tombe, pour soulever le poids qui l'opprime; la vie qui, à l'insu d'elle-même, tend toujours à se produire au dehors, car elle a horreur des ténèbres.

— Et les ténèbres l'ont vaincue, mon père; la voyez-vous, partout défaillante, désespérer d'elle-même comme on a désespéré d'elle? Voyez, toujours le même silence. A Madrid comme à Séville, une tristesse morne, une absence de bruit à effrayer ; rien que le murmure sourd des vers dans un sépulcre, des gémissements étouffés grondant péniblement au fond des cœurs, et à la surface... une désolation muette! Est-ce donc là la vie d'une grande nation?

— Estevan, fit le religieux, lorsqu'au milieu de l'hiver vous considérez un arbre nu et aride qui semble mort, vous dites-vous que, sous cette écorce rugueuse et noircie qui ne trahit aucun signe de végétation, circule une sève ardente et généreuse, qui, aux premiers rayons du soleil, couvrira ses branches dépouillées d'une riche toison de feuillage? ainsi en est-il de l'Espagne. Attendez que brille pour elle le soleil de la science et de la liberté, vous verrez quelle surabondance de sève et de vie est cachée sous les insignes de la mort, et comme ces cœurs brûlants, maintenant comprimés, bondiront aux premières lueurs d'une ère nouvelle, d'une complète régénération.

— Dieu vous entende! » répondit Estevan d'un air exalté.

Ils arrivaient à la porte de Tolède.

Cette principale entrée de la ville de Madrid, qui est aujourd'hui un beau monument de pierre, était tout simplement alors une large porte de bois à deux battants, fermée par une lourde traverse; elle ne ressemblait pas mal à la clôture d'une grange.

Les voyageurs la franchirent, et entrèrent dans la rue de Tolède.

Cette rue, une des plus belles de la ville à cette époque, se composait presque entièrement, en cet endroit-là, d'innombrables *mésones* (auberges de muletiers); c'était à peu près les seuls *édifices* qu'on rencontrât jusqu'à la place de la *Cebada* (marché aux grains) (162), qui terminait dignement ces deux longues files d'auberges.

En arrivant vers cette place, Estevan fut surpris de la quantité de personnes de tout sexe et de tout âge qui encombraient les avenues. Toutefois, malgré cette affluence, on n'entendait pas ce bruit criard et discordant qui se fait d'ordinaire dans les rassemblements populaires; c'était plutôt un bourdonnement sourd, expression de terreur et de pitié, mêlé d'un certain recueillement.

« Que signifie ce rassemblement de peuple? demanda Estevan surpris.

— C'est sans doute une exécution, dit Jean d'Avila; un malheureux que réclame la justice humaine. »

En effet, au moment où ils entraient dans la place, un spectacle à la fois bizarre et terrible frappa leurs regards.

Un homme, monté sur un âne sans oreilles (163), descendait en sens opposé à celui où ils arrivaient. Cet homme, vêtu d'une tunique blanche, était coiffé d'une calotte verte, sur laquelle se détachait une croix de la même couleur que la tunique. Il marchait au milieu d'une double haie de soldats et de confrères de la *paix et charité*.

Devant lui, allaient lentement l'aumônier de la prison et quelques moines de l'ordre des agonisants, précédés d'une croix portée par un sacristain.

Un de ces moines, qui devaient se relever à tour de rôle, se tenait constamment à côté du patient, l'exhortant à bien mourir. Les autres récitaient d'une voix triste et monotone les prières de l'agonie, tandis que deux frères de paix et charité, armés chacun d'une clochette, accompagnaient d'un tintement lugubre les versets et les répons.

Le peuple se portait en foule vers la place, tendant le cou pour mieux voir.

D'un autre côté, par une rue adjacente, un grand nombre de frères de paix et charité venaient se joindre à ceux qui accompagnaient le patient; ceux-là avaient parcouru la ville dès le matin, précédés d'un crieur armé d'une sonnette, et répétant partout d'une voix lamentable :

« *Donnez, frères, pour dire des messes et faire du bien à l'âme de celui qui va être exécuté.* »

Ce pieux pèlerinage de la confrérie de paix et charité était si exempt de toute espèce d'hypocrisie, de ces ridicules momeries qui accompagnent d'ordinaire ces sortes d'institutions; il y avait tant de vraie piété, et une si haute idée philanthropique dans cette association des hommes les plus éminents de la ville pour adoucir les derniers moments de ceux que frappait la loi, et mettre pour ainsi dire en parallèle la justice humaine et la miséricorde divine, qu'on se sentait ému d'un saint respect en présence de ces pieux hidalgos, tous des meilleures ou des plus riches maisons d'Espagne, ainsi réunis pour l'œuvre la plus haute de la charité chrétienne, la consolation de ceux que tout abandonne.

« Sublime charité! murmura Jean d'Avila; voilà qui vous prouve, mon fils, que le germe de la vie est au cœur de l'Espagne, et qu'un peuple si noble ne saurait périr.

— Ces hommes appartiennent-ils à un ordre religieux? demanda Estevan.

— Non, mon fils, ces hommes sont tout simplement des chrétiens animés du pur esprit de l'Évangile; ils ramassent dans la boue des chemins le lépreux que tout le monde rebute; ils prononcent les paroles de paix sur celui qui se repent, et à force de douceur et de tendre compassion, ils touchent le cœur du pécheur endurci. Il est bien rare qu'à l'aspect d'une charité si vraie, si entière, si touchante, le malheureux dont la justice humaine réclame la vie en expiation de ses crimes ne retourne sincèrement à Dieu, et n'efface par une sainte mort toutes les souillures de son âme. Il ne désespère pas de lui, parce qu'on lui fait comprendre qu'il y a au-dessus de la justice humaine, et en dépit de ses arrêts inflexibles, une loi de pardon et d'amour qui protége le repentir, et à celui qui n'attend plus rien des hommes, laisse encore une espérance céleste. Ces frères de paix et de charité sont véritablement les apôtres de celui qui pardonnait à la femme adultère : ce sont là les vrais missionnaires de la foi chrétienne.

— Est-ce qu'ils ne sont soumis à aucune règle? demanda Estevan vivement intéressé.

— Pas précisément, dit l'apôtre; cependant, la confrérie de paix et charité est infiniment plus sévère que beaucoup d'ordres religieux. Ainsi, pour être admis à en faire partie, il faut n'avoir jamais été repris de justice, et jouir d'une réputation sans tache; car cette honorable corporation n'ayant été instituée dans aucun but de fanatisme ou de calcul, mais seulement dans un esprit de charité, ceux qui la composent tiennent par-dessus tout à la maintenir dans sa pureté première. Aussi, les plus grands seigneurs d'Espagne et les mieux famés tiennent-ils à honneur d'en faire partie. En entrant dans la société, il faut d'abord verser à la caisse une somme de 500 francs, et s'engager en outre à participer aux dépenses à venir, qui toutes sont faites en faveur des condamnés.

— Laissez-moi, je vous prie, approcher un peu, *senores*, interrompit une vieille femme appuyée sur une béquille, en se glissant comme elle put entre Estevan et Jean d'Avila, pour voir de plus près et se faire un abri de leur haute stature contre la vague populaire, qui devenait de plus en plus rapide et pressée;—vous voyez bien que le patient est arrivé au pied de la potence. »

En effet, les balcons se garnissaient rapidement tout autour de la place; de jeunes et jolies femmes, des enfants insouciants et joyeux ne craignaient pas de venir assister à l'horrible spectacle d'une pendaison.

« Que fait donc la confrérie de tout l'argent qu'elle verse à la caisse? demanda Estevan, plus occupé de sa conversation avec l'apôtre que de l'exécution.

— Cet argent n'est pas mal employé, croyez-moi; d'abord, pendant la matinée de l'exécution, tous les prêtres de Madrid prient et disent des messes pour l'âme de celui qui va mourir; puis, pendant les trois jours qui précèdent le dernier de sa vie, et que le condamné passe dans une chapelle ardente, la confrérie lui donne tout ce qu'il demande, cherchant ainsi à adoucir ses derniers moments en satisfaisant ses moindres caprices; puis enfin, chose plus utile et plus louable encore, si le condamné laisse des enfants, une mère ou une veuve, ces malheureux peuvent compter qu'après lui, leur existence sera assurée, et qu'ils n'auront jamais à subir les angoisses d'une vie déshonorée rendue affreuse par la misère.

Oh! oui, c'est là en effet une noble, une sainte institution, s'écria le jeune homme dont le cœur palpitait pour toute grande pensée; oui, c'est honorer et servir dignement sa religion que d'en faire le mobile des actions les plus généreuses.

— Et ne croyez pas, Estevan, poursuivit l'apôtre, qu'on se borne, envers les parents du condamné, à ces bienfaits mesquins, humiliants pour celui qui donne et pour celui qui reçoit. On ne se contente pas de leur donner de l'argent, non; à la vie du corps on ajoute la vie de l'âme : les enfants du condamné sont élevés avec soin, et la société de paix et charité ne les abandonne que lorsqu'ils sont en état de pourvoir à leurs besoins d'une manière large et honorable. »

Comme Jean d'Avila achevait ces paroles, il se fit un grand mouvement parmi le peuple; tout le monde se levait sur la pointe des pieds, le condamné était entre les mains du bourreau, qui le hissait tout le long de l'échelle attachée à la potence.

Les aveugles et les mendiants récitaient d'une voix nasillarde et lugubres d'interminables complaintes; quelques-uns chantaient sur une même note, variée par des demi-tons, le *Pater noster* et l'*Ave Maria*. Cette manière est très usitée en Espagne.

Toutes les âmes étaient en suspens.

« *Maria santissima!* s'écria une jeune fille, le voilà déjà attaché par le cou; oh! le bourreau lui monte sur les épaules.

— Mon Dieu! mon Dieu! fit un vieux mendiant à barbe blanche, voilà le frère agonisant qui commence le *Credo*. »

Un frisson parcourut l'assemblée, et on n'entendit plus dans cette grande foule de peuple qu'une voix immense unie à celle du frère agonisant, qui, d'une voix triste et saccadée, récitait le symbole de la foi.

« *Creo en Dios padre todo poderoso, criador del cielo y de la tierra; y en Jesus-Christo, su unico hijo.*

A ces deux derniers mots, le bourreau, toujours assis sur les épaules du patient, fit un mouvement de bascule en appuyant fortement ses pieds sur les mains liées du pendu, et se lança avec lui dans l'espace.

Au même instant, les cloches de San Milan tintèrent le glas de l'agonie.

L'exécuteur et le pendu se balancèrent dans l'air pendant trois ou quatre minutes.

Le frère agonisant continuait de réciter le symbole.

« *Virgen santissima!* s'écrièrent à la fois une foule de voix étonnées; il peut bien dire que le bon Dieu le protége, celui-là ..»

La corde de la potence venait de se rompre; le bourreau et le pendu étaient tombés pêle-mêle par terre.

Au même instant, le frère majeur de paix et charité étendit vers le supplicié une longue baguette qu'il tenait à la main.

« Sauvé! sauvé! » s'écria le peuple.

Les frères de paix et charité enlevèrent aussitôt le malheureux patient; il respirait encore, la strangulation n'avait pas été complète.

Pendant ce temps, une jeune femme, accompagnée d'un petit enfant de cinq ou six ans, avait retroussé sa jaquette et le fouettait jusqu'au sang.

« Qu'a donc fait ce pauvre petit? demanda Estevan touché des larmes de l'enfant, qui pleurait à fendre l'âme.

— Rien, dit la mère, c'est pour qu'il se souvienne de cela, et qu'il ne soit pas voleur quand il sera grand... La corde ne casse pas toujours, ajouta-t-elle comme par réflexion.

— Que va donc devenir cet homme si miraculeusement sauvé? demanda Estevan.

— Il appartient à la confrérie, répondit Jean d'Avila, car il a été manqué par le bourreau ; or, tout homme à qui pareille chose arrive, a la vie sauve, par le seul fait d'avoir été touché de la baguette du frère majeur de paix et charité : ceci est un privilége assuré à cette société par plusieurs lois et ordonnances du roi Ferdinand d'Aragon, confirmées par Charles-Quint. Croyez-vous, Estevan, qu'un roi puisse trop encourager de semblables associations?

— Et que deviendra maintenant cet homme?

— Soyez tranquille, la confrérie en aura soin, et s'il ne devient probe et honnête, ce sera certainement sa faute; s'il était mort, au contraire, sept heures après la confrérie eût réclamé le corps et fait, à ses propres frais, de magnifiques obsèques.

Une espèce de Gitano qui les écoutait se prit à rire d'un air narquois en marmotant entre ses dents :

« Ça ne lui aurait pas servi à grand'chose, ce bel enterrement. Quel dommage si Mateo n'avait pas manqué son coup! quel fieguancho (165) de moins pour nous! »

A ces paroles, Jean d'Avila reconnut dans le Gitano un membre de la confrérie de la Garduña.

« Quel contraste! s'écria-t-il : là, l'élite de la population, les cœurs les plus purs, la foi la plus éclairée, ici des hommes perdus de vice, abîmés dans le fanatisme, prêts à tout pour de l'argent; d'un côté, l'œuvre de la vraie religion du Christ; de l'autre, les funestes résultats d'une religion défigurée qui n'est plus un frein ou un consolateur, mais un moyen de corruption, un marchepied au pouvoir, un instrument de despotisme.

— Cet homme qu'on vient de sauver était donc un malfaiteur, et restera un malfaiteur, puisqu'il appartient à cette immonde société de la Garduña? demanda Estevan.

— Peut-être, répondit Jean d'Avila... Cependant, ajouta-t-il avec un soupir, le temps n'est pas venu encore où le bien dominera le mal; et dans cette route semée d'épines et de pierres que suivent ceux qui marchent vers le bien, beaucoup se découragent qui n'ont pas assez de force pour souffrir.

— N'importe! s'écria Estevan : gloire à ceux qui marchent, et gloire aussi à ceux qui périssent! ils auront frayé le chemin à ceux qui viendront après.

— Marchons donc! dit l'apôtre; la couronne des martyrs vaut bien celle des triomphateurs. »

Le vide s'était fait autour d'eux. Jean d'Avila montra de la main l'autre côté de la rue de Tolède qui leur faisait face.

« Par ici, dit-il; c'est là le chemin qui conduit au palais. »

XXXII

La Promenade du Roi.

Estevan et Jean d'Avila continuèrent de suivre la rue de Tolède jusqu'à la *plaza Mayor*, qu'ils traversèrent dans toute sa longueur; puis, prenant à gauche la rue des Orfèvres (la *calle de las Plateryas*), ils arrivèrent à l'église de Sainte-Marie-Majeure, la plus ancienne paroisse de Madrid. De là, passant sous l'arcade du Palais (*arco de Palacio*), ils s'arrêtèrent au milieu d'un immense carré long, d'où la vue plongeait au loin, à l'occident du palais, jusqu'à *las Ventas de Alcorcon* (166).

Ils étaient sur la *plaza de Palacio*.

A leur gauche, s'étendait le champ du Maure (*campo del Moro*), profonde et verdoyante vallée qui sépare le Mançanarès de Madrid, et s'étend depuis la porte de Saint-Vincent jusqu'à la porte de Ségovie. A leur droite, c'était *el Pretil*, monticule assez élevé au pied duquel sont adossés les grands corps de garde du palais; et enfin, en face d'eux, le palais lui-même, un immense et superbe édifice, étendant au loin ses larges ailes et, du haut de ce sommet élevé, dominant la capitale des Espagnes.

Cet immense carré de granit, percé dans ses quatre étages de hautes et innombrables fenêtres, avait un aspect à la fois simple, noble et imposant. De larges balcons sculptés ornaient toute la façade supérieure. On entrait par trois grandes portes en arcades, ornées de colones d'ordre corinthien du plus bel effet, et la toiture plate, en ardoise, formait une terrasse inclinée, enfermée dans une balustrade de pierre. Tout cet ensemble était d'un aspect grandiose et vraiment royal.

« Enfin, nous voilà arrivés, dit Estevan en s'arrêtant pour admirer ce somptueux édifice; voilà le terme de notre voyage, le lieu où réside notre dernier espoir.

— Calmez-vous, calmez-vous, mon fils! » dit Jean d'Avila qui cherchait toujours à réprimer cette tendance exaltée qu'il remarquait en ce jeune homme, persuadé que l'exaltation use vainement les forces et ôte cet esprit d'à-propos, ce sang-froid sagace dont l'homme a besoin dans les grandes circonstances de la vie.

Estevan sourit avec douceur, comme un enfant docile à l'être aimé qui le réprimande; le calme inaltérable de l'apôtre exerçait sur lui le plus grand empire.

Ils continuèrent d'avancer jusqu'à la principale porte d'entrée de la *mansion* royale. Elle était gardée par de nombreuses sentinelles, et il se faisait un grand mouvement à l'intérieur; le peuple allait et venait librement comme dans les jours de grande solennité.

Entrée de la Prison.

« Entrons, dit Jean d'Avila, et voyons ce qui se passe. »

Après avoir franchi la première porte, sur le grand escalier de droite, ils virent une foule de peuple, hommes, femmes et enfants, échelonnés le long de la rampe ou vers le mur, formant deux haies de tête d'une expression curieuse et empressée.

Le roi va sortir pour la promenade, dit l'apôtre; mais il ne sortira pas de sitôt, les troupes ne sont pas encore sur la place. Venez, nous allons visiter la cour, qui mérite bien quelque attention. Comme il parlait ainsi, deux régiments de gardes wallonnes et espagnoles en grand uniforme défilèrent sur la place du palais, et se rangèrent, musique en tête, sur deux lignes parallèles aux deux côtés de la principale porte.

Estevan et Jean d'Avila étaient entrés dans la cour d'honneur.

C'était un vaste carré parfait pavé de larges dalles de granit luisant, sur lequel on avait taillé des cannelures en losanges pour que les pieds des chevaux pussent s'appuyer plus sûrement sur cette surface glissante et polie.

De hautes arcades de pierre soutenue par des colonnes cannelées formaient tout autour un large péristyle; au milieu de chacune de quatre façades intérieures s'élevaient, sur un piédestal, deux statues colossales des plus célèbres empereurs romains.

L'intérieur de ce magnifique palais répondait au dehors; c'était une somptueuse demeure digne du grand empereur Charles-Quint.

Comme les voyageurs admiraient cette grandiose architecture, le bruit augmenta sur la place et dans le palais. Les tambours battirent aux champs, et la musique commença à jouer la marche royale. Un roulement rapide se fit entendre. Les carrosses de service attelés de six mules magnifiques (167) richement caparaçonnées, menées par un cocher et un postillon à la livrée du roi, entrèrent majestueusement dans la cour d'honneur, en firent lentement le tour au pas des mules, et le premier vint s'arrêter au pied du grand escalier.

La foule était devenue plus grande. Estevan et Jean d'Avila eurent beaucoup de peine à se frayer un passage jusqu'aux premières marches.

Tout ce peuple tendait les mains vers le large palier qui dominait l'escalier du premier étage, composé de vingt-trois marches. Quelques-uns s'étaient perchés sur la large rampe de granit; d'autres s'étaient assis sur le dos et jusque sur la tête des deux lions géants qui ressemblent, dans leur attitude fière et calme et leur immobilité granitique, à deux impassibles sentinelles éternellement préposées à la garde de la majesté royale.

C'était beau à voir tous ces visages jeunes ou vieux, la plupart hâves et flétris, rayonnants d'espoir et de bonheur dans l'attente de celui qui allait paraître. Le roi, pour ce pauvre peuple si enthousiaste et si bon, si doux et si patient malgré sa fierté incomparable, le roi était bien véritablement l'image de la Divinité; l'image de la justice, de la force et de la toute-puissance; de celui en qui réside en même temps le pouvoir et la bonté, de celui qui peut et qui veut : car tout bien émane de lui, et son bonheur est de le répandre.

Oh! quel beau rôle c'était alors pour un roi que celui de protecteur et de juge! de quels sublimes tressaillements son âme royale devait frémir à l'aspect de ce peuple qu'il tenait, pour ainsi dire, tout entier dans sa main! car il le renversait d'un souffle, le faisait courber d'un mot et le relevait d'un sourire; parce que ce peuple, à la fois naïf, fier et candide, adorait en lui la majesté du père, plus encore que la majesté du roi; son obéissance n'avait rien de servile, car, lorsque l'obéissance se résume par ces deux mots : respect, amour, cette obéissance-là honore l'homme au lieu de l'avilir; elle n'est plus qu'un acte d'indépendance et de libre arbitre

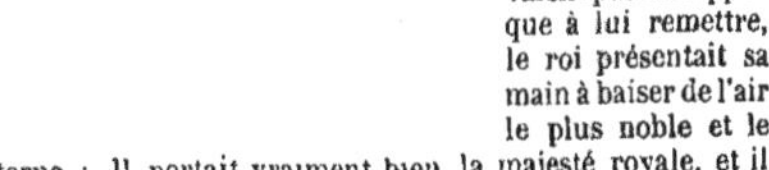

Le Pendu.

Cette population espagnole alors si opprimée, était là haletante, attendant celui en qui résidait tout pouvoir, pour se plaindre et obtenir justice; à cette époque, et au reste cela se pratique toujours ainsi en Espagne, le pays le plus patriarcal du monde, le peuple pour arriver jusqu'au roi, n'avait pas besoin de s'adresser à ses ministres. Le roi d'Espagne ne s'entourait pas de régiments armés, de barrières inabordables; il laissait le peuple approcher librement de sa personne, comme un père fait de ses enfants; et de cette communication libre et intime naissait cet amour immense et impérissable qui liait le peuple et le roi d'un lien moral impossible à briser : aussi, jamais un attentat n'a été même essayé sur aucun roi d'Espagne.

Toutefois, malgré l'expression radieuse d'espoir qui, ce jour-là, se lisait sur tous les visages, on ne remarquait pas sans un vif sentiment de pitié la tristesse profonde empreinte sur ces physionomies naturellement sérieuses; on voyait que ce peuple, si peu exigeant dans les besoins de sa vie matérielle, ce peuple, à qui il aurait fallu si peu pour être heureux, avait au cœur une plaie dévorante : il portait au front le stigmate de ces affreuses luttes d'inertie des êtres forts, qui les tue comme la foudre, sans paraître les avoir touchés.

Mais soudain tous les cœurs frémirent d'un sentiment unanime; une large porte sculptée s'ouvrit au haut du premier palier, et un huissier frappa trois fois dans ses mains.

C'était le signal qui annonçait le roi.

Alors précédé de ses huissiers de service, escorté de quatre hallebardiers, s'avança au milieu de ses gardes du corps ce grand roi Charles-Quint, qui faisait trembler le monde.

Il portait le gracieux costume de l'époque, et bien qu'il ne fût pas d'une très grande taille, il avait dans le port beaucoup de noblesse, et son visage, jeune et fier, avait ce charme particulier et puissant que donne un regard brillant et sagace illuminé par les flammes du génie; la coupe de ses traits était en outre remplie de finesse et de distinction, et si la bonté ne dominait pas toujours sur cette physionomie un peu hautaine, au moins était-elle presque toujours suppléée par cet air d'extrême courtoisie auquel tant de gens se trompent, et que, chez les grands surtout, ils appellent volontiers d'un autre nom.

Jean d'Avila attacha sur le roi un regard profond et scrutateur; c'était la première fois qu'il le voyait d'aussi près.

« Le roi a l'air bon, » dit tout bas Estevan qui le considérait aussi avec beaucoup d'attention.

Jean d'Avila ne répondit pas; il avait plus qu'Estevan l'expérience des physionomies.

Le roi Charles-Quint était comme tous les hommes d'un grand génie, il avait de bons mouvements; mais de là à être complètement et toujours bon, il y a encore fort loin.

L'empereur s'avança lentement pour descendre, et à chaque pas qu'il faisait, il s'arrêtait pour prendre lui-même les suppliques qui lui étaient présentées et les passer ensuite à son capitaine des gardes du corps, qui marchait à côté de lui.

A ceux qui n'avaient pas de supplique à lui remettre, le roi présentait sa main à baiser de l'air le plus noble et le plus paterne ; Il portait vraiment bien la majesté royale, et il avait du génie jusque dans les plus petites choses.

Il descendit ainsi tout ce long escalier, s'arrêtant bien longtemps à chaque marche, accueillant d'un même sourire le pauvre en haillons et le riche citadin, parlant à plusieurs comme s'il les eût connus, faisant quelquefois droit et justice sur l'heure à celui qui le demandait.

Combien de fois ce fier conquérant ne retarda-t-il pas sa promenade pour remonter dans ses appartements avec un solliciteur qui lui demandait justice!

C'était noble et grand, cette condescendance pour ceux qui se plaignaient, cet empressement à réprimer les abus, à satisfaire à une réclamation pressante.

Celui qui souffrait d'une exaction ou d'un malheur n'avait qu'à se plaindre, on ne le faisait pas attendre; il n'était pas besoin que sa plainte, méthodiquement formulée, passât d'échelon en échelon, du premier commis d'un ministère jusqu'aux derniers employés; il n'avait pas à supporter la morgue insolente de cette hiérarchie écrivassière : non, il allait directement au roi, sans empêchement, sans obstacle; car le roi était roi pour tout le monde, et, sur l'heure, réparation était faite : le plaignant n'avait pas à subir l'agonie d'une longue et incertaine attente, qui le plus souvent se termine par un atroce déni de justice.

« Voilà, dit Jean d'Avila, le plus bel attribut de la royauté, représenter la Providence.

— Puisse-t-elle la représenter aussi pour nous! » répondit Estevan.

Charles-Quint continuait à descendre; la musique des gardes jouait la marche royale avec un redoublement d'animation, et les mules du carrosse piaffaient d'impatience, malgré leur humeur naturellement pacifique.

Ceux des gens du peuple qui n'avaient pu trouver place dans l'escalier se pressaient à la porte pour avoir aussi leur part du baise-main.

La journée était chaude et resplendissante; il y avait de la joie et des sourires dans ces éblouissantes clartés que le soleil semblait jeter comme un voile sur la tristesse et la pâleur des visages un moment épanouis; l'affluence était si grande, que Jean d'Avila craignit de ne pouvoir approcher du roi; il entraîna Estevan, cherchant à se faire jour avec lui au milieu de la foule, de manière à se trouver sur le passage du monarque. Mais à chaque halte que faisait le roi, des mains étendues en avant agitaient en l'air d'innombrables placets qui tous étaient reçus avec bonté et immédiatement remis au capitaine des gardes.

Charles-Quint ne témoigna pas la moindre impatience; il ne parut nullement fatigué de ces nombreuses réclamations, qui le retenaient si longtemps. Seulement, sa noble physionomie dénotait par moments une méditation intérieure, un travail constant et involontaire des facultés intellectuelles, une ardeur de génie infatigable, cette ardeur fébrile et dévorante qui tua le moine de Saint-Just pour avoir voulu cesser d'être roi (168).

Enfin, il atteignit la dernière marche; les huissiers avaient un peu écarté la foule, cependant elle était encore trop serrée pour que Jean d'Avila pût approcher du roi; voyant qu'il lui était impossible d'avancer, il éleva ses deux bras en l'air et tendit vers Charles-Quint ses mains suppliantes.

A l'aspect de ce moine, dont la belle figure et le vêtement sacré (169) inspiraient le respect, le peuple se recula de lui-même; le capitaine des gardes fit signe au religieux d'approcher, et Jean d'Avila, les mains toujours étendues, alla tomber aux genoux du roi.

Charles-Quint surpris, le releva avec bonté.

« Que puis-je pour vous, mon père? lui demanda-t-il.

— Faire grâce, sire, grâce à un de vos meilleurs serviteurs; mais cela serait trop long à dire ici, ajouta l'apôtre en jetant un regard sur la foule qui les environnait; j'ai besoin de parler sans témoins à Votre Majesté.

— Venez demain, répliqua Charles-Quint en présentant sa main à baiser à Estevan, qui s'était aussi avancé jusqu'à lui.

— Ce jeune homme est avec moi, dit Jean d'Avila.

— Que ce jeune homme vienne demain avec vous, mon père; nous ferons droit à votre demande.

— Dieu vous bénira, sire! répondit humblement Jean d'Avila.

— A l'audience de demain, » répéta le roi avec bonté.

Un valet de pied ouvrit alors la portière du carrosse royal; Charles-Quint y monta d'un pas leste et dégagé, et le carrosse partit comme un trait, suivi des voitures de service qui portaient les gentilshommes de la suite du roi.

A ce moment, les régiments des gardes portèrent les armes, et le peuple se retira lentement, heureux d'avoir vu celui qui, à ses yeux, était l'image de Dieu sur la terre.

XXXIII

Charles-Quint.

Les audiences royales n'étaient pas en Espagne telles qu'on pourrait se le figurer dans un pays où le cérémonial de l'étiquette avait à la cour une si imposante sévérité.

Cette étiquette, enfantée par l'adoration toute filiale et presque fanatique des Espagnols pour leurs rois, était tout simplement une tradition conservée par le caractère constant de ce peuple aimant, grave et penseur, naturellement ennemi de toute innovation dans ses habitudes; c'était un hommage rendu à un père par ses enfants.

Mais, loin que ces formes respectueuses d'un amour profond et d'une déférence passionnée tendissent à éloigner le peuple du souverain, elles le rapprochaient au contraire par la sécurité même qu'il inspirait au roi, sécurité si grande, que tous les jours, pendant plusieurs heures, le premier venu pouvait entrer dans le palais et obtenir audience, même pendant les gran[ds] jours de baise-main (170).

Le roi recevait ordinairement de dix heures du matin à deu[x] heures de l'après-midi.

Estevan et Jean d'Avila n'eurent garde d'être inexacts au ren[-]dez-vous que leur avait donné Charles-Quint. Le lendemain d[e] leur arrivée à Madrid, dix heures venaient à peine de sonne[r] qu'ils montaient ensemble le grand escalier du palais.

En face d'eux, sur le second palier, s'ouvrait la porte de [la] première antichambre. Ils entrèrent sans que les deux hallebar[-]diers qui étaient de faction à la porte leur opposassent le moind[re] obstacle.

Personne n'était encore arrivé.

L'huissier des *rideaux* leur remit une carte portant le numéro [1] et les deux voyageurs allèrent s'asseoir sur une des banquett[es] couvertes de drap rouge qui meublaient l'antichambre.

Cette antichambre avait trois portes fermées seulement par [de] larges portières de velours. L'une d'elles, en face de la por[te] d'entrée, ouvrait sur la salle du trône; celle de droite conduisa[it] aux appartements du roi; la troisième, à gauche, était celle d[es] appartements des princes.

L'apôtre et son jeune compagnon purent admirer quelques ta[-]bleaux des écoles flamande et italienne, dont les conquêtes d[e] Charles-Quint avaient enrichi le palais.

Pendant ce temps, quelques autres personnes de tout sexe [et] de toute condition arrivèrent l'une après l'autre, et reçurent leur tour de l'huissier des rideaux un numéro d'ordre (171).

La salle du trône restait toujours fermée, et on entendait [le] bruit d'une conversation animée, mais dont on ne distinguait pa[s] le moindre mot.

L'empereur était en conférence avec un ambassadeur de Tuni[s.]

Cette audience se prolongea environ une demi-heure, pendan[t] laquelle dominait toujours la voix de Charles-Quint, tantôt insi[-]nuante et persuasive, empruntant à l'éloquence naturelle d[e] ce grand monarque un accent fascinateur; tantôt brève, accen[-]tuée, dominatrice, empreinte de cette puissance énergique d[e] volonté qui faisait aussi le fond du caractère de Charles-Quint.

Aux inflexions variées de cette voix, il eût été impossible d[e] deviner les véritables sentiments du roi. Elles présentaient [le] même caractère que ses paroles, ambiguës, astucieuses, profo[n-]dément calculées, si adroites, qu'elles lui laissaient toujours [le] moyen de réfuter ses adversaires, quelle que fût l'interprétatio[n] qu'ils eussent donnée à ses actes, à ses paroles ou à ses écrit[s.] L'esprit de Charles-Quint était un réseau délié, où les plus habile[s] se prenaient.

Enfin, l'envoyé tunisien se retira, et un huissier de la chambre, soulevant la large portière, appela à haute voix le numéro 1.

Estevan et Jean d'Avila furent introduits dans la salle du trône.

C'était un lieu d'une incroyable magnificence.

A droite et à gauche, à distances égales, quatre grandes ouver[-]tures fermées par des portières de velours rouge conduisaien[t] aux appartements du roi et à ceux des princes.

Dans les intervalles des portes, couvertes de panneaux sculp[-]tés, une console marquetée et dorée supportait d'énormes cande[-]labres d'argent massif, quelques statuettes ou de magnifique[s] vases ciselés.

Le parquet, d'un dessin admirable, était fait d'un bois dur [et] poli, qui brillait à l'œil sans le secours de la cire.

Trois énormes lustres de cristal de roche étaient attachés a[u] plafond légèrement voûté et couvert d'innombrables dorur[es] d'une délicatesse exquise et d'un fini admirable. Au-dessus d[es] portes courait, tout autour de cette salle, une large cornich[e] dorée, dont l'entablement supportait de riches trophées; et su[r] la paroi supérieure, large espace qui séparait la corniche de [la] voûte, des fresques dues au pinceau des meilleurs peintres repré[-]sentaient une foule de personnages revêtus de divers costume[s] de toutes les nations de la terre. L'Espagne avait ainsi per[-]sonnifié ses conquêtes, qui embrassaient les quatre parties d[u] monde.

Enfin, vers le haut bout de la salle, un trône de velours [et] d'or s'élevait sous un dais magnifique orné d'emblèmes de tout[e] sorte, dont le plus remarquable était un pélican ouvrant so[n] sein pour nourrir ses petits; au milieu brillaient les armes d'Es[-]pagne. Enfin, deux lions au repos, les superbes lions de la mo[-]narchie espagnole, veillaient, satellites immobiles, sur les mar[-]ches du trône impérial.

De larges et hautes fenêtres laissaient tomber un jour éclatant sur toute cette magnificence.

Quelques grands d'Espagne, vêtus à la mode du temps, causaient çà et là à voix basse.

Le roi, légèrement préoccupé, se promenait à pas lents de droite à gauche.

Au moment où Jean d'Avila entra dans la salle, le roi le reconnut aussitôt.

Il s'avança gracieusement vers lui, en le regardant toutefois d'un œil plein de méfiance :

« Que veux-tu? lui dit-il enfin d'un ton bienveillant.

— Justice, Sire, répondit Jean d'Avila en mettant un genou en terre et baisant la main de l'empereur; justice contre l'inquisition qui abuse de ses droits et compromet Votre Majesté par ses cruautés inouïes. »

Au mot d'inquisition, Charles-Quint, ce fier despote, ne put se défendre d'une légère émotion; et, comprenant que l'entretien serait plus grave qu'il ne l'avait pensé d'abord, il fit signe aux gentilshommes de sa suite de s'éloigner.

Quand il fut seul avec Jean d'Avila et le jeune de Vargas, Charles Quint, reprenant le ton sévère et despotique qui lui était familier, dit au franciscain :

« Savez-vous, mon père, qu'il faut un grand courage pour oser se plaindre ouvertement de l'inquisition?

— Non, sire, répondit l'apôtre, il faut seulement un grand amour pour la justice.

— Cet amour-là est dangereux et rare par le temps qui court, répliqua le roi.

— C'est pour cela, sire, qu'on vient le chercher jusqu'au pied du trône, ne le trouvant pas ailleurs.

— Eh bien, voyons, de quoi s'agit-il? parle sans crainte; avant tout, je désire, je veux faire justice. Que t'a-t-on fait?

— A moi? rien, sire, répondit Jean d'Avila; mais vous aviez un serviteur fidèle qui se nommait Manuel Argoso...

— Gouverneur de Séville, je crois, interrompit vivement Charles-Quint.

— Lui-même, sire; Votre Majesté lui avait, de sa propre volonté, conféré ce titre honorable, et jamais homme n'en fut plus digne. Mais l'inquisiteur Pierre Arbues avait à récompenser une de ses créatures. Il a donc fait jeter Manuel Argoso dans les cachots, et mis à sa place un homme de la plus basse naissance, un homme méprisable, vendu à toutes ses fantaisies.

— En effet... je me souviens, dit le roi après un moment de réflexion; j'ai moi-même signé la nomination de cet homme, qui m'avait été recommandé par l'inquisiteur de Séville... On m'assurait qu'il avait rendu d'éminents services à la religion. Mais, poursuivit Charles-Quint, savez-vous, mon père, que cette chose-là est infiniment grave? L'ancien gouverneur de Séville est, à ce qu'il paraît, coupable d'hérésie; de nombreux témoins ont déposé contre lui; il a été convaincu de luthéranisme, et je ne puis arrêter la marche d'un procès intenté par le saint office. Vrai Dieu! poursuivit-il, je n'ai pu sauver mon pauvre bénédictin Virues, dont les sermons faisaient la plus agréable distraction de ma vie (172).

— Des témoins, sire! fit Jean d'Avila avec amertume; Votre Majesté ne sait-elle pas que le funeste droit de l'inquisition, qui lui permet de ne jamais révéler le nom des témoins qui ont déposé contre un accusé, fait tous les jours commettre les abus les plus monstrueux; qu'il suffit qu'un homme soit l'ennemi d'un autre pour compromettre sa vie et le traîner devant le tribunal de l'inquisition?

— Manuel Argoso avait-il des ennemis? demanda le roi.

— Aucun, sire : Manuel Argoso était généralement aimé; un seul homme à Séville avait peut-être des motifs...

— Quel était cet homme?

— Cet homme, sire, c'est le grand inquisiteur de Séville.

— Mon père, dit sévèrement Charles-Quint, pour accuser aussi légèrement un grand dignitaire de l'inquisition, oubliez-vous quel profond respect nous devons aux inquisiteurs et à tout ce qui se rattache au saint office, institué par mon noble aïeul et par ma sainte aïeule Isabelle la Catholique?

— Sire, répondit le religieux, je n'ai garde d'oublier le respect qu'on doit aux prêtres du seigneur, étant moi-même un de ses ministres, ni de vouloir en éloigner les autres; j'approuve et je vénère tout ce qui tend à propager et à affermir parmi nous la sainte religion de Jésus-Christ; mais je proteste contre la fourbe et l'hypocrisie des ministres indignes qui deviennent sacriléges et profanent cette sainte doctrine en la rendant l'instrument de leurs passions mauvaises, en s'en faisant un manteau pour couvrir leur injustice, leur turpitude et leurs iniquités. »

Charles-Quint était homme de génie, il aimait le courage et l'audace; tout ce qui portait un cachet de grandeur excitait en lui une vive sympathie, et bien que sa terreur de l'inquisition fût grande, il considéra avec une profonde admiration cet homme loyal et courageux qui osait, en présence du roi, jeter ainsi l'anathème sur une institution dont le roi lui-même ne prononçait le nom qu'en tremblant.

« Mon père, dit-il enfin d'une voix calme, quelle preuve avez-vous de l'inimitié de Pierre Arbues pour le gouverneur de Séville, et de l'injustice de ses poursuites contre lui?

— Sire, répondit Jean d'Avila en faisant allusion aux confidences qu'il avait reçues de Dolores, il est des choses qui appartiennent au secret de la confession et qu'il n'est pas permis de divulguer; ces choses, je ne les dirai pas, car elles m'ont été confiées au tribunal de la pénitence; cependant, lorsque la vie et l'honneur de l'homme sont en cause, il faut, sans manquer à son devoir, dire ce qu'il est possible de dévoiler pour le sauver. J'affirme, je jure ici devant Votre Majesté, que l'inquisiteur de Séville a agi contre Manuel Argoso par pure vengeance personnelle, qu'il l'a faussement accusé d'hérésie, et...

— Qui prouvera que c'est faussement? interrompit vivement Charles-Quint. L'hérésie! voilà bien la véritable plaie du royaume. Les doctrines de Luther ont pénétré partout; et ce moine insensé, qui se croit plus habile que les pères de l'Église, plus saint que le pape lui-même, a jeté sur toute l'Europe catholique un immense brandon de discorde. Sa doctrine est abominable et pernicieuse, et je ne saurais trop approuver le zèle que les inquisiteurs de mon royaume déploient contre les insensés qui s'en laissent séduire... Voilà bien les hommes! poursuivit Charles-Quint, toute nouveauté les charme! un mot retentissant et sonore les soulève. Indépendance, liberté religieuse, ce sont là des mots vides qui les remuent, qui leur font prendre en haine le joug ecclésiastique; ils se laissent séduire, comme les enfants, au plaisir d'échapper à l'autorité de ceux qui les dirigent, et ne veulent pas comprendre que le bonheur est dans l'obéissance, que la sûreté, que la prospérité des États et celle des familles ne peuvent avoir de meilleure garantie que l'accord unanime des gouvernants et des gouvernés; mais non, ils veulent se soustraire à la légitime autorité de l'Église; ils raisonnent les choses qui doivent être aveuglément adorées, et de ce raisonnement naissent les soulèvements et la révolte. Ils ont nié l'autorité du pape, qui sait s'ils ne finiront pas par nier celle du roi? Croyez-moi, mon père, ne défendez pas les sectateurs de Luther; c'est une race abominable que je déteste. »

« Jean d'Avila avait écouté en silence cette longue sortie de Charles-Quint; il le laissa exhaler, sans l'interrompre, sa haine contre les protestants; puis, lorsque l'exaltation du roi se fut un peu calmée, ne rencontrant pas d'obstacle, Jean d'Avila prit Estevan par la main et le présenta au roi en disant :

Sire, voici ma réponse à Votre Majesté : J'improuve comme elle tout ce qui tend à dénaturer la religion de Jésus-Christ : voilà pourquoi je lutte contre les inquisiteurs qui la font haïr en prétendant la défendre. Ce jeune homme se nomme Estevan de Vargas. Son père fut fait membre du conseil de Castille par le roi Philippe Ier; il a toujours été un pieux chrétien, un zélé défenseur de la monarchie. Estevan a suivi l'exemple de son père. Eh bien! l'inquisiteur Arbues, ne pouvant le poursuivre judiciairement, a voulu attenter à sa vie.

— Que dites-vous-là, mon père? fit sévèrement Charles-Quint.

— J'ai la preuve authentique de ce que j'avance, répondit le religieux, et je puis la donner à Votre Majesté.

— Taisez-vous, mon père, murmura le roi; vous en avez dit assez pour envoyer au Quemadero la moitié de l'Espagne.

— Votre Majesté est discrète, répliqua Jean d'Avila en souriant avec finesse.

— Vrai Dieu, mon père, pouvons-nous compter sur votre discrétion comme vous pouvez compter sur la nôtre? Dites-nous votre nom, s'il vous plaît; car nous ne savons pas encore à qui nous parlons.

— Jean d'Avila, » répondit simplement l'apôtre.

A ce nom révéré dans toute l'Espagne, qui emportait avec lui l'idée de toutes les vertus, Charles-Quint, saisi de ce respect involontaire qu'inspirent toutes les vraies grandeurs, se prit à considérer l'apôtre avec un vif sentiment d'admiration.

« Je ne m'étonne plus de votre courage, mon père, lui dit-il enfin, et je vois avec douleur les abus de l'inquisition; car maintenant il ne m'est plus permis de douter. »

L'empereur aurait dû ajouter : « et devant vous je puis parler sans contrainte. »

C'est en effet ce qu'il fit, bien sûr qu'il n'avait rien à redouter d'un pareil témoin. L'amour apparent de Charles-Quint pour l'inquisition était loin d'être sincère; il était, au reste, comme tous les sentiments de ce monarque, réglé exactement sur les exigences de sa politique.

Loin d'être pieux avec conviction et fortement attaché aux doctrines de Rome, Charles-Quint en eût volontiers fait bon marché en faveur de celles de Luther, si les idées d'indépendance de la réformation n'eussent effrayé son despotisme ombrageux. Ennemi de l'inquisition dans sa jeunesse, il la protégeait dans son âge mûr, et, tout en la détestant, il la choyait comme le plus puissant auxiliaire de ses exactions, de son amour du pouvoir, de l'argent et de la conquête.

Toutefois, il se révoltait souvent contre elle dans son for intérieur, car il eut plus d'une fois à s'en plaindre. Charles-Quint était le roi d'Espagne, l'inquisition était le roi de Charles-Quint.

Une chose a manqué au génie de ce grand empereur, c'est de comprendre que la plus belle gloire d'un roi est de favoriser les progrès des lumières, au lieu de chercher à « *les mettre sous le boisseau;* » qu'il est plus facile, plus glorieux et plus doux de régner sur des hommes libres que sur un peuple d'esclaves, et que cela, d'ailleurs, est dans le véritable esprit de l'Évangile. La réformation tendait à instruire les masses, à répandre partout les trésors de la science; et certes Charles-Quint, en lui devenant hostile, comprit mal ses véritables intérêts : il eût trouvé un plus solide appui dans la philosophie éclairée et la loyauté des protestants, que dans le despotique et ambitieux fanatisme des moines. Mais il ne devina pas cela, et laissa tomber la balance du côté où il pensa que son intérêt la faisait pencher.

« Mon père, dit-il à Jean d'Avila, nous déplorons vivement les abus de l'inquisition, et nous voudrions pouvoir les réprimer; mais songez que cette formidable institution, fondée dans un but utile et pieux, est aujourd'hui plus puissante que Rome elle-même, et que le pape n'ose lutter contre elle (173).

— L'empereur Charles-Quint a osé lutter contre le pape, répliqua Jean d'Avila, faisant allusion à la réponse de Charles-Quint à un bref que le pape Clément VII avait lancé contre lui quelques années auparavant; et l'empereur luttera contre l'inquisition, car il y va des droits de la justice et des droits de l'humanité. »

Un sourire de satisfaction glissa sur les lèvres du monarque; il ne se rappelait pas sans un vif sentiment d'orgueil ce virulent manifeste publié en Allemagne, chef-d'œuvre d'énergie, d'amertume et de diplomatie, qui ramena à lui les esprits aigris par ses protestations antérieures contre les doctrines de Luther. Jean d'Avila avait fait vibrer la corde sensible en rappelant à l'empereur cet acte d'une haute politique, qui ressemblait à un acte d'indépendance, et avait si bien servi ses intérêts dans le Nord.

Charles-Quint regarda le religieux avec bienveillance, et lui dit du ton le plus gracieux et le plus *royal* du monde :

« Voyons, mon père, comment vous prouverons-nous le désir que nous avons de vous être agréable? Tâchons surtout de concilier la justice avec les intérêts de la royauté. Empêchons les abus de l'inquisition, mais ne frappons pas sur l'inquisition; c'est un serpent qui se retourne pour mordre aussitôt qu'on le touche, et ses blessures sont toujours mortelles.

— Le lion ne redoute pas la morsure du serpent, et Votre Majesté est roi pour commander, répliqua l'apôtre; ce n'est que par l'énergie de sa volonté qu'elle imposera à ces audacieux profanateurs d'une loi toute d'amour, dont les cruautés inouïes ont dépeuplé et appauvri l'Espagne. Qu'avaient fait ces familles mauresques si ardemment persécutées par l'inquisiteur général Adrien, qu'elles ont abandonné le pays par milliers, emportant sous un ciel étranger leurs richesses et leur industrie, source de la prospérité du royaume?

— Les Mauresques s'étaient révoltés, dit Charles-Quint.

— Les Mauresques imitaient le chameau du désert, qui jette sa charge à terre lorsqu'elle est trop lourde, répondit d'Avila.

— Adrien Florencio était d'un caractère doux et pacifi[que], répliqua le roi, il n'a jamais rien fait qu'à bonne intention.

— Adrien Florencio était faible, sire; il laissait faire le[s] sans le réprimer, et trompait Votre Majesté sur la véritable [con]duite des inquisiteurs (174).

— Moine! tu es bien hardi d'oser parler ainsi! s'écria le [roi] dont l'orgueil indomptable ne souffrait pas qu'on le crût cap[able] de se tromper ou d'être trompé par les autres.

— Je dis la vérité à Votre Majesté, sire, répondit le religi[eux] et la vérité a le droit d'être entendue. Les inquisiteurs d'E[spa]gne ne sont pas des prêtres, mais des bourreaux; ils oppri[ment] le peuple, et le roi est le défenseur du peuple. »

En parlant ainsi, Jean d'Avila regardait le roi bien en f[ace] sans audace, sans forfanterie; une majesté sainte rayonnait [sur] son visage.

Charles-Quint se sentit subjugué par ce mélange de simpl[icité] et de noblesse, de génie et de sainteté, qui faisait de l'apôtr[e un] homme si remarquable.

« Continuez, lui dit simplement l'empereur.

— Sire, poursuivit le religieux, un homme a été fausser[ment] accusé et injustement torturé. L'inquisiteur de Séville a com[mis] ce crime, c'est à lui de le réparer. Que Votre Majesté ordon[ne à] Pierre Arbues de mettre en liberté don Manuel Argoso.

— Je ne puis faire cela, dit le roi pensif.

— Ah! sire, s'écria Jean d'Avila, sera-ce donc en vain votre beau royaume d'Espagne aura salué par tant d'acclamat[ions] votre avénement à la couronne? Votre Majesté aura-t-elle va[ine]ment promis aux cortès de faire cesser les persécutions e[t les] supplices et d'éteindre les bûchers (175)? Non, sire, vous ne [vou]drez pas faillir aux promesses de votre règne, et c'est à bon d[roit] que j'ai espéré en vous. Manuel Argoso est innocent, et vo[us le] protégerez, sire, et vous sauverez la vie d'un des plus purs [ser]viteurs de votre monarchie. Un mot de Votre Majesté suffit, p[our]suivit le religieux avec entraînement; dites ce mot, et votre [nom] sera béni dans toute l'Espagne : car la justice des rois es[t la] sauvegarde du bonheur des peuples.

— Ce jeune homme est-il parent de don Manuel Argoso? [de]manda Charles-Quint en désignant Estevan de Vargas.

— Je devais devenir son fils, répondit Estevan d'un air [mo]deste et assuré.

— Manuel Argoso a donc une fille?

— Un ange, répondit Jean d'Avila; la plus belle et la [plus] chaste de toute l'Espagne; comprenez-vous maintenant, s[ire,] pourquoi le gouverneur de Séville est accusé d'hérésie? »

Charles-Quint se mordit les lèvres; ce n'était pas la prem[ière] fois qu'on portait une semblable accusation contre les inqu[isi]teurs du royaume.

Le roi s'approcha vivement d'une table où il y avait des [plu]mes, du papier et tout ce qu'il fallait pour écrire.

« Que ces choses se passent entre nous, dit-il en s'adress[ant] au jeune Vargas; veux-tu, pour cette fois, me servir de se[cré]taire?

— Je suis aux ordres de Votre Majesté, répondit Estevan e[n se] rapprochant de la table.

— Ecris, » dit le roi.

Estevan prit une plume et une feuille de vélin.

L'empereur continua, dictant très vite, sans s'inquiéter [de son] secrétaire, selon son habitude :

« Éminence,

« Don Manuel Argoso, comte de Cevallos, en ce moment d[ans] les prisons du saint office de Séville, a constamment été n[otre] serviteur fidèle, et nous l'avons toujours cru bon et zélé cat[ho]lique. L'accusation d'hérésie qui pèse sur lui nous paraît exa[gé]rée, et il se pourrait que cette accusation fût l'œuvre de quel[que] ennemi du comte, intéressé à le perdre. C'est pourquoi n[ous] osons espérer que Votre Éminence cherchera à découvrir la [vé]rité et à rendre justice à notre fidèle serviteur. Nous compt[ons] même que Votre Éminence voudra bien terminer son procès [au] plus tôt et de la manière la plus conforme à la justice et à [la] charité chrétienne.

« En notre palais de Madrid, ce 20 mai 1534.

« Charles (176). »

Cette lettre écrite, le roi la scella lui-même de son sceau royal et la remit à Jean d'Avila en lui disant :

« Nous sommes charmé, mon père, d'avoir vu de près l'apôtre de l'Andalousie. Et vous, jeune homme, ajouta-t-il en s'adressant à Estevan, quand vous serez le gendre de don Manuel Argoso, revenez à notre cour, nous vous y ferons une position digne du nom que vous portez.

— Je rends grâce à Votre Majesté, sire, répondit le jeune Vargas; mon cœur et mon bras sont à elle comme ma vie. »

Le roi remercia Estevan par un gracieux sourire et rentra dans ses appartements.

Le même jour, Estevan et Jean d'Avila quittèrent Madrid.

XXXIV

Rodriguez de Valero.

Quinze jours s'étaient écoulés depuis l'audience où nous avons vu en présence Jean d'Avila et Charles-Quint.

De retour à Séville, le premier soin d'Estevan fut de s'informer de Dolores. José lui avait recommandé de n'aller jamais sans lui à la maison de Juana; et comme il ne pouvait pas se présenter au palais inquisitorial, où habitait le favori de Pierre Arbues, Estevan se rendit à la nuit tombante à la taverne de la Buena Ventura, pensant que l'alguazil ou sa sœur pourrait l'instruire du sort de celle qu'il aimait, et sur ce qui se passait à l'inquisition.

Lorsque le jeune Vargas arriva à la taverne, il n'y avait personne d'étranger; ce n'était pas encore l'heure du repas du soir. La Chapa était donc seule dans sa cuisine, préparant, d'une main exercée, les différents mets qu'elle destinait à ses pratiques.

De temps à autre, elle quittait son fourneau pour aller regarder dans la rue et voir si personne n'arrivait; puis elle retournait à sa *chanfaina* (177), en murmurant entre ses dents;

« Voici pourtant l'heure où les ouvriers ont achevé leur besogne et les moines leurs sermons. Allons, poursuivit-elle, dépêchons-nous, ils vont tomber ici tout à l'heure comme une nuée d'oiseaux affamés. »

Comme elle achevait ces paroles, elle aperçut une jeune cavalier enveloppé d'un manteau, qui se dirigeait vers la taverne. La Chapa se recula en arrière pour lui laisser le passage libre. Le cavalier entra, et après avoir regardé autour de lui, il parut satisfait de se trouver seul.

Il écarta un banc et s'assit, le dos tourné à la porte, devant une des longues tables qui meublaient ce sale réduit.

« Que désire votre seigneurie? demanda La Chapa de cette voix douce et perlée qui distingue les femmes de l'Andalousie, et dont le charme s'accroît en raison de la bonne mine du cavalier auquel elles s'adressent.

— Sers-moi une tasse de chocolat, répondit Estevan en ôtant le chapeau à larges bords qui couvrait sa belle tête, et le déposant à côté de lui.

— Quel beau cavalier! » pensa l'Andalouse, en s'occupant de le servir de son mieux.

Lorsqu'elle eut posé devant lui la tasse, le verre d'eau et *los azucarillos* (178), accompagnement obligé de tout *refresco* (179) espagnol, Estevan, regardant la tavernière avec confiance et amitié, lui dit en l'applant par son nom :

« Assieds-toi près de moi, Chapa, j'ai grand besoin de toi aujourd'hui.

— De moi, señor, fit-elle étonnée; comment cela est-il possible, et que puis je pour Votre Seigneurie?

— Tu connais la señora Dolores, la fille du gouverneur de Séville? »

La sœur de Cocó regarda Estevan avec de grands yeux étonnés.

« Je ne sais ce que vous voulez dire, señor, répondit-elle; je ne connais pas la personne dont vous me parlez.

— Tu la connais et tu connais l'apôtre aussi, dit Estevan, qui vit bien que la défiance seule avait dicté la réponse de la tavernière. Eh bien! Chapa, ne crains rien, c'est l'apôtre qui m'envoie, et désire savoir si la señora Dolores est toujours dans la maison où Sa Révérence don José l'avait cachée... Mais parle donc, » poursuivit Estevan en remarquant la pâleur soudaine qui avait envahi les joues brunes et fraîches de la jeune Andalouse.

La sœur de Coco, au lieu de lui répondre, se releva brusquement et courut vers sa cuisine en s'écriant :

« Ah! mon Dieu! voilà ma marmite qui verse; je suis à vous tout à l'heure, seigneur cavalier. »

A ce moment, la porte de la taverne s'ouvrit et Coco lui-même, revêtu de son costume d'alguazil, s'arrêta tout surpris de voir encore si peu de monde chez lui; mais après avoir envisagé Estevan qui s'était retourné à son arrivée, il le reconnut et une expression triste et chagrine se répandit sur la mobile physionomie du tavernier.

« Enfin, vous allez me répondre, vous, fit le jeune seigneur; j'ai vainement interrogé votre sœur, je n'ai pu rien tirer d'elle. Asseyez-vous près de moi, señor Coco, et dites-moi, je vous prie, ce qui s'est passé depuis le jour où j'ai quitté Séville. »

La Chapa s'était curieusement avancée sur la porte de sa cuisine.

L'alguazil se rapprocha d'Estevan et se tint debout devant lui d'un air assez embarrassé.

« Mais parlez donc, je vous en supplie! s'écria le jeune Vargas; ma fiancée serait-elle malade?

— Seigneur cavalier, répondit l'alguazil avec embarras, je n'ose en vérité...

— Qu'est-ce donc? mon Dieu! » demanda le jeune homme avec impétuosité.

L'alguazil baissa la tête et ne répondit pas.

Estevan se releva par un mouvement désespéré, et, courant vers la sœur de Coco il lui prit les deux mains qu'il serra avec force en lui disant avec angoisse :

— Parle, toi, Chapa; qu'est devenue la fille du gouverneur? est-elle morte ou vivante? Quoi qu'il en soit, réponds; je veux tout savoir. »

La Chapa, qui grillait de tout dire, regarda alors son frère comme pour le consulter.

« Tu peux parler, dit Coco comprenant ce regard : pour moi, je n'aurais pas la force; parle, ma sœur, c'est le fiancé de la jeune señora.

— Seigneur cavalier, dit alors la Chapa, saisie d'une timidité excessive en présence de cette douleur qu'elle allait soulever, promettez-moi de ne pas trop vous affliger, au moins.

— Mais enfin, qu'y a-t-il? s'écria Estevan dans une angoisse inexprimable.

— Seigneur, votre fiancée...

— Eh bien?

— Elle est...

— Quoi? achève donc, par le ciel!

— Dans l'inquisition, répondit la Chapa d'une voix basse et tremblante.

— Oh! s'écria Estevan en se frappant le front, j'aurais dû m'en douter; un dominicain!...

— Seigneur cavalier, fit vivement l'alguazil, gardez-vous d'accuser don José, il est innocent de tout cela. »

Mais les protestations de Coco n'étaient pas suffisantes pour détruire les préventions d'Estevan. Il se reprochait vivement de s'être confié au jeune moine; et comme nous sommes toujours portés à rejeter sur autrui les malheurs qui nous arrivent, il blâmait amèrement en lui-même ce qu'il appelait l'imprudente confiance de Jean d'Avila.

« Tu as donc vu ma fiancée, demanda-t-il à Coco, puisque tu es souvent de service dans cette abominable prison?

— Non, seigneur, répondit l'alguazil; mais Sa Révérence don José l'a visitée plusieurs fois, et je suis certain, ajouta-t-il à voix basse, qu'il s'occupe des moyens de la délivrer. »

Un sourire amer et sarcastique entr'ouvrit les lèvres d'Estevan; un soupçon terrible venait de se glisser dans son âme; il connaissait la *profonde moralité* des moines; et en ce moment la nouvelle de la mort de Dolores lui eût peut-être été moins douloureuse que la crainte qu'il venait de concevoir.

Accablé sous le poids de tant d'émotions diverses, il s'affaissa sur son siége, et posant ses deux coudes sur la table, il laissa tomber sa tête dans ses mains.

Le bruit de deux voix qui parlaient sur un diapason très-élevé lui fit bientôt relever la tête; deux hommes venaient d'entrer dans la taverne de la *Buena Ventura* : l'un portait le costume élégant et sévère des *caballeros* de l'époque, l'autre était vêtu avec une négligence sordide.

« Vous ici, Estevan! fit ce dernier en tendant la main au jeune Vargas.

— Moi-même, don Rodriguez.

— Il y a un siècle qu'on ne vous a vu, ajouta don Rodriguez de Valero, que le lecteur connaît déjà; je suis charmé de vous rencontrer, et je vous demande la permission de vous présenter un de mes amis, don Ximénès de Herrera, un noble seigneur aragonais qui sera charmé de faire votre connaissance. »

En s'exprimant ainsi, don Rodriguez de Valero présentait à don Estevan ce même gentilhomme aragonais que nous avons déjà vu figurer à la soirée du comte de Mondejar.

Les deux jeunes seigneurs se firent réciproquement toutes les politesses en usage à cette époque de mœurs chevaleresques, encore empreinte de l'exquise courtoisie des Maures; mais Valero remarquant bientôt l'excessive pâleur d'Estevan et le feu inaccoutumé qui s'échappait de ses deux grands yeux sombres, lui dit d'un ton paternel :

« Qu'avez-vous, don Estevan? vous paraissez souffrir.

— Je n'ai rien, seigneur don Rodriguez, répondit le jeune homme d'un air qui démentait ses paroles.

— Vous me trompez, reprit Valero; vous savez cependant que vous pouvez avoir en moi toute confiance.

— Je le sais, dit Estevan, et je sais aussi que vous êtes le plus grand ennemi de l'inquisition; mais ce jeune seigneur...? ajouta-t-il en désignant don Ximénès du regard.

— Ce jeune seigneur est un loyal chevalier et une âme indépendante, répondit Valero; sans cela vous l'aurais-je présenté comme mon ami? Parlez, dites-nous ce qui vous afflige: nous sommes prêts l'un et l'autre à faire cause commune avec vous.

— Oh! don Rodriguez, s'écria don Estevan, heureux de trouver enfin un cœur où il pouvait épancher toute l'amertume du sien, nous vivons dans un siècle abominable; la justice est bannie de la terre!

— C'est qu'elle est tombée entre les mains des moines, répondit Valero d'un ton âpre.

— Croiriez-vous, messeigneurs, poursuivit Estevan, que, non content d'avoir jeté dans les cachots de l'inquisition le gouverneur de Séville, Pierre Arbues a aussi fait arrêter sa fille, la plus noble femme de toute l'Espagne?

— Sa fille! s'écria don Ximénès de Herrera, en jetant à Valero un regard d'intelligence.

— Oh! fit Valero vivement, je vous avais bien dit, don Ximénès, que ce jour-là ne se passerait pas sans dénonciations ou même quelque chose de pire.

— Vous savez donc ce qui s'est passé, don Rodriguez? demanda Estevan avec anxiété.

— Calmez-vous, calmez-vous, répondit le vieux chevalier; je vais vous apprendre tout ce que nous savons là-dessus. »

Et don Rodriguez de Valero raconta brièvement au fiancé de Dolores les événements qui avaient eu lieu pendant la soirée du comte de Mondejar; moins, toutefois, la trahison de ce dernier, qui était restée un secret pour tous ses convives, excepté pour le grand inquisiteur.

Estevan écouta tout avec une profonde admiration pour Dolores et un souverain mépris pour ses bourreaux; mais ses terreurs s'en augmentèrent: il se défiait de José et connaissait Pierre Arbues.

— Savez-vous, messeigneurs, dit-il enfin en éclatant, qu'il ne faut pas s'étonner de ce sourd ferment de révolte caché sous l'obéissance apparente et passive des Espagnols?

— Les Espagnols, répondit Valero, ne sont encore qu'un corps à qui il manque une tête; ils souffrent et se remuent dans des convulsions douloureuses sous l'étreinte du despotisme; mais ils n'ont pas l'intelligence qui conçoit, combine et organise les moyens de briser les liens qui les retiennent.

— Ce n'est pas tout de dire : « je souffre », en se tordant sous ses chaînes, poursuivit le vieux chevalier; on les enfonce plus avant dans sa chair; il faut avoir la persévérance qui les ronge maille à maille, ou l'audace et la témérité qui, d'un seul coup, brisent le sceptre du despotisme. »

En parlant ainsi, le visage du vieillard, animé du saint amour de la liberté, avait une expression sublime, et son grand front plein de génie brillait sous ses cheveux blancs comme sous une couronne.

« Don Rodriguez, dit Estevan remué jusqu'au fond des entrailles par ces généreuses pensées qui étaient aussi les siennes, don Rodriguez, ce n'est pas la tête qui manque au corps, ce sont plutôt les soldats qui manquent au chef; notre armée d'hommes libres est trop faible encore pour lutter avec succès contre ces innombrables troupes de moines et de familiers.

— Si bien, répliqua le sarcastique Valero, qu'on pourrait presque envelopper l'Espagne dans un immense capuchon.

— Oh! don Rodriguez, s'écria Estevan, ce n'est pas le moment de railler; ma fiancée est dans les cachots du saint office, et son père est peut-être déjà condamné.

— Vous aurez bien de la peine à les sauver, mon pauvre Estevan.

— Je sauverai le gouverneur; je l'espère, du moins, répondit le jeune homme; mais Dolores, mon Dieu! Dolores!

— Et par quel moyen, s'il vous plaît, demanda le vieillard, espérez-vous arracher aux serres de ce vautour inquisitorial qu'on nomme Pierre Arbues, la proie qu'il a déjà saisie?

— Oh! fit le jeune homme avec confiance, il y a en Espagne un pouvoir plus grand que celui de l'inquisition.

— Ce pouvoir, où le trouverez-vous?

— Sur le trône, don Valero, et le roi...

— Le roi est le premier valet de l'inquisition, répliqua sèchement le vieux seigneur; croyez-moi, cherchez ailleurs votre appui.

— Cependant, fit don Ximénès, il me semble que l'autorité du roi est au-dessus de celle d'un moine, et qu'après tout...

— Savez-vous, messeigneurs, interrompit Estevan, que j'arrive aujourd'hui même de Madrid, et que l'empereur Charles-Quint a daigné me donner une lettre pour l'inquisiteur de Séville?

— Et après votre départ, fit dédaigneusement Rodriguez, le grand empereur Charles-Quint aura sans doute fait partir un courrier porteur d'une seconde dépêche qui arrivera avant la vôtre, don Estevan.

— Oh! trahison! s'écrièrent en même temps les deux jeunes chevaliers...

— Cela est-il possible? demanda le fier et loyal Estevan; je sais que le roi est ambitieux et avide de richesses; mais qu'il soit fourbe à ce point, je ne puis le croire.

— Comment le savez-vous, don Rodriguez? ajouta l'Aragonais.

— Comment mes cheveux blancs ont-ils vu plus de choses que vos belles chevelures noires, messeigneurs? Croyez-moi, en fait d'appui, ne vous fiez jamais qu'à vous-même, ou à un autre vous-même si le ciel vous a fait ce rare présent; mais surtout ne comptez jamais sur l'amitié d'un moine ou sur une protection royale; c'est une voile légère qui tourne toujours au vent de l'intérêt personnel; celui qui s'y fie échoue le plus souvent sur un écueil.

— L'expérience est une chose amère, observa Estevan d'un ton chagrin.

— Voilà pourquoi la vieillesse est triste, répondit Valero. Cependant, ajouta-t-il, l'expérience ne rend pas tous les vieillards égoïstes, durs, indifférents aux souffrances des autres; elle ne sert quelquefois qu'à les rendre plus sages... ou plus courageux, reprit-il, car le vrai courage est aussi le résultat de la sagesse. »

Pendant cette conversation animée, les trois seigneurs complétement absorbés, n'avaient pas vu une jeune tête de moine s'avancer à la porte de la cuisine dans la pénombre formée vers le fond de la salle, par la rareté et l'exiguïté des bougies; c'était José qui était entré par la porte de l'écurie, et, apercevant ces trois seigneurs occupés à une discussion si vive, avait écouté sans mot dire, car il lui importait de savoir tout ce qui regardait Estevan ou Dolores.

Les paroles de Rodriguez de Valero prirent pour lui un sens qu'Estevan n'avait pas songé à leur donner; José avait cette finesse d'intelligence qui, d'un mot, tire des déductions à perte de vue et ne s'arrête qu'aux dernières limites des conséquences tirées.

Il s'adressa donc à Coco qui, assis dans un coin de la cuisine, appuyait nonchalamment son manteau sur une de ses mains, et lui dit :

« Coco, tu vois ces deux seigneurs qui causent avec don Estevan de Vargas?

— Oui, Révérence...

— Regarde-les bien afin de les reconnaître.

— Je les connais, répondit l'alguazil.

— Tu les observeras et tu me rendras compte de toutes leurs actions.

— Faudra-t-il aussi en rendre compte à monseigneur le grand inquisiteur?

— Non! à moi, à moi seul, répliqua sévèrement don José.

— C'est bien; à vous seul, Béatitude! j'ai parfaitement compris, » répondit Coco, qui adorait José; car cette nature brute el ignorante comprenait d'instinct la supériorité d'âme du jeune régieux, et il subissait aussi la fascination de l'adorable bonté de José, séduction immense dans les êtres supérieurs.

Les trois seigneurs continuaient leur entretien :

« Vous espérez donc beaucoup de cette lettre de Charles-Quint? demanda Ximenès de Herrera.

— Si j'en dois croire don Rodriguez, il n'y a pas grand fond à y faire; n'importe, j'essayerai. Je dois tenter tous les moyens possibles, et si celui-là ne réussit pas... »

L'arrivée d'une nuée de Gitanos et de moines de toutes les couleurs interrompit à ce moment Estevan.

Le jeune comte se souciait peu de se trouver en pareille compagnie, bien qu'à cette époque, en Espagne comme en France, les gentilshommes hantassent volontiers les tavernes; il entraîna Valero et son ami dans la rue.

« Adieu, lui dit-il, je suis forcé de vous quitter.

— Où nous reverrons-nous? demanda Valero.

— Le sais-je? fit Estevan.

— Écoutez, dit Valero d'un ton grave, je doute que votre lettre de Charles-Quint serve à grand'chose; si vous échouez, venez me retrouver *al Muelle* (180). Je m'y promène tous les soirs avant mon souper. . Peut-être, ajouta-t-il, trouverons-nous le moyen de délivrer le gouverneur de Séville et sa fille.

— Que voulez-vous dire? demanda Estevan.

— Je vous expliquerai cela lorsque vous n'aurez plus d'autre moyen de salut pour ceux que vous aimez; adieu, à bientôt. »

Estevan s'éloigna plein de douleur et de crainte.

Valero et don Ximenès rentrèrent dans la taverne.

C'était une jouissance toute particulière pour le sarcastique observateur Rodriguez d'étudier ces diverses physionomies des habitués de la taverne, moines et peuple, qui reflétaient mutuellement sur leurs visages les divers sentiments qu'ils s'inspiraient les uns aux autres. Aussi l'égoïsme et la rapacité des moines, leur immense mépris pour le genre humain, étaient-ils écrits en traits hâves et jaunis sur les visages souffreteux du peuple ou la physionomie rusée des filoux, tandis que sur les figures épanouies des moines, dans leur embonpoint fabuleux et jusque dans leur humble hypocrisie, se lisait le respect profond et aveugle d'un peuple abusé qui croyait faire œuvre méritoire en se dépouillant jusqu'à la peau pour engraisser ces pieux fainéants.

« Asseyons-nous, dit Valero à son jeune ami; c'est ici que je viens faire ma moisson de mépris et de courage... »

Au moment où ils allaient s'asseoir, le son argentin d'une cloche tinta lentement l'Angelus à une église voisine.

Les moines qui soupaient dans la taverne se levèrent gravement et se mirent à réciter l'Angelus d'une voix rauque et nasillarde, avec des yeux baissés et hypocrites qui, tout baissés qu'ils étaient, ne laissaient pas de s'arrêter avec une grande complaisance sur les jambes nues ou les brunes épaules de quelques Gitanillas venues là, comme les autres, pour prendre leur repas du soir.

Pendant ce temps, José s'était rapproché de la table où étaient assis Valero et don Ximenès.

Le peuple répondait en chœur à l'oraison récitée par les moines.

Valero, seul, resta les lèvres closes et ne fit pas même le signe de la croix.

A peine avait-on prononcé le dernier *amen*, qu'un hiéronymite qui se trouvait près de lui l'apostropha d'un ton colère :

« Es-tu donc hérétique pour ne pas prier avec nous?

— Il est bon à vous de prier en public et de vous agenouiller dans les temples, répondit gravement Valero, vous avez tant de turpitudes à expier, que ce ne serait pas trop de passer votre vie entière à genoux en criant à Dieu de vous faire miséricorde.

— Que dit ce mendiant? demanda un moine de la Merci en toisant d'un air dédaigneux les vêtements plus que négligés du vieux gentilhomme.

— Je dis, répliqua Valero, que tu as payé plus d'arpents de terre avec l'or des fidèles, que tu n'as racheté de captifs. »

Le mercenaire se leva, les yeux étincelants de courroux, et s'avança avec un geste menaçant vers l'homme farouche qui osait le braver ainsi.

Les Gitanos et les gens du peuple baissaient la tête sur leur écuelle pour cacher la satisfaction intérieure que leur causait cette querelle.

José considérait Valero de son œil profond et scrutateur.

Le vieux gentilhomme resta ferme à sa place, et du ton le plus calme et le plus froid, envisageant le mercenaire, dont le visage était empourpré par la fureur :

« Que me voulez-vous? lui demanda-t-il.

— Je veux t'apprendre comment on doit respecter les ministres du Seigneur, répondit le moine d'une voix étranglée par la colère.

— Les vrais ministres du Seigneur sont doux comme leur maître, reprit Valero sans se déconcerter; ils sont bons et compatissants pour les faibles, et ils les servent au lieu de les opprimer.

— Bien répondu, dit à voix basse un guapo de la meilleure espèce, qui n'était autre que Cuerpo de Hierro.

Le mercenaire leva violemment la main sur le vieux seigneur comme pour le frapper.

José se jeta vivement au-devant de lui en lui disant froidement :

« Laissez cet homme, mon révérend; vous voyez bien que c'est un fou.

— Eh! oui, c'est Valero, s'écria un jeune carme qui n'avait encore rien dit; ne le reconnaissez-vous pas, mon père?

— Fou ou non, il doit prier et s'agenouiller devant les saintes images, répondit brutalement le mercenaire.

— Sans doute, répliqua Valero; adorer comme vous le bois et la pierre, et insulter par les œuvres au roi du ciel, n'est-ce pas ainsi que vous adorez Dieu?

— C'est un hérétique! s'écria le hiéronymite, cherchant à exciter la colère du moine de la Merci.

— C'est un fou, vous dis-je, répéta froidement José.

— Les fous disent quelquefois des choses sensées, » répondit Valero en regardant José au visage.

José haussa légèrement les épaules, et regarda Valero d'un air qui voulait dire :

« Il vaut mieux passer pour fou que d'être brûlé.

— C'est un luthérien! continua le carme.

— Révérence, se hasarda à dire Coco, qui redoutait une plus vive dispute, ce vieux seigneur est insensé, je vous l'assure; notre très saint inquisiteur n'a jamais voulu le faire arrêter à cause de cela.

— Ce fou-là parle bien, dit tout bas une vieille Gitana en s'adressant à Cuerpo de Hierro.

— *Abuela!* réplique le guapo; bienheureux sont les fous qui peuvent tout dire. »

Un *roun roun* (181) des plus expressifs courut dans l'assemblée, semblable au bruit que fait la vague en se déroulant sur le sable.

Les paroles du *fou*, pleines de vérité, avaient un immense écho dans l'âme de ce peuple opprimé, dégradé par le fanatisme et la misère, je ne sais quel retentissement lointain de ses destinées éteintes. Les Gitanos seuls, avec cette superbe indifférence des êtres nomades pour tout ce qui tient aux questions morales, continuèrent tranquillement leur repas; toutefois, dans ces âmes incultes, dégradées, mais pleines d'une sauvage poésie, les paroles de celui qu'on appelait le fou résonnaient d'une manière agréable et sonore, car elles réveillaient à leur insu une des plus vives sympathies de ces hommes sauvages; elles étaient l'expression d'une fierté hautaine et d'un immense amour pour la liberté.

Si la dispute entre Valero et les moines fût devenue sérieuse, malgré le respect qu'inspirait leur robe, peut-être les moines n'eussent-ils pas été les plus soutenus. Le peuple espagnol avait assez à se plaindre d'eux pour user volontiers de représailles lorsque l'occasion s'en présentait. Toutefois, il n'en fut rien; les moines, en hommes *prudents*, on est toujours prudent quand on manque de courage, réussirent enfin à apaiser le mercenaire en lui opposant la folie de Valero; cependant ils eurent beau faire, le peuple de la taverne ne demeura pas convaincu de cette folie. Le peuple a un instinct qui le trompe rarement; ses jugements sont quelquefois plus sûrs que ceux de la science. Il a une philosophie toute particulière à laquelle il serait bon de se rapporter quelquefois.

Cet incident mit Valero en grande vénération parmi les habitués de la taverne.

Lorsqu'il sortit, tous les yeux le suivirent d'un regard oblique, car on n'osait pas témoigner devant les moines l'intérêt qu'il avait inspiré.

Mais aucune de ces diverses nuances n'échappa à l'œil pénétrant de Valero, qui était doué d'une sagacité admirable.

Lorsqu'il fut dans la rue avec don Ximenès de Herrera :

« Don Ximenès, lui dit-il, l'aventure de ce soir pourra nous devenir utile; ces gens-là feront maintenant ce que je voudrai. »

XXXV

Le Témoignage.

Les séances du tribunal de l'inquisition étaient devenues journalières; le moment de l'auto-da-fé approchait : chaque jour, de nouvelles condamnations venaient augmenter le nombre des victimes qui devaient y figurer. Le monstre insatiable ne se lassait pas de frapper; coupables ou non, il lui fallait sa moisson complète : dîme royale, destinée au *vainqueur* de François Ier.

Chaque matin, Estevan et Jean d'Avila se rendaient à la salle d'audience, espérant d'y voir le gouverneur; mais le saint office avait tant à faire, qu'il fallait bien que chacun passât à son tour.

Enfin, le troisième jour, comparut Manuel Argoso.

La séance était nombreuse et solennelle; des accusés de la plus haute distinction devaient y figurer.

Estevan et Jean d'Avila s'étaient rendus de bonne heure à la salle d'audience; grâce à son vêtement religieux, l'apôtre y entrait sans difficulté.

Une rumeur vague avait couru la veille, dans la ville, que le gouverneur devait ce jour-là être jugé; et en outre Coco, envoyé par José, avait averti Jean d'Avila. Estevan et lui allèrent donc se placer sur le banc destiné aux témoins (182)

Là ils attendirent.

Peu à peu la salle se remplissait de monde; les sbires et les familiers allaient et venaient çà et là, occupés de missions diverses; leurs pas retentissaient, comme un écho lugubre, dans les profondeurs de cette salle immense.

Jean d'Avila accusé d'hérésie.

Les tourmenteurs, selon leur habitude, se tenaient, comme des spectres immobiles, à la gauche du tribunal.

Enfin l'heure sonna; les inquisiteurs entrèrent par la porte placée derrière le tribunal et allèrent s'asseoir gravement à leurs places.

Les escribanos occupaient déjà la leur.

La salle était en ce moment remplie de moines et de familiers du haut parage.

La portière qui était à gauche du président s'ouvrit, et les accusés parurent, amenés par les sbires et escortés par les tourmenteurs.

Le premier qui s'avança vers le bâton triangulaire qui devait lui servir de siége, était une femme; elle portait l'habit des ca[r]mélites chaussées.

Le second était un prêtre dominicain. L'assemblée le vit av[ec] étonnement figurer parmi les accusés.

Deux autres victimes suivaient : c'étaient deux hommes jeu[nes] et dans la fleur de la vie. L'un portait sur son visage austè[re] l'empreinte de la méditation et des profondes études; l'aut[re] d'une physionomie franche et ouverte, avait cet abattement do[u]loureux qui s'empare si vite des êtres naturellement enjou[és] lorsqu'ils sont frappés par un grand chagrin.

Ces deux prévenus allèrent se placer à côté de la carmélite, s[ur] le *perchoir*.

Le cinquième était Manuel Argoso.

Ainsi que J[ean] l'avait prédit Dolores, le go[u]verneur, guéri [de] ses meurtriss[u]res, marchait [à] peu près sa[ns] difficulté; m[ais] son visage port[ait] de si profon[ds] stigmates de s[es] souffrances, qu'Estevan ne [le] reconnut pas.

« Voici le go[u]verneur, lui [dit] Jean d'Avila [à] voix basse.

— O mon Die[u] est-ce possibl[e] » fit Estevan; il se mit à che[r]cher dans [les] traits amaigri[s] dans cette ph[y]sionomie hâv[e] dans ces yeu[x] presque étein[ts] qui pouvaient [à] peine support[er] la lumière [du] jour, les trai[ts] remarquables [du] noble comte [de] *Cevallos*. Le com[te] de Cevallos ava[it] perdu cette ex[]pression fière [et] chevaleresque qui le distingua[it] parmi les pl[us] grands seigneu[rs] de ce temps-l[à].

Une incroyab[le] expression d'[a]mertume co[n]tractait ses lèvr[es] flétries.

Il s'assit.

Les sbires et les tourmenteurs prirent leurs places accoutumé[es].

Alors, Pierre Arbues, regardant les accusés, dit à la rel[i]gieuse :

« Levez-vous. »

La carmélite obéit, et, sur un ordre de l'inquisiteur, releva [le] voile qui jusqu'alors avait couvert son visage.

Jean d'Avila tressaillit, il avait reconnu Françoise de Lerme.

Malgré les souffrances du cachot, le visage de l'abbesse d[es] carmélites était encore d'une incomparable beauté. Sa forte [et] vivace jeunesse avait résisté à l'air infect, à la nourriture abom[i]nable de l'inquisition, à l'absence presque complète de mouve[]ment; sa mobile physionomie n'avait rien perdu de son expres[]sion hautaine. Elle attacha son œil noir et perçant sur le visag[e] de l'inquisiteur, essayant de troubler sa conscience; mais l'acteu[r] était prêt pour son rôle, Pierre Arbues resta impassible. Alors, sans attendre les questions d'usage, l'abbesse des carmélites élevant fièrement la voix :

« De quoi m'accuse-t-on? dit-elle.

— De luthéranisme, répliqua froidement l'inquisiteur. Vous auriez dû attendre mes questions, ma sœur, » ajouta-t-il d'un ton doucereux.

Françoise sourit dédaigneusement.

« Du luthéranisme ! fit-elle ; et comment le prouverez-vous?

— Ma sœur, Dieu prend toujours soin de découvrir les crimes cachés, afin qu'ils soient reconnus et châtiés selon sa justice.

— Dieu ne peut avoir découvert un crime que je n'ai pas commis, répondit la carmélite d'un air de défi.

— Ma sœur, continua Pierre Arbues, il serait plus conforme à l'esprit de notre sainte religion d'avouer votre crime et de vous en repentir.

— Cette accusation est absurde, répondit Françoise avec un léger mouvement d'épaules. Qui a jamais songé à me rendre hérétique? qui m'accuse enfin, monseigneur?

— Ce livre trouvé chez vous, répondit Pierre Arbues en montrant la Bible luthérienne enlevée par lui dans l'appartement de Françoise, le jour de leur avant-dernière entrevue.

Françoise reconnut parfaitement la reliure de ce livre qu'elle avait feuilleté avec tant de plaisir avec ses favorites; elle devina tout d'abord par quelle infâme trahison Pierre Arbues s'était emparé de ce volume oublié par Catherine ; et, dans la stupéfaction profonde où la jeta cette vue, elle garda un moment le silence, embarrassée de répondre à une preuve si convaincante qui valait tous les témoins possibles.

Le Bruloir.

De ce moment, elle désespéra de son salut; elle comprit bien que si Pierre Arbues n'avait eu l'intention de la faire mourir, il ne se serait pas servi d'une preuve aussi irrécusable. Se voyant perdue, elle accepta cette position extrême avec un grand courage. Cette femme sensuelle, qui avait tant aimé la vie et si peu songé à l'éternité, se détacha soudainement, et comme par une inspiration divine, de ce monde où elle n'avait marqué ses jours que par des fautes. Sa religion superstitieuse et toute fanatique s'éclaira, pour ainsi dire, au bord de la tombe; un rayon d'en haut descendit sur elle, elle voulut clore sa vie par un acte de résignation et de courage.

Elle releva lentement ses yeux, qui étaient restés baissés pendant quelques minutes, et, regardant l'inquisiteur d'un air à la fois fier et inspiré :

« Monseigneur, dit-elle en appuyant sur chacune de ses paroles, je suis une grande pécheresse, et tous les supplices dont l'inquisition punit les relaps, les infidèles et les hérétiques ne suffiraient pas encore pour expier tous mes crimes.... N'est-ce pas, monseigneur? ajouta-t-elle avec un regard clair et perçant qui couvrit d'une imperceptible pâleur le visage de Pierre Arbues. Punissez-moi donc, poursuivit-elle, punissez-moi des tourments les plus affreux; mais dans ce grand acte de justice, monseigneur, n'oubliez pas de frapper sur tous les coupables. Souvenez-vous que celui qui suggère le crime pèche plus encore que celui qui le commet. Je n'ai pas péché seule, monseigneur ; punissez donc aussi mon complice, et que la justice éternelle soit satisfaite.

— Vous êtes seule accusée, répondit le juge, sans regarder Françoise.

— Monseigneur, s'écria-t-elle d'une voix éclatante, je sais que je porterai seule la peine de mes crimes; car qui oserait accuser ceux qui ont mission de juger les autres? Je serai donc en ce monde la victime expiatoire; mais là-haut...

— Qu'on remmène cette femme dans sa prison, interrompit froidement l'inquisiteur; elle n'a pas sa raison, nous l'entendrons une autre fois.

— Monseigneur! s'écria Françoise en montrant le ciel par un geste énergique, il y a là-haut un tribunal suprême qui condamnera les juges prévaricateurs. Pierre Arbues! tu es un prêtre infâme, et tu ne verras jamais la face de Dieu! Fais-moi mourir maintenant, ajouta-t-elle; la justice céleste saura bien punir le moine impudique et le bourreau inquisiteur!...

Françoise ne put continuer; sur un signe de Pierre Arbues, les tourmenteurs la bâillonnèrent et lui lièrent les mains. Elle se laissa emmener sans faire la moindre résistance; mais ayant aperçu Jean d'Avila, elle lui adressa un triste sourire d'affection et d'adieu.

Puis elle traversa la salle avec autant de dignité que si elle eût été au milieu de ses filles, dans son abbaye.

Cet incident excita une émotion profonde dans l'âme de ceux des assistants qui n'étaient pas vendus au saint office (183). L'inquisiteur était loin d'être aimé, et une pareille scène n'était pas de nature à augmenter la vénération des habitants de Séville pour Son Éminence.

« J'ai eu tort de faire comparaître cette femme, pensa l'inquisiteur; c'est José qui m'a conseillé cela; une autre fois je ne prendrai conseil que de moi-même. »

Pierre Arbues interpella alors le premier des deux jeunes accusés qui étaient sur la sellette.

« Comment vous nommez-vous? lui demanda-t-il.

— Antoine Herrezuelo.

— Votre profession?

— Avocat licencié.

— Antoine Herrezuelo, on vous accuse de professer la religion réformée. »

Antoine Herrezuelo ne répondit pas.

« Qu'avez-vous à dire pour votre défense? » poursuivit l'inquisiteur.

Même silence de la part du licencié.

« Antoine Herrezuelo, est-il vrai que vous ayez embrassé la religion de Luther?

— Je professe la vraie religion du Christ, répondit l'accusé.

— La religion que vous appelez la religion du Christ est celle des apostats et non celle de l'Eglise, répliqua l'inquisiteur.

— Quand l'Église défigure et avilit les traditions évangéliques, et qu'elle confie à des mains impures la garde du troupeau de Jésus-Christ, il faut bien que les savants et les sages se fassent eux-mêmes les dépositaires de la loi, et, l'Évangile à la main, condamnent ceux qui ont fait de l'Évangile un code de débauche et de brigandage. »

Jamais peut-être parole aussi hardie n'avait été prononcée en face de l'inquisition. On reconnaissait bien là l'âpre courage des sectateurs du grand Luther, leur héroïque mépris de la vie terrestre, l'incroyable fermeté de ces hommes graves et sévères qui regardaient comme une violation de la loi chrétienne toute mollesse et tout abandon aux joies de la vie, et cherchaient à ramener les hommes à la simplicité pleine de grandeur des premiers siècles du christianisme.

L'inquisiteur ne voulut pas en entendre davantage : il eut peur de cette étincelle électrique si aisément communiquée par la parole d'un homme courageux, qu'elle suffit quelquefois à allumer un immense incendie.

« C'est assez dit-il, cet homme avoue son crime et y persévère : qu'on le remmène dans sa prison.

— Dis qu'on le remène au martyre! s'écria le savant avec un sombre enthousiasme. Merci, mon Dieu! je mourrai pour ta cause. Le sang versé ne sera pas stérile; la vérité luira un jour sur le monde! »

Un tourmenteur s'approcha pour bâillonner Herrezuelo, l'accusé le repoussa avec dignité.

« C'est inutile, fit-il, je n'ai plus rien à dire, je me tairai. »

Puis, se tournant vers l'autre jeune homme qui était son compagnon de cachot, il lui fit sans parler un geste amical comme pour l'encourager.

On emmena Antoine Herrezuelo.

L'autre victime se leva avant qu'on le lui eût ordonné.

« Votre nom? demanda l'inquisiteur.

— Guillaume Franco, hidalgo (184).

— Guillame Franco, vous êtes accusé d'avoir commis un sacrilége en frappant un prêtre du Seigneur.

— J'ai frappé un infâme qui m'avait déshonoré, répondit Franco d'un ton triste et farouche; un ministre indigne qui, à l'abri de son vêtement sacré, a apporté chez moi le désespoir et la honte, séduit une femme que j'aimais et dont j'avais des enfants; un monstre qui avait béni mon mariage et en a lui-même brisé les liens. J'ai voulu le tuer, et je l'ai chassé de ma maison; mais j'étais dans mon droit, c'est lui qui était le sacrilége; je n'étais que le justicier. »

L'inquisiteur se mordit les lèvres; il semblait que ce jour-là tous les accusés qui comparaissaient fussent conjurés contre l'inquisition et doués de ce courage destructeur des abus nés d'une longue et cruelle oppression, et qui inspire un superbe dédain de la vie; c'était comme un réveil partiel de l'Espagne : secousse impuissante à la tirer de la profonde torpeur où ses bourreaux l'avaient plongée.

L'inquisiteur avait assez d'adresse pour neutraliser encore cette fois l'effet de ces courageuses révoltes.

« Guillaume Franco, dit-il avec douceur, il est bien douloureux pour nous d'entendre sortir de votre bouche de pareils blasphèmes; l'esprit des ténèbres vous aveugle, mon fils; il vous suggère ces sentiments impurs. Votre femme est une personne ple de vertu et de vraie piété, elle s'approche souvent des sacremen qu'y avait-il donc d'extraordinaire à ce qu'elle s'entretînt quemment avec son saint directeur? Vous étiez au contraire différent et froid pour les pratiques religieuses; vous avez nég de fortifier votre âme par la prière et les exercices de piété démon, qui a vu la place mal gardée, a saisi ce moment p s'en emparer; il vous a inspiré une aveugle jalousie, un se ment abominable, mon fils; et au lieu d'admirer votre ch épouse qui marchait d'un pas si ferme dans le chemin du c saisi d'une criminelle folie, vous avez frappé l'oint du Seigne vous avez été à la fois meurtrier et sacrilége. Repentez-vous, n fils, croyez-moi; on va vous remener dans votre prison, et n bien-aimé frère et aumônier don José ira vous entretenir pieu ment, et tâcher d'arracher votre âme au démon de l'enfer.

— Ah! mon Dieu! s'écria Franco, je ne crains guère l'enfer l'autre monde; j'ai eu assez d'enfer en celui-ci (185)! »

L'inquisiteur fit un grand signe de croix pendant que les to menteurs emmenaient le prévenu.

Pierre Arbues se tourna ensuite vers l'assemblée :

« Mes frères, dit-il, prions pour l'âme de ce pauvre inse possédé de l'esprit malin. »

Et s'agenouillant le premier pour donner l'exemple, il m motta à voix basse quelques oraisons latines; puis, s'étant rele il interpella le quatrième accusé.

Celui-là était un vieux prêtre dominicain (186).

« Mon frère, lui dit Pierre Arbues, il nous est infiniment pé ble de voir un homme revêtu de cette sainte robe que nous av aussi l'honneur de porter, siéger sur les bancs des accusés. D un temps où l'hérésie, fille de l'enfer, veille comme une pros tuée aux portes de l'Église romaine, appelant à elle tous c qui y entrent ou qui en sortent avec des paroles de séduction de licence qui lui gagnent le cœur des faibles, nous, sentine vigilantes de Rome, nous, colonnes éternelles de la foi cath que, ne devrions-nous pas redoubler de zèle et d'activité p garder notre religion menacée, au lieu de nous laisser sédu par l'erreur, et de la prêcher aux autres?

— Monseigneur, répondit le dominicain, qui avait écouté étrange réquisitoire avec une indifférence apparente, je compre mieux que personne combien il est important au maintien d' religion que ceux qui la suivent la confessent avec courage, la défendent jusqu'à la mort. J'avoue donc ici, en présence Dieu, que lorsque j'ai comparu pour la première fois devant tribunal, j'ai été lâche et infidèle en reniant une doctrine est la mienne; oui, j'ai embrassé et prêché la religion nouve parce qu'elle m'a paru être la seule conforme à celle des apôt et des premiers chrétiens, enseignée par Jésus-Christ lui-mên Je déclare en outre que je n'ai point eu de complices dans m abjuration, que je suis luthérien seulement de cœur et d'âme, par la conviction de mon esprit. Que personne ne soit donc po suivi à cause de moi.

— J'ai avoué, faites-moi mourir, mais épargnez-moi la tortu je la redoute mille fois plus que la mort.

— Mon frère, répondit l'inquisiteur, vos esprits sont troub aujourd'hui; peut-être que les pénitences que vous vous impose

— J'ai toute ma raison, interrompit Boxas.

— Vous avez pourtant déclaré devant nous avoir, par err seulement et sans intention, glissé quelques hérésies dans v prédications; et comme vous avez toujours été fermement atta aux doctrines de l'Église catholique, nous voulons croire que v n'êtes qu'égaré, mon frère; nous irons nous-même vous visi dans votre prison, et peut-être Dieu, exauçant nos faibles priè voudra bien envoyer son saint Esprit sur vous. Allez, mon frè et rentrez en vous-même; veillez et priez : celui qui prie tombe point en tentation. »

Dominique de Boxas se leva sans répondre; il comprenait p faitement le sens des doucereuses paroles de l'inquisiteur.

« Quel saint homme que monseigneur Arbues! disaient qu ques personnes peu au fait de ce qui se passait hors de la sa du tribunal.

— Pierre Arbues fera peut-être grâce à celui-là en faveur l'habit, dit tout bas Estevan à l'apôtre.

— Celui-là et les autres seront brûlés sans autre forme, rép dit Jean d'Avila; l'inquisition a un talent merveilleux pour ab ger les procès qui la compromettent. »

Ceci fut dit à voix très basse, pas assez cependant pour écha per aux oreilles d'un familier qui était debout à quelques pas d'eux.

Les familiers avaient des yeux de lynx et une ouïe fabuleuse.

Il ne restait plus que le gouverneur.

Le cœur d'Estevan battit violemment, et il se fit encore un plus grand silence parmi les assistants.

Manuel Argoso avait entendu tout ce qui venait de se passer avec une profonde indifférence. A ceux qui connaissaient l'inquisition, ces séances n'inspiraient qu'une sorte d'émotion, celle qui naît de l'horreur de l'injustice et d'une profonde pitié pour des victimes innocentes. Là, l'âme n'était point excitée par la sombre et dramatique poésie d'un débat judiciaire. Là, point d'avocat pour disputer au glaive de la loi une tête innocente ou coupable; là, il n'y avait que des bourreaux et des victimes : à quoi aurait servi de se défendre? Lutter contre l'inquisition, c'était lutter contre la fatalité! Comme la fatalité, l'inquisition rendait des arrêts irrévocablement dictés à l'avance; et comme la fatalité, implacable et aveugle, elle frappait sans relâche et sans pitié.

Oh! c'était vraiment une chose dérisoire que de voir ces hommes habillés de noir, revêtant d'une solennelle fantasmagorie leurs actes ridicules et arbitraires; mais c'était beau aussi de voir ce noble peuple d'Espagne rangé en bataille contre ce lugubre drapeau, se succéder et se resserrer pour ainsi dire de génération en génération pour combattre pied à pied le colosse, combler plusieurs fois à chaque siècle le vide immense laissé dans ses rangs par la mort des innombrables victimes tombées sur le champ de bataille, et saper ainsi peu à peu cet édifice de mort si longtemps debout sur les Espagnes.

Ceci est une chose de la dernière importance à observer pour l'historien philosophe. A partir de la fin du règne de Philippe II, les triomphes de l'inquisition ont toujours été s'affaiblissant, d'une manière presque imperceptible, sous les efforts persévérants des héroïques Espagnols; et lorsqu'elle a enfin croulé en 1820 sous les derniers coups des patriotes, elle est tombée comme un vieil édifice lentement miné, dont les fondements auraient été détruits peu à peu par des milliers de bras occupés pendant des siècles à en enlever chaque jour un grain de sable (187).

Ce jour-là aussi fut un jour de combat; mais l'inquisiteur, ce vaillant athlète de l'obscurantisme, ne s'avouait pas battu pour si peu. Il avait dans l'occasion la patience perfide du reptile qui attend que son ennemi se retourne pour le mordre par derrière (188).

Délivré des accusés dont le courage aurait pu le compromettre, il se redressa de toute sa hauteur, alliant toutefois la plus parfaite modération de paroles à cet orgueil intime, conscience de sa force, qui le gonflait intérieurement.

« Levez-vous, mon frère, » dit-il à Manuel Argoso.

Le gouverneur se leva d'un air complétement indifférent, comme un homme à qui toute espérance a été enlevée, et que nul intérêt ne rattache plus à ce monde.

« Mon fils, poursuivit l'inquisiteur en jetant un regard oblique vers le banc des témoins, où étaient assis Estevan et Jean d'Avila; mon fils, vous le voyez, la religion catholique, cette religion sainte, qui est celle de l'Espagne, est partout violemment menacée. Plus coupables encore sont ceux qui, en ces temps de controverse religieuse, n'usent pas des pouvoirs dont ils sont revêtus pour arrêter les progrès de l'hérésie; non que l'Église puisse périr, elle est appuyée sur des bases éternelles, mais pour éviter des maux immenses, et arracher à la perdition des milliers d'âmes qui, chaque jour, se précipitent dans les gouffres de l'enfer.

« Vous, mon fils, qui, par votre position élevée, aviez une grande autorité à Séville; vous avez non-seulement à vous reprocher une complaisance personnelle pour les doctrines empestées de Luther, mais encore une criminelle indulgence pour ceux qui les pratiquaient .. pour des hérétiques que votre devoir était de dénoncer au saint office.

— Étais-je donc l'espion ou le gouverneur de la cité? répondit Manuel Argoso en relevant fièrement la tête.

— Toujours le même endurcissement! murmura Pierre Arbues avec une tristesse hypocrite.

« Vous avouez donc enfin, reprit-il d'un ton insidieux, que non-seulement vous avez eu commerce avec les hérétiques, mais encore que vous êtes hérétique vous-même?

— Je n'avoue rien de tout cela, répliqua Manuel; j'ai déjà répondu à des questions semblables; j'ai subi la torture sans avouer, car cela eût été mentir, et je ne mentirai pas, même pour éviter le bûcher.

— Pourtant, mon fils, des témoins vous accusent, et personne ne prend votre défense, personne ne vient protester contre les premières dépositions. Voyons, mon fils, quels sont vos témoins?

— Les voici, » dit Jean d'Avila.

Estevan et lui se levèrent.

Pierre Arbues considéra le franciscain et le jeune chevalier avec une pitié dédaigneuse.

« Nous sommes ici pour protester de l'innocence de don Manuel Argoso, comte de *Cevallos*, poursuivit l'impétueux Estevan.

— Comment vous nommez-vous? demanda l'inquisiteur.

— Estevan, comte de Vargas, répondit le jeune homme avec fierté.

— Seigneur don Estevan, poursuivit Pierre Arbues, nous ne pouvons vous admettre au témoignage; votre grand-père ne se nommait pas Vargos, mais *Venegas;* il n'était pas catholique, mais bien mahométan; il a changé de nom en changeant de religion. Nous ne pouvons accepter comme témoins à décharge que des hommes de pur sang catholique et espagnol.

— Monseigneur, répliqua Estevan, rouge d'indignation, le roi don Philippe Ier fut moins difficile que Votre Éminence; il jugea que le descendant d'une tribu qui avait donné des rois à Grenade, le rejeton d'une race vaillante et fidèle, qui s'était volontairement dévouée à la cause des rois d'Espagne, méritait bien quelque récompense; il fit mon père membre du conseil de Castille. Le fils d'un conseiller à la cour de Castille n'a-t-il pas le droit de comparaître comme témoin devant le saint office?

— Tels sont nos statuts, mon fils, je ne puis les violer en aucune manière. Asseyez-vous donc, nous allons interroger ce saint religieux. »

Pendant le dialogue de l'inquisiteur et d'Estevan, Manuel Argoso, saisi d'admiration et de reconnaissance pour le dévouement du jeune homme, n'avait cessé de lui exprimer, par des regards, le chagrin qu'il éprouvait de le voir s'exposer ainsi pour lui; il semblait lui dire :

« A quoi bon? vous ne me sauverez pas. »

Cependant, lorsque Jean d'Avila se leva à son tour pour répondre aux interpellations de l'inquisiteur, un rayon fugitif d'espoir passa dans les yeux de l'infortuné Manuel.

« Votre nom, mon père? dit Pierre Arbues.

— Jean d'Avila, » répondit l'apôtre.

Ce nom révéré dans toute l'Andalousie produisit une grande sensation dans l'auditoire.

« Qu'avez-vous à dire pour la défense de l'accusé?

— Je viens protester ici, devant tous, que Manuel Argoso s'est toujours conduit en vrai chrétien et en loyal chevalier; qu'il n'a jamais rien fait pour mériter les censures de Rome. Je le déclare donc innocent de tous les griefs dont on l'accuse.

— Mon père, réplique Pierre Arbues d'un ton aussi humble que possible, votre témoignage est d'un grand poids, et il m'est pénible de vous dire que, malgré notre profond respect pour votre personne, nous ne pouvons nous contenter de votre témoignage seul. Les statuts de la très-sainte inquisition exigent l'assertion de douze témoins (188) pour renvoyer absous un accusé. Où sont les autres témoins, mon père?

— Je suis seul, répondit Jean d'Avila; mais puisque mon témoignage ne suffit pas, monseigneur, peut-être Votre Éminence ne refusera-t-elle pas de croire à celui-ci. »

En même temps Jean d'Avila présentait au grand inquisiteur la lettre de Charles-Quint, scellée du sceau royal.

Cet incident causa une vive surprise parmi les assistants.

Pierre Arbues, sans se déconcerter, comme quelqu'un qui s'attend à ce qui lui arrive, déplia lentement la lettre royale, la lut d'un bout à l'autre, en pesant bien chacune de ses expressions; puis, il jeta les yeux sur une seconde lettre ouverte sur son bureau et retenue par un petit carré de marbre.

C'était une note de Charles-Quint, qui ne contenait que ces mots :

« Don Manuel Argoso, comte de Cévallos, en ce moment dans les prisons du saint office, est, dit-on, innocent des crimes dont on l'accuse. Don Manuel Argoso m'a toujours fidèlement servi, et je désire qu'il soit favorablement jugé par le très-saint tribunal dont Votre Éminence est le chef. Cependant, comme la cause de Dieu doit passer avant la mienne, comme le saint tribunal est seul compétent en ces matières délicates, je désire que tout se passe de manière à ce qu'il en résulte le triomphe de notre très-sainte religion et la plus grande gloire de Dieu.

« Cette lettre seule doit être tenue pour valable auprès du saint tribunal, et auprès de Votre Éminence, que Dieu garde de longues et prospères années.

» Au palais de Madrid, le de mai 1534.

« Don Estevan de Vargas ne doit pas être poursuivi. »

L'inquisiteur compara un instant les deux signatures, elles étaient parfaitement conformes; le format des deux missives était exactement le même.

Pierre Arbues plia les deux lettres ensemble, les glissa dans la manche de sa tunique, et regardant Jean d'Avila et le jeune Vargas:

« Nous aviserons à ce que nous devons faire, dit-il. Don Estevan de Vargas, et vous, mon père, vous pouvez vous retirer.

— La séance est terminée, » ajouta l'inquisiteur en se levant.

L'effet de ces derniers mots fut prompt comme la foudre, il glaça l'assistance de terreur.

Le malheureux Argoso tourna un regard désespéré vers ses défenseurs, comme pour leur dire un suprême adieu.

Jean d'Avila se hâta d'emmener Estevan, terrifié par l'indignation et la surprise, de peur que, retrouvant ses facultés un moment anéanties, il ne se perdît peut-être lui-même par quelque parole imprudente et fougueuse.

Lorsqu'il eut soulevé la portière de velours noir qui était derrière son fauteuil, Pierre Arbues s'arrêta un moment sur le seuil; puis il étendit la main vers Jean d'Avila avec un geste de menace, et murmura entre ses dents, serrées par une colère contenue:

« A nous deux maintenant, moine insensé! »

XXXVI

Conspiration.

C'était le soir; les objets étaient voilés de cette demi-obscurité crépusculaire qui, dans les contrées méridionales, est si vite remplacée par la nuit. L'angelus venait de sonner.

Quelques promeneurs attardés désertaient lentement le *Muelle* pour se rendre à l'*Alameda*.

La nuit tombait avec une rapidité effrayante; à peine deux amants eussent-ils pu se reconnaître au visage.

Deux *caballeros* se rencontrèrent près de l'embarcadère, et, quoiqu'il leur fût physiquement impossible de voir réciproquement leurs traits, ils s'arrêtèrent presque en même temps.

« Est-ce vous, don Valero? demanda celui qui venait du côté de la ville.

— Moi-même, don Estevan, vous n'avez pas tardé à venir au rendez-vous que je vous ai donné l'autre jour à la taverne.

Trois jours, répondit le jeune comte d'un air sombre.

— Eh bien, poursuivit Valero en baissant la voix de peur d'être entendu, car les familiers de l'inquisition se glissaient partout comme des gnomes invisibles; eh bien, mon jeune ami, avez-vous réussi dans votre entreprise? et le gouverneur...

— Le gouverneur sera brûlé dans huit jours si nous ne parvenons à le délivrer.

Ah! je vous l'avais bien dit, le roi est le premier valet de l'inquisition; mieux eût valu, auprès de l'inquisiteur, la protection d'un garduño que celle de l'empereur.

— Oh! Valero! Valero! dit Estevan avec rage, si vous saviez quel abîme d'iniquité est l'âme de Pierre Arbues!

— Je le connais mieux que vous, répondit le vieux seigneur; mais vous ne le changerez pas, et il s'agit d'aviser aux moyens de délivrer le gouverneur de Séville.

— Vous m'avez promis de m'y aider, don Valero; parlez, que faut-il faire? je suis prêt à tout.

— A tout! cela est-il bien sûr, don Estevan?

— A tout? je vous le jure, répondit le jeune comte, exaspéré au dernier point par l'abominable fourberie de l'inquisiteur.

« Écoutez, don Rodriguez; mon père était membre du conseil de Castille, et il a constamment lutté pour la liberté et la prospérité de l'Espagne. Un profond oubli pour son fils a été la récompense de ses services. On n'a pas même daigné se souvenir que le comte de Vargas a laissé un héritier de son nom; mais ce n'est pas cela qui excite ma colère, je fais peu de cas des vains honneurs de la terre, et je méprise la faveur des cours. Ce n'est donc pas là le sujet de ma haine contre ce pouvoir barbare, l'inquisition qui dicte tous les arrêts du pouvoir royal, et ti[...] pour ainsi dire en tutelle le vainqueur du monde. J'ai bien d'a[...] tres motifs de le haïr, vraiment! J'étais l'ami intime du gouv[...] neur de Séville, le plus noble cœur de l'Espagne; j'étais le fia[...] de sa fille, que j'adore; ils ont mutilé le père et emprisonné D[...] lores. Que sais-je? Pierre Arbues peut-être, ou quelqu'un de [...] indignes moines, s'est porté contre elle à d'abominables viole[...] ces. Je me suis présenté comme témoin du gouverneur; ma[...] comme on avait accusé un innocent, et qu'il fallait absolum[...] trouver en lui un coupable, on a refusé mon témoignage, et, j[...] gnant le mépris et l'insulte à l'injustice, on m'a reproché [...] noble origine comme une tache. J'ai fait enfin le voyage de M[...] drid pour implorer la justice de Charles-Quint, et l'empere[...] m'a dicté à moi-même une lettre pour l'inquisiteur, dans laque[...] il lui enjoint de ne pas condamner le comte de Cevallos. L'inq[...] siteur, au mépris de cette lettre, nous renvoie sans avoir [...] justice.

— Je vous l'avais bien dit, mon pauvre Estevan!

— Oh! voyez-vous, don Rodriguez, toutes ces iniquités aigr[...] sent l'âme; elles la remplissent de fiel et de haine; on se pre[...] à détester l'humanité tout entière qui produit tant de monstr[...]

— Il n'y a d'autres monstres que les inquisiteurs, dit Vale[...] ce sont les inquisiteurs qu'il faut frapper.

— Comment cela est-il possible?

— Écoutez, jeune homme, vous n'êtes pas le seul en Espag[...] dont le cœur ait été ulcéré par l'injustice et la persécution; [...] milliers de victimes, aussi cruellement et aussi injustement po[...] suivies que vous, gardent au fond de leur âme une haine sou[...] et contenue qui ne demande qu'une étincelle pour éclater. L'i[...] quisition a rempli l'Espagne de veuves, de vieillards sans enfa[...] et d'enfants orphelins; elle a semé l'injustice, qu'elle récolte [...] vengeance; le peuple, mécontent et opprimé, commence à co[...] prendre qu'il n'aurait qu'à se retourner pour briser son joug; [...] lumière, venue de loin, éclaire déjà les esprits d'un loint[...] mais vif reflet. Le peuple est prêt, il ne lui manque que [...] chefs. Soyons les siens. Deux autres jeunes seigneurs que vo[...] connaissez partageront avec nous cette gloire: don Ximénès [...] Herrera et le jeune don Carlos.

— Le gendre du comte de Mondejar! interrompit vivem[...] Estevan.

— Il devait l'être, répondit Valero; mais les choses ont b[...] changé depuis quelques jours, et les sentiments de don Car[...] aussi; il est maintenant plus ennemi de l'inquisition qu'il n'ét[...] naguère amoureux de la fille du comte de Mondejar.

— Je me défie de ces conversions soudaines, objecta Esteva[...]

— Vous avez tort; celle-là est sincère, ou plutôt la loyau[...] naturelle du jeune Don Carlos s'est révoltée des conditions qu'[...] mettait à son mariage, et il a mieux aimé renoncer à doña Is[...] belle que de devenir infâme pour l'obtenir.

— Cela est différent, dit le jeune Vargas, et je l'estime auta[...] que je le méprisais.

— Eh bien! poursuivit Valero, soyons donc les chefs d'u[...] conspiration contre l'inquisiteur Arbues, contre le bourreau [...] Séville.

— Que voulez-vous dire?

— Je veux dire, continua Valero, qu'il est temps que l'Espag[...] sorte de sa torpeur; qu'elle se délivre d'un monstre qui dév[...] ses plus purs enfants...

— Enfin, où voulez-vous en venir?

— Ne me comprenez-vous donc pas? L'auto-da-fé est proch[...] d'ici là, organisons une armée d'hommes libres comme l'inqui[...] tion a son armée de familiers; vous, don Ximénès, don Carlos [...] moi, nous en serons les chefs... Nous avons déjà plusieurs a[...] dés. Je me charge de soulever le peuple. Le jour de l'auto-da-[...] lorsque la procession sera réunie sur la place de Séville, pe[...] dant qu'on lira la sentence aux condamnés, nous donnerons [...] premier signal en nous jetant sur les inquisiteurs; le peuple f[...] le reste, et nous délivrerons les victimes.

— Merci! don Valero, dit Estevan en serrant vivement la ma[...] du vieillard; merci! vous allez au-devant d'une pensée que je c[...] resse depuis longtemps.

— L'inquisiteur mort, poursuivit don Rodriguez, le reste [...] viendra facile.

— Mort! dites-vous? vous voulez tuer l'inquisiteur?

— La mort du méchant est une justice, répliqua Valero.

— Don Rodriguez! fit Estevan, à cette condition, je ne suis pas des vôtres.

— Pourquoi cela, dit le vieillard; Pierre Arbues ne va-t-il pas immoler d'innombrables victimes? si on le met à mort pour les sauver, est-ce donc là un si grand crime?

Son crime, à lui, est au moins revêtu de formes judiciaires, répliqua Estevan; le nôtre serait un assassinat, je n'y puis consentir.

— Il n'est que ce moyen, cependant, fit le sombre Valero.

— Si nous sommes en force, dit Estevan, ne pouvons-nous enlever les prisonniers, et nous rendre maîtres de l'inquisiteur sans attenter à sa vie?

Le serpent qu'on laisse vivre finit un jour ou l'autre par vous mordre, dit Valero.

— Le sang souille celui qui le répand, répliqua Estevan, dont le courage chevaleresque ne comprenait le sang versé que sur un champ de bataille ou en légitime défense.

— Avisez à un autre moyen, don Rodriguez; je ne puis accepter celui que vous me proposez.

— Mais, poursuivit Valero, les familiers et les sbires sont en grand nombre : nous ne pouvons nous flatter d'être assez nombreux pour enlever les prisonniers et l'inquisiteur lui-même sans une grande perte de monde; alors notre tentative n'aura servi à rien; tandis que si l'on parvient à tuer Arbues, on aura délivré l'Espagne d'un monstre qui décime l'Andalousie.

— Un monstre qui serait bientôt remplacé par un autre, répondit Estevan. Croyez-moi, don Valero, il ne suffit pas d'abattre une branche pour déraciner un arbre. Quand nous aurons tué Pierre Arbues, aurons-nous détruit l'inquisition? Pour abattre ce colosse formidable, il faut creuser lentement le sol où il doit s'abîmer un jour; mais ce n'est pas à nous qu'est réservée cette gloire, croyez-moi. Il s'agit ici de délivrer le gouverneur de Séville. Enlevons Manuel Argoso sans attenter à la vie de personne.

— Nous ne serons jamais assez nombreux pour cela, dit Valero.

— Nous serons plus que vous ne pensez; êtes-vous riche, don Rodriguez?

— Comme un gentilhomme qui a toujours eu plus d'orgueil que de rentes, répondit le vieux seigneur. Ma jeunesse a été fort dissipée; et s'il n'était pas nuit, vous ne m'eussiez pas fait cette question; ajouta-t-il en faisant ainsi allusion à la simplicité plus que négligée de ses vêtements.

— Eh bien! j'ai le bonheur de l'être, moi, dit le jeune Vargas; et avec de l'argent tout peut s'arranger. Laissez-moi faire, don Valero, je vous fournirai plus de bras qu'il n'en faut pour cela.

— Oh! je comprends, fit Valero, vous vous adresserez sans doute à cette société maudite de la Garduña, qui désole le pays par ses vols et ses assassinats; mais, mon cher, ces gens-là sont vendus à l'inquisition...

— Ces gens-là sont vendus à qui les paye, et je puis vous répondre qu'ils ne refuseront pas la partie. Laissez-moi donc agir, et n'ensanglantons pas cette héroïque insurrection contre les bourreaux de notre patrie. »

Tout en marchant et en parlant, ils étaient arrivés devant une maison d'assez bonne apparence. Les fenêtres du balcon étaient éclairées, Rodriguez frappa à la porte.

« Que faites-vous? demanda Estevan.

— J'entre chez moi, répondit Valero, ou plutôt chez mon ami don Ximenès de Herrera, qui me donne asile dans sa maison; car je n'ai plus, comme on dit, ni feu ni lieu. Suivez-moi, don Estevan, nous causerons tous trois de notre projet. »

On avait ouvert la porte. Estevan et Valero montèrent jusqu'au premier étage, où était situé l'appartement du jeune seigneur aragonais. Don Ximenès était seul. Il parut légèrement surpris à la vue d'Estevan.

« Don Ximenès, fit le vieux seigneur, nous avons enfin un digne complice de notre sainte ligue contre les oppresseurs; don Estevan de Vargas est des nôtres. »

Ximenès tendit la main au jeune comte.

« Soyons donc amis, dit-il, unissons nos cœurs et nos volontés pour cette sainte cause.

— Avez-vous averti don Carlos? demanda Rodriguez.

— Don Carlos n'est plus libre, répondit tristement don Ximenès; il a été arrêté le jour du *Santo* et jeté dans les cachots de l'inquisition.

— Encore une victime! fit vivement Rodriguez; et comment avez-vous appris cela? ajouta-t-il.

— Par la jeune Isabelle qui l'adore, et qui, malgré la dévotion fanatique qu'on a cherché à lui inspirer dès son enfance, brûlerait volontiers tous les inquisiteurs pour délivrer celui qu'elle aime.

— Trois chefs suffiront, dit Estevan, et avec l'aide dont j'ai parlé tout à l'heure à don Rodriguez...

— Quelle aide? » demanda don Ximenès de Herrera.

Estevan expliqua alors à don Ximenès ce qu'il espérait de la Garduña, et par quel moyen il la ferait agir.

« Il me répugne, ajouta-t-il, d'avoirs recours à de pareilles gens; mais croyez-moi, messeigneurs, ne dédaignez pas ce moyen-là : si ces gens-là n'étaient pas pour nous, ils seraient contre nous, et Dieu sait ce que deviendrait notre entreprise.

— Vous les connaissez donc? demanda don Ximenès en souriant légèrement.

— Ne raillez pas, don Ximenès; de malheureuses circonstances m'ont mis à même de les employer. Ils ont déjà une fois délivré Dolores des mains de l'inquisition; malheureusement sa piété filiale l'a perdue,

— Oui, oui, je sais, dit le jeune Aragonais; je l'ai vue le soir où sans doute elle a été arrêtée.

— Eh bien! messeigneurs, ces gens-là peuvent m'aider à la sauver une seconde fois. Je me charge de les voir et de les attacher à notre projet.

— Moi, je me charge d'exalter les masses, dit Valero (189).

— Moi, de les diriger au besoin, ajouta don Ximenès.

— Moi, je voulais la mort de l'inquisiteur, reprit Valero, il était juste qu'il fût puni; mais don Estevan a fait comme vous, don Ximenès, il n'a pas voulu qu'il y eût de sang versé.

— Il y en aura trop peut-être, dirent en même temps les deux jeunes seigneurs.

— Il est tard, reprit Estevan; il faut que je vous quitte pour m'occuper à préparer les voies.

— Où nous retrouverons-nous? demanda don Ximenès.

— Au bario de Triana, répondit Estevan, à l'endroit où les garduños tiennent leurs assemblées secrètes; une masure isolée tout à l'extrémité du faubourg. Venez m'y joindre demain avant minuit, c'est l'heure des nocturnes conciliabules de la Garduña.

— Soit, dit Valero, à demain.

— Etes-vous au moins bien sûr de ces gens-là? demanda don Ximenès.

— Comme de moi-même, répondit Estevan; un garduño ne trahit jamais celui qui lui a donné de l'argent. Adieu, messeigneurs, n'oubliez pas notre rendez-vous. »

Estevan sortit.

Nous verrons bientôt quel fut le résultat de ses démarches auprès de la Garduña.

XXXVII

Deux Ermites.

A quelque distance de Séville, du côté de la maison de l'apôtre, on voyait une espèce de caverne ou *cueva*, creusée dans la roche vive au pied d'une colline boisée dont la cime touffue surplombait le fleuve.

L'entrée de cette grotte, presque circulaire et à hauteur d'homme, ressemblait à une couronne de fleurs.

Le pâle cytise, la vigne blanche, folle et empanachée, le nerprun vivace dont la fleur exhale un suave parfum de vanille et de cacao, et l'épine-vinette aux grappes de corail, croissaient à profusion sur la légère couche de terre végétale qui recouvrait le granit dont cette colline était formée.

Leurs racines et leurs rameaux flexibles s'étendant çà et là comme des milliers de bras, leurs tiges fortes et déliées servaient à retenir autour de l'orifice de la grotte cette terre mobile et légère, qui sans cela en eût obstrué l'entrée par de continuels éboulements.

L'intérieur de cette grotte, un peu humide, était tapissé de scolopendres et de capillaires, plantes sobres, nourries dans les fissures du granit, qui pendaient à la voûte en girandoles d'un vert lustré.

Il était nuit.

Dix heures venaient de sonner à l'horloge de la cathédrale.

Dans un coin de cette grotte, un homme et une femme étaient

assis sur une natte grossière de sparterie de Valence, qui leur servait à la fois de siége et de lit.

Vers l'entrée, dans un autre coin, un feu vif de branches d'olivier éclairait les habitants de cette étrange demeure, et servait en même temps à chasser l'humidité de la grotte, un peu froide malgré la chaleur du climat et de la saison.

La femme, jeune, belle et bien faite, était gracieusement assise sur la natte.

L'homme, vêtu d'une simple braie de toile et de sa chemise ouverte sur sa poitrine, était couché sur la natte, et son bras gauche, appuyé sur les genoux de sa compagne, soutenait sa tête appesantie. Cet homme gardait un profond silence; son visage rude et plein d'énergie avait une singulière expression d'abattement et de tristesse; il ne levait pas même les yeux sur sa compagne, qui le considérait avec une expression profonde d'amour passionné et de mélancolie.

La physionomie, l'attitude de ces deux personnages, étaient parfaitement en harmonie avec la solitude mélancolique de leur habitation.

Manofina et sa compagne, actuels possesseurs de cette caverne, s'étaient presque faits ermites en cessant d'être garduños.

Le farouche Guapo subissait en ce moment l'affreuse réaction de son changement absolu d'existence.

L'inertie de l'âme et du corps pesait d'un poids accablant sur cette forte et vigoureuse nature. L'homme physique dominait par trop chez un être élevé de la sorte pour qu'il pût se contenter d'un pur spiritualisme. Il y avait en lui assez de poésie, de droiture, d'instinct, pour qu'il eût été facilement séduit par l'attrait du bien et converti par la sublime charité de l'apôtre; mais il fallait à ses facultés énergiques et puissantes l'exercice actif, et non la contemplation extatique ou la résignation passive. Manofina eût supporté le martyre, car, là encore, il y avait lutte et exercice de force morale au défaut de lutte physique; mais, renoncer tout à coup à sa vie aventureuse et accidentée, laisser le poignard se rouiller dans sa gaîne, et vivre éternellement d'oisiveté et de méditation, c'était au-dessus de la force du guapo. L'amour même de la Séréna ne suffisait plus au besoin de cette âme turbulente et vagabonde. L'atonie commençait à la gagner; Manofina avait la fièvre de l'inaction. Quelques jours encore, et il allait devenir idiot ou insensé, tant la matière a d'empire sur l'esprit, quand celui-ci n'a pas été dès longtemps habitué à la dominer constamment par un exercice continuel et des luttes incessantes.

La Serena, plus douce, s'était mieux que lui accoutumée à cette existence négative. Le vide de l'âme ne pouvait exister pour elle; elle était femme, elle aimait : aussi, quoiqu'elle ne partageât pas entièrement les sentiments du guapo, elle souffrait de le voir souffrir, et son ingénieuse tendresse n'avait d'autre but, d'autre occupation que de le consoler.

Voyant que depuis plus d'une heure Manofina, immobile, appuyé sur ses genoux, ne lui avait pas adressé la parole, Culevrina passa sa petite main délicate dans la rude et brune chevelure du guapo.

Manofina frissonna, et releva lentement sur sa compagne ses grands yeux tristes et sombres.

« Que veux-tu, *alma mia?* lui dit-il.

— Je voudrais te voir heureux, » répondit tristement la Serena.

Le guapo tressaillit brusquement comme si on lui avait appliqué la main sur une plaie vive; mais il ne répondit pas.

« Oh! vois-tu, Manofina, poursuivit la jeune femme avec une expression profondément passionnée, tu as beau me dire que je me trompe, et faire l'*heureux* quand nous rencontrons d'anciens camarades, moi je vois clair au fond de tout cela; tu t'ennuies, tu souffres, et cette retraite qui te paraissait si douce les premiers jours, est devenue pour toi plus triste qu'une prison.

— Oh! Culevrina, ne me blâme pas, répondit le guapo, doux comme un agneau à force d'amour. J'ai fait tout ce que tu as voulu, j'ai obéi à l'apôtre; eh bien! malgré moi, j'étouffe, et il me semble par moments que cette montagne qui nous couvre va s'écrouler sur nous. Vois-tu, *alma mia*, il y a quelque chose en moi que je ne comprends pas bien encore, pauvre ignorant que je suis, et que cependant je voudrais bien savoir; car cette vie devient intolérable, et il serait temps d'en finir. J'avais fait un serment au maître de la Garduña, et j'avais juré de lui obéir toute ma vie; tu sais si j'ai été pendant longtemps fidèle à ma promesse.

— Oh! oui; tu étais le plus brave de nos frères, s'écria la Serena avec un éclair dans les yeux : l'instinct de la Gitana venait de se réveiller; oui, la Garduña peut se flatter qu'elle ne te remplacera jamais!

— Eh bien! poursuivit le guapo, le maître m'avait ordonné d'obscurcir don Estevan de Vargas...

— Après? fit la Serena.

— Ce n'est pas un reproche que je te fais au moins, continua Manofina; mais tu m'as prié de ne pas obscurcir ce jeune cavalier, tu t'es attachée à mes pas comme une lionne pour arrêter mon bras et amollir mon cœur; l'apôtre est venu ensuite... enfin, j'ai manqué à mon serment, j'ai laissé vivre don Estevan...

— Puis, ajouta le guapo d'un air farouche, comme un crime entraîne toujours un autre crime, j'ai renié la Garduña, j'ai abandonné mes frères... et maintenant... oh! maintenant, poursuivit-il avec une sombre énergie, moi qui étais toujours le premier au danger, je passe ma vie couché par terre comme un chien; moi qui vivais à la pointe de mon poignard, je vis de la mélopia des moines; et enfin la nuit... oui, la nuit, vois-tu, pendant que tu dors à côté de moi, et que je ne puis fermer les yeux, si le vent agite les branches des arbres, il me semble entendre des plaintes d'agonie!... lorsqu'un éclair trace dans l'air une figure rouge et sanglante, je crois voir un spectre qui passe devant moi pour me défier ou m'épouvanter... et enfin... enfin... moi qui ai tant de fois bravé la mort... je tremble au cri d'un grillon qui se roule dans sa hutte de terre... Je suis devenu lâche comme une poule... j'ai peur... »

En achevant ces mots, le guapo était devenu d'une pâleur livide, une sueur gluante et froide couvrait son front bronzé, et ses yeux ternes et hagards exprimaient une indicible souffrance. »

La Serena souleva dans ses bras la tête égarée de Manofina, et l'appuyant sur son sein avec une adorable tendresse, comme une mère eût fait de son enfant malade, elle le baisa doucement au front comme si le contact de ses lèvres eût eu le pouvoir de le calmer.

C'était en effet un baume consolant pour le cœur du guapo; il ferma doucement les yeux pour ne plus voir les fantômes qui l'obsédaient, et pressa sa tête sur le sein de la Serena pour comprimer les battements rapides de ses tempes.

« Chère âme, dit la Gitana, pourquoi souffres-tu ainsi? pourquoi te reproches-tu comme un crime la plus belle action de ta vie?

— Je crains que Dieu ne me punisse d'avoir trahi le serment fait à la confrérie.

— L'apôtre t'a donné l'absolution, que crains-tu?

— C'est vrai, l'apôtre est un saint, et il ne nous aurait pas trompés, dit le guapo un peu rassuré.

— N'est-ce pas lui qui a prié Dieu de te rendre la vie lorsque tu étais si malade, que tout le monde s'était éloigné de toi, craignant de gagner ta maladie?

— Excepté toi, ma Culevrina, toi qui est allée chercher l'apôtre pour me ressusciter, toi qui n'a pas eu peur de gagner mon mal.

— Moi, je n'avais pas grand mérite à cela, fit-elle avec un léger mouvement d'épaules; qu'aurais-je donc fait si tu étais mort? Le plus court était de tomber malade et de mourir après toi.

— Oh! je vois bien que tu m'aimes! s'écria Manofina avec une joie mêlée d'orgueil; je vois bien que tu m'as toujours dit la vérité.

— Pauvre innocent! dit-elle, je t'aime ainsi parce que Dieu le veut ainsi, et c'est par sa volonté aussi que nous avons quitté la Garduña.

— Tu crois? fit naïvement le bravo.

— L'apôtre me l'a dit; je crois tout ce que dit l'apôtre, répondit pieusement la jeune femme.

— Tu as peut-être raison, Culevrina, murmura le guapo, pensif!... Oh! mais, poursuivit-il tout à coup avec une légère amertume, vivre sans rien faire, sans courir les aventures, sans exposer sa vie le jour et la nuit, sans que personne vous dise jamais : « C'est bien, c'est bien fait, Manofina! » vois-tu, *alma mia*, c'est à devenir enragé. Encore, si je pouvais sauver les victimes de l'inquisition, comme disait l'apôtre; me battre contre les familiers du saint-office, comme le soir où nous avons délivré cette jeune señora, tu sais?

— C'était bien fait, cela, dit la Serena, l'apôtre avait ordonné de la sauver.

— Oh! sans toi cependant, poursuivit Manofina, dont les yeux s'animaient au souvenir de ce combat nocturne, sans toi, Culevrina, c'en était fait de moi; Manofina n'aurait plus jamais joué de son couteau d'Albacete. »

En s'exprimant ainsi, le guapo caressait avec complaisance le manche d'ivoire de son poignard espagnol, dont la large lame damasquinée étincelait à la clarté indécise du foyer.

« Calme-toi, *corazon mio!* fit la Serena; sois tranquille, la guerre n'est pas finie; nous aurons encore plus d'un ennemi à combattre. Ton poignard ne se rouillera pas dans sa gaine; il y a à Séville tant de pauvres gens persécutés par l'inquisition!.... Ne te souviens-tu pas que l'apôtre nous a recommandé de les sauver toutes les fois que nous le pourrions?

— Mais où les trouver? ajouta Manofina; depuis que j'ai quitté la Garduña, mon couteau n'est sorti de sa gaîne que pour couper les joncs du Guadalquivir, dont tu fais les nattes qui nous servent de lit.

— Sois tranquille, dit tendrement la Serena, l'occasion viendra, et bientôt. »

Et en lui souriant de l'air le plus doux, elle montrait deux rangées de dents blanches et brillantes, pures comme celles d'un enfant.

A ce moment, un souffle venu du dehors agita vivement la flamme du foyer; les branches déliées et touffues qui pendaient à l'entrée de la caverne comme une draperie brodée, s'écartèrent avec un bruissement prolongé.

— Qui vient là? s'écria le guapo en se relevant brusquement et en portant la main à son poignard.

— Est-ce que tu as envie de m'obscurcir, frère? demanda le nouveau venu d'un timbre clair et sonore.

— *Virgen del Carmen!* s'écria la Serena, qui aurait pensé que c'était Coco qui venait nous visiter à cette heure!

— Est-ce que tu as besoin de nous? ajouta vivement Manofina.

— Bien! bien! Manofina! s'écria l'alguazil; toujours le même, mon brave; tu n'as pas perdu ton courage, quoique tu te sois fait ermite.

— Ah! mon Dieu! soupira le guapo, qu'il y a longtemps qu'on ne m'avait dit cela!... Tu es bien heureux, toi, Coco, poursuivit-il; tu vas, tu viens, tu travailles, tu es bon à quelque chose enfin: tandis que moi... »

La Serena lui appuya doucement la main sur la bouche pour l'empêcher de continuer; mais il n'en fallait pas tant à l'alguazil pour deviner l'état moral de l'âme du guapo. La finesse d'esprit est née en Andalousie, Coco avait lu jusqu'à la dernière syllabe ce qui se passait dans l'âme de son ancien camarade.

« Bien, pensa-t-il; il s'ennuie, nous le tenons.

— Quoi de nouveau à Séville? demanda Culevrina en cherchant à détourner la conversation.

— Oh! bien des choses, répondit l'alguazil d'un ton mystérieux.

— Conte-nous cela, s'écrièrent en même temps la Serena et le guapo en tendant le cou vers lui par un mouvement d'avide curiosité.

— Patience, fit l'alguazil, cela est un peu long à raconter.

— Eh bien! fit Culevrina en ramenant sous ses pieds sa jupe rouge qui flottait sur la natte, assieds-toi là, Coco, et dis-nous ce qui se passe.

— Oui, assieds-toi, ajouta Manofina, dont les yeux brillaient d'impatience; voyons, frère Coco, que se passe-t-il?

Coco s'assit.

La Serena roula dans ses doigts menus quelques brins d'épine-vinette qu'elle s'amusait à égrener sur son tablier.

Manofina attacha sur l'alguazil ses deux grandes prunelles comme celles du lion du désert.

« Je dois te dire, Manofina, commença le rusé Coco, que la société de la Garduña ne t'a pas encore remplacé.

— Je le crois bien, réplique vivement la Serena.... Est-ce qu'elle l'espérait? poursuivit-elle avec une indicible vanité de femme et d'amante.

— Laisse-le donc parler, Culevrina, dit le guapo.

— Je disais donc, reprit l'alguazil, que ta place est encore vacante à la Garduña.

— Après! voyons, fit Manofina.

— Cependant la société ne continue pas moins d'être brave, loyale et fidèle à ceux qui l'emploient.

— Est-ce un reproche que tu m'adresses? murmura sourdement le guapo.

— Non, mon brave, Dieu m'en garde! je voulais seulement te dire que les fonctions de la Garduña deviennent de jour en jour plus importantes, et que...

— Eh bien! qu'est-ce que cela me fait? interrompit brusquement le guapo; tu sais que je n'en fais plus partie.

— C'est ta faute, dit Coco.

— L'apôtre me l'a défendu, répliqua l'amant de la Serena.

— Pourquoi viens-tu le tenter, Coco? dit Culevrina fâchée; ce n'est pas d'un bon frère, cela.

— Si vous me laissiez le temps de parler, vous autres, grommela le jeune tavernier, vous ne perdriez pas ainsi votre temps en paroles inutiles.

— Eh bien! parle, voyons, nous ne dirons plus rien, nous écoutons...

— Aussi bien vous me faites perdre mon discours; taisez-vous donc une fois pour toutes... Où en étais-je? Ah! c'est bien! La Garduña est plus florissante que jamais, les inquisiteurs la payent pour obscurcir les hérétiques, les hérétiques veulent la payer pour obscurcir... non, pour arrêter les inquisiteurs.

— Comment cela, fit Manofina, dont le regard s'animait d'un feu étrange à chaque parole de l'alguazil.

— O mes amis! si vous saviez ce qui se passe, poursuivit Coco; le gouverneur de Séville va être brûlé, sa fille est en prison pour toute sa vie.

— *Jésus mio!* s'écria la Serena, et don Estevan qu'est-il devenu?

— Chut! fit Coco en mettant un doigt sur ses lèvres et en tournant la tête de tous côtés comme s'il eût craint d'être entendu; de celui-là il n'en faut pas parler, car on le mettrait peut-être en prison aussi, et...

— Sois donc tranquille, se hâta de dire Culevrina, il n'y a pas de familiers ici; nous n'avons d'autres voisins que les vautours et les couleuvres, et ceux-là sont moins à craindre que les autres.

— O mes amis! continua le tavernier, si vous saviez ce qui se prépare!

— Enfin t'expliqueras-tu? dit Manofina impatienté.

— J'y suis, reprit Coco: don Estevan de Vargas, qui veut à tout prix sauver son beau-père et sa fiancée, a résolu d'enlever le gouverneur et doña Dolores le jour de l'auto-da-fé, et d'arrêter les inquisiteurs.

— J'en suis! s'écria Manofina.

— Attends, tu ne ferais pas cela tout seul; c'est pourquoi il est nécessaire que la société de la Garduña, qui est toujours prête à se battre et à venger les innocents, soit de moitié dans le complot pour en assurer le succès.

— Tu sais bien que je n'appartiens plus à la société, objecta tristement Manofina.

— C'est justement pour cela que tu peux nous servir, frère, dit Coco, voyant qu'il avait déjà fait les trois quarts de la besogne, et que Manofina était à lui.

— Explique-toi, frère.

— Je t'ai déjà dit que le maître n'a pu encore te remplacer, et qu'il te regrette vivement. Or, nous avons besoin de l'aide du maître pour mener à bien notre entreprise. C'est donc à toi, Manofina, d'aller le trouver; tu as toujours été son favori, il ne refusera pas d'être du complot si tu lui promets d'en être aussi; car, dans l'espoir de te regagner à la société, il fera tout ce que tu voudras.

— Si je lui laisse cet espoir, je le tromperai, répondit le guapo, violemment combattu entre ses instincts batailleurs, son amour effréné pour le danger, et la promesse qu'il avait faite à l'apôtre.

— Tu n'auras pas besoin de le tromper, répliqua l'alguazil; s'il a un espoir vain, tant pis pour lui; tu ne seras pas obligé à tenir ce que tu n'auras pas promis. En outre, ajouta-t-il, don Estevan est très riche, et je crois que la récompense que je suis autorisé à promettre en son nom à la confrérie vaut la peine qu'on le serve. Allons, mon brave, prépare-toi à me suivre, c'est l'heure; viens trouver le maître, et dépêchons; l'auto-da-fé est fixé à la huitaine, il n'y a pas de temps à perdre pour disposer les choses. En route et partons! »

Celui qui aurait pu en ce moment étudier le visage du guapo eût été effrayé de l'immense poème d'émotions qui se déroulait dans son âme à mesure que parlait l'alguazil. Toutes les forces vitales de cet homme énergique, depuis si longtemps inactives, s'étaient réveillées à la fois. Son cœur avait bondi dans sa vaste poitrine comme un lion déchaîné, et la fièvre de l'enthousiasme, l'ardente exaltation du courage longtemps comprimé, donnaient à cette mâle figure une grandiose expression.

On y pouvait lire également son souverain mépris du danger et au profond fanatisme religieux.

Le moment était enfin venu d'exécuter le commandement de l'apôtre, de celui qu'il regardait comme l'envoyé de Dieu.

Il allait enfin combattre pour la justice, combattre contre les oppresseurs en faveur des opprimés, et, tout en donnant l'essor à ses facultés et à ses goûts les plus intimes, gagner le paradis de Jésus-Christ, le paradis!... ce rêve sublime des pauvres et des affligés...

Le guapo était resté un moment anéanti sous le poids de tant de sensations diverses, accablé de l'immense bonheur qui venait à lui.

La Serena le considérait anxieuse et troublée, attendant la décision souveraine de son *maître* et *seigneur*.

Enfin Manofina se releva, bondit comme un taureau sauvage, et, serrant autour de ses flancs la ceinture rouge qui retenait son poignard, il s'écria d'une voix puissante :

« Marchons! »

La Serena, plus leste qu'une chèvre des montagnes, était déjà debout à ses côtés.

« Où vas-tu? demanda l'alguazil.

— Avec vous, répliqua fièrement la Serena, est-ce qu'il y aurait de bonne fête sans moi?

— Sans doute, fit le guapo en la pressant avec tendresse contre sa poitrine; est-ce que nous marchons l'un sans l'autre? »

Ils sortirent tous trois de la caverne.

XXXVIII

El Baile de Candil. (190)

A mesure qu'il approchait du *palacio de la Garduña*, Manofina tendait le nez au vent; ses narines se dilataient, et il humait l'air comme eût fait un cheval arabe en reconnaissant la tente de son maître.

La Serena elle-même ne se défendit pas de ce léger tressaillement qu'on éprouve à la vue des lieux longtemps aimés, et qu'on avait cru ne plus revoir.

La nuit était calme, tiède et sombre; la lune, dans son plein, avait depuis longtemps disparu derrière l'horizon.

C'était une nuit délicieuse pour des amants ou des conspirateurs.

Comme ils allaient franchir la première enceinte de murailles qui enfermait le *palacio*, ils s'arrêtèrent pendant quelques minutes, étonnés et ravis à la fois du spectacle qui s'offrait à eux. Une grande masse de lumière s'échappait par la porte à moitié ouverte, et on entendait au dedans le from-from d'une guitare, accompagné d'une mâle voix d'homme et des grêles accords du *pandero* (191).

« Comme ils sont joyeux! fit la Serena avec un soupir.

— Quel est donc le saint du jour? demanda Manofina.

— C'est peut-être la fin d'une neuvaine, » répondit Coco.

— Entrons, » dit la Serena, dont les petits pieds impatients se remuaient d'eux-mêmes en cadence au son de cette musique connue.

La Serena était la meilleure danseuse de fandango de Séville, elle chantait en outre la *cana* de façon à faire délirer un anachorète.

Ils hâtèrent le pas, et comme ils passaient devant un massif d'ébéniers et de lilas, ils entrevirent dans l'obscurité trois hommes dont ils ne pouvaient reconnaître les traits ni les vêtements. Ces trois hommes étaient debout derrière le massif, et causaient ensemble à voix basse.

Le guapo était trop péoccupé pour faire attention à eux. Coco feignit de ne pas les voir, et la Serena ne s'inquiétait guère en ce moment que de la danse; déjà elle entrevoyait les têtes des danseurs couvertes de rubans de diverses couleurs, flottant au gré de leurs pas comme des bannières au vent, et suivant toutes les ondulations que leur imprimait tour à tour la passion ou le caprice.

Oh! c'est que c'était vraiment là une belle fête, le *baile de candil* le plus animé et le plus joyeux qu'on eût eu depuis longtemps à Séville.

Cependant, malgré leur impatience, lorsqu'ils furent arrivés près de la porte, le guapo et la Serena s'arrêtèrent; un sentiment plus fort que leur désir, la pudeur de l'orgueil, si on peut l'appeler ainsi, les retint sur le seuil de cette demeure qu'ils avaient volontairement abandonnée; ils hésitèrent...

« Eh bien! allez donc! fit l'alguazil.

— Entre, toi, dit Manofina à sa compagne.

— A toi, Coco, dit à son tour la Serena; c'est toi qui dois nous introduire.

— Oh! je n'y ferai pas tant de façons, répondit le tavernier en prenant la main de la Serena avec une galanterie tout andalouse; entre donc avec moi, Culevrina, puisque seule tu ne l'oses pas... Et toi, Manofina, ajouta-t-il, suis-nous, mon brave, tu vas voir si nous serons bien reçus. »

En même temps, Coco acheva d'ouvrir la porte dans toute sa largeur, et s'avança d'un air triomphant au milieu de l'assemblée. Manofina, enhardi, le suivit à peu de distance.

Eglise du Noviciat.

« Que Dieu garde Vos Seigneuries! » dit l'alguazil en ôtant courtoisement son chapeau.

A cette apparition inattendue, un cri de surprise s'éleva dans la salle, et l'assemblée, si attentive à la danse un instant auparavant, se resserra, curieuse et avide d'apprendre par quel motif le guapo et sa compagne revenaient parmi eux.

A peine avaient-ils mis le pied dans le *palacio*, que l'œil perçant de Mandamiento, qui voyait partout, les avait reconnus. Il était cependant à l'extrémité de la salle, calme, paternel, surveillant avec une gravité pleine de bonhomie les plaisirs de ses *enfants*; car, autant le maître était sévère et despotique pour faire exécuter ses volontés, autant il savait, par une indulgence calculée et des concessions apparentes, subjuguer et rendre contents ceux qu'il dominait à leur insu. Mandamiento eût fait un roi très-populaire, si, à cette époque, la royauté n'eût été une chose sacrée qui ne pouvait se transmettre que par héritage et à laquelle personne ne s'avisait de toucher.

La Serena marchait timidement les yeux baissés.

Une éclatante lumière inondait la salle. Chaque colonne supportait deux grandes torches de résine dont la mèche enflammée s'élevait en jets rougeâtres et hardis, lançant à la fois vers le plafond voûté des éclairs de flamme et des nuages de fumée.

Sur le sol, tout autour des colonnes, on avait étendu une multitude de nattes de sparterie de Valence. Chaque femme avait la sienne qui lui servait de chaise, et ainsi accroupie, elle servait d'appui à un homme assis par terre comme elle, et qui s'accoudait sur ses genoux comme sur les bras d'un fauteuil.

L'assemblée était ainsi disposée en une double rangée d'hommes et de femmes : c'était d'un aspect bizarre et pittoresque.

Les Sévillans, bruns, sveltes et agiles, revêtus de leur costume des grands jours, présentaient dans leurs physionomies originales et variées un ensemble du plus piquant effet.

Le milieu du cercle formé par les gens assis était occupé par les danseurs.

Le fandango lascif, poëme d'amour lentement déroulé dans une pantomime expressive, était alors, comme aujourd'hui, la danse favorite des Andalous, le plus délicieux de leurs amusements; que devait-il être pour des garduños, gens sans frein et sans retenue, natures fébriles et passionnées, race du désert encore trop près de son origine pour l'avoir oubliée!

Une folle ivresse présidait à cette fête.

Les plus gracieux *chivatos* de la société se pavanaient et faisaient les *beaux* dans leur élégant costume de *majos* (192), la main posée fièrement sur la hanche, le nez au vent, s'annonçant à vingt pas par le tintement sonore de leurs boutons d'argent, et tendant le jarret en marchant de manière à montrer avec avantage leurs jambes souples et nerveuses.

Les jeunes femmes dansaient ou caquetaient, agaçant de la voix, du geste, du regard, les majos les plus élégants.

Les *coberteras* causaient entre elles en médisant des jeunes filles et lorgnant encore en dessous les jeunes garçons.

Toutefois, ainsi que nous l'avons dit, l'apparition de Manofina et de Culevrina avait produit une telle sensation, que la danse fut un moment ralentie, et que toutes les têtes se tournèrent de leur côté.

Afin de ne pas troubler la danse, la Serena fit le tour du cercle pour gagner le fond de la salle; mais le maître ne lui en donna pas le temps; il vint à elle avec autant de galanterie qu'on aurait pu en attendre d'un hidalgo, et en la regardant avec son plus gracieux sourire, il lui dit d'un air courtois :

« Quel saint du paradis t'a inspiré la bonne pensée de nous visiter, ma fille? sois la bienvenue... et Manofina aussi, » ajouta-t-il en tendant au guapo sa main large et calleuse.

Manofina, un peu confus, mit, non sans quelque répugnance, sa main dans celle du maître; il lui semblait que c'était presque s'engager envers lui, et c'est ce qu'il ne voulait pas faire.

A cet accueil bienveillant du maître pour les ex-garduños, succéda un hourra général d'approbation. Tous les garduños petits et grands s'empressèrent autour de leurs anciens camarades, et ce furent des accolades sans nombre et des acclamations assourdissantes.

Quelques serenas, nouvellement enrôlées, regardèrent d'un œil de jalousie cette belle et gracieuse Culevrina, qui n'avait pas sa rivale dans Séville.

Mais bientôt une d'elles se tournant vers une cobertera des plus antiques, lui dit avec un rire de triomphe et de satisfaction :

« Voyez-vous donc celle-là, qui n'a pas seulement de *moña* neuve sur la tête; sa jupe de laine est fanée comme si elle n'en avait eu d'autre depuis qu'elle est née, et ses chausses de satin lui tombent des talons comme si elles avaient envie de se sauver.

— Elle est devenue jaune comme un riz au safran depuis qu'elle nous a quittées, répondit la vieille; et le moment est mal choisi pour se présenter vêtue de la sorte en si bonne compagnie. Voilà ce que c'est de faire les fiers et d'abandonner la confrérie. Elle était ma foi plus pimpante quand elle faisait les yeux doux à ce gros prieur des Mercenaires que Manofina a si bien *baptisé* sur l'œil gauche.

— Tais-toi donc, vieille pie, fit Garabato, qui en ce moment se trouvait près de la cobertera; Culevrina est toujours la plus belle fille de Séville; elle est plus jolie en guenilles que les autres avec des perles et des rubans. »

L'opinion de Garabato était généralement partagée par les hommes, et ceux qui ne le disaient pas le prouvaient assez par leurs regards et par leurs gestes.

Qui vient là

De son côté, Mandamiento ne cherchait pas à dissimuler sa joie. Il conduisit la Serena à une natte restée vide vers le haut bout de la salle, et après avoir engagé la compagne du guapo à s'asseoir :

« Amuse-toi, ma fille, lui dit-il, je vais causer un peu avec mon frère Manofina. »

En disant cela, Mandamiento prit la main du guapo, et faisant signe à Coco de les suivre, il les conduisit à quelque distance du cercle dans un coin isolé.

Puis, seul avec eux, il leur dit :

« Je suppose, mes enfants, que la présence de Manofina ici n'est pas sans motif, et j'ai hâte de le connaître. Peut-être notre cher Manofina se trouve-t-il dans quelque situation périlleuse qui réclame notre secours! Quoiqu'il ne fasse plus partie de notre honorable confrérie, et que nul devoir ne nous engage envers lui comme frères, nous sommes toujours disposés, comme amis et comme camarades, à lui venir en aide toutes les fois que cela se pourra... sans contrevenir aux règles de notre honorable confrérie.

— Frère Mandamiento, se hâta de répondre Coco, il ne s'agit pas en ce moment de venir au secours de Manofina, il s'agit au contraire de le faire consentir à nous prêter le sien. »

Mandamiento fit un mouvement de surprise.

« J'ai à te proposer une opération... et des plus graves, poursuivit Coco; voilà pourquoi je suis venu ici avec Manofina. Ecoute-moi maintenant, la chose en vaut la peine.

— Parle, dit le maître de plus en plus surpris.

— Il y a à Séville, continua l'alguazil, un jeune seigneur très-riche qui a besoin de toi.

— Par la barbe du roi! s'écria Mandamiento, je suis toujours au service des jeunes seigneurs qui ont beaucoup d'argent.

— Ce jeune cavalier t'en donnera beaucoup. En revanche, voici ce qu'il faudra faire.

— Obscurcir son rival? interrompit le maître.

— Bien mieux que cela vraiment, dit l'alguazil; une expédition comme la confrérie n'en a certainement jamais fait.

— Par la Vierge *del Pilar!* s'écria le maître, ce que tu me dis là commence à m'alarmer. De quoi s'agit-il donc? explique-toi. »

Coco regarda autour de lui d'un air mystérieux : personne ne pouvait les entendre, ils étaient à plus de quinze pas du cercle où l'on dansait. Toutefois, par surcroît de prudence, l'alguazil poussa Mandamiento et le guapo jusqu'à la colonne la plus reculée; puis, s'étant penché vers le maître, il lui dit à voix basse :

« Il faut nous aider à délivrer le gouverneur de Séville le jour de l'auto-da-fé.

— Comment cela?

— En enlevant le grand inquisiteur, que vous retiendrez prisonnier. Deux jours suffiront pour que don Estevan puisse gagner le premier port d'Espagne et s'embarquer pour un autre pays.

— Frère, répondit le maître, as-tu bien songé à ce que tu demandes? Sais-tu que dans une pareille entreprise nous jouerions notre vie...

— Contre deux cent mille réaux, ajouta vivement le tavernier; c'est la somme que don Estevan de Vargas offre de vous donner en récompense.

— Deux cent mille réaux! fit Mandamiento ébloui de l'énormité de la somme; deux cent mille réaux pour...

— Pour enlever monseigneur Arbues, et le retenir prisonnier pendant deux jours dans les caveaux de la Garduña, se hâta de dire Coco.

— Oui, reprit le maître, et après que monseigneur Arbues sera libre, il nous fera brûler comme hérétiques. Me prends-tu donc pour un niais, Coco? L'obscurcir, à la bonne heure, les morts ne peuvent plus faire de mal; mais l'enlever, non, non, je n'enlève que les jeunes filles.

— Sa seigneurie ne veut pas qu'on l'obscurcisse.

— Sa seigneurie est candide comme un agneau; sans la complaisance de Manofina et les ordres de... mais il suffit, je m'entends... Si don Estevan est encore en vie, ce n'est pas la faute de l'inquisiteur.

— Oh! je ne tiens guère à la vie de l'inquisiteur, dit Coco; mais si tu parles à don Estevan de l'obscurcir, il n'y consentira jamais, et le gouverneur de Séville sera brûlé.

— C'est bon! c'est bon! on sera discret, » fit Mandamiento en souriant d'un rire de démon.

Deux cent mille réaux! pensait-il en lui-même pour avoir le plaisir de poignarder ce maudit inquisiteur qui me garde rancune et ne me fait plus rien faire depuis que j'ai manqué don Estevan. Deux cent mille réaux! c'est un magnifique denier... De plus, on remplacera certainement monseigneur Arbues, cela ne sera pas difficile, et le nouvel inquisiteur, qui n'aura aucun grief contre moi, nous fera certainement travailler... Tout est donc profit pour la confrérie dans cette affaire.

Telles furent les réflexions rapides du maître de la Garduña; mais, en habile diplomate, il se garda d'en faire part à ceux avec qui il traitait. S'adressant à Coco, qui attendait sa réponse, il lui dit :

« Et Manofina consentirait à être de cette expédition?

— Sans doute, répondit vivement le guapo.

— Tu trouves donc que la Garduña est une bonne mère, et tu veux revenir à elle? demanda insidieusement le capataz.

— Maître, je n'ai pas dit cela, répliqua Manofina; cette expédition me plaît; je veux vous y aider, si vous le trouvez bon, et la Serena aussi, ajouta-t-il avec orgueil. Vous savez, maître, que la Serena vaut un guapo pour le courage et l'audace.

— J'entends, fit Mandamiento en clignant ses larges paupières sous lesquelles ses yeux verdâtres brillaient comme ceux d'un chacal; j'entends, la Serena et toi êtes bien aises de prendre part à cette opération à cause de la récompense promise.

— Maître, dit Manofina d'un ton piqué, je n'ai jamais refusé un salaire honnêtement gagné; mais si, cette fois, vous jugez convenable de ne nous rien donner, peu m'importe; je partagerai de mon plein gré les dangers de cette expédition, sans exiger de récompense, puisque vous pensez que nous n'y avons point droit, n'étant plus membres de la confrérie.

— Et pourquoi n'en seriez-vous pas membres? continua Mandamiento, car c'était là qu'il en voulait venir.

— Ne me tente pas, maître, fit Manofina; ce qui est fait est fait, je n'y reviendrai pas. Seulement dis-moi si tu acceptes mon aide et celle de Culevrina; c'est tout ce que je te demande. Dans ce cas, tu me rendras pour un jour mon autorité de guapo, tu me donneras une troupe à commander, et sois tranquille, je me charge du reste.

— Eh bien! dit Coco, est-ce convenu, maître? puis-je amener ici don Estevan et ses amis pour que vous vous entendiez ensemble et disposiez la besogne?

— Tu le peux, répondit Mandamiento charmé de la résolution de Manofina malgré ses restrictions, car il espérait bien parvenir à le ramener entièrement à lui; puis, s'adressant au guapo :

— Vois, mon fils, lui dit-il, si la confrérie et moi conservons de l'amitié pour toi; nous n'avons encore trouvé aucun de nos plus vaillants *postulants* digne de te succéder, et ta place est vacante encore à la Garduña. Reprends-la donc pour le jour de l'expédition projetée, et que Dieu t'inspire ensuite, mon enfant! Puisses-tu prendre une bonne et sage résolution!

— Moi, dit Coco, je cours avertir don Estevan; il faut que tout s'arrange ce soir.

— Va, dit Mandamiento, rien n'est plus favorable à une opération de cette sorte que le tumulte d'une fête. Et toi, Manofina, ajouta-t-il, ne vas-tu pas danser un fandago avec ta jolie Culevrina?

— Si vraiment, » fit le guapo.

Et Manofina alla prendre la Serena pour la conduire dans le cercle des danseurs.

Malgré la pauvreté de son costume, tout le monde s'empressa pour voir danser la Serena; elle était si belle et si jolie, si agaçante et si mélancolique, qu'il était impossible de la voir sans l'aimer, et puis elle dansait si bien!....

Pendant ce temps, Coco était sorti du *palacio* et s'était dirigé vers le massif d'ébéniers, où tout à l'heure trois hommes causaient ensemble. Ils étaient encore arrêtés à la même place et semblaient attendre.

L'alguazil s'avança vers eux en faisant exprès un peu de bruit. Quoiqu'il fît sombre, Estevan le reconnut.

« Eh bien? lui demanda-t-il.

— Tout est prêt, señor caballero; le maître de la Garduña fera tout ce que vous voudrez.

— Je vous l'avais bien dit, fit Estevan en se tournant vers ses compagnons, don Rodriguez de Valero et don Ximenès de Herrera; maintenant nous sommes sûrs de réussir.

— Don Estevan, murmura le vieux seigneur, vous avez jugé utile de vous adjoindre ces Gitanos, soit; mais, mon jeune ami, vous ne comprenez pas la moitié de votre force; si j'avais votre âge, et si j'étais beau comme vous, et si je m'appelais don Estevan de Vargas, je voudrais, à ma seule parole, faire lever comme un seul homme le peuple de Séville et bouleverser l'Espagne.

— Don Rodriguez, répondit Estevan, vous parlez en ce moment comme un jeune homme; laissez-moi donc parler à mon tour comme un vieillard.

Vous m'accordez une grande puissance de fascination, soit, je veux croire que je la possède, et que je pourrais aisément, grâce au souvenir de mon père encore vivant dans le cœur des Espagnols, révolutionner Séville contre les inquisiteurs. En supposant qu'il en soit ainsi, quel bien cela ferait-il à l'Espagne? à quoi cela servirait-il? à faire périr des milliers d'hommes sans améliorer le sort de ceux qui resteraient. Savez-vous, don Valero, que pour briser à jamais le joug de l'inquisition, il faudrait que l'Espagne tout entière fût réunie dans un accord unanime de sentiments et de volonté? Les insurrections partielles enfantent la guerre civile, appauvrissent, détruisent un pays, mais elles ne le changent pas : ce sont des saignées réitérées sur un corps robuste, elles le font respirer un jour pour le ruiner à la fin. C'est la science, c'est la philosophie qui, seules, pourront régénérer l'Espagne et la rendre libre. Jusque-là, ne l'espérons pas; nous ne sommes pas destinés à voir ces beaux jours.

— Pourquoi donc conspirons-nous? interrompit Valero.

— Pour un seul fait, répliqua Estevan, pour un intérêt particulier. Moi, pour délivrer ceux que j'aime, vous et don Ximenès, par amitié pour moi; c'est là, croyez-moi, notre plus grand véhicule.

— Estevan, dit don Ximenès, vous calomniez nos intentions en les restreignant à un intérêt particulier.

— Non, reprit Estevan, je ne les calomnie pas; nous avons l'âme grande et chaleureuse, nous gémissons des maux de l'humanité; et il y a trois mois, j'aurais dit comme vous, don Rodriguez, que l'amour seul de nos frères souffrants, l'amour du peuple avili et persécuté nous poussait à cet acte de révolte. J'ai appris depuis à mieux analyser les sentiments de l'homme, et je me dis que si Dieu nous avait créés pour être les régénérateurs de l'Espagne, il nous eût accordé d'autres moyens d'action, et nous eût peut-être fait vivre un siècle plus tard; ou bien, nous aurions eu le don de l'apostolat et nous aurions été d'humbles et courageux athlètes comme Jean d'Avila, comme Jean de Dieu, et comme votre savant disciple Égidius : âmes sublimes tellement embrasées du saint amour des hommes, qu'elles font une complète abstraction d'elles-mêmes et de tout sentiment personnel en faveur de la grande famille humaine. A ceux-là, le droit de remuer l'Espagne jusque dans ses entrailles et de la régénérer par l'esprit? Quant à la régénération du glaive, c'est une blessure sur une plaie, voilà tout; et si je conspire aujourd'hui avec vous, messeigneurs, ce n'est pas que j'en attende un bien pour mes frères souffrants d'Espagne, c'est parce que j'aime et que je veux sauver celle que j'aime. — C'est là de l'égoïsme, je pense, ajouta-t-il en souriant avec amertume.

— Estevan, dit don Ximenès, vous valez mieux que nous, et dans l'occasion vous seriez plus dévoué que nous.

— Quel que soit le motif de notre révolte, il est sacré, marchons donc, dit Valero, et soyez notre chef à tous, Estevan; vous êtes plus éloquent que Cicéron, et vous avez une franchise à laquelle on ne peut résister.

— Où faut-il aller? ajouta le vieux seigneur en s'adressant à l'alguazil.

— Suivez-moi, messeigneurs, dit Coco, et pour ne pas éveiller des soupçons, entrez au *baile* sans cérémonie, amusez-vous, causez avec les jolies filles. Vous, seigneur, don Estevan, je vous conseille de faire danser la Serena.

— Qui ferai-je danser, moi? demanda le vieux Rodriguez.

— Que votre seigneurie se rassure, dit en souriant l'alguazil, les danseuses ne manquent pas à la Garduña, il y en a de toutes les couleurs et de tous les âges.

— Précède-nous donc, » dit Estevan.

L'alguazil rentra seul dans la Garduña.

La danse était en ce moment vive et animée. Un joyeux bolero, dansé par Manofina et la Serena, tenait toutes les âmes en suspens. Des bravos multipliés accueillaient chaque pose gracieuse, chaque légère pirouette de la danseuse. La Serena, le cou en avant, les yeux flamboyants et humides, ses petites mains armées de castagnettes, ondulait comme une couleuvre, balançant avec une grâce désespérante sa taille souple et cambrée. Le guapo, animé par la musique, par les agaceries de Culevrina, et aussi par les applaudissements de l'assemblée, déployait avec une hardiesse inconcevable la vigueur et la souplesse de ses jambes. Taillé comme un véritable enfant de l'Andalousie, le guapo avait des muscles d'acier, et avec cela cette grâce hardie, sauvage, accentuée, fruit d'une existence vagabonde et d'une immense liberté.

Au dernier pas du bolero, un hourra unanime et prolongé s'éleva dans la salle.

Les trois seigneurs y entraient en ce moment.

Leur arrivée ne changea rien à l'entrain de l'honorable société. En Espagne, les gens titrés se mêlent volontiers aux gens du peuple, sans que les premiers croient déroger à leur dignité, ni que les derniers se tiennent honorés d'une telle condescendance.

Coco s'approcha du maître.

« Voilà le jeune seigneur qui doit payer, lui dit-il en désignant don Estevan de Vargas.

— Le même que Manofina devait obscurcir, observa Mandamiento; il paraît qu'entre ce jeune seigneur et l'inquisiteur de Séville c'est une guerre à mort. Bien! bien! poursuivit-il en se frottant les mains; où il y a des œufs cassés on fait des omelettes. C'est bien, Coco, qu'ils restent; après la fête nous parlerons d'affaires; pour le moment, la Garduña a besoin de souper. »

En effet, au milieu du cercle des danseurs une apprentie *serena* et deux ou trois chivatos, de cuisine ce jour-là, venaient servir le repas.

Sur une grande natte étendue par terre en guise de table et de nappe, ils avaient dressé leur superbe *médianoche*. Il consistait en plusieurs jattes de terre cuite remplies de *gazpacho* (193), en un énorme *guisado* (194), et quatre *cabritos* rôtis. De cuillers ou d'assiettes, point. Les garduños ignoraient complètement l'usage de ces objets de luxe; ils mangeaient cordialement à la gamelle, et se servaient de leurs dix doigts en guise de fourchettes.

Le maître s'avança alors vers les conjurés.

« Messeigneurs, leur dit-il avec courtoisie, vos seigneuries daigneront-elles partager le repas de mes enfants?

— Très-volontiers, » répondirent-ils.

Et s'emparant chacun d'une natte, ils s'assirent par terre comme les autres, sans craindre de gâter leurs habits de soie.

Avec une adroite intention, Estevan s'était placé près de la Serena.

L'amante du guapo, déjà très disposée en faveur de ce beau jeune seigneur à qui elle avait sauvé la vie, le regarda avec une douce tristesse, et des larmes lui vinrent aux yeux en songeant que sa belle fiancée était dans les cachots de l'inquisition, et que le malheureux Estevan était forcé de sourire.

Pendant que l'assemblée faisait disparaître les plats avec un appétit de garduños, Estevan, tout en faisant semblant de dévorer quelques lambeaux de *cabrito*, dit à Culevrina qu'il voulait gagner :

« Tu danseras avec moi, n'est-il pas vrai?

— Non, señor, répondit-elle avec une tristesse affectueuse. J'aime la danse, et je serais très honorée de danser un fandango avec votre seigneurie; mais, Dieu merci, vous n'aurez pas cette corvée ce soir. Le bal est fini pour aujourd'hui, et après le souper, chacun ira à sa besogne; aussi bien, vous ne devez guère avoir envie de danser.

— Bonne Culevrina! répondit Estevan.

— Soyez tranquille, dit-elle à voix basse, nous danserons autrement dans huit jours, car j'en serai, moi aussi... Mais mangez donc, poursuivit-elle, et ne parlons plus de cela, voilà des serenas qui sont jalouses de vous voir causer avec moi. »

Le souper disparut avec une rapidité merveilleuse. Don Rodriguez mangeait comme un Gitano, et agaçait les jeunes filles. Don Ximenès riait de son mieux avec une serena très jolie qui eût volontiers changé son guapo pour le beau seigneur habillé de velours.

Personne ne se doutait que cette gaieté apparente cachait une conspiration.

Mais aussitôt que Mandamiento vit le repas terminé, il fit un signe; son visage, tout à l'heure souriant, devint imposant et sévère. Les garduños, hommes et femmes, se levèrent comme un seul homme, et chacun, selon les ordres qu'il avait reçus du maître avant de commencer le bal, se rendit au poste qui lui avait été indiqué.

XXXIX

Un Complot.

Il ne restait plus dans le palais de la Guarduña que le maître, l'alguazil, Manofina, sa compagne et les trois seigneurs.

Quelques-unes des torches s'éteignaient lentement, la salle immense devenait plus sombre, et la nuit avancée donnait encore plus de solennité à cette réunion mystérieuse.

Il était deux heures du matin.

Le maître ouvrit alors un grand bahut de chêne, placé à l'un des angles de la salle, en tira un registre de parchemin jaune et crasseux, un godet de plomb rempli d'encre, et une forte plume d'aigle grossièrement taillée; puis il referma le bahut qui lui servait à la fois d'armoire et de table, et, après avoir disposé sur son couvercle les divers objets qu'il en avait tirés, il alla vers la porte pour s'assurer qu'elle était bien fermée.

Le pêne de la serrure n'était sans doute pas bien entré dans sa gâche; car, au moment où Mandamiento allait, de sa main vigoureuse, pousser cette lourde masse de chêne pour la fermer entièrement, elle s'ouvrit comme d'elle-même, et un nouveau personnage entra dans le palais de la Guarduña.

C'était José.

Averti par Coco, il s'était rendu à cette réunion.

A la vue du jeune dominicain, Estevan poussa un cri de rage; et se tournant vers l'alguazil, il lui dit d'une voix sourde :

« Tu m'as trahi, misérable! »

L'alguazil ne se troubla aucunement, et répondit du ton le plus calme :

« Non, seigneur, je ne vous ai point trahi. »

Il y avait une telle expression de vérité dans la physionomie de Coco, qu'Estevan fut ébranlé.

En même temps, Mandamiento, ignorant le motif de cette visite nocturne, recevait le dominicain avec tout le respect dû au favori du grand inquisiteur.

« Que désire Sa Révérence? demanda enfin le maître, quelque peu alarmé.

— Parler à ces trois seigneurs, » répondit José.

Mandamiento fronça le sourcil.

« Que veut ce moine? demanda tout bas Valero à Estevan.

— Nous allons le savoir, » répondit le jeune comte.

En disant cela, il s'avança vers le jeune religieux.

José lui tendit amicalement la main.

Estevan ne la prit pas; mais regardant le jeune dominicain au visage, il lui dit :

« Ce n'était pas assez de m'avoir trahi; vous voulez encore me perdre, n'est-il pas vrai?

— Je ne vous ai point trahi, répondit José d'un ton doux et triste; je viens vous consoler et vous aider.

— Mais Dolores? poursuivit Estevan, dont la jalousie se réveillait intense et cruelle en présence de celui qu'il soupçonnait; Dolores! qu'en avez-vous fait?

— Dolores vous sera rendue saine et sauve, continua le dominicain.

— Oui, car je la délivrerai, moi, s'écria Estevan avec impétuosité; vos perfidies ne m'abusent plus, don José, et si je voulais en ce moment, poursuivit-il avec amertume, si je voulais!... Voyez, don José, vous avez été imprudent... nous sommes ici cinq contre vous, et ces hommes me sont dévoués.

— La preuve que je ne vous crains pas, répondit José, c'est que je suis venu et que je suis venu seul. Si je vous avais trahi, pourquoi vous chercherais-je? quel besoin ai-je de vous! Croyez-moi, Estevan, ne méconnaissez pas vos vrais amis; leur secours vous est nécessaire, et ils vous l'offrent dans toute la sincérité de leur âme.

— Vrai Dieu! s'écria tout à coup Rodriguez, c'est le jeune religieux qui m'a sauvé l'autre jour de la fureur de ses confrères.

— Révérence! continua-t-il en se rapprochant de José, permettez-moi de vous remercier du secours que vous m'avez donné il y a deux jours à la taverne de la *Buena Ventura*. J'ai recouvré toute ma raison, ajouta-t-il en souriant, et je tiens à vous le prouver, mon père.

— La raison ne consiste pas à dire des choses sensées, répondit froidement José, mais à les dire en leur temps et à propos; quand on sème sur la pierre, les oiseaux du ciel mangent le grain, et il ne produit rien à celui qui a semé. Vos déclamations vous feront brûler vif, croyez-moi.

— On n'oserait, répliqua Valero, l'inquisition me croit fou.

— L'inquisition pourrait bien à la fin s'apercevoir que vous êtes un fou dangereux, et vous traiter comme elle traite les sages.

— Eh bien! s'écria Valero, que m'importe? le martyre est une belle gloire. »

Pour la seconde fois depuis qu'il connaissait José, Estevan était vaincu par cette simplicité si vraie, par ce charme d'attraction qui respirait dans tous les traits du jeune religieux. Il lui tendit la main à son tour d'un air franc et amical; José la prit et la serra avec affection en lui disant, de sa voix douce et enchanteresse :

« Soyons amis, croyez-moi... amis jusqu'à la mort... je le mérite... Un jour, José vous sera peut-être bien cher. »

Estevan hésitait encore; un doute cruel l'obsédait.

« Don José, dit-il enfin, après quelques moments d'hésitation, une chose encore, si vous voulez me convaincre, rendez-moi Dolores et son père, et je vous croirai.

— Pensez-vous, dit José, que le saint office rende aussi aisément ses victimes?

— Non, mais José, le favori de l'inquisiteur, fait ce qu'il veut dans le saint office.

— José peut beaucoup, répondit le favori, mais il ne peut vous rendre un homme dont on a brisé et brûlé les membres.

— Que dites-vous? demanda vivement Estevan.

— Je dis que Manuel Argoso a subi hier la question du feu et celle de l'eau; je dis qu'il est impossible que je le sauve, puisqu'il ne peut marcher.

— Mais Dolores! Dolores! s'écria le malheureux jeune homm[e] dans une angoisse inexprimable.

— Soyez tranquille sur elle, Dolores n'a subi aucune tortur[e] et je la délivrerai. Si après l'auto-da-fé vous ne la trouvez dan[s] la maison de Juana, faites-moi ce que vous voudrez, don Este[van]... Je ne suis pas un adversaire bien redoutable, allez, ajou[ta-t-il] avec cet accent profond de tristesse qui semblait faire [le] fond de son caractère.

— Vous jurez de me rendre Dolores? demanda Estevan.

— Le serment a été inventé par les fourbes, répondit José[;] je ne jure pas, je vous le promets.

— Messeigneurs! s'écria le jeune Vargas, à l'œuvre, et conve[nons] de nos moyens. Il s'agit de délivrer don Manuel Argoso o[u] de périr. Voici un aide que le ciel nous envoie, ajouta-t-il en dé[signant] José.

— Un moine! s'écria l'âpre Valero; à quoi cela peut-il serv[ir] dans une conjuration?

— Je confesse tous les jours, répondit José.

Bien! bien! fit Valero, j'oubliais que vous combattez dan[s] les ténèbres (195).

— Dieu change le mal en bien, répondit José.

— Êtes-vous fou? demanda don Ximenès à Estevan; voule[z-] vous nous livrer à cet inquisiteur?

— Dieu change le mal en bien, répéta Estevan; eh bien! il [a] plu à Dieu de changer cet inquisiteur en une bonne et compati[s]sante créature qui nous servira de tout son pouvoir... Soy[ez] donc tranquille, don Ximenès, et ne craignez rien. Voyons, ma[î]tre, poursuivit-il en se tournant vers Mandamiento qui attenda[it] dans un coin le résultat de ce conciliabule, êtes-vous prêt à me[t]tre à ma disposition toutes vos forces?

— Señor, cela dépend, répondit le maître; nos forces peuve[nt] être plus ou moins considérables, selon l'exigence des manda[taires] et le salaire offert à la confrérie.

— Il n'est pas question de salaire, je paierai généreusement.

— Notre frère Coco a parlé, je crois, de deux cent mil[le] réaux, ajouta Mandamiento.

— N'est-ce point assez, maître? et ne pouvez-vous pour cet[te] somme mettre en campagne trois ou quatre cents personnes?

— Où voulez-vous qu'il les trouve? observa tout bas don Xi[]menès.

— Il en trouverait vingt mille au besoin, dit José.

— Eh bien! maître, cela se peut-il? » reprit Estevan.

Le maître réfléchit quelques instants; enfin il répondit :

« Cela se peut, señor caballero; mais il faut ajouter vin[gt] mille réaux pour les frais de déplacement, car je serai obligé [de] faire venir des frères des villes environnantes (196).

— Je donne les vingt mille réaux, moi! s'écria don Ximen[ès] de Herrera.

— En ce cas, dit Mandamiento, Vos Seigneuries veulent-ell[es] me faire cette promesse par écrit? Moi, je vais inscrire la com[]mande sur le registre de la confrérie.

— A cela ne tienne, » dit Estevan.

Le maître prit alors dans son registre une feuille de vélin, présentant la plume à don Estevan :

« Ecrivez, señor caballero, » lui dit-il.

Estevan écrivit :

« Moi, Estevan, comte de Vargas, je m'engage d'honneur [et] promets de payer à Mandamiento, maître de la confrérie de [la] Garduña, la somme de deux cent vingt mille réaux, le lendema[in] de l'auto-da-fé royal qui aura lieu le 4 juin de la présen[te] année.

« Fait à Séville, le 27 de mai de l'année 1534.

« ESTEVAN, comte de VARGAS. »

Et plus bas, don Ximenès écrivit :

« Je m'oblige et m'engage d'honneur à payer ladite somme a[u] señor Mandamiento, à défaut de don Estevan de Vargas, le len[]demain du jour indiqué ci-dessus.

« XIMENÈS DE HERRERA. »

— On ne sait pas ce qui peut arriver, dit-il à Estevan; souffr[ez] que je sois votre caution.

— Cela suffit, messeigneurs. Maintenant, à moi de prendre no[te] de votre commande, » continua le maître.

Et il écrivit sur son registre :

« Commande faite à la confrérie de la Garduña par le señ[or] don Estevan de Vargas, le 27 de mai 1534 :

« 1° Disposer en faveur dudit seigneur de quatre cents pe

sonnes de la Guarduña, tant postulants et chivatos que guapos, coberteras et serenas, qui, tous dans leur genre, sont également utiles à la confrérie et concourent à sa postérité;

« 2° Les disposer le jour de l'auto-da-fé prochain, de manière à obscurcir le grand inquisiteur... »

— Effacez; je n'ai pas dit cela, interrompit Estevan; vous l'enlèverez seulement : pas de meurtre, señor Mandamiento.

— Non, certes! dit à son tour José, tu l'enlèveras, entends-tu, et tu le conduiras dans les caveaux creusés sous ton repaire. Garde-toi de le tuer, au moins! ajouta-t-il avec animation.

— Effacez, effacez le mot obscurcir, » ajouta Estevan.

Le maître feignit de biffer le mot obscurcir du bout de sa plume sans encre; il avait eu soin de l'essuyer sur sa veste sans qu'on s'en aperçût.

Il reprit :

« Les disposer de manière à pouvoir enlever le grand inquisiteur et délivrer Sa Seigneurie l'ancien gouverneur de Séville, injustement condamné par l'inquisiteur;

« Et, après l'avoir délivré, conduire le gouverneur à la Garduña pour le remettre entre les mains de don Estevan de Vargas.

— Ou entre les miennes, interrompit José.

— C'est Sa Seigneurie qui commande, dit le maître.

— Oui, oui, fit Estevan, Écrivez : « ou entre les mains de Sa Seigneurie don José, aumônier de Son Éminence le grand inquisiteur. »

— Est-ce tout, continua Mandamiento.

— Cela suffit, je crois, dit don Rodriguez; bien entendu, señor Mandamiento, que rien ne sera négligé par vous pour le succès de cette entreprise.

— Señor caballero, répondit le capataz d'un ton suffisant, comptez-vous pour rien notre honneur et notre réputation, qui seraient compromis par un échec de cette nature?

— Ajoutez, dit José :

« Retenir le grand inquisiteur dans les caveaux de la Guarduña, jusqu'à ce que don José permette à Mandamiento de le remettre en liberté. »

— Inutile, répondit le maître; quand j'aurai fait de l'inquisiteur ce que j'en dois faire, Votre Seigneurie en disposera à son gré.

— Je me charge de lui, moi, dit Manofina, qui, par respect pour la noble assemblée, était jusque-là resté muet ainsi que sa compagne.

Je te donnerai des instructions là-dessus, fit Mandamiento en lui jetant un coup d'œil significatif.

— Bien! bien! maître, vos instructions seront suivies.

— Maintenant, messeigneurs, dit Valero, à nous le reste.

— Jusque-là, dit à son tour José, silence et discrétion absolue.

— Le jour de l'auto-da-fé, ajouta don Ximenès, trouvons-nous avec nos amis aux avenues de la place.

— Mes garduños n'ont rien à faire avec vous, dit Mandamiento; croyez-moi, messeigneurs, ne vous en mêlez pas. Il s'agit d'enlever le gouverneur, n'est-ce pas? je m'en charge; mes guapos et moi ferons l'affaire.

— Cependant, dit Estevan, si une mêlée venait à s'engager, faut-il encore que nous puissions vous aider au besoin.

— C'est inutile, messeigneurs; préparez seulement le peuple, non pour qu'il nous aide, mais pour qu'il nous laisse faire, cela suffira.

— Une révolte générale aurait sauvé toutes les victimes, observa Valero.

— Hélas! ce garduño a peut-être raison, dit le jeune Vargas en soupirant, peut-être devons-nous le laisser faire.

— Oui, il a raison, dit José; une révolte ouverte n'aboutirait en ce moment qu'à redoubler les cruautés de l'inquisition et à augmenter le nombre des victimes. Croyez-moi, les précautions sont prises pour se défendre au besoin, des troupes nombreuses sont prêtes, et ce n'est pas le jour de lancer ce pauvre peuple, qui, après tout, est toujours la victime dans une insurrection. Il s'agit de sauver le gouverneur; usons de ruse et non d'audace, ce n'est pas le moment. Oubliez-vous que l'empereur Charles-Quint doit assister à l'auto-da-fé, et qu'une milice nombreuse l'accompagne?

— Don José a raison, ajouta don Ximenès de Herrera, une révolte ce jour-là ressemblerait à une conspiration contre le roi, et c'est l'inquisition seule que nous voulons attaquer.

— Eh bien! messeigneurs, que décidons-nous? » demanda Valero.

A ce moment on frappa un grand coup à la porte de la salle.

Tout le monde tressaillit.

Mandamiento, sans se troubler, poussa une colonne mobile qui, en tournant sur elle-même, découvrit une ouverture donnant sur une autre pièce faiblement éclairée : c'était le cabinet du capataz,

« Entrez tous là, » dit le maître.

Ils obéirent. Madamiento replaça la colonne et courut vers la porte.

Il ouvrit.

C'était la Chapa.

Elle se précipita tout éplorée dans la salle.

« Qu'est-ce-donc, Chapica? dit le maître; est-ce que ta maison brûle?

— Où est mon frère? demanda-t-elle en tremblant.

Mandamiento rouvrit la cachette.

« Ne craignez rien, messeigneurs, dit-il, il n'y a pas de danger; vous pouvez sortir. »

Tout le monde rentra dans la salle.

« Oh! messeigneurs, s'écria la Chapa, si vous saviez quel malheur vient d'arriver! »

Et la Gitana, suffoquée par ses larmes, ne pouvait parler.

— Qu'est-ce donc? firent-ils tous à la fois.

— L'apôtre! messeigneurs, le père de Séville...

— Eh bien! achève.

— Arrêté! arrêté par l'inquisition, poursuivit-elle d'une voix entrecoupée de sanglots.

— O Dieu vengeur! s'écria Estevan.

— Ils l'ont arrêté au sortir du sermon, continua la sœur de Coco, sous le prétexte qu'il avait prêché des hérésies.

— Eh bien! don Estevan, fit Valero, ménagez donc le doux Pierre Arbues! ménagez le roi qui permet de telles iniquités!

— Don Rodriguez, notre tour viendra, répondit Estevan; la force de l'homme consiste à savoir attendre.

— Maître, dit-il à Madamiento, vous agirez seul avec vos garduños, vous enlèverez l'inquisiteur et don Manuel Argoso. Nous, messeigneurs, ajouta-t-il, songeons à préparer le peuple, il sera facile de le gagner à une cause pareille, qui est la sienne.

— N'oubliez pas de vous assurer de la personne de Pierre Arbues, ajouta José.

— Que Votre Révérence soit tranquille, répondit Mandamiento, Son Éminence ne se sauvera pas. »

Les choses ainsi arrêtées, les trois seigneurs et José sortirent ensemble du palais de la Garduña.

XL

Le Sermon au coin des rues.

On était au 4 de juin de l'année 1534. Cinq heures du matin venaient de sonner.

La population de Séville s'était éveillée de meilleure heure qu'à l'ordinaire. Un grand événement tenait en suspens toutes les âmes.

C'était le jour de l'auto-da-fé.

Jour de fête, solennel et sacré, où nul ne devait travailler, mais prier.

A cette heure, une troupe de jeunes gentilshommes, ayant à leur tête don Rodriguez de Valero, parcouraient les rues de Séville, causant entre eux d'un air de mystère, et arrêtant parfois les gens du peuple qu'ils rencontraient. Ils leur parlaient pendant quelques minutes; puis les *manolos* s'éloignaient d'un air pensif et préoccupé, comme s'ils eussent reçu une importante et grave confidence.

La physionomie des caballeros était sombre et préoccupée; ils marchaient deux à deux, s'arrêtant quelquefois en cercle pour se communiquer une idée; puis ils reprenaient le cours de leur promenade et continuaient leur propagande populaire, but unique de cette excursion matinale.

Quelque chose de mystérieusement terrible, comme ces sourdes convulsions de la nature qui précèdent l'orage, agitait le peuple de Séville.

Cette journée sinistre était grosse de révolte et de bruit.

Profondément exaspérés par les insinuations de Valero, d'Estevan et de leurs amis, séduit jusqu'au saint tribunal par l'éloquence insidieuse de José, qui de son côté avait, ainsi que l'avait dit Valero, manœuvré dans les ténèbres, le peuple de Séville, presque tout composé de marranos, de mauresques ou de juifs en apparence convertis, le peuple attendait avec une colère concentrée le jour de l'auto-da-fé royal. Las des persécutions odieuses qui pesaient sur lui, las de sa longanimité qui n'avait servi qu'à augmenter l'audace et la cruauté de ses oppresseurs, il était dans cet état d'exaspération où la plus légère étincelle suffit à l'embraser, à le pousser, terrible et furieux comme la flamme de l'incendie, contre les obstacles qui l'irritent.

Tel avait été le résultat obtenu par l'adroit Valero. En ce moment pouvait se réaliser pour lui la prédiction qu'il avait faite quelques jours auparavant en sortant de la taverne :

« Ce peuple fera maintenant ce que je voudrai. »

Valero avait été aidé dans ses menées par les jeunes seigneurs qui l'accompagnaient en ce moment, âmes ardentes et chaleureuses, éprises de cette grande et sublime chose qu'on appelle la Liberté. Fille du ciel si souvent incomprise, l'homme n'adore-t-il pas le plus souvent à sa place une idole creuse et fardée, œuvre imparfaite de ses propres mains?

Mais ces grands cœurs espagnols n'adoraient point un vain mot, une fallacieuse image; c'était bien la liberté, fille du ciel, qui était l'objet de leurs aspirations et de leurs vœux ; la liberté protectrice et tolérante; cette vierge sublime, sœur de la charité chrétienne, qui couvre comme elle les pauvres et les petits des plis de sa blanche tunique, qui les nourrit, qui les console, qui souffle de son haleine divine sur les ailes du génie abattu et découragé en lui disant : Marche! marche! je suis là pour te frayer la route et pour te soutenir. Vierge céleste, amante des grands cœurs de tous les âges, c'était elle qui animait ces fiers chevaliers espagnols, qui durant si longtemps luttèrent contre le tigre inquisitorial ; sublimes figures, types de noblesse, de courage et de force, immortalisés par le pinceau de Murillo et de Velasquez!

« Courage, courage, mes amis, disait Valero, nous arrivons au but; cette journée, quoi qu'en dise don Estevan, ne sera pas inféconde pour le bonheur de l'Espagne.

— Ah! répondit Estevan, que ne puis-je faire passer dans le cœur du peuple la conviction qui m'anime, et le rendre en un jour ce qu'il sera, je l'espère, dans quelques siècles, libre et heureux! Une seule chose m'afflige... Ce peuple, bon, naïf et crédule, à qui on a dit : vous protégerez aujourd'hui ceux qui vont sauver votre ancien gouverneur, ce peuple croit, par ce seul fait faire un grand pas vers la liberté.... et il ne fait que servir un intérêt tout personnel.

— Redoubler la haine du peuple pour ses oppresseurs, dit don Ximenès, c'est déjà le servir ; c'est le préparer pour cette grande et générale révolte qui, plus tôt ou plus tard, aura lieu contre un pouvoir inique et impitoyable. Dans le grand procès d'un peuple contre ses oppresseurs, toute cause particulière est liée à la cause commune. »

Comme ils parlaient ainsi, ils se trouvèrent arrêtés dans la rue par un groupe de moines mendiants à moitié ivres.

Ces moines sortaient d'une taverne où ils avaient passé la nuit.

Plusieurs d'entre eux étaient jeunes, et leurs visages basanés et luisants portaient l'empreinte de la gourmandise paresseuse et de l'insouciance des biens terrestres.

Qu'avaient-ils besoin de s'en mettre en peine?

Tout le monde travaillait pour eux.

Ces moines étaient bruns de visage ; leur cou nerveux et leur allure un peu dégingandée accusaient la vigueur et la liberté des races du désert, d'où sont venus les Andalous et les Valenciens. Ce type s'est conservé jusqu'à nos jours : mettez un burnous à un moine espagnol, et vous aurez un Bédouin.

Ils avaient des vêtements sordides, des mains sordides, et tout ce qui se voyait de leur personne témoignait de l'absence complète de tout soin extérieur.

L'expression de leurs yeux, à la fois audacieuse et ambiguë, effarouchait la pudeur et inspirait la crainte.

Leur barbe noire ou grise ressemblait à un buisson ; elle était en outre toute constellée de grains d'ellébore, poudre fine et rougeâtre dont on usait alors en guise de tabac, qui ne fut connu que plus tard sous Catherine de Médicis. Cette poudre d'ellébore est appelée aujourd'hui tabac d'Espagne.

Les moines espagnols en faisaient une énorme consommation. Toutefois, ils savaient au besoin parer *les dehors de la coupe et du plat*, jeter un épais et vaste manteau d'hypocrisie sur la turpitude de leur âme.

Quoiqu'un peu ivres, à mesure que l'air frais arrivait à leur visage, ils reprenaient toute leur raison, et se grimaient pour la circonstance.

Il y avait beaucoup de monde dans la rue.

« Mes frères, dit le plus âgé des moines, c'est aujourd'hui jour d'auto-da-fé, nous ne pouvons choisir une meilleure circonstance pour propager la sainte foi catholique. Arrêtons-nous ici, je vais exhorter le peuple. »

En parlant ainsi, le moine désignait une large borne plate, adossée à une maison et surmontée d'une niche où la dévotieuse générosité des habitants de la maison avait placé une statue de la Vierge, devant laquelle ils entretenaient constamment un luminaire.

Le moine monta sur la borne, fit un grand signe de croix, pria quelques instants devant l'image; puis, se tournant vers la foule qui s'était groupée autour de lui, il la bénit et se prépara à commencer son sermon en plein air.

A ce moment, Valero l'interrompit :

« Moine! lui dit-il, tu devrais attendre d'avoir dormi pour prêcher, au lieu de venir ici, après une nuit de débauche, profaner la parole de Dieu. Ne sais-tu pas que tout ce qui passe par tes lèvres impures devient impur? »

Le moine regarda avec une indicible colère celui qui osait l'apostropher ainsi.

« Ne faites pas attention, mon révérend, dit un des autres moines : c'est Valero le fou; il a le droit d'insulter tout le monde.

— Que fais-tu ici à cette heure? poursuivit-il en s'adressant au vieux seigneur.

— Je viens voir comment les scribes et les pharisiens sont assis dans la chaire de Moïse, répliqua sévèrement Valero.

— Misérable fou! te tairas-tu? s'écrièrent les moines.

Valero continua d'un ton prophétique en regardant le peuple, émerveillé de tant d'audace :

« Toutes les choses qu'ils vous disent d'observer, observez-les et les faites; mais non leurs œuvres, car ils disent et ne font pas.

— Te tairas-tu? répéta le prédicateur.

— Laissez-le, fit le peuple, laissez-le parler. »

Valero poursuivit sans se déconcerter :

« Ils lient ensemble des fardeaux insupportables, et les mettent sur les épaules des hommes, mais ils ne veulent point les remuer de leur doigt.

— Mes frères, commença le prédicateur, en ce jour de glorification pour Notre-Seigneur, où l'Église triomphante remporte la victoire sur les hérésies qui désolent la terre...

— Serpents! race de vipères! interrompit Valero; vous faites mourir les justes et les prophètes, et le sang des justes et des prophètes retombera sur vous! »

Ces mots énergiques empruntés à l'Évangile eurent un immense écho dans le peuple. Il était bien peu de gens dans cette foule qui n'eussent au cœur une plaie vive que ces paroles remuaient profondément. Un sourd murmure gronda autour des moines, et si on ne les hua pas, c'est qu'en ce moment une intime tristesse se mêlait au mépris et à la colère du peuple; il sentait le besoin de se venger, mais de se venger grandement comme il le fait quelquefois quand on a comblé la mesure.

— Rodriguez de Valero oublie les fredaines de sa vie passée, dit le prédicateur avec sarcasme.

— Rodriguez s'est repenti, et Dieu lui a pardonné, répliqua le vieux seigneur ; mais vous avez la conscience du mal, et cependant vous persévérez dans le mal. Prenez garde; la colère de Dieu se fait quelquefois attendre, mais elle est sûre; aussi vous irez tous là où il y a des pleurs et des grincements de dents.

— « Le vin et les femmes ne font jamais d'hérétiques, » dirent les moines en mauvais latin; l'enfer est pour les hérétiques.

— Allez! leur cria Valero, dépositaires infidèles de la loi du Christ, vous dont le cœur est plein de rapine et d'intempérance; allez tondre les brebis que le bon pasteur portait sur ses épaules, pour vous enrichir de leurs dépouilles. Allez, vampires! sucer dans l'ombre le sang de ceux qui sont plongés dans le sommeil.

— Le fou est le plus raisonnable de nous tous, dirent quelques gens du peuple.

— Ces moines sont ivres, ajoutèrent quelques autres ; allons-nous-en d'ici. »

Le groupe des manolos et des manolas qui s'était formé autour du prédicateur s'éclaircit soudainement et se dispersa dans les rues.

Les moines se voyant privés d'auditeurs s'éloignèrent en murmurant entre leurs dents, et en jetant des regards de haine à celui qu'ils appelaient le fou.

L'horloge de la cathédrale sonna huit heures.

Un grand tumulte se fit dans la foule qui encombrait les rues, le peuple se porta vers le palais de l'inquisition.

On remarquait un grand nombre d'hommes qui ne se perdaient pas de vue, bien qu'ils n'y missent aucune affectation; seulement ils échangeait entre eux des regards d'intelligence.

Quelques-uns s'abordaient en prononçant à voix basse ces deux mots :

Dieu et liberté.

Tous ces gens-là étaient du complot :

Ils se glissaient entre les autres, s'aidant des coudes pour se frayer un passage; et lorsqu'on arriva devant le palais de l'inquisition, ils se trouvèrent en tête de la foule avide et curieuse de ces lugubres tragédies si souvent renouvelées, dont on la repaissait comme d'un spectacle.

La procession sortait en ce moment du palais de l'inquisition.

Les charbonniers ouvraient la marche. Ils étaient au nombre de cent; chacun d'eux était armé d'une pique et d'un mousquet (197).

Venait ensuite une grande croix blanche, bannière des enfants de saint Dominique de Gusman, portée par un religieux de l'ordre; puis les dominicains eux-mêmes, revêtus de leurs longues tuniques et du manteau *pie*. Sur leur poitrine, au milieu du scapulaire noir qui tombait jusqu'à leurs pieds, brillait une grande croix blanche (198); un long rosaire pendait à leur ceinture.

Cette milice *sacrée* était innombrable; les dominicains pullulaient en Espagne.

A leur suite marchait le duc de Médina-Cœli. Il portait, suivant le privilége accordé à sa famille, le grand étendard de la foi (199). C'était une bannière en damas rouge pourpré sur laquelle on avait brodé d'un côté les armes d'Espagne, de l'autre une épée nue entourée d'une couronne de laurier avec cet exergue *Justitia et misericordia*.

Après le noble duc venaient les grands d'Espagne et les familiers *avoués* (200) de l'inquisition. Ces derniers étaient en grand nombre. Le pouvoir le plus inique a toujours de nombreuses créatures : la terreur et l'intérêt personnel sont de si grands véhicules! et l'égoïsme est la lèpre de l'humanité.

La foule regardait en silence défiler le cortége. Les moines et les familiers marchaient humblement tête baissée, marmottant du bout des lèvres les sublimes prières de l'Église du Christ, devenues banales et inexpressives en passant par la bouche impure de ces hommes au cœur glacé. Ils connaissaient à fond le formulaire des dévôts; mais des pratiques de la vraie piété, rien!... c'était pour eux lettres closes, et ils ne s'en inquiétaient guère.

Malgré lui, le peuple restait muet et terrifié en présence de ces pompes de la mort.

Bientôt les condamnés parurent; ils étaient au nombre de cinquante.

Ils marchaient pêle-mêle, hommes et femmes, vieillards et enfants, sans distinction de rang ni de sexe.

En tête étaient placées les victimes condamnées à de légères pénitences; celles-là étaient revêtues d'un *san benito* de toile, avec une grande croix de Saint-André en drap jaune sur la poitrine. Leur tête était découverte et leurs pieds nus se meurtrissaient aux aspérités du chemin.

L'attitude de ces pauvres malheureux était triste et humiliée; ils sentaient que, bien qu'ils eussent échappé à la mort, l'inquisition, en les marquant du doigt, les vouait à une éternelle infamie. N'osant détruire leur vie matérielle, elle annihilait leur vie morale; et on appelait cela de *légères pénitences* (201).

Derrière les premières victimes venaient les condamnés aux galères, au fouet et à l'emprisonnement (202).

Après ceux-ci marchaient les condamnés au feu qui, grâce à un aveu tardif, avaient obtenu la faveur de la strangulation. Ils portaient un *san benito*, lequel était peint de diables et de flammes renversées.

Leur tête était couverte d'une *coroza* haute de trois pieds.

Ceux qui devaient être brûlés vifs marchaient les derniers. Leur *san benito* était aussi couvert de figures diaboliques, mais avec des flammes ascendantes. Ils portaient également la coroza.

Chaque condamné, quel qu'il fût, avait à la main un cierge de cire jaune.

Ceux qui étaient voués à la mort étaient escortés par deux familiers et deux religieux. Ils étaient généralement maigres, pâles, livides; plusieurs d'entre eux ne pouvaient marcher qu'avec l'aide des religieux et des familiers qui les portaient plutôt qu'ils ne les soutenaient.

C'était une procession d'agonisants allant au devant de la mort.

Parmi ceux-là, l'infortuné Manuel Argoso venait le dernier.

Brisé dans tous ses membres, affaibli par ses douleurs morales, par le régime du cachot, par la torture de l'eau, à la suite de laquelle plusieurs vaisseaux s'étaient rompus dans sa poitrine et avaient provoqué des vomissements de sang, Manuel Argoso ne marchait pas; ses pieds, brûlés jusqu'aux nerfs, étaient hors d'état de le soutenir. Il était porté par deux familiers. Deux moines dominicains, qui l'aidaient aussi à marcher, l'exhortaient d'une voix doucereuse à se convertir; mais le malheureux comte de Cevallos semblait avoir perdu jusqu'au sentiment de l'existence.

Son visage terreux et livide portait déjà la couleur de la tombe, et ses yeux ternes, fixes, inexpressifs, avaient cette direction oblique que prennent les yeux des mourants au moment où, prêts à quitter la terre, ils tournent peut-être leurs regards vers une autre patrie.

Qui peut sonder les mystères de l'agonie et de la mort, de cette lutte suprême entre la forme terrestre et l'homme immatériel?

A la vue de leur ancien gouverneur, de cet homme juste, doux et charitable qu'ils avaient aimé comme un père, les gens du peuple, natures chaleureuses et sensibles comme tout ce qui est primitif, se sentirent émus et attendris jusqu'aux larmes; mais ils n'osaient en témoigner tout haut leur compassion. Plusieurs baissaient la tête sur leurs mains jointes, ayant l'air de prier pour cacher des larmes involontaires.

Au moment où les condamnés au feu sortirent de la prison, les garduños, confondus dans la foule, armés d'un rosaire d'une longueur *très-édifiante*, et ayant à leur tête Mandamiento, se rangèrent en procession aux deux côtés des victimes, et suivirent dévotement le cortége en priant avec ferveur. Deux guapos forts et robustes se tinrent près du gouverneur; plusieurs chivatos marchèrent devant et derrière eux en priant et en donnant tous les signes extérieurs de la plus profonde piété.

Un grand nombre de garduños s'étaient mêlés parmi les gens du peuple; ceux-ci, préparés par Estevan et ses amis, se prêtaient à leur insu à ce complot mystérieux; ils s'écartaient d'eux-mêmes, sans rien dire, chaque fois qu'un garduño avait besoin d'aller ou de venir librement, selon le poste qu'il voulait occuper : c'était comme par une convention tacite.

A mesure que défilait la procession, de nouveaux garduños se glissaient des deux côtés et faisaient dévotement corps avec elle.

Enfin parurent les dernières victimes, celles qui, après tout, défiaient la torture et les flammes, les morts (203)!...

A ceux-là mêmes, on n'avait pas voulu laisser la paix de la tombe. Ne pouvant brûler leur chair, on brûlait leurs ossements et leur effigie. Ils étaient enfermés dans des coffres; et des statues en carton, images de ceux qui n'étaient plus, étaient portées au lieu du supplice pour être livrées au bûcher.

L'inquisition fût allé chercher ses victimes en paradis ou en enfer pour satisfaire sa *sainte* vengeance!

Tout le temps qu'avait duré le passage des martyrs, un profond et religieux silence avait régné dans la foule, elle suivait d'un œil avide, attendri, leur marche lente et pénible : c'était triste et horrible à la fois de voir ces moines impies ou fanatiques, un crucifix dans les mains et des paroles de paix sur les lèvres, exhortant les victimes de leur barbarie, au nom de celui qui sur la croix pardonna à ses bourreaux.

Oh! comme en ces temps odieux de fanatisme et d'oppression religieuse, s'accomplissaient ces prophétiques paroles de l'Homme-Dieu :

« Je ne suis pas venu apporter la paix sur la terre, mais l'épée. »

C'est que le divin réformateur savait tout ce que ses disciples de tous les âges auraient à souffrir des *scribes* et des *pharisiens*,

Inquisiteur frappé par Manofina.

race impure qui se perpétue par l'affiliation et non par la *création*, et se repaît, comme les vers du sépulcre, de cadavres...

Bientôt un grand piétinement de chevaux annonça la présence des inquisiteurs.

Les conseillers de la Suprême, les inquisiteurs ordinaires et les membres du clergé, formant une immense cavalcade, venaient à la suite des martyrs.

Le grand inquisiteur fermait la marche, escorté de ses gardes du corps.

José se tenait à quelques pas devant lui.

A mesure que défilait la cavalcade, quelques garduños s'échelonnaient aux deux côtés, toujours marmottant et priant en égrenant lentement leur rosaire.

Au moment où passa le grand inquisiteur, Manofina, suivi de sa fidèle Culevrina, se mit humblement à marcher à côté de lui en priant avec plus de ferveur encore que les autres.

Quelques instants après, un aboiement prolongé se fit entendre; c'était le signal qui devait avertir Mandamiento que la procession était entièrement sortie.

Alors, le maître, qui était le point de mire des garduños, fit un grand signe de croix et baisa la médaille de son rosaire.

A peine avait-il fait ce signe convenu la veille dans un ordre du jour, que les deux guapos qui se tenaient près du gouverneur écartèrent violemment les familiers qui le portaient, enlevèrent Manuel Argoso dans leurs bras de fer, pendant que les chavitos retenaient les familiers, et s'éloignèrent avec la rapidité de la foudre.

La foule s'écarta d'elle-même pour favoriser leur fuite; et les garduños disparurent comme par enchantement dans les rues tortueuses de Séville.

Les religieux qui escortaient le gouverneur ainsi que ceux qui avaient vu le coup, effrayés et craignant une révolte, jetèrent au loin le crucifix et voulurent s'enfuir à leur tour (204); mais la foule s'était refermée autour d'eux : il leur fut impossible de sortir.

Les garduños s'étaient prudemment esquivés l'un après l'autre, le reste de la bande avait continué de prier en suivant la procession.

Le grand inquisiteur, trop éloigné, ne s'était aperçu de rien.

Un nouvel aboiement se fit entendre à quelques pas de Manofina.

Aussitôt le guapo, avec la rapidité d'un chacal, sauta sur la croupe du cheval qui portait le grand inquisiteur, frappa Pierre Arbues de son poignard au milieu du dos, redescendit si lestement et s'éloigna avec une rapidité si grande qu'il fut impossible de voir qui avait fait le coup (205). La foule s'était écartée là aussi pour favoriser la fuite du guapo; mais au moment où Manofina s'était glissé en bas du cheval, la Serena, saisissant vivement par le bras un sbire du saint office, se mit à crier : C'est lui, c'est l'assassin! il a voulu tuer monseigneur le grand inquisiteur! et elle le retenait de toute la force de ses petites mains nerveuses pour donner le temps à Manofina de s'éloigner.

Cet incident avait été si rapide, qu'à peine ceux qui marchaient immédiatement devant l'inquisiteur avaient-ils pu s'en apercevoir. José seul, attentif à tout ce qui se passait, fronça le sourcil d'un air mécontent au moment où Manofina frappa l'inquisiteur.

Pierre Arbues, frappé d'un coup qui devait nécessairement être mortel, n'avait pas même chancelé.

Les inquisiteurs et le clergé ne s'étaient retournés qu'aux cris de la Serena; ils s'empressèrent alors autour de Pierre Arbues

Mais lui, fier et calme, les regardant avec un sourire de triomphe :

— Ce n'est rien, dit-il à ceux qui l'interrogeaient, un impie a voulu me tuer; mais Dieu me protége, ajouta-t-il d'un air hypocrite, le poignard n'a percé que ma tunique. »

Et il montra en effet une légère déchirure dans sa robe lette, qui seule témoignait de l'attentat de Manofina.

A cette vue, un éclair de joie rapide brilla dans le rega José.

« Dieu a fait un miracle en faveur de Son Éminence ! » crièrent quelques moines.

Et le peuple, ce pauvre peuple naïf et cruel, se reprit à vénérer celui que tout à l'heure il maudissait en son âme, car il crut à une intervention divine en faveur de son bourreau.

Le peuple ignorait que Pierre Arbues portait une cuirasse (206) sous ses vêtements.

Cependant les sbires avaient arrêté celui des leurs que Culevrina avait désigné comme l'assassin, et l'amante de Manofina se mêla alors à la foule des autres femmes qui priaient en suivant la cavalcade. Personne ne songea à la dénoncer, bien qu'on ne la crût pas étrangère à cette tentative d'assassinat sur la personne *sacrée* du grand inquisiteur de Séville; puis, l'action de Manofina avait été si rapide, que personne n'eût voulu croire le témoignage de ses propres yeux, et que plusieurs se disaient en eux-mêmes : « Celui que cette femme accuse est peut-être bien le coupable. »

Tout cela fut très rapide; l'ordre de la procession n'en fut pas troublé.

Seulement, un familier fut député à Son Éminence le grand inquisiteur, pour lui apprendre l'enlèvement du gouverneur.

A cette nouvelle, Pierre Arbues fronça le sourcil, mais ce fut tout.

« C'est bien, dit-il froidement, rien ne doit arrêter ni troubler cette auguste cérémonie. Marchons, il ne faut pas faire attendre Sa Majesté. Après l'auto-da-fé nous ferons rechercher et poursuivre les coupables. »

La procession reprit sa marche un moment interrompue.

Pendant ce temps, un moine dominicain était sorti avec les autres du palais de l'inquisition; puis, au lieu de suivre la procession, il se glissa dans la foule et gagna la rue où demeurait Juana. Arrivé devant la porte de la maison mauresque, il l'ouvrit avec ne clef qu'il tenait à la main, entra et referma la porte sur lui.

Ce moine était Dolores. — José avait tenu sa promesse.

Supplice de la roue.

XLI

L'Auto-da-fé.

Pendant que la procession sortait du palais du saint office, la *plaza Mayor*, où l'auto-da-fé devait avoir lieu, se remplissait peu à peu de monde.

Sur la plus large façade de la place, devant le palais ou plutôt la maison occupée par le roi et sa suite, qui appartenait au duc de Médina-Cœli, on avait dressé un échafaud de cinquante pieds de long, élevé jusqu'à la hauteur du balcon royal.

A droite de cet échafaud, et sur toute sa largeur, s'élevait un amphithéâtre destiné aux conseillers de la Suprême et aux autres conseils d'Espagne.

Au-dessus de ces degrés on voyait le fauteuil destiné au grand inquisiteur.

Ce fauteuil était beaucoup plus élevé que le balcon du roi. L'inquisiteur représentait le pouvoir *papal*, qui *est au-dessus* de toutes les puissances terrestres.

Un second amphithéâtre, destiné aux condamnés, s'élevait à gauche, en face du premier.

Au milieu, vis-à-vis le balcon du roi, il y en avait un troisième fort petit, sur lequel on avait placé deux cages où chaque condamné était enfermé pendant qu'on lui lisait sa sentence.

En face de ces cages, on voyait deux chaires.

Au bas du premier amphithéâtre un autel était élevé.

Près de l'autel, était plantée une croix verte entourée d'un crêpe noir (207).

Des balcons destinés aux ambassadeurs, aux grands de la couronne, et des échafauds pour le peuple, entouraient le reste de la place. De nombreux dominicains agenouillés sur le theâtre priaient avec une humble ferveur; d'autres disaient des messes en se relevant, de manière à ce que le saint sacrifice fût célébré sans interruption. Ces moines étaient là depuis la veille, jeûnant et priant pour la rédemption de leurs victimes (208).

Chez ceux qui étaient de bonne foi, et le nombre était bien petit, quel nom donner à un semblable fanatisme?

Au milieu de la place, sur un large et permanent échafaud de pierre, on pouvait compter quinze bûchers formés de bois résineux, de matières huileuses et de paille, pour que la combustion fût plus rapide.

Chaque condamné avait le sien : c'était le lit brûlant où devait se terminer sa terrible agonie.

Aux quatre coins de cet échafaud, quatre grandes statues de plâtre étaient posées là comme d'immobiles sentinelles. Autour de chacune de ces statues on avait élevé quatre tas de bois très-inflammable.

Ces apprêts de destruction étaient horribles.

L'endroit où s'élevaient les bûchers s'appelait le Quemadero.

L'empereur Charles-Quint occupait déjà le balcon royal. La tenue du roi était simple et sévère, mais élégante; elle ne différait en rien de celle des seigneurs de sa cour. Cependant on le reconnaissait aisément à la couleur fauve de sa barbe, particularité remarquable qui distinguait le roi catholique d'Espagne du fils de la maison d'Autriche, et qui lui était commune avec ce dernier souverain de Grenade, Boabdil, le roi de l'Alhambra, qui versa des larmes si amères lorsque, dépouillé de son royaume et exilé de Grenade, il s'arrêta pour jeter un dernier regard sur sa ville chérie (209). Charles-Quint aussi aima Grenade; on voit encore près de l'Alhambra le magnifique palais commencé par le vainqueur de Fez.

Un grand nombre de dames richement parées occupaient le balcon royal.

Les échafauds destinés au peuple se garnissaient rapidement. Après l'enlèvement du gouverneur, la foule, qui n'avait plus aucun intérêt de curiosité à rester près de la procession, s'était aussitôt portée vers l'endroit où elle pouvait espérer de satisfaire son goût naturel pour les spectacles et pour les exécutions : goût dépravé commun à tous les peuples, et que la civilisation seule, une civilisation bien entendue, aurait le pouvoir de faire disparaître, en développant chez ces natures un peu sauvages les sentiments moraux aux dépens des instincts physiques.

Au moment où la procession arriva sur la *plaza Mayor*, Charles-Quint, malgré sa déférence pour le saint office, fronçait déjà le sourcil d'un air mécontent. L'incroyable activité d'esprit de l'empereur ne s'accommodait pas d'un retard.

Enfin, il respira, la cérémonie allait commencer.

Les charbonniers se rangèrent sur le théâtre à la gauche du balcon royal. Les conseils de l'État occupèrent, selon l'ordre hiérarchique, les gradins qui leur étaient destinés.

Pendant ce temps, les condamnés firent le tour de l'échafaud, et passant sous le balcon du roi, ils allèrent s'asseoir sur l'amphithéâtre de gauche. Les religieux et les familiers qui les accompagnaient restèrent auprès d'eux, continuant à les soutenir et à les exhorter.

Le duc de Médina-Cœli se plaça, selon son droit, sur le balcon royal.

Son gendre, le duc de Mondejar, membre du conseil de Castille, prit place parmi les conseillers.

La fille du comte, Isabelle, siégeait parmi les dames placées auprès de Sa Majesté; l'attitude de cette jeune fille était triste et affaissée, un chagrin profond la dévorait.

Enfin, le grand inquisiteur monta à son tour les degrés qui conduisait à son trône, au-dessus du conseil de la Suprême, et s'assit avec une *triomphante humilité* sur le large fauteuil à crépines d'or qui lui avait été préparé, dominant ainsi les plus grands dignitaires du royaume, et le roi lui-même, qui avait la bonté de le souffrir.

Bientôt un silence profond et morne régna dans cette foule immense.

Un prêtre dominicain, revêtu de ses ornements sacerdotaux, commença le sacrifice de la messe.

C'était un étrange spectacle.

Des moines de tous les ordres, milice innombrable qui formait à peu près le quart de la population, priaient humblement agenouillés; la foule, en ce moment sous l'influence d'un sentiment indéfinissable, mêlé de terreur superstitieuse et de dévotion fanatique, la foule courbait la tête en se frappant la poitrine. Chacun tenait avant tout à se montrer zélé et dévotieux; il y avait tant de danger à ne pas le paraître!

La messe continua ainsi jusqu'à l'évangile.

A ce moment tout le monde se leva.

Un moine dominicain monta dans une des chaires placées aux deux côtés des cages de bois élevées au milieu du théâtre. Dans la seconde, se plaça le *relateur* du saint office, ou lecteur des jugements.

Alors, le grand inquisiteur descendit de son fauteuil; arrivé au pied de l'amphithéâtre, José, son aumonier, posa une mitre d'or sur la tête de Pierre Arbues, et le revêtit d'une chape; puis l'inquisiteur s'avança jusqu'au balcon du roi. Quelques officiers le suivaient portant la croix, un livre d'évangiles et un autre livre qui contenait la formule du serment que devait prêter le souverain.

Pierre Arbues franchit les premières marches de l'amphithéâtre jusqu'à la quatrième, de manière à être toujours placé plus haut que le monarque.

Là il s'arrêta, et, d'une voix puissante et sonore, s'adressant à l'empereur catholique

« Sire, s'écria-t-il, Votre Majesté jure-t-elle *de protéger* la foi catholique romaine, d'extirper les hérésies, et d'appuyer de tout son pouvoir royal les procédures de l'inquisition?

Le fier empereur se leva debout, découvrit son front royal devant lequel se découvraient tous les autres fronts, et répondit d'une voix ferme et accentuée :

« Je le jure!... »

Alors le grand inquisiteur se tournant vers l'assemblée, et l'interpellant collectivement, s'écria de manière à être entendu à toutes les extrémités de la place :

« Vous tous, enfants de l'Église de Rome, qui êtes ici présents jurez-vous, chacun selon votre capacité et votre pouvoir, de défendre, de protéger la foi catholique, apostolique et romaine; de poursuivre et de dénoncer les hérétiques, et de prêter votre secours à tous les actes de l'inquisition?

— Nous le jurons, nous le jurons! » répondirent en chœur des milliers de voix.

Presque toute la population de Séville était réunie sur la place ou aux environs.

« C'est bien! c'est bien! dit l'inquisiteur en faisant un geste de la main; silence, maintenant, et écoutez. »

Pierre Arbues remonta lentement les gradins de l'amphithéâtre et reprit sa place sur son fauteuil.

Le dominicain qui devait prêcher fit un grand signe de croix et commença ainsi son sermon :

Mes Frères,

« *Inquisitio superior regibus*, l'inquisition est supérieure aux rois, car le pouvoir du ciel est au-dessus des pouvoirs de la terre; l'inquisition est la porte du paradis. L'eau vive en découle, et nous devons tous en arroser nos cœurs comme des terres sèches, faute de quoi le Saint-Esprit nous ouvrira la bouche comme à Balaam et à Caïphe. En effet, mes frères, l'inquisition est sainte et au-dessus des rois, *superior regibus*, car elle remonte à la création du monde et à l'origine de la tour de Babel (210).

A ces mots, l'empereur fronça le sourcil, et il eut grand'peine à contenir l'indignation que lui causait ce burlesque sermon. Toutefois il ne dit rien ne voulant pas s'aliéner le saint office. Il comptait en ce moment assez d'ennemis parmi les réformés, et ne voulait pas s'en créer de nouveaux parmi les catholiques. Ce n'était plus le temps où il répondait aux violences du pape par de plus grandes violences encore.

Il laissa donc le prédicateur continuer à son gré cette singulière apologie de l'inquisition, qui dura à peu près vingt minutes; après quoi, la messe terminée, on commença la lecture des sentences.

Les deux premiers condamnés qui furent enfermés dans les cages de bois placées entre les deux chaires, étaient Françoise de Lerme, l'ancienne abbesse des carmélites, et le malheureux Herrezuelo, que nous avons déjà vu figurer dans la même séance inquisitoriale que Françoise.

Herrezuelo, fort et courageux jusque dans la mort, refusa constamment les exhortations du confesseur qu'on lui avait donné, et lorsque arrivé au milieu de la cage où il devait entendre sa sentence, le prêtre lui adressa de nouvelles sollicitations, il le repoussa doucement en lui disant avec amertume :

« Je vous abandonne le corps, laissez au moins l'âme tranquille. »

Puis il entendit sa condamnation sans pâlir, et retourna courageusement à sa place.

Il n'en fut pas ainsi de Françoise : cette pauvre fille sentit faiblir son courage en face du supplice; et comme elle était fort ignorante et incapable de discerner le faux et le vrai dans une religion, les premières impressions de sa jeunesse reprirent le dessus, ou peut-être cette nature physique, molle et sensuelle, éprouva-t-elle une frayeur trop grande du supplice atroce qu'on lui destinait. Arrivée dans la cage de bois, et au moment où le relateur prononçait ces mots, *brûlée vive* :

« Non, non! pas vivante, s'écria la malheureuse abbesse; je me repens : je veux mourir en bonne chrétienne.

— Dieu soit loué! fit le grand inquisiteur en joignant les mains, voilà une âme sauvée! »

Ses entrailles ne furent pas émues de l'agonie de cette malheureuse femme qu'il avait perdue.

Deux nouveaux condamnés succédèrent aux premiers.

Un d'eux était un beau et noble jeune homme de Vérone. Issu d'une des premières familles d'Italie, il avait rendu d'éminents services à l'empereur Charles-Quint; savant et sage, de plus très riche, il était ennemi né de l'inquisition.

Il se nommait don Carlos de Seso.

En passant devant le balcon royal, don Carlos jeta à l'empeleur un regard où le reproche se mêlait à une profonde pitié. Ce regard semblait dire :

« Voilà pourtant celui qu'on nomme grand!... »

Lorsqu'il fut agenouillé dans la cage, il demanda de l'encre et du papier pour écrire sa confession. On s'empressa de le satisfaire. Un sergent de l'inquisition (211) lui apporta ce qu'il désirait. Après avoir écrit, don Carlos lut à haute voix ; mais, au grand désappointement des inquisiteurs, cette confession était calquée sur la célèbre confession d'Augsbourg (212).

« Assez! assez! s'écria l'inquisiteur pour forcer le courageux réformiste à se taire ; mais don Carlos poursuivit d'une voix éclatante :

— Je déclare que je veux mourir dans la religion de Luther, qui est la véritable foi de l'Évangile, et non dans la religion romaine, doctrine corrompue que le clergé catholique a accommodée à ses vices!

— Qu'on bâillonne cet homme, dit Pierre Arbues ; il scandalise l'Église de Jésus-Christ. »

On obéit, et don Carlos de Seso, forcé de se taire, entendit sa sentence sans pâlir.

Pendant ce temps, dans la cage qui touchait la sienne, François-Dominique de Boxas, ce vieux prêtre dominicain qui avait montré tant de courage à l'audience où nous l'avons déjà vu, Dominique de Boxas gardait un silence obstiné, et refusait de répondre au religieux qui l'exhortait.

Lorsque fut arrivé le moment de lui lire sa sentence, il l'écouta jusqu'au bout sans rien dire, sans témoigner nulle crainte de la mort ; mais en descendant de l'échafaud, il se retourna vers le roi en lui criant :

« Je meurs pour la défense de la vraie foi de l'Evangile, qui est celle de Luther. »

Pendant que don Carlos de Seso et Dominique de Boxas descendaient de l'échafaud pour aller au Quemadero, les tourmenteurs, armés de grands clous et d'un marteau, s'approchèrent d'une grande croix de bois qui était sur l'échafaud, appuyée sur deux bancs grossiers.

A ce moment, on amena devant cette croix dix hérétiques judaïsants condamnés aux flammes. Ces malheureux posèrent chacun une main sur la croix, et cette main y fut impitoyablement clouée, en expiation, disaient les inquisiteurs, de la crucifixion de Jésus (213).

Lorsque le clou pénétra dans les chairs, les malheureux poussèrent un hurlement horrible, mais les tourmenteurs n'en furent point émus ; ils continuèrent de clouer avec le plus grand sang-froid du monde. Ce fut en cet état que ces pauvres victimes entendirent leur sentence. On ne les délivra que pour les conduire à la mort.

Vinrent ensuite un prêtre et son domestique, puis deux religieuses (214), condamnés aux flammes et à la strangulation ; puis enfin vint le tour de ceux qui étaient condamnés aux galères, à la prison perpétuelle ou simplement au fouet.

Parmi ceux-là on remarquait Guillaume Franco, cet infortuné mari, condamné à une prison perpétuelle pour n'avoir pas voulu souffrir dans sa maison un prêtre qui avait séduit sa femme.

Pendant qu'on lisait la sentence de ces derniers, les condamnés au feu étaient retournés à leur place.

La foule redoubla d'attention et de recueillement.

Le roi Charles-Quint restait sombre et méditatif ; une grande pensée semblait occuper en ce moment cet esprit profond, cet audacieux génie qui n'eut peut-être qu'un tort, celui de trop soumettre les hommes et les choses à son intérêt particulier ; l'excès de son despotisme et de son ambition le rendit constamment esclave. Né avec un esprit droit, vaste et juste, Charles-Quint se soumit presque constamment aux exigences de Rome, parce qu'il crut le concours de Rome nécessaire au maintien de sa puissance. Erreur bien grave des rois, qui en tout temps les a perdus.

Le spectacle terrible d'un grand auto-da-fé auquel Charles-Quint assistait pour la première fois, lui faisait en ce moment deviner une grande partie des abominables abus de l'inquisition, sur lesquels on l'avait si souvent trompé (215). Peut-être à ce moment germait déjà dans son âme le projet qu'il exécuta un an plus tard, d'enlever au saint office la juridiction royale, et d'exiler l'inquisiteur général de Castille, Alphonse Manrique (216).

Quelques-uns prétendent que ce grand roi inclina, dans les dernières années de sa vie, vers les doctrines réformées qu'il avait si vivement combattues, et qu'après sa mort on trouva dans la cellule du moine de Saint-Just une foule d'inscriptions qui toutes témoignaient d'une tendance très prononcée à la religion luthérienne.

Enfin le promoteur avait achevé la lecture des sentences.

Le prêtre continua la messe.

Dès qu'elle fut finie, Pierre Arbues se leva de son siége, et prononça tout haut l'absolution de ceux qui s'étaient repentis (217)

Pendant ce temps, tous ceux qui avaient été condamnés à de légères pénitences retournaient à la prison du saint office escortés par des archers de la *Santa-Hermandad* : ceux-là ne devaient subir leur jugement que lendemain ou quelques jours après.

Cependant, les malheureuses victimes condamnées aux flammes étaient arrivées au lieu du supplice. Pierre Arbues, toujours fier et hautain sous son humilité de prêtre, avait bien mieux l'air d'être roi que le roi lui-même. Il jouissait en ce moment d'un double triomphe de vanité et de cruauté. Toutefois, l'enlèvement du gouverneur de Séville le préoccupait désagréablement. Sa vengeance lui échappait au moment où elle allait être satisfaite. Le farouche dominicain rêvait déjà de nouveaux supplices pour la courageuse jeune fille qui lui avait résisté. Toute sa colère se reportait sur Dolores.

L'insensé ignorait qu'en ce moment même sa proie venait de lui échapper.

José scrutait du regard cette physionomie sur laquelle il était accoutumé à lire depuis si longtemps. José, sombre et dédaigneux, cachait sous une impassibilité complète les battements prolongés de son cœur ; mais qui eût considéré attentivement sa noble figure, aurait aisément vu briller dans ses grands yeux étincelants la fièvre intérieure qui le dévorait.

Acteur dans un long et terrible drame, il marchait à grands pas vers le dénoûment, et à l'approche de ce moment suprême, son visage, déjà si beau, mais si étrange, s'empreignait de quelque chose de tragique, de fatal et d'inspiré.

Les yeux du jeune dominicain suivaient avec une incroyable attention tous les incidents de l'auto-da-fé.

Au moment où les victimes montaient ensemble au Quemadero, une espèce de sanglot convulsif souleva la poitrine du favori ; ses yeux, naguère si brillants, se voilèrent d'un nuage, et José s'agenouilla en voilant son visage de ses mains pour cacher une larme involontaire sous l'apparence d'un acte pieux.

Le roi quitta alors le balcon royal.

Comme il entrait dans ses appartements, la fille du duc de Mondejar se jeta aux genoux de Charles-Quint ; et, tout en larmes, elle éleva vers lui ses mains suppliantes.

« Que me veux-tu, mon enfant? demanda le roi surpris.

— Grâce! sire, grâce pour mon fiancé qui est dans les prisons du saint office !

— Ma fille, dit le roi, attendri par cette douleur si vraie, bien petit est mon pouvoir auprès de la très sainte inquisition ; je crois que le meilleur intercesseur que tu puisses avoir en cette affaire est ton grand-père le duc de Medina-Cœli, que voici.

— Sire, répondit le vieux seigneur, celui qui devait être mon gendre a déshonoré son titre de chevalier, de gentilhomme et de chrétien ; le saint office a sévi contre lui, et don Carlos s'est fait justice lui-même en échappant par la mort à l'infamie du supplice : il s'est brisé la tête contre les murs de son cachot (218). »

A cette cruelle réplique du grand porte-étendard, Charles-Quint ne put réprimer une exclamation d'horreur et de pitié ; la malheureuse jeune fille était tombée la face contre terre et privée de sentiment.

Médina-Cœli fit un signe, et deux femmes emportèrent la malheureuse Isabelle.

Le roi s'éloigna en silence d'un air profondément affecté.

Les exécutions allaient commencer.

C'était un spectacle saisissant et rempli d'émotions déchirantes.

Chacun des condamnés était agenouillé au pied du bûcher qui devait le dévorer.

Les moines, un crucifix dans les mains, priaient et exhortaient les victimes avec une persistance inouie. Personne ne s'était encore confessé.

Les dix hérétiques judaïsants montèrent les premiers sur le bûcher. Quatre d'entre eux furent enfermés dans les statues (219), les six autres se laissèrent lier avec un grand courage ; l'opiniâtreté naturelle à la nation juive, jointe à leur attachement invioiable pour la foi de leur père, leur inspirait en ce moment suprême l'héroïsme des martyrs.

Bientôt une fumée épaisse et noirâtre s'éleva autour de ces dix victimes; les bourreaux, armés d'une torche, venaient d'y mettre le feu.

A la vue de ces flammes qui commençaient à s'élever, les deux jeunes religieuses, condamnées à mourir comme luthériennes, se tournèrent avec angoisse vers leur confesseur.

« Mon père! mon père! s'écrièrent-elles, confessez-moi, je veux me convertir. »

Le religieux s'agenouilla auprès d'elles, entendit cette confession forcée, arrachée par la peur et par la violence; puis il prononça les paroles de paix sur la tête de ces deux victimes, dont la moins jeune avait vingt ans.

Les tourmenteurs les conduisirent alors auprès de Françoise de Lerme, qui devait aussi être étranglée.

L'abbesse des carmélites était d'une pâleur violette; son teint, autrefois si blanc et si pur, était marbré de taches bleuâtres, et ses grands yeux bleus, si fiers et si beaux, avaient perdu cet éclat métallique qui les faisait ressembler à deux magnifiques saphirs.

Les deux autres jeunes victimes qui devaient mourir auprès d'elle étaient déjà pâles et glacées, et un tremblement convulsif agitait leurs membres; l'agonie était commencée, le bourreau avait bien peu à faire.

Deux tourmenteurs s'approchèrent d'elles, les assirent sur le *garrote*, les y lièrent, appliquèrent le carcan autour de leur cou blanc et frêle.... puis le bourreau tourna violemment la vis placée derrière le garrot.....

Les suppliciées penchèrent la tête en avant avec une convulsion générale; leurs yeux se vitrèrent, leur face devint pourpre, violette, puis livide.... On entendit un léger râlement..... et tout fut dit; elles avaient cessé de souffrir.

L'agonie de Françoise fut plus longue. Au moment où le bourreau lui posait le carcan autour du cou, l'abbesse, retrouvant une soudaine énergie, étendit les bras vers l'amphithéâtre; son œil éteint, ranimé un instant, étincela d'une sauvage énergie, et elle s'écria en regardant le grand inquisiteur :

« Prêtre indigne! sois mau..... »

La dernière syllabe de ce mot se perdit dans le dernier souffle de Françoise. Le bourreau avait si fortement tourné la vis que la victime expira sur-le-champ.

Non loin du bûcher qui consumait les restes des trois religieuses, don Carlos de Seso et le courageux Herrezuelo repoussaient avec une invincible résolution les instances de leurs confesseurs.

Don Carlos, déjà lié au fatal poteau, avait été délivré de son bâillon.

Le prêtre, s'agenouillant alors devant lui sur le bûcher même, en lui présentant le crucifix, lui dit à plusieurs reprises :

« Mon fils, confessez-vous pour être absous.

— Laissez-moi en paix, » répondit don Carlos.

Puis, se tournant vers les tourmenteurs, il leur cria d'une voix retentissante :

« Mettez le feu! mettez le feu (220)!.... »

Les bourreaux obéirent, et don Carlos disparut dans des torrents de fumée.

A quelques pas de lui, on étranglait Dominique de Boxas et deux autres prêtres qui, au moment d'être brûlés, avaient manqué de courage, et venaient de se confesser.

En voyant la lâcheté de Dominique, qui avait, ainsi que lui, embrassé la doctrine de Luther, don Carlos, déjà atteint par les flammes, fit un geste de mépris, comme pour lui dire :

« Tu es un lâche, il faut avoir le courage de sa conviction. »

A ce moment, le domestique d'un des prêtres, attaché au poteau et atteint par les flammes qui avait déjà brûlé les cordes dont il était lié, s'élança hors du bûcher; mais voyant sur l'échafaud son maître qu'on venait d'étangler, et don Carlos qui se laissait tranquillement brûler, il remonta courageusement sur son bûcher en criant aux bourreaux de toute sa force :

« Du bois! du bois! mettez du bois; je veux mourir comme don Carlos de Seso. »

Herrezuelo monta en ce moment sur le bûcher.

Vainement le religieux l'exhortait à se convertir, Herrezuelo, courageux et railleur, ne répondait que par un amer sarcasme; déjà les flammes commençaient à l'atteindre : mais il semblait être insensible, et son visage ne témoigna rien de ses atroces souffrances.

Un des archers qui entouraient son bûcher, irrité de tant de courage, plongea sa lance dans le corps du licencié. Le sang jaillit à flots de cette large blessure, et le noble Herrezuelo expira avec un calme héroïque (221).

Quelques-uns, réconciliés et condamnés à porter perpétuellement le *san bénito* de toile avec la croix de Saint-André, reprenaient tristement le chemin de leur demeure : morts désormais civilement, cadavres vivants destinés à alimenter la terreur qu'inspirait le saint office, témoignage muet de son abominable despotisme!

De longs jets de flamme s'élevèrent alors vers le ciel en gerbes rougeâtres enveloppéee dans des torrents de fumée épaisse et nauséabonde. L'odeur fétide des cadavres brûlés se mêlait à la senteur résineuse du bois de pin ou de mélèze qui servait à alimenter les bûchers.

Les prêtres et les moines, agenouillés sur la place, priaient à voix basse en se frappant la poitrine, et le peuple, agenouillé comme eux, restait courbé sous une impression profonde de terreur et de pitié.

Par moments, des cris horribles et prolongés, des râles, des soupirs plaintifs, montaient du milieu de ces sinistres hécatombes du sein des statues brûlantes où étaient enfermés les malheureux juifs, s'échappaient de loin en loin des hurlements sourds, déchirants... quelque chose comme les cris d'angoisse qui s'élèveraient des entrailles de l'enfer... refrain lugubre à cet immense concert d'agonie.

Un silence de mort régnait parmi le peuple!...

De temps à autre, la voix sévère des prêtres, dominant ces bruits divers, faisait entendre un verset du *De profundis* ou du *Miserere* : psalmodie lugubre qui se mêlait comme une épouvantable parodie aux lamentations humaines, aux râles des agonisants et à la sombre voix des flammes.

Puis, peu à peu, les flammes s'apaisèrent, les soupirs, les plaintes et les cris devinrent plus faibles et plus rares; le peuple déserta lentement la place !... les grand corps de l'État s'éloignèrent.

Tout était fini...

La nuit était venue.

Le clergé et les moines étaient restés les derniers.

Alors, du haut de son trône plus que royal, Pierre Arbues put contempler le Quemadero, qui, en ce moment, ressemblait à un immense brasier parsemé çà et là de taches noirâtres.

De larges flocons de fumée se croisaient dans les airs, semblables à de grands nuages sombres. Au milieu des bûchers, quelques branches de mélèse qui achevaient de se consumer jetaient encore de pâles éclairs sur cette profonde obcurité.

Pierre Arbues contempla avec d'infernales délices cette vaste arène de destruction...

Roi de la mort, il trônait sur le néant.

Puis il murmura, en levant les yeux au ciel, ces terribles paroles du Psalmiste :

« Que Dieu se lève, et ses ennemis seront dispersés. Et ceux qui le haïssent s'enfuiront devant lui. — Tu les chasseras comme la fumée est chassée par le vent, comme la cire fond dans le feu. Ainsi les méchants périront devant Dieu. »

Et, l'âme tranquille, l'inquisiteur et le clergé s'éloignèrent du théâtre de leurs crimes.

Ainsi se termina cette mémorable journée.

XLII

Un Martyr.

Lorsque les deux guapos eurent enlevé le gouverneur, ils s'étaient rapidement enfoncés dans les inextricables détours des rues de Séville, les plus étroites et les plus tortueuses du monde.

Le peuple s'était si bien prêté à leur fuite, qu'avant qu'ils eussent pu être atteints par les sbires de la Sainte-Hermandad, ils étaient arrivés devant la porte de Juana. Cette porte s'était ouverte devant eux comme d'elle-même, et des guapos ni du gouverneur, plus de trace : personne n'avait pu les suivre, ni voir en quel lieu ils se réfugiaient; et puis, un jour d'auto-da-fé, on avait assez à faire sans s'opiniâtrer à leur poursuite.

Estevan, Dolores et Juana attendaient ensemble l'issue de cet événement; c'était Juana, qui ayant vu arriver les guapos chargé de leur précieux fardeau, leur avait ouvert la porte. Elle les avait guettés par l'ouverture murée de sa maison qui donnait sur la rue, cette espèce de lucarne fermée d'une pierre où Dolorès avait failli être aperçue le jour où Pierre Arbues avait annoncé aux habitants de Séville l'auto-da-fé qui avait lieu en ce moment.

Les guapos déposèrent, avec des précautions inouïes, le père de Dolorès sur un large divan qui garnissait la salle.

Manuel Argoso ne donnait plus aucun signe de vie. Ses bras et ses mains pendaient inertes le long de son corps presque glacé; ses yeux étaient entièrement fermés, son visage sans couleur, et ses membres brisés en plusieurs endroits étaient couverts de plaies saignantes et de cicatrices à moitié fermées.

Son front, naguère encore couvert d'une forêt de cheveux noirs, était devenu presque entièrement chauve, et ce qui restait autour des tempes avait pris cette teinte blafarde et maladive qui n'est pas la blancheur de la vieillesse, et cette souplesse molle et inerte, témoignage certain d'une complète atonie et d'une désorganisation prochaine.

En retour, les ongles avaient crû démesurément, mais ils étaient devenus jaunâtres, et mous comme ceux d'un enfant ou d'un homme qui sort du bain.

En voyant son père en cet état, Dolores ne put retenir un cri douloureux. Elle était elle-même si pâle et si affaiblie par les souffrances de la prison, qu'elle ne put résister à ce dernier coup; elle tomba sur ses genoux devant le meuble où Argoso était étendu, et de ses lèvres sèches et décolorées, elle baisa la main déjà livide de son père, la main chérie et révérée qui tant de fois l'avait bénie.

Mais le malheureux gouverneur ne répondit pas à cette étreinte filiale; la main que pressait Dolores resta muette et glacée dans celles de la jeune fille.

« O Estevan! Estevan! s'écria-t-elle avec une terreur croissante, voyez, il ne répond pas même à mes caresses! Sa main est froide... son cœur ne bat plus... Estevan! mais dites-moi donc que mon père vit encore!... »

Estevan, accablé par cette douleur nouvelle et imprévue, par le désespoir de celle qu'il aimait, Estevan qui était resté frappé de stupeur en voyant le visage livide et défait du gouverneur, s'approcha timidement et posa la main sur le cœur de Manuel Argoso. Il battait encore, mais si faiblement et à de si longs intervalles, qu'on voyait bien que c'étaient là ses dernières pulsations.

Dolores suivait tous les mouvements d'Estevan avec des regards pleins d'angoisse et voilés de larmes.

Mais lui n'osait parler; il restait timide et craintif; il avait peur de ce désespoir immense, de cette douleur sainte d'une fille qui, après tant d'efforts et de résignation, ne retrouvait son père que pour serrer dans ses bras un cadavre.

« Eh bien! demanda-t-elle enfin en tremblant; eh bien! répondez-moi donc, Estevan... parlez, que dois-je espérer?

— Le cœur bat encore, dit le jeune homme; il faudrait lui faire respirer des parfums.

— Tenez, tenez, » dit Juana, en tirant de sa poche un flacon de cristal de roche précieusement garni d'un fermoir d'or ciselé et rempli de parfums arabes vivifiants et salubres, produits précieux de l'alchimie de ces temps-là, beaucoup plus avancée, surtout chez les Orientaux, qu'on ne le croit généralement aujourd'hui.

Dolores saisit vivement le flacon et en fit respirer l'odeur à son père.

Manuel Argoso fit un léger mouvement de tête; ses yeux, jusqu'alors fermés, se rouvrirent à moitié.

Dolores poussa une exclamation de joie, et, soulevant entre ses bras la tête adorée de son père, elle l'appuya plus commodément sur les coussins de velours.

« O Estevan! il vit, » dit-elle avec espoir.

Manuel Argoso avait en effet ouvert les yeux; mais comme ceux des aveugles-nés, ces yeux regardaient, et ils ne voyaient pas; une ombre mortelle les voilait. Cependant, ce nuage sembla se dissiper peu à peu. Manuel Argoso parut avoir une légère perception de ce qui se passait autour de lui; l'ouïe était le seul organe qui, chez lui, n'eût pas été altéré; ce fut aussi le premier qui se réveilla dans cette nature expirante. Il tourna la tête du côté où on parlait, cherchant sans doute à rassembler ses idées fugitives et à se rendre compte du lieu où il se trouvait.

Bientôt ses lèvres s'ouvrirent... il murmura faiblement :

« Le feu... »

Il croyait être à l'auto-da-fé.

Tout le monde se tut, et on écouta dans le plus profond silence.

« Ma fille... Estevan... dit le gouverneur très-bas, pendant que ses regards, attachés sur ses enfants, agenouillés devant lui, erraient de l'un à l'autre sans les reconnaître.

— Mon père! s'écria Dolores.

— Chut! fit Estevan, taisez-vous; laissez-le, voilà la vie qui revient.

— Tenez, dit Juana, faites-lui prendre ce cordial. »

Et elle présenta à Dolores, dans une coupe d'argent, du vin d'Alicante vieux de dix années, mêlé à une légère teinture d'aloès.

Dolorès mouilla les lèvres de son père; puis elle introduisit à grand'peine dans sa bouche quelques gouttes du cordial.

Cette liqueur bienfaisante parut rendre quelque chaleur à ce sang presque tari et glacé. Le visage du gouverneur, naguère si pâle, se colora soudainement d'une nuance fugitive; ses yeux si ternes et si incertains s'arrêtèrent sur le visage de Dolores avec une ineffable expression d'amour, de douleur et de regret.

Il venait de reconnaître sa fille.

Il lui sourit faiblement avec une indicible tendresse; puis son regard affaibli se promena lentement de Dolores à Estevan et à Juana.

« Où suis-je, murmura-t-il enfin.

— Chez des amis, chez de vrais amis, répondit Dolores; vous êtes sauvé, mon père, et bientôt nous quitterons l'Espagne.

— Oui, oui... quittez-la au plus vite, dit Manuel d'une voix qui allait toujours en s'affaiblissant.

— Avec vous, mon père, » dit à son tour Estevan en s'agenouillant devant le gouverneur, à côté de sa bien-aimée Dolores.

En les voyant ainsi, Manuel Argoso parut éprouver une joie suprême. Malgré la faiblesse extrême de ses membres brisés par la torture et déjà roidis par la mort, il souleva péniblement ses deux bras, prit la main de sa fille, la posa dans celle d'Estevan, et murmura avec une expression de joie céleste :

» Je vous bénis; ne vous séparez jamais, et fuyez... fuyez...

— Avec vous! avec vous! répétait Dolores éplorée.

— Oui... emportez mes cendres... Ils les jetteraient au vent... Adieu... aimez-vous... toujours... »

Ces paroles, entrecoupées par les derniers soupirs de l'agonie, avaient épuisé ce qui restait de vie à ce corps brisé.

Manuel Argoso referma les yeux, sa tête se pencha en arrière, son corps se roidit par une légère convulsion, et la main glacée de la mort arrêta sur ses lèvres un non commencé.

C'était celui de sa fille.

Dolores ne jeta pas un cri, ne versa pas une larme; elle se retourna vers Estevan les yeux secs, les lèvres blanches et frémissantes; et joignant les mains d'un air suppliant, elle lui dit, en regardant celui qui venait d'expirer :

« Il nous suivra, n'est-ce pas?

— Partout, répondit Estevan.

Dolores déposa un baiser pieux sur le front pâle de son père; puis elle jeta sur son visage un grand voile de batiste qui lui fut présenté par Juana.

José arriva en ce moment.

A l'attitude des personnages qui occupaient la chambre, il comprit tout de suite ce qui venait de se passer, et ses deux mains se crispèrent par un mouvement énergique de désappointement et de colère.

Sa vue causa un attendrissement profond à Dolorès dont les yeux jusqu'alors restés secs et brûlants se mouillèrent de tristes larmes; elle se jeta en pleurant sur le sein de cet ami fidèle qui l'avait sauvée; puis, avec un geste de muette et éloquente douleur, elle lui montra le mort qui semblait dormir dans une attitude calme et tranquille.

« J'ai fait tout ce que j'ai pu, mon Dieu! dit José avec attendrissement.

— Je le sais, dit-elle; vous avez exposé votre vie pour nous sauver, car si l'inquisiteur avait découvert...

— Ma vie! interrompit le jeune religieux d'un air de dédain et de découragement, qu'est-ce que ma vie et à quoi peut-elle servir? »

Estevan entraîna le jeune moine dans une autre chambre pour ne pas troubler le silence religieux de la mort.

Dolores resta agenouillée devant le cadavre de son père.

« Don José, dit Estevan lorsqu'ils furent seuls, celui qui n'est plus nous a ordonné de quitter l'Espagne; poursuivis comme nous le sommes, cela est fort difficile; cependant...

— J'y pourvoirai, dit José.

— Il nous a ordonné d'emporter ses restes.

— Ce soin aussi me regarde, répondit le jeune dominicain; vous partirez dans trois jours, ce temps m'est nécessaire pour tout préparer. Jusque-là, tenez-vous caché, ne vous montrez pas à Séville, votre vie serait compromise. Le tigre qui l'a épargnée par caprice, pourrait par un caprice contraire vous priver de la liberté.

— Oui, dit Estevan, comme il l'a fait pour... »

José regarda Estevan d'un air significatif; il ne voulait pas apprendre à Dolores l'arrestation de Jean d'Avila.

« Mais, dit Estevan, vous parlez d'un caprice de Pierre Arbues: l'inquisiteur est, j'espère, entre les mains de Mandamiento. La Garduña manque rarement ses expéditions.

— La Garduña a mal exécuté nos ordres, dit José: elle n'a pas enlevé l'inquisiteur, elle a voulu le tuer; et comme l'inquisiteur porte une cuirasse, Manofina a manqué son coup. Pierre Arbues libre, Pierre Arbues est furieux, et sa colère s'étend à tout ce qui l'approche. Que sera-t-elle lorsqu'il apprendra la fuite de Dolores. Aussi, soyez prudents, et surtout soyez patients: trois jours passent vite.

— Ils sont bien longs quelquefois, » dit Dolores en se rapprochant d'eux pour savoir à quel parti ils s'arrêtaient.

Les cruelles exigences de leur position leur défendaient de donner un libre cours à leur sainte douleur. C'est là ce que les grandes infortunes ont de plus amer; elles ne laissent pas même le droit de s'affliger en liberté. Les proscrits doivent hâter ou suspendre leurs larmes: il ne leur est pas permis de pleurer.

« C'est vrai, dit José en répétant la phrase de la jeune fille, trois jours sont quelquefois bien longs! et pourtant il faut savoir attendre.

— Oh! Dolores! au milieu des maux qui vous frappent, une consolation vous reste, un ami de toute la vie, choisi et béni par votre père. Croyez-moi, l'avenir peut vous sourire encore; et il ne manquera pas même à vos joies la vengeance, cette servante de Dieu qui prend souvent une forme humaine pour accomplir les volontés de son divin maître, et qui alors s'appelle Justice! Dieu, le justicier éternel, n'a pas oublié les iniquités de Pierre Arbues. Il le frappera sur son trône d'or au milieu des pompes de sa débauche et de sa vanité effrénée...

— Don José, vous me faites peur, dit la tremblante Dolores, vous êtes sombre et terrible comme la fatalité.

— Je suis fort comme la justice, répondit José...; mais, ajouta-t-il avec un amer sourire, mon âme est triste et désolée comme le désert. Je ne me réjouirai qu'au jour du châtiment, alors que Dieu élèvera sa grande voix pour crier au bourreau de l'Andalousie:

— Assez! assez! disparais du théâtre de tes crimes; je suis las de meurtres et de persécutions. »

En parlant ainsi, José était beau et terrible comme l'ange de l'Apocalypse.

Estevan et Dolores se fussent presque prosternés devant lui.

Mais, par une de ses brusques transitions qui lui étaient familières, José appelant tout à coup Juana, qui était dans l'autre pièce, lui dit:

« Tiens-toi prête à nous suivre dans quelques heures. »

Puis il s'éloigna en promettant de revenir les prendre lorsqu'il en serait temps.

Le même soir, entre onze heures et minuit, Estevan, Dolores et Juana arrivaient à la porte de Mandamiento.

Deux guapos allaient devant pour leur servir d'escorte.

Deux autres venaient derrière eux à quelque distance; ces derniers portaient sur leurs épaules un grand coffre de bois soigneusement recouvert d'étoffes, et lié avec des cordes.

Ils portaient ce coffre avec des précautions inouïes et une sorte respect.

Deux chivatos les escortaient pour donner l'alarme en cas d'événement.

De temps à autre, Dolores se retournait pour s'assurer que le coffre précieux les suivait et que rien n'arrêtait la marche des garduños.

Arrivés à la porte de Mandamiento, les deux premiers guapos frappèrent d'une manière convenue; le maître ouvrit, et les sept personnes et le coffre furent mystérieusement introduits dans le *palais* de la Garduña.

XLIII

Un dernier jour de dissimulation.

Le même soir, José était seul chez lui.

Assis devant une table aux pieds tors, couverte de livres ascétiques, il comptait l'un après l'autre et additionnait à mesure, après avoir inscrit le total de chaque valeur sur un petit carré de papier blanc, une énorme quantité de lettres de change qu'il venait de prendre chez un banquier juif (222).

C'était la fortune du jeune moine.

« Bien! dit-il avec satisfaction, après qu'il eut achevé ses opérations de calcul; cela peut maintenant être transporté où l'on voudra, et ces pauvres enfants auront de quoi vivre. »

Puis il replaça soigneusement ces valeurs dans un petit portefeuille de satin rouge, y joignit une lettre qu'il venait d'écrire, un anneau d'or qu'il ôta de son doigt et des cheveux enfermés dans un très petit médaillon.

Il lia ensuite le tout avec une soie verte qu'il scella d'un cachet de cire de la même couleur.

Cela fait, il serra le portefeuille dans une poche placée sous la doublure de sa tunique.

Il prit encore un carré de papier, sur lequel il écrivit dessus en latin:

« Vous serez jugé demain; mais votre arrestation n'a pas été communiquée au conseil de la Suprême. Faites valoir ce défaut de forme; le saint office sera forcé de vous acquitter. »

« Ceci, dit-il en se parlant à lui-même, à faire parvenir à Jean d'Avila, demain avant l'audience. »

Et il glissa le papier dans la manche de sa tunique.

« Allons! poursuivit-il, encore quelques heures à porter cette lourde chaîne de dissimulation et de mensonge! encore quelques heures de labeur, et ma vengeance sera acccomplie! N'ai-je pas jusqu'ici rempli ma tâche avec courage? n'ai-je pas servi, complaisant, docile, les passions et les vices de ce monstre qui décime l'Andalousie? N'ai-je pas fait à son nom une sanglante auréole, drapeau sinistre qui appelle la haine et la révolte? N'ai-je pas lentement creusé de mes mains débiles l'abîme où il doit s'engloutir! O inquisition! n'ai-je pas réussi à te rendre assez infâme et assez odieuse dans la personne du plus criminel de tes membres, pour que l'Espagne, se levant tout entière comme un seul homme au signal que je vais lui donner, renverse à jamais ce colosse insatiable ?... N'importe! je ferai tomber la première pierre de cet édifice de mort: me suive l'Espagne si elle en a le courage!

— Oh! mon dieu! dit-il ensuite en penchant sa tête dans ses deux mains d'un air d'abattement indicible, mon Dieu? quelle fatigue!... quand donc viendra le repos? Quelle horrible journée que celle-ci!... Oh! ces flammes, ces cris d'agonie! ils me poursuivent partout... partout je revois des visages livides, des spectres glacés... partout je le revois, lui... que j'aimais... lui, qui depuis tant d'années me crie sans relâche: Viens! viens!... Oh! les morts participent peut-être à l'éternelle clémence de Dieu, et ne connaissent plus que le pardon... Suis-je donc criminel, moi qui me venge?...

— Non, non poursuivit-il en se levant avec une exaltation fébrile; j'obéis à la voix de Dieu... Je ne suis que l'instrument de la justice divine!... Attends, attends, toi qui m'appelles; le jour est proche, tu n'attendras pas longtemps... »

Mais ce visage sévère, où dans chaque muscle était empreinte une souffrance ou une pensée, s'éclaircit soudain; cette physionomie hautaine qui semblait être la personnification vivante de la colère éternelle pour les méchants, redevint comme par magie douce et souriante; ce large front aux sourcils tout à l'heure contractés, se dérida comme une blanche toile sous le vent, et la bouche âpre et fière du jeune moine devint prête à mentir.

On avait frappé à sa porte.

Il ouvrit.

C'était Pierre Arbues qui venait le chercher jusque dans sa chambre.

En revenant de l'auto-da-fé, l'inquisiteur avait appris la fuite de Dolores, et cette âme impitoyable, non encore rassasiée de supplices et de tortures, rêvait déjà de nouvelles victimes.

Pierre Arbues était pâle et fatigué, mais l'insatiabilité de ses instincts destructeurs soutenait encore son inépuisable énergie.

Il s'assit.

Et regardant son favori, qui restait debout devant lui :

« José, dit-il, tout me trahit aujourd'hui!

— Excepté moi, monseigneur, répondit le jeune moine.

— Toi... oui, je le sais, tu es le seul fidèle, le seul qui sache comprendre les besoins de ce cœur farouche qui bat dans ma poitrine; le seul qui n'ait jamais contrarié mes penchants ; le seul, du moins, qui m'ait servi sans intérêt. Les autres, crois-tu que je ne comprenne pas leur dévouement égoïste? la protection que je leur accorde, l'or que je leur prodigue, les plaisirs dont je les enivre, ne me sont-ils pas un sûr garant de leur dévouement et de leur fidélité? Enriquez, que j'ai fait gouverneur de Séville, les autres, que j'ai faits conseillers, prieurs ou évêques!... en vérité, tous ces gens-là n'ont-ils pas un grand mérite à m'être fidèles? et pourtant... pourtant... ajouta-t-il avec rage, Manuel Argoso a été enlevé aujourd'hui, et Dolores a disparu des prisons du saint office.

— Qu'importe à Votre Éminence? fit José en haussant les épaules.

— Qu'importe, dis-tu? Par Satan ! j'enverrai aux galères tous les geôliers du palais de l'inquisition; je ferai brûler ces moines imbéciles, ces évêques muscadins... et ce manant revêtu de la livrée d'un gentilhomme, que j'ai fait gouverneur de Séville!

— Vous ferez bien, dit José.

— Ne suis-je pas partout environné de traîtres? reprit Pierre Arbues en s'animant au souvenir de l'attentat commis contre sa personne; un homme s'est rencontré aujourd'hui dans la foule, qui a osé frapper le grand inquisiteur de Séville, et cet homme... cet homme, est un familier de l'inquisition!...

— Je le sais, dit froidement le favori.

— Sans toi, mon bon José, sans ta sainte et salutaire prudence, c'en était fait de moi aujourd'hui; car je dois la vie à cette cuirasse que je porte sous ma tunique depuis le soir où tu me suivis dans la prison, redoutant quelque danger pour moi.

— Avais-je tort, monseigneur?

— Non, par le Christ! et moi, injuste, j'ai osé m'irriter contre toi! contre toi, l'ange gardien de ma vie!

— C'est que la vie de Votre Eminence m'est plus précieuse que la mienne, monseigneur, et je tenais à la conserver... — Oh! elle m'est bien précieuse, poursuivit-il avec un sourire étrange; mais pourquoi Votre Eminence daigne-t-elle s'inquiéter de la disparition de la fille du gouverneur? Qu'importe à Pierre Arbues une femme de plus ou de moins? qu'importe à un millionnaire qu'un doublon manque dans son coffre-fort! Croyez-moi, monseigneur, là n'est pas votre véritable gloire. Ces préoccupations des sens ne servent, au contraire, qu'à amollir l'âme, à dissiper les pensées fortes, à éteindre l'énergie de la volonté. C'est par la peur que vous régnez. Eh bien! augmentez encore votre toute-puissance. N'est-il point à Séville assez de têtes à frapper! Ce moine arrêté il y a huit jours...

— Jean d'Avila! s'écria Pierre Arbues; oh! je le ferai pourrir dans les cachots de l'inquisition (223).

— Cela serait fort maladroit, monseigneur...

— Ce moine, reprit José, a prêché des doctrines contraires à la foi catholique; il faut faire un exemple, et assurer le triomphe de la religion qui fait votre gloire et votre puissance. Le pape et le roi vous en sauront gré : tous deux ont en abomination l'hérésie de Luther. Faites comparaître Jean d'Avila, mais d'une manière solennelle; que cette séance soit publique, laissez librement entrer tout le monde, et, à la face de Séville, prouvez en le condamnant que celui que l'Andalousie appelle l'apôtre n'est qu'un misérable apostat, un hérétique dangereux. »

A mesure que parlait José, le visage de l'inquisiteur exprimait d'une manière énergique les diverses pensées qui l'agitaient. Revenu à la grande passion de sa vie, la domination, Pierre Arbues écoutait avec une indicible complaisance ce démon tentateur à figure d'archange, devenu, à force de flatterie et d'adresse, l'âme de toutes ses volontés.

« Oh! tu as raison, dit Pierre Arbues; tu as raison, José, j'oublie trop souvent le véritable but de ma mission ici-bas; je me laisse trop aisément emporter à la fougue indomptable des sens, au torrent de mes passions dévorantes; l'homme domine trop souvent l'inquisiteur, et vingt fois déjà les imprudences où m'entraîne ce tempérament de feu ont failli me perdre. Tu es bien heureux, toi, José; tes sens sont calmes comme ceux d'une vierge, ou plutôt tu les domines par la force de ta volonté. Tu es le seul parmi nous à qui on n'ait jamais pu reprocher la moindre faiblesse

— Monseigneur, pour régner sur les autres, il faut commencer par régner sur soi-même. L'ennemi le plus difficile à vaincre, c'est le *moi humain*. Vous ne serez réellement puissant qu'alors que, sachant réprimer à temps une passion ou un caprice, vous la soumettrez sans miséricorde aux exigences de votre position et ne vous en laisserez pas dominer.

— Est-ce toi qui parles, José, toi qui tant de fois as servi mes penchants et mes caprices, comme tu les appelles?

— Toutes les fois que cela n'a pu nuire à Votre Eminence, mais seulement dans ces cas-là; aujourd'hui, encourager votre fol amour pour cette jeune fille, qui, après tout, n'est pas plus belle qu'une autre, serait une insigne trahison envers vous.

Le peuple est mécontent, l'action d'aujourd'hui le prouve assez; ne l'irritez pas davantage, monseigneur, en vous jetant ouvertement à la poursuite des deux fugitifs; ils ont des partisans parmi le peuple. Pour le moment, laissez-les en paix; si vous y tenez, vous les retrouverez plus tard; manque-t-il donc de *cruciatos* (224) en Espagne pour les poursuivre et les retrouver? Croyez-moi, monseigneur, cherchez plutôt à attirer vers un autre point l'attention de ces masses turbulentes; flattez le pape et le roi en montrant le zèle le plus rigoureux contre les réformés. Enfin, monseigneur, soyez un souverain spirituel tout-puissant, et non le misérable esclave d'une femme.

— José, dit Pierre Arbues, si j'étais roi, je te ferais mon premier ministre.

— Le ministre serait le premier esclave de Votre Majesté, répondit le favori.

— Eh bien! soit, poursuivit l'inquisiteur avec enthousiasme, soit, réprimons les révoltes de cette chair indomptable qui me rend par moments faible et indécis comme un enfant. Soyons fort pour régner, et, pour régner sans partage, sachons soumettre nos propres penchants. Un femme! qu'est-ce qu'une femme? Qu'importe qu'elle se nomme Dolores ou Paula, qu'elle soit la fille d'un grand d'Espagne ou celle du dernier Gitano de l'Andalousie! Elle n'est, après tout, qu'un misérable jouet indigne d'occuper une large place dans l'existence d'un homme.

— Sans doute, répondit José, qui au nom de Paula, avait frissonné; sans doute une femme n'est pas digne que Votre Eminence s'occupe d'elle plus de quelques minutes : la considérer autrement que comme un jouet ou une esclave, serait une insigne folie. Ainsi donc, demain, monseigneur, demain, pas plus tard, Votre Eminence fera-t-elle comparaître devant elle ce moine dangereux?

— Oui, demain, répéta vivement l'inquisiteur ; n'ai-je pas à défendre les intérêts de Rome? et quels plus grands ennemis de Rome que ces prêtres insensés qui réduisent l'apostolat à la simple observance de l'Evangile? comme si ce code du catholicisme n'était pas une suite de fictions et d'allégories que chaque pape, que chaque concile, que chaque dignitaire de l'Eglise en particulier, a le droit d'interpréter à son gré selon les besoins temporels ou spirituels du pays où il vit, du peuple qu'il gouverne et de ses propres besoins.

Arrière ces novateurs insensés qui prêchent la liberté au peuple! c'est pour lui un aliment malsain, qui le grise au lieu de lui devenir salutaire. Jésus-Christ n'a-t-il pas dit lui-même : « Rendez à César ce qui appartient à César? » Les réformés disent au contraire : « Enlevez au pape le pouvoir que le pape tient de Dieu. » Non, non, ils ne réussiront pas à abattre la chaire de saint Pierre; l'Eglise sévira contre eux avec une sévérité croissante, il ne faut pas que la mauvaise herbe étouffe le bon grain; dix moines comme Jean d'Avila auraient bientôt soulevé l'Espagne et chassé l'inquisition.

— Votre Eminence est fatiguée, observa José; elle a besoin de repos après une journée comme celle-ci.

— Et toi aussi, mon pauvre José, dit Pierre Arbues, en passant la main sur le front brûlant de son favori; mais, tu le vois, je me laisse toujours emporter au torrent des mes passions fougueuses... Allons, adieu, à demain; je vais prier encore une heure pour que le Saint-Esprit daigne m'éclairer dans cette circonstance difficile. »

L'inquisiteur se leva.

Le favori l'accompagna jusqu'à la porte extérieure de sa chambre.

« Monseigneur, lui dit-il en le quittant, je demande à Votre Eminence la permission de faire dans mon couvent une retraite de trois jours.

— Soit, mon bon José, je comprends... tu as besoin de te recueillir... Mais trois jours seulement, entends-tu bien; tu sais que je ne peux me passer de toi. Je dois dire la messe et prêcher dimanche à la cathédrale; sois de retour à l'heure du sermon.

— Je vous le promets, dit José.

— A dimanche donc, répéta l'inquisiteur.

— A dimanche, monseigneur.

— Sois exact au moins à ce rendez-vous.

— Soyez tranquille, monseigneur, je n'aurai garde d'y manquer. »

José rentra, laissa retomber derrière lui une lourde portière de velours rouge; puis il se jeta dans un grand fauteuil, au pied de son lit, en s'écriant d'un air de satisfaction indicible:

C'est donc fini! voilà mon dernier jour de dissimulation! »

XLIV

Un Prêtre selon l'Évangile.

Revenons pour la troisième fois devant ce terrible tribunal où nous avons déjà vu comparaître tant de nobles victimes. Nous avons assisté naguère à une séance bien intéressante et bien solennelle; de grands noms y ont été jetés en pâture à l'hydre de Rome, et leur écusson s'est brisé contre ce simple mot, « hérétique; » ce mot, prononcé par un tribunal sans appel, a suffi pour anéantir à jamais et rayer de la liste sociale des familles entières dont la souche se perdait dans la nuit des temps.

Estévan et Jose.

Eh bien! aujourd'hui, ce n'est pas une famille, ce n'est pas un grand seigneur espagnol qui va s'asseoir sur la sellette pour y entendre de la bouche de l'inquisiteur la sentence qui le condamne à mourir ou à rester éternellement infâme.

Ce n'est pas le pouvoir, la richesse ou la beauté que l'inquisition incrimine aujourd'hui; c'est la charité elle-même, la charité faite homme et revêtue d'une simple tunique de carmélite déchaussé, pour consoler l'Espagne persécutée; l'esprit chrétien fait chair, pour que, sous cette forme vulgaire, le peuple ne puisse le méconnaître et nier son existence: un pauvre moine, enfin, qui a passé sa vie à prier et à bénir.

Ce moine, c'est Jean d'Avila.

L'inquisition a eu plus peur de ses vertus que des vices des autres; elle a dit:

« Brisons celui-là, qui est la condamnation vivante de nos crimes. »

Mais, revenons en arrière de quelques heures.

On se souvient que, la nuit précédente, José avait pris congé de Pierre Arbues, sous le prétexte d'une retraite.

Au lieu de se rendre à son couvent, ainsi qu'il l'avait annoncé à l'inquisiteur, José était sorti de très grand matin et s'était rendu à la taverne de *la Buena Ventura*.

Là, il s'enferma avec Coco dans le triste réduit où couchait l'alguazil; et le moine et l'homme du peuple causèrent longuement et à voix basse, José confiant à Coco d'importants secrets avec le plus complet abandon, comme quelqu'un qui est sûr de celui à qui il s'adresse; et Coco les recevant avec cette joie orgueilleuse d'un subordonné plein de dévouement, heureux qu'on se confie à lui et qu'on le mette à l'épreuve.

Ce colloque dura environ une heure.

Après quoi, l'alguazil s'en alla droit vers l'inquisition, montra au geôlier un ordre de José, scellé du sceau inquisitorial, pour qu'il eût à le laisser pénétrer dans le cachot de Jean d'Avila afin de l'*éprouver* (225), ainsi que cela se pratiquait souvent vis à vis des prisonniers du saint office.

On le laissa entrer; il remit au religieux le billet de José, et après avoir passé une demi-heure dans le cachot, il se rendit chez le président du conseil de la Suprême. Jean d'Avila avait, dans son cachot, écrit, avec un crayon que lui avait fourni Coco, un billet destiné au président. Coco le remit en mains propres, puis il retourna à ses affaires.

José s'était dirigé vers la Garduña.

Reprenons maintenant notre récit où nous l'avons laissé.

Nous sommes dans la salle d'audience du palais de l'inquisition. Autour de nous c'est toujours le même appareil lugubre qu'on déploie en ces circonstances. Seulement, dès le matin, le bruit a circulé dans la ville que la séance serait publique, et que tout le monde aurait la liberté d'y assister.

Grande a été la rumeur parmi le peuple, et plus d'un a quitté ses affaires pour se rendre dès longtemps avant l'heure au palais de l'inquisition.

C'était si rare d'obtenir une pareille faveur!

Les audiences de ce tribunal, dont l'organisation ne ressemblait à celle d'aucun autre, et qui procédait presque sans règle et sans ordre, selon le libre arbitre ou le caprice de chaque inquisiteur; ces audiences, dis-je, dont la faveur était réservée aux *amis* de l'inquisition, étaient presque exclusivement le spectacle habituel des moines et des grands seigneurs *familiers*.

Cette fois encore, Pierre Arbues avait cédé à l'influence des perfides conseils de son favori, en rendant publique cette séance où devait comparaître l'ami du peuple, le *saint* révéré des Sévillans, le consolateur des âmes affligées, le père des pauvres et des opprimés.

Une foule immense assiégeait le palais bien longtemps avant l'heure; et ce n'était pas seulement le peuple qui était accouru à cette solennité, c'étaient des familles entières de riches hidalgos, surpris d'un procès pareil, et curieux de voir quel crime on reprochait à un homme qui était le modèle de toutes les vertus.

Au moment où les portes s'ouvrirent, cette foule avide se précipita dans la salle du tribunal, qui en un instant était remplie. Beaucoup furent obligés de rester en dehors; un plus grand nombre encore restèrent dans la rue et aux environs, attendant avec anxiété la fin de la séance, pour apprendre plus tôt de la bouche des premiers qui sortiraient le résultat de l'arrêt inquisitorial.

Tout Séville était en émoi comme pour un grand et fatal événement.

Cette fois encore, égaré par les insinuations de José, Pierre Arbues s'était abusé sur le véritable esprit public : ainsi s'abusent presque toujours les puissants de ce monde!

Lorsqu'il s'assit sur son fauteuil de président, Pierre Arbues avait une physionomie rayonnante qui trahissait ses sensations intérieures; il se consolait en quelque sorte d'avoir perdu Manuel Argoso et Dolores, par l'espoir de condamner Jean d'Avila.

Cette nuance n'échappa point à l'assemblée, et la haine publique qu'on portait à l'inquisiteur s'augmenta ce jour-là de toute la tendre vénération qu'inspirait l'apôtre.

Bientôt l'accusé parut.

Sa contenance, sans être fière ni hautaine, avait une majesté infinie, et un calme évangélique siégeait sur son visage à peine altéré par huit jours de souffrances et de réclusion. Il portait sur son front la gravité douce mais énergique du vrai pasteur de l'Évangile, et en le voyant s'avancer au milieu de la salle avec la liberté et la simplicité de l'innocence et de la force, portant ses chaînes comme un autre aurait porté un sceptre; à le voir promener autour de lui son regard serein, doux et paternel, comme lorsqu'il visitait ses pauvres, et l'arrêter enfin sur le grand inquisiteur qui, malgré son audace habituelle, ne put soutenir ce regard accusateur, on eût douté lequel était le juge de Pierre Arbues ou de Jean d'Avila, si celui-ci, avec la plus touchante humilité, ne fût allé s'asseoir sur la sellette.

Là, il attendit qu'on l'interrogeât.

Mais Pierre Arbues, dédaignant les formes ordinaires, sans lui demander son nom ni son âge, sans procéder avec ordre et méthode, ainsi que cela devait se faire, lui d'un ton bref :

« Levez-vous. »

Puis, s'apercevant soudain que cette brusquerie sortait de son rôle d'inquisiteur, il reprit avec une douceur affectée :

« Levez-vous, mon frère, et répondez-nous. »

Jean d'Avila se redressa de toute la hauteur de sa belle et noble taille.

Tous les cœurs étaient en suspens, et malgré la présence des inquisiteurs, des paroles échangées à voix basse, un murmure général, témoignèrent de la sympathie du peuple.

« Mon frère, poursuivit Pierre Arbues, notre zèle pour le service de Dieu ne peut nous permettre d'oublier que vous êtes un de ses ministres, et que vous portez la robe sacrée des lévites; mais, pour cela même aussi, notre responsabilité est plus grande, et nous ne devons pas tolérer en vous la moindre chose qui tende à éloigner les autres de la stricte observance des saints canons qui sont le code de l'Église.

— Le code de l'Église chrétienne est l'Évangile, répondit simplement Jean d'Avila.

— Les conciles ont fait des additions à ce code, répliqua l'inquisiteur; l'Église de Jésus-Christ a bien le droit de continuer l'œuvre de son divin maître. »

Jean d'Avila resta muet; l'inquisiteur avait espéré une réponse, il comptait le prendre insidieusement par ses propres paroles : son attente fut trompée.

Estévan et Dolores bénis par leur père.

Il poursuivit.

« Mon frère, chargé d'une mission sainte, chargé de conduire et de diriger les âmes par la prédication, pourquoi tendez-vous à les égarer au contraire, en propageant les doctrines des novateurs? Savez-vous que cela est un crime de lèse-catholicisme?

— C'est là ce dont on m'accuse? demanda Jean d'Avila.

— C'est que là est votre crime, mon frère, ou plutôt votre erreur, » ajouta Pierre Arbues avec une feinte modération.

L'inquisiteur fit une nouvelle pause; cette fois encore, Jean d'Avila ne répondit pas.

« Vous avez avancé en chaire, poursuivit l'inquisiteur, que Dieu est également bon pour tous, et qu'il répand également ses bienfaits sur les justes et sur les pécheurs.

— Ce n'est pas moi qui ai dit cela, répondit l'apôtre; c'est Jésus-Christ lui-même, qui, non-seulement l'a prouvé par ses paroles, mais encore par ses actions.

— Jésus-Christ a jeté l'anathème sur les impies et sur les hérétiques, répliqua Pierre Arbues.

— Jésus-Christ n'a jeté l'anathème sur personne, monseigneur; il n'a accusé, il n'a flétri que les hypocrites, ceux-là qui voilaient leurs vices du manteau de la dévotion et de la vertu, ceux qui sous un rigorisme extérieur cachaient des turpitudes grossières : voilà ceux que Jésus-Christ a stigmatisés, monseigneur. Les autres, les égarés ou les repentants, il les a chargés sur ses épaules, il les a reçus et réchauffés dans son sein à la chaleur vivifiante de son saint amour, de sa divine charité. »

L'auditoire écoutait dans un recueillement profond; l'apôtre dominait l'assemblée de toute la hauteur de sa sublime morale.

Pierre Arbues perdait de son audace, et il commençait à se repentir d'avoir donné à cette audience une pareille publicité.

Toutefois, l'astuce de l'inquisiteur lui venant en aide, il continua d'un ton assuré, lent et solennel, singeant la douceur et l'humilité de tous les efforts de sa volonté hautaine et indomptable.

« Mon frère, dit-il encore à Jean d'Avila, ce n'est pas seulement dans vos prédications que vous vous êtes montré le chaud partisan de la réforme; ou plutôt vous avez témoigné une indifférence coupable pour le culte catholique romain, et une tolérance plus coupable encore pour les malheureux hérétiques qui s'écartent volontairement du giron de la sainte Église.

— Je ne comprends pas, monseigneur, fit l'apôtre.

— Vous faites, dit-on, votre société la plus habituelle et la plus chère de mendiants, de juifs et de mauresques; et il suffit d'appartenir à une de ces castes maudites et réprouvées...

— Monseigneur, interrompit l'apôtre avec une simplicité sublime, ces castes sont malheureuses et persécutées, les autres n'ont pas besoin de moi. »

Un long murmure d'admiration passionnée accueillit ces paroles si simples, mais qui peignaient toute l'âme et toute la vie de Jean d'Avila.

L'inquisiteur comprit qu'il lui serait difficile de condamner l'apôtre en présence de toute cette population de Séville. Il avait cru n'avoir qu'un mot à dire pour le briser, et voilà que, par la seule puissance de la vérité, le saint prédicateur repoussait victorieusement ces accusations absurdes, et que le triomphe allait à celui qui n'avait jamais cherché que le bonheur de l'obscurité; car la prédication, cette mission divine léguée par les apôtres à leurs successeurs, cette fille de l'Évangile dont l'Église romaine a fait une comédienne éhontée qui gesticule et parade dans les églises du Christ; la prédication n'était pour Jean d'Avila qu'un moyen de consolation et d'instruction, et non un ressort d'ambition mondaine. L'humble carmélite n'attendait pas de son éloquence, véhémente ou passionnée, les honneurs de l'épiscopat; il ne prêchait pas comme un avocat ou un comédien, mais comme devaient prêcher saint Paul et saint Jacques, ces deux colonnes de la foi chrétienne, ces pères du troupeau qui, les premiers après leur divin maître, répandirent dans le monde les semences de charité et de liberté, trésors divins, source unique de la vertu des hommes.

L'inquisiteur était trop perspicace pour ne pas deviner quels sentiments animaient l'assemblée; d'un autre côté il connaissait la fidélité du peuple espagnol, son attachement inviolable à la foi catholique, malgré l'affreuse oppression qu'on lui faisait subir; Pierre Arbues savait bien que toutes ces révoltes qui agitaient le pays n'étaient pas dirigées contre la religion, — les Espagnols étaient trop pieux pour cela, — mais seulement contre les oppresseurs, contre ceux qui, au nom de cette même religion, commettaient tous les jours des abus infâmes. Il chercha donc à attaquer le côté faible du peuple en essayant de prouver que Jean d'Avila était un mauvais catholique.

S'adressant de nouveau à l'accusé, il lui dit :

« Mon frère, il est bien douloureux pour nous d'avoir aujourd'hui à reprendre un ministre de l'Évangile qui, jusqu'ici, n'avait donné que des exemples de vertu; mais nous sommes tous faibles et mortels; l'esprit malin veille constamment, il s'empare bientôt de celui qui fait mauvaise garde, ou qui se néglige quelques instants. Nous ne voulons pas entrer dans les mystères d'un si grand changement survenu en vous; mais il est certain, six témoins l'ont affirmé, dit Pierre Arbues en désignant de la main le livre des dépositions étalé sur le bureau; il est certain, dis-je, que votre esprit, si lumineux et si profond, s'est laissé séduire par les doctrines pestilentielles venues d'Allemagne. Vous avez avancé plusieurs fois en chaire que les pratiques extérieures sont peu importantes, que la pureté du cœur est tout; niez-vous cela, mon frère? et n'est-ce point là une des doctrines des réformés?

— Je le nie quant aux expressions, répondit Jean d'Avila : il est certain qu'en me dénonçant on a dénaturé mes intentions et mes paroles. J'ai dit, monseigneur, et je le répète ici devant vous, car je le crois conforme au véritable esprit du christianisme; j'ai dit que les pratiques extérieures ne sont rien sans les œuvres, rien, si elles ne sont accompagnées de la droiture du cœur et de la pureté des intentions. Croyez-vous, monseigneur, ajouta-t-il en attachant son calme et puissant regard sur le visage de l'inquisiteur, croyez-vous qu'il soit bien agréable à Dieu, celui qui se prosterne aux autels et baise la poussière des églises, l'âme toute souillée de meurtres, de vengeance ou d'adultère? celui qui crie à Dieu avec des soupirs et des élans, « Mon Dieu, pardonnez-moi! » et qui rêve dans son cœur la perte de son ennemi; qui dit à Jésus, « Agneau sans tache ayez pitié de moi! » et qui, au sortir de la prière, va peut-être se plonger dans toutes les souillures du vice? celui...

— Mon frère, interrompit l'inquisiteur avec un peu de trouble, car ces deux hommes semblaient avoir changé de rôle; mon frère, savez-vous si celui qui prie et pleure en se frappant la poitrine n'est pas plus agréable à Dieu par son repentir même que l'orgueilleux qui dit : « Je n'ai pas besoin de la prière, je suis pur? »

— Monseigneur, répliqua le carmélite d'une voix calme, grave, imposante, à laquelle l'accent de la vérité énergique et libre, de la conviction intime, donnait une vibration électrique, une autorité irrésistible; monseigneur, je vous en conjure, n'entrons pas dans ces discussions théologiques, auxquelles la foi n'a rien à gagner. Ce peuple qui nous écoute est juste, pieux et croyant; il ne s'inquiète pas dans quelle forme plus ou moins abstraite doit se trouver la véritable observance des lois de l'Évangile, et je me suis aussi peu inquiété de le lui apprendre. J'ai dit seulement : Soyez doux, chastes et charitables, parce que Jésus Christ, notre modèle, a été charitable, chaste et doux. J'ai dit : « Aimez-vous et secourez-vous les uns les autres, car vous êtes tous frères et enfants d'un même père, qui est Dieu; » et j'ai dit cela, non-seulement aux chrétiens de l'Église catholique romaine, mais à ceux qui penchaient vers l'Église réformée; je l'ai dit encore aux mauresques, aux juifs convertis encore chancelants dans leur foi, et à ceux qui avaient abandonné seulement par peur la croyance de leurs pères. A tous j'ai prêché la même morale et la même loi, et bien souvent, oh! oui, bien souvent, monseigneur, j'ai vu tomber à genoux et s'écrier en pleurant qu'ils voulaient être d'une religion si douce, ceux-là même qui plus tard ont blasphémé et maudit notre religion sainte au milieu des flammes du bûcher.

— Il blasphème, ô mon Dieu! s'écria Pierre Arbues; un prêtre de Jésus-Christ ose accuser la sainte inquisition! »

A cette sortie hypocrite, Jean d'Avila ne répondit pas; mais le regard qu'il attacha sur l'inquisiteur fut si clair, si froid, si incisif, que le superbe Arbues n'en put soutenir l'éclat inconcevable; celui qui faisait trembler Séville baissa les yeux devant un simple prêtre de l'Église chrétienne, il trembla devant un accusé. Le regard de Jean d'Avila était un éloquent et muet réquisitoire où l'inquisiteur aurait pu lire toutes ses iniquités les plus authentiques et les plus cachées, ses condamnations iniques, crimes commis avec audace en plein jour, et ses débauches secrètes, crimes plus abominables encore, qui bien souvent étaient la seule cause des premiers.

Du lit d'un inquisiteur au bûcher, la transition était toute naturelle. Que voulez-vous qu'un prêtre immonde fasse des victimes de ses turpitudes, témoins vivants toujours prêts à l'accuser? Quand il est inquisiteur, il les brûle; en temps de *liberté civile* et *religieuse*, il les poignarde. Mingrat et Lacolonge, nés au seizième siècle, eussent fait honneur à l'inquisition.

Rien n'est plus audacieusement criminel qu'un mauvais prêtre : troublé un moment, Pierre Arbues reprit bientôt sa froide assurance.

L'auditoire, glacé de terreur, car il comprenait le danger du courage, et cependant électrisé par les paroles de l'apôtre, ému de respect, d'enthousiasme, de reconnaissance, il n'était personne dans cette assemblée qui n'eût eu à bénir Jean d'Avila, l'auditoire attendait dans une anxiété profonde le résultat de cette séance.

On n'osait ni parler ni se communiquer sa pensée; mais plus d'un, dans cette foule attentive, était sous l'impression du même sentiment : un désir simultané de sauver leur saint prédicateur animait tous les cœurs.

Pierre Arbues comprit qu'avec un dialecticien comme Jean d'Avila, le triomphe était impossible : sans pousser plus loin la discussion, il fit un signe au greffier, qui avait écrit à mesure toutes les réponses de l'apôtre. Le greffier les lui remit; Son Éminence les lut de nouveau, comme pour s'exciter encore à punir une semblable audace, et, à chaque phrase, ses sourcils se contractaient davantage; une noire tempête de haine s'amassait sur ce front vaste et sombre, page effrayante où l'observateur pouvait lire tant de choses sinistres.

Après qu'il eut fini, il prit le registre où les dépositions étaient consignées, et après en avoir lu quelques lignes :

« C'est bien cela, dit-il; les dépositions des témoins sont parfaitement conformes aux réponses de l'accusé.

Les témoins qui ont signé au registre sont parfaitement d'accord entre eux; ils ont tous également affirmé que le prêtre Jean, surnommé Jean d'Avila, moine prédicateur de l'ordre des carmélites déchaussés, a non-seulement communiqué fréquemment avec des hérétiques luthériens, juifs ou mauresques, mais encore que, dans ses sermons, il a avancé des propositions contraires à la foi catholique. Ces témoins ayant juré sur l'Évangile de dire la vérité, nous devons nous en rapporter à leurs dépositions. Conformément aux lois de la très sainte inquisition, nous sommes donc forcés de condamner le prêtre Jean aux peines indiquées par nos très saintes lois inquisitoriales, à moins, toutefois, que l'accusé ne puisse prouver, séance tenante, par la déclaration de douze témoins à décharge, qu'il a été faussement accusé.

En prononçant ces mots, l'inquisiteur porta les yeux vers le banc où se tenait Jean d'Avila; l'apôtre n'avait pas fait le plus léger mouvement, il avait écouté comme s'il se fût agi d'un autre; mais, dans l'assemblée un grand murmure s'était élevé soudain, et le banc des témoins, naguère vide, avait été envahi par les plus marquants des hidalgos présents à cette séance, qui, tous, se disputaient la gloire d'exposer leur vie pour leur apôtre bien-aimé.

Il y avait dans la salle autant de témoins qu'il y avait de têtes pour rendre témoignage de l'innocence de Jean d'Avila.

Mais lui, en les voyant ainsi s'exposer pour lui à la mort, ou du moins à des peines très sévères, les regarda de son œil doux et paternel, et leur fit signe de la main de se retirer.

En présence de cet amour universel son émotion était si grande, qu'il n'eut pas la force de parler. Deux larmes délicieuses, deux larmes d'une ineffable et céleste béatitude, tombèrent de ces yeux si calmes qui ne s'étaient jamais émus que des souffrances des autres.

« Il est innocent! il est innocent! s'écrièrent à la fois toutes ces voix enthousiastes.

— Il nous a nourris quand nous avions faim.

— Il nous a consolés quand nous pleurions.

— Il a apaisé nos différents et ramené la paix dans nos familles.

— Il a béni les jeunes gens qui s'aimaient, et réconcilié les époux désunis.

— Il est la gloire et le bonheur de l'Andalousie. »

Ce fut comme un immense concert de bénédictions, un hourra général plus fort que la crainte qu'inspirait l'inquisition, quelque chose de spontané et d'irrésistible. Ces hommes semblaient obéir à une voix d'en haut qui les poussait invinciblement au mépris de leur propre danger, à la défense d'une si noble cause.

En présence de cette manifestation générale, le farouche Arbues se sentit pris d'une vertigineuse pensée de haine; il crut, à force d'audace et de fermeté, pouvoir imposer à ce peuple lancé à la défense d'une cause si sainte; il ignorait que le peuple, ce terrible ennemi, est aussi dévoué pour les objets de son culte que farouche et impitoyable pour ceux qui l'ont blessé, et que sa colère ressemble à celle des vagues, qu'elle abîme ceux qui tentent de lui résister.

Décidé à lutter à force ouverte, Pierre Arbues méprisa cette manifestation générale et sacrée; et c'était le moment, ou jamais, de reconnaître la vérité de cet adage :

Voix du peuple, voix de Dieu.

Mais Pierre Arbues s'inquiétait bien de cela!

Les personnes qui avaient pu se placer sur le banc des témoins étaient là, debout, demandant à haute voix qu'on écoutât leur déposition. L'inquisiteur n'en tint compte; toutefois, n'osant rendre sa sentence publiquement après avoir refusé d'entendre les témoins, il usa de son subterfuge ordinaire, et se tournant vers les sbires placés à sa droite :

« La séance est suspendue, dit-il; qu'on remmène l'accusé dans la prison. »

Le peuple avait compris ce que cela voulait dire (226.)

Un cri général s'éleva dans l'assemblée, et de nombreuses voix ardentes et obstinées s'écrièrent à la fois :

« Les témoins! les témoins! qu'on entende les témoins!

— Qu'on fasse évacuer la salle! » s'écria Pierre Arbues en se levant pour sortir.

Jean d'Avila se leva comme pour suivre les sbires, et s'adressant au peuple, il lui dit avec douceur :

« Calmez-vous, mes amis, calmez-vous! on me fera justice, soyez-en sûrs. »

En parlant ainsi, l'apôtre avait plongé son regard vers le fond de la salle, comme s'il eût attendu quelqu'un; personne n'arrivait.

Jean d'Avila leva les yeux au ciel et murmura avec une grande résignation :

« Que la volonté de Dieu soit faite. »

Le peuple continuait de murmurer, et quelques-uns, audace inouïe à cette époque et en pareil lieu, quelques-uns osèrent franchir la barrière qui les séparait de l'accusé. Là, se jetant à genoux devant celui qu'ils nommaient leur père, ils baisèrent ses mains et son vêtement, non avec l'humilité du fanatisme, mais avec une vénération toute filiale, avec ce respect profond que la vraie vertu obtient sans le demander et qu'on accorde par peur au crime tout-puissant.

La scène menaçait de devenir orageuse; mais l'inquisition était prudente et précautionneuse.

En quelques instants, une triple haie de sbires armés et d'archers de la Sainte-Hermandad était étendue comme un long boa autour du peuple aggloméré dans la salle, en sorte que ces braves gens se trouvèrent soudainement enveloppés, et que pas un d'eux n'aurait pu sortir vivant de cette enceinte, si telle eût été la volonté de l'inquisiteur.

Une grande mêlée devenait inévitable, car ce peuple ardent et courageux ne se fût pas laissé immoler sans résistance.

Jean d'Avila, qui vit tout d'un coup d'œil, frémit d'une sainte indignation, et en ce moment il eut regret à l'amour qu'il inspirait. Le danger de cette brave et loyale population l'émut plus que son propre danger.

Pierre Arbues, debout derrière son fauteuil, promena tout autour de la salle le regard complaisant du chasseur, lorsqu'il voit le lion pris dans les filets qu'il lui a tendus.

Le peuple seul ne s'était encore aperçu de rien.

Il fut heureux pour l'inquisition que la préoccupation où il était plongé l'eût distrait à ce point de lui-même; cela fut plus heureux encore peut-être pour l'inquisiteur. L'inquisiteur disposait, il est vrai, d'une force armée; mais que devient la force armée devant un peuple courageux poussé à bout, et exaspéré par des années d'oppression et de misère!

Pierre Arbues seul, aveugle comme tous les despotes, ne comprenait pas le danger pour lui.

Mais en ce moment, la grande porte s'ouvrit à deux battants, les gardes et le peuple s'écartèrent avec toutes les marques d'un respect profond.

L'inquisiteur pâlit; celui qui venait d'entrer dans la salle du tribunal était le président du conseil de la Suprême en personne, suivi de ses conseillers.

Parvenu en face de l'inquisiteur, le président s'arrêta; il se trouvait placé à côté de Jean d'Avila.

Pierre Arbues baissa les yeux devant le chef du conseil de la Suprême, car celui-ci l'avait regardé d'un air de reproche et de courroux qui ne présageait rien de bon.

Le président se tourna alors vers l'apôtre, que deux sbires avaient déjà saisi par ses chaînes pour le reconduire en prison.

« Qu'on délivre cet homme! » dit-il d'une voix sévère.

Les liens qui retenaient Jean d'Avila tombèrent comme par enchantement.

« Monseigneur? hasarda de dire Pierre Arbues.

— De quel droit avez-vous mis cet homme en jugement? poursuivit le président; vous n'avez pas même daigné communiquer son acte d'arrestation au conseil; savez-vous que je pourrais...

— Il est vrai, balbutia Pierre Arbues, que cette formalité a été omise; mais plus tard...

— Allez, dit le président d'une voix sévère, et une autre fois songez qu'une omission de cette nature est un crime. Le roi et le conseil veulent bien qu'on poursuive les hérétiques, mais qu'on le fasse avec des formes légales, afin que nous puissions juger par nous-mêmes de la culpabilité des accusés.

— Vous êtes libre, mon révérend père, ajouta le chef du conseil en s'adressant à l'apôtre avec une grâce infinie.

— Merci, monseigneur, dit Jean d'Avila; je n'attendais pas moins de Votre Éminence. »

Pierre Arbues se retira la rage au cœur : son règne venait de finir.

« *Viva! viva!...* s'écria le peuple; que Dieu et sa sainte Mère bénissent le conseil de la Suprême! »

Et ce bon peuple candide poussa des cris d'admiration enthousiaste, et il versa des larmes de joie pour cet acte de haute et infiniment adroite politique (227), comme pour un acte d'héroïque dévouement ou de royale largesse.

Ainsi on exploite ce pauvre peuple confiant et loyal, ainsi on l'exploitait alors; car aujourd'hui, bien fou qui le croirait aveugle. Le peuple est clairvoyant, très clairvoyant, et il le devient chaque jour davantage : seulement, il se montre parfois trop débonnaire. Qu'on ne s'y fie pas cependant, rien n'est plus redoutable qu'une patience à bout qui a duré longtemps!...

Toujours est-il que l'acquittement de l'apôtre de l'Andalousie fut pour Séville une joie universelle; on crut qu'enfin Charles-Quint allait tenir toutes ses promesses, et le conseil de la Suprême acquit une immense popularité. Pourtant, hélas! ce grand corps de l'État, presque entièrement composé d'archevêques et de prélats, montrait d'ordinaire un zèle tout aussi grand que l'inquisition elle-même pour l'*extirpation de l'hérésie*; mais le conseil, comme tous les pouvoirs possibles était très jaloux de son autorité.

Empiéter sur ses droits, ou avoir l'air de les méconnaître était une offense qu'il pardonnait difficilement; c'est ce qu'avait fait Pierre Arbues en négligeant de lui communiquer l'arrestation de Jean d'Avila. Ce défaut de forme, qui mit en jeu l'amour-propre blessé du conseil, fut certainement le salut de l'illustre prédicateur (228).

Pourquoi faut-il que les plus grands résultats soient dus le plus souvent aux plus misérables causes?... Cela entre peut-être dans les desseins de Dieu!...

Lorsque Jean d'Avila sortit de la salle, le peuple l'éleva dans ses bras comme sur un pavois, et toute cette population, folle, énivrée de joie et d'espérance, le ramena en triomphe jusqu'à son humble demeure, en criant d'une voix pleine d'allégresse :

« Vive notre apôtre bien-aimé! vive le roi! vive monseigneur le président de la Suprême! »

XLV

Mariage et Funérailles.

Dans les caveaux de la Garduña, immenses souterrains creusés durant les guerres des Maures contre les catholiques, pour servir de communications secrètes aux troupes, Mandamiento avait fait servir Estevan, Dolores et Juana.

Le coffre dans lequel on avait transporté le corps de Manuel Argoso avait été changé contre un grand cercueil de bois de cèdre procuré par les garduños. La plus grande partie de l'or qu'Estevan avait pu sauver de sa fortune, qu'il était forcé d'abandonner au fisc (229), avait payé toutes ces complaisances.

Rien n'était plus dévoué que les garduños à celui qui les payait.

Le cercueil qui enfermait les restes mortels de celui qui avait été gouverneur de Séville était déposé dans un de ces caveaux, sur des escabelles de bois.

Selon l'usage du temps, le visage du mort était resté à découvert; mais on avait eu soin de revêtir le corps d'une chemise de toile de Hollande très-fine et très-blanche. Manuel Argoso avait les mains croisées sur sa poitrine, et ses paupières étaient entièrement fermées. La mort avait rendu à ce visage, naguère si souffrant et si pâle, une indicible sérénité.

La piété de José n'avait point abandonné ses amis dans cette pénible circonstance.

Juana, la vieille nourrice du jeune moine, Juana, si forte et si dévouée, priait à côté de Dolores pendant cette triste veille mortuaire; elle recevait dans son sein les larmes de la jeune fille désolée.

De son côté, Jean d'Avila, le courtisan de toutes les infortunes, Jean d'Avila n'avait pas été plutôt délivré des cachots de l'inquisition, qu'averti par la Chapa, il était accouru à la Garduña.

Sa présence inespérée avait été pour Estevan et pour sa fiancée une consolation bien douce.

Il était environ minuit.

Jean d'Avila et José, agenouillés près du cercueil, récitaient lentement les prières des funérailles. Dolores sanglotait à quelques pas d'eux; mais ni Estevan ni Juana n'osaient essayer de la consoler; ils se contentaient de pleurer avec elle.

C'était un moment bien solennel, le dernier adieu de la mort à la vie; l'instant suprême où l'être matériel de celui que Dolores avait tant aimé allait retourner au néant.

A l'une des extrémités du caveau avait été dressée, en guise d'autel, une simple table de bois, couverte d'une nappe blanche surmontée d'un grand crucifix.

Deux candélabres d'argent massif, propriété de Madamiento, supportaient chacun trois bougies de cire jaune, et dans une coupe de vermeil ciselé, un rameau de buis trempait dans l'eau bénite.

C'était là le seul luxe de cette funèbre cérémonie, les ciselures du métal, les facettes polies des candélabres, brillaient d'un éclat étrange dans ce lieu sombre, triste et nu, et la figure du Christ, blanche, douce et inclinée, semblait pleurer avec les affligés agenouillés devant elle.

La voix grave et pénétrante de Jean d'Avila avait une onction infinie, à laquelle se mariait, avec un certain charme de tristesse, le timbre plus doux et plus voilé de José.

De temps à autre, des sanglots, qui malgré ses efforts pour les contenir s'échappaient de la poitrine de Dolores, venaient seuls mêler leur navrante harmonie au récitatif des deux religieux.

Cette cérémonie des funérailles, ainsi dépouillée de la pompe et du bruit que lui prête l'orgueil mondain, avait quelque chose de saisissant et de profond dû à la nécessité impérieuse où on étai de la célébrer ainsi la nuit, dans un lieu inconnu, et à l'abri de tous les regards.

Cette pauvre jeune fille, obligée de se réfugier chez des malfaiteurs afin de pouvoir rendre les derniers devoirs à son père ces deux moines, dont l'un venait d'échapper à l'inquisition, dont l'autre appartenait au saint office; cette vieille Juana, personnage étrange, qui semblait n'avoir été créée que pour assister aux souffrances des autres, tant elle semblait indifférente à son propre sort, tout cela avait quelque chose d'excentrique, de mystérieux qui ressemblait à une légende ou à un roman.

Oh! c'est que le quinzième et le seizième siècle furent fécond en drames incroyables et terribles, si bien qu'aujourd'hui, sans l'autorité des auteurs espagnols qui ont vécu pendant ces époques malheureuses, et qui certes étaient trop loyaux pour mentir; sans l'autorité des annales dont on ne peut contester l'authenticité on refuserait peut-être de croire à ces histoires presque invraisemblables tant elles renferment d'horreurs...

C'était un incident affreux que celui que nous racontons, e pourtant cette cruelle tragédie n'était pas encore dénouée.

De tous les personnages présents à cette scène, Estevan étai peut-être le plus triste. A la douleur que lui causait la mort de son beau-père, se joignait la conviction amère de son impuissance à lutter efficacement pour sa patrie. Il comprenait avec un désespoir incommensurable que la gloire de libérateur ne lui était pas réservée, et dans ce sentiment si amer, il entrait certainement moins de déception d'amour-propre, d'orgueil humain, que de pitié pour son pays, de compassion pour les victimes de l'insatiable ambition de Rome, du clergé et des gouvernants.

Dans ses idées larges et avancées, Estevan avait quelquefois rêvé la délivrance de l'Espagne; en ce moment, il ne l'espérai plus que dans un lointain avenir.

C'était là ce qui jetait sur son front si jeune un voile noir d'insurmontable tristesse, que son amour même pour Dolores étai impuissant à dissiper.

La vie de la femme pourrait bien se traduire par un seul mot « Amour. » Mais à l'homme il faut autre chose encore; l'homme fort et courageux ne concentre pas son existence entière dans une individualité; il embrasse un but plus large et plus complexe, e avant le nom même de la femme aimée, il y a un autre nom qu fait vibrer toutes les cordes de son âme; ce nom, c'est celui de patrie!...

Patrie! ce mot si doux résonnait maintenant comme un glas funèbre aux oreilles du jeune comte de Vargas; le lugubre récitatif des deux moines, ce terrible *De profundis*, dont l'expression déchirante remplit l'âme d'angoisses, et fait courir dans toutes les veines un frisson glacé; ce terrible *De profundis* était pour lu le dernier cri d'angoisse de son pays opprimé, l'adieu suprême que l'Espagne semblait jeter, avant de mourir, du fond de l'abîme où on l'avait plongée.

De temps à autre, Jean d'Avila interrompait les prières pour verser sur le corps l'eau sainte qui purifie; puis il retournait s'agenouiller auprès de José et continuait l'office des morts.

Tout le temps que dura cette triste cérémonie, Estevan, la tête appuyée dans ses deux mains, ne se détourna pas une seule fois mais lorsque Jean d'Avila eut prononcé le dernier verset de la prière des morts, rendu au sentiment de ce qui se passait autou de lui, Estevan se releva et se rapprocha de Dolores; il compri que son amour pour son pays ne pouvait entièrement absorber celui qu'il éprouvait pour sa fiancée, et que, veiller sur elle, la rendre heureuse, était aussi pour lui un devoir sacré.

En ce moment, deux hommes de la Garduña entrèrent pou enlever le cercueil.

Dolores comprit que le moment suprême était venu; et comme malgré la douceur de son caractère, elle avait une de ces volontés énergiques qui dans les grandes circonstances de la vie saven dominer jusqu'à la douleur, elle s'avança d'un pas ferme vers le lit funèbre où reposait son père.

Estevan voulut la retenir.

« Laissez-moi, dit-elle en le repoussant doucement, mais avec fermeté, laissez-moi lui dire un dernier adieu. »

Elle s'avança alors vers le cercueil, s'agenouilla sur la terre nue, puis elle s'inclina vers le mort bien-aimé, posa ses lèvres sur ce front pâle, le baisa par trois fois, et se relevant avec courage, elle alla s'asseoir à l'extrémité la plus reculée du caveau

La force qui l'avait un moment soutenue l'abandonna elle ca

cha sa tête dans ses mains pour ne rien voir de ce qui passait autour d'elle.

Estevan et Juana ne la perdaient pas de vue.

Les garduños, avec toutes les précautions possibles, enlevèrent le cercueil et le transportèrent dans un caveau plus grand encore et plus reculé.

Là, les attendaient sept ou huit frères de l'ordre, hommes et femmes.

Lorsqu'ils eurent déposé le cercueil sur le sol, deux coberteras des plus vieilles, s'emparèrent du cadavre.

Ces deux hideuses créatures, à peine couvertes d'un méchant haillon de laine noire, avaient retroussé jusqu'au coude la manche de leur *jubon*, et laissaient voir leurs mains et leurs bras maigres et tannés, sillonnés de grosses veines bleuâtres.

Leurs cheveux, rares, grisonnants et ébouriffés, se relevaient en désordre à la nuque sous une moñâ de ruban noir et fané, devenue grise à force de crasse et de poussière. Leur cou long et maigre se laissait voir sans pudeur sous un fichu en désordre, et de leurs pieds nus, aplatis et sordides, elles foulaient en chancelant le sol terreux du souterrain.

Chacune de ces deux vieilles femmes était armée d'un couteau en serpette récemment ef[illegible]

Une table boiteuse, longue d'environ six pieds, avait été placée dans le caveau.

Les coberteras y étendirent le corps du gouverneur et se mirent à l'œuvre.

Et semblables à des oiseaux de proie habitués à la vue des cadavres, ces deux vieilles femmes ouvrirent le corps du haut en bas comme eût pu le faire un anatomiste; puis elles en retirèrent les entrailles et le cœur avec une dextérité incroyable.

Deux guapos prirent les entrailles, les deposèrent dans le cercueil, y mêlèrent quelques aromates, les recouvrirent ensuite d'une grande pièce de satin; puis, tous les garduños qui étaient présents s'agenouillèrent autour de ce cercueil, et marmottèrent quelques prières; puis, enfin, on descendit le cercueil dans une grande fosse qui avait été préparée, et les garduños le recouvrirent de terre.

Pendant ce temps, une des coberteras avait placé le cœur dans une boîte d'argent, après l'avoir soigneusement embaumé avec de précieux aromates connus des Gitanos, race venue d'Egypte; sa compagne avait soigneusement lavé le corps avec des eaux parfumées.

Après l'avoir essuyé avec des linges très-fins, ces deux femmes l'étendirent sur une grande toile d'un gris argenté, tissue avec du fil d'amiante, chose rare et précieuse. Mais qu'y avait-il de rare pour les garduños ?

Lorsqu'elles eurent ainsi disposé le cadavre et enfermé le cœur, les *coberteras* s'agenouillèrent, et se mirent de nouveau à prier; en même temps elles aspergeaient le corps d'eau de senteur avec une branche de cèdre, et marmottaient tout bas des prières inintelligibles, formules bizarres empruntées à tous les rites, et accommodées à leur usage par une superstition ignorante quelque peu mélangée d'un insoucieux scepticisme.

C'était horrible à voir, ces deux vieilles femmes hideuses, les mains et les bras encore saignants, agenouillées devant ces restes humains, priant des lèvres un Dieu ou un démon inconnu, dont elles n'avaient pas même la conscience, ou plutôt récitant par habitude des paroles incohérentes et bizarres : cadavres encore debout qui ensevelissaient un cadavre couché !...

Les gardunos attendaient avec calme qu'elles eussent fini.

Au bout de quelques minutes, elles se relevèrent; une d'elles remit la boîte qui renfermait le cœur, à un jeune guapo, en lui disant :

« Garde-bien cela. »

Puis enfin les deux sibylles, armées de ciseaux et d'aiguilles, enveloppèrent soigneusement le corps dans la toile d'amiante, le cousirent partout avec du fil arraché au tissu même de la toile; puis s'étant assurées qu'il était bien hermétiquement cousu, elles se retournèrent vers les gardunos en disant :

« C'est fait »

Ce fut alors le tour des guapos.

Au milieu du caveau, on avait creusé une grande fosse en forme de croix, couverte à son orifice d'une énorme grille de fer.

La partie de cette fosse qui représentait la tige de la croix avait été remplie de charbon : celle qui formait les bras devait servir de conducteur à l'air, en sorte qu'en passant alternativement d'un côté à l'autre, et se dépouillant de son oxygène, il entretînt constamment la combustion.

En effet, le charbon qui remplissait la fosse était déjà incandescent, et à cause de la grande quantité qu'on y en avait mise, il flambait plutôt qu'il ne brûlait. Des conduits d'air avaient été soigneusement ménagés dans le souterrain pour que le gaz ne pût asphyxier personne.

Les deux garduños qui avaient pris le corps le déposèrent alors sur la grille déjà rougie, et qu'on ne distinguait presque plus au milieu des charbons ardents.

A peine eut-on déposé le corps sur le feu, qu'une flamme bleuâtre s'éleva tout autour comme si elle eût été avide de le dévorer.

A mesure que le feu consumait le cadavre, la toile d'amiante devenait d'une blancheur éblouissante et brillait comme de l'argent fondu au milieu de ce brasier.

Bientôt une odeur forte et désagréable se mêla à celle du gaz acide carbonique. Des garduños pouvaient seuls rester dans un pareil lieu. Ils n'en parurent nullement incommodés; et avec une impassibilité tout espagnole, ils attendirent que le corps eût été consumé jusqu'à ce qu'il n'en restât plus qu'un peu de cendre.

Alors, ils enlevèrent la toile d'amiante qui était devenue souple comme de la mousseline, et ressemblait à un grand sac presque vide; dès qu'elle fut refroidie, ils l'ouvrirent, et retirèrent soigneusement la cendre jusqu'à la dernière parcelle, et l'enfermèrent dans un sachet de cuir de Maroc, d'environ un palme carré, garni de plusieurs courroies.

Cette opération terminée, le garduño qui avait été commis par Mandamiento pour présider à la cérémonie dit, en prenant le sachet dans ses deux mains :

« Ceci me regarde; la boîte d'argent sera confiée à Garabato, » ajouta-t-il en désignant le jeune postulant, favori de Mandamiento, que nous avons déjà vu figurer au commencement de ce livre.

La cobertera qui avait embaumé le cœur le remit avec sa boîte à celui qui en était chargé.

Puis enfin, deux autres garduños jetèrent une grande quantité de terre sur le charbon qui était resté dans la fosse, et tout fut dit. La cérémonie était achevée.

Pendant que s'accomplissaient ces étranges funérailles, une scène bien différente se passait dans le premier caveau.

Après que les garduños eurent emporté le cercueil, Jean d'Avila s'approcha de la fille du gouverneur, qui, ainsi que nous l'avons dit, était allée s'asseoir à l'extrémité du souterrain, et cachait sa tête dans ses mains pour pleurer en liberté.

Lorsque l'apôtre fut près d'elle, il l'appela doucement par son nom.

Au son de cette voix amie, Dolores releva son visage baigné de larmes.

« Ma fille, continua Jean d'Avila, votre douleur est sainte et je la partage; et pourtant, au nom même de celui que vous pleurez, je vous prie de vous montrer forte et courageuse; tous vos devoirs ne sont pas encore accomplis.

— Que me reste-t-il donc à faire? » demanda-t-elle avec cet étonnement stupide où nous jettent les grandes douleurs.

L'apôtre la prit doucement par la main, et l'aidant à se relever, il la conduisit vers Estevan qui, par respect, n'avait osé s'approcher d'elle, et se tenait debout à quelque distance, les bras croisés sur sa poitrine.

En voyant l'apôtre s'avancer avec sa fiancée, il alla au-devant d'eux; Jean d'Avila plaça alors la main de Dolores dans celle du jeune homme, en lui disant avec douceur :

« C'est la volonté de votre père.

— C'est la mienne aussi, » répondit Dolores avec une noble franchise.

Cette chaste fille avait trop de vraie vertu pour recourir à cette pudeur de convention qui pose sur les lèvres des femmes tant de paroles démenties par leurs actes.

Estevan prit avec transport la main de celle qu'il aimait.

José les regardait en silence; et une espèce de délire, une fièvre intérieure et morale brillait dans ses regards plus ardents encore que de coutume.

« Mon frère, dit Jean d'Avila en s'adressant au jeune dominicain, c'est vous qui allez bénir nos deux amis.»

José releva brusquement la tête comme si ces paroles eussent interrompu un rêve.

« Moi? dit-il avec amertume; moi, bénir l'union de ces deux enfants? Non, mon père, non, cela ne se peut pas... C'est un droit qui vous revient, ajouta-t-il d'un ton calme et soumis, en baissant les yeux sous le regard profond de Jean d'Avila.

— Qu'il soit fait ainsi que vous le désirez, dit-il; venez, mes enfants; c'est moi qui vais vous unir. »

Il entraîna les deux fiancés.

José et Juana se rapprochèrent l'un de l'autre, et échangèrent quelques mots à voix basse, pendant lesquels Juana essuya une larme qui glissa de ses yeux desséchés sur sa joue pâle et flétrie.

Lorsqu'ils furent auprès de la table où était le crucifix, Estevan et Dolores s'agenouillèrent.

Chacun d'eux avait au doigt un anneau de fiançailles; ils les échangèrent de nouveau, et Jean d'Avila les bénit. Puis après les questions d'usage, questions bien simples, formulaire du mariage évangélique, le franciscain prononça les paroles sacramentelles...

Pendant ce temps, agenouillés l'un près de l'autre, dans un pieux et triste recueillement, les deux fiancés priaient, et malgré leur tristesse, un éclair de bonheur dorait encore ces deux avenirs qui allaient se confondre en un seul.

Dolores était pâle et émue; tant de choses terribles avaient précédé ce moment, qu'elle doutait si ce n'était point là encore une de ces déceptions cruelles qui depuis quelques mois présidaient à sa vie. Et pourtant lorsqu'elle appuya sa main dans la main d'Estevan, et qu'elle sentit cette main doucement pressée par celui qui allait être le guide et le soutien de sa faiblesse, un soupir profond souleva sa poitrine; elle attacha sur Estevan un regard céleste, sublime prière d'amour, plus éloquente que la parole même.

Lorsqu'ils se relevèrent, Estevan et Dolores étaient unis pour toujours.

José alors s'avança vers le jeune couple et leur dit avec un accent intraduisible et une voix vibrante d'émotion :

Maintenant, mes amis, partez, soyez heureux, et ne vous séparez jamais !... »

A ce moment, un garduño entra dans le souterrain. Envoyé par le maître, il venait savoir si Mandamiento pouvait se présenter à Leurs Seigneuries.

« Le maître peut venir, » dit Jean d'Avila.

Avec son assurance ordinaire, Mandamiento alors se présenta.

« Tout est prêt pour le départ de Leurs Seigneuries, dit-il, deux mules des plus solides les attendent. Mes garduños les suivront à pied pour leur servir d'*espolistas* (230). Voici en outre le mot d'ordre, afin que dans tous les endroits où leurs seigneuries pourront rencontrer des frères de la Garduña, au lieu de leur être nuisibles, ils leur prêtent aide et protection.

En même temps, Mandamiento remit à Estevan un morceau de parchemin sur lequel était tracé un mot presque illisible.

C'était le *firman* qui devait protéger la fuite des proscrits à travers les chemins de l'Espagne, infestés de garduños (231).

« Voici, ajouta le maître, les deux frères qui doivent vous accompagner : ils sont des plus braves et des plus loyaux. «

Et il désignait les guapo et le postulant chargés des restes mortels du gouverneur, qui entraient en ce moment dans le souterrain.

« Où nous rejoindrez-vous, mon père ! demanda Estevan à Jean d'Avila.

— A Cadix, répondit l'apôtre; j'y serai aussitôt que vous, mais j'y arriverai par une autre voie; il n'est pas bon que nous prenions le même chemin.

— Et vous, don José? demanda Dolores avec chagrin, car elle éprouvait pour le jeune moine une amitié toute fraternelle.

— Moi ! où il plaira à Dieu, » répondit José avec une déchirante expression de découragement absolu et l'abandon de soi-même.

Au moment de se séparer de ces deux êtres, en faveur desquels il s'était un instant rattaché à l'existence, José faiblissait comme toutes les âmes tendres devant une nouvelle tristesse de cœur.

Toutefois, habitué depuis longtemps à maîtriser ses sensations, il se tourna vers Juana, et lui dit d'une voix douce mais pressante :

« Ma bonne nourrice, tu vas partir aussi, n'est-il pas vrai ?

— Moi! fit Juana avec une sublime expression de courage, moi, partir si vous restez !

— Je vous rejoindrai tous dans quelques jours, ajouta vivement José avec une volubilité qui déguisait mal son émotion; vois-tu, ma bonne Juana, il nous faut aussi quitter l'Espagne, personne n'est plus en sûreté ici.

— Je ne la quitterai qu'avec vous, mon José, dit résolûment la nourrice.

— Oui, mais tu partiras la première avec nos amis, tu seras moins remarquée; et dans quelques jours, lorsque j'aurai réalisé les fonds qui me restent, je vous rejoindrai tous... Allons, Juana, tu partiras ce soir.

— Je ne partirai pas, dit-elle d'une voix brève.

— Je le veux, Juana, » ajouta sévèrement José; mais il était si pâle, et son œil, d'ordinaire si brillant, était tout à coup devenu si terne, qu'on voyait bien qu'il était intérieurement en proie à un violent combat.

A ce mot : « Je le veux, » Juana baissa tristement la tête, et répondit d'une voix éteinte :

« Je partirai.

— Oh ! tant mieux ! s'écria Dolores; José nous suivra donc aussi..... »

Les forces du jeune religieux étaient à bout; ses mains tremblaient d'une convulsion nerveuse, que toute l'énergie de sa volonté avait peine à dissimuler; il chancelait sur ses jambes, et ses paupières se fermaient par une contraction involontaire.

Cependant, le courage moral triompha de la nature physique. Par un effort surhumain, il tendit la main aux nouveaux époux, retrouva assez de force pour serrer convulsivement la leur; puis il se jeta sur le sein de Juana, l'étreignit avec une tendresse pleine de passion désespérée, et y laissa deux larmes jusqu'alors contenues.

« A bientôt, ma Juana, lui dit-il; nous nous rejoindrons, sois tranquille.

— Je n'en doute pas, mon fils, répondit la vieille nourrice; certainement nous nous rejoindrons.... »

Tout était prêt.

« Messeigneurs, dit Mandamiento, hâtez-vous; vous aurez à peine le temps de faire deux lieues avant le jour pour arriver à la première résidence d'une confrérie, où vous passerez la journée; car, vous le savez, vous ne pourrez voyager que la nuit. »

Sur l'ordre du favori de l'inquisiteur, une troisième mule avait été préparée pour Juana.

La petite caravane partit.

José et Jean d'Avila restèrent seuls.

« Mon père, dit José, avant de nous quitter bénissez-moi.

— Mon fils, dit Jean d'Avila de plus en plus surpris des manières du jeune dominicain, la comtesse Estevan de Vargas n'était pas, ce soir, la plus triste de nous.

— Oh! non, répondit José d'un accent énergique; maintenant que Dolores n'a plus besoin de vous, mon père, priez pour José.

— Sois béni et consolé, toi qui souffres! » dit l'apôtre avec une douce compassion.

Mais, comme si José eût craint de se laisser entraîner à une trop grande confiance, il s'éloigna brusquement, et se dirigea vers la maison de Juana.

XLVI

La Justice de Dieu.

C'était le troisième jour après la miraculeuse délivrance de Jean d'Avila : miraculeuse, tant un triomphe pareil était rare.

Dans la petite maison de Juana, au milieu de la salle basse où d'ordinaire la nourrice de José avait coutume de passer ses longues et solitaires journées, le jeune moine était seul.

Assis sur un large divan brodé des mains de Juana, José, pâle et défait, était nonchalamment appuyé sur des coussins.

Sa main blanche et diaphane soutenait sa tête affaisée; deux auréoles bleuâtres entouraient ses yeux fatigués; une sombre exaltation, une pensée profonde et unique donnait à ses larges prunelles noires une fixité effrayante, tandis qu'un extrême abattement physique se faisait remarquer dans tous ses membres.

Depuis le départ de Dolores et d'Estevan, José était resté seul dans cette demeure déserte; il n'avait rien mangé depuis deux jours.

Pourtant, ce n'était pas là le résultat d'un ascétisme outré ou d'un stupide fanatisme; pendant les deux jours et les deux nuits qui venaient de s'écouler, les lèvres du jeune moine n'avaient pas prononcé une seule parole.

Depuis longtemps, José ne priait plus.

Il s'était fait dans sa tête un immense chaos de pensées dominées par une seule, qui revenait constamment sous toutes les formes, mais sans suite et sans ordre; un monstre à mille têtes, une hydre dévorante dardait à la fois ses mille langues enflammées pour l'halluciner et le briser de fatigue.

Pendant ces deux mortelles journées, le dominicain vit repasser devant lui des choses incroyables et terribles, des scènes fantasmagoriques impossibles, des anges et des démons, du rire et des larmes; une blanche colombe appelée vérité, secouant avec horreur ses ailes ensanglantées, et remontant vers le ciel après avoir jeté sur la terre un regard d'immense tristesse.

Puis José s'entretint avec un être invisible et charmant qui l'appelait doucement par son nom, et qui parfois soulevait d'une main douce et caressante ses bras fatigués en lui disant :

« Allons. »

José faisait un effort pour se relever et suivre cet être chéri qui l'appelait; mais alors une main de fer se posait sur son bras débile et le forçait à se rasseoir en lui criant d'une voix rude et fatale :

« Pas encore! »

Alors, le jeune moine cachait sa tête tout entière dans les coussins de velours, pour échapper à cette vision cruelle; puis il se relevait furieux et désespéré. Une joie funeste éclairait son regard farouche; ses dents blanches et brillantes claquaient convulsivement, et de sa main frêle et nerveuse il serrait avec rage un poignard au manche d'ébène, dont la petite lame effilée avait l'éclat et la dureté du diamant.

« Attendre! attendre! murmurait-il par intervalle; il y a sept années que j'attends!...... »

Enfin, pour la dernière fois, il alla retourner la clepsydre qui lui avait servi à compter les longues heures de cette mortelle journée.

La neuvième heure de la matinée venait de commencer.

En ce moment, le regard de José s'arrêta sur une toile de tapisserie commencée par Juana, ouvrage merveilleux qui avait charmé les loisirs de cette pauvre vieille femme si triste. La toile tout ouverte sur une table, et l'aiguille garnie de laine, semblaient attendre celle qui, sous ses mains débiles, avait fait éclore toutes ces fleurs brillantes, ces roses de l'Alhambra au calice si vermeil et si pur, et ces palmiers d'Afrique, dont le feuillage semblait onduler et frémir au caprice de la brise.

A cette vue, la poitrine du jeune moine, brûlante et aride comme le désespoir, se gonfla d'une tristesse amère, mais moins desséchante; un attendrissement profond mouilla de larmes ses yeux ardents, et il déposa une baiser plein de tendresse sur cette toile insensible.

« Pauvre Juana! s'écria-t-il, comme j'ai brisé ta vie aussi... Oh! te voir, te voir une heure encore, appuyer ma tête sur ton sein qui m'a nourri! ne pas être *seul*, seul au monde! ajouta-t-il d'une voix déchirante, en promenant son regard effaré autour de cette chambre déserte.

— Pourtant, j'ai bien fait de la soustraire au danger; maintenant elle est libre; ma triste existence ne pèsera plus sur la sienne; je lui ai donné des amis qui seront des enfants pour elle. Pauvre Juana!... oh! comme elle va pleurer quand elle saura qu'elle ne doit ne plus me revoir!... »

José regarda la clepsydre, elle ne contenait plus qu'une très-petite quantité de sable.

« Oh! le temps, s'écria-t-il, le temps emporte tout avec lui... la douleur et la joie, la beauté et la jeunesse, les grandeurs et la gloire... une seule chose résiste à ses efforts et ne s'use jamais, c'est la haine... la haine qu'on emporte dans la tombe, et qui ne s'éteint pas même après avoir dévoré la vie...

« Allons? poursuivit-il avec un grand soupir, comme s'il eût fait un sublime effort pour briser les derniers liens qui le retenaient encore à cette vie, tout est fini ici-bas! un autre monde me réclame, la dernière heure sonne... marchons. »

En parlant ainsi, le jeune moine rajusta sa tunique en désordre, couvrit ses épaules de son manteau; puis, s'approchant d'un bahut qui renfermait quelques fioles pleines de diverses liqueurs, il en choisit une qu'il avala d'un trait.

C'était un précieux élixir composé par Juana.

A peine José l'avait-il bu, que son front si pâle s'empourpra d'une légère teinte de rose, ses yeux abattus et cernés reprirent un air de vie, un éclat à tromper les yeux les plus exercés; sa main cessa de trembler; il marchait d'un pas ferme et assuré; il était prêt pour la lutte.

Le dernier grain de sable glissa avec la rapidité de la pensée sur le verre blanc et poli du sablier; en même temps, la cloche de la cathédrale sonna par trois fois; elle annonçait la fin de la messe.

« Voici l'heure! s'écria José.

Il s'élança vers la porte et sortit sans se retourner.

C'était le moment convenu pour son rendez-vous avec Pierre Arbues...

José marchait très vite, et sa main droite, cachée sous sa tunique, serrait avec force le manche de son poignard.

La journée était admirable; un soleil éclatant brillait dans un ciel d'un bleu vif, et puis la chaleur commençait à devenir très-forte, et dans les rues inondées de lumière, le peuple revêtu de ses habits de fête, abondait en ce moment.

On sortait de la grand'messe, et chacun se rendait chez soi ou à la taverne pour dîner.

Ces brunes figures andalouses, brûlées par le soleil, race encore arabe par le sang et par la couleur; ces vives manolas aux hanches flexibles, ces majos élégants et coquets, tout ce peuple naturellement si gai, si expansif, si causeur, portait empreints sur le front la tristesse et la servitude, le sombre ennui de la peur.

Ces grands yeux noirs pleins de flamme restaient le plus souvent voilés sous leurs larges paupières mobiles, et toutes ces lèvres frémissantes de l'instinct et du désir de la poésie semblaient se contraindre à rester muettes.

Ces poëtes populaires, dont le rhythme naïf conservait encore une si riche couleur orientale, laissaient mourir dans leur sein l'inspiration et la joie; le peuple n'osait pas chanter, il ne pouvait faire un pas dans la rue sans être coudoyé par des moines, et chaque moine était un espion.

José passa au milieu de la foule sans la voir, doublant le pas pour arriver plus vite, et dardant fixement son regard devant lui comme s'il eût poursuivi une ombre.

Quelques manos, en le voyant passer ainsi d'un pas si rapide, s'arrêtèrent avec étonnement.

« Où va donc si vite le favori de monseigneur l'inquisiteur? dit tout bas l'une d'elles; il est pâle comme un trépassé, on dirait qu'il n'a plus qu'à mourir.

— Tais-toi, dit une vieille femme, cela ne nous regarde pas :

» *En cosas de inquisition chiton.* »

Les jeunes filles baissèrent la tête et se pressèrent l'une contre l'autre comme des biches effarouchées.

Lorsque José arriva devant la cathédrale, il n'y avait presque plus personne sur l'esplanade, mais on entendait encore au loin, dans les rues adjacentes, le bruit monotone et bourdonnant que produisent dans l'éloignement les pas d'une grande quantité de monde.

Le jeune dominicain entra alors dans la basilique.

Une forte odeur d'encens remplissait encore le vaisseau de l'église.

Une lumière adoucie filtrait à travers les vitraux coloriés des ogives sous les sombres piliers, et, au milieu de ce jour douteux, une grande lampe d'argent suspendue à la voûte jetait une flamme vive et tremblotante, qui par moments s'élançait vers la coupole en un jet brillant et coloré du reflet des vitraux.

Çà et là, sur la dalle nue, quelques femmes accroupies sur leurs talons priaient en se frappant la poitrine.

A les voir ainsi drapées dans leurs mantilles noires, et agenouillées sur les tombes dont l'église était pavée, on eût dit des âmes en peine cherchant à regagner le ciel.

D'autres fois, à leur immobilité complète, on les eût prises pour les statues de ceux qu'enfermait la pierre où elles étaient agenouillées.

Plus haut, dans l'abside, au pied du maître-autel, régnait une solitude absolue; seulement, sous l'unique rayon de lumière qui, tombé d'en haut, éclairait ce lieu obscur et mystérieux, on pouvait distinguer la forme indécise d'un religieux dominicain agenouillé sur les marches.

Les cierges de l'autel brûlaient encore, et l'odeur ambrée de la cire mêlait son doux parfum à l'odeur de l'encens, dont la fumée s'élevait en flocons blanchâtres.

Un grand christ d'argent étendait ses deux bras sur la croix avec une résignation divine. Dans un immense cadre, au-dessus de la table de l'autel, on voyait la Vierge avec l'enfant Jésus, jetant des fleurs et des rosaires à deux religieux de l'ordre de Saint-Dominique.

De loin, on eût dit que le religieux agenouillé au pied de l'autel faisait partie de ce tableau, et qu'il attendait les dons de la céleste patronne de son ordre.

Sa tête rasée s'inclinait sur ses deux mains réunies, dissimulant ainsi sa haute stature, et la plus profonde humilité était empreinte dans toute son attitude.

De temps à autre, il se frappait la poitrine avec une ardente et inimitable ferveur, comme si la prière eût été la plus chère occupation de cet homme, et qu'il eût fait ses délices de la pénitence.

A en juger par les apparences, ce devait être un grand saint ou un grand pêcheur; mais qu'il fût l'un ou l'autre, Dieu devait certainement exaucer des prières si ferventes.

Ce moine était Pierre Arbues.

Le grand inquisiteur de Séville avait l'habitude, après sa messe, de faire ainsi seul à l'autel de longues actions de grâces.

José s'arrêta un moment sous un des piliers de l'église pour considérer pendant quelques instants celui qu'il était venu chercher.

Malgré lui, le jeune religieux se sentit frémir; il frissonna involontairement au milieu de ce silence, interrompu seulement par quelques prières bien basses dont l'imperceptible murmure ressemblait au bruissement d'un insecte sur une fleur.

Elle était si calme et si solennelle, cette vaste église gothique dont toutes les voix venaient de se taire: celle des cloches et celles des prêtres!... Il n'y restait plus qu'un vague parfum de prière et de recueillement, un retentissement lointain, un imperceptible écho des plaintes, des vœux et des soupirs que cette voûte sonore avait peut-être retenus!...

« C'est bien lui! s'écria enfin le jeune moine d'un ton satanique et dérisoire!... hypocrite et fourbe même avec Dieu!...

« C'est cela!... c'est bien cela! il prie en rêvant de nouveaux crimes... Oui, prie, moine insensé!... fais bien ta dernière prière... Peut-être il se repent, poursuivit-il en lui-même; laissons-lui encore l'heure sainte du repentir... »

Et José s'arrêta quelques instants comme s'il eût attendu que Pierre Arbues eût fini sa prière d'agonie!...

L'inquisiteur se signa à plusieurs reprises, et un léger mouvement qu'il fit comme pour se lever indiqua que son oraison allait être terminée...

« Oh! mais je suis fou! s'écria José; fou de croire que Pierre Arbues peut se repentir... »

Et reprenant toute sa présence d'esprit dans ce moment suprême, il s'avança lentement vers l'autel comme s'il eût voulu y faire sa prière.

Au bruit qu'il fit en ouvrant la grille de l'abside, l'inquisiteur se retourna.

A la vue de José, un éclair de satisfaction brilla dans son regard; mais la figure du favori avait une expression tellement fatale et sinistre, que Pierre Arbues frissonna malgré lui; et malgré la sainteté du lieu, il ne put se défendre de dire à José:

« Qu'as-tu? »

José ne répondit pas; mais un sourire terrible entr'ouvrit ses lèvres pâles, — et il regarda Pierre Arbues comme s'il eût voulu le dévorer.

L'inquisiteur se recula en arrière, croyant que son favori perdait la raison; mais avant qu'il eût eu le temps de prévoir le coup, José s'était jeté sur lui comme un tigre, et lui avait enfoncé son poignard tout entier dans la gorge, à l'endroit où la cuirasse ne pouvait le défendre.

L'inquisiteur étendit les bras en avant et tomba à la renverse; mais il fut retenu contre les marches de l'autel, et y resta à demi couché. Son sang coulait à flots de sa blessure.

« Toi!... toi, José! » murmura-t-il en se débattant contre les angoisses de l'agonie.

Mais José se pencha sur son visage qui pâlissait et prenait rapidement les teintes violettes de la mort; et fixant son regard flamboyant sur les yeux presque éteints de Pierre Arbues, il lui cria d'une voix sourde:

« Souviens-toi de Paula!.. »

A ce nom, Pierre Arbues rouvrit un instant ses yeux déjà presque fermés et regarda vaguement le pâle visage du jeune moine.

Un souvenir terrible sembla le frapper, et il murmura d'une voix éteinte:

« Dieu est juste! »

Et il expira...

Le poignard de José lui avait coupé la jugulaire (232).

Arrestation de José.

A la vue de ce crime étrange, de ce sacrilége commis dans une église, les femmes qui étaient présentes avaient poussé des cris affreux, et en un instant l'église s'était remplie de monde.

Quelques-unes de ces femmes s'étaient élancées hors de l'église en criant par toute la ville:

« Au meurtre! au meurtre!... on vient d'assassiner monseigneur l'inquisiteur! »

A ce cri, toute la milice du Christ; tous les sbires, toute la Sainte-Hermandad, avaient été sur pied; en quelques minutes, on avait cerné l'église; et lorsque l'alguazil mayor y entra pour constater le fait qui venait de se passer, on trouva le cadavre du grand inquisiteur couché au pied de l'autel, et José qui, les mains croisées sur sa poitrine, le considérait en silence d'un œil farouche.

Le regard du jeune moine avait quelque chose de celui des aliénés, et ses dents se choquaient avec un bruit étrange. Le respect qu'inspirait l'inquisition empêchait qu'on pût soupçonner le jeune dominicain. Cependant l'alguazil mayor, s'adressant à lui, lui dit avec toutes les formes du plus profond respect:

« Mon révérend père, savez-vous quel est l'auteur de ce crime?

— C'est moi, » répondit tranquillement José.

A un aveu aussi formel, on ne pouvait répondre que par une arrestation.

L'alguazil mayor qui avait interrogé le favori le fit immédiatement arrêter.

José se laissa lier sans résistance; il semblait que ce moment terrible pour tout autre fût rempli pour lui d'une indicible joie.

Au premier bruit de l'assassinat, une grande foule de peuple s'était groupée autour de l'église. Lorsque José sortit, tous les yeux se portèrent sur lui avec une ardente curiosité. Il était si jeune, si beau et si triste, que sa vue inspirait une pitié mêlée d'attendrissement et de sympathie; en outre, la haine pour l'inquisiteur était si forte, que toute la pitié publique se reportait sur le meurtrier et non sur la victime.

« Que lui avait donc fait l'inquisiteur? se demandait-on à voix basse.

— C'était pourtant son favori, répondait-on.

— Voilà comme les loups se dévorent entre eux, dit un vieillard aux cheveux blancs qu'on reconnut pour être Rodriguez de Valero.

— Taisez-vous, don Rodriguez, fit son ami Ximenès de Herrera qui l'accompagnait toujours; votre imprudence finira par vous perdre.

— Que m'importe! répliqua sévèrement le vieillard; mes cheveux blancs valent-ils donc la peine que je sois lâche pour les conserver?

— Mais, ajouta-t-il en examinant le visage de José, qu'il reconnaissait à mesure que celui-ci venait de son côté, il me semble que ce moine qui vient de tuer monseigneur Arbues est le même que nous avons vu un soir au *baile* de la Garduña?

— C'est lui-même, répondit don Ximenès; je le reconnais parfaitement. Ce jeune religieux était certainement une créature étrange...

— Ou malheureuse, interrompit Valero; il ne ressemblait guère aux autres moines d'Espagne; on pourrait dire de lui ce que les païens eux-mêmes disaient du Christ : « On ne l'a jamais vu rire, mais on l'a souvent vu pleurer (233).

— Il était charitable et doux, dirent quelques femmes qui le regardaient avec une grande compassion; quel dommage! on va pourtant le faire mourir!...

— Il a fait comme Judith, répliqua Valero; c'est un martyr et non un meurtrier... »

Pendant que Valero s'exprimait ainsi, un homme vêtu de noir marchait à côté de lui, le regard baissé, en essuyant ses yeux de temps à autre, comme s'il eût éprouvé une grande douleur de l'événement qui venait de se passer.

Sur la poitrine de cet homme, sous son justaucorps légèrement entr'ouvert, on pouvait distinguer le coin d'une plaque d'argent ciselé. Cet homme n'avait pas perdu une seule des paroles de Valero.

Quant à José, il paraissait complètement insensible à tout ce qui se passait autour de lui. Son exaltation et l'animation fébrile de son visage avaient fait place à une pâleur livide. Maintenant satisfaite, son âme s'était affaissée sur elle même: il était en proie à cette léthargie profonde qui succède à la surexcitation des facultés.

On avançait lentement vers la *carcel de la corona* (234); c'était le lieu où, en sa qualité de prêtre, devait être enfermé José. La multitude se pressait sur les pas des alguazils et des familiers, pour jouir de l'étrange spectacle d'un dominicain qui venait d'assassiner un inquisiteur.

Derrière la troupe armée qui escortait le prisonnier, venait un nombreux cortége de familiers et de moines, portant sur un brancard le corps de Pierre Arbues, soigneusement recouvert d'un grand drap noir frangé d'argent.

Tous ces suppôts hypocrites de l'inquisition affectaient une vive douleur, et pleuraient de fausses larmes sur la mort de cet être inique qu'ils avaient détesté pendant sa vie.

Quelques-uns allaient jusqu'à ramasser pieusement, avec leur mouchoir, le sang qui coulait encore et tombait par larges gouttes de la blessure entr'ouverte de l'inquisiteur.

Les moines dominicains exaltaient sa sainteté, et l'invoquaient presque comme un bienheureux aux yeux de la multitude étonnée, qui restait froide et muette devant ces manifestations et ces éloges si peu en harmonie avec les actes de celui qui venait de mourir.

C'était une parade impie et sacrilége que ce cortége mortuaire jetant ainsi avec impudeur, sur une tête maudite, la couronne des saints et des martyrs; cherchant à étouffer cette voix impérieuse et sacrée de la conscience publique, qui jette impitoyablement la louange ou l'anathème sur une tombe ouverte, et toujours avec une équité contre laquelle il n'y a point à revenir.

Malheureusement, dans des cas pareils, ce n'est point l'opinion publique qui domine, et l'église romaine est là avec ses éternelles momeries, ses astucieux panégyriques, ses preuves impalpables, ses mystères sans fin et ses jongleries hypocrites, pour étouffer la voix des peuples ou pour séduire et surprendre l'opinion des sages.

Les Membres de la Suppliciée.

A force de fantasmagorie habilement calculée, elle hallucine souvent les plus droites consciences; ceux-là seuls ne sont pas ses dupes, qui a la droiture du cœur unissent la force du raisonnement et de la volonté.

Au moment où Pierre Arbues était tombé sous les coups de José le peuple avait commencé par se réjouir intérieurement de la chute d'un despote qui se repaissait du sang et des larmes de l'Andalousie; au moment où on arrivait à la prison, une foule de gens séduits, entraînés, fascinés par la manœuvre hypocrite des moines, commençaient à se demander s'ils n'étaient pas bien coupables de s'être réjouis de cette mort, et si réellement, aux yeux de Dieu, le grand inquisiteur de Séville n'était pas un saint prêtre, victime de son zèle pour la religion catholique.

On avait commencé par plaindre et par aimer José malgré son crime; maintenant les plus indulgents le considéraient comme un fou.

O inconstance des jugements humains, .. quand cesserez-vous d'être l'arbitre de la destinée des hommes? ou plutôt, quand rendra-t-on aux hommes, par une éducation sage, cette entière droiture de sens qui est la base de la félicité des nations, au lieu de fausser les plus nobles instincts de l'âme en les ravalant à des mystères incompréhensibles, à des paradoxes sans fin, à d'incroyables inventions, à des doctrines fausses ou incomplètes? Quand les lancera-t-on sans restriction dans la voie large et facile de la vérité?

Église de Rome! celui qui refuse de se rallier à vous n'est à vos yeux qu'un enfant des ténèbres! mais c'est vous qui faites les ténèbres, vous qui ne vous plaisez que dans la nuit et dans l'obsrité de l'ignorance, vous qui à chacun de vos adeptes voulez mettre un bandeau, sous peine de réprobation!...

Et vous vous dites l'épouse du Christ qui mourut pour la lumière et pour la vérité!...

Telle est l'Église romaine, telle elle était au seizième siècle : seulement alors elle était souvent la plus forte, et ses ennemis succombaient. Quelques pessimistes prétendent que nous reculons à grands pas vers ces temps d'ignorance et d'esclavage; hâtons-nous de protester bien haut contre de pareilles prévisions, elles déshonorent le pays qui peut les admettre. L'esprit a marché, l'esprit ne rétrograde jamais, il va toujours en avant; et à chaque siècle, il doit marquer son passage par de nouveaux progrès.

Laissons agir et crier les ennemis de la lumière; à mesure qu'ils élargissent leurs réseaux sur le monde, la vérité en brise les mailles une à une, et la marche des sages n'en sera pas entravée d'une seconde.

Ce n'est plus le temps où d'un monstre on faisait un saint.

Le même soir où José avait été écroué à la *prison de la couronne*, don Rodriguez de Valero, dénoncé par un familier, fut jeté dans les prisons du saint office avec don Ximenès de Herrera.

L'inquisition, qui avait si longtemps toléré les fougueuses sorties de Valero, avait fini par s'apercevoir qu'il avait trop de bon sens pour un fou.

XLVII

Le Jugement des hommes.

Quoique ce ne fût pas l'usage en Espagne de juger un homme presque immédiatement après son arrestation, à cause du temps moral qui est souvent nécessaire à la justice pour instruire le procès d'un accusé et recueillir les preuves pour ou contre lui, le crime de José sortait tellement des crimes ordinaires qui se commettaient en Espagne; les témoins avaient si peu à dire dans une affaire où le coupable s'était dénoncé lui-même; et, en outre, l'indignation du clergé était si grande, et le saint office réclamait une si prompte, une si éclatante vengeance, que le tribunal *del buero*, tribunal séculier chargé de juger l'assassin de Pierre Arbues, trouva convenable de faire comparaître José au bout de huit jours.

Le moment était enfin arrivé...

Le jeune moine l'avait envisagé avec une satisfaction pleine d'amères délices. Il comprenait bien qu'après le jugement c'était la mort qui l'attendait; mais ce terme, fatal pour tous, semblait être pour lui au contraire un but cher et désiré, un bienfait longtemps attendu.

Dès le matin du jour où il devait être jugé, le jeune dominicain s'était levé de fort bonne heure, et il avait mis un soin extrême, une minutieuse recherche de propreté à se parer des simples habits de l'ordre auquel il appartenait.

Sa tête noble et d'un galbe remarquable était presque entièrement rasée; mais la légère couronne de cheveux qui, partant du front, s'arrondissait au-dessus des oreilles jusqu'à la nuque, était d'une finesse admirable et d'un noir brillant comme de l'acier bronzé.

Pour la première fois depuis bien des années, José inonda de parfums son visage à la peau transparente et délicate; ses mains, déjà si belles, prirent, dans une eau parfumée d'essences, une blancheur et une délicatesse dignes de la femme la plus recherchée.

Le teint uni de José, veiné de bleu aux tempes, prit une pâleur éclatante par le contraste de son vêtement noir mélangé de blanc mat; ses yeux, entourés d'un large cercle brun, se ranimèrent d'un éclat soudain, et ses lèvres se retroussèrent légèrement à leurs commissures, comme s'il eût été intérieurement agité d'une pensée de joie.

Lorsque les alguazils vinrent prendre le prisonnier pour le conduire au tribunal, ils demeurèrent surpris du rayonnement de sa physionomie, et la superstition de ce temps-là était si grande, que quelques-uns furent tentés de le prendre pour un sorcier.

Mais à leur vue, José rentra pour ainsi dire dans le mystère de son âme; il voila son front, qui rayonnait, d'une expression hautaine et sévère; et lorsque les alguazils, toujours dominés par le respect inaltérable qu'inspirait une robe de moine, lui enjoignirent de les suivre, José ne répondit rien; mais il se mit a marcher au milieu d'eux, aussi calme que si on l'eût conduit à une fête.

Les curieux regardaient avec empressement passer cet officier de l'inquisition, qui, par un si grand crime, s'était mis hors la loi qui voulait que les officiers, l'inquisition et même les familiers ne fussent jugés que par les inquisiteurs; ce moine qui allait être jugé par la justice ordinaire comme un *simple mortel!*

Mais lui, sans affecter le dédain superbe des criminels endurcis, ni le maintien hypocrite de ceux qui veulent disposer en leur faveur l'opinion publique; lui, passait, indifférent et calme, les yeux fixes et presque levés au ciel : son âme semblait avoir déjà fait scission avec son corps, tant il paraissait peu ému et peu occupé des choses d'ici-bas.

Si bien, qu'à le voir si dédaigneux de lui-même, le peuple le prit à son tour pour un magicien; et, mêlant des superstitions mauresques à des superstitions chrétiennes, il crut voir en lui un de ces santons maures, tant tourmentés par l'inquisition sous le règne précédent, qui avait revêtu la figure d'un moine pour frapper l'inquisiteur.

Mais José n'avait nul souci de ce qu'on pouvait dire de lui. La vie et tout ce dont elle se compose n'était maintenant pour lui qu'un vêtement usé qu'on porte avec dégout, et dont on se dépouille avec joie.

Il marchait avec indifférence, s'inquiétant aussi peu de ses juges que s'il n'eût pas été question de lui, préoccupé toutefois d'une dernière pensée : car, tout en marchant, il semblait faire un appel à ses souvenirs, et à mesure qu'une nouvelle idée traversait son esprit, son large front s'illuminait d'une clarté foudroyante, et le génie de la haine satisfaite, ou plutôt celui de la justice accomplie, apposait sur ce visage pâle un sceau mystérieux et terrible.

Lorsqu'il fut arrivé en face de ses juges, José sembla se réveiller d'un sommeil profond, et, pour la première fois depuis qu'il était sorti de la prison, il considéra ce qui se passait autour de lui.

Le tribunal était composé de trois juges; un d'eux, le président, était assis entre ses deux assesseurs.

Un greffier, assis devant une table, à la droite du juge, devait écrire les réponses de l'accusé et les dépositions des témoins. Un peu plus loin se tenaient les avocats, et, à côté des défenseurs de l'accusé, le procureur qui devait prendre des notes en sa faveur.

José était assis au milieu, en face du président; mais, autour de lui, on ne voyait aucun témoin, personne! la salle était entièrement déserte. On avait jugé qu'en une semblable matière le procès devait se juger à huis clos, par respect pour la dignité ecclésiastique dont l'accusé était revêtu, ou plutôt par peur de quelque révélation publique de José; quant aux témoins, on avait jugé inutile de les faire comparaître, attendu que le prévenu avait tout avoué.

Il était donc seul en présence de ses juges.

Le président attacha sur lui un regard sévère et lui dit d'un ton plus sévère encore :

« Levez-vous! »

Le dominicain se leva.

« Comment vous appelez-vous? demanda le président.

— On m'appelle José, répondit simplement le jeune moine. Ma profession, vous la savez : religieux de l'ordre de Saint-Dominique.

— José n'est pas un nom de famille, ajouta le juge; votre nom de famille, don José ?

— Je n'ai plus de famille, répondit le dominicain; et quant à son nom, je ne le dirai pas.

— Où êtes-vous né? continua le président.

— A Grenade, » répondit José.

— Et à ce mot : Grenade, les yeux farouches du jeune moine s'humectèrent, comme si son âme eût été soudainement envahie par un souvenir attendrissant.

Le juge n'y prit pas garde.

« Approchez, » dit-il encore à José.

Le religieux s'avança jusqu'au pied de la table, où, en face même du président, était ouvert un livre d'Évangiles

Le juge ordonna à l'accusé d'y poser la main.

José obéit.

Le président le regarda fixement dans les yeux.

« Jurez-vous par Dieu et les saints Évangiles, lui demanda-t-il enfin d'un ton solennel, de dire la vérité tout entière sur tout ce qui vous sera demandé?

— Je le jure, répondit José.

— Jurez-vous de la dire, même contre vous (235)?

— Je le jure, dit encore le jeune dominicain d'un ton ferme et assuré.

— C'est bien, dit le juge; et il poursuivit :

— Est-ce vous qui avez assassiné monseigneur Pierre Arbues, grand inquisiteur de Séville?

— C'est moi, répondit José.

— Quel motif a pu vous porter à commettre un si grand crime?

— Je vous dirai cela tout à l'heure, fit le jeune moine d'un ton amer et sarcastique.

— L'avocat peut faire sa défense, » poursuivit le président.

Josué sourit d'un sourire sceptique et retourna s'asseoir sur la sellette. Il avait en pitié ce vain simulacre de défense, ces paroles qui allaient être évaporées en pure perte, seulement pour obéir à la loi. Il laissa donc l'avocat s'épuiser en vains arguments, déployer tous les ressorts de son éloquence pour attendrir le cœur de ses juges, ne pouvant détruire leur conviction, entasser des mots sur des mots et des phrases sur des phrases, prodiguer ses gestes et son souffle pour changer une chose irrévocable, la certitude.

Lorsqu'il eut fini, José se tourna vers lui avec un demi-sourire plein d'amertume et de détachement de toutes choses, comme pour lui dire :

« Vous voulez ressusciter un cadavre. »

En effet, les efforts de l'éloquence la plus habile n'auraient pu sauver un homme qui ne voulait pas se sauver lui-même.

« Criminel (236), dit alors le président, avez-vous quelque chose à ajouter à votre défense?

— Pour ma défense!... non répondit le jeune dominicain; car je déclare ici, devant Dieu, que la mort m'est plus chère que la vie; mais comme avant la vie on doit considérer l'honneur, je veux sauver le mien, et c'est seulement pour cela que je parlerai.

— Parlez donc, reprit le juge; le tribunal vous écoute.

— Il y a sept ans, reprit José, Pierre Arbues venait d'être élevé à la dignité de grand inquisiteur de Séville. Il était jeune, beau, insinuant; malgré l'horreur que l'inquisition a toujours inspirée à l'Espagne, on espéra un moment que Pierre Arbues serait moins cruel que ses prédécesseurs; cet espoir fut de courte durée.

Les persécutions continuèrent plus ardentes que jamais; comme dans les dernières années du règne de Torrequemada, des hommes qui portaient les plus beaux noms d'Espagne ne rougirent pas d'exercer le métier d'espions et de délateurs pour mettre en sûreté leurs biens et leur vie.

Les citoyens les plus purs se virent journellement à la merci d'un faux témoignage. Les haines, les inimitiés de famille se dénouaient en drames sanglants dans les tribunaux de l'inquisition, à la faveur des ténèbres du fanatisme; la rapine, le vol et le meurtre s'abattirent sur nous comme des oiseaux de proie; un deuil immense s'étendit sur l'Andalousie.

— Accusé, dit le président, vous passez les bornes.

— Je me défends, répliqua fièrement le moine, écoutez.

Dans ce temps-là, vivait à Séville une famille catholique de la meilleure noblesse d'Espagne, dont la mère, issue de la tribu des Abencerrages, et morte depuis plusieurs années, avait laissé des biens immenses. Cette famille se composait de deux frères.

— De trois frères, reprit José en étouffant un soupir; trois frères nobles et beaux, dont deux avaient embrassé les ordres sacrés; le troisième... il était brave comme le Cid, et plus beau encore. — Il se nommait Fernand, continua José qui sembla prononcer ce nom avec un bonheur ineffable; puis il y avait encore le père, un patriarche, un vieillard plein de foi et de vertu; une jeune sœur, enfant douce et candide, dont la vie était aussi pure que celle des anges; et enfin une orpheline, leur parente éloignée, une jeune fille ardente et fière, qui aimait Fernand et qui en était aimée.

Dans un château qu'elle possédait à quelque distance d'Andujar, cette famille avait fait élever une chapelle catholique, desservie par des moines hiéronymites. La mère, qui adorait son mari et ses enfants, avait fait construire cette chapelle pour leur servir de sépulture commune; elle ne voulait pas, même après sa mort, être séparée de ceux qu'elle avait aimés. Jeune encore, elle était allée la première les attendre à ce funèbre rendez-vous.

J'ai déjà dit qu'elle avait laissé en mourant des biens considérables; l'inquisition jugea convenable de se les approprier.

On l'accusa d'être morte dans l'hérésie, et avec des sentiments contraires à la vraie foi catholique, quoique en mourant elle eût donné des marques non équivoques de son attachement à cette religion, qui avait toujours été la sienne.

Mais il fallait bien l'accuser de quelque chose.

On produisit de faux témoins qui déclarèrent qu'elle était morte et avait vécu dans l'hérésie; et malgré les protestations de ses enfants, de ses deux fils, prêtres revêtus d'un caractère sacré, on exhuma le cadavre de cette femme, on rasa sa maison, avec défense de jamais la reconstruire, et on confisqua tous les biens qu'elle avait laissés (237).

— Criminel! interrompit le président, êtes-vous bien sûr de ce que vous dites?

— C'était le droit de l'inquisition, répliqua José d'un ton sarcastique, et il continua sans se déconcerter :

— Le père mourut de douleur pendant ce procès abominable. Les enfants, qui pleuraient leur mère, qui osèrent s'indigner de la profanation de ses cendres, les enfants furent jetés en prison.

Une seule personne fut épargnée.

C'était l'orpheline, la fiancée de Fernand.

Celle-là demeura seule avec la femme qui l'avait élevée, seule à pleurer sur les siens qu'elle ne devait plus revoir.

— Que devinrent-ils? demanda le juge, saisi d'une terreur et d'une pitié croissantes.

— Ce qu'ils devinrent, monseigneur? vous demandez ce qu'ils devinrent entre les mains de Pierre Arbues? ils furent livrés aux flammes sans miséricorde. Les deux aînés, Augustin et François, accusés de dogmatiser d'une manière contraire à l'esprit de la religion catholique, et leur jeune sœur Béatrix, *convaincue* de suivre la doctrine de ses frères, furent mis à mort dans le même auto-da-fé (238).

Augustin, effrayé des tortures, non pour lui mais pour sa jeune sœur, Augustin, arrivé en face du supplice, s'écria qu'il demandait grâce et qu'il voulait vivre en bon catholique.

« Il ment, dit Pierre Arbues; c'est la peur de la mort qui inspire son repentir.

— Je me repens! je me repens! criait encore la pauvre victime.

— Qu'on l'étrangle donc avant de le livrer aux flammes, » dit l'inquisiteur.

Ce fut la seule grâce qu'il put obtenir.

« Tu es un lâche! » lui cria son frère... et il monta sur le bûcher en faisant un signe d'adieu à Béatrix, qui mourut avec la résignation d'une martyre.

José se tut.

Les juges, malgré leur habitude de ces drames terribles, se sentirent saisis d'une terreur involontaire.

« Continuez, dit le président, continuez; que devint le troisième frère? »

José frissonna sur son siége, ses dents claquaient comme s'il avait eu froid. On l'écoutait avec une attention et un intérêt toujours plus vifs.

« Le troisième, reprit-il tout à coup d'une voix lente et saccadée, le troisième vivait encore. Il était si jeune! on n'avait pas osé le faire mourir avec les autres. Pierre Arbues gardait celui-là pour un auto-da-fé royal.

Paula, l'orpheline qui l'aimait, conçut le projet de le sauver. Elle avait vingt ans. Quelle femme à vingt ans désespère de la clémence d'un homme, même quand cet homme se nomme Pierre Arbues et qu'il est grand inquisiteur!

Il y avait six mois que sa malheureuse famille avait ainsi été livrée aux flammes; on parlait d'un nouvel auto-da-fé qui devait avoir lieu pour la fête du roi, et que le tribunal annonça au public un mois auparavant.

— Accusé, venez au fait, interrompit de nouveau le président.

— J'y suis, répondit tranquillement José; écoutez-moi, messeigneurs.

— Les procès s'instruisaient : étranges procès, vraiment, conspirations ténébreuses dont le juge tenait dans sa main tous les fils qu'il faisait mouvoir à son gré; sinistres problèmes, qui tous aboutissaient à une même solution... la mort.

Paula, dévorée d'inquiétude pour celui qu'elle aimait, prit un jour une grande résolution, une résolution bien fatale, vous allez voir, messeigneurs.

Elle s'arma d'une exaltation sublime; elle pesa toutes les chances de la démarche qu'elle allait faire: et, bien qu'espérant attendrir l'inquisiteur et sauver son fiancé, elle se dit, qu'après tout, le pire résultat qu'elle pourrait obtenir de cette démarche était de mourir avec lui : or, la mort ne l'effrayait pas...

C'était par une journée sombre, comme on n'en voit guère en Andalousie; mais, par une bizarre sympathie, ou un de ces hasards qui ressemblent à de la fatalité, le soleil s'était voilé de nuages, et une large tache noire avait couvert la moitié de son disque; il y avait une éclipse presque totale.

C'était vers le milieu du jour, et il faisait presque nuit dans les rues.

Paula, silencieuse et résolue, échappa à la surveillance de sa nourrice, le seul ami qui lui restait au monde. Enveloppée de ses voiles, elle s'achemina vers le palais de l'inquisiteur.

Une troupe farouche de familiers en gardait les avenues.

Lorsque Paula s'avança vers la porte, on lui barra le passage, et un familier s'approchant d'elle lui demanda ce qu'elle voulait.

— Je veux voir monseigneur Arbues, répondit-elle en tremblant; car on n'entre pas sans trembler dans le palais d'un inquisiteur.

— Qui êtes-vous? poursuivit le familier.

— Une jeune fille noble, répondit Paula avec fierté.

— Attendez, dit-il.

Il disparut pendant quelques instants; Paula attendit.

Bientôt le familier reparut; un sourire faux grimaçait sur ses lèvres blafardes.

— Suivez-moi, señora, dit-il; monseigneur consent à vous recevoir.

Le familier prit le devant, la jeune fille le suivit.

Elle traversa plusieurs salles magnifiques, de longues galeries pavées de marbre, au plafond semé d'arabesques; il y avait un luxe oriental dans ce palais de la mort.

Puis enfin, dans l'extrémité la plus reculée de l'édifice, une porte s'ouvrit, Paula en franchit le seuil. La porte se referma sur elle; le familier avait disparu.

Paula se trouva face à face avec le grand inquisiteur. »

Un intérêt toujours croissant s'attachait au récit de José.

« Pierre Arbues, continua le jeune moine, était assis sur un divan large et moelleux qui faisait le tour de la salle.

Le grand inquisiteur de Séville était alors dans tout l'éclat de la jeunesse, et son visage était remarquablement beau, malgré l'expression de cruauté hautaine qui s'y faisait remarquer.

Son profil d'aigle avait beaucoup de noblesse, et sa grande taille était droite et superbe.

Paula frissonna en se trouvant seule avec cet homme.

— Approche, jeune fille, dit l'inquisiteur, frappé de la belle stature de Paula, dont il ne voyait qu'imparfaitement les traits.

Paula rejeta son voile en arrière, et s'avança sans crainte vers le grand inquisiteur.

Pierre Arbues la considéra avec admiration.

Arrivée devant lui, elle tomba sur ses genoux, et joignant ses mains suppliantes:

— Grâce! monseigneur! s'écria-t-elle; grâce pour mon fiancé, qui est innocent; oh! rendez-le moi, je vous en conjure.

Le visage de l'inquisiteur prit une expression de mécontentement très marqué.

— Le nom de ton fiancé? demanda-t-il d'un ton bref.

— Fernand de Cazalla, répondit Paula d'une voix éteinte.

Le regard farouche de Pierre Arbues l'épouvantait.

Au nom de Cazalla, la physionomie d'Arbues s'était soudainement assombrie; il considérait attentivement cette jeune fille qui, avec tant d'audace, osait venir jusqu'aux pieds de l'inquisiteur demander la vie d'un homme accusé d'hérésie.

Paula était belle; oh! bien belle, messeigneurs.

L'inquisiteur la contempla pendant quelques instants.

Après qu'il eut lentement parcouru du regard le charmant visage de cette jeune fille, sa taille souple et forte qui aurait pu servir de modèle pour la Diane chasseresse, Pierre Arbues se radoucit par degrés; il étendit la main vers Paula toujours agenouillée devant lui.

— Relève-toi, dit-il, et parle-moi sans crainte; les lois de l'inquisition sont terribles, mais je me sens ému de compassion pour toi.

— Oh! soyez béni, monseigneur, s'écria Paula, qui venait de concevoir une lueur d'espérance; vous sauverez Fernand, n'est-il pas vrai?

— Ai-je donc dit cela, jeune fille? fit Pierre Arbues avec un sourire de tigre.....

Il jouait avec sa proie.

— O monseigneur, ne rétractez pas les paroles que vous m'avez dites; vous avez eu pitié de moi; vous sauverez mon fiancé, n'est-ce pas?

— Et si je sauve ton fiancé, que feras-tu pour moi, jeune fille?

— O monseigneur, ma vie tout entière vous appartient; mais que puis-je pour vous, moi humble femme! que puis-je pour vous qui êtes tout puissant?

— Tu es belle, Paula! s'écria Pierre Arbues avec un regard qui la fit frémir.

Elle n'osa pas cependant laisser voir qu'elle avait peur.

L'inquisiteur lui fit signe d'approcher et de s'asseoir auprès de lui.

Elle s'assit en tremblant sur le bord du divan de soie.

Pierre Arbues avait reprit son visage sévère.

— Don Fernand de Cazalla! murmura-t-il d'un air sombre... Sais-tu, jeune fille, que cette famille entière, convaincue de luthéranisme, est à jamais déshonorée dans ses membres vivants et dans ceux qui ne sont plus?

— Cette famille est la mienne, monseigneur; je suis fiancée à don Fernand par la volonté de son père et par la sienne. S'il est condamné, je ne demande qu'une grâce, celle de ne pas lui survivre.

— Voilà un ardent amour, s'écria l'inquisiteur; que ne donnerais-je pas pour en inspirer un pareil!...

Paula baissa les yeux devant ce prêtre qui lui parlait ainsi.

— Vous calomniez la mémoire d'un homme revêtu d'un caractère sacré, s'écria le président.

— Je ne calomnie pas, monseigneur, je raconte, voilà tout, répondit José; que votre seigneurie daigne m'écouter jusqu'au bout.

— C'est votre droit, » dit le juge, plein de respect pour les usages du pays passés à l'autorité de loi, lesquels voulaient qu'on laissât à un accusé toute liberté de se défendre.

José reprit :

« Sais-tu, poursuivit Pierre Arbues, que don Fernand est désigné pour l'auto-da-fé prochain, et qu'on va le soumettre à la torture?

Un cri profond, douloureux, terrible, sortit de la poitrine de l'infortunée Paula; la torture! c'était plus effrayant que l'échafaud.

— Qu'as-tu donc, jeune fille? demanda l'inquisiteur.

— La torture, monseigneur! n'avez-vous pas dit qu'on allait soumettre Fernand à la torture?

— Je peux la lui épargner, répliqua Pierre Arbues.

Paula respira plus librement.

— Monseigneur, s'écria-t-elle, que ne puis-je mourir pour vous!

— Non pas mourir, mais vivre, répondit Pierre Arbues en prenant dans ses mains les faibles mains de Paula.

— Sais-tu, poursuivit-il, que d'après la déposition des témoins, don Fernand, convaincu d'avoir assisté aux prêches des luthériens et d'avoir embrassé leur doctrine, est condamné d'avance au bûcher?

— Mais vous pouvez l'absoudre, monseigneur! s'écria Paula, qui retomba de nouveau dans les angoisses de l'incertitude; vous pouvez le sauver, et vous le sauverez! Fernand est innocent, et son âme est aussi pure que celle d'un ange.

— C'est toi seule qui peux le sauver, répondit Pierre Arbues.

— Moi, monseigneur! mais que faut-il faire? Oh! mon Dieu! dites, je suis prête à tout; voulez-vous que je meure à sa place?

— Folle! qu'ai-je besoin de ta vie? tu es trop belle pour mourir, poursuivit-il avec exaltation; et sa main brutale arracha sans pudeur le voile qui couvrait le sein de Paula!...

Les juges tressaillirent sur leur siége.

« Oh! grâce, monseigneur! s'écria la jeune fille en se faisant un rempart de ses deux bras croisés sur sa poitrine; grâce pour Fernand et grâce pour moi aussi, monseigneur! Au nom du Dieu dont vous êtes le représentant sur la terre, soyez clément et pardonnez; ayez pitié d'une pauvre femme qui n'a plus rien au monde que celui qu'elle aime... Je n'ai plus de mère, monseigneur, je suis orpheline. Je n'ai plus d'autre appui que Fernand...

rendez-le moi, je vous en conjure... oh! rendez-le moi, monseigneur, et je vous bénirai, et nous vous bénirons ensemble toute notre vie.

Paula versait d'abondantes larmes : sa physionomie noble et fière était, ainsi désolée et pleurante, d'une beauté surhumaine. Loin que Pierre Arbues en fût attendri, il sentit au contraire ses passions brutales se soulever et gronder sourdement dans son sein comme une mer irritée.

Il s'élança vers Paula comme un lion sauvage, et l'enlevant dans ses bras robustes, il la déposa sur le divan à moitié évanouie.

La malheureuse enfant se laissa glisser sur ses genoux devant cet homme impitoyable.

— Monseigneur, dit-elle d'une voix éteinte en pressant contre sa poitrine les genoux de l'inquisiteur qu'elle arrosait de ses larmes, monseigneur, faites grâce, rendez-moi mon fiancé.

— Sois à moi, dit-il d'une voix sombre, et je sauverai ton Fernand.

Paula devint pâle et froide comme un marbre, et ses yeux se couvrirent d'une ombre mortelle. Elle se releva lentement, fit quelques pas en arrière pour sortir, puis elle étendit vers l'inquisiteur sa main froide et pâle :

— Soit maudit! s'écria-t-elle, tu peux tuer don Fernand, je mourrai avec lui.

— Fernand sera mort avant l'auto-da-fé, dit Pierre Arbues ; il est jeune et faible, il ne résistera pas à la question de l'eau (239).

Paula poussa un nouveau cri aigu et terrible. Elle eût voulu déchirer de ses ongles cet homme atroce : mais la pensée de Fernand éteignait sa rage, et ne laissait dans son âme de place que pour la crainte : cette lutte horrible l'avait anéantie.

Alors Pierre Arbues se rapprocha d'elle, et l'entourant de ses deux bras, il la ramena sur son siége.

Elle se laissa guider sans résistance.

— Rien ne peut sauver Fernand que ma volonté, lui dit Pierre Arbues, et par le Christ! je ne le sauverai qu'à une condition.

Paula le regardait d'un œil hagard et éperdu. Le visage de Pierre Arbues était impitoyable comme la fatalité.

— Veux-tu sa vie ou veux-tu sa mort? poursuivit-il avec emportement ; parle, ou va-t'en, et que l'inquisition fasse le reste!

Paula n'entendait plus, sa raison l'avait abandonnée... Elle étendit les bras comme quelqu'un qui pousse son dernier soupir d'agonie.

Ses yeux se fermèrent, son cœur cessa de battre...

— Que Fernand soit sauvé!... » murmura-t-elle d'une voix mourante. . . . .

. . . .

José se tut. Sa voix s'était graduellement affaiblie, et une sueur glacée couvrait son front de marbre.

Les juges, malgré leur impassibilité naturelle, étaient remplis de saisissement et de terreur ; ils ne songeaient plus à interrompre le récit de l'accusé, et attendaient avec anxiété la fin de cet horrible drame.

José se ranima peu à peu et continua son récit d'une voix altérée.

« Un mois plus tard, une jeune femme, pâle, amaigrie, courbée sous le poids d'une douleur inguérissable, se tenait tristement assise à la porte de la prison du saint-office ; c'était Paula.

On célébrait ce jour là un auto-da-fé royal.

Le programme sanglant, publié un mois auparavant, avait annoncé treize victimes.

Pierre Arbues avait promis à la jeune fille qu'il n'y en aurait que douze, et que la treizième, qu'on ferait passer pour morte, lui serait rendue le soir même après l'auto-da-fé.

Paula attendait.

Une foule immense se dirigeait vers la place ; un sourd bourdonnement de paroles courait dans les rues ; les regards du peuple exprimaient la stupeur et l'effroi. Ces pâles figures semblaient, sous leurs vêtements noirs, assister au convoi de l'Espagne.

Quelques-uns, arrêtés aux alentours de la prison, plongeaient dans les noires profondeurs de cet épouvantable dédale un regard timide, cherchant si parmi ses victimes condamnées qui allaient paraître, ils ne reconnaîtraient pas une personne aimée. Des femmes, le visage caché sous leurs voiles, pleuraient en comprimant leurs sanglots, de peur d'être entendues ; celles-là étaient plus heureuses que les hommes, au moins elles pouvaient pleurer ; mais eux, il leur fallait porter à découvert ce deuil profond de l'âme qui pâlit le visage ; et leur front si triste, volcan qui enfermait tant d'orageuses pensées d'indignation et de révolte, devait s'étaler calme et impassible comme une page blanche où nul ne peut lire ; car la ville était remplie de familiers, et l'inquisition incriminait également les actes, les intentions et les pensées.

Enfin, la porte de la prison s'ouvrit comme une des bouches de l'enfer ; la procession de l'auto-da-fé sortit du palais de l'inquisition, et les condamnés commencèrent leur triste voyage vers la mort.

Paula alors se leva de la pierre où elle était assise, et se rapprochant du geôlier qui avait ouvert la porte, elle le supplia de lui laisser voir de plus près le funèbre cortége.

Mais le geôlier la repoussa brutalement.

Les malheureux payaient si cher les moindres complaisances!

Paula retourna donc à sa place et tendit le cou en avant pour regarder.

La première victime qui parut était un archevêque, un saint prêtre révéré dans toute l'Espagne ; il marchait lentement, coiffé de la lugubre coroza, et revêtu du san benito. Sa démarche était assurée ; ses yeux, pleins de résignation et de foi, exprimaient une douleur profonde. Il jeta autour de lui un long regard, et le reporta vers le ciel comme pour témoigner de l'iniquité de ses juges ; puis sa tête retomba sur sa poitrine, et ses lèvres éloquentes, qui tant de fois avaient fait entendre la parole de Dieu, n'exprimèrent plus qu'une ironie amère et douloureuse.

Après lui venaient deux religieuses, deux jeunes filles condamnées aux flammes pour avoir embrassé la doctrine de Luther. Ces deux femmes avaient un courage héroïque ; elles marchaient à la mort comme à une fête.

Paula leur jeta un regard de triste sympathie ; elles lui répondirent par un sourire angélique en lui montrant le ciel, comme si elles eussent voulu lui faire entendre que toutes les victimes de la terre en appelaient au tribunal de Dieu.

Le quatrième condamné était un jeune marrano convaincu de professer en secret la religion de ses ancêtres. Un exemplaire du Coran, héritage de ses pères, trouvé dans sa maison, avait suffi pour le faire livrer aux flammes (240).

Celui-là marchait fier et hautain. Son œil noir et profond, en parcourant cette belle cité de Séville où les Arabes avaient régné, semblait comparer dans un résumé rapide l'époque des Maures et celle de l'inquisition. L'Espagne ne dut-elle pas lui apparaître alors comme une belle jeune fille élevée à vivre dans les fêtes, accoutumée aux nuits harmonieuses et pleines de joies, aux caresses des arts, de la poésie et de l'amour, et qui aurait soudainement changé sa parure de fête contre un cilice, et ses nuits d'amour en nuits de lamentations et de larmes, et sur son visage morne et pâle, livide déjà comme celui des mourants, aurait étendu le linceul funèbre qui sépare de la vie!

Oh! comme il devait battre le cœur de cet enfant des Abencerrages! Comme son sang africain devait s'agiter dans ses veines brûlantes, lui, dont les pères avaient régné! il avait subi non-seulement l'esclavage du corps, mais celui de l'intelligence.

Son heure d'agonie dut être épouvantable.

Il passa.

— C'est trop! c'est trop! s'écrièrent les juges conseillers.

— Laissez, dit tout bas le président, laissez, c'est la dernière faveur qu'on accorde à l'accusé.

— Deux autres victimes défilèrent en silence, continua le jeune dominicain sans s'émouvoir.

Paula, attentive, éperdue, les comptait avec une angoisse inexprimable.

Elles marchaient lentement, comme des ombres qui sortiraient du sépulcre ; car la torture avait brisé leurs membres, et c'était à peine s'il leur restait assez de force pour aller mourir.

Paula les compta une à une, les regardant avidement au visage, haletante et brisée, ne sachant si elle devait espérer ou craindre, malgré la promesse de Pierre Arbues ; cependant il avait promis.

Le cortége continua d'avancer, Paula compta la douzième victime.

Alors, un long soupir sortit de sa poitrine ; elle aspira l'air avec avidité ; un poids énorme venait d'être enlevé de son cœur, et l'élan de sa joie faillit la trahir.

Mais, tout à coup, à quelques pas du douzième condamné, parut un spectre pâle et livide, dont les os disloqués avaient été tordus et brisés dans la question.

Deux prêtres et deux familiers, le soutenant sous les bras, l'aidaient à se traîner vers le lieu du supplice.

Cet homme, qui n'avait pas plus de vingt-quatre ans, avait été tellement torturé, que les muscles de son visage s'étaient distendus et affaissés comme ceux d'un vieillard; son front et ses joues étaient couverts de rides, et son grand œil noir, brillant et fiévreux dans la vaste orbite creusée par les souffrances, flamboyait d'un éclat étrange, vacillant et incertain comme la flamme d'une bougie prête à s'éteindre, qui s'élève, s'abaisse, scintille en jets de flamme étincelants et vagabonds, en faisant des efforts pour ne pas mourir.

Au premier regard de ce jeune homme, il était si changé, que Paula ne le reconnut pas.

Mais lui, à l'aspect de la jeune fille qui l'avait aimé, étendit en avant ses deux bras amaigris et brisés, et seulement alors ses yeux exprimèrent une pensée bien formulée, un sentiment de douleur et de tendresse vif et déchirant.

— Paula! Paula! murmura l'infortuné d'une voix mourante.

Puis il retomba sans mouvement dans les bras du familier qui le soutenait.

Un cri de désespoir rauque, saccadé, sortit de la poitrine de Paula. Elle voulut s'élancer vers le condamné, mais les sbires se jetèrent entre elle et lui, et elle ne put parvenir à franchir cette barrière vivante et impénétrable.

Alors, comme si elle eût été emportée par une puissance invisible, elle s'élança à travers la foule avec la rapidité d'une lionne blessée, franchit les rues qui la séparaient du palais inquisitorial, arriva devant la grande porte; et là, comme une insensée, elle se mit à crier qu'elle voulait voir le grand inquisiteur.

On n'osa pas lui faire de mal, car on la crut folle; et à ses instances réitérées, on se contenta de répondre que l'inquisiteur était déjà sur la grande place avec la procession.

Mais après quelques minutes d'inutiles efforts, Paula s'approcha d'un familier et le reconnut.

C'était celui qui l'avait conduite la première fois auprès de l'inquisiteur.

— Éloigne-toi, dit cet homme à voix basse, où je te fais enfermer.

Paula tourna vers le ciel un regard plein de rage, puis elle courut sans s'arrêter jusqu'à la grande place de Séville.

Lorsqu'elle arriva, de longues flammes s'élevaient dans le ciel, mêlées à des torrents de fumée...

Tout était fini!...

Le grand inquisiteur était calme sur son siége, et priait pour l'âme de ceux dont il était le bourreau...

Alors, Paula élevant vers le ciel ses deux bras tordus et roidis par un désespoir incommensurable, Paula, sans regarder autour d'elle, sans songer à cette foule éperdue et tremblante qui la regardait avec stupeur, éleva sa voix terrible et lamentable:

— Pierre Arbues, s'écria-t-elle, sois maudit! Pierre Arbues, prends garde à ma vengeance!

Mais la grande voix de la foule avait couvert la voix de Paula: ceux qui l'entouraient s'écartèrent pour lui faire place, la prenant pour une insensée...

José se tut; sa poitrine, violemment oppressée, se soulevait par un mouvement du cœur rapide et continu, son front, si pâle, s'était couvert d'une rougeur brûlante, et de larges gouttes de sueur couraient sur son visage comme des perles brillantes. Il était dans ce moment d'une beauté surhumaine.

« Eh bien! qu'est devenue Paula? demanda le président, emporté par une curiosité et un intérêt irrésistibles.

— Paula s'est vengée, répondit José d'une voix sourde; c'est elle qui a tué Pierre Arbues...

— Qu'est-ce que cela signifie? demanda le président; expliquez-vous; que peut avoir de commun la jeune fille dont vous venez de nous raconter l'histoire avec le dominicain José!

— Monseigneur, poursuivit José, ne vous ai-je pas dit que Paula avait juré de se venger?

— Eh bien? demanda le juge.

— Six mois plus tard, continua José, un jeune homme se présenta au couvent des dominicains de Séville: Ce jeune homme voulait être prêtre. Il avait vingt ans, et ne savait pas un mot de latin; mais il avait de l'intelligence et une volonté inébranlable, et en moins de trois ans, il avait appris assez de latin pour qu'on lui enseignât la théologie. Puis enfin on lui conféra les premiers ordres, et il entra dans le noviciat; depuis, on l'a fait prêtre et profès de l'ordre de Saint-Dominique.

Pendant ce temps, Pierre Arbues, le grand inquisiteur de Séville, avait remarqué le novice, et par un de ces caprices si communs chez les hommes d'un caractère fantasque, emporté et cruel, il s'était fait une nécessité d'avoir constamment ce jeune homme à ses côtés. Il ne faisait rien sans le consulter; et le novice avait mis tant de ruse et d'adresse dans ses rapports avec le grand inquisiteur, que celui-ci, fasciné, soumis, n'osait plus avoir une volonté qui ne fût celle de José.

— José? s'écrièrent les juges, au comble de l'étonnement.

— Oui, José, poursuivit le dominicain, José qui s'était fait l'esclave de Pierre Arbues pour devenir son maître; José, qui, semblable à la main qui attise le feu, remuait constamment les passions mauvaises de Pierre Arbues pour le conduire à sa perte; José qui d'un homme cruel et débauché a fait un monstre, afin qu'il n'y eût plus de pardon pour lui sur la terre ni dans le ciel; José qui, après avoir rendu le nom de Pierre Arbues odieux à toute l'Andalousie, l'a enfin frappé, frappé à mort, afin qu'il n'eût pas le temps de se repentir, et qu'il fût perdu pour l'éternité.... José, enfin, qui a vengé Paula.

En parlant ainsi, la voix du jeune moine avait une vibration éclatante; son regard étincelant était levé vers le ciel avec une farouche expression de joie.

Les juges le crurent fou; ils ne comprenaient pas encore.

« C'est donc José, et non Paula, qui a tué l'inquisiteur? demanda le président pour la dernière question.

— C'est José et c'est Paula, répondit l'accusé; car Paula et José sont une seule et même chose. Ne comprenez-vous pas, monseigneur, que je me suis faite homme et moine pour me venger?

— Sacrilége! s'écrièrent à la fois tous les juges, qui avaient enfin compris cet épouvantable mystère; doublement sacrilége pour avoir profané le saint nom de prêtre, et avoir assassiné un prêtre!

— Ce que j'ai fait je le ferais encore, répondit Paula avec une sombre exaltation. Pierre Arbues n'a-t-il donc pas profané la mission de prêtre? Tous vos inquisiteurs, iniques bourreaux souillés de luxure et de meurtre, ne sont-ils pas des profanateurs et des impies? Oh! messeigneurs, il serait temps que la justice royale portât la lumière dans ces profondes ténèbres; car, je vous le dis en vérité, et Dieu m'est témoin que ce n'est pas pour sauver ma vie, les tribunaux de l'inquisition sont des lieux infâmes qu'on devrait brûler, et les inquisiteurs des monstres dont on devrait peupler les bagnes!...

— Assez! assez! s'écria le président; accusé, notre patience est à bout. Si vous êtes femme, plus grand encore est votre crime; mais femme ou homme, vous avez mérité la mort.

— C'est bien la mort que je veux! » s'écria Paula, qui depuis qu'elle avait avoué son sexe, semblait avoir revêtu toutes les grâces touchantes de la femme.

Les juges se retirèrent pendant quelques minutes pour délibérer.

Pendant ce temps, Paula, calme et tranquille, attendait sans trouble le résultat de leur délibération.

Elle venait de dénouer le triste drame de sa vie; la vie lui pesait maintenant comme un fardeau.

Lorsque les juges rentrèrent, leur visage avait une sévérité effrayante; toutefois, une involontaire pitié se lisait sur leurs graves physionomies.

Le président se leva, et sans regarder l'accusée, il prononça ainsi la sentence:

« Considérant que le seigneur grand inquisiteur a péri de mort violente:

« Considérant que cette mort a été donnée par un assassin, que cet assassin a avoué son crime;

« Considérant que la nommée Paula, faussement désignée sous le nom de José, moine dominicain, officier de l'inquisition, a tout profané pour arriver à la perpétration de ce crime;

« Considérant que l'accusée a déclaré, confessé et avoué les crimes dont elle est chargée, le tribunal, qui croit en Dieu Père, en Dieu Fils et en Dieu Saint-Esprit, trois saintes personnes distinctes ne formant qu'un seul Dieu véritable, s'est humilié devant Notre-Seigneur, lui demandant la grâce de lui dicter l'arrêt qu'il devait prononcer. D'où il résulte que sa conscience est tranquille.

« Par ces motifs, le tribunal condamne la nommée Paula, prévenue et convaincue du crime d'assassinat et de sacrilége sur la personne sacrée de monseigneur Pierre Arbues, grand inquisiteur de Séville, à la peine de mort.

« Et attendu, que, dans la perpétration de ce crime, il y a eu longue préméditation, le tribunal, conformément aux lois du royaume, condamne ladite Paula à être rouée vive, puis écartelée, et, à cause du parricide, à avoir la main droite coupée et brûlée par la main du bourreau.

« Après l'exécution de cette sentence, les membres de la suppliciée seront exposés sur les grandes routes et abandonnés en pâture aux bêtes, avec défense de leur donner la sépulture.

« Fait à Séville, etc. »

Paula avait écouté sa sentence sans frémir; mais à ces mots « ses membres seront dispersés sur les chemins avec défense de leur donner la sépulture, » un profond sentiment de dégoût, de pudeur révoltée et d'horreur instinctive de l'abandon même après la mort, fit un moment faiblir son courage. Elle posa sa main sur ses yeux comme pour ne pas voir ce spectacle horrible qu'elle se représentait par la pensée; lorsqu'elle se leva pour être conduite à la chapelle de la prison où elle devait passer la nuit, un tremblement convulsif agitait ses membres: elle pouvait à peine se soutenir.

Mais comme elle sortait du tribunal, elle distingua dans la foule une vieille femme grande et pâle, qui la regarda longuement avec des yeux humides comme pour lui dire:

« Vous m'avez trompée, mais je suis là.

— Oh! fit Paula en l'apercevant, je puis mourir tranquille maintenant; vivante ou morte, celle-là veillera sur moi. »

Cette femme, c'était Juana.

Partie avec Estevan et Dolores pour obéir à Paula, au bout de deux jours de marche elle avait quitté ses compagnons de voyage et était retournée à Séville, inquiète sur l'enfant qu'elle avait nourrie et à qui elle avait voué sa vie entière, au point de la suivre dans toutes les phases et les incidents de son incomparable vengeance; mais connaissant peu les chemins, Juana s'était égarée: voilà pourquoi elle n'était arrivée à Séville qu'après le jugement de Paula.

XLVIII

En Capila.

C'est un usage pieusement établi en Espagne, lorsqu'un homme est condamné à mort, de le laisser passer quarante-huit heures enfermé dans un cachot transformé en une chapelle ardente qu'on nomme la *capilla*. Là, la religion offre, sous toutes les formes, ses pieux secours et ses puissantes consolations à celui qui va mourir. Des prêtres, se relevant d'heure en heure, l'assistent et le consolent en cherchant à le fortifier, par l'espérance, contre les horreurs du supplice.

La confrérie de Paix et de Charité, tendre mère de tous ceux que réclame le bourreau, veille à rendre douces leurs dernières heures en leur prodiguant les soins les plus assidus, en satisfaisant leurs moindres caprices; et en outre, on permet à ces pauvres malheureux de s'entretenir avec leurs parents et avec leurs amis.

On leur donne, en un mot, toutes les consolations permises à la charité par la loi impitoyable, mais qui ne dépassent jamais la limite de ses droits. En Espagne, la loi condamne injustement quelquefois; peut-être, mais elle mêle à sa rigueur nécessaire les adoucissements de la pitié; elle condamne à la mort, mais non pas à l'agonie.

La chapelle où José fut enfermé était une voûte en ogive soutenue par de fragiles colonnes, dont les chapiteaux allongés en feuilles délicates et légères s'arrondissaient dans le haut en têtes de palmiers; c'était une sculpture sarrazine, gracieuse imitation de la nasure d'Afrique.

Sur l'autel, sombre et drapé de noir, brûlaient, aux deux côtés du christ, des cierges de cire verte.

A la droite de l'autel, deux fauteuils étaient préparés: l'un pour le patient, l'autre destiné aux religieux qui venaient l'exhorter.

Par terre, dans un coin, on pouvait voir un large scalpel, des cordes et une grande croix de Saint-André en bois de chêne, sur laquelle reposait une lourde massue de fer.

C'étaient les instruments du supplice.

Paula n'y prit pas garde.

En ce moment suprême, qui allait clore sa vie encore si jeune, un doute cruel l'obsédait.

Elle avait été élevée dans des habitudes très-pieuses. Un sentiment de haine légitime et insurmontable, un désir effréné de vengeance, l'avaient successivement entraînée à la profanation d'une foule de choses saintes, et enfin au meurtre, le crime qui est en abomination devant Dieu. Ce crime, elle l'avait accompli avec persévérance, sans hésitation, sans remords; elle avait, il est vrai, frappé un monstre souillé de meurtres, de viols et de rapines, et pourtant elle se demandait maintenant avec d'inexprimables terreurs si Dieu, grand et miséricordieux, Dieu, qui sans doute avait reçu dans son sein ce Fernand bien aimé à qui elle avait sacrifié sa vie, ne la repousserait pas elle-même comme indigne de ses biens célestes.

Elle s'agenouilla sur la dalle nue de la chapelle, et appuya son front, qui brûlait, sur le marbre de l'autel.

Cette âme, remplie d'angoisses, éprouvait un terrible doute; elle craignait de ne pas revoir dans une autre vie celui pour qui elle avait voulu mourir; après tant de larmes, tant d'efforts et tant de souffrances, cette pensée était pour elle une incomparable torture.

En ce moment, un moine entra dans la chapelle. Paula se jeta à ses genoux, et lui raconta en pleurant toutes ses angoisses. Ce moine la *consola* en lui parlant de l'effroyable supplice qu'elle allait subir, en l'exhortant à oublier son amour sacrilége pour un hérétique, et à implorer la miséricorde de Dieu et celle de monseigneur Arbues, *martyr*, qui, du haut du ciel lui pardonnait sans doute; puis il lui parla longuement de la grâce, de l'extase, de la béatitude...

Paula se releva désespérée: elle avait frappé sur une pierre, et rien n'avait répondu à la détresse de son âme.

L'heure sonnait; le moine se retira comme un soldat qui aurait eu fini sa faction.

Ainsi, les exercices de la divine religion du Sauveur perdent, en passant par des mains stupides, toute leur suave poésie, leurs angéliques consolations.

Oh! dit Paula avec amertume et dégoût, j'aurais dû me souvenir que ces moines sont des brutes, des mécaniques vivantes qui agissent par habitude et non par conviction; l'esprit d'en haut n'est point en eux: ce sont des automates; chez eux la matière seule est agissante.

« Seigneur, mon Dieu! poursuivit-elle, vous avez été le martyr des mauvais prêtres et des hypocrites; pardonnez-moi, car j'ai été leur martyre aussi.

« Vous qui avez apporté au monde une loi d'amour et n'avez enseigné que l'amour, pardonnez-moi, mon Dieu, car je suis devenue coupable pour avoir aimé. »

En parlant ainsi, Paula répandait des larmes brûlantes et amères; son corps flexible, replié sur lui-même, avait une grâce douloureuse impossible à décrire. Elle n'avait gardé de son vêtement de moine que sa tunique de laine blanche; et comme ses cheveux, qui n'étaient pas rasés depuis huit jours, avaient légèrement repoussé, sa physionomie en était beaucoup changée.

A la voir ainsi, belle et délicate, et pourtant imposante par l'habitude qu'elle avait prise du commandement, on demeurait indécis, ne devinant pas son sexe au premier coup d'œil. C'était Paula, et pourtant c'était encore José: un singulier mélange de grâce et de force, d'énergie et de tendresse.

Cette pauvre femme simple et douce, qui, si jeune encore, avait tant appris des choses de la vie, avait un charme douloureux et attendrissant.

Ainsi ployée sur les marches de l'autel, en face des instruments de torture qui le lendemain allaient briser ses membres, elle ressemblait à une fleur frêle, et penchée sur l'abîme qui doit l'engloutir, comme pour l'attendrir et l'implorer.

Mais elle avait beau s'adresser à toutes les choses qui l'entouraient, rien ne pouvait répondre aux besoins de son âme, ni dans le présent, ni dans l'avenir.

Alors, comme le voyageur qui s'égare et retourne au chemin qu'il a déjà parcouru, Paula fit un retour en arrière; elle revint lentement dans sa vie passée, ayant soin d'en feuilleter les pages une à une pour n'en rien laisser échapper.

Et en lisant ainsi dans le livre de sa mémoire, elle se revit nfant blanche et pure, jouant sous les orangers fleuris de l'Alhambra, la merveille maure, rêvant déjà dans son âme ardente et fière l'amour d'un noble et vaillant chevalier, qui posait sur son front la blanche couronne des vierges.

Puis elle revit ces églises grenadines, magnifiques mosquées onverties en temples catholiques par la pieuse Isabelle : monuments de poésie chrétienne entés sur la poésie orientale. Là, elle regarda passer, comme dans un rêve, toute cette fantasmagorie du culte romain qui l'avait en ces temps-là bercée d'émotions douces et saintes, les longues files de moines dont les têtes blanches se perdaient dans des nuages d'encens, les étoles et les chapes brodées d'or, les blancs surplis des diacres, et la damaltique brodée de l'archidiacre, et les calices couverts de pierreries, et les larges soleils d'or où reposait le saint sacrement, et les archanges d'argent massif aux ailes déployées, et les châsses remplies de reliques, et les bouquets de pierreries couronnes offertes par les reines d'Espagne à la reine du paradis.

Ainsi elle reconnut toutes les églises de Grenade, bazar oriental où venaient s'étaler sous mille formes les richesses du Mexique.

Et en comparant ses sensations naïves d'alors, son admiration candide pour toutes ces merveilles terrestres, avec son amer scepticisme d'à présent, Paula comprit pourquoi le clergé voulait à tout prix prolonger l'ignorance du peuple.

Puis elle se demanda s'il n'était pas horriblement criminel d'employer des moyens aussi terrestres pour faire aimer et adorer le roi du ciel...

Mais Paula, qui avait pu sonder jusqu'au fond toutes les iniquités de ces âmes de prêtres, savait bien que la gloire de Dieu n'était que le prétexte et non le but de leurs misérables jongleries.

Pourtant elle éprouva un charme doux et attendrissant à se rappeler ses jours d'ignorance et d'abandon naïf à la foi qu'on lui inspirait, ses transports de joie et d'extase lorsque, agenouillée devant une grande image du Christ versant des larmes au temps de sa passion (241), il lui semblait voir pleurer le Sauveur lui-même, dont on lui avait raconté la touchante et sublime histoire.

Ces temps avaient, par le contraste de sa vie présente, un reflet doré qui illuminait d'une dernière lueur son front déjà couvert d'une ombre mortelle.

Puis elle se revit orpheline, recueillie par cette noble famille de Cazalla, si sainte et si pure; elle se retrouva auprès de son beau fiancé, son doux et bien-aimé Fernand... Mais à ce tableau si pur dans le lointain, venaient bientôt se mêler des tons sinistres, des morts profanés, des vivants persécutés et suppliciés, son Fernand traîné au supplice, et elle-même..

Oh! à ce souvenir terrible, son âme déborda d'amertume, et elle compta, heure par heure, minute par minute, les jours qu'elle avait ainsi passés, traînant sa chaîne d'esclavage, baisant les pieds du tigre qu'elle abhorrait, voilant ses yeux pleins de larmes d'un sourire hypocrite, son front abattu, d'une auréole de joie, renonçant même à prier de peur de profaner la prière, inventant à chaque heure une nouvelle ruse, plongeant avec dégoût dans l'abîme de bassesse et de luxure où vivaient les prêtres du Christ, applaudissant à leurs vices, les servant quelquefois, et tout cela pour assouvir, pour éteindre le désespoir incommensurable de son âme... Puis, enfin, elle, douce, timide et craintive, elle armait sa faible main du poignard, et, au pied même de l'autel, elle immolait celui qui l'avait perdu..... Elle le revoyait les yeux hagards, la gorge saignante, râlant ces mots dans un dernier souffle d'agonie :

« Dieu est juste...

« Oui, Dieu est juste ! s'écria Paula en se relevant par un mouvement énergique; Dieu est juste, il me pardonnera...

« Oh ! poursuivit-elle avec un cri d'inexprimable angoisse, le martyre n'est-il pas un baptême, et n'accomplirais-je pas le mien sur cette croix ?

En se retournant, Paula avait aperçu les instruments de son supplice, et, loin que la vue de ces objets terribles l'épouvantât, elle éprouva une indicible et cruelle jouissance à calculer les horribles douleurs qu'elle aurait à supporter; car, plus elles lui semblaient affreuses et intolérables, plus elle se disait avec une intime confiance en Dieu, que cela, ajouté aux longues tortures de sa vie, suffirait pour expier ses fautes et qu'elles lui seraient pardonnées.

Le Départ.

Or, Paula ne voulait plus qu'une chose, être réunie à son Fernand.

La porte de la chapelle s'ouvrit, et deux seigneurs espagnols, membres de la Paix et Charité, demandèrent, avec toute la courtoisie possible, si la condamnée n'avait besoin de rien.

« Rien pour cette vie, messeigneurs, répondit Paula avec un angélique sourire; mais pour l'autre...

— On aura soin de cela aussi, ajoutèrent les gentilshommes en se rapprochant de Paula ; nous ferons prier et dire des messes pour le repos de votre âme.

— Messeigneurs, dit Paula, pas de prières de prêtres, je vous en supplie ; les vôtres, les vôtres seules, qui ne seront point vénales et hypocrites... et puis...

— Jeune fille, interrompit un des seigneurs, soyez, je vous en supplie, plus modérée dans vos paroles ; les prêtres sont les guides de nos âmes.

— Je les connais mieux que vous, fit Paula d'un ton bref; mais les croyances sont libres, monseigneur, et puisque vous voulez bien accomplir les dernières volontés d'une mourante, chargez-vous de ceci et donnez-le à la plus pauvre fille de l'Espagne pour la marier. »

En disant cela, la condamnée avait tiré de son sein une croix en diamants ; c'était un bijou d'un grand prix qui lui venait de sa mère.

« Vous ferez cela, monseigneur, n'est-il pas vrai ? ajouta-t-elle.

— Je vous le promets, dit le gentilhomme.

— Merci, monseigneur, j'y compte; c'est l'unique bien qui me reste; qu'il serve au moins à faire quelque heureux...

— Est-ce tout? demanda le frère de Paix et Charité.

— Il y a bien encore autre chose, dit Paula avec un peu d'hésitation.

— Parlez, tout ce qui dépendra de nous vous sera accordé.

— En venant ici, monseigneur, reprit-elle, vous avez dû rencontrer une pauvre femme vêtue de noir, qui pleurait peut-être sous ses voiles en regardant vers la prison. Cette femme, c'est ma mère, c'est elle qui m'a nourrie. On ne refuse pas aux condamnés la grâce d'embrasser une dernière fois ceux qu'ils ont aimés; eh bien! faites venir cette femme, monseigneur, et priez qu'on la laisse arriver jusqu'à moi.

— Vos vœux seront exaucés, » répondit le pieux seigneur.

Et il sortit aussitôt avec le frère qui était venu avec lui.

A ce moment, un second prêtre de l'ordre des Agonisants remplaçait celui qui avait reçu la confession de Paula.

Il s'approcha de la jeune femme et continua les exhortations banales du premier.

On eût dit une leçon apprise, que chacun de ces moines venait répéter à son tour.

Et sur leur physionomie distraite ou ennuyée, pendant qu'ils remplissaient ce pieux devoir, on voyait à nu toute la sécheresse, toute l'aridité de leur âme.

Ces hommes avaient généralement des cœurs de bronze et une santé de fer.

Paula le laissa parler sans lui répondre; elle priait intérieurement et non pas des lèvres, pour implorer le grand dispensateur des miséricordes; elle n'avait pas besoin d'un pareil intermédiaire, il eût refroidi sa ferveur au lieu de la réchauffer.

Elle resta donc muette et recueillie, attendant l'exécution de la promesse du gentilhomme, pendant que le moine, commodément établi dans son fauteuil, avait penché sa tête sur sa poitrine et s'était légèrement endormi en récitant des litanies.

Paula avait les yeux tournés vers la porte; son âme ne pouvait être distraite de l'espoir qu'elle avait conçu de voir sa nourrice une dernière fois.

Son attente ne fut pas vaine; le gentilhomme revint bientôt suivi de cette femme vêtue de noir que lui avait désignée Paula, et qu'il avait effectivement rencontrée aux avenues de la prison.

En se trouvant, Paula et sa nourrice n'eurent point de paroles; mais la condamnée se jeta sur le sein qui l'avait nourrie, et là, pour la première fois depuis bien des années, elle pleura sans contrainte.

Par respect pour cette dernière entrevue, les frères de Paix et Charité s'étaient retirés.

C'était l'usage aussi que le prêtre laissât le condamné s'entretenir librement avec ceux à qui il était permis de le visiter. Le moine agonisant ne bougea donc pas; à l'arrivée de Juana, il rouvrit à demi les yeux, puis il continua de réciter ses oraisons à voix basse.

Lorsque Paula eut versé dans le sein de sa nourrice toutes les larmes amassées depuis si longtemps, elle releva la tête, et fixant ses grands yeux noirs sur ceux de sa vieille nourrice, elle lui dit avec une tendresse infinie :

« Tu veux donc mourir aussi ?

— Après toi seulement, répondit Juana.

— Tu as raison, dit Paula avec un amer dédain de la vie; que ferais-tu seule ici?

— N'est-ce pas? fit la sévère Juana; comme si pour ces deux femmes qui avaient vécu seulement de dévouement et d'amour, la vie terrestre ne fût rien sans celle de l'âme, et qu'elles n'eussent été créées que pour vivre ici-bas comme les archanges, d'extase. »

O bienheureuses natures qui, venues de Dieu, vivez en lui et retournez à lui sans vous en être jamais séparées! car celui qui vit seulement d'amour existe en Dieu.

Puis elles restèrent en silence à côté l'une de l'autre, les mains tendrement entrelacées, savourant le bonheur de se voir encore avant leur séparation d'un jour.

Elles n'avaient plus rien à se dire, la terre n'existait plus pour elles, elles allaient mourir... et se retrouver...

Elles avaient ainsi passé une heure ensemble sans en compter les minutes; un sbire entra dans la chapelle pour les avertir qu'il était temps de se séparer.

Seulement alors, le doute qui l'avait obsédée revint agiter l'esprit de Paula, et comme sa nourrice lui tendit ses deux bras pour l'étreindre dans un dernier baiser, elle lui dit avec angoisse :

« N'est-ce pas que Dieu me recevra dans son sein et qu'il m'a pardonné?

— Pauvre victime! répondit Juana; sois tranquille, nous nous reverrons... »

Un rayonnement céleste resplendit à ces mots sur le visage de Paula.

Elle présenta son beau visage aux baisers de sa mère adoptive; Juana la baisa tendrement au front, et sortit en lui disant :

« A bientôt.... »

Paula demeura plongée dans une extase céleste qui dura jusqu'au jour.

L'Adieu.

XLIX

Le Supplice de la Roue.

Il était six heures du matin.

Un homme entra dans la chapelle où était Paula.

Cet homme était le bourreau.

En le voyant, la première impression qu'éprouva Paula fut de terreur, la seconde de joie; elle allait mourir!... Mais en dépit d'elle-même, à l'aspect de l'homme qui allait la torturer, elle n'avait pu réprimer un premier mouvement d'horreur : instinct de la nature physique qui ne cède qu'après la réflexion à l'influence du sentiment moral.

« Je suis prête, » dit la jeune femme en se relevant.

Le bourreau s'approcha alors, et posa sur la tête de la condamnée une calotte verte ornée d'une croix blanche. Cette coiffure avait la forme d'un bonnet grec.

Puis, dépouillant Paula de sa tunique de flanelle blanche, l'exécuteur des hautes œuvres la revêtit d'une robe mi-partie de rouge et de noir. La couleur noire était celle des parricides; la rouge désignait le sacrilége.

Paula le laissa faire avec indifférence; peu lui importait le vêtement dans lequel elle allait quitter la vie.

Quand le bourreau eut fini :

« Est-ce tout? lui demanda-t-elle.

— Tout pour le moment, répondit cet homme.

— Quand dois-je mourir?

— Pas encore.

— O mon Dieu! » fit Paula avec impatience.

Le bourreau la regardait avec étonnement; il ne comprenait pas qu'un condamné fût impatient de mourir.

Il laissa Paula seule en lui disant :

« Faites vos derniers actes de contrition. »

Paula se jeta à genoux en criant de nouveau à Dieu son éternelle prière.

« Que je sois réunie à Fernand!... »

Un prêtre entra alors dans la chapelle pour exhorter une dernière fois la condamnée, mais elle ne lui répondit pas; elle continua d'implorer Dieu dans son âme.

Et comme il insistait, elle lui répondit avec douceur :

« Dieu m'a pardonné, ma mère me l'a dit. »

Le prêtre crut que la terreur du supplice avait égaré sa raison.

A ce moment, on venait la chercher.

Elle se leva avec un cri de joie et s'élança vers la porte; mais comme son calice de douleur n'avait pas encore été rempli, on lui prit les deux mains qu'on lia avec des cordes, comme s'il eût été nécessaire de la traîner de force à ce supplice qu'elle réclamait avec tant d'ardeur.

Mais la résignation de Paula n'avait plus de bornes; elle était heureuse de souffrir...

Elle sortit de la chapelle.

Lorsque après avoir traversé les corridors obscurs de la prison elle se trouva dans la rue, le soleil darda en plein sur son visage d'une pâleur éclatante, où se mélangeaient autour des yeux et des tempes quelques tons bleuâtres.

Eblouie de cette clarté soudaine, Paula ferma un instant les yeux.

Lorsqu'un peu habituée à cette vive lumière, elle les rouvrit et regarda autour d'elle, elle se vit entourée de soldats, de gens pieux qui, un cierge à la main, l'accompagnaient directement au supplice, et de moines agonisants rangés sur deux files et récitant d'un ton lamentable les prières qui précèdent le dernier moment.

Un d'eux se tenait constamment auprès de la condamnée, en l'exhortant à bien mourir.

Puis, mêlée aux agonisants, la confrérie de Paix et Charité, dernier ami des suppliciés, accompagnait l'objet de ses soins, on pourrait presque dire de son culte; antithèse vivante de la loi humaine, la confrérie de Paix et Charité était le fidèle interprète de la clémence du divin Sauveur.

Les gens du peuples, toujours avides de spectacles horribles, accouraient en foule sur les traces du *condamné*. Plusieurs d'entre eux demeuraient frappés de surprise à la vue de ce jeune et beau visage qui semblait appartenir à une femme ou à un archange.

Mais comme le jugement à huis clos de Paula n'avait pas fait de bruit, et que rien de ce qui s'y était passé n'avait été divulgué, si ce n'est la condamnation à mort de l'assassin, tout le monde avait ignoré son véritable sexe; on s'était figuré un homme terrible et colossal. L'assassin d'un grand inquisiteur ne pouvait être qu'un homme extraordinaire, et on n'avait sous les yeux qu'un être frêle, pâle, doux et beau, une créature presque idéale.

Pendant ce douloureux pèlerinage, Paula fut l'objet d'une ardente curiosité, et aussi d'une incroyable pitié. Le peuple, qui la prenait toujours pour un jeune moine, se sentait attendri malgré lui en faveur de tant de jeunesse, et le souvenir odieux de Pierre Arbues augmentait encore cette disposition à l'indulgence pour son meurtrier.

Le cortège arriva ainsi jusqu'à la plaza Mayor.

En revoyant ce lieu où la dernière fois qu'elle y était venue, le jour de l'auto-da-fé, Pierre Arbues avait fait immoler tant de victimes, le cœur de Paula se souleva d'indignation; elle tourna les yeux vers le Quemadero comme pour y chercher les martyrs qui étaient tombés sur cette brûlante arène.

C'était là aussi que Fernand était tombé.

Ce fut le dernier retour de Paula vers son existence terrestre, maintenant accomplie. Elle baissa la tête sur sa poitrine, et attendit que la mort vînt la chercher.

Elle regarda sans pâlir les instruments de son supplice, et monta sur l'échafaud d'un pas ferme.

Un moine agonisant y monta avec elle.

Lorsqu'elle y fut arrivée, elle se jeta à genoux en levant les yeux au ciel, et, du plus profond de son cœur, elle implora une dernière fois sa miséricorde.

Puis elle se releva et attendit.

Mais en ce moment ses yeux s'arrêtèrent sur la foule qui entourait l'échafaud, et parmi tous ces visages inconnus elle remarqua une blanche et douce figure qui se tenait au pied de son calvaire, comme la mère du Christ sous la croix du Sauveur des hommes.

C'était la douce et courageuse Juana.

A ce moment suprême, elle voulait encore la fortifier par sa présence, et elle avait eu le courage de venir assister à son courage.

Paula lui sourit imperceptiblement, puis elle lui montra le ciel du regard.

Alors Juana abattit sa mantille sur son visage, et la releva soudainement comme pour lui dire encore une fois dans un langage symbolique : Notre séparation n'est que d'un jour.

Le prêtre qui assistait la condamnée lui présenta alors à baiser un christ d'argent qu'il tenait à la main.

Paula posa pieusement ses lèvres sur l'image sacrée.

Pendant ce temps, le prêtre la bénit, et le peuple enthousiaste à la vue d'une si touchante résignation, s'exalta pour le criminel qui mourait si saintement.

L'exécution allait commencer.

Il y avait sur l'échafaud une grande croix de Saint-André, une masse de fer, une hache et un billot.

Le bourreau détacha les mains de la condamnée, prit sa main droite par le poignet, la posa sur le billot et voulut l'y attacher.

« Cela est inutile, dit Paula; faites. »

Le bourreau leva sa hache..,

Paula suivait de l'œil tous ses mouvements.

Mais, plus rapide que la pensée la hache retomba en sifflant... et cette main blanche et pâle bondit sur le billot, inondée par les flots de sang qui s'échappaient des artères coupées.

D'un seul coup le bourreau l'avait séparée du bras...

Un long cri d'horreur s'éleva dans la foule. Paula seule n'avait rien dit; seulement, son visage était devenu plus pâle encore, et un léger tremblement nerveux l'avait saisie.

Le bourreau voulut étancher avec des linges le sang qui s'échappait de la blessure.

« Laissez, dit Paula, ce sera plus tôt fini. »

Elle pâlissait à vue d'œil, et malgré l'immensité de son courage, la douleur atroce qu'elle éprouvait et la grande quantité de sang qui s'échappait de son bras mutilé, l'affaiblissaient à chaque minute; elle pouvait à peine se soutenir.

Elle tourna ses yeux vers la croix où devait se terminer son supplice, et dans son avidité inexprimable de repos, elle sourit à ce lit de douleur qui allait du moins supporter son corps anéanti; et s'adressant au bourreau, d'une voix suppliante elle lui dit :

« Achevez... »

Le bourreau, aidé d'un valet, l'enleva aussitôt dans ses bras robustes, l'étendit sur la croix, en ayant soin que chacun de ses membres correspondît à chacune des branches, en sorte qu'ainsi placé, le corps avait la figure d'un X. Il lia ensuite les jambes et les bras de la victime, même le bras douloureux qui avait été mutilé; et après que ces diverses opérations furent achevées, cet homme, qui ne devait pas avoir d'entrailles, éleva, impassible, sa massue de fer comme eût pu faire une mécanique vivante.

La massue retomba lourdement de tout le poids de la force herculéenne de cet homme, sur un bras frêle qu'elle brisa comme du verre.

C'était celui qui avait déjà subi la peine des parricides.

Un gémissement sourd, prolongé, involontaire, vint mourir sur les lèvres de l'infortunée, semblable au dernier frémissement de l'airain sur un timbre sonore après que l'heure a sonné. Un horrible frisson de douleur courait dans la moelle des os de Paula.

C'était horrible...

La foule, muette et morne, assistait en frémissant à cet effroyable drame.

Malgré les liens qui les retenaient sur cette croix d'agonie, les membres de Paula étaient agités de convulsions affreuses; et malgré la chaleur de la journée, ses dents claquaient comme si elle avait eu froid.

Son sang continuait à couler, et elle allait s'affaiblissant toujours davantage.

Trois coups de massue pareils au premier achevèrent de briser ce corps si beau, créé pour toutes les délices de la vie; et à chaque fois, les gémissements de Paula devenaient plus sourds et plus indistincts.

Au dernier coup, les gémissements furent à peine sensibles... les yeux de la victime, déjà ternes et voilés, achevèrent de se fermer; leurs longues paupières noires s'abaissèrent sur ses joues comme une ombre légère; son front blémit et se colora d'une teinte d'ivoire jauni... sa bouche se contracta sur ses dents éblouissantes comme dans un dernier sourire, et une légère convulsion souleva une dernière fois sa poitrine... puis ce fut tout...

Le sang cessa de couler des artères taries..

Paula ne souffrait plus.

Le bourreau posa la main sur le cœur de la suppliciée, il n'avait plus de pulsations.

« Elle est morte, mon père, dit cet homme au moine qui l'avait accompagnée jusque sur l'échafaud...

— Que Dieu fasse miséricorde à son âme, répondit le moine en se tournant vers le peuple; prions, mes frères, pour la victime qui vient d'expirer. »

A ces mots, Juana, qui pendant tout le temps qu'avait duré cet épouvantable supplice était restée au pied de l'échafaud, étouffant ses sanglots et dévorant ses larmes, Juana poussa un grand soupir comme si un poids affreux eût été enlevé de dessus sa poitrine.

Son enfant, qu'elle n'avait pu sauver, avait au moins cessé de souffrir...

Il s'était fait un grand silence parmi la foule; cette terrible exécution avait été si rapide, la patiente, victime forte et résignée, avait si peu cherché à attendrir le peuple en sa faveur, elle avait montré un courage tellement héroïque, que ce peuple espagnol, si amoureux de toute grandeur, se sentait entraîné à une admiration sans borne pour le moine parricide. S'il avait su que ce moine était une femme... combien plus grande eût été son admiration !

Mais, par un calcul de la justice, ce secret resta toujours ignoré; on craignait qu'en le divulguant on ne donnât ainsi à deviner la véritable cause de la mort de Pierre Arbues.

Or, ce n'était pas là le compte de l'Église romaine, qui voulait faire de l'inquisiteur un saint et un martyr.

Le bourreau et ses aides descendirent de l'échafaud... Le peuple se retirait lentement en devisant, selon son bon sens vulgaire, sur cet événement extraordinaire d'un inquisiteur mis à mort pour avoir assassiné un autre inquisiteur; car Paula n'était toujours pour lui qu'un officier de l'inquisition.

Bientôt il ne resta plus autour de l'échafaud que les sentinelles chargées de garder le corps, jusqu'à l'heure où le bourreau viendrait l'écarteler.

Cela devait se faire le même soir, à la nuit.

Juana se retira la dernière, mais elle se tint peu éloignée de la place, dans le fond d'une église voisine; sa tâche n'était pas encore accomplie.

De temps à autre, quelques curieux s'avançaient autour de l'échafaud, se hissaient sur la pointe des pieds, et regardaient le cadavre du condamné, beau encore malgré tant d'incroyables mutilations; mais les sentinelles écartaient avec soin les curieux, car on avait ordonné que personne ne pût approcher de trop près.

Enfin il fut nuit...

La plaza Mayor devint déserte; seulement quelques garduños la traversaient de temps à autre, en silence, les pieds nus ou chaussés d'alpargatas, marchant d'un pas si léger, qu'on eût dit que le sol était rasé par un oiseau. Ils passaient là comme par hasard, sans intention, n'essayant même pas de s'approcher de l'échafaud; mais, en effet, ces hommes étaient en sentinelle pour surveiller l'enlèvement du cadavre de Paula, après que le bourreau l'aurait écartelé.

Celle qui n'avait cessé de veiller sur cette malheureuse jeune fille pendant sa vie, la noble et fidèle Juana, veillait encore sur sa dépouille mortelle; elle avait acheté, avec l'or et les bijoux qui lui restaient, ces hommes que l'appât du gain avait toujours le pouvoir de séduire, et à qui, vu leurs relations intimes avec l'inquisition, l'impunité était presque toujours assurée.

Lorsque dix heures sonnèrent, le bourreau, suivi d'un aide, retourna sur le lieu de l'exécution.

Il avait à la main un très fin scalpel, et ses aides portaient des épieux de fer très pointus.

Arrivé sur l'échafaud, le bourreau commença par délier le cadavre qui était resté attaché sur la croix; il était encore tiède, et les membres n'avaient perdu que très peu de leur souplesse.

Le bourreau fendit en deux, dans le dos, la tunique dont Paula était revêtue, et mit à nu ce corps blanc et pur d'une forme enchanteresse.

Puis, à la lueur d'une torche de résine dont la flamme vacillante projetait sur ces chairs blafardes des tons d'un rouge vif mélangé de grandes ombres noires, le bourreau se mit à disséquer le corps avec une dextérité incroyable; il scalpa dans les muscles et dans les nerfs, coupa lestement les tendons, et après avoir parfaitement disjoint les os, il les désemboîta l'un après l'autre, acheva de scalper les muscles et sépara les membres du tronc.

Cela fait, il enleva dextrement la tête et la posa à côté des membres.

Comme il terminait cette opération, un frère major (*hermano mayor*) de Paix et Charité s'avança vers l'échafaud et réclama le tronc du cadavre pour l'ensevelir.

C'était le droit de la confrérie, et elle se hâtait d'en user.

Ce tronc fut pieusement recueilli dans un cercueil de bois de chêne, et les confrères, en s'emparant de ce précieux butin de la charité, jetèrent un regard de regret sur les membres abandonnés qui demeuraient la proie du bourreau.

Toutefois, le corps ne fut livré à la confrérie de Paix et Charité que sur le serment de ne pas révéler le sexe de Paula.

Mais il fallait que la justice eût son cours.

Le bourreau enleva donc les membres et la tête; il les réunit et les lia dans un sac de toile rempli de son, et, toujours suivi de ses acolytes, il s'achemina vers la route de Cadix, de l'autre côté du bario de Triana.

Les garduños suivirent de loin pour voir quelle route ils avaient prise.

Lorsqu'ils furent arrivés à une demi-lieue environ de Séville, les exécuteurs plantèrent en terre cinq épieux de fer, les y fixèrent solidement avec un lourd marteau; puis le bourreau posa et enfonça lui-même sur la pointe des épieux, qui étaient hors de terre, les membres et la tête de Paula, qui restèrent ainsi exposés à la vue des passants et à la voracité des bêtes fauves.

Cela fait, les exécuteurs se retirèrent; leur tâche était entièrement accomplie.

Les garduños s'étaient tenus cachés à quelque distance.

« A nous, maintenant, dirent-ils, lorsqu'ils virent les exécuteurs à une assez grande distance.

— Oui, et dépêchons, ajouta l'un des garduños, afin que la *fumée* ne vienne pas nous surprendre à un pareil *éclipsement*.

— Dieu nous en garde! j'aimerais mieux à être surpris à éclipser la mitre de l'archevêque. »

En même temps, les deux enfants de la Garduña s'approchèrent ensemble des épieux où étaient exposés les membres de Paula.

Un de ces hommes tendit par les quatre coins un grand carré de toile blanche, pendant que l'autre enlevant un à un les membres et la tête de la suppliciée, les déposait dans le carré de toile.

Quelques minutes suffirent à cette opération.

Puis, chargés de leur précieux fardeau, les garduños reprirent le chemin del *Palacio*, qui était heureusement peu éloigné.

Personne ne se rencontra sur leur route, et leur expédition nocturne demeura parfaitement cachée.

Mandamiento les attendait dans la salle des *délibérations*.

« Voilà, maître, dirent-ils en arrivant; notre besogne est faite.

— Pas encore, répondit Mandamiento, suivez-moi. »

Et il les conduisit dans le souterrain où ils avaient brûlé le cadavre de l'ancien gouverneur de Séville.

Là, Juana attendait.

Un cercueil doublé de soie blanche était au milieu du souterrain, à côté d'une fosse qu'on y avait creusée.

En voyant arriver les garduños, Juana se leva.

Elle vint à eux et leur prit des mains les membres mutilés de sa fille; puis elle dit à Mandamiento :

« Qu'on me laisse seule quelques instants; j'ensevelirai moi-même mon enfant. »

Mandamiento et les garduños se retirèrent.

Juana étendit par terre la toile qui contenait les restes de Paula, ceux du moins que la Paix et Charité n'avait pu ensevelir.

A la vue de cette noble tête qu'elle avait tant aimée, le courage de la vieille femme sembla l'abandonner un instant. Elle se pencha sur ces lèvres froides et décolorées qui avait sucé son lait lorsque Paula était enfant, et elle pleura ses dernières larmes, ses larmes de mère.

Mais cette âme forte et pleine de foi ne pouvait longtemps se laisser abattre; elle regarda ces yeux éteints d'où la vue s'était retirée, et leur dit en les baisant une dernière fois :

« Enveloppe mortelle de l'âme de ma Paula, retournez à la terre en attendant la résurrection éternelle! Ce n'est plus là Paula, Paula est au ciel et j'irai la rejoindre. »

Alors elle essuya ses larmes, déposa avec courage les membres roidis de la morte dans le cercueil qui les attendait, le recouvrit d'un grand voile, et s'agenouilla en priant au pied du cercueil.

Au bout d'une heure, Mandamiento rentra avec les garduños.

Juana se leva et vint à lui.

« Tenez, dit-elle, señor Mandamiento, vous avez loyalement rempli vos promesses, et j'ai rempli aussi les miennes; mais ce n'est point assez encore, et je veux récompenser votre zèle. »

En même temps, elle ôta de son doigt une bague d'un très grand prix et la donna au maître de la Garduña.

« Señora, dit Mandamiento, ébloui d'un si riche présent, que fera la confrérie pour reconnaître votre générosité incomparable?

— Laissez-moi prier jusqu'à demain près de ce cercueil, dit Juana; demain vous le déposerez dans la fosse qui lui est destinée.

— Qu'il soit fait ainsi que le désire votre seigneurie, répondit Mandamiento.

— Qu'on ne vienne ici que demain matin, » ajouta Juana.

Mandamiento s'inclina en signe de consentement.

La nourrice de Paula resta seule.

Elle passa toute la nuit en prières auprès du cercueil.

Lorsque, le lendemain, les garduños revinrent pour le mettre en terre, ils trouvèrent Juana penchée sur les restes de sa fille, les mains jointes et la tête inclinée.

Ils lui parlèrent, elle ne répondit pas.

Un d'eux la prit par le bras pour la réveiller, croyant qu'elle s'était endormie; mais Juana ne se réveilla pas, et son corps resta immobile et roide comme une pierre.

Elle avait tenu la promesse faite à Paula. Lorsque Paula avait eu quitté la terre, Juana l'avait quittée aussi, sans secousses, sans efforts, sans moyens coupables, par la seule volonté de mourir...

« Maître, dirent les garduños à Mandamiento, cette femme est morte, que ferons-nous de son corps?

— Le cercueil est grand, répondit le maître, c'est sans doute la dernière volonté de cette dame d'être ensevelie avec ce corps mutilé; mettez-la donc dans ce cercueil et que la même fosse les reçoive. »

Deux femmes de la Garduña furent appelées pour ensevelir Juana, et après des prières et des cérémonies bizarres, on descendit le cercueil dans la tombe.

Puis on le recouvrit de terre.

Les souterrains de la Garduña auraient éternellement gardé le secret de ces étranges funérailles, si le *maître*, selon la coutume invariable de la confrérie, n'eût consigné le fait dans ses mystérieux registres, retrouvés quelques siècles plus tard.

L

Adieu.

Dans une de ces nombreuses *posadas* (auberges) échelonnées le long du môle, où venaient manger les marins qui, de toutes les parties du monde, affluaient dans le port de Cadix, trois personnes étaient réunies au milieu d'une salle basse.

Autour d'elles, sur des bancs grossiers, on avait déposé quelques objets indispensables pour un voyage d'outre-mer : deux petites malles de la dimension la plus exiguë, et un sac de laine, serré par des cordons de manière à pouvoir être porté à la main, et sauvé même en cas de fuite.

Les trois personnes qui occupaient cette salle étaient le comte de Vargas, la jeune comtesse et Jean d'Avila.

Depuis quinze jours, Estevan et Dolores, arrivés sains et saufs à Cadix par la *grâce* de la Guarduña, attendaient l'exécution de la promesse de José.

L'apôtre qu'ils n'avaient devancé que de quelques jours, attendait avec eux, leur aidant à supporter ces derniers moments d'anxiété pénible qui précèdent l'accomplissement d'un acte décisif de la vie.

Cependant l'impatience commençait à les gagner.

En outre, malgré leur incognito et la précaution qu'avaient eue les jeunes mariés de conserver des vêtements populaires, Jean d'Avila n'était pas tranquille; il redoutait pour eux les poursuites de l'inquisition.

Les trois amis étaient assis depuis quelques minutes sans parler; ils semblaient être en proie à une violente préoccupation.

« Mon père, dit enfin le jeune comte, voilà près de vingt jours que nous avons quitté Séville; le bâtiment hollandais sur lequel j'ai retenu notre passage peut partir d'un moment à l'autre, et je crains d'exposer Dolores en séjournant plus longtemps en Espagne. Pensez-vous que don José vienne nous rejoindre ainsi qu'il l'a promis? N'ai-je pas plutôt lieu de craindre...

— Que sais-je? répondit le religieux; la disparition de Juana me semble étrange; la fuite de cette femme cache certainement un mystère; pourtant je ne puis croire...

Oh! non, non, s'écria la naïve Dolores : José est un cœur d'ange, un martyr comme nous; qui sait, ajouta-t-elle avec attendrissement, qui sait quel malheur aura peut-être frappé cette jeune tête... Il y avait quelque chose de fatal en lui.

— Je n'ai jamais eu entière confiance dans ce dominicain, répliqua Estevan.

— L'inquisition cache tant de secrets étranges et terribles! observa Jean d'Avila.

— Mais enfin, mon père, continua Estevan, notre sûreté exige que nous partions au plus vite; dois-je, pour obéir à une parole donnée en échange d'une promesse incertaine, compromettre la sûreté de celle qui m'est plus chère que la vie?

— Deux jours encore, dit doucement la comtesse, deux jours seulement, mon Estevan; si après ce terme José n'est pas venu... eh bien! nous partirons, ajouta-t-elle avec un soupir douloureux, comme si au moment de la quitter elle eût donné un souvenir de tendresse et de regret à son Espagne bien-aimée.

A ce moment, un homme du navire sur lequel ils devaient s'embarquer vint les avertir qu'on mettait à la voile le même soir

« Comment, si tôt, s'écria vivement Dolores.

— Le vent est favorable, señora, » répondit le matelot.

Ce mot-là tranchait toutes les difficultés. Le vent! c'est le roi, c'est le dieu des marins...

Dolores baissa tristement la tête et ne parla plus.

« Vous le voyez, mon père, dit Estevan, il est impossible d'attendre davantage; il faut partir, partir aujourd'hui même.

— C'est vrai, répondit Jean d'Avila, ému de la tristesse de Dolores; l'impérieuse nécessité est là qui commande, il faut lui obéir... Après tout, ajouta-t-il, cela est sans doute la volonté de Dieu.

— Eh bien! dit Estevan au marin en lui montrant les deux petites malles, prenez ceci et emportez-le à bord. Ce soir, nous nous rendrons au navire. »

Le matelot obéit et se retira.

Dolores rapprocha d'elle le petit sac de laine et en passa les cordons à son bras.

Ce sac contenait les cendres de son père.

Il faisait très-chaud. Estevan sortit un instant de la *posada* pour respirer l'air frais qui s'élevait de la mer.

Il fit quelques pas sur le môle, le long des murailles qui bordaient l'anse où est situé le port de Cadix. Cette vieille citadelle, cette ville imprenable entourée d'une double ceinture d'eau et de pierre, avait un aspect triste et morne.

Le soleil dardait à plomb sur le pavé brûlant; les rues étaient désertes, et on n'entendait rien au dehors que le clapotement des vagues battant le pied des murailles avec un bruit harmonieusement monotone, ou les pas des sentinelles de faction à la porte de Mer.

« Ce soir, dit enfin Estevan en se parlant à lui-même, ce soir je vais donc quitter l'Espagne! Oh! que le ciel lui soit prospère! s'écria-t-il en se tournant vers le nord comme pour jeter un dernier regard d'amour et d'indicible tristesse à cette terre chérie. Que Dieu détourne d'elle le fléau de ses malédictions, qu'il la rende à une vie nouvelle... Allons, ajouta-t-il en soupirant profondément, pour moi le dernier sacrifice est fait... Il faut la fuir, puisque je ne peux rien pour elle... »

Comme il achevait ces mots, il vit venir à lui, du côté du chemin de terre, cinq personnes qui portaient le costume des Sévillans. Il retourna alors sur ses pas, et rentra prudemment dans la *posada*; car il tremblait à chaque instant qu'on fût sur leurs traces, et qu'on les découvrît avant qu'ils eussent pu s'embarquer.

Mais à peine avait-il refermé sur lui la porte de la salle où étaient Dolores et Jean d'Avila, qu'on frappa rudement à cette porte.

Estevan tressaillit et hésita un moment.

« Qu'est-ce donc? demanda Dolores étonnée.

— Ouvrez-nous, seigneur don Estevan, » cria en même temps du dehors une voix que les trois amis reconnurent aussitôt.

C'était celle de Coco.

« C'est José qui arrive! » s'écria Dolores.

Estevan, un peu rassuré, avait rouvert la porte.

Mais ce n'était pas José; c'était Coco, sa sœur, Manofina et la Serena, qui arrivaient de Séville, conduits par un des garduños de la confrérie de Cadix, qui avaient reçu Estevan et Dolores à leur arrivée, et les avaient *recommandés* à la maîtresse *del meson* où ils étaient logés.

Grande fut la surprise de Dolores, d'Estevan et de Jean d'Avila.

« Qu'êtes-vous venus faire à Cadix, mes enfants? leur demanda l'apôtre.

— Nous sommes venus chercher le seigneur don Estevan et la señora Dolores, pour les suivre et les servir partout où ils voudront aller, répondit la Serena.

— Merci, de votre dévouement! répondit la jeune comtesse attendrie; ce n'est pas la première fois que je l'éprouve; mais savez-vous bien, mes amis que vous voulez suivre de pauvres exilés qui auront à peine de quoi vous faire vivre?

— Nous travaillerons pour les nourrir, répondirent en même temps les deux femmes.

— Travailler n'est pas ce qui nous ferait de la peine, repartit Coco; mais, grâce au ciel, leurs seigneuries n'auront pas besoin de notre chétif secours.

— Et don José! qu'est devenu don José? s'écria Dolores avec anxiété; vous ne m'avez pas encore parlé de lui, Coco. »

Au nom de José l'alguazil baissa tristement la tête, Manofina demeura interdit, et les deux femmes se mirent à pleurer...

« Qu'est-ce donc? que lui est-il arrivé? » demanda la comtesse de Vargas.

Alors, d'une voix triste, émue, entrecoupée, le fidèle alguazil raconta à leurs seigneuries le terrible dénoûment de la tragédie qui venait de se passer à Séville.

Jean d'Avila, Estevan et Dolores écoutèrent dans une stupeur profonde cet affreux récit; et lorsque Coco, dans un langage animé et pittoresque, en vint à retracer les derniers moments de José :

« Oh! s'écria la comtesse tout en larmes, je savais bien que José était un martyr!

— Ce n'est pas tout, señora, ajouta Coco en tirant de son sein le portefeuille que Paula avait si soigneusement scellé le jour où elle quitta le palais inquisitorial et qu'elle avait remis à Coco, ce n'est pas tout; voici un dépôt que don José m'a remis pour vous; prenez, señora, cela vous appartient...

— A moi? fit Dolores étonnée.

— A vous, ma fille, dit Jean d'Avila, puisque c'est le legs d'un mourant. »

Dolores prit alors le portefeuille d'une main tremblante, l'ouvrit, puis elle le donna à Estevan. Elle ne comprenait guère la valeur de cette multitude de morceaux de papier couverts d'un griffonnage le plus souvent illisible, enfermés entre les plis du cuir de Maroc.

Mieux au fait qu'elle de ces sortes de choses, Estevan, après y avoir jeté un rapide coup d'œil, dit à sa femme :

« Noble José! il n'a pas voulu que ceux qu'il avait aimés eussent à souffrir de la misère; il y a là toute une fortune, Dolores!

— Pauvre José! » s'écria la jeune femme, plus touchée de la mort horrible de leur ami et de l'affection qu'il leur avait témoignée, même en mourant, que de l'amélioration qu'une somme aussi considérable pouvait apporter dans leur situation présente.

En même temps, elle aperçut dans le portefeuille un papier d'une plus grande dimension que les lettres de change, soigneusement plié et cacheté.

Sur l'enveloppe, Paula avait, de son écriture, tracé les lignes suivantes :

« A la comtesse Dolores de Vargas, lorsqu'elle sera en sûreté hors de sa patrie.

— Cela ne doit pas être lu encore, » dit Dolores; et elle replaça le paquet cacheté dans le portefeuille...

La journée s'était rapidement écoulée, le soleil baissait à l'horizon, le mouvement et la vie commençaient à revenir dans la ville.

Le marin qui déjà une fois était venu avertir les voyageurs entra de nouveau dans la *posado*.

« Señor, dit-il à Estevan, une barque attend à la porte de Mer pour vous conduire au vaisseau.

— Partons, dit Estevan, partons; puisqu'il le faut, mieux vaut plus tôt que plus tard. »

Dolores alors se rapprocha de Jean d'Avila, et de sa voix douce et pénétrante dont le charme était irrésistible :

« Mon père, lui dit-elle, n'allez-vous pas nous suivre?

— Non, répondit Jean d'Avila, non, ma fille, je ne vous suivrai pas; je ne m'appartiens pas, j'appartiens à l'Espagne; mes pauvres et mes affligés me réclament, et c'est vers eux que je dois retourner.

— Dites-moi, au moins, que vous nous regretterez, ajouta la jeune comtesse.

— Dolores, dit Jean d'Avila, laissez-moi au moins le mérite du sacrifice. Je suis homme, et mon cœur est accessible à la douleur et à l'affection; mais avant d'être homme, je suis ministre de Jésus-Christ : c'est le ministre qui doit l'emporter. Des malheureux ont besoin de moi, j'appartiens à ces malheureux.

— C'est vrai, dit-elle; retournez auprès d'eux; ils ne peuvent se passer de vous. Vous êtes pour eux le représentant de Dieu, qui sait changer le mal en bien, tandis que l'inquisition change en mal le bien le plus parfait.

— Voilà pourquoi je ne peux vous suivre, répondit Jean d'Avila.

— Mon père, dit-elle, je n'ai garde de vous détourner de ce sublime dévouement. Obéissez à la voix d'en haut, mais que de loin votre esprit plane sur nous; restons unis dans une éternelle et sainte amitié...

— N'est-ce pas là la véritable communion de l'esprit annoncée par l'Homme-Dieu? répondit l'apôtre; oui, ma fille, je vous serai toujours uni par la pensée.

— Oh! dit Dolores, de loin encore il me semble que je resterai sous l'influence de votre protection toute-puissante.

— Vous serez sous l'œil et sous la main de Dieu, répondit Jean d'Avila, que craignez-vous? »

Les voyageurs sortirent en ce moment de la *posada*. Jean d'Avila voulut les accompagner jusqu'à leur vaisseau.

Ils montèrent dans deux chaloupes qui les attendaient sur le rivage; les marins agitèrent leurs rames, et en quelques minutes ils étaient sous le vaisseau hollandais qui devait les emporter, masse énorme au ventre large et arrondi, colosse lent, mais infatigable, qui semblait défier la tempête.

On leur jeta l'échelle qui devait leur aider à gravir les flancs du navire.

Coco et sa sœur, Manofina et la Serena montèrent les premiers.

Estevan et Dolores étaient restés dans la première chaloupe avec Jean d'Avila.

« Dépêchez-vous, seigneurs, leur cria le pilote; le vent fraîchit, on va mettre à la voile. »

Estevan prit la main de Dolores pour l'aider à monter, Jean d'Avila se leva.

« Adieu, mon père, lui dit la jeune comtesse en retenant une larme; adieu... priez pour nous.

— Adieu, ma fille, répondit le saint d'une voix émue, adieu... N'oubliez pas qu'il n'est qu'un bonheur au monde, c'est celui des cœurs purs et dévoués.

— Mon père, répondit Dolores à voix basse, il n'est pas de bonheur pour les exilés! »

Elle s'élança, légère et rapide, et eut bientôt atteint le pont du vaisseau.

« Adieu, mon père, dit à son tour Estevan; si jamais l'Espagne se réveille, souvenez-vous d'un de ses enfants qui languira loin d'elle inactif et exilé.

— Estevan, répondit Jean d'Avila, les vrais enfants de Dieu n'ont qu'une patrie, la terre; et de quelque point du globe qu'une voix chaleureuse et forte fasse entendre l'hymne éternel de la vérité, elle ajoute à l'édifice du bonheur social. Je vous l'ai dit, on ne régénère point un peuple par le glaive, mais par la parole, et la parole, fille de l'Esprit-Saint, va retentir invisible, mais frémissante, aux extrémités du monde. Allez, soyez ferme, inébranlable dans la voie où vous êtes engagé, et souvenez-vous que pour changer la face du monde il n'a fallu que douze apôtres, douze hommes simples et humbles de cœur, mais animés d'une foi inébranlable; de loin, encore, vous pouvez aider à la régénération de l'Espagne. »

Estevan franchit à son tour l'échelle qui le séparait du pont. Tout le monde était à bord. On hissa la chaloupe du bâtiment; celle qui contenait Jean d'Avila s'éloigna à force de rames.

Appuyés sur le sabord, Estevan et Dolores firent encore un dernier signe d'adieu à leur saint ami. Jean d'Avila leva sa main droite et leur montra le ciel comme pour leur dire :

« Là-haut nous nous reverrons... »

Sur le navire, c'était une agitation inaccoutumée ; les matelots larguaient les voiles, et livraient au vent ces blanches toiles tissues dans la flegmatique Hollande.

Le colosse, cette lourde masse, comme s'il eût été impatient de revoir sa patrie, semblait s'agiter de lui-même sur l'onde immobile ; un frémissement sourd courait dans ses larges flancs, et il semblait vivre de la vie qui s'agitait dans son sein.

Au moment de partir, les passagers gardaient un profond silence.

On n'entendait que la voix des chefs martelant leurs ordres en syllabes brèves et retentissantes, et les pas empressés des matelots, ardents à la manœuvre, impatients de quitter la terre ; la terre, où le marin ne sait que s'ennuyer.

Manofina et la Serena, Coco et sa sœur, en vrais Andalous fidèles à leurs mœurs de Gitanos, s'étaient couchés sur le pont et regardaient au loin avec des yeux humides l'horizon bleu tout chargé de paillettes dorées.

Estevan et Dolores, debout près du grand mât, contemplaient avec un enthousiasme mêlé de tristesse les splendeurs de cette magnifique soirée.

Le soleil descendait à l'horizon, et, noyé dans d'innombrables rayons prismatiques, ressemblait à une large opale au milieu d'un écrin de pierreries de mille couleurs.

Du point où ils étaient, les exilés admiraient Cadix, la ville imprenable, Cadix aux dômes de pierre, cernée par la mer comme par une ceinture verte, et prolongée à l'est par le Trocadero, d'*immortelle* mémoire.

Puis, au-delà, c'était la terre d'Espagne, Valence la belle, Grenade, la fille bien-aimée des Maures, Malaga aux vins délicieux, et plus loin Séville, Séville, la patrie d'Estevan et de Dolores.

Tout le temps que durèrent les apprêts du départ, les deux exilés restèrent silencieux et mornes, les yeux attachés à cet horizon lointain, rempli pour eux de souvenirs enivrants et de ravissants mirages.

Les douleurs qu'ils avaient éprouvées disparaissaient en ce moment ; ils ne se souvenaient plus que de leur amour pour cette belle Espagne qui allait disparaître à jamais de leurs yeux. Bientôt ils tressaillirent; Dolores s'appuya sur le bras d'Estevan pour se soutenir.

On venait de lever l'ancre.

Le navire, emporté par son poids énorme, avait lourdement bondi sur l'eau comme un taureau sauvage, et pendant quelques minutes il frémit sur lui-même par un balancement gradué qui allait toujours s'affaiblissant ; puis, enfin, il glissa doucement sur la mer unie en traçant derrière lui un large sillage.

Les vagues légères, soulevées autour de ses larges flancs, allaient et se retiraient en lui faisant une ceinture d'écume. Le vent gonflait les voiles, qui rendaient à son souffle un bruit léger et presque harmonieux ; la proue entr'ouvrait en sifflant le sein de la mer bleue et miroitante, et, peu à peu, Cadix se perdait au loin, comme un point noir, aux yeux des passagers immobiles sur le pont.

Le soleil s'était noyé dans le vaste abîme ; de larges bandes pourpre et or couraient comme des rubans de flamme d'un bout à l'autre de ce vaste horizon, et la nuit posait lentement un à un ses voiles de gaze noire sur le front de la terre.

'étoile du soir brillait au ciel...

Alors Estevan regarda sa compagne.

Immobile et muette, les yeux invinciblement attachés vers le point imperceptible qui pour elle s'appelait Séville, Dolores semblait abîmée dans une religieuse et grandiose extase.

Son front aux reflets dorés, coloré de la dernière pourpre du soleil, resplendissait aux vives lueurs du soir, comme un bronze antique sculpté par Phidias. Ses narines dilatées aspiraient encore l'air vivifiant et pur, tout chargé de parfums d'orangers et de roses, qui lui arrivait de la terre... et ses lèvres avides et frémissantes ressemblaient aux lèvres de la sibylle, entr'ouvertes pour un chant sacré.

« Salut ! s'écria-t-elle enfin d'une voix à laquelle l'inspiration prêtait un charme et une puissance presque surhumains ; salut, mère des héros, amante du poétique Ibère et du Goth sauvage, terre aimée du ciel, qui dans ton sein as toujours su changer en or pur le plus vil métal ; salut, toi dont les flancs ont porté le divin Pélage et Alphonse le Magnanime, le plus sage, le plus philosophe des rois (242).

« Reine qui as posé ton front sur les plus riches couronnes du monde, tu as vu briller sur ton manteau de pourpre les diamants du Mexique et les palmes du désert.

« Tout s'est réuni pour contribuer à ta gloire ; les Goths t'ont donné leur audace, leur rude courage, leur immortelle loyauté ; les Maures, la poésie qui enivre, la civilisation qui adoucit les mœurs ; et de ces deux mélanges de choses contraires, la religion divine du Christ a fait l'Espagne chevaleresque et chrétienne, l'Espagne sage quoique conquérante, l'Espagne, terre de bonheur et de gloire, qui avait pour tous ses enfants des mamelles de nourrice et des entrailles de mère.

« O sublime union de la religion et de la philosophie ! ou plutôt, triomphe éclatant d'une religion consolante et maternelle !... N'avons-nous pas vu se ranger sous les lois d'une reine douce, pieuse et tolérante (243), les fiers descendants des Abencerrages, race héroïque dont le plus humble avait du sang royal dans les veines ?

« N'est-ce pas la tolérance, n'est-ce pas la douceur qui a fait tomber les murs de Grenade, ébranlés par la cruauté de ses tyrans ? »

. . . .

La nuit descendait plus rapide, un voile blanchâtre s'étendait sur l'immensité de l'Océan, le ciel bleu se peuplait d'étoiles brillantes, et Cadix, perdue dans la brume, avait entièrement disparu...

A l'horizon lointain se découpaient encore vaguement en noirs dentelures des silhouettes d'arbres ou de montagnes, images informes qui allaient s'amoindrissant et se perdant une à une dans l'obscurité envahissante.

Dolores continua son chant inspiré, et à mesure que s'éloignaient les bruits de la terre, la voix de la jeune femme grandissait comme celle du vent dans le silence de la solitude.

« Espagne ! Espagne ! s'écria-t-elle, oh ! que tu étais belle aux jours de ta splendeur immaculée, alors que tes enfants libres autant que courageux avaient le droit de tout dire, et que le dernier des Espagnols, égal de ses rois par l'impérissable amour qui liait les rois et le peuple, osait se plaindre d'une injustice royale et pour dire aux rois · — Vous avez mal fait, — n'en restait pas moins un sujet fidèle, un fils dévoué (244) !

« Oh ! il était beau alors de prononcer le mot sacré de patrie ! car la patrie était véritablement la gardienne du bonheur de tous, et l'existence était douce dans son sein ; alors il y avait soutien pour le faible, gloire pour le fort, justice pour tous ; alors l'Espagne était vraiment libre et heureuse, car la liberté, c'est le bonheur.

« Alors, en entr'ouvrant chaque jour le sein de cette terre féconde, l'Espagnol pouvait se dire avec fierté :

« — C'est pour moi que ces moissons vont mûrir, pour moi que ces vignes se couvriront de grappes dorées... pour moi, ou plutôt pour tous, car l'Espagne formait une grande famille de frères.

« Les suppôts de Rome, insatiables vampires, n'étaient pas encore venus dans la nuit sucer le sang généreux de ceux qui dormaient, pour que le lendemain on ne retrouvât plus en eux que des cadavres sans force....

« Alors, ceux même qui se faisaient la guerre étaient magnanimes et vaillants, et on était aussi sûr de son ennemi que de l'ami le plus tendre (245).

« Oh ! mais, poursuivit-elle en baissant la voix, car la nuit était enfin venue, et un frisson glacial avait couru dans tous les nerfs de la jeune femme; oh! pourquoi sur ce sol fertile, couvert de richesses par la main prodigue de l'Éternel, pourquoi ces visages hâves et sinistres? Quel lugubre suaire enveloppe la tête royale de cette reine opprimée et captive? Quelles sont ces mains avides, aux ongles de vautour, qui pressent ses mamelles pour les tarir et pour les déchirer?... Sa pâleur est profonde, sa débilité complète, ses chairs affaissées comme celles d'une agonisante... sa voix, si pleine et si forte, ne retentit plus que par intervalles d'un long cri d'agonie entrecoupé par des chants sinistres, rauques comme le grincement de la scie sur le fer, attristants comme le bruit du marteau qui cloue une tombe.

« Espagne Espagne! qu'es-tu devenue? quel ver rongeur t'a ainsi mordue au cœur, et a changé ton énergie puissante en une atonie mortelle?... Courage! n'entends-tu pas au loin retentir la voix de tes triomphes?

« Tu étends à la fois ta domination sur les quatre parties du globe... Un roi conquérant est assis sur le trône où veillent éternellement tes lions terribles, et la voix de la renommée va partout répétant au loin ces deux noms magiques: Espagne! Charles-Quint!...

« Oui, mais je t'entends me répondre d'une voix lamentable :

« — Le roi fait tout pour sa gloire, rien pour la patrie! et pendant que le monde couronne Charles-Quint, je demeure esclave et opprimée, et ma voix se perd sans écho dans l'immense désert de l'égoïsme royal (246)!...

« — Lorsque je m'écrie, haletante et brisée, avide d'un instant de repos: Gloire! liberté! philosophie! on me répond: Conquête! richesse! despotisme!

« — L'ignorance, en manteau noir, a voilé mon front de ténèbres, et la seule lumière qu'on laisse arriver jusqu'à moi est celle des bûchers qui dévorent mes entrailles (247).

« — Pourtant, on m'appelle grande, parce qu'au loin j'ai des guerriers qui règnent en mon nom sur d'immenses provinces, et que mon pavillon flotte sur les mers des deux mondes; on m'appelle forte parce que je suis patiente et calme, et qu'on a soin de jeter chaque jour sur mes plaies saignantes un manteau d'orgueil et de mensonge pour les voiler... parce qu'on étouffe sous les verrous mes longues plaintes d'agonie.

« — Oh! vivre, vivre et respirer un seul jour l'air pur de la liberté! vivre et marcher seule dans ma force vers l'avenir!...

« Ainsi parle l'Espagne un moment ranimée; mais au bruit de sa voix plaintive, je vois les vampires s'avancer dans l'ombre, la repousser de nouveau dans sa tombe humide, et, hideusement accroupis sur sa poitrine desséchée, entr'ouvrir de leurs dents avides les veines où quelques gouttes de sang circulent encore...

« Oh! pitié! pitié pour elle!... n'achevez pas d'éteindre sa dernière étincelle de vie! laissez-la se reprendre un instant à l'existence... laissez-lui le temps de réparer tout le sang qu'elle a perdu!...

« Mais non... les vampires n'ont point de pitié; leur victime, anéantie et mourante, a perdu même ce dernier souffle, cette apparence de vie que lui donnaient encore les victoires de Charles-Quint.

« Un spectre de roi succède au roi conquérant.

« Ce spectre règne dans la nuit et dans le néant... Les vampires, ses fidèles satellites, se rangent en ordre autour de lui, et de leurs mains décharnées ils achèvent de pousser dans la tombe le cadavre de l'Espagne.

« Et l'Espagne, fatiguée de la lutte, se recueille alors dans un repos qui ressemble à la mort... On a rejeté sur elle le suaire qui sépare de la vie; et sur son corps engourdi et presque insensible, s'agitent dans la torpeur de leur vie claustrale tous les suppôts de Rome... Sur ce cadavre inerte on verse du sang... du sang à flots, et chaque jour des milliers de bûchers dévorent quelque fragment de ce cadavre immobile...

« Le cadavre devient squelette...

« Pourtant tout n'est pas dit encore!...

« La cendre, la cendre féconde peut encore se ranimer...Quelle lumière bienfaisante et lointaine brille tout à coup sur elle?... La poussière se réveille et redevient homme.... L'Espagne n'était qu'endormie.

« Mais, hélas! ce long sommeil durera peut-être des siècles, et nous ne verrons pas les beaux jours qui doivent luire pour la patrie... Pour nous, c'est l'exil, l'exil au pain amer, et la lutte, la lutte éternelle.... car ceux qui alors ne seront plus auront aussi fait leur part de cette grande œuvre... eux aussi auront aidé à la régénération du monde!... »

Dolores cessa de parler; son front ruisselait de sueur, et tout son corps, agité d'un tremblement convulsif, semblait prêt à tomber en défaillance; elle ferma les yeux et se laissa glisser aux pieds d'Estevan.

Estevan la prit dans ses bras, s'assit sur un ballot déposé à terre, et appuya sur sa poitrine la belle tête de Dolores.... Et la jeune inspirée, brisée d'émotions et de fatigue, s'endormit sur le sein de celui qu'elle aimait.

A ce moment, on entrait dans la pleine mer, le vent, plus frais, gonfla avec une nouvelle-force les voiles du navire.

La lune, large et pâle, montrant sa face argentée dans le ciel, éclaira d'un doux reflet le beau visage de la jeune femme. La mer ressembla à une lame d'argent poli semée de petites montagnes brillantes.

Un silence solennel et religieux régna au milieu de cette vaste solitude de l'Océan, et le navire, glissant sur l'eau comme une flèche rapide, emporta les exilés vers cette terre lointaine où brillait déjà l'aurore de la liberté.

Peut-être les y retrouverons-nous un jour.

TABLE

Mort de Pierre Arbues.

NOTES

L'Auto-da-fé.

(1) *Signe sacramentel.* Ainsi que les maçons et autres sociétés secrètes, les familiers de l'inquisition avaient des signes, des attouchements et des paroles connus d'eux seuls, au moyen desquels ils se reconnaissaient les uns les autres.

(2) *El barrio de Triana.* Le quartier de Triana : ce quartier, séparé de la cité de Séville par le Guadalquivir, a toujours été et est encore aujourd'hui le faubourg où les gens de mauvaises mœurs, contrebandiers, forçats libérés et autres repris de justice, établissent leur domicile.

(3) *Hito.* Ce mot, diminutif de *chito* ! silence ! et de *san benito*, scapulaire de drap jaune dont l'inquisition revêtait les personnes condamnées à figurer dans un *auto-da-fé*, est une des paroles sacramentelles dont parle la note 1re. Ce scapulaire s'appelait aussi *zamarra.* Toute personne qui avait porté le *san benito* demeurait éternellement déshonorée et privée de tout droit civil et politique. Cette flétrissure s'étendait à tous ses descendants!

(4) *Coraza.* La coraza était un bonnet haut et pointu, comme le hennin que portaient les femmes au moyen âge. Sur ce bonnet, dont on affublait les condamnés au bûcher, étaient peints des diables, des flammes et mille autres monstruosités bizarres. Le mot *coraza* fait également partie du vocabulaire sacramentel des familiers.

(5) *Dieu* ; dans l'argot mystique des familiers, ce nom signifiait l'*inquisiteur général* du royaume, celui de la province, ou l'*inquisition* prise dans un sens collectif.

(6) *Chiton!* silence !!! La terreur que l'inquisition inspirait aux Espagnols était telle, que, de peur d'être dénoncés par celui-là même à qui ils en parlaient, les Espagnols l'avaient fait passer en proverbe. On dit encore en Espagne : « *En cosas de inquisicion, chiton* ! sur les affaires de l'inquisition, silence!!! » pour exprimer le danger qu'il y aurait à parler de choses qui doivent être tenues secrètes.

(7) Les tavernes telles que les décrit l'auteur sont rares aujourd'hui, même au barrio de Triana. Je n'en ai vu que trois ou quatre en 1822. En Espagne, comme partout ailleurs, les tavernes qui faisaient les délices de nos pères ont été transformées en magnifiques *cafés.*

(8) *Chapa.* Ce mot signifie plaque de métal brillant et sonore ; donné, à une jeune femme, il signifie *gracieuse, remplie de ce je ne sais quoi qui charme.* Les gens du peuple seuls l'emploient dans ce sens.

(9) *Frasco, Frasquito* ; François — (10) *Coco*, Joachim. — (11) Voyez note 5.

(12) *Saavedra* (Juan Perez de), surnommé le *faux nonce*, fut un intrigant très célèbre par son adresse à contrefaire toutes sortes d'écritures. Ce fut lui qui, aidé d'un jésuite, établit en Portugal l'inquisition et la compagnie de Jésus, à l'aide de fausses bulles) du pape et de fausses lettres de Charles-Quint et du prince Philippe, depuis Philippe II. Saavedra ne se contenta pas de servir les intérêts des jésuites et ceux de l'inquisition. Son habileté à contrefaire des bons royaux et des titres de créance contre l'État et contre les particuliers lui procura des sommes considérables. L'inquisiteur Tabera fit enfin arrêter ce misérable au moment où il sortait d'une église, à Malaga, et l'inquisition, qui faisait brûler des milliers d'honnêtes gens pour une parole, se contenta de condamner ce scélérat à dix ans de galères. Il est vrai que le saint-office profita des travaux du *faux nonce* ; le tribunal inquisitorial établi par lui, et qui plus est, tous les emplois et dignités que Saavedra avait conférés, furent confirmés par l'inquisiteur général.

(13) *Marrano*, pourceau ; c'est ainsi qu'on appelait en Espagne les Mores et les Juifs convertis à la religion catholique.

(14) Il arrivait souvent que des victimes vouées au bûcher se *réconciliaient avec l'Église*, c'est-à-dire avouaient des crimes et des forfaits qu'elles n'avaient point commis, et se confessaientau pied de l'échafaud. Dans ces cas-là, l'inquisition sentait ses *entrailles de mère* s'émouvoir, et accordait aux condamnes la *grâce* d'être *étranglés* avant d'être livrés aux flammes. (*Annales de l'Inquisition*).

(15) *Soldat du Christ*. On appelait ainsi les familiers du saint-office, depuis que, sous Alexandre VI, Torrequemada fit, en 1494, armer les plus jeunes de ceux qui le composaient. » Cette étrange milice » dit Llorente, *Histoire de l'Inquisition*, » était très nombreuse : Torrequemada s'était montré si cruel, il avait si bien encouragé l'espionnage et la délation, qu'un grand nombre de gentilshommes illustres, jugeant qu'il était plus prudent d'appartenir à l'inquisition que d'être tôt ou tard déclarés *suspects*, s'offrirent volontairement comme *familiers* du saint-office ; l'exemple des gentilshommes, joint aux priviléges que Ferdinand d'Aragon accorda aux *familiers*, entraîna une foule de gens du peuple. Bientôt il y eut autant de *familiers* que de personnes soumises aux charges municipales, dont tout individu qui appartenait à l'inquisition était exempt. Les familiers armés constituaient ce qu'on appelait la *milice du Christ* ; cette milice faisait l'office de *garde du corps* tant auprès des inquisiteurs généraux que des inquisiteurs provinciaux. »

La *milice du Christ* fut créée en France par Dominique de Guzman, l'an 1208, pendant le règne de Philippe II, roi de France, et du pape Innocent III.

(16) Espèce de cruchon en terre vernie de la contenance d'un litre environ, et goudronné en dedans.

(17) Les catholiques d'Espagne faisaient si peu de cas des beaux monuments que les Mores avaient légués au pays, qu'à l'exception de quelques-uns des plus remarquables, dont s'emparèrent les moines, tous furent abandonnés aux mendiants, aux gitanos et aux malfaiteurs, qui les possèdent encore.

(18) *La confrérie de la Garduña*, confrérie de la rapine. Sous ce titre, il existait en Espagne, depuis l'an 1417, une société secrète composé de brigands de toute sorte. Cette société, parfaitement organisée, avait pour but l'exploitation en grand de toute espèce de crimes en faveur de quiconque avait une vengeance à exercer, quelque ressentiment à satisfaire. Elle se chargeait, au plus juste prix et à garantie, de donner des coups de poignard mortels ou non, au goût de la *pratique*, de noyer, de donner une bastonnade et même d'assassiner. L'assassinat coûtait cher, et il fallait avoir une certaine importance dans le monde pour l'obtenir : mais une fois promis on pouvait y compter ; car la confrérie de la Garduña mettait une exactitude désespérante à servir ses *pratiques* dès qu'une fois elle s'y était engagée.

La confrérie de la Garduña se composait d'un grand maître appelé *hermano mayor*, frère supérieur qui habitait la cour, où il occupait souvent un poste éminent. Ce frère supérieur envoyait ses ordres aux *capataces*, maîtres des provinces ; ceux-ci les faisaient exécuter avec une exactitude et un zèle qui feraient honneur à plus d'un fonctionnaire public. Le personnel de la Garduña, fort nombreux, se composait de *guapos*, espèce de *bravos* généralement grands spadassins, assassins hardis, bandits consommés, dont le courage était à l'épreuve de la *question* et même de la potence. Dans l'argot de la *société*, ces *guapos* étaient appelés *punteadores*, pointeurs, donneurs de coups de pointe. Après les *punteadores*, venaient les *floreadores*, les escarmoucheurs ; c'étaient des jeunes gens, filous adroits, pour la plupart échappés du bagne de Séville, de Malaga ou de Melilla ; on les appelait *frères postulants*. Venaient ensuite *los fuelles*, les soufflets, ainsi nommés parce que leur emploi dans la *société* était de *souffler* à l'oreille du maître de l'ordre ce qu'ils savaient des familles de la ville où ils s'introduisaient grâce à leurs dehors hypocrites. Les *fuelles* étaient tous des vieillards d'un aspect béat qu'on voyait toujours à l'église, un chapelet à la main, sauf pendant les heures de *service* auprès du maître de la Garduña ou de l'inquisiteur ; car la plupart de ces vieillards cumulaient l'emploi de *familier* du saint-office avec celui d'espion de la Garduña. La Garduña avait aussi un grand nombre de recéleuses qu'elle appelait *coberteras*, couvercles, du verbe *cubrir*, couvrir, cacher ; et un grand nombre de jeunes gens de dix à quinze ans qu'elle désignait par le nom de *chivatos*, chevreuil. Les chivatos étaient les novices de l'*ordre*. Il fallait être chivato au moins pendant un an pour mériter *l'honneur de travailler* en qualité de postulant. Un postulant qui avait bien mérité de la confrérie devenait *guapo* au bout de deux ans *de service*. C'était là, après celle de maître et de grand maître, la plus haute dignité que conférât la *société*. Outre les gens que je viens de désigner, la Garduña comptait un grand nombre de *serenas*, sirènes. C'étaient de jeunes et belles femmes pour la plupart gitanas. Les *serenas* étaient les *odalisques* des gros bonnets de l'ordre. C'étaient elles qui attiraient les personnes qu'on leur indiquait dans les lieux propices pour les *opérations* de la Garduña. A tout ce personnel, qu'on ajoute des alguazils, des escribanos, des procureurs, des moines, des chanoines et même des évêques et des inquisiteurs, qui étaient autant d'instruments ou de protecteurs de la Garduña, dont ils avaient souvent besoin, ou qui leur donnait de l'argent, et l'on aura une idée de cette société qui a désolé l'Espagne pendant plus de quatre siècles.

La Garduña, établie au commencement du quinzième siècle, fut entièrement détruite, en 1821, par les chasseurs des montagnes sous mes ordres. Les papiers de cette etrange et horrible société, qui consistaient en plusieurs registres contenant les *ordres du jour*, les statuts de la confrérie et grand nombre de lettres, furent déposés par moi au greffe criminel de Séville le 15 septembre 1821. Ils y étaient encore en 1823. Francisco Cortina, maître en 1821 de cette société, arrêté avec une vingtaine de ses complices, fut pendu sur la place de Séville, ainsi que seize de ses coaccusés, le 25 novembre 1822.

(19) *Mandamiento*, commandement.

(20) *Floreo* est un mot qui vient de *florear*, escarmoucher ; dans l'argot des voleurs espagnols, *florear* signifie donner des coups de couteau ; *floreo* doit donc être traduit par *poignardement*.

(21), (22), (23), (24) Voyez la note 18.

(25) *Garabato*, croc à plusieurs branches. Les Espagnols donnent ce nom aux jeunes gens de basse classe dont l'éducation négligée a rempli l'Espagne de filous, ainsi qu'à toutes les personnes qui se livrent à l'escroquerie sous quelque forme que ce soit ; *garabato*, pris dans ce sens, signifie *Robert-Macaire* et filou.

(26) *Crochets*, c'est ainsi qu'on appelle les alguazils.

Pencas. La *penca* est une espèce de raquette de cuir dont se servait le bourreau, en Espagne, pour fouetter ceux qui étaient condamnés au fouet et à l'exposition.

Potro, poulain ; c'est ainsi qu'on appelait le chevalet, poutre triangulaire sur laquelle on mettait à califourchon les accusés qui ne voulaient pas avouer. Cette poutre, qui était un des instruments de torture dont se servait l'inquisition, était aussi employée par la justice ordinaire dans l'application de la *question*.

Ansias, angoisses ; la pendaison, les angoisses qui précèdent la strangulation.

Vomitos, vomissements ; dans l'argot des garduños ce mot signifie *aveu*.

(27) *Volteos*, voltiges ; les balancements des pendus.

(28) *Paseos asnales* ; promenades sur un âne. En Espagne, les personnes condamnées à *l'exposition* sont promenées sur un âne par toute la ville, le corps nu jusqu'à la ceinture.

(29) *La marine royale*, en termes d'argot, signifie les galères du roi, où les forçats étaient condamnés à ramer pendant plusieurs années ; les forçats s'appelaient alors *galeotes*.

(30) *Les étouffements de la fumée* ; les mains de la justice. Les voleurs espagnols appellent *fumée* la justice.

(31) *Ganchos* ; crocs, voleurs. — (32) *La gueule du loup* ; la prison. — (33) *Angustiados* ; pleins d'angoisses, pendus. — (34) *Mariniers* ; galériens, condamnés aux galères. — (35) *Chevauchés* ; exposés, promenés sur un âne par toute la ville. — (36) *Mosqueteados* ; émoustiqués, fouettés.

(37) *Passés au miel* (puestas en dulce). Les femmes de mauvaise vie, surtout les personnes qui font l'horrible métier de corrompre la jeunesse, étaient punies d'une singulière façon en Espagne. Il n'y a pas encore longtemps que, dès qu'une femme était convaincue de s'être prostituée, ou d'avoir entraîné une autre à le faire, on la condamnait à être *emplumée*. Voici comment l'exécution de cette sentence avait lieu. A onze heures du matin, le bourreau se rendait auprès de la condamnée, et, aidé de ses valets, la déshabillait entièrement depuis la ceinture jusqu'en haut. Puis, il enduisait son corps d'une couche épaisse de miel. Cela fait, il la coiffait d'un *coroza*, ou bonnet de carton pointu. Ainsi affublée, la condamnée était montée sur un âne ; là on lui attachait le cou à une espèce de carcan fixé à une barre de fer dont l'extrémité inférieure s'appuyait sur le bât de l'âne ; puis on la promenait lentement entre deux haies de soldats et d'alguazils et escortée par une foule de peuple. Derrière la condamnée marchaient deux valets du bourreau, portant un grand panier plein de plumes de poule, le crieur public et le bourreau lui-même. La cavalcade faisait halte dans les principales rues et places de la ville, et à chaque halte le crieur public lisait à haute voix la sentence qui condamnait la patiente à être emplumée, en disant pourquoi ; le crieur public finissait toujours par cette formule : *Quien tal hizo que asi pague* ; ainsi doit payer qui a fait cela.

Aussitôt ces paroles prononcées, le bourreau prenait deux poignées de plumes et les jetait sur le miel dont le corps de la condamnée était enduit ; ces plumes y restaient attachées, ce qui, au bout de quelque temps, lui donnaient un aspect à la fois hideux et grotesque qui faisait rire la foule. En argot cela s'appelle être *mis au miel*, être *confit*.

(38) Voyez la note 18. — (39) Volant.

(40) Le mettre entre les mains de la justice.

(41) *Mérité un souffle*, mérité d'être dénoncé. Les Espagnols appellent les mouchards *soplones*, des *souffleurs*.

(42) *Le guapo* fait ici allusion à certaines confréries qui, même encore en 1820, parcouraient les rues des villes de l'Espagne demandant, pour faire des neuvaines à Notre-Dame-du-*Rosaire* ou à toute autre Notre-Dame, des aumônes qu'elles dépensaient *très saintement* à faire des repas mignons, après avoir prélevé *les frais*. Or, ces frais consistaient en une douzaine de bougies de cire qu'on promenait dans autant de lanternes plantées au bout d'un bâton, et dans le payement d'un portefaix chargé de porter une bannière à l'effigie d'une *Notre-Dame*. Le nombre de ces confréries s'élevait à soixante-dix-neuf seulement à Madrid, en 1820. A cette époque encore on pouvait à peine se promener dans les rues des grandes villes d'Espagne pendant la soirée sans rencontrer plusieurs *Rosaires*, c'est-à-dire plusieurs troupes d'hypocrites et d'imbéciles rangés sur deux haies, récitant le chapelet à haute voix et d'un air plus que distrait, sans autre interruption que la voix criarde de *los demandaderos* (les demandeurs), beuglant à chaque fin d'*Ave Maria :*

Maria sanctissima del Rosario, hermanos! Donnez à Notre-Dame-du-Rosaire, frères! Et les pièces de monnaie de tomber enveloppées dans un papier enflammé afin que le *demandadero* pût les voir! O moines d'Espagne! voilà de vos traits.

(43) Les frères de la Garduña passaient par trois degrés, comme les francs-maçons; ils étaient d'abord *chivatos*, apprentis ou novices, puis *postulantes* ou compagnons; puis enfin ils étaient reçus *guapos* (*bravos*), maîtres. Ce n'était qu'après avoir obtenu ce dernier grade qu'ils pouvaient être chargés des meurtres et des assassinats que l'on *commandait* à la confrérie.

(44) La Garduña n'était pas une société irrégulière. Voici les statuts qui la régissaient :

Art. 1. Tout honnête homme (hombre honrado), ayant bon œil, bonne oreille, bonnes jambes et point de langue, peut devenir membre de la Garduña. Pourront le devenir aussi les personnes *respectables*, d'un certain âge, qui désireront servir la confrérie, soit en la tenant au courant des bonnes *opérations* à faire, soit en donnant les moyens d'exécuter lesdites opérations.

Art. 2. La confrérie recevra aussi sous sa *protection* toute *matrone* qui aura *souffert pour la justice* et qui voudra se charger de la *conservation* et de la vente des divers objets que la divine Providence daignera envoyer à la confrérie, ainsi que les jeunes femmes qui seraient présentées par quelque frère; ces dernières, à condition de servir, *de toute leur âme et de tout leur corps*, les intérêts de la confrérie.

Art. 3. Les membres de la confrérie seront divisés en *chivatos* (voyez la note 18), *postulantes* (voyez la note 18), *guapos* (voyez la note 18), et *fuelles* (voyez la note 18). Les *matrones* seront appelées *coberteras*, et les jeunes femmes *serenas* (voyez la note 18). Ces dernières doivent être jeunes, alertes, fidèles et appétissantes (voyez la note 18).

Art. 4. Les *chivatos*, tant qu'ils n'auront point appris à *travailler*, ne pourront rien entreprendre *seuls* et ne se serviront jamais du *punzante* (le poignard), que pour leur propre défense. Ils seront nourris, logés et entretenus aux frais de la confrérie. Chacun d'eux recevra, à ces fins, des *capatazes*, 136 maravédis (1 franc) par jour. Dans le cas de quelque service signalé rendu par un *chivato*, celui-ci passera immédiatement à l'honorable catégorie de *postulant*.

Art. 5. Les postulants vivront de leurs *griffes*; ces frères seront exclusivement chargés des *éclipsements* opérés à main leste pour le compte et en faveur de l'ordre. De chaque éclipsement, le frère opérant recevra le tiers brut, dont il donnera quelque chose pour les âmes du purgatoire. Des deux autres tiers, l'un sera versé à la caisse pour subvenir aux frais de la *justice* (pour payer les alguazils, les greffiers et même les juges qui protégeront les frères), et pour faire dire des messes pour le repos de l'âme de nos frères trépassés; l'autre, pour être à la disposition du grand maître de l'ordre, obligé de vivre à la cour, pour veiller au bien et à la prospérité de tous.

Art. 6. Les *guapos* auront pour eux les *obscurcissements*, les *enterrements*, les *voyages*, les *bains* et les *baptêmes*. (Pour les mots soulignés, voyez les notes suivantes.) De ces deux dernières opérations, ils pourront charger un frère postulant, sous leur responsabilité. Les *guapos* auront le tiers brut du produit de toutes leurs opérations ; seulement ils donneront 30 pour cent de leur *revient*, pour l'alimentation et l'entretien des *chivatos*, et ce qu'ils voudront pour les âmes du purgatoire; le reste du produit de leurs opérations sera distribué comme il a été dit à l'art. 5.

Art. 7. Les *coberteras* recevront dix pour cent sur toutes les sommes qu'elles réaliseront, et les sirènes six maravédis pour chaque *peseta* (franc) versée dans la caisse de la confrérie par les guapos. Tous les cadeaux qu'elles recevront des nobles seigneurs, des moines et autres membres du clergé, leur appartiendront propre.

Art. 8. Le *capataz*, ou chef de province, sera nommé parmi les guapos qui auront au moins six ans de *service* et qui auront bien mérité de la confrérie.

Art. 9. Tous les frères doivent plutôt mourir *martyrs* que *confesseurs*, sous peine d'être dégradés, exclus de la confrérie, et, au besoin, poursuivis par elle.

Fait à Tolède, l'an de grâce 1420, et le troisième après l'institution de notre honorable (honrada) confrérie.

Signé : El Colmilludo (Le Dentu).

(45) *baptême*, coup de poignard.

(46) En recevant son salaire, chaque garduño avait coutume de jeter quelques maravédis dans un tronc attaché au mur, sous une image de la Vierge, dans la salle de la Garduña.

(47) Assassiner. — (48) Noyades. — (49) Vols sur la grande route. — (50) La Messagerie. — (51) Assassinat.

(52) La cour criminelle.

(53) Mandamiento avait raison. Parmi les papiers saisis lors de l'arrestation de Francisco Cortina et de la destruction de la Garduña en 1821, se trouvait un registre sur lequel les *commandes* que divers membres de l'inquisition avaient faites à la confrérie dans l'espace de cent trente-sept ans, c'est-à-dire depuis 1520 jusqu'en 1667, s'élevaient à 1,986, et avaient produit 198,670 fr., c'est-à-dire 100 francs chacune environ. Parmi ces *commandes*, faites par les *propagateurs de la foi*, les enlèvements de femmes figuraient pour un tiers environ; les meurtres et les assassinats formaient un autre tiers ou à peu près; des *corrections*, c'est-à-dire des noyades, des coups de poignard, de fausses dénonciations et de faux témoignages, continuaient le reste. Ce registre, déposé au greffe criminel de Séville, fut une des pièces les plus accablantes contre Francisco Cortina et consorts. Pour rendre témoignage à la vérité, je dois ajouter qu'aucune *commande* faite par un membre de l'inquisition ne figurait dans ce registre depuis 1797.

(54) Isabelle de Castille, femme de Ferdinand d'Aragon, eut toujours horreur des cruautés du saint-office, et s'opposa, pendant très longtemps à l'établissement de l'inquisition moderne en Castille. Torrequemada, confesseur de Ferdinand, homme rusé autant que fanatique, sous prétexte de servir la politique avaricieuse du roi, força plutôt qu'il n'obtint le consentement de la pieuse Isabelle, toutes les fois qu'en sa qualité d'inquisiteur général, il voulut empiéter sur l'autorité royale. La noble reine répondit un jour à une nouvelle exigence de l'inquisiteur, qu'il osa accompagner de menaces : « Moine! n'oubliez pas qu'une ordonnance royale a établi l'inquisition, et qu'une ordonnance peut l'anéantir. » (Crónicas de los reyes católicos, don Fernando de Aragon y doña Isabel de Castilla. Par Luis Ponce de Leon, chroniqueur de Castille.)

(55) On sait que, vers cette même époque, Charles-Quint établissait l'inquisition espagnole dans les Pays-Bas, sous le nom de tribunal spirituel ; plus tard, sous Philippe II, ce tribunal fit périr plus de dix-huit cents personnes dans l'espace de trois années (Meiner, *Histoire de la Réformation*). L'Amérique et toutes les possessions espagnoles d'outre-mer et de l'Italie étaient aussi sous le joug de l'inquisition espagnole.

(56) Crieur de nuit.

(57) Les *chivatos*, ou apprentis de la Garduña, servaient principalement à faire le guet pendant toutes les opérations des garduños. En cas de danger ou d'alarme, ils imitaient, à s'y méprendre, le cri d'un animal ou le chant d'un oiseau. La nuit, c'était le cri-cri du grillon, le cri du hibou ou de la chouette, le coassement des grenouilles ou le miaulement du chat, suivant la saison ou la consigne qu'ils avaient reçue. Le jour c'étaient les aboiements du chien ou le cri de quelqu'un des animaux qui partagent la vie et les habitudes de l'homme.

(58) Le *sereno* est le garde de nuit. Dans toutes les grandes villes d'Espagne, des hommes, chargés de veiller à la sûreté publique et de donner l'alarme en cas d'incendie, se promènent, chacun dans son quartier, armés d'une lance appelée *chuzo*, d'une lanterne et d'un sifflet de cuivre. La lance leur sert à se défendre et même à attaquer au besoin, la lanterne, à les éclairer et à fournir de la lumière aux *rondas* (patrouilles bourgeoises) en cas de nécessité, et le sifflet, à s'appeler les uns les autres en cas d'attaque contre quelque malfaiteur. Les serenos sont tenus de crier l'heure toutes les cinq minutes, pour constater qu'ils veillent. L'utile institution de serenos remonte au quinzième siècle. Ce fut Isabelle de Castille qui les créa en 1495 à Grenade, pour veiller sur les Mores de la cité, qu'on craignait toujours de voir se révolter. Les serenos existent encore dans la plupart des grandes villes d'Espagne.

(59) Le *bro lequin de nuit* était une chaussure de cuir de buffle en forme de brodequin, que l'on adaptait, par des boucles et des courroies, aux pieds des mules qui traînaient les voitures employées aux arrestations nocturnes de l'inquisition. La semelle de

ce brodequin consistait en une épaisse couche d'étoupe cousue entre deux cuirs. Ainsi chaussés, les mulets eussent marché à quelque pas de vous sans qu'aucun bruit vous eût averti de leur approche. Ce brodequin, dû au génie infernal de l'inquisiteur Deza, existait encore à l'arsenal inquisitorial de Malaga en 1820, lorsque les portes du saint-office furent brisées et les prisonniers délivrés aux cris de vive la liberté. A cette même époque, l'infortuné général Torrijos, qui fut fusillé lâchement quelques années après par les ordres de Ferdinand VII, le général Torrijos, délivré des cachots de l'inquisition, où il était enfermé depuis deux ans, s'empara d'un de ces brodequins. Deux autres furent pris par un Anglais, Thomson Wilkings, esquire, qui les conservait encore en 1830, à Londres, Paddington place, où il les montrait à tous ses amis. On voit que ce tribunal, qui se prétendait le défenseur de la religion d'un Dieu de paix, savait prendre ses précautions pour que les *hérétiques* ne lui échappassent pas. On n'est pas plus zélé que cela.

(60) Les Espagnols, les Andalous surtout, sont d'une adresse prodigieuse à manier cette arme meurtrière Les familiers du saint-office, principalement les sbires, ne sortaient jamais pour une expédition sans avoir dans leur poche *el ñudo escurridizo*, le nœud coulant. Ce lacet de soie leur servait rarement à étrangler un ennemi qui résistait. Qui eût osé résister à l'inquisition! *El ñudo escurridizo* était principalement employé à étrangler les chiens qui, en aboyant, pouvaient donner l'alarme — et, au besoin, pour étouffer les cris des prisonniers en attendant qu'on eût pu leur mettre un bâillon. On voit combien la cruauté de l'inquisition était froidement et habilement calculée.

(61) Le pape. — (62) L'auteur fait ici un anachronisme volontaire. L'inquisition ne fut établie en Portugal qu'en 1551 ou 1552, par le *faux nonce* Jean Perez de Saavedra, dont j'ai parlé note 12.

(63) Cette scène d'orgie que l'auteur vient de décrire paraîtr exagérée et peut-être malveillante à quelques-uns de nos lecteurs; cependant de semblables scènes avaient souvent lieu chez les grands dignitaires de l'Église d'Espagne. On lit dans l'historien Mariana que, pendant que le maître d'hôtel du roi Henri III était obligé de mettre en gage le manteau de son maître pour acheter de quoi dîner, les seigneurs de la cour se livraient, chez l'archevêque de Tolède, résidant à Burgos, à tous les excès de la table, en compagnie de plusieurs évêques et autres grands prélats de Castille.

(64) *Baptiser*, Blesser. — (65) *Obscurcir*, tuer. — (66) *Éclipser*, voler.

(67) Les jésuites.

(68) On croit généralement que l'Espagne a subi patiemment et lâchement le joug du despotisme et de l'inquisition; c'est une erreur. Les Espagnols n'ont jamais cessé de lutter pour leur liberté politique et pour leur liberté religieuse. Depuis le commencement du quinzième siècle, les *communes* et les *cortès* ont toujours protesté avec énergie contre le despotisme hypocrite ou stupide des rois, et contre l'avarice insatiable des moines et de Rome. Padilla, Porlier, le grand justicier d'Aragon, et des milliers d'autres courageux défenseurs des droits de l'humanité, ont payé de leur sang les efforts qu'ils ont faits pour délivrer l'Espagne du despotisme royal. Jeanne Bohorques, Marie de Bourgogne, surnommée la mère des pauvres, Rodriguez de Valero, et bien d'autres chrétiens selon Jésus-Christ, ont été les martyrs dont le sang a fécondé la religion de l'Évangile, et marqué au front d'un stigmate d'infamie les superbes bourreaux qui osaient s'appeler prêtres d'un Dieu de paix.

Et qu'on ne dise pas que tous ceux qui ont été poursuivis par l'inquisition étaient des hérétiques. Jean d'Avila, saint Jean de Dieu, sainte Thérèse, saint Jean de la Cruz, frère Luis de Léon; frère Luis de Grenade, Mariana, c'est-à-dire des hommes que Rome elle-même s'est vue contrainte de proclamer saints, et ceux dont le talent a rempli l'Europe, ont aussi souffert les persécutions de ce tribunal odieux, qu'on eût pu appeler *succursale de l'enfer*, et ont constamment lutté de leur éloquente parole contre ce pouvoir inique, contraire à toutes les lois de Dieu et des hommes. (*Procès-verbaux de l'Inquisition*, et *Histoire générale d'Espagne*, par Mariana.)

(69) Lorsqu'une des victimes de l'inquisition avouait tout ce qu'on voulait et se soumettait à toutes les pénitences et à toutes les humiliations qu'on exigeait d'elle, le tribunal était bien forcé de la *relaxer* et de se contenter de quelque grosse amende, aux termes des lois inquisitoriales elles-mêmes. Le génie destructeur et avide de Deza et de Lucero trouva le moyen de ne pas se contenter de *si peu*, en accusant ceux qui leur échappaient ainsi d'avoir fait des *aveux sans sincérité*, et en les déclarant *faux pénitents*. Les faux pénitents étaient brûlés ou condamnés à un emprisonnement perpétuel, et tous leurs biens confisqués (*Histoire de l'Inquisition*, règne de Deza).

(70) Quelque temps avant la prise de Grenade par Ferdinand d'Aragon et Isabelle de Castille, c'est-à-dire vers l'an de grâce 1493, un grand nombre de chevaliers des tribus des Abencerrages, Gomelès et Gazuls, exapérés par les cruautés de Mulci Hassan et fatigués de la faiblesse de Boabdil, quittèrent la ville more, allèrent trouver les rois catholiques et embrassèrent la religion chrétienne. Les rois catholiques assurèrent, par des lois spéciales, de grands priviléges à ces chevaliers et leur accordèrent de grandes faveurs. A leur tour, les nouveaux chrétiens rendirent d'éminents services à la couronne de Castille en combattant vaillamment pour la cause d'Espagne et pour celle du catholicisme qu'ils avaient embrassé de bonne foi. (*Histoire des guerres civiles de Grenade*, par Gines de Hita). Sous Deza et depuis lui, les descendants de ces chevaliers, c'est-à-dire la fleur des chevaliers andalous, furent désignés par l'épithète de *marranos*, *pourceaux*, et poursuivis comme hérétiques et comme rebelles... Quelques mots expliqueront cette persécution. Les descendants des chevaliers mores convertis au temps des rois catholiques étaient tous fort riches, et l'inquisition a toujours beaucoup aimé les richesses.

(71) Pendant le règne de l'inquisiteur général Deza et de son protégé l'inquisiteur de Cordoue, Lucero, les cruautés, ou, pour mieux dire, les iniquités du saint-office, exaspérèrent si fort les Espagnols, que de toutes parts s'élevèrent des voix éloquentes contre ces hommes, qui, sous le nom de défenseurs de la foi, eussent fait douter de la foi les apôtres eux-mêmes. Deza, après avoir été suspendu de ses fonctions par Philippe Ier, reprit son poste à la mort de ce prince, arrivée en 1506, dans le quatrième mois de son règne, et aussitôt il cassa tout ce qu'avait fait le conseil de la *Suprême*, et réinstalla Lucero dans ses fonctions. Dès lors commença une persécution atroce contre le saint évêque de Grenade, Ferdinand de Talavera, et contre le sage Antonio de Nebrija, ce dernier, dénoncé au saint-office pour avoir découvert et corrigé plusieurs erreurs qui s'étaient glissées dans le texte latin de la *Vulgate*. Ces persécutions, jointes aux cruautés de Lucero, fatiguèrent les Andalous, qui se soulevèrent, forcèrent les prisons du saint-office, et en firent sortir les détenus, dont le nombre était incalculable. Le fiscal, le greffier du tribunal de l'inquisition et plusieurs employés subalternes furent arrêtés à Cordoue, et Lucero ne dut son salut qu'à une prompte fuite. Ces événements, joints à l'arrivée en Espagne de Ferdinand V, régent du royaume, inspirèrent tant de terreur à Deza, qu'il renonça de lui-même à son emploi après avoir fait brûler vives deux mille cinq cent quatre-vingt-douze personnes et l'effigie de huit cent vingt-neuf autres, et avoir condamné à l'emprisonnement perpétuel et aux galères, avec confiscation de leurs biens, trente deux mille neuf cent cinquante-deux accusés.

(72) *Lucero* avait reçu des Espagnols l'épithète de *ténébreux*. *Lucero*, en espagnol, signifie étoile brillante.

(73) Hospice fondé par *saint Jean de Dieu*, vers le milieu du seizième siècle, pour le traitement de la lèpre et de cette cruelle maladie importée en Europe par les compagnons de Christophe Colomb.

(74) Lettres de saint Jean d'Avila à saint Jean de Dieu, son disciple.

(75) Saint Jean de Dieu a consacré soixante ans de sa vie à soulager l'humanité souffrante. C'est lui et ses disciples qui ont découvert la plupart des spécifiques employés encore aujourd'hui dans le traitement des maladies qu'ils s'appliquaient à guérir. Avant de mourir, saint Jean de Dieu dota l'Espagne de plus de soixante hôpitaux, tous desservis par des religieux de son ordre. Pourquoi tous les moines n'ont-ils pas su attirer sur eux les bénédictions des peuples comme les Frères hospitaliers?...

(76) *Melopia*. C'est ainsi qu'on appelle en Espagne la soupe ou, pour mieux dire, l'ignoble ragoût que les moines distribuaient aux nombreux mendiants dont le pays était rempli, grâce au fanatisme et à la cruauté de l'inquisition. Le mot mélopia est une corruption du mot *mezclopia*, mélange, dérivé du verbe *mezclar*, mêler. L'auteur, dans son chapitre XVI, donnera des détails exacts et malheureusement *trop* vrais sur cette *charité* monacale.

(77) On se ferait difficilement une juste idée du fanatisme que les malfaiteurs espagnols mettent à l'accomplissement de leurs promesses. Ils croiraient se rendre fort coupables et se déshonorer à tout jamais, si, après avoir reçu de l'argent pour commettre un meurtre, ils manquaient à leur engagement. Ils ont, si l'on peut s'exprimer ainsi, la probité du crime, tant la loyauté a de profondes racines dans le cœur de ce peuple si horriblement dénaturé par un mauvais système politique, asservi aux insatiables exigences de Rome et à l'incroyable cruauté de l'inquisition.

(78) Que diront les dominicains, qui ont rempli nos coffres de doublons?... Pour comprendre toute la portée de cette exclamation du chef de la Garduña, le lecteur n'a qu'à relire la note 53.

(79) *El Colmilludo*, le Dentu; il y avait en effet à cette époque un employé à la cour dont les fonctions tenaient le milieu entre celles de complaisant du roi et surtout des grands seigneurs de la cour, et celles de bouffon, ou, pour mieux dire, il cumulait ces deux emplois. Les Sévillans prétendent encore aujourd'hui que le Dentu était le chef de la Garduña; et quand ils veulent

exagérer l'habileté où la scélératesse d'un bandit, ils disent : *Es mas ladron y mas malo que el Colmilludo!* et il est plus voleur et plus méchant que le Dentu.

(80) La justice. — (81) Le bourreau.

(82) Jeune *croc*, apprenti voleur.

(83) *Coasser*. Les malfaiteurs et tous les gens sans feu ni lieu, qui vivent de rapines et d'escroqueries, marchent par bandes et environnés de jeunes adeptes qui font le guet pendant leurs *opérations*. Ces jeunes gens, très exercés à imiter le cri-cri du grillon, l'aboiement du chien, le miaulement du chat et le coassement des grenouilles, avertissent par un de ces cris ceux qui sont occupés à quelque besogne défendue. Il arrive souvent en Espagne qu'en plein jour, au milieu d'une promenade, vous entendez un concert de grenouilles ou une dispute de chats, et tout à coup vous voyez fuir une bande de filous qui étaient occupés à flouer, en jouant aux cartes ou aux dés, des gens simples du bas peuple, et souvent des enfants.

(84) Alguazil ou autre agent de la justice qui s'approche.

(85) Couteaux longs et pointus, d'une trempe incomparable, dont se servent les duellistes au couteau en Espagne.

(86) *Baratero*. C'est ainsi qu'en Espagne on appelle certains filous qui, sans autre bien qu'un jeu de carte crasseux, parcourent les marchés, les foires et les abords des *presidios* (galères correctionnelles), prêtant leurs cartes, ou pour mieux dire les imposant pour tant la partie à ceux qui veulent jouer. Les barrateros sont si jaloux les uns des autres, que souvent ils décident dans un duel au couteau lequel d'entre eux louera ses cartes. Le mot de *baratero* vient de *barato:* c'est ainsi qu'on appelle les quelques maravédis que ces filous font payer aux joueurs sous peine d'avoir un duel au couteau.

(87). Un duelliste au couteau, ayant rencontré son ennemi endormi au pied d'un arbre, le réveilla et lui offrit galamment le combat, que l'autre accepta avec une égale politesse. Le duel terminé, le moins blessé des deux combattants aida l'autre à gagner le premier corps de garde, le soutenant comme un ami tendre et dévoué. Arrivés au poste que je commandais, tous deux se remirent entre nos mains. L'un fut envoyé à l'hôpital, l'autre à l'infirmerie de la prison de ville, car des lois très sévères défendaient en Espagne le duel au couteau, le plus dangereux de tous les duels. Un de ces hommes succomba à ses blessures, l'autre fut pendu. Il avait mieux aimé se livrer que d'abandonner son adversaire mourant au milieu des bois : ce qui eût été pour lui une tache indélébile; il eût été déshonoré à jamais aux yeux de tous les *barateros*, de toutes les *manjas* (grisettes), aux yeux de toute la séquelle de galériens libérés ou échappés. Cet abandon eût été regardé comme un acte de lâcheté plus dégradant que le fer rouge du bourreau, plus infamant que le bagne. Abandonner un *brave* qui s'était volontairement exposé aux chances du duel au couteau, de peur de trois heures de potence! dans les mœurs espagnoles, cela n'était pas possible!

(88) Le *brasero* est une bassine de cuivre en forme de coupe, remplie de braise, qu'on mettait dans les salons espagnols pour les chauffer pendant l'hiver. La cheminée *à la française* et le poêle des nations du Nord n'ont été introduits en Espagne qu'après la guerre de l'indépendance.

(89) On sait que *Dieu* c'était l'inquisition, etc.

(90). La *manga* est une espèce de bannière ronde qui a la forme d'une tour, terminée en pointe et surmontée d'une croix; elle est en velours noir, ornée d'un galon d'or pour les personnes mariées et les veufs, et d'un galon d'argent pour les célibataires, les jeunes personnes et les enfants. Dans les enterrements espagnols, la manga est la compagne inséparable de la croix.

(91) Le *caveau du salut* était chez les moines ce qu'est pour les francs-maçons la chambre de méditation. Dans ce caveau tout était calculé pour agir sur l'imagination du néophyte, qui, déjà exaltée par trois jours de jeûne presque absolu, travaillait d'une manière inconcevable. J'ai entendu dire par le père Antonio, moine honnête homme s'il en fut jamais, et bon vivant autant qu'homme au monde, le lendemain de son élection au priorat des hiéronymites de Madrid, que, quoiqu'il aimât beaucoup mieux être prieur de son couvent que grand d'Espagne de première classe, il eût renoncé volontiers à cette dignité s'il lui eût fallu passer encore par les cérémonies de la *profession* et demeurer une heure seul dans le caveau du salut. « Je crois, disait-il, qu'on devrait l'appeler la caverne de Satan; car, si je croyais au diable, je ne douterais pas de l'avoir vu avec toute sa séquelle de démons, diablotins et farfadets. Après avoir entendu les exhortations du maître des novices, avoir passé trois jours à jeun et presque sans boire, et être resté une demi-heure dans le caveau du salut, je comprends la tentation de saint Antoine et j'y crois. »

Ce discours d'un moine ne prouve-t-il pas qu'aux cérémonies graves et de simplicité du culte chrétien, les moines ont substitué une fantasmagorie à la fois ridicule et impie, plus faite pour halluciner les sens que pour élever l'âme?

(92) Tous les historiens qui ont écrit sur l'inquisition s'accordent à dire que, dès qu'une personne avait été arrêtée et enfermée dans les cachots du saint-office, on ne la laissait communiquer avec qui que ce fût, pas même avec ses parents les plus proches : bien plus, si quelqu'un osait intercéder en faveur d'un prisonnier, ou cherchait à le disculper, il était immédiatement arrêté sous la même prévention que celui qu'il avait voulu défendre.

(93) D'après une tradition mauresque parvenue jusqu'à nos jours, on croit généralement, parmi le peuple, que la Giralda a été bâtie par les génies, qui en font encore leur habitation.

(94) Les doctrines de Luther et de Calvin ne remuaient pas seulement l'Allemagne, l'Angleterre, la Suisse, la république de Genève et le midi de la France : en Espagne, dans les couvents surtout, elles avaient aussi de nombreux partisans. « Il paraît certain qu'un grand nombre d'Espagnols, parmi lesquels on comptait des ecclésiastiques, avaient trouvé le moyen de se procurer les livres publiés en Allemagne par les protestants de Spire. » (Llorente, *Histoire de l'Inquisition*)

(95) En 1559, dans un auto-da-fé général qui eut lieu à Valladolid sous les yeux du prince don Carlos et de la princesse Jeanne, on brûla les os et la statue d'une dame appelée *Éléonor* de Vibero y Cazalla, morte en *bonne catholique*, accusée et convaincue, après sa mort, par des aveux arrachés à des témoins qu'on soumit à la torture, d'avoir prêté sa maison aux luthériens de Valladolid pour s'y livrer aux cérémonies du culte protestant. Cette dame fut déclarée *morte dans l'hérésie*, et sa mémoire condamnée à l'infamie jusque dans sa postérité; ses biens furent confisqués et sa maison fut rasée, avec défense de la reconstruire. Sur les ruines de cette maison, on éleva un monument avec une inscription relative à cet événement. (*Histoire de l'Inquisition*.)

(96) Le *rastro*. Le mot rastro veut dire *piste*. Dans leur langue si imitative et si riche d'images, les Espagnols appellent *el rastro* le lieu où aboutissent, pour être vendus, tous les vieux objets ainsi que les objets volés... Dans chaque ville d'Espagne, une place est affectée à ce commerce; cette place est assez semblable, pour les mœurs, les usages et la physionomie, au *Temple* de Paris. Dès qu'un Espagnol s'aperçoit qu'il lui manque un objet quelconque et soupçonne qu'on le lui a volé, il le dit au juge de son quartier, qui, après avoir pris le signalement de l'objet disparu, envoie un alguazil à ce marché en lui disant: *Siga el rastro*, suivez la piste. La description de ce lieu, telle que la donne l'auteur, est parfaitement exacte.

(97) Quelques moines pieux de ce temps-là parcouraient l'Espagne, demandant aux riches, donnant aux pauvres, prêchant à tous les saintes doctrines de l'Évangile, et consolant toutes les douleurs. Cette conduite vraiment apostolique était trop en contradiction avec celle de la monacaille et avec celle des inquisiteurs; aussi la monacaille et l'inquisition poursuivaient-elles avec acharnement ces moines charitables.

(98) Au treizième siècle, les moines et les membres du clergé comptaient pour un centième dans la population d'Espagne, qui était alors de trente millions d'âmes; les employés du gouvernement, y compris les troupes, se montaient à un million; on pouvait compter à peu près deux millions de grands et petits propriétaires; tout le reste de la population était composé de prolétaires et de mendiants. Les moines et le clergé possédaient à eux seuls un bon tiers de l'Espagne. (*Statistique* de Belmonte y Baldivico.)

Les moines et le clergé espagnols, grâce à leur intolérance et à leur insatiable avarice, ont réduit le peuple espagnol au nombre de onze millions environ. L'inertie et la cruauté des gouvernants auront bientôt changé l'Espagne en un désert, si Dieu ne prend en pitié ce malheureux pays.

(99) Ces deux évêques étaient fils de juifs baptisés, mais ils jouissaient de l'estime générale. L'inquisiteur Torrequemada les fit mettre en jugement, bien que, selon les bulles apostoliques, les évêques ne fussent pas justiciables de l'inquisition. Les deux prélats se rendirent à Rome pour en appeler au pape. Le souverain pontife renvoya l'affaire devant d'autres évêques, dont la décision fut favorable aux accusés. En dédommagement des persécutions qu'ils avaient éprouvées, le pape nomma l'évêque de Ségovie à l'ambassade de Naples, et celui de Calahorra à celle de Venise. L'inquisiteur ne se rebuta pas. Torrequemada trouva encore le moyen de leur intenter un nouveau procès, dans lequel il réussit à démontrer que ces évêques étaient tombés dans l'hérésie, et à les faire enfermer dans un château, où ils moururent après avoir été dépouillés de leurs biens et dégradés de la dignité épiscopale. (Llorente, *Histoire de l'Inquisition*.)

(100) De tout temps, les Espagnols ont accusé les inquisiteurs et autres employés du saint office de rendre les femmes enfermées dans l'inquisition victimes de leurs débordements. Cette accusation n'est pas si injuste que l'ont prétendu les défenseurs de ce hideux tribunal. Après la révolte de Cordoue et la fuite

de l'inquisiteur Deza, le successeur de ce dernier, Ximénès Cisneros, « voulant mettre un terme aux excès scandaleux commis « avec les femmes qui étaient dans les prisons, décréta, d'après « l'avis du conseil de la Suprême, que toutes les personnes « attachées au saint office qui se rendraient coupables de *pareils* « *excès* seraient punies de mort. Les occasions d'appliquer cette « loi n'ont pas manqué dans la suite, cependant elle est restée « sans effet. » (Llorente, *Histoire de l'Inquisition.*)

(101) Le fanatisme de Torrequemada égalait sa cruauté, ou, pour mieux dire, sa cruauté n'était que le résultat de son fanatisme. Chaque fois qu'il se voyait contraint d'agir contre quelque hérétique, le confesseur de Ferdinand d'Aragon se préparait par le jeûne et par la pénitence. Cette dernière consistait à se donner la discipline jusqu'à ce que sa chair fût déchirée et que son sang eût coulé. (*Vie de Torrequemada*, par Ponce de Léon.)

101 *bis*. Le *puchero* est un *pot-au-feu* composé de plusieurs sortes de viandes, de légumes et de pois chiches. Les gensriches y ajoutent *el chorizo*, le saucisson, et *la morcilla*, le boudin noir. Le *puchero* s'appelle alors *olla podrida*.

(102) *El rancho*, la chambrée.

(103) L'*abuela*. C'est ainsi que les bohémiens appellent leur chef de chambrée, qui est toujours une vieille femme.

(104) La danse que l'auteur décrit dans ce chapitre fait partie de la cérémonie appelée la *Veillée des morts*. Cette cérémonie a beaucoup de rapport avec le *wake* des Irlandais.

(105) Les Gitanos ne professent aucune religion; ils feignent toujours d'être de celle du pays qu'ils habitent: mais les Gitanos sont les gens les plus superstitieux de la terre. Ainsi un Gitano accoutumé à vivre de vols et d'escroqueries de tout genre, ne volera point et n'escroquera point le lendemain d'une nuit pendant laquelle il aura entendu le cri d'une chouette; car, selon la superstition de sa caste, le cri de la chouette annonce toujours une arrestation judiciaire, ou pour le moins des démêlés avec la justice. Le Gitano ne boira pas d'une liqueur dans laquelle sera tombée une mouche; car toute personne qui boit d'une liqueur qui noie, sera noyée. Enfin, le Gitano qui a été touché par un cadavre lors de la veillée, doit passer la nuit avec le mort et avoir le courage de voir les diables venir et emporter le corps du défunt après avoir dansé autour de lui, sous peine de mourir dans l'année. Aussi est-ce un grand malheur quand un mort tombe pendant la danse que, la veille de son enterrement, font ses parents et ses amis autour de lui, pour le garantir de la visite des démons.

(106) Les Gitanos, et beaucoup d'autres gens du bas peuple, en Andalousie, aiment à se faire des boutons avec des pièces de monnaie. Les pauvres gens percent les *ochavos* (liards), les plus aisés percent les pièces d'un *real* (25 cent.), petite pièce d'argent. Il y a de riches muletiers et de riches contrebandiers qui font percer plusieurs centaines de pièces d'or de 5, 10 et 20 francs, pour en faire des boutons à une seule veste de velours.

(107) Françoise de Lermé n'est pas un personnage historique, mais seulement un type, une personnification des abbesses de ce temps-là, et même de *quelques-unes* de nos jours.

(108) Ce cérémonial, *tout chrétien*, s'est conservé jusqu'à nos jours parmi les *servantes* de Jésus-Christ. C'est un genou en terre, un plateau d'argent ou de vermeil dans les mains, que les religieuses de la rue Saint-Dominique présentent à l'*humble* supérieure des jésuitesses les missives qui lui sont adressées.

(109) Je parlerai en temps et lieu de Jean d'Avila, âme noble et dévouée, dont le nom est si populaire et si aimé en Espagne.

(111) Voyez note 98.

(112) Les moines de la Merci suivaient, comme les dominicains, la règle de saint Augustin. A sa naissance, l'ordre de la Merci fut très-utile. Les frères de cet ordre se répandaient dans toute la chrétienté, demandant et obtenant de nombreuses aumônes, qui étaient fidèlement employées à racheter des chrétiens captifs en Barbarie. Quelques moines de la Merci, envoyés à Alger pour racheter des captifs, sont restés eux-mêmes à la place de ceux dont ils ne pouvaient payer la rançon. Il y en a eu même qui ont souffert le martyre, mais ce sublime dévouement n'a pas duré longtemps. Pendant le dix-huitième siècle, les moines de la Merci demandaient toujours et obtenaient de nombreuses aumônes; seulement au lieu de les employer à la rédemption des captifs, ils les employaient, comme le reste des moines employaient les sommes énormes qu'ils extorquaient à la crédulité publique... à grandir leur puissance et à étendre leur domination.

(113) Il y en a pour tous, faites silence.

(114) Le couvent des capucins de Madrid était, de mon temps, le plus renommé pour la *mélopia* intérieure. Un plat surtout, appelé *chanfaïna*, ragoût de foie, de mou et de cœur d'agneau à l'ail, était très recherché par les gourmets de la capitale. J'ai plusieurs fois mangé de ce plat en nombreuse et bonne compagnie. Hommes et femmes, grands seigneurs et grandes dames, allaient manger la chafaïna chez les capucins, pêle-mêle avec les bons bourgeois et des pauvres honteux : les uns par dévotion, les autres par goût, quelques-uns par nécessité; mais comme ces derniers étaient en petit nombre, et que les autres ne quittaient jamais le couvent sans commander *au moins de bonnes messes*, c'est-à-dire sans laisser cinq ou six francs entre les mains du frère aumônier, ce réfectoire charitable devenait une vraie table d'hôte, à laquelle on pouvait s'asseoir moyennant ce que l'on voulait donner au-dessus de cinq francs.

En 1816, un beau toréador, nommé Zapata, se vit entre les cornes d'un taureau, mais il ne lui arriva aucun mal : c'est qu'une jeune et jolie duchesse fit en même temps vœu de manger la mélopia des capucins pendant huit jours, si Dieu voulait délivrer le beau Zapata. Son Excellence mangea en effet de la *chanfaïna* des capucins pendant huit jours, après lesquels le frère aumônier reçut une somme assez ronde pour établir une rente de dix-huit cents francs, ou deux messes à deux francs cinquante centimes par jour.

Les moines hiéronymites faisaient encore mieux. Outre leur *mélopia* intérieure, qui pouvait rivaliser avec toutes les *mélopias* du royaume, ces bons pères avaient établi une taverne où l'on servait d'excellent vin de Valdepeñas et de très bon gras-double au piment. Chaque dimanche, les ouvriers et les bourgeois de Madrid se rendaient par milliers à une vaste nappe de verdure qui s'étend entre *el Prado* et *el Buen Retiro*, devant l'établissement des pères. Cet établissement, desservi par des moines lais en tunique, scapulaire et tablier, faisait peu d'affaires pendant l'hiver; mais il en faisait de très bonnes pendant les neuf mois qu'à Madrid on peut appeler les mois d'été.

En 1824, au retour de Ferdinand VII de Cadix, la taverne des hiéronymites a rapporté 67,798 réaux (16,449 fr. 50 c.) de bénéfice net. Je tiens ce chiffre du frère tavernier de cette époque. Ce bon frère, émigré à son tour en 1832, continuait son métier de gargotier à Rouen, sur le quai de Paris, où il vendait du gras-double au piment sous le pseudonyme de *tripes à la mode de Caen*.

(115) De tous les habitants de l'Espagne, après le Galicien, l'Andalous est le plus sobre. L'Andalous vit, pour ainsi dire, de soleil et de parfums; on ne saurait jamais comprendre tout ce qu'il y a chez lui de poésie et d'insouciance des choses de ce monde. Un morceau de pain, une cigarette et beaucoup de méditation, ou plutôt de rêverie, est tout ce qu'il faut à l'Andalous pour se trouver parfaitement heureux.

(116) Le temps est arrivé pour l'Espagne d'élever *cet édifice nouveau*. Voilà plus d'un demi-siècle que les Espagnols luttent, qu'ils travaillent à reconstruire une Espagne nouvelle sur les ruines du fanatisme monacal et du despotisme des rois. Réussiront-ils à marcher en avant vers l'avenir! Les Espagnols auront encore bien du sang à verser, bien des misères à supporter, mais ils ne rétrograderont pas. Un peuple qui a su lutter pendant huit siècles contre les Maures, et qui a fini par reconquérir son indépendance, ne saurait se décourager si tôt. Il est vrai que dans leurs luttes contre les Maures, la religion donnait des forces aux Espagnols et excitait leur courage; mais la liberté n'est-elle pas la religion des peuples? n'est-elle pas l'héritage que le Christ a légué au monde?...

(117) Il n'est pas d'Espagnols, même illettré, qui ne soit doué de la faculté d'improviser de ces couplets appelés *séguidillas*. Cette faculté poétique est l'héritage des Maures.

(118) Alhambra est un mot composé de deux mots arabes qui signifient *château* ou *palais rouge*. En effet, l'Alhambra est construit en briques rouges.

(119) Depuis Deza, les Espagnols appelaient l'inquisiteur général *le roi des bourreaux*.

(120) Des *familiers armés*. Voyez note 15.

(121) La description de cette cavalcade est telle qu'on peut la lire, *Histoire de l'Inquisition*, par Llorente, chapitre VI, deuxième partie.

(122) Pratiquant la religion des juifs.

(123) On connaît l'éternelle dispute des franciscains et des dominicains au sujet de l'immaculée conception de la sainte Vierge. Les dominicains ont toujours affirmé qu'elle a été conçue dans le péché; et pour le prouver, ils auraient brûlé tous les fils de saint François qui déclarent la mère de Dieu immaculée. Ces *graves* disputes, qui occupèrent si vivement les docteurs du concile de Trente, sont loin d'être terminées. En Italie, à Rome surtout, elles fournissent encore habituellement le texte de presque tous les sermons des deux ordres rivaux; mais, comme dans toute guerre il y a un armistice, ces déclamations théologiques cessent de part et d'autre le jour de la deuxième fête de Noël.

(124) L'inquisiteur Torrequemada avait en effet une défense de licorne qu'il croyait réellement douée de la propriété de faire *découvrir* et de *neutraliser les poisons*. (Llorente, *Histoire de l'Inqui-*

ion.) Les inquisiteurs d'Espagne avaient conservé ce préjugé s Maures.

(125) Rien ne peut effacer notre caractère sacré; notre pouvoir spirituel est si étendu, que, quoi que nous ordonnions de faire à un pénitent, il ne saurait pécher en nous obéissant. Cette manière d'expliquer leur puissance a toujours été employée avec succès par les mauvais prêtres lorsqu'ils ont voulu pervertir une femme.

(127) Lorsque les accusés comparaissaient devant le tribunal de l'inquisition, ce n'était pas sur une sellette qu'il leur était permis de s'asseoir, mais sur le tranchant d'un bâton triangulaire appuyé sur deux X, appelé *potro*. Souvent, lorsqu'un accusé se refusait à faire les aveux qu'on exigeait de lui, on le tenait assis ou à genoux deux et même trois heures sur le tranchant du *potro*. N'était-ce pas là une torture préparatoire? Je dis préparatoire, parce que les inquisiteurs avaient mieux que cela.

(128) Toute personne arrêtée par ordre du saint office perdait, par ce seul fait, tous ses titres et dignités, ainsi que ses droits civils, et ne les recouvrait qu'après avoir obtenu l'*absolution définitive*, ce qui arrivait très rarement. Ainsi, le premier effet de la persécution inquisitoriale était la ruine, le déshonneur des familles!... Et les inquisiteurs s'appelaient les défenseurs de la foi catholique!!!

(129) Don Estevan de Vargas était en effet issu d'une famille mauresque appartenant à la tribu de *Vanegas*, mot dont on fait *Vargas*. Le père de don Estevan fut nommé membre du conseil de Castille par Philippe Ier, en 1506. Don Estevan avait un frère inquisiteur nommé don Pedro de Vargas de la Santa-Cruz, qui fut son plus cruel persécuteur. Don Estevan n'échappa à l'inquisition qu'en quittant l'Espagne.

(130) Voici ce qu'on lit en note dans la page 100 de l'*Ultramontanisme* de M. Edgard Quinet, première édition in-8, page 282 : « *Manière de donner la corde au prévenu qui refuse de répondre, ou ne veut pas répondre avec précision* (*precisamente*). »

« Souvent il arrive que le prévenu ne veut pas répondre avec « précision, mais il le fait en termes évasifs: Je ne sais, je ne « m'en souviens pas; cela peut être, je ne crois pas; je ne dois « pas être coupable de ce délit. Il doit répondre en paroles clai- « res, précises: J'ai dit, je n'ai pas dit; j'ai fait, je n'ai pas fait. « Dans ces cas, il est nécessaire d'en *venir contre lui au rigoureux* « *examen* (la torture), pour tirer de lui une réponse absolue, « précise, satisfaisante, suffisante. Mais, d'abord, il convient de « lui faire des admonitions dues, après cela le menacer de la « corde. Et le notaire enregistrera lesdites admonitions et me- « naces. La formule est la suivante... Benignement averti, *benigne* « *monitus*... »

(131) L'inquisition ne nommait jamais les témoins, et par ce moyen elle encourageait la délation. (*Annales du Saint Office.*)

(132) La description de *la chambre du tourment* est faite d'après celle qu'on peut lire dans l'*Histoire de l'inquisition*.

(133) J'emprunte encore à M. E. Quinet une partie de la note page 101... « Après l'avoir fait suspendre (le prévenu), on l'interrogera dans sa torture sur ledit fait seulement (sur le fait en question), en le maintenant suspendu plus ou moins longtemps, *ab arbitrio*, selon la qualité de la cause, la gravité des indices, la condition de la personne torturée et autres choses semblables que le juge devra considérer (et qu'il ne considérait pas toujours, en Espagne du moins), afin que justice ait son effet, sans que personne soit indûment lésé. « Si dans la torture le prévenu persiste dans la négative, on terminera l'examen (le tourment) comme il suit: MM. les inquisiteurs, ne pouvant tirer de lui (de l'accusé) rien de plus, ordonneront que le prévenu soit légèrement descendu de la corde à laquelle il est suspendu, qu'on le délie, qu'on remette les articulations du bras, qu'on le rhabille, qu'on le ramène à sa place après l'avoir tenu suspendu dans la torture pendant une demi-heure à l'horloge de sable, et le notaire signera... » (*Si terminerà l'essame cosi...*)

Ce supplice, qui, à Rome, ne durait qu'une demi-heure, durait en Espagne plus d'une heure, suivant Llorente. (*Des supplices infligés par l'inquisition.*)

(134) *Annales de l'Inquisition.*

(135) « Les châteaux de l'inquisition étaient des souterrains « profonds, de véritables tombes à plus de trente pieds sous « terre. Dans chaque cachot, long de douze pieds et large de huit « environ, se trouvait un lit de camp de quatre pieds de lar- « geur sur douze de longueur. Chaque cachot contenait ordinai- « rement six et souvent huit personnes, dont trois ou quatre, les « plus robustes, couchaient sur le sol humide, et les autres sur « le lit de camp. Un vase destiné à satisfaire les besoins naturels, « et qui n'était vidé que tous les huit jours et quelquefois toutes « les deux semaines, était dans un coin et achevait de vicier « l'air déjà désoxygéné en grande partie par la respiration des « infortunés condamnés à habiter ces lieux. » (*Histoire de l'Inquisition.*)

(136) La maison de Médina-Cœli, une des plus illustres de l'Espagne, jouissait encore en 1820 du *haut privilége de garder et de porter l'étendard de la foi* dans les grands auto-da-fé et autres solennités de l'inquisition.

(137) En 1530, le 28 décembre, les princes allemands qui avaient adopté les doctrines de Luther, ayant appris que les princes catholiques de l'Empire avaient formé, pour le soutien de la religion établie, une ligue à la tête de laquelle se trouvait l'empereur lui-même, s'assemblèrent en toute hâte à Smalkalde, et y conclurent une ligue offensive et défensive contre [illegible] agresseur.

D'après cette ligue, tous les États protestants de l'Empire ne devaient former qu'un seul corps. (W. Meiners, *Histoire de la Réformation*, chap. IV.)

(137 bis) Le premier tabac introduit en Espagne fut envoyé de Tabasco par Fernand Cortès, à Charles-Quint, en 1519.

(138) Le plus sûr moyen d'obtenir l'*honneur* de compter parmi les familiers du saint office, était de dénoncer quelque personnage marquant; car les pauvres, ceux qui n'avaient rien à perdre, n'avaient rien à redouter de l'inquisition. Ce fait, constaté par tous les ouvrages qui ont été écrits sur l'inquisition, prouve que ce n'était pas la gloire de Dieu ni le triomphe de la foi qui importaient aux inquisiteurs; les inquisiteurs ne cherchaient qu'à s'enrichir des dépouilles des victimes, à acquérir de la puissance en amassant des richesses.

(139) Par un calcul assez juste, l'inquisition tenait à avoir pour familiers des hommes de sang noble et de vieux chrétiens; par ce seul moyen, elle s'assurait le respect du peuple, assez porté, en ces temps-là, à croire noble et grand ce que faisaient les nobles seigneurs, ne comprenant pas qu'un gentilhomme pût faire une action basse et infâme; pour être admis à l'*honneur* de compter dans *la milice du Christ*, il fallait au moins justifier de la pureté du sang, c'est-à-dire prouver que l'on ne descendait ni de Juif, ni de Maures, ni de parents qui eussent été condamnés ou pénitenciés par la *très-sainte* inquisition (règlement sacré *des conditions essentielles pour pouvoir* faire partie de la milice du Christ). Ce même règlement dispensait les femmes qui voulaient servir la sainte inquisition d'établir la *pureté de leur sang*, « *considérant les grands services qu'elles pouvaient rendre à la cause de Dieu.* »

(140) Lorsque l'inquisition faisait une fournée de familiers, ce qui lui arrivait presque tous les ans, quelques jours avant tous les auto-da-fé solennels, le grand inquisiteur, revêtu de ses ornements pontificaux, et après une messe chantée et un long sermon d'àpropos, exhortait les postulants à bien servir le saint-office et recevait l'abominable serment que l'auteur donne dans ce chapitre. Chaque nouveau familier recevait un parchemin renfermant les *paroles* sacramentelles et la description exacte des signes et des attouchements au moyen desquels il devait reconnaître tous les agents du saint-office et en être reconnu. Ces signes, ces paroles, ces attouchements constituaient *el santo*, ou mot d'ordre de la milice du Christ.

(141) Dans toutes les solennités où un inquisiteur se trouvait en présence du roi ou de Dieu, l'inquisiteur avait le pas. Dans les grands auto-da-fé, le trône des inquisiteurs était toujours plus élevé que celui du roi; à l'église, le trône inquisitorial était toujours à la droite du saint-sacrement et beaucoup plus haut. L'inquisiteur Tabera fit languir deux ans, dans les prisons du saint-office, l'archiprêtre de la cathédrale de Malaga, sous l'accusation d'irrévérence envers le saint-office, parce que cet ecclésiastique, qui portait le saint viatique à un moribond, ne s'était pas arrêté pour le laisser passer, lui inquisiteur. (*Des droits des inquisiteurs vis-à-vis des autres membres du clergé.*)

(142) *Tio*, oncle. C'est ainsi que les gens du bas peuple se désignent entre eux.

(143) Marie de la Conception.

(144) *Zocato*, gaucher.

(145) Melilla est un petit fort d'Afrique qui appartient aux Espagnols; c'est le bagne où les condamnés à plus de dix ans vont subir leur condamnation.

(146) *Gandul*, fainéant, flâneur, etc.

(147) Regard inquisiteur, pour exprimer un regard qui fouille jusqu'au fond de l'âme.

(148) Quoiqu'en règle générale tout le monde fût soumis à la juridiction des inquisiteurs, il y avait cependant une exception pour les papes, leurs légats et leurs nonces, les officiers et les familiers du saint office; de manière que, lors même qu'ils étaient formellement dénoncés comme hérétiques, l'inquisition n'avait d'autre droit que celui de recevoir l'instruction secrète et de l'envoyer ensuite au pape. La même exception avait lieu pour les évêques; mais les rois et les princes restaient soumis à la juridiction des inquisiteurs. (*Histoire de l'Inquisition*, chap. II, deuxième partie, *Des crimes dont prenait connaissance l'inquisition ancienne.*)

(149) Toute plainte était interdite aux prisonniers de l'inquisition. Lorsqu'un malheureux faisait entendre quelque gémissement, on lui mettait un bâillon pendant plusieurs heures; et si

cela ne suffisait pas, on le fouettait cruellement le long des corridors. La punition du fouet était infligée aussi à ceux qui faisaient du bruit dans les chambrées ou qui se disputaient entre eux; en pareil cas, toute la chambrée devenait solidaire, et on fouettait tous ceux qui la composaient, sans distinction d'âge ni de sexe, de sorte que de jeunes demoiselles, des religieuses et des dames de distinction étaient souvent dépouillées de leurs vêtements et battues impitoyablement pêle-mêle avec des jeunes gens et des vieillards. (*Histoire de l'Inquisition* chap. v, troisième partie, *des Supplices*.)

(150) La question de l'*eau*, avec les circonstances horribles que l'auteur vient de décrire, fut appliquée à doña Jeanne Bohorques sous Philippe II. La mémoire de cette martyre fut réhabilitée dans l'auto-da-fé général qui eut lieu à Valladolid en 1554.

(151) La cruauté des inquisiteurs fut poussée si loin, que le conseil de la Suprême (conseil royal de l'inquisition créé par Ferdinand d'Aragon) se vit forcé de leur défendre d'appliquer plus d'une fois la torture à la même personne; mais ces moines, froidement barbares, trouvèrent bientôt une escobarderie au moyen de laquelle ils éludèrent cette défense. Ainsi, lorsqu'ils avaient torturé un malheureux pendant longtemps, ils le renvoyaient dans les prisons en déclarant que *la question était suspendue* jusqu'au moment où ils jugeraient à propos de la *continuer*. (*Histoire de l'Inquisition*, chap. v, troisième partie.)

(152) Les inquisiteurs, tout en convenant que la question pouvait faire périr autant d'*innocents que de coupables*, soutenaient qu'on devait donner la question, vu que si quelques catholiques irréprochables périssaient par elle, ils allaient droit en paradis. Raisonnement digne des prêtres d'un Dieu de paix! (*Guide de l'inquisiteur*, par Ximénez Cisnéros.)

Défilé de la plaine de Grenade.

(153) Marie de Bourgogne avait 85 ans lorsque, dénoncée par un esclave qui prétendait lui avoir ouï dire : *Les chrétiens n'ont ni foi ni loi*, elle fut arrêtée comme suspecte de judaïsme. Faute de preuves, les inquisiteurs la gardèrent cinq ans en prison, espérant pouvoir en trouver de suffisantes pour la condamner et s'emparer des grands biens qu'elle possédait. Fatigués d'attendre, les juges du saint-office soumirent plusieurs fois à la torture cette infortunée âgée de quatre-vingt-dix ans, malgré les dispositions du conseil de la Suprême, qui défendaient expressément de donner la question aux personnes âgées de plus de soixante ans. Marie supporta, sans se plaindre, toutes les tortures qu'on lui fit subir, déclarant toujours qu'elle était catholique, apostolique et romaine. Elle mourut dans sa prison en protestant de son innocence. Cependant les inquisiteurs continuèrent son procès et la condamnèrent aux flammes; ses ossements et son effigie furent jetés au feu; ses biens, qui étaient considérables, devinrent la proie de l'inquisition et du fisc, et ses enfants et les enfants de ses enfants furent voués à une éternelle infamie!!! Cet assassinat sacrilége fut commis par les inquisiteurs de Murcie, la même année de l'abdication de Charles-Quint, pendant le règne de l'inquisiteur Valdès. Marie de Bourgogne était surnommée *la mère des pauvres*, à cause de sa grande charité. Elle subit les *trois questions* de la *corde*, de l'*eau* et du *feu*. (*Hist. de l'Inquisition*.)

(154) « La torture ne pourra être appliquée, sous aucun prétexte, ni aux enfants au-dessous de l'âge de dix ans, ni aux personnes âgées de plus de soixante ans. » (Règlement de procédure, art. 7 : Les cas où la question pourra être appliquée aux accusés.)

(155) Jeanne Sanchez, de la classe des femmes que l'on appelait *béates*, fut condamnée au bûcher comme luthérienne. Lorsqu'elle connut sa condamnation, elle se coupa la gorge avec des ciseaux et mourut impénitente dans sa prison. Son cadavre fut brûlé à Valladolid, en 1559.

(156) *Le droit de supplication*. C'était en effet tout ce que l'inquisition avait laissé aux monarques et au pape lui-même. Les papes et les rois avaient bien le droit de casser les arrêts de l'inquisition, mais l'inquisition avait l'*adresse* de recommencer ses persécutions, d'intenter de nouveaux procès, et finissait toujours par se saisir des victimes que la justice du pape ou celle du roi lui avait enlevées pendant quelque temps. Témoin les évêques de Ségovie et de Calahorra, dont j'ai parlé note 99.

Encore les *supplications* des rois étaient-elles le plus souvent impuissantes. Les inquisiteurs leur résistaient ouvertement sous le prétexte de servir les intérêts de la religion et de détruire l'hérésie.

(*Hist. de l'Inquisition* et *Histoire d'Espagne*, par Mariana, page 717.)

(157) On lit dans l'*Histoire de l'Inquisition*, chap. VI, 4e partie : « Saint Jean de Dieu, fondateur d'un ordre hospitalier consacré « au soin et à l'assistance des pauvres malades, fut (en même « temps que le savant archevêque de Tolède, Barthélemy Car« ranza, contre lequel l'inquisiteur Valdès montra son acharne« ment, poussé plutôt par la jalousie que par zèle pour la reli« gion), arrêté comme suspect d'hérésie et de nécromancie, et sa « pieuse philanthropie l'eût peut-être fait languir longtemps dans « les cachots de l'inquisition, si le pape ne s'y fût vivement opposé. »

(160) *Ne dirait-on pas un immense cimetière qui rejette de son sein d'innombrables ossements?* Pour comprendre toute la justesse et toute la beauté de cette comparaison de l'auteur, en parlant des champs qui entourent Madrid, il faut avoir vu cette terre sèche et fendillée, presque entièrement nue de verdure et toute parsemée de cailloux calcinés par les rayons du soleil.

(161) *La mort où devrait palpiter la vie!* De tous les peuples, le peuple espagnol, plus que tout autre, semble avoir été créé pour les grandes, pour les nobles actions. Doué d'une intelligence rare, d'une grande perspicacité et d'un jugement droit, l'Espagnol est apte à toutes les sciences, à tous les arts... Et pourtant les Espagnols ont généralement peu de science, et les arts sont à peine cultivés en Espagne depuis longtemps.

(162) *La plaça de la Cebada* est aussi le lieu des exécutions; c'est sur cette place que le défenseur de la liberté, l'immortel Riego, fut ignominieusement pendu en 1823, après avoir été traîné sur une claie attaché à la queue d'un âne, aux grands applaudissements de la populace excitée par les prédications des moines. Avant de mourir le noble Riego fut insulté par le bourreau lui-même : « Je te tiens, franc-maçon, fils du diable! et cette fois, tu payeras tout ce que tu as fait. » Telles furent les paroles que celui dont la justice se sert comme d'un glaive adressa à l'homme qu'en 1820 toute l'Europe avait salué du nom de libérateur de l'Espagne!

(163) *Un âne sans oreilles*. En Espagne, les condamnés au gibet, ou *al garrote* (la strangulation), sont conduits au lieu du supplice sur un âne qui appartient au bourreau. Anciennement, l'exécuteur des hautes œuvres vendait ses ânes le lendemain d'une exécution pour n'en racheter d'autres que la veille d'une exécution nouvelle. Plusieurs des ânes vendus par le bourreau ayant été reconnus pour avoir servi à *un pendu*, ont attiré de sanglantes diatribes à leurs possesseurs. On a vu même d'honnêtes jeunes filles ne pas trouver à se marier, parce que quelqu'un de leur famille avait acheté un de ces animaux. Ces inconvénients ont donné lieu à une loi espagnole qui ordonne au bourreau de cou-

par les oreilles à tous les ânes dont il se sert, et qui sont nourris et achetés aux frais de l'État.

(165) *Gancho, croc :* c'est ainsi que les garduños appelaient les voleurs.

(166) Ce fut dans cette plaine, appelée *las Ventas de Alcorcon*, que le 7 juillet 1822, s'entr'égorgèrent huit mille Espagnols, dont trois mille gardes nationaux de Madrid ou soldats des régiments d'Almansa et de Ferdinand VII, et cinq mille gardes royaux que le roi Ferdinand VII excita à se révolter contre la constitution de 1812, alors en vigueur, pour les abandonner le lendemain, dès qu'il les vit vaincus. Ce fut pour cette bataille, où la garde royale perdit plus de quatre mille hommes, tous vieux soldats de la guerre de l'indépendance, que le tigre couronné créa une décoration qui, plus tard, a été un signe de proscription.

(167) Les voitures du roi d'Espagne ne sont traînés par des chevaux que les dimanches et les jours fériés.

(168) *Qui tua le moine de St-Just pour avoir voulu cesser d'être roi.* On sait que l'empereur Charles-Quint quitta le trône pour aller s'enfermer dans une cellule au couvent de Saint-Just ; mais ce que peu de personnes savent, c'est qu'après sa mort, l'inquisition de Castille osa faire le procès à la mémoire du père de Philippe II. Suivant MM. de Thou, d'Aubigné et le Laboureur, Charles-Quint fut, après sa mort, accusé et convaincu d'avoir eu un commerce continuel avec les protestants d'Allemagne, et de ne s'être retiré à Saint-Just que pour être libre, dans cette solitude, de finir ses jours dans des exercices de piété conformes à ses dispositions secrètes, *pour faire pénitence* en expiation des mauvais traitements qu'il avait fait souffrir aux princes du parti protestant... A l'appui de ces accusations on faisait valoir le choix qu'il fit du docteur Cazala, chanoine de Salamanque, pour son prédicateur, et de Constantin Ponce, évêque de Dresde, pour son confesseur : deux personnages suspectés d'hérésie. Une autre preuve dont se servit l'inquisition pour flétrir la mémoire de Charles-Quint, furent les nombreuses inscriptions qu'on trouva dans sa cellule de Saint-Just, inscriptions faites de la main du monarque, sur la *justification* et la *grâce*, dans le sens des doctrines des novateurs. Enfin, le testament de Charles-Quint servit encore à l'inquisition pour flétrir la mémoire de l'empereur. Ce testament ne contenait presque point de legs pieux ni de fondation pour des prières, et il était rédigé d'une manière si différente de celle usitée par les catholiques zélés, que l'inquisition crut avoir le droit de s'en formaliser.

La Tour de l'Église de San Nicolas.

Aussi, dès que l'inquisition crut pouvoir se montrer rigoureuse sans trop effaroucher Philippe II, elle commença par s'attaquer à l'archevêque de Tolède, primat d'Espagne, à Cazalla, prédicateur de l'empereur, et à Constantin Ponce, son directeur, que Philippe II laissa emprisonner. Ces trois personnages furent condamnés au bûcher ainsi que le testament de l'empereur. Le roi Phillippe II, réveillé au bruit que ce procès scandaleux faisait en Espagne, commença par se réjouir à l'idée de voir la gloire de son père flétrie; mais bientôt il eut peur des conséquences d'un si horrible attentat, et, à force de bassesses et de concessions, il obtint de l'inquisition qu'on écartât Charles-Quint de cette affaire. L'inquisition n'osa pas tout refuser au roi; mais, comme il lui fallait ses victimes, en 1559 elle fit brûler vif le docteur Cazalla avec l'effigie de Constantin Ponce, mort quelques jours auparavant dans la prison du saint office. L'archevêque de Tolède en appela à Rome, où, à force d'amis et surtout d'argent, il fut déclaré bon catholique. Ce fut à ce prix que l'inquisition de Castille consentit à ne pas flétrir la mémoire de Charles-Quint!

(169) On sait qu'en Espagne le costume de moine ouvrait toutes les portes et facilitait l'accès auprès de tous les dignitaires du royaume, à celui qui le portait.

(170) Les audiences accordées par le roi ne sont pas plus difficiles à obtenir aujourd'hui qu'au temps de Charles-Quint. Quiconque veut parler au roi d'Espagne, n'a qu'à se rendre au palais avant dix heures et attendre son tour dans l'antichambre royale. Cette facilité de parler au monarque n'a pas même cessé d'exister dans les temps de révolution ou même dans les jours d'émeutes. Les rois d'Espagne, non plus que les Espagnols, n'oseraient soupçonner la possibilité d'un régicide!...

(171) En entrant dans l'antichambre du roi d'Espagne pour attendre l'audience, l'huissier de service vous remet une carte portant le numéro d'ordre de votre admission. Qui que vous soyez, personne ne passera avant vous, si ce n'est ceux qui ont un plus faible numéro.

(172) Alphonse Virues était un bénédictin très versé dans les langues orientales, auteur de plusieurs ouvrages et grand prédicateur. Charles-Quint l'écoutait avec tant de plaisir, qu'il s'en faisait accompagner dans toutes ses expéditions en Allemagne, et qu'à son retour en Espagne, il ne voulut jamais entendre d'autre prédicateur. Soupçonné d'hérésie, en 1534, Virues fut arrêté par le saint office et renfermé dans les prisons de l'inquisition à Séville. L'empereur ne douta pas que Virues ne fût la victime de quelques moines jaloux, et ordonna qu'il fût mis en liberté; mais il fut désobéi. Ce fut en vain que Charles-Quint exila Alphonse Manrique, alors inquisiteur du royaume. Virues n'en demeura pas moins pendant quatre années prisonnier et au secret dans les cachots de l'inquisition. (*Histoire de l'Inquisition*, ch. IV, 4e partie.)

(173) Au seizième siècle, l'inquisition bravait la puissance de Rome, si bien que plusieurs cardinaux ont été emprisonnés et condamnés à différentes peines à Rome, quoique la personne d'un cardinal soit sacrée même pour les rois. On sait que Henri III fut excommunié par Sixte V, pour avoir osé punir le cardinal de Guise, convaincu de rébellion et d'attentat contre l'État. Mais l'inquisition n'était-elle pas le roi des rois et la terreur des papes eux-mêmes!

(174) Adrien Florencio, troisième inquisiteur général d'Espagne, fut, dit-on, moins cruel que ses prédécesseurs et que ses successeurs. Adrien Florencio fut peut-être le plus faible des inquisiteurs, peut-être en fut-il le plus adroit. Pendant son règne, qui dura près de cinq ans, l'inquisition d'Espagne condamna vingt-quatre mille personnes, dont seize cent vingt furent brûlées vives et cinq cent soixante en effigie. Ce fut Adrien Florencio qui établit le deuxième tribunal de l'inquisition en Amérique, et étendit sa juridiction sur les Indes et sur l'océan. Ce fut encore Adrien qui empêcha Charles-Quint de réformer l'inquisition, comme il l'avait promis aux Castillans, aux Aragonnais et aux Catalans en 1518; et cela, en trompant l'empereur sur la conduite des inquiteurs. (*Histoire de l'Inquisition*, ch. III, 4e partie).

Malgré le mal qu'il avait fait aux Espagnols, peut-être à cause de ce mal même, Adrien fut élu pape le 9 janvier 1522. (*Histoire des Papes.*)

(175) A son arrivée en Espagne, conseillé par son précepteur, Guillaume de Croy, et par son grand chancelier, Selvagio, l'empereur Charles-Quin était très disposé à abolir l'inquisition ou du moins à organiser la procédure du saint office d'après les règles du droit naturel et sur le modèle de tous les autres tribunaux. Les cortès de Castille, croyant que le moment de délivrer l'Espagne du joug de l'inquisition était venu, s'assemblèrent ainsi que celles d'Arragon et de Catalogne au commencement de l'année 1518, pour demander au roi l'abolition du saint office, ou pour

le moins des réformes, que la conduite des inquisiteurs avait rendues indispensables. Charles-Quint fit rédiger un nouveau code par Selvagio, de concert avec les députés, et promit aux cortès d'en ordonner l'exécution aux inquisiteurs. Mais au moment où la justice allait triompher, le chancelier Selvagio mourut, et Adrien Florencio, troisième inquisiteur général d'Espagne, et élu pape le 9 janvier 1522, après la mort de Léon, sut changer les dispositions du roi, et, à force de mensonges, en faire insensiblement un protecteur passionné de l'inquisition.

Cependant Charles-Quint promit solennellement aux cortès qu'il forcerait *l'inquisition à respecter les privilèges et les coutumes de Castille, d'Aragon et de Catalogne, et à observer les saints canons.* Les cortès crurent à la bonne foi de Charles-Quint et lui en témoignèrent leur reconnaissance par un *don* en argent. Mais les Castillans, les Aragonais et les Catalans tardèrent peu à comprendre que les promesses de Charles-Quint étaient aussi fallacieuses que celles de ses prédécesseurs. (*Histoire de l'Inquisition*, chap. III, 4e partie ; *Annales d'Aragon*, session des cortès en 1518... ; *Histoire de la principauté de Catalogne, vœu exprimé par les cortès en* 1518, et *Histoire d'Espagne*, par Fernando de Higuera, t. Ier.

(176) Cette lettre est apocryphe en ce qui touche le texte, la date et le sujet ; mais elle est vraie comme type et comme fait. Charles-Quint en a écrit plusieurs dans le même sens : ces lettres ont souvent été considérées comme non avenues par les inquisiteurs : témoin Alphonse Virues, qui, en dépit des recommandations de l'empereur et même de ses ordres, languit pendant quatre années dans les prisons du saint office de Séville (voyez note 172). Puis nous devons ajouter que bien souvent les lettres que l'empereur écrivait en faveur de quelques victimes de l'inquisition étaient détruites par d'autres lettres dont l'empereur avait soin de les faire suivre. Au reste, la duplicité de Charles-Quint est assez connue ; qui ne sait le trait que l'empereur fit à François Ier pendant que ce monarque était prisonnier à Madrid ? François Ier étant très malade du chagrin que lui occasionnait la perte de sa liberté, Charles-Quint alla le visiter : — « Venez-vous voir si la mort vous débarrassera bientôt de votre prisonnier ? lui demanda le roi de France. — « Vous n'êtes pas mon prisonnier, répondit Charles-Quint, mais mon frère et mon ami ; je n'ai d'autre dessein que de vous rendre la liberté et toute la satisfaction que vous pouvez attendre de moi ; » puis il l'embrassa. Les promesses de l'empereur produisirent un effet salutaire, et François Ier se rétablit après une longue convalescence. Lorsque l'empereur sut son prisonnier bien rétabli, il redevint sévère et froid à son égard. Ce fut en vain que François Ier rappela à Charles-Quint la promesse qu'il lui avait faite pendant sa maladie ; Charles-Quint ne lâcha sa proie qu'après avoir obtenu, le 15 janvier 1526, le traité qui mit la liberté du roi de France à un prix si onéreux pour la nation.

(177) Voyez, pour ce mot, note 114.

(178) *Los azucarillos* sont des pains de sucre très raffiné et très soluble, aromatisé de différentes manières. En Espagne, dans l'Andalousie surtout, l'eau n'est jamais sucrée qu'avec les *azucarillos*.

(179) Rafraîchissement.

(180) Sur le quai, les bords du Guadalquivir sont, de toutes les promenades de Séville, les plus fréquentées jusqu'à neuf heures du soir dans l'été ; après cette heure, les promeneurs se rendent à la *Alameda* ; les quinconces et les quais demeurent déserts.

(181) Ce mot, qui peut se traduire par *murmure*, est beaucoup plus imitatif.

(182) Tout en étant le plus inique des tribunaux, tout en procédant, non selon les lois de la justice et du droit commun, mais selon son caprice, l'inquisition voulait passer pour impartiale, et surtout miséricordieuse : on sait à quoi s'en tenir sur sa miséricorde ; quant à son impartialité, elle est devenue proverbiale en Espagne, où l'on dit encore aujourd'hui, en parlant d'un juge prévaricateur : « Il est juste et impartial comme un inquisiteur. » Cependant, dans toutes les salles d'audience inquisitoriales, un banc était disposé pour les témoins. Seulement, lorsqu'un témoin à décharge osait venir s'y asseoir, l'inquisition trouvait le moyen de l'inculper et de le faire participer aux peines qu'elle infligeait à l'accusé..... Pour des témoins à charge, l'inquisition ne les faisant jamais connaître, que seraient-ils venus faire sur le *banc des témoins.*

(183) Il était rare que l'inquisition jugeât les accusés à huis clos ; pour donner une apparence de publicité aux débats, la salle du tribunal était ouverte à tous ceux qui étaient porteurs d'une *invitation ;* seulement ces invitations n'étaient accordées qu'aux familiers de l'inquisition, rarement et en très petit nombre à des *catholiques éprouvés*, c'est-à-dire à des âmes simples qui croyaient à la pureté du zèle des inquisiteurs et à la nécessité de détruire les hérétiques pour la plus grande gloire de Dieu.

(184) Les noms d'Herrezuelo et de Franco sont historiques. Je parlerai du premier en temps et lieu. Quant au second, voici son histoire telle que la rapporte Llorente, qui l'a extraite des dossiers de l'inquisition. Guillaume Franco, citoyen de Séville, vivait dans cette ville sous le règne de l'inquisiteur Valdès, et était doué d'un caractère jovial, d'une grande probité et d'un esprit droit. Un prêtre suborna sa femme, et troubla son bonheur domestique. Franco, ne pouvant empêcher cette intrigue, se plaignit de son malheur devant ses amis dans une réunion. On parla du purgatoire, et Franco s'écria : « J'ai assez de purgatoire dans la société de ma femme, il ne m'en faut pas d'autre ! » Cette phrase fut rapportée à l'inquisition, qui fit enfermer Franco dans les prisons du saint office *comme* suspect de luthéranisme, et le condamna, par ce seul fait, à une réclusion *indéfinie* ou perpétuelle.

C'est ainsi que la sainte inquisition protégeait le beau sexe, et qu'elle purifiait les mœurs du clergé catholique ! ! !

(185) Pendant que le saint office sacrifiait l'honnête Franco à la lubricité d'un prêtre et à ce que le clergé appelle *l'honneur de la religion*, comme si la religion pouvait rien avoir de commun avec des prêtres débauchés et souillés de toutes sortes d'iniquités ; pendant, dis je, qu'on enfermait Franco dans les cachots pour s'être plaint de sa femme qui le déshonorait avec un ministre indigne de la religion du Christ, l'inquisition s'apitoyait sur le sort d'un misérable qui avait osé accuser faussement son père d'avoir circoncis un enfant. Ce malheureux, qui s'appelait Antonio Sanchez, avoua qu'il avait dénoncé son père dans le but de le faire brûler ! L'inquisition se contenta de faire punir ce mécréant à recevoir cent coups de fouet pour toute punition !

C'est que l'inquisition avait besoin d'encourager la délation.

(186) Ce prêtre s'appelait François-Dominique de Boxas ; il était dominicain, mais il n'avait jamais voulu appartenir à l'inquisition. Dominique de Boxas comparut pour la première fois, le 13 mai 1558, devant le tribunal de l'inquisition de Valladolid, et déclara professer les doctrines de Luther ; puis il rétracta sa déclaration. Il subit plusieurs interrogatoires, et toujours il rétractait dans les uns ce qu'il avait déclaré dans les précédents ; mais dans toutes ses déclarations il cherchait à défendre le catéchisme et les différents sermons qu'il avait composés. Soumis à la torture à cause de ses rétractations, Dominique de Boxas pria qu'on lui épargnât la question, qu'il craignait plus que la mort ; cette grâce lui fut accordée à condition qu'il ne cacherait plus rien. Dominique de Boxas déclara et confirma tout ce qu'on voulut et demanda à être réconcilié..... Malgré les lois de l'inquisition, qui accordaient la vie à ceux qui avouaient, il fut signifié à Dominique qu'il eût à se préparer à mourir pour le lendemain. Le jour de l'exécution, Dominique refusa de se confesser ; et lorsqu'il descendit de l'échafaud, où il avait été conduit pour entendre la lecture de la sentence qui le condamnait à mourir brûlé, Dominique se tourna vers le roi, et s'écria : « Je vais mourir pour la défense de la vraie foi de l'Évangile ! » Philippe II ordonna qu'on lui mît le bâillon. Au moment où on allait mettre le feu au bûcher, Dominique manqua de courage, demanda à se confesser, reçut l'absolution, et fut étranglé. (Llorente, *Histoire de l'Inquisition*, ch. Ier, 5e partie.)

(187) Lorsqu'en 1820, nous avons ouvert les portes de l'inquisition pour la dernière fois, le nombre des prisonniers qu'elle renfermait était encore très considérable ; à Madrid seulement, on y comptait plus de deux cents personnes ; mais, je me hâte de le dire, en 1820, l'inquisition n'était plus un tribunal religieux, mais une prison d'État. Depuis 1801 on ne brûlait plus personne en Espagne. Cependant la procédure de l'inquisition était toujours la même : toujours le plus grand mystère enveloppait ses moindres opérations ; toujours la même iniquité dictait les jugements des inquisiteurs, jugements, du reste dictés ou commandés par Ferdinand VII, et prononcés presque toujours, non pas contre des hérétiques, des mauresques ou des juifs, mais contre ceux qui travaillaient à la délivrance du pays. On le voit, l'inquisition devenue impuissante, usée à force de cruauté et d'iniquité, usée surtout par les progrès des lumières et par la lutte incessante qu'elle avait eue à soutenir contre le peuple espagnol, l'inquisition ne pouvant plus être juge, s'était faite bourreau au service des rois ; faute de pouvoir fanatiser l'Espagne, elle voulait au moins la maintenir esclave, car esclave ou fanatisée, l'Espagne appartenait également aux prêtres et aux rois ; or, c'était là ce que Rome voulait, dominer. Que lui importaient les moyens à employer ?

(188) Lorsqu'un accusé était déclaré innocent par douze témoins de pur sang catholique, l'inquisition était bien forcée, d'après ses statuts, de le rendre immédiatement à la liberté. Cette délivrance, obtenue par la déclaration de douze témoins, s'appelait *l'absolution définitive ;* mais il arrivait rarement que douze personnes de pur sang catholique osassent se présenter pour défendre un accusé ; car, comme je l'ai dit, note 92, toute personne qui osait défendre un accusé était poursuivie par le saint office et considérée comme entachée du même crime que l'accusé qu'elle avait défendu. Puis à quoi aurait servi à un accusé d'obtenir *l'absolution définitive* lorsqu'une fois l'inquisition s'était emparée de lui ? A rien, car

l'inquisition savait bien trouver de nouvelles raisons pour le poursuivre de nouveau, et finissait toujours par le perdre, ou du moins par le ruiner.

(189) Rodriguez de Valero est un personnage historique auquel l'auteur a conservé son vrai caractère. Seulement ce personnage n'a pas vécu à Séville. Rodrigues de Valero était un seigneur aragonais, contemporain de Charles-Quint et de Jean d'Avila. Pendant sa jeunesse sa conduite fut très déréglée; mais elle changea tout à coup, et Rodriguez de Valero se livra avec ardeur à l'étude des saintes écritures. De débauché qu'il était, il devint un des plus zélés apôtres du luthéranisme, et porta l'audace à tel point que partout où il trouvait des moines ou des prêtres, il les apostrophait et leur reprochait de s'être écartés des pures doctrines de l'Évangile. Heureusement l'inquisition le tint pour fou et ne le poursuivit pas. Pendant longtemps, profitant de cette croyance de l'inquisition, il prêchait dans les rues et sur les places, où le peuple aimait à l'entendre et s'assemblait pour l'écouter; mais l'inquisition finit par se lasser de ses sermons, le fit arrêter et le condamna, comme hérétique, apostat et faux apôtre, à une prison perpétuelle et à la perte de tous ses biens...

Valero était très misérablement et assez malproprement vêtu, mais il forma de nombreux disciples parmi lesquels le plus remarquable fut le docteur *Égidius*, homme d'une conduite exemplaire et de mœurs très pures, éloquent prédicateur et savant théologien. *Égidius* fut d'abord arrêté par l'inquisition et condamné à faire une pénitence comme suspect de luthéranisme. Quelque temps après, l'empereur Charles-Quint le nomma à l'évêché de Tortosa; nomination qui lui valut les persécutions des moines, et la haine du saint office. Ce dernier emprisonna de nouveau Egidius dans les cachots. L'empereur, qui l'aimait beaucoup, prit sa défense, et écrivit plusieurs fois en sa faveur à l'inquisiteur Valdès, qui le mit enfin en liberté. Egidius mourut presque aussitôt après avoir été relaxé. (*Histoire de l'Inquisition.*)

(190) Le bal au lampion. C'est ainsi qu'on appelle, en Espagne, les bals du bas peuple, bals où un lampion fumeux est l'unique éclairage, et dans lesquels deux ou trois guitares criardes et détériorées, unies à la voix des chanteurs ou chanteuses de séguidilles, composent tout l'orchestre.

(191) *Pandero*. Qu'on s'imagine un châssis carre sur lequel est tendu et collé un parchemin, et autour duquel pendent de nombreux grelots de cuivre et force rubans aux vives couleurs, et on aura une idée assez exacte du *pandero*, cet instrument qu'on pourrait définir : *un tambour de basque à double face, de forme carrée*. Le *pandero* est l'instrument par excellence, et, dans la plupart des *bâiles de candil*, il remplace la guitare. Cet instrument n'est touché que par les femmes, et c'est un beau cadeau à faire à une femme du peuple espagnol que de lui offrir un pandero orné de rubans et garni de grelots, surtout si on a eu soin de faire peindre, d'un côté du parchemin, un cœur enflammé et percé de flèches, et de l'autre le portrait véritable d'un beau contrebandier ou celui d'un baudit renommé.

(192) *Majos*. Le mot *majo* n'a point de synonyme dans la langue française lorsqu'il est pris dans l'étendue que lui donnent les Espagnols. Le *majo* espagnol est un type qu'on ne trouve qu'en Espagne, dans l'Andalousie surtout, où il existe encore dans sa splendeur primitive. Le mot *majo* désigne non-seulement un homme luxueux à l'excès et très insouciant en ce qui touche ses dépenses, mais aussi une sorte de profession. Pour mériter le nom de *majo*, il ne suffit pas d'adopter le costume de Figaro, costume caractéristique des majos espagnols, moins la résille et les basques de la jaquette chamarée, sotte invention des costumiers de l'Opéra. Un jeune homme qui aspire au titre de *majo* doit réunir une foule de qualités et les défauts de ces qualités. Ainsi, il doit être brave et fanfaron, bon cavalier, bon tireur, et très expert dans le maniement *del chuchillo* (le couteau), *del punal* (le poignard), et *del albacete* (long couteau à ressort et très pointu il doit danser avec grâce *le fandango, la cachucha, la matraca, la jerezana*, etc.; il doit être fort râcleur de guitare et savoir chanter tous les airs populaires à la mode, et surtout improviser une centaine de séguidilles ou une romance amoureuse à propos. Enfin, sans être *toréro* (toréador de profession), un *majo* est tenu de savoir *capear* (agacer), *banderilleur* (planter des banderoles sur le cou d'un taureau), et *matar* (tuer) un taureau suivant toutes les règles de l'art, c'est-à-dire avec grâce, de sang-froid, et en plongeant le glaive entre les deux omoplates de la bête. Cependant, en sachant toutes ces choses, un jeune homme espagnol ne mériterait pas encore le titre de *majo* s'il n'était pas toujours amoureux fou d'une seule femme, et galant envers tout le beau sexe en général, car l'inconstance ainsi que l'indifférence lui sont interdites. Le *majo* est généreux jusqu'à la prodigalité; lorsqu'il s'agit de plaire à sa bien aimée, il sacrifie tout à ses moindres caprices; mais pour lui il est sobre et endurci à toutes les fatigues, et habitué à supporter toutes les douleurs; car le *majo* espagnol déteste l'orgie et toute sorte de débauche; il ne connaît d'excès qu'en fait d'amour, de courage ou de luxe.

L'*avarice* est un péché dont aucun *majo* ne saurait être coupable; un *majo* avare serait déshonoré. Il en est de même de l'ivrognerie; un *majo* ivre serait, en Espagne, montré au doigt et méprisé au-dessous d'un gitano mendiant et voleur.

Dans ses rapports avec les hommes, le *majo* a une sorte de dignité dédaigneuse qui lui sied à ravir; le *majo* doit montrer une extrême susceptibilité envers les hommes, et être prêt à jouer du poignard à la moindre provocation, en dépit des plus grands dangers. Car pour lui, chaque duel, chaque meurtre, est un titre de gloire auprès du beau sexe, en général, et de sa bien-aimée en particulier, pourvu, toutefois, qu'il n'ait tué personne *perfidement* (perfidamente).

D'après ce que je viens de dire du *majo*, on comprendra aisément que les *majos* sont presque toujours brouillés avec la justice. Il en est qui ont fait plusieurs années aux *presidios* (bagnes) de l'Afrique, ce qui est encore un titre pour un *majo* pur sang, si ces années de bagne n'ont pas été la punition d'un vol ou d'un assassinat.

La *maja* est, dans le sexe féminin, ce que le *majo* est parmi les hommes; elle manie le poignard aussi adroitement qu'un *baratero* (voy. note 86), et plus d'un amant infidèle, plus d'une rivale, ont senti sa petite lame acérée. Les *majas* sont toujours des femmes du peuple, pour la plupart d'une condition équivoque, tandis que plus d'un gentilhomme espagnol s'est fait *majo*. Pour se faire *majo*, il est indispensable d'être très beau garçon et de ne pas avoir dépassé l'âge de vingt-cinq ans; après cet âge un *majo* commence à être usé et n'est plus bon qu'à improviser des séguidilles ou à faire le *chulo*, c'est-à-dire à servir dans leurs amours les *majos* plus jeunes que lui.

(193) Le *gazpacho* est un mets très usité en Andalousie, non-seulement par le peuple, mais par les gens du monde. Le *gazpacho* consiste en quelques morceaux de pain qu'on a fait tremper dans l'eau et qu'on arrose ensuite de piment rouge, d'huile, de vinaigre et de sel. Puis on y ajoute encore de l'eau. Tel est le *gazpacho* du peuple. Les gens aisés y ajoutent, mariné et coupé par petits morceaux, du saucisson d'Estramadure, et souvent des tranches de bœuf salé et fumé. Le *gazpacho* passe pour être un mets très rafraîchissant. Les soldats qui tiennent garnison dans les différentes villes du midi de l'Espagne, en reçoivent une ration chaque jour depuis le 1er avril jusqu'au 30 septembre. Le *gazpacho* est, dit-on, le meilleur préservatif contre les fièvres chaudes, qui, souvent, deviennent épidémiques dans les quatre royaumes de l'Andalousie, c'est-à-dire dans les provinces de Séville, Malaga, Cordoue et Grenade.

(194) *El guisado*, mot pour mot le ragoût, est en Espagne un étouffé de bœuf et de mouton coupé par petits morceaux, dans lequel on met force ognons et surtout beaucoup de piment et autres épiceries. Le *guisado* est un plat classique que l'on sert à tout souper vraiment espagnol.

196. J'ai dit, note 18, que la Garduña avait un chef auquel tous les chefs de province obéissaient. Les chefs de province eux-mêmes étaient également obéis par les chefs de district. Encore une fois, la Garduña était organisée beaucoup mieux que quelque administration que ce fût de cette époque, et si bien organisée que, détruite en Espagne en 1822, elle est allée se réorganiser dans l'Amérique du Sud, où elle existe en ce moment. Au Brésil, dans la Colombie, dans la république Argentine, au Pérou, à la Havane et au Mexique, on peut faire assassiner un homme pour quelques dollars. Seulement les héros garduños d'outremer sont des mulâtres et des nègres libérés au lieu d'être des Gitanos et des Mauresques.

197. *Les charbonniers ouvraient la marche*. Les charbonniers des villes où il y avait un tribunal inquisitorial avaient le droit de faire partie du cortège qui formait les processions dans les auto-da-fé; mais ce droit leur imposait un *devoir*, ou pour mieux dire il n'était qu'une manière tout inquisitoriale d'acquitter les factures du bois que le saint office employait à brûler les hérétiques: les charbonniers de toutes les villes où l'inquisition avait établi des bûchers devaient fournir *gratis* tout le bois nécessaire pour les auto-da-fé. On voit que la sainte inquisition comprenait ses intérêts.

198. Le costume des dominicains, que beaucoup de personnes ont confondu avec celui des carmélites et des trinitaires, était comme celui de ces ordres, c'est-à-dire tunique blanche, scapulaire et manteau noirs, capuchon rond et noir doublé de blanc. Les dominicains se distinguaient néanmoins par la croix que plusieurs de ces ordres portent sur leurs scapulaires. Cette croix est de drap blanc et rouge pour les trinitaires; rouge et blanche, c'est-à-dire le tronc rouge et les bras blancs, pour les mercenaires, et blanche pour les dominicains; les *carmélites* ne portaient pas de croix.

199. Ce n'était pas assez pour l'inquisition d'abrutir le peuple, de le réduire à la mendicité, d'en faire un troupeau d'esclaves: elle ne se contentait pas de si peu, elle a tout fait pour le rendre infâme. Pour y réussir, l'inquisition commença par parler et par

agir au nom de Dieu, puis elle exigea que chaque citoyen devînt un espion, mais les Espagnols refusèrent de s'avilir à ce point; ils aimaient mieux se laisser brûler comme des hérétiques que d'accepter l'ignoble rôle de dénonciateur. Alors l'inquisition, toujours féconde en expédients lorsqu'il s'agissait de faire le mal, trouva moyen d'*ennoblir* et de *sanctifier* la délation. Elle fit accorder par les papes force indulgences à ceux qui auraient la *vertu* de dénoncer au saint office les ennemis de la foi; l'indulgence plénière, et même le ciel, étaient offerts à quiconque, le cas échéant, serait assez *bon chrétien* pour dénoncer son parent, son propre fils, son propre frère, et même son père et sa mère; outre les indulgences que l'inquisition obtint du pape pour les dénonciateurs, elle demanda aux rois, qui n'osèrent les refuser, des priviléges et des honneurs pour leurs familiers. C'est ainsi que Charles-Quint exempta de toute charge municipale et de toute corvée, et enfin de tout impôt, toute personne qui aurait dénoncé *dix* hérétiques, mauresques, apostats ou judaïsants, ou qui se ferait enrôler dans la milice du Christ, c'est-à-dire qui se ferait familier. Enfin, il arriva un temps où un grand seigneur eût été considéré comme suspect s'il n'avait appartenu directement ou indirectement à l'inquisition; puis, appartenir à l'inquisition était le plus sûr moyen de conserver sa fortune. L'inquisition porta si loin son audace, qu'elle demanda et obtint, pour la maison de Médina-Cœli, du pape Adrien, ex-inquisiteur général d'Espagne, l'*honorable* titre de porte-étendard de la foi, et le privilége de porter cet étendard sinistre dans les auto-da-fé solennels, c'est-à-dire dans ceux auxquels le roi *se faisait l'honneur* d'assister. La maison de Médina-Cœli était et est encore aujourd'hui celle qui est le plus près du trône; faute de princes de sang, c'est à l'aîné des Médina-Cœli que reviendrait la couronne.

200. Les familiers *avoués* étaient à l'inquisition ce que les sergents de ville sont à la préfecture de police; les familiers non avoués, et le nombre en était infini, répondaient assez bien, quant aux fonctions qu'ils remplissaient, aux mouchards de la police secrète. Les soldats du Christ, les archers de la Sainte-Hermandad, et quelques grands seigneurs qui, par fanatisme ou par peur, s'étaient voués à l'inquisition, constituaient ce que l'auteur appelle les familiers avoués. Venaient ensuite les sbires, qui étaient des espèces d'alguazils. Les sbires s'occupaient peu de dénoncer personne, mais ils arrêtaient impitoyablement ceux que l'inquisition leur ordonnait d'arrêter. Les sbires étaient, comme on le voit, les plus honnêtes gens de toute la séquelle inquisitoriale.

201. Le lecteur sait déjà que toute personne condamnée à porter un *san benito* demeurait éternellement inapte à tout emploi civil et à toute fonction publique, et que cette inaptitude s'étendait à toute sa postérité!!!

202. Ceux que l'inquisition *pénitentiait* légèrement et condamnait à porter le san benito étaient, après l'auto-da-fé, conduits à une maison où l'on avait la prétention de les instruire, *afin* de fortifier leur foi; et quelques mois après, on leur rendait la liberté, après leur avoir fait jurer sur l'Évangile de ne jamais révéler *ni par écrit, ni de parole, ni au moyen de figures*, ce qu'ils avaient vu dans l'intérieur de l'inquisition. Il n'en était pas ainsi des malheureux condamnés au fouet ou aux galères. Les premiers restaient souvent dans les prisons du saint office, où ils mouraient; les derniers étaient oubliés généralement dans les presidios ou bagnes; encore dans les bagnes le san benito qu'ils portaient les rendaient-ils l'objet du mépris de leurs compagnons d'infortune; car pas un assassin, pas un faussaire, pas un des misérables qui avaient mérité la corde, et qui, grace à la vénalité d'un escribano, étaient allés aux galères, n'eût voulu s'associer ni être accouplé avec un *ensanbenitado* (qui porte un san benito).

203. L'inquisition faisait brûler les ossements de ceux qu'elle laissait mourir dans les cachots.

204. Les moines espagnols formant la procession de la Fête-Dieu, en 1821, jetèrent par terre croix et bannières et se mirent à courir, en entendant le cri de « sauve qui peut! un taureau enragé! » prononcé par quelques gamins.

205. Cette manœuvre du guapo est la même qu'employaient les Andalous pour tuer les cuirassiers français pendant la guerre de l'indépendance.

206. Pierre Arbues est un personnage historique dont nous parlerons longuement quand il en sera temps; ses cruautés ont fait souvent soulever le peuple contre lui. Craignant d'être assassiné, il portait en effet « une cotte de mailles sous sa veste, et une espèce de casque de fer sous son bonnet. » (*Histoire de l'Inquisition*, IIIe partie, chap. XII.)

207. La veille de l'auto-da-fé, une procession composée de charbonniers, de dominicains et de familiers, partait de l'église de l'inquisition et se rendait sur la place où, le lendemain, devait s'accomplir la cérémonie; arrivée là elle s'approchait d'un autel élevé pour que les moines pussent y dire des messes pour l'âme de ceux qu'on allait livrer aux flammes, et l'on plantait, à la gauche de cet autel, une croix verte entourée d'un crêpe noir. « Cette croix était un signe qui indiquait aux passants le deuil de l'Église pour la perte des âmes des hérétiques qu'on allait brûler. » Une fois la croix plantée, la procession, moins les dominicains, s'en retournait. Les moines passait la nuit sur la place à psalmodier et à dire des messes.

208. Quelques historiens prétendent, et M. Edgar Quinet es de ce nombre, que les inquisiteurs étaient plutôt fanatiques que pervers. Ce jugement fait l'éloge du cœur des personnes qui l'ont porté; mais pour moi, qui suis né en Espagne, et qui ai été à même d'apprécier les moines et les inquisiteurs à leur juste valeur; pour moi, qui me suis nourri de l'histoire de mon pays, et qui ai fouillé dans les vieilles chroniques que personne ne lit plus, la pitié qu'affectaient les inquisiteurs pour le salut de l'âme de ceux qu'ils immolaient à l'ambition des rois et à l'insatiable avarice de Rome, n'étaient qu'un calcul plus inique, plus cruel que leurs cruautés mêmes. En agissant ainsi, les inquisiteurs aveuglaient le public et l'empêchaient de prendre en pitié les infortunés qu'ils sacrifiaient par milliers. Les inquisiteurs et les moines espagnols ont été d'infâmes et cruels hypocrites, et nullement des fanatiques. Les fanatiques ont généralement des mœurs pures; or, qu'on me dise si jamais il a existé au monde des êtres plus débauchés, plus orduriers, plus corrompus que les inquisiteurs.

209. L'auteur fait allusion à Boabdil el Chico, dernier roi maure de Grenade, au moment où ce roi s'arrêta sur une colline de la ville, et se mit à verser des larmes, action que sa mère lui reprocha par ces paroles : « Pleure comme une femme le bien que tu n'as pas su défendre comme un homme! » Le lieu où pleura Boabdil s'appelle encore aujourd'hui *El ultimo suspiro del Moro* (le dernier soupir du Maure). C'est de ce point qu'a été prise la vue de l'Alhambra de Grenade, représentée dans la grande vignette intitulée *l'Alhambra*.

210. Le sermon ou fragment de sermon que l'auteur prête à un moine dominicain dans cet auto-da-fé, paraîtra étrange aux lecteurs tant il est burlesque et inconvenant. Cependant, les moines disaient des choses plus burlesques et plus inconvenantes encore, dans des circonstances très solennelles où la gravité, la science et surtout le bon sens auraient dû être de rigueur. Ainsi, en 1546, dans la séance d'ouverture du concile de Trente, l'évêque de Bitonto, pour prouver la nécessité des conciles, alléguait que plusieurs conciles avaient dépossédé des rois et des empereurs. « Dans l'*Énéide*, disait Sa Grandeur, Jupiter a assemblé le concile des dieux; au moment de la création de l'homme et de la construction de la tour de Babel; Dieu s'y est pris en forme de concile. » D'où Sa Grandeur tirait cette conclusion : « Que tous les prélats devaient se rendre à Trente, comme dans le cheval de Troie. » Enfin, en guise de péroraison, sa grandeur ajoutait : « Que la porte du concile et celle du paradis étaient une seule et même chose; que l'eau vive en découlait et que les pères devaient en arroser leurs cœurs comme des terres sèches, faute de quoi le Saint-Esprit leur ouvrirait la bouche comme à Balaam et à Caïphe. »

Cet évêque de Bitonto, nommé fra Cornelio Musso (le frère Cornélius Musso), était un moine du Milanais dont la burlesque harangue, comme l'on voit, ne se sentait guère de la renaissance des lettres. (Menier, *Histoire de la Réformation*.)

211. *Un sergent de l'inquisition*, c'est ainsi que l'on nommait les chefs des tourmenteurs.

212. La confession d'Augsbourg est une profession de foi que les protestants d'Allemagne firent à la diète d'Augsbourg, qui eut lieu le 15 juin 1530. Cette confession fut rédigée par Mélanchthon, contemporain et disciple de Martin Luther.

213. Dans l'auto-da-fé qui eut lieu à Valladolid en 1636, les inquisiteurs offrirent à Philippe IV, qui y assistait avec toute sa famille, un nouveau genre de supplice inconnu jusqu'alors. Ce supplice, auquel les bourreaux de Rome soumirent dix malheureux Israélites, consistait à leur clouer une main sur une grande croix de saint André et à la leur tenir dans cet état pendant la lecture de la sentence qui les condamnait.

214. L'inquisition ne poursuivait pas seulement les séculiers. Tout ecclésiastique qui ne secondait pas ses actes d'iniquité ou qui se refusait à propager les doctrines inquisitoriales, doctrines qui tendaient toutes à abrutir l'espèce humaine et à dépouiller les peuples au profit de Rome, tout ecclésiastique, en un mot, devenait, par ce seul fait, l'objet des persécutions du saint office. L'inquisition a fait brûler vifs des centaines de prêtres et de religieuses. On peut se convaincre de la vérité de nos assertions en lisant tout ce qui a été écrit sur l'inquisition.

215. Adrien Florencio, dont nous avons déjà parlé, et après lui Alphonse Manrique, ont étrangement abusé Charles-Quint au sujet de l'inquisition; au reste, il est à présumer que tous les inquisiteurs ont trompé les rois à ce sujet : autrement, comment qualifier les souverains qui laissaient ainsi décimer l'Espagne, l'Italie, le Portugal, l'Inde et toutes les Amériques, et qui, loin de s'y opposer comme ils le pouvaient, aidaient le saint office de toute leur puissance? Néron eût été un roi très débonnaire, comparé à ces souverains catholiques.

216. Alphonse Manrique fut exilé en 1535 par Charles-Quint, qui ne voulut pas pardonner au grand inquisiteur l'emprisonnement de Viruès, prédicateur favori de l'empereur.

217. *L'absolution.* Dans les auto-da-fé, l'inquiteur général de la province où l'auto-da-fé avait lieu prononçait l'absolution de tous ceux des condamnés qui, ayant *avoué*, étaient rentrés dans le sein de l'Église; mais cette absolution n'entraînait pas le pardon; elle ne servait qu'à lever l'excommunication qui frappait toute personne hérétique ou accusée d'hérésie, et à *ouvrir les portes du ciel* à ceux qui *mouraient en bons catholiques*, c'est-à-dire à ceux qu'on étranglait avant de les livrer aux flammes.

(218) Nous avons déjà dit qu'une de ces femmes qu'on appelait béates s'était suicidée dans les cachots du saint office, en se coupant la gorge avec ses ciseaux. Ce suicide n'est pas le seul qui eut lieu dans les prisons de l'inquisition. Plusieurs malheureux, pour échapper à l'infamie du san benito ou aux tortures, se brisaient le crâne contre les murs; d'autres s'asphyxiaient en aspirant à grands traits les gaz méphitiques qu'exhalaient les vases pleins d'excréments qui étaient dans chaque cachot, et qu'on y laissait pendant huit jours.

En 1819, six accusés se trouvaient dans l'un des cachots de l'inquisition à Valence. Un gardien, envoyé pour *éprouver* l'un d'eux, c'est-à-dire pour tâcher d'en obtenir une *révélation*, lui dit entre autres choses que s'il n'avouait pas et ne découvrait pas ses complices, on allait le soumettre à la torture. L'accusé n'avoua rien; mais, le lendemain, les six prisonniers étaient morts; ils s'étaient étranglés les uns les autres, et le dernier s'était asphyxié en employant le moyen dont nous avons parlé plus haut. Les six prisonniers étaient accusés de franc-maçonnerie.

(219) *Dans les statues.* Voici ce qu'on lit dans Llorente : « La grande quantité de condamnés que l'on faisait mourir par le feu fut cause que le préfet de Séville se vit dans la nécessité de faire construire hors de la ville un échafaud permanent en pierre, sur lequel on éleva quatre grandes statues de plâtre; ces statues étaient creuses en dedans; c'est dans ce creux que l'on enfermait vivants les nouveaux chrétiens relaps, pour les y faire périr lentement, au milieu d'une horrible combustion. Cet échafaud, appelé *quemadero* (brûloir), existait encore naguère. Que pouvait-on attendre d'un tribunal qui débutait ainsi? » (*Histoire de l'Inquisition*, IIIe partie, chap. 1er.)

Le *quemadero* de Séville fut construit au commencement du quinzième siècle. Les débris existaient encore en 1823!

(220) Suivant Llorente, don Carlos de Seso était un noble gentilhomme de Vérone, fils de l'évêque de Plaisance, en Italie. Issu d'une des premières familles du pays, don Carlos était, selon l'historien, un homme habile et savant; il avait rendu de grands services à Charles-Quint. Il fut arrêté à Logrono et conduit dans les prisons secrètes de l'inquisition de Valladolid, où, un an après, on l'avertit de se préparer à la mort.

Don Carlos, sachant qu'il allait mourir, demanda du papier et de l'encre, et écrivit sa confession, qui fut toute luthérienne. Il y soutenait que la doctrine de Luther, et non celle qu'enseignait l'Église catholique, était la véritable foi de l'Évangile. Les moines exhortèrent vainement don Carlos durant toute la nuit qui précéda l'auto-da-fé; on lui mit un bâillon qu'on lui laissa pendant qu'il se rendait au lieu du supplice, afin qu'il ne pût prêcher sa doctrine; le bâillon lui fut ôté lorsqu'il fut attaché au poteau du bûcher, et les moines recommencèrent à l'exhorter à se confesser; mais loin de céder aux exhortations des moines, il demandait à grands cris qu'on allumât le bois qui devait le consumer. Don Carlos fut brûlé à Valladolid au mois d'octobre 1559, sous le règne de Philippe II.

(221). « Le licencié don Antonio Herrezuelo, avocat de la ville de Toro, dans la Vieille-Castille, fut condamné comme luthérien, et mourut sur le bûcher sans montrer le moindre repentir. Pendant qu'on le conduisait au supplice, le docteur Cazalla, autre condamné, lui adressa en particulier quelques exhortations qu'il redoubla au pied de l'échafaud, mais ce fut inutilement. Antonio se moqua des discours du docteur, même après s'être vu attacher au poteau, au milieu du bois qui commençait à s'allumer. Un des archers de l'inquisition, furieux de voir tant de courage, plongea sa lance dans le corps d'Herrezuelo, dont le sang coulait encore lorsqu'il fut atteint par les flammes. » (*Histoire de l'Inquisition*).

Don Antonio Herrezuolo mourut, sans proférer une seule plainte, dans l'auto-da-fé qui eut lieu à Valladolid en 1559, sous les yeux du prince don Carlos et de la princesse Jeanne. « Un nombre considérable de grands d'Espagne, seigneurs de toutes les conditions et dames de la haute classe, occupaient les premières places, dans tout l'éclat du luxe, pendant cette horrible cérémonie, ajoute le même historien. Dans ce même auto-da-fé périrent : le docteur Augustin Cazalla, de Vibero, prêtre et chanoine de Salamanque, aumônier et prédicateur de Charles-Quint, lequel docteur fut étranglé avant d'être brûlé; — François Cazalla, frère du précédent, curé du village d'Hormigos, brûlé vif; — dona Béatrix de Vibero y Cazalla, sœur des deux victimes précédentes, étranglée avant d'être brûlée; — Alphonse Perez, prêtre de Palencia, docteur en théologie, dégradé et étranglé avant d'être brûlé; et neuf autres personnes parmi lesquelles aucune n'avait dogmatisé, et dont plusieurs s'étaient converties et ne demandaient pas mieux que de vivre en bonnes catholiques. Mais l'inquisition aima mieux supposer que leur repentir avait pour cause la crainte de mourir. Outre les victimes condamnées au bûcher, il y en eut plusieurs qui furent *réconciliées*, c'est-à-dire condamnées à perdre leurs biens et leur liberté, (le moins que prenait l'inquisition). Parmi ces dernières, on distinguait deux membres de la famille d'Augustin Cazalla, Jean Vibero y Cazalla, condamné, comme hérétique, à porter le *san benito* perpétuel, et dona Constanza Vibero y Cazalla, condamnée à la même peine. Cette dernière laissa quatorze enfants orphelins!!!

(222) On sait que la *lettre de change* a été inventée par les juifs; mais ce qu'on ne sait peut-être pas, c'est que ce fut en Espagne que, pour garantir leur fortune de l'avarice de Ferdinand d'Aragon et de la rapacité de l'inquisition, les Israélites créèrent la lettre de change, au moyen de laquelle eux et les morisques envoyaient leurs capitaux à l'étranger avant de s'exiler eux-mêmes. Ainsi ce papier, qui est aujourd'hui une des choses qui font le plus prospérer le commerce, en facilitant les opérations, fut, au seizième siècle, un instrument de ruine pour l'Espagne, qui, grâce à l'insatiable avarice de Rome et à la cruauté avec laquelle l'inquisition la secondait, vit passer la plupart de ses richesses en France, en Allemagne et en Hollande.

(223) Jean d'Avila est en effet demeuré cinq ans dans les cachots de l'inquisition, comme nous le verrons lorsqu'il en sera temps.

(224) Les *cruciatos*, à ce que dit un historien de l'inquisition, qui n'a pas jugé à propos de signer son œuvre, étaient une sorte de *croisés* dont le but étaient l'extirpation de l'hérésie partout où ils pourraient l'atteindre. D'après le même auteur, les *cruciatos* formaient une confrérie à laquelle était affiliés des gens de toutes les conditions, moines et prêtres, évêques, archers et cardinaux, grands seigneurs et mendiants, des gens de bien remplis de fanatisme et des brigands sans foi ni loi. Cette confrérie, ajoute l'auteur précité, avait son siége en Portugal. Si une telle confrérie a existé, si elle a été composée, comme le dit l'auteur anonyme, elle a dû exister en Italie et non en Portugal. D'abord, le mot *cruciato*, croisé, est parfaitement italien, ce qui me ferait croire que cette *société* était tout italienne; puis je crois que Rome seule est capable d'une telle création!

(225) L'inquisition n'avait pas que la torture et des paroles doucereuses pour arracher des aveux à ceux qu'elle voulait *sauver des peines éternelles*; comme la police de nos jours, elle avait des démons tentateurs qui, sous le prétexte de consoler les prisonniers, les visitaient, et cherchaient à obtenir d'eux des secrets qu'ils allaient aussitôt communiquer à l'inquisition. Ces agents du saint office s'appelaient *probadores* (*éprouveurs*).

(226) *Le peuple avait compris ce que cela voulait dire.* Lorsque, dans de rares occasions, l'inquisition avait l'audace de juger en public, il arrivait quelquefois qu'un accusé avait le courage de se défendre avec énergie et sans ménagement; dans ce cas l'inquisition, toujours adroite, renvoyait l'accusé dans les prisons, sous prétexte que *le tribunal avait besoin de s'éclairer afin de faire justice.* Ce renvoi n'était qu'une vengeance digne de Néron; l'accusé qui osait ainsi braver l'inquisition échappait quelquefois aux flammes; mais il était soumis à toutes les tortures, et finissait par mourir dans les cachots, les membres brisés et l'âme remplie de désespoir... Quelques années après sa mort son procès se terminait; l'accusé était déclaré coupable d'hérésie, et, comme on le supposait mort impénitent, on exhumait ses ossements, qu'on brûlait dans le prochain auto-da-fé, sa mémoire était flétrie jusque dans sa postérité et ses biens devenaient la proie de l'inquisition. Llorente rapporte plus d'un exemple de cette inique manière de procéder; presque tous ceux dont on brûlait les effigies et les ossements avaient été victimes de ce procédé tout inquisitorial.

(227) Ce fut en effet un grand acte d'adroite politique que de délivrer Jean d'Avila. En agissant ainsi, le conseil de la Suprême compromettait l'autorité d'un inquisiteur, mais en même temps il faisait croire au peuple en la loyauté et en la justice de l'inquisition, et par ce moyen il raffermissait la puissance du tribunal odieux qui a fait tant de mal à l'Espagne et qui eût fait périr la religion elle-même si la religion de Jésus-Christ avait pu périr.

(228) Saint Jean d'Avila naquit en 1504, à *Almodovar del Campo*, petite ville du diocèse de Tolède, de parents riches et très considérables dans les pays. Saint Jean étudia d'abord le droit civil et canonique à l'université de Salamanque, suivant le vœu de ses parents qui le destinaient au barreau; mais sa vocation pour le sacerdoce était irrésistible. Dieu l'appelait aux hautes fonctions de prédicateur. Ses parents, ne voulant pas contrarier ses goûts, voyant en lui se développer un homme vertueux, un ministre de

Dieu selon l'Évangile, l'envoyèrent à Alcala d'Hénarès, où il étudia la théologie avec ardeur.

Aussitôt qu'il eut reçu les ordres sacrés, Jean d'Avila voulut partir pour les Indes occidentales, où, disait-il, il y avait une ample récolte à faire. Dans ce but, il se rendit à Séville, où avant d'entreprendre son voyage, il consulta don Alphonse Manrique, alors archevêque de cette cité et depuis inquisiteur général. Ce prélat conseilla à Jean de renoncer à son projet et de se livrer à la prédication. Saint Jean suivit ce conseil après avoir longtemps lutté contre sa propre modestie; mais à peine avait-il commencé à prêcher, ses discours étaient si sublimes, ses doctrines si évangéliques, son langage si éloquent, sa vie si sainte, que Séville et bientôt après toute l'Espagne, le salua du nom d'apôtre de l'Andalousie.

Mais ni la sainteté de sa vie, ni l'éloquence de sa parole, ni la pureté de ses doctrines, rien ne put le défendre contre l'envie des autres moines qui le dénoncèrent à l'inquisition. Ce tribunal qualifia d'hérésie la tolérance de Jean d'Avila, et comme il ne voulut jamais, dans ses sermons, maudire ni anathématiser morisque, juifs, ni hérétiques, l'inquisition le mit en accusation et le poursuivit comme schismatique. Enfin, nonobstant la protection d'Alphonse Manrique, devenu inquisiteur général le 10 septembre 1523, Jean d'Avila fut enfermé dans les cachots du saint office en 1528, il y demeura pendant cinq années, jusqu'en 1534, époque où, grâce à un *défaut de forme* dans son procès, il fut acquitté et mis en liberté, nonobstant l'accusation de luthéranisme et d'*illuminisme* qui pesait sur lui. En accusant Jean d'Avila, l'inquisition avait négligé d'en faire part au conseil de la Suprême. Saint Jean d'Avila mourut à Montilla en 1569, âgé de soixante-cinq ans. Il a laissé un grand nombre de lettres adressées à saint-Jean de Dieu, à Fray Luis de Grenade et à beaucoup d'autres de ses disciples; ces lettres sont autant d'épîtres apostoliques. Il a aussi écrit beaucoup de sermons, dont un seul volume a été imprimé en Hollande en 1617. Ce volume, que j'ai lu à la bibliothèque des Jésuites de Séville en 1817, et que les Français avaient respecté, n'existe plus. La populace l'a brûlé sur la plaza Mayor en 1823, à l'instigation des moines de Saint-Dominique, qui ont toujours qualifié le saint apôtre de l'Andalousie de *marrano*, hérétique.

(229) Lorsqu'un citoyen, accusé ou seulement soupçonné d'hérésie, quittait l'Espagne, tous ses biens étaient immédiatement confisqués au profit du roi et de l'inquisition; mais comme l'inquisition passait avant le roi, le dernier n'avait que le quart des biens confisqués. Il est vrai que, dans ces vols juridiques, l'inquisition gagnait sa part en intentant un procès à l'exilé, en faisant brûler son effigie et en poursuivant tous ses parents et même ses amis.

(230) *Espolista*, éperonneur; ce mot vient du mot *espuela*, éderon; les Espagnols appellent *espolistas* certains hommes dont le métier consiste à marcher à pied devant les mules des voyageurs et surtout devant celles des moines. L'*espolista* est à la fois le valet de pied, le guide et le gardien des personnes qui l'emploient. Les *espolistas* espagnols sont des marcheurs infatigables, des hommes dévoués à leurs voyageurs et d'un courage à toute épreuve. On les appelle *espolistas* parce qu'on prétend qu'en marchant ainsi devant les mulets ils les excitent à marcher. Un bon *espolista* et une mule de moine doivent pouvoir faire de dix-huit à vingt lieues espagnoles (environ cent vingt kilomètres) par jour.

(231) Les garduños, et, après leur destruction, les bandits renommés d'Espagne, avaient, et ont encore dans presque toutes les villes et dans la plupart des *ventas*, ou auberges isolées sur les grands chemins, des courtiers ou *assureurs* autorisés par eux à lever une certaine contribution sur les voyageurs, et à donner en échange à ces derniers un mot d'ordre qui les met à l'abri de tout attentat dans un rayon de tant de lieues. En 1823, tout voyageur qui ne voulait pas être inquiété de Madrid à Cadix n'avait qu'à voyager dans une des galèras de Pedro Ruiz; seulement les places dans ces galeras (espèces de fourgons couverts de roseaux et d'une grosse toile blanche) étaient payées trois fois ce qu'aurait coûté la diligence, puis cinq pour cent sur toutes les valeurs dont on était porteur. Moyennant cet arrangement on pouvait voyager tranquille; les voleurs n'attaquaient jamais les galeras de Pedro Ruiz. Dans l'Estramadure, à Mérida, l'hôte de la *posada de las Tres cruces*, l'aubergiste des Trois Croix, vous donnait un mot d'ordre moyennant deux doublons (quarante francs). Arrivé au *Confessionnal*, lieu où l'on ose à peine passer et où l'on peut être tué sans voir le meurtrier, les bandits se présentent à vous, vous couchent en joue et vous demandent la bourse ou la vie, dans l'intention de vous prendre l'une et l'autre; mais ne craignez rien si vous avez le mot d'ordre; vous n'aurez qu'à le prononcer pour voir tous ces coquins relever leurs *trabucos*, ôter leur chapeau et vous dire le plus poliment du monde : *Vaya Su Merced con Dios, caballero* (que Votre Seigneurie aille avec Dieu.) En 1822, j'ai moi-même payé quarante francs *al tio Alejo*, au père Alexis, qui m'a donné en échange deux *mots latins* : *Vade retro*; ces deux mots ont changé quatre mauvais gueux, qui se présentèrent à moi dans le *Confessionnal*, en quatre manants plus inoffensifs que des agneaux.

(232) Pierre Arbues est un personnage historique, et le caractère que lui prête l'auteur n'est nullement exagéré; seulement l'auteur, autorisé par la licence que permet le genre de son œuvre, a fait un anachronisme en faisant vivre Pierre Arbues sous Charles-Quint, et en le faisant contemporain d'Alphonse Manrique, de saint Jean d'Avila, de Saavedra, et de plusieurs autres personnages de cette histoire. Pierre Arbues n'a pas régné à Séville et n'a pas été non plus assassiné par un favori; le personnage de José est de pure invention; c'est la personnification du peuple espagnol soutenant l'inquisition pendant plusieurs siècles, mais la haïssant toujours, et attendant avec patience le moment de la frapper mortellement. Ce moment est arrivé en 1820.

Pierre Arbues, en même temps qu'il est un personnage historique, est la personnification de l'inquisition, et surtout du plus grand nombre des inquisiteurs. Ses débauches, ses cruautés, ses faiblesses, ses iniquités et son hypocrisie sont le tableau fidèle des débauches, de la cruauté, des faiblesses, des iniquités et de l'hypocrisie de la plupart des inquisiteurs et d'un grand nombre de prêtres.

Pierre Arbues, chanoine de la cathédrale de Saragosse et inquisiteur général du royaume d'Aragon a vécu en 1485 sous Ferdinand d'Aragon et Isabelle la Catholique, et sous le premier grand inquisiteur général d'Espagne, Thomas de Torrequemada. En 1485, les Aragonais, dont les priviléges étaient à chaque instant foulés aux pieds par l'inquisition d'Aragon, sous la direction de Pierre Arbues, les Aragonais craignirent de voir se renouveler chez eux les scènes qui se passaient chaque jour en Castille et dans les autres provinces de l'Espagne, où le saint office, établi seulement depuis trois ans, et dirigé par des moines et des prêtres fanatiques et débauchés, avait déjà immolé des milliers de victimes. Dans cet état de choses, et voyant que les démarches qu'ils avaient faites auprès du pape et du roi n'avaient eu aucun résultat, un grand nombre des principaux seigneurs de Saragosse se liguèrent contre l'inquisition et résolurent de sacrifier l'inquisiteur Arbues, qui s'était déjà fait haïr par sa cruauté et par son inconduite, afin d'obliger ainsi les autres membres de l'inquisition d'Aragon à renoncer à leur mission. Mais Pierre Arbues fut averti du dessin des conjurés, sans que toutefois on les lui nommât. Ne pouvant sévir contre ses ennemis, Pierre Arbues voulut du moins se garantir des atteintes des conjurés; à cet effet, il s'arma d'une cotte de mailles et d'une espèce de casque de fer qu'il portait sous son bonnet. Grâce à ces précautions, les conjurés le manquèrent plusieurs fois; cependant un jour, l'un d'eux s'approcha de Pierre Arbues, au moment où il faisait sa prière, au pied du maître-autel de la cathédrale de Saragosse, et le frappa d'un coup d'épée dans le cou; la blessure de Pierre Arbues fut si profonde qu'il en mourut deux jours après, malgré tous les secours de l'art, c'est-à-dire le 17 octobre 1485. A la suite de l'assassinat du grand-inquisiteur, les vieux chrétiens, excités par les moines, se soulevèrent comme un seul homme, et des émeutes violentes eurent lieu à Saragosse; la suite de ces émeutes eût été terrible, dit Llorente, si la multitude fanatique n'eût été contenue par la promesse qu'on lui fit de punir du dernier supplice les coupables de cet attentat.

En attendant, on honora la mémoire de Pierre Arbues avec une sorte de solennité qui contribua beaucoup à le faire passer pour un saint. Arbues fut l'objet d'un culte particulier dans les églises, et peu s'en fallut que ce dominicain chanoine ne fût reconnu pour patron de l'inquisition et protecteur des inquisiteurs. Cependant on se contenta de lui *faire faire des miracles* et de préparer ainsi sa béatification, qui eut lieu en effet en 1664, sous le pontificat d'Alexandre VII.

Il n'y a pas longtemps qu'on pouvait voir dans la cathédrale de Saragosse une épitaphe en langue latine sur le tombeau de Pierre Arbues que les rois catholiques Don Ferdinand d'Aragon et Isabelle de Castille y ont fait élever.

(233) Dans le temps où la renommée de Jésus-Christ commençait à se répandre dans la Judée, Publius Lentulus, qui alors était le gouverneur, écrivit au sénat romain.

« Il y a ici, à l'heure qu'il est, un homme d'une vertu singulière qu'on appelle Jésus-Christ; les barbares le croient prophète, mais ses sectateurs l'adorent comme étant descendu des dieux immortels. Il ressuscite les morts et guérit les malades par la parole et par l'attouchement. Il est d'une taille grande et bien formée, son aspect est doux et vénérable. Ses cheveux sont d'une couleur indéfinissable, tombent en boucles jusques au-dessous de ses oreilles et se répandent sur ses épaules avec une grâce infinie. Il les porte séparés sur le sommet de la tête à la manière des Nazaréens. Il a le front large et uni, ses joues sont colorées d'une aimable rougeur. Son nez et sa bouche sont d'une admirable régularité; sa barbe, épaisse et de la même couleur que ses cheveux, descend un pouce au-dessous du menton et, séparée dans le milieu, elle affecte la forme d'une fourche. Ses yeux sont beaux, brillants, clairs et sereins. Il censure avec majesté, et ses exhortations son pleines de douceur; soit qu'il parle ou qu'il agisse, il le fait avec élégance et avec gravité. *Jamais on ne l'a vu rire, mais on l'a vu pleurer souvent.* Il est fort tempéré, très modeste et très sage. C'est un homme enfin qui, pour sa grande beauté et ses divines perfections, surpasse les enfants des hommes. »

(234) *La carcel de la corona.* Le système de la législation espagnole est une conséquence de son système politique. Avant la constitution de 1812, qui rendait tous les Espagnols égaux devant la loi, chaque caste avait ses priviléges, ses juges, ses tribunaux et même ses prisons : il s'en trouvait même qui échappaient à la loi. Ainsi un *caballero* (un noble) n'était justiciable d'aucun tribunal, à moins d'avoir assassiné un autre gentilhomme, d'avoir commis un crime de lèse-majesté ou un sacrilège. Dans le premier cas, il tombait sous la juridiction des tribunaux ordinaires; dans le second cas, les *consejos*, les conseils du roi, le condamnaient à avoir la tête tranchée ou a être étranglé, et à la perte de ses biens; lorsque un gentilhomme commettait un sacrilége, l'inquisition s'en emparait : on sait comment procédait l'inquisition. Il n'en était pas de même pour le reste des citoyens. Les peuples sans *fueros*, c'est-à-dire sans priviléges et sans franchises, tels que les habitants des deux Castilles, de la Manche, de l'Alcarria, des quatre royaumes d'Andalousie et d'Estramadure, ainsi que de la Galice et du royaume de Léon, étaient jugés par les alcades ordinaires. Quant aux habitants de l'Aragon, des provinces basques, de la principauté de Catalogne et de la Navarre; ils étaient jugés par leurs *pairs*, conformément aux priviléges de ces provinces. Mais dans toute l'Espagne, même dans les provinces privilégiées, il y avait, outre le tribunal de l'inquisition et les tribunaux ordinaires, deux autres tribunaux, l'un appelé *justicia del bureo*, justice des privilégiés, et l'autre appelé *tribunal eclesiastico*, tribunal ecclésiastique.

La justice *del bureo* entendait de tous les délits commis par les serviteurs de la maison du roi, ainsi que de ceux des employés du gouvernement. Le tribunal ecclésiastique entendait des délits des prêtres et des moines lorsque ces délits n'avaient aucune teinte d'hérésie, car alors c'était l'affaire de l'inquisition. Dans le cas de vol *à main armée* ou d'assassinat, tous les Espagnols tombaient sous la puissance de la justice ordinaire, c'est-à-dire d'un alcade et de ses deux assesseurs, qui le condamnaient ou l'acquittaient, selon les inspirations de leur conscience, ou leur consentement suivant que le coupable avait de quoi acheter l'impunité ou non. Alors, même dans le cas d'assassinat ou de vol *à main armée*, chaque citoyen était écroué dans la prison destinée à ceux de sa caste. Si c'était un homme du peuple, il attendait son jugement *en la carcel de villa* (dans la prison de ville); si c'était un noble, il l'attendait *en la carcel de corte* (dans la prison de la cour); enfin les ecclésiastiques, prêtres ou moines, étaient emprisonnés *en la carcel de la corona* (dans la prison de la couronne), c'est-à-dire dans la prison de la tonsure, car en espagnol *corona* signifie également couronne et tonsure. Je crois inutile d'ajouter que les militaires étaient jugés militairement par des conseils de guerre.

Aujourd'hui ces divers tribunaux et toutes ces diverses prisons qui jadis existaient dans toutes les villes d'Espagne, n'existent plus que de nom, car elles reçoivent également toute espèce de gens.

(235) En Espagne les accusés prêtaient serment, sur l'Évangile ouvert, de dire la vérité, *même* contre eux; ce ne fut qu'en 1812 qu'un article de la constitution élaborée par les cortès défendit aux juges de faire jurer les accusés.

(236) En France l'accusé est supposé innocent jusqu'à ce que la loi l'ait condamné. En Espagne tout accusé était appelé *criminel* (reo) de *reus*. Cet usage s'est perpétué jusqu'à nos jours, quoique la constitution de 1812 et celle de 1834 interdisent aux gens de loi de le suivre.

(237) Voici ce qu'on lit dans le chapitre premier, cinquième partie, *Histoire de l'Inquisition*, de Llorente :

« Doña Eléonore de Vibero y Cazalla, épouse de Pierre Cazalla, « chef de la comptabilité des finances du roi, était propriétaire « d'une chapelle sepulcrale dans l'église de *San Benito el Réal* de « Valladolid; elle y avait été enterrée comme catholique sans « qu'il se fût jamais élevé le moindre soupçon contre son ortho- « doxie; cependant elle fut plus tard accusée par le *fiscal* (l'a- « vocat général) de l'inquisition comme ayant pratiqué le luthé- « ranisme, et déclarée morte dans l'hérésie, quoiqu'elle eût reçu « tous les sacrements avant de mourir. Le *fiscal* appuya son accu- « sation sur les dépositions de témoins alors prisonniers dans « l'inquisition, et qu'on avait soumis à la torture a cet effet. Des « déclarations de ces témoins il résulta que la maison de doña « Eléonore de Vibero avait servi de temple aux luthériens de « Valladolid. Doña Eleonore fut déclarée morte dans l'hérésie, « sa mémoire fut condamnée à l'infamie jusque dans sa postérité « et tous ses biens furent confisqués. L'inquisition ordonna en « outre que son cadavre serait exhumé et livré aux flammes, que « sa maison serait rasée avec défense de la reconstruire, et qu'un « monument serait élevé sur la place où la maison était aupara- « vant, sur lequel monument une inscription perpétuerait cet « événement. Toutes ces dispositions furent exécutées. »

(238) Dans l'auto-da-fé général qui eut lieu à Valladolid en avril 1559, en présence du prince don Carlos et de la princesse Jeanne.

(239) Le lecteur a déjà lu les détails de celte torture au chapitre XXIX. Ces détails sont malheureusement trop vrais. Si quelqu'un en doutait, il pourrait les lire plus au long et plus horribles encore dans l'*Histoire de l'Inquisition*...

(240) L'inquisition ne condamnait pas seulement ceux qui judaïsaient et les hérétiques; la possession d'un livre prohibé, d'une Bible, d'un exemplaire des Évangiles en langue vulgaire et même d'un livre anglais, suffisait pour envoyer toute une famille au bûcher, surtout si ces livres appartenaient à une personne riche, car les prolétaires n'avaient rien à craindre de l'inquisition... C'est que la mission de l'inquisition n'était pas vraiment d'extirper l'hérésie, mais de dépouiller le monde chrétien du plus d'or possible au profit de Rome, au profit des rois qui la protégeaient et en faveur des inquisiteurs. Voilà pourquoi l'inquisition était impitoyable !

(242) C'est Alphonse le Magnanime ou Alphonse le Sage qui, le premier, dota l'Espagne d'un code régulier de lois, intitulé *Las Siete partides*. Ce code, dont une grande partie est encore en vigueur en Espagne, est un monument de la sagesse de ce roi et de la droiture de ses conseillers; il honore le caractère espagnol.

(243) Isabelle de Castille, femme de Ferdinand d'Aragon.

(244) Il est bon de faire remarquer ici que, dans tous les temps et sous tous les gouvernements, même sous le despotisme des rois et la cruauté de l'inquisition réunis, toutes les fois que des assemblées nationales ont eu lieu librement en Espagne, il s'est trouvé des Espagnols qui, débarrassés des entraves dont on surchargeait leur bon sens et leur philosophie naturelle, se sont élevés au-dessus de leur siècle, ont déchiré d'une main hardie le voile qui cachait les erreurs et les préjugés, et ont fait entendre aux peuples étonnés et même aux rois et aux inquisiteurs la voix de la raison et l'éternel langage de la vérité.

Ainsi les cortès d'Aragon, de Castille et de Catalogne, réunies en 1510-1512 pour demander au régent Ferdinand et au pape la réforme de l'inquisition, la junte catholique convoquée à Burgos en 1508 pour juger les prisonniers de l'inquisition de Cordoue à l'avénement du grand inquisiteur Ximenès Cisneros, et la grande junte formée sous Charles II pendant le ministère de l'inquisiteur Rocaberti, de 1695 à 1699, pour mettre fin aux conflits qui avaient lieu chaque jour entre les inquisiteurs et les juges royaux, conflits dont il résultait de graves inconvénients, et qui empêchaient souvent l'administration de la justice; ces trois corps, à de longs intervalles et sous l'influence d'événements divers, ont tous les trois condamnés les actes de l'inquisition et du despotisme. Dans les trois assemblées il s'est trouvé des hommes dont les principes philosophiques et les larges idées humanitaires eussent fait honneur aux philosophes les plus avancés de notre siècle. Que conclure de tout cela? que Dieu a mis au cœur de l'homme des idées de liberté et de progrès; que ces idées, nées avec l'espèce humaine, ont pu être étouffées ou contenues dans le sanctuaire de la conscience des peuples, mais que nul despotisme, nulle torture ne saurait les éteindre sans retour.

(245) On a souvent appelé les Espagnols traîtres; c'est là peut-être la plus injuste de toutes les accusations que les étrangers ont portées contre eux. Les Espagnols sont si loin d'être traîtres, que le seul crime qu'ils ne pardonnent pas à un ennemi et qui les empêche de jamais se réconcilier avec lui, est la trahison. Si jamais il s'est trouvé des traîtres en Espagne, ce n'a été que des moines, ou des familiers du saint-office.

(246) Les historiens espagnols s'accordent tous sur l'égoïsme et l'ambition de Charles-Quint. Cet égoïsme et cette ambition sont démontrés par la déloyauté dont il fit preuve vis-à-vis des cortès de Castille, d'Aragon et de Catalogne lorsque, en 1510 et 1512, ces corps lui demandèrent, au nom de l'Espagne opprimée, la réforme de l'inquisition, qu'il promit solennellement et qu'il n'accorda jamais.

(247) L'Espagne pouvait bien dire que les bûchers dévoraient ses entrailles lorsque, dans l'espace de 339 ans, 34,658 Espagnols ont été brûlés vifs par l'inquisition, et 18,049 brûlés en effigie, sans compter 288,214 qui ont été condamnés aux galères ou à la prison perpétuelle, et plus de 200,000 qui pénitenciés et condamnés à porter le *san benito* pour un temps ou à perpétuité, ont été déshonorés jusque dans leur postérité.

Ces chiffres, trop éloquents accusateurs de l'inquisition, sont historiques! Voici, au reste, un tableau que nous empruntons textuellement a l'*Histoire de l'Inquisition*, de Llorente, et qui se trouve aussi dans l'*Histoire de la Révolution d'Espagne en 1820*, par Ch. L...

RÉCAPITULATION GÉNÉRALE DES VICTIMES QUE L'INQUISITION A SACRIFIÉES EN ESPAGNE DEPUIS 1481 JUSQU'EN 1820, SOUS LE MINISTÈRE DE QUARANTE-CINQ INQUISITEURS GÉNÉRAUX.

	BRULÉS VIFS.	BRULÉS en EFFIGIE.	CONDAMNÉS AUX GALÈRES ou à la prison.
De 1498, sous le ministère de Thomas de Torrequemada, premier inquisiteur général	10,220	6,840	97,371
De 1498 à 1507, sous le ministère de Deza deuxième inquisiteur général	2,592	829	32,952
De 1507 à 1517, sous le ministère de Ximenès Cisneros, troisième inquisiteur général	3,564	2,232	48,059
De 1517 à 1521, sous Adrien Florencio, quatrième inquisiteur, et depuis pape	1,620	560	21,835
De 1521 à 1523, interrègne	324	112	4,481
De 1523 à 1545, sous Alphonse Manriqué, cinquième inquisiteur général	2,250	1,125	11,250
De 1545 à 1556, sous Tabéra sixième inquisiteur général	840	420	6,420
Sous Loaisa, septième inquisiteur, et pendant le règne de Charles-Quint	1,320	660	6,600
De 1556 à 1597, sous la régence de Philippe II	3,990	1,845	18,450
De 1597 à 1621, sous le règne de Philippe III	1,840	692	10,716
De 1621 à 1665, sous Philippe IV	2,852	1,428	14,080
De 1665 à 1700, sous Charles II	1,630	540	6,512
De 1700 à 1746, sous Philippe V	1,600	760	9,120
De 1746 à 1759, sous Ferdinand VI	10	5	170
De 1759 à 1788, sous Charles III	4	»	56
De 1788 à 1808, sous Charles IV	»	1	42

Dans ce tableau n'est pas compris le règne de Ferdinand VII, pendant lequel plus de cent mille personnes ont subi l'emprisonnement, les galères ou l'exil; il faudrait aussi y ajouter le nombre incalculable de victimes que l'inquisition d'Espagne a sacrifiées à son ambition dans la Sicile, dans la Sardaigne, en Flandre, en Amérique et dans les Indes, pour comprendre la force des paroles que l'auteur fait prononcer à l'Espagne désolée. Un mot encore : outre les victimes que l'inquisition a pu atteindre, cinq millions d'habitants ont abandonné le beau sol espagnol pour se soustraire, par un exil volontaire, à la cruauté du saint-office. C'est ainsi que ce beau pays qui, au temps des Maures comptait trente-cinq millions d'âmes, a été réduit à dix millions. Est-ce là la mission que le Christ a léguée à ses disciples, et ceux-ci aux prêtres de l'Église romaine? Est-ce ainsi que les successeurs des apôtres suivent le sublime précepte du Seigneur : « Croissez et multipliez?... » et celui du Christ : « Aimez-vous les uns les autres?... »

Il est vrai que, poussé par le scandale que donnaient les moines et quelques prêtres du clergé espagnol au seizième siècle, le pape ordonna aux inquisiteurs d'Espagne de *poursuivre tous les prêtres et tous les moines que la voix publique accuserait.*

Mais à cette époque c'était chose dangereuse que d'éventer ces sortes d'affaires dans un pays qui commençait à ressentir une haine profonde et un mépris, que personne ne cachait, pour les moines et pour cette sorte de prêtres ignorants et vicieux qui ont toujours abondé en Espagne; puis les luthériens n'auraient pas manqué de tirer des armes terribles contre la confession auriculaire, de tous ces procès qu'il eût fallu intenter aux deux tiers du clergé romain espagnol et à la plupart des moines. Aussi l'inquisition, toujours habile lorsqu'il s'agissait de faire sa volonté, même contre celle des rois et contre celle des papes, l'inquisition trouva le moyen de *ne pas savoir*; elle qui savait tout et qui avait des yeux et des oreilles partout, elle trouva le moyen de *ne pas savoir* ce qui se passait dans l'intérieur des nombreux couvents de religieuses qui remplissaient le pays.

Paris.—Imprimé par Charles Noblet, rue Soufflot, 18.

www.ingramcontent.com/pod-product-compliance
Ingram Content Group UK Ltd.
Pitfield, Milton Keynes, MK11 3LW, UK
UKHW021057200726
13857UKWH00003B/978